后浪出版公司

五四运动史

The May Fourth Movement

现代中国的知识革命

Intellectual Revolution in Modern China

[美] 周策纵 著

陈永明 张静 译

四川人民出版社

献给我亲爱的父亲、诗人、学者、书法家

周鹏翥先生（1887—1952）

目　录

1

出版前言

《五四运动史》根据曾任教于美国威斯康星大学的著名教授周策纵
（Tsetsung Chow）所著的 *The May Fourth Movement: Intellectual Revolu-
tion in Modern China* 译就。本书英文版 1960 年由哈佛大学出版社出版，
是西方世界公认的五四运动史研究的里程碑式著作，自它问世之后，才真
正引起国际学界对五四运动的关注。20 世纪末，中文繁简体版相继出版，
引起极大反响，使五四运动开始脱离那些宏大的"意义"，而展现其中的历
史细节。

周策纵先生出生于湖南祁阳，抗战期间毕业于重庆中央政治大学，
1945 年开始担任国民政府主席侍从室编审（秘书），蒋介石当时的一些重要
文稿便出自他的手笔，如台湾"二·二八"事变后的《告台湾同胞书》。后
因对国民党的前途非常失望，他毅然辞职赴美留学，从此潜心学术。

正如周策纵先生在序言中提到的，他是成长于"五四"余波下的一代
人，他自己的人生轨迹深受五四运动的影响。因此，研究"五四"对他而
言，不仅是历史学家的职责，更是出于个人的情感。"不求得宠于当时，却
待了解于后世。"这是周策纵先生写作此书时的原则，只求真理与事实，也
正是"五四"精神的体现。

经哈佛大学出版社授权，后浪出版公司在该书面世半个多世纪之后，
重版中文简体版。本书前七章的翻译来自周策纵先生在威斯康星大学的几
位研究生，第八章以下，则由北京大学欧阳哲生教授率领一批青年学者完

成。由于本书译者众多，存在许多译名不统一、引用不一致、语言习惯不和谐的问题，在此番重版时，我们已尽力进行核对修订，以期为读者呈现一个令人满意的读本。在此，感谢欧阳哲生老师在重版期间给予我们的支持与帮助，还特别寄来了《五四运动研究资料》(*Research Guide to the May Fourth Movement*)，为我们的工作提供了极大的便利。

在体例上，本书沿用英文版的结构，所有标注引文来源的注释皆附于正文最后，而作者对观点的阐述说明，则置于页下。由于本书篇幅浩大，注释部分保留原有译稿中的格式，仅作微调。来源于中文资料的引用，都核实还原为中文（包括人名、报刊名、书名）；而英文资料也做了简要翻译，便于读者了解。

本书详尽还原了那场以 1919 年 5 月 4 日为原点，席卷中国并对后世造成深刻影响的运动。其中涉及大量人名、地名、报刊名、书名、社会团体名，若有漏误，敬请读者不吝指正，以期再版时及时更正。

后浪出版公司已出版了周策纵先生以下著作：《周策纵作品集 1：忆己怀人》《周策纵作品集 2：文史杂谈》《周策纵作品集 3：〈红楼梦〉大观》《周策纵作品集 4：经典训诂》《周策纵作品集 5：弃园诗话》，感谢关注。

服务热线：133-6631-2326　188-1142-1266

读者服务：reader@hinabook.com

后浪出版公司
2019 年 4 月

中文版自序

诗人疾之不能默，丘疾之不能伏

"诗人疾之不能默，丘疾之不能伏。"这是汉朝《盐铁论》"文学"中引用孔子说的两句话。王充的《论衡·对作篇》也引用过。我多年来都把这两句掷地有声的话作为自己的座右铭，也用来勉励我的学生和年轻的朋友。我在20世纪50年代草写英文《五四运动史》时，这两句话对我也起了鼓舞支持的作用。所以在这里特地标举出来，觉得也可用来和国内的读者共勉。

《五四运动史》的英文本，已出过好几种：1960年哈佛大学最初的精装本，台湾虹桥书店的地下影印本（包括精装和平装两种），稍后有斯坦福大学的平装本，最后哈佛又收回权利，自出平装本，至今已出了好几版了。后出各本有一二处修正，但没有多大改动。

中文译本比较复杂，从各中译本的序言中可以看到，这里不必详说。不过应该提一提1996年南京江苏人民出版社出版的、周子平先生等五人合译的《五四运动：现代中国的思想革命》（这是从英文原题直译来的，但我在英文题旁，早已自题中文书名《五四运动史》）。这是国内的首次中文全译，译文很流畅，我该感谢译者和出版者的努力。只可惜人名和专有名词颇有差错。这一方面由于我未见到译文的定稿，主要原因还是译者未见到1963年哈佛出版社出版的我的第二本书《五四运动研究资料》（*Research Guide to the May Fourth Movement*）之故。从那书里都可找到《五四运动史》里所有的专名中文。其实我的原稿本来是一部书，哈佛出版社顾虑到印成一书太厚，又因中文太多，会影响销路，所以临时分成两书出版。这后面一书现在已经绝版了。我很希望以后能在国内翻印重版。我虽对那个译本做有相当长的《正误表》，但未能夹入书中同时销售，又未早提醒译者，都算是我的不是，真愧对读者。

这次的版本，应该是完备的中译本了。前面七章基本上是最初在威斯康星大学几位研究生分别翻译的，原在香港《明报月刊》分期刊出，后来由明报出版社和台北桂冠图书公司先后分别出版成上册。这部分译文是经过我自己校改过的。第八章以下，因原译者毕业分散，又各忙于工作，致有耽搁。但后来终于全部译完，丁爱真出力尤多。只因我近一两年来十分忙碌，修改未完，没有交付出版，是我万分对不起译者和桂冠与明报两家出版社。

现在由北京大学欧阳哲生教授安排该校一批青年学者把第八章以后完全译过。我虽未见到这一部分译稿，相信他们会忠于原文，对读者做出满意的交代。我该感谢他们和出版社的热忱和努力。

这里我也要再谢谢翻译前七章的以前的几位学生，后来都各有自己的成就了。丁爱真原任艾奥瓦大学的永久教职，现专门从事小说、散文和美术创作。王润华现任新加坡作家协会会长并获得新加坡国立大学永久教职，是东南亚的主要诗人和作家之一，对中国文学批评、比较文学和欧美小说著译很多。洪铭水原任美国纽约市立大学布鲁克林学院永久教职多年，现任台湾东海大学文学院院长，出版有关于袁宏道和晚明文学思潮的英文专著，对台湾文学和《红楼梦》也都有研究。陈永明现任香港浸会大学中文系教授兼系主任，发表了许多哲学和文学著作，经常在香港电视台有主讲节目。陈博文现任纽约公共图书馆分馆主任，她在这座大图书馆工作多年，贡献颇多。钟玲现任台湾高雄中山大学文学院院长，是著名的女诗人和小说家，英译过李清照的诗词全集，著作丰富。

这些人还是学生的时候，在今天难以想象的、万分困难的环境下，发大愿心，自动去合力翻译《五四运动史》，真可说大有"诗人疾之不能默"的精神。

1999 年 1 月 15 日

于美国加州阿巴尼市借水借山楼

认知·评估·再充

明报出版社打算将拙著《五四运动史》再版。一本初稿写成于41年以前，初版也已35年的书，居然还能再版，当然莫怪作者颇有侥幸之感。

回忆本书英文初版之前，我在哈佛大学的同事和好友杨联陞教授见我不断修改，催我赶快出版。他说："我们现在著书，只求50年内还能站得住，就了不起了。我看你这书应该可以达到这个标准。还担心什么呢？"我说："我固然不敢存这种奢望。不过像五四运动这件重要而可引起争论的历史事件，多年来只见成千成万的官方或党派解释和评价，外国人又漠视不提。（这是指1958年以前的情况，从这年起，已有美国学者参考我的原稿，补写中国近代史。）我现在必须弄清事实，不能只做一时应景的摇旗呐喊。我认为，中国史家有两个优良传统：一个是临文不讳，秉笔直书；另一个是不求得宠于当时，却待了解于后世。这后一点，也是西洋古代史家的志愿。我素来尊重这些作风，现在写'五四'历史，对这些目标，虽不能至，心向往之。你说50年，我想自己活不到90多岁到100岁，那已是身后的事了，蒙你这样相信，自然不敢当。可是我如果过于谦虚，也会近于虚伪和自欺欺人。想你也不会赞同的。"

我当时所举秉笔直书的例子是众所周知的，春秋时代晋国太史董狐的事。鲁宣公二年（公元前607），晋国赵盾的堂弟（一说是堂侄）赵穿杀死了晋灵公，太史董狐便写道："赵盾弑其君。"并且把这句记录在朝廷公开宣布。虽然赵盾否认，但他那时是正卿，晋国的军政大权都掌握在他手里，事后他就派赵穿将灵公的叔父接回国继位为成公，可见董狐记录的正合于史事的实质。不过灵公本来无道，赵盾究竟还是个很好的军政领导，他并未禁止这一记录，也没有加害于太史。所以后来孔子说："董狐，古之良史也，书法不隐。赵宣子（盾），古之良大夫也，为法受恶。"这件事可能在当时影响不小，60年后，鲁襄公二十五年（公元前548），齐国的大夫崔杼杀死了齐庄公，齐太史也直书"崔杼弑其君"，崔杼便杀了这太史；可是太史的弟弟照样这么写，崔杼便杀了弟弟；另一个弟弟又这样写，崔杼又杀了他；但第三个弟弟还是这样写，崔杼只得作罢了。有位"南史氏"听说太史都杀光了，就带着竹简到京城去，要照样记载，后来听说已有人写了，这才回去。这件事，从齐太史的措辞看来，显然是在仿照董狐的笔法，但整个事件却更壮烈，更可歌可泣。所以，文天祥在狱中写的"天地有正气"，首先便拿"在齐太史简，在晋董狐笔"来做例子。我认为，这是古今中外史家最好的榜样。董狐比西洋所乐道的"历史之父"（The Father of History）希罗多德（Herodotus，约公元前484—公元前425）还要早上150多年。当然，希罗多德写了一本厚厚的《历史：希腊波斯战争史》（The Histories），董狐却只留下了一句五个字的简短记载，从分量上说，还不能相比。不过我们也不必只从数量方面说，若从史德、史质和史家影响而论，董狐和齐太史们自有他们独特无可比拟的重要性。我当时注重这点，是深痛于当代某些中国史家逢迎上意，为党派去歪曲历史，对"五四"尤其如此，所以才有这番议论。

至于第二点，不求取悦当世，而期待将来，这种看法可能首先见于《春秋公羊传》鲁哀公十四年（公元前481），解释孔子为何作《春秋》。传文说："制《春秋》之义，以俟后圣，以君子之为，亦有乐乎此也。"司马迁大约非常欣赏这个推测，所以在《史记·太史公自序》里提出，他作《史记》也是要"藏之名山，副在京师，俟后世圣人君子"。在《报任安书》里也谈到，要"藏之名山，传之其人，通邑大都"。名山是神话传说古帝王藏书之所，这也就是说，要把原稿藏在大图书馆里，把副本放在首都，让后世知音者广泛阅览。司马迁又在《史记·孔子世家》里记载："子曰：'弗乎！弗乎！君子疾没世而名不称焉，吾道不行矣，吾何以自见于后世哉？'乃因史记作《春秋》。"这后面两句话不见于先秦记录，后世学者以为"其言似急于求名"，不像孔子说的话，可能是司马迁"臆度失当"。这个判断不无道理，不过《论语》中"君子疾没世而名不称焉"这句话的"称"字应读平声还是读去声，本难判定；再说，著书以求"自见于后世"，也不见得有何不妥。司马迁在同篇下文又记载："孔子在位，听讼文辞，有可与人共者，弗独有也。至于为《春秋》，笔则笔，削则削，子夏之徒不能赞一辞。弟子受《春秋》，孔子曰：'后世知丘者以《春秋》，而罪丘者亦以《春秋》。'"这段话也可能只是司马迁的臆测或根据传闻推断，不过却说得很恰当，至少代表他自己写历史的立场：既要有独立思考，独立判断；也要自负责任，让后世读者评判。

当时我写历史的态度，不但受了这些中国古代史家的影响，也受了西洋古代和现代史观的启发。就上面第二点说，我很佩服希腊史家修昔底德（Thucydides，约前455—前400），他在所著《伯罗奔尼撒战争史》（*History of the Peloponnesian War*）里写道："由于我这部历史没有罗曼史的因素，它也许会减少一些兴趣；然而，如果有人想要对过去有准确的认识，以便解释将来可能发生的类似事件，而认为我这书有用处，我就很满意了。我写这书不是为了讨好目前的大众，是要有永久的价值。"当然这是个非常不容易达到的目标；但即使我能力不够，显然达不到这目标，难道就不该取法乎上吗？在另一方面，我采纳了多元历史观，在我的初版自序里早已说明，这一部分是受到罗素的影响。

还有一点启发我对史学看法的，是《春秋公羊传》在书前和书末都说过的三句话："所见异辞，所闻异辞，所传闻异辞。"我觉得对这几句最精彩的史观一直都没有很好的解释。从何休（129—182）以来，长篇大论都在讨论这所谓"三世"是指什么世代或朝代。依我的看法，这短短的三句话至少指出了对历史的两个敏锐观察：一是把亲自所见的、所闻的和间接所传闻的区分开来，这样就可大致判断，直接见到的比较可信且可知其详，就可以说明鲁隐公元年（公元前722）所记的"何以不日，远也"（为何未载日期，由于事件发生时距记录时已经遥远）；另一是指出无论所见、所闻或所传闻的，报道起来，都不会完全相同，都将各有"异辞"。这两点都可算是对历史记载最敏锐的观察，却没有受到注意，至少我未见到受到应有的注意。尤其是，能指出"所见异辞"，真不容易，何况是2000多年以前呢！

这几句话对我写"五四"历史，最为适合。我当时觉得，就"五四"情形说来，不但各人说法不同，往往亲历者自己说的也前后不一致，间接传闻者更不消说了。所以我有时就加了两个字："所见前后异辞，所闻前后异辞，所传闻前后异辞。"这对"五四"时代的人物描写得更恰当，因为在这个过渡时代的人们，思想、感情和行为，尤其是政治党派立场和人生观，变动得格外快速和突兀，连他们自己也始料未及；加上五四运动本身的复杂性，和后来各党派的不同解释，更使亲身参与者、所见者、所闻者、所传闻者，前后的回忆往往自相矛盾，或添油加醋，或畸轻畸重，或无中生有，或抹杀事实，或夸张减料，或涂黑抹红，几乎无所不有。我看过许多当下和后来的报道或回忆，也认识接触过许多当时的人物，自然大多数是善意者、诚实人，可是多不免"前后异辞"。而比较起来，我还是觉得最先的、当下的说辞较近于事实。这使我决定大量采用当时报刊的记载和个人"当下"的回忆，而对后来的说法和解释却不得不审慎怀疑。这也使我特别注意到"异辞"的问题，我必须谨慎，不要随便接受道听途说和有目的的陈述，更须提倡"不轻信"（incredulity）这一观念和习惯。

上面说了许多我所尊重的古今中外史家的目标，其实一方面试图强调自己力不从心，绝未达到这理想境界；另一方面是想说明，我们对于任何历史事件，如要解释或评估，首先必须努力"认知"该事件的真相和实质。我虽然还未做到，但到底是向这方向努力了。

谈到认知和评估，我想首先澄清一点：我的英文原著书名是 *The May Fourth Movement: Intellectual Revolution in Modern China*，扉页自题中文书名为《五四运动史》。这英文副标题的前半部译成中文并不容易，有人译作"思想革命"，也有人译作"知识革命"，本来两者都包含在原文的意义里，却没有一个能包括原文的全部用意，因为在本书结论章第五节里，我还特别指出，这也表示该运动是知识分子所主导的。1969 年 5 月，《明报月刊》出版"五四运动五十周年纪念专刊"，约我写稿，我发表了《"五四"五十年》一文（见该刊 4 卷 5 期，总 41 期），在开篇我便指出，中、日文的书评作者多已把副标题中的 Intellectual Revolution 译为"知识革命"，就"知"的广义说，也是可以的。我进一步指出：

> 这"知"字自然不仅指"知识"，也不限于"思想"，而且还包含其他一切"理性"的成分。不仅如此，由于这是用来兼指这是"知识分子"所倡导的运动，因此也不免包含有行动的意思。

在这篇文章里，除了说明"五四"青年知识分子抗议精神及其对政治组织、社会制度、伦理思想和文化文学改革热忱的重要性之外，还提到：

> 但是我认为，更重要的一点值得我们特别注意的，还是"五四"时代那个绝大的主要前提。那就是，对传统重新估价以创造一种新文化，而这种工作须从思想知识上改革着手：用理性来说服，用逻辑推理来代替盲目的伦理教条，破坏偶像，解放个性，发展独立思考，以开创合理的未来社会。

我提到，"我至少曾把 1915—1923 年八九年间的报刊，直接间接，多多少少检阅过六七百种"才得出这样的结论。还总结："这个前提，若用更简单的方式说出来，就是'真知第一'。这潮流从中国久远的历史看是极不平凡的，为什么呢？"接着解释，依我的看法，欧美的文明，除宗教思想之外，主要比较重视逻辑推理，考察自然规律，也就是客观的知识；中国至少自秦汉以后，所发展的乃是偏重伦理道德、修齐统治的文明。虽有个别的例外，但主要历史事实确是如此。所以我当时说：

后代的历史学家应该大书特书，（"五四"）这种只求诉诸真理与事实，而不乞灵于古圣先贤，诗云子曰，或道德教条，这种只求替自己说话，不是代圣人立言，这种尚"知"的新作风，应该是中国文明发展史上最重大的转折点。

这里所说的"知"，是指对客观实在认知的知，是纯粹逻辑推理的知，是探索"是什么""为什么""如何"的知，不是教人"应该如何"的道德教导。当然，"五四"时代的知识分子对这些并未完全做到，但许多人有了这样的向往，那就仍可说是划时代的。这也不是说道德不重要，只是说，"五四"思潮补救了传统之偏失。

同时，我也指出，"可是这种清浅的理性主义，如果没有和当时救国运动的热忱结合在一起，就不能造成巨大潮流"。接下去我检讨了"'五四'末期所遭遇的逆风"，即1924年以后，抛弃了"五四"早期思想文化革新的理想和作风。我认为这是扭曲和出卖了以个性解放、人道主义、自由、民主、科学思想为主轴的"五四"精神。我不认为救国或救亡的热忱必然会使新思潮、新文化改革运动流于偏失，早期知识分子原是选择以思想文化革新作为救国的途径，这些革新也因救国热忱而得以迅速开展。当然，我也不否认，群众运动热忱的本身具有暴力的本质，像汽油燃烧，可以炸毁一切，也可作为有秩序的和建设性的推动力。蔡元培早把它比作"洪水"，可能也是这样看法。事在人为，"五四"时期的改革理性和救国热忱配合得相当好，这点不应被抹杀。

本书还牵涉许多其他的问题，如"五四运动"一词的范畴到底应不应该包括"新文化运动"。我认为，若分开两者，它们都无法被充分说明，更无法了解这一时代。又如"五四"思潮是反整个传统的吗？"反传统主义"（antitraditionalism）一词是我首先使用于本书，后来被许多人采用。其实，我本应说清，只有少数激烈分子是反对整个传统的；大多数人，尤其是知识分子领袖，多只是反对传统中某一部分，却采纳、提倡或尊重其中另一部分。他们所极力反对的是当时许多顽固派和流行观点坚持的"凡传统的都是对的"。因此，我后来常说，这不如叫作"反-传统主义"（anti-traditionalism）。这些人的观念，绝不能以西洋近代社会学者所说的有"系统性"和"封闭"排外性的"意识形态"（ideology）一词来概括。有人认为，他们即使承认传统中有优点，在"意识形态"上仍是"全盘性反传统主义者"。若以蔡元培、胡适、蒋梦麟等人为例，这顶帽子总是不适当的。若只征引胡适在某种特定情况下说的话，而不拿他在别处说的话来平衡，那可是误导人的。主张"五四"人物是全盘反传统的人，同时却认为"五四"以思想改革为一切改革的前提乃是受了儒家影响（这点我并不完全否认），而"五四"思潮实是继承中国过去一元式的作风，"整体主义"（totalism）的作风。这后一点难道不自相矛盾吗？我以为这也许忽略了杜威和胡适当时极力提倡文化改革只能"一点一滴"地去做，胡适也否定有能解决一切的"万灵丹"。这种思想岂能说是"整体主义"的？对于这些，还有其他的论点，我过去都做了好些评论，大体上可参看我的两次演讲：一次是1971年5月1日应邀在美国密歇根大学、威斯康星大学、芝加哥大学等各校中国师生在安娜堡联合举办的"五四"52周年纪念会上的演讲，讲词《五四运动告诉我们什么？》发表在《明报月刊》（6卷9期，1971年9月），转载于《大风》等刊物及台北百杰出版社出版的、陈少廷主编的《五四新文化运动的意义》（1979年）一书中；另一次是1991年6月15日应台北"中央研究院"近代史研究所之邀所做学术演讲，讲词《以五四超越五四》，载于该所《近代中国史研究通讯》（第12期，1991年9月）。历年来，胡菊人先生访问和介绍我对"五四"看法的文字颇不少，其中之一是1979年3月29日我经过香港时，他做的长篇访问《五四的成就·五四的感召》，载于《明报月刊·"五四"60周年纪念特辑》（14卷5期，总161期，1979年5月）。我在这几篇里都粗略谈到我对"五四"的一些看法，当然不完备，这里就不再说了。

五四运动如果从最早期算起，至今已80年，可说已经过了整个20世纪的主要年代。这期间，中国和全世界都发生了极大的变动。历史绝不会重演，今天来重温"五四"这段历史，还有什么意义呢？我常说，五四运动是活的历史。因为它的精神还活着，它所提出的目标还没有完全达到，还有更年轻的人志愿为它而努力。自由、民主、人道、科学，都是永远未竟的事业。

"五四"提倡理性和知识，是最适合现代新潮流的趋势。20世纪由蒸汽文明进展到电力文明，由原子能文明进展到电子文明、信息文明。在可见的将来，在21世纪，科技的地位越来越高，我们对财产的观念也逐渐改变和扩张。过去计算财富的要素是土地、劳力、物资和资本，现在和将来，"知识"（knowledge）必定成为最重要的"财富"（wealth）。我在1979年"五四"60周年时写作那一首诗："从古自强依作育，至今真富在求知。百年以后谁思此，旧义新潮两不移。"我经过多年考虑，和许多前辈一样，认定富强之道，首先要靠发展教育；但我更坚信，真正的"富"乃是"知识"。从这方面说，"五四"思潮实在有合于未来潮流之处。

"五四"的另一方面，救国热忱，后来促进了国家"最高主权"（sovereignty）和"民族国家"（nation-state）的观念，使民族主义抬头。这固然受到了政党的推动，但仍然可说是五四运动的后果之一。我素来认为，民族主义不能算最后的目标，只是应变的必需。现在世界已走向跨国经济发展的道路，照理限于一国的民族主义应该不会再占势力。可是长期以来，个人和个人集团都受到国家法律和武力的保护和制约，像国际贸易和国土主权，几乎没有一国愿意放弃本国的保障。美国研究民族主义的主要学者谢弗教授（Boyd C. Shafer）所著《民族主义的各种面貌：新现实与旧神话》（*Faces of Nationalism：New Realities and Old Myths*，1972年，纽约），对于民族主义的历史及其在现代各国的趋势，分析精密，也参考征引了本书的英文版。他的结论认为，虽然有人期望国际主义和世界政府，但绝大多数人还情愿受"民族国家"的保护。照目前中国的处境看来，"五四"时代知识分子和一般大众热忱抵抗外国侵略，保障领土主权完整的传统，也许还会受到重视。至少在可见的将来还会如此。试问目前有哪一个国家肯放弃这些呢？

所以，"五四"有点像可以再充电的电池，即使时代变了，它还可能有它无比的感召力。

本书出版后这 35 年间，世界各地的学者和出版机构对这一主题和相关因素，已发表了许多新的资料和研究成果，当然在某些细节方面可以补充或修正本书。不过就我所知，这些还不能使我做重大改动。所以中译本基本上仍保存了英文版的原貌。

1995 年 9 月 2 日夜深
于威斯康星陌地生

英文初版自序

　　在中国近代史上，再没有任何主要事件像五四运动这样，惹起各种争论，广泛地被讨论，可是对它的正式研究却又是如此贫乏不足。对部分中国人而言，五四运动是中国新生和解放的标志；而另一些人却把它看成是国家民族的浩劫。即便是经常讨论或颂扬五四运动的人，他们之间的意见也极端分歧。在过去的40年中，每逢5月，就有无数的文章发表，来分析评论"五四"。专门讨论这一主题的中文书籍也已有好几本了，内容涉及该运动的书本，更是数以百计。有关"五四"的文字可以说非常丰富，然而，这些书刊却都是争论性的居多，描述史实的极少。大多数西方人士，对该运动的认识更是零碎而又充满误解的。由于上面种种原因，我觉得写一本书来确切记录"五四"的史实，详细检讨它的流变和效应，是一件很有意义的事。

　　除此以外，还有其他个人的因素驱使我进行这项重要的工作。我少年时代在长沙，对五四运动就已感兴趣。那时我就读的高中，15年前毛泽东正是从那里毕业。在当时的学生运动中，我颇为活跃，也是学潮和罢课活动的核心人物。当我们回顾五四运动时，自然感到骄傲和钦佩。那时，我已经写过上千首的旧诗，可堪注意的是，我的第一首白话诗，题目是《五四，我们对得住你了！》。这首诗曾在郭沫若与田汉合办的报纸《抗战日报》（长沙）上发表过。那个时候，我就已经梦想有一天能写一本有关五四运动的书。后来，我在一所国民党创办的大学念书，校方通常禁止学生运动，那更增强了我要写这么一本书的意愿。

把五四运动看成一件多面性的社会政治事件去描述和研究，并不是一件容易的事。我知道人们对五四运动意见纷纭，很容易激起争辩，所以尽量征引史实，而且大量引用时人的谈话记录，透过这些原始资料，希望能让当时的人和事，自己替自己说话。

写这本书的时候，我还抱有一个很坚定的信念，即经济条件和意识形态的交互关系，虽然是构成五四运动这一类重大事件的主要因素；但其他的因素，如历史背景、政治状况、社会组织、社会心态、领导人和参与运动的人物，以及看来微小却也许深具关键性的偶发事件，凡此种种，都对五四运动有不同程度的影响。因此，对这部分因素，我都下了一点点功夫去分析它们与"五四"的关系。

这本书分成两部分：上编，是依时间先后，叙述分析有关的活动和事件。唯一的例外是第八章，为了给第九章提供必要的背景，在时间上曾稍加调整。下编，分别相当详细地剖判和检讨当时文学上和思想上的主要潮流。本书引用的有关书目、中外专名和词汇解释，以及"五四"期间出版的各种书刊的目录和简介，都在我的另一部书（即哈佛大学于 1963 年出版的《五四运动研究资料》——译者）里刊出。

1959 年 10 月

于麻省剑桥，哈佛

第一章

导　言

五四运动的定义

1919 年 5 月 4 日，中国学生在北京游行示威，抗议中国政府对日本的屈辱政策。由此引起一系列的罢课、罢市、罢工及其他事件，终于导致整个社会的变动和思想界的革命。没过多久，学生们就为这新起的时代潮流起了个名字"五四运动"；后来这个名词的内涵却随着时间的演进比当初大大地扩充了。[1]

本书所说的五四运动便是就这广义而言。大体来说，这个运动的主要事件发生在 1917 年到 1921 年之间；现在先把它的经过简述如下。由于 1915 年日本提出"二十一条"，1919 年巴黎和会做出山东决议案，激起中国民众高涨的爱国心和反抗列强的情绪，中国学生和新起的思想界领袖们得到了这种群众情绪的支持，发起一系列的抗日活动和一项大规模的现代化运动，希望通过思想改革、社会改革来建设一个新中国。他们最着重提倡的是西方的科学和民主观念。而中国传统的伦理教条、风俗习惯、文学、历史、哲学、宗教，以及社会和政治制度，都遭受到猛烈攻击。这些攻击的动力多是从西方的自由主义（liberalism）、实用主义（pragmatism）、功利主义（utilitarianism）、无政府主义（anarchism），以及各式各样的社会主义（socialism）思想而来。5 月 4 日的抗议示威则发展成这一系列活动的转折点。新兴的商人、工业家和城市工人随即都对这次示威的目的表示同情和支持，终于迫使北京政府让步，改变内政和外交政策。这次前所未有的大联合获得的胜利，为他们所鼓吹的文化、思想铺平了道路。但是此后不久，运动逐渐卷入政治旋涡，最终使得运动中结成的新式知识分子联合阵线崩溃了。那些自由主义者不是失去了热情，就是裹足避免参加政治活动；相反地，左翼分子则通过政治捷径，联合国民党，以推翻北京的军阀政府。西方诸国对此番运动的态度因此由同情转变为疑虑或反对，他们态度的转变也是促使运动分裂的一个主要因素。此后，社会主义和民族主义越来越得势，无数复杂难解的争执纷然竞起。

五四运动的影响很广：它推动了学生运动和劳工运动的抬头，国民党的改组，中国共产党及其他政治社会集团的诞生；反军阀主义和反帝国主义得到发展；新的白话文学从此建立，而群众的普及教育也因此大为推广；中国的出版业和公众舆论的力量都大有发展；这场运动还加速了旧式家庭制度的没落和女权运动的兴起。此外，五四运动的巨大影响还包括，儒教的无上权威和传统的伦理观念遭到根本的致命打击，而输入的西方思想则大受推崇。

起初学生们和出版物所采用的"五四运动"一词并不包括所有上面列举的事件，它仅仅指5月4日北京的学生示威运动。同样地，1919年6月3日及以后所发生的大拘捕则被称为"六三运动"。随后几年，一般人提到五四运动时，固然并不一定都有意识地采取这种狭隘的观点；但是他们也往往把整个运动和"五四"事件本身与后果混为一谈。因此，在过去许多例子里都可见到五四运动（May Fourth Movement）和"五四"事件（May Fourth Incident）被交替使用。

关于五四运动的范畴，还有一个更严重的问题，即"五四运动"一词是否应当一方面包括学生和知识分子的社会、政治运动，另一方面也包括1917年就开始的新文学、新思想运动，即后来被称为"新文化运动"的运动呢？

有些人主张五四运动和新文化运动是两回事，而且彼此没有多少关联。他们认为五四运动并不是由新文化运动直接触发的。而新文化运动的领袖们，大体上说来也不曾领导过，甚至不曾支持过五四运动。这派人只承认新文化运动也许略为便利了五四运动的推行，而五四运动则帮助了新文化运动的加强和扩展。[2]

鼓吹这种见解的人忽略了学生们的行动是和他们的思想发展息息相关的。这派人似乎故意低估新文化运动的重要性，而夸大其他因素对学生的影响，例如无政府主义和民族主义等。凡是细心研究过五四运动史的人，多不曾接受他们的观点。[3] 把"五四"时代的爱国活动和新文化运动或其他活动分开做专题研究，自然无可厚非；但这无法个别单独说明这一时期巨大变动的整体或主流。

另外还有一派人，他们承认"五四"的学生活动与新文化运动二者之间有密切的关系，但是他们却不认为"五四运动"一词应该包括新文化运动在内，因为新文化运动是独立存在的。提倡这种观点的人，主要包括胡适及其他一些学者。基本上，胡适认为，五四运动是一种学生爱国运动，但他更强调当时文化活动的重要性，而不是社会和政治活动。[4] 他采纳孙中山的观点，认为"五四"的学生活动与当时的文学思想运动有密切的关系。孙中山对新思想运动的评价高于其他活动，而胡适则特别注重新文学运动，尤其是白话文问题。由于胡适及其他持相同见解者发表的英文著作，使不少西方人形成一种印象，认为这次新文化运动是"中国的文艺复兴"（the Chinese Renaissance）。

白话文的采用固然是五四运动最卓越的成就之一，然而我们应当认清，文学革命实在只是这段时期里多方面大进展中的其中之一而已。我认为当时的政治和社会活动，以及新观念的出现，其重要性不亚于白话文的推广。此外，我们不能把五四运动只当作是学生运动和青年运动。现在中文惯用的"学生"一词，仅仅指在学校里求学的人，与英文"student"一词的意义不完全相同。"student"可包括学者，或校外自修的人。[5] 当然，学生和青年是五四运动中最大的推动力，然而，成年知识分子，例如大学教授和新思想的作家，却肩负过领导和灌溉"五四"新思潮的责任；而且青年知识分子和成年知识分子二者也都曾参加过学校范围之外发展的活动。这样看来，虽然我们可以从学生运动或青年运动的角度来适当研究五四运动，但却不应该单单从这个小角度来讨论它。

　　关于是否应当强调"五四"的文学方面，或是强调青年方面和政治方面，这在中国已经成为一个政治争论问题。1939 年 3 月，当中共支持的中国青年联合会在延安成立的时候，会中提议把 5 月 4 日定为"青年节"。（纵按：我后来见到一份早期文件记载，1938 年 7 月 9 日三民主义青年团成立后不久，曾提议把 5 月 4 日定为"青年节"。实在延安会议之前。）全国各地许多机构纷纷接纳了这项建议，国民政府也曾予以接受。但其后，1944 年 4 月 16 日，重庆国民政府却改行采用中国文艺界协会的建议，把 5 月 4 日改定为"文艺节"，而另把 3 月 29 日黄花岗烈士殉难纪念日定为"青年节"。后来国民党退居台湾，新中国成立，1949 年 12 月，又重新把 5 月 4 日正式定为"中国青年节"。自此以后，双方都坚持自己的方式来庆祝"五四"。这并不是说，共产党只认为"五四"是青年运动，也不是说，国民党只认为"五四"除了文学外，便没有其他意义。但是这件事例足以部分地显示他们双方对"五四"意义的观点不同。

　　除了上述诸种观点外，还有不少知识分子对"五四运动"一词采取更广泛的观点。他们对这个名词的一般用法同时隐含学生运动和新文化运动两层含义。在这一意义下，五四运动包括 1919 年前后这段时间一切思想变动的各方面。例如，冯友兰所论及的五四运动，是指当时的新思潮和西化运动。[6] 倘若在 20 世纪 20 年代到 40 年代间随便挑出一位水平一般的学生，问他什么是五四运动，他准会回答，它同时包括知识分子的社会改革和新文学、新思想运动。而每当有人讨论"五四"时代新式知识分子所提倡的主旨时，很少有人会不提"民主"和"科学"。"五四"以后，不论是国民党、共产党或其他政党的领袖，也都会不约而同地采纳这种广义的观点。一位没有特殊政治背景的作家说："五四运动当然不只指 1919 年 5 月 4 号这一天的运动，乃是指中国接触了西洋文化所孕育的一段文化历程，'五四'不过是这个历程中的一个指标。"[7]

　　这种对"五四运动"一词所采广义的用法，是有很充分理由的：第一，那些鼓励大众进行游行示威、罢课、罢市、罢工和抵制日货的领导人物，有不少正是那些提倡新文学、新思想和社会改革的新兴分子。而他们在思

想上、行动上的反对者则是中国固有传统的代言人，或自称为固有传统的
代言人。第二，当时思想改革家的反军阀、反强权活动的根据，正是早期
一群知识分子所鼓吹普及的民主思想。由此看来，"五四"的示威活动的确
是早在两三年前就开始的新思想运动顺理成章的结果。第三，许多与示威
运动有密切关系的学生领袖从一开始就认为，"五四"的真精神不只是单纯
的爱国主义，而是基于对民意至上、民权至上和思想觉醒的信念。他们活
动的宗旨不只是要推翻军阀的统治，他们所关心的也不只限于外交问题。
在示威事件发展以后，他们对社会和思想改革，与对爱国运动一般，付出
了同样多的心血。最终，1919 年至 1920 年间的运动留给人最深刻而难以磨
灭的印象，是他们在思想界掀起的革命和社会上推动的改革；这一切活动
的中心思想则是对社会上、思想上和政治上的偶像破坏。由于上面这种种
事实，我想我们应当采用五四运动的广义含义，并且认为这场运动导致了
影响社会诸多方面的巨大变动。

　　因此我们可以对"五四运动"做如下定义：五四运动是一个复杂现象，
它包括"新思潮"、文学革命、学生运动、工商界的罢市罢工、抵制日货运
动，以及新式知识分子所提倡的各种政治和社会改革。这一系列的活动都
是由下列两个因素激发出来的：一方面是"二十一条"和山东决议案所激
起的爱国热情；另一方面是知识分子提倡学习西方文化，并希望能依据科
学和民主观点来对中国传统重新估价，以建设一个新中国。它不是一次单
纯不变、组织严密的运动，而是由许多不同观点主导的活动汇合而成，虽
然其间并非没有主流。[8]

　　此外，五四运动所指代的时间段也出现了混淆。"五四运动"这个名词
往往被作者们滥用。它有时是指紧接在"五四"事件以后的几个月，有时
是指"五四"事件以后的几年；另外一些作者认为这一时段始于 1915 年或
1916 年，终于 1923 年[①]。还有一些作者则把"五四"时代延长到 1925 年，

---

　　① 胡适同意张奚若的看法，认为五四运动应包括 1917 年和 1918 年发展的新思想
运动，也包括"五四"事件以后的那几年。何干之主张五四运动应始于《青年杂志》创刊
的那一年，终于科学与玄学论战结束的时候，即 1915 年 9 月到 1923 年 12 月。[9]

因为那年发生的"五卅惨案"成为另一个时代的开始①。陈独秀在1938年写的一篇文章里，甚至认为"五四"时代一直延长到"现在"。[11] 在本书里，由于我认为五四运动是个多面性的现象，所以没有把它的起讫日期做严格的断限。虽然如此，仔细研究"五四"的主流，我们会发现最重要的事件都发生在1917年年初到1921年年底的5年之间。1917年，新兴的思想界人物，以《新青年》杂志和国立北京大学为中心，团结他们的力量，发起新思想和新文化改革。1921年以后，运动多已发展为直接的政治行动，以后几年里，思想改革和社会改革在一定程度上被忽略了。因此，我们很有理由把"五四"时代划定在1917年到1921年这一段时段之内，而这段时期又可以以"五四"事件本身为标志，划分为前后两个阶段。在第一个阶段里，一些新兴的知识分子集中精力，以他们的思想来感召学生和青年；在第二个阶段里，学生们便成为主力，发动了对中国某些传统和守旧主义的全面攻击。于是活动范围已超出了纯粹的思想界。

不过我们也不应把"五四"时代严格地限定在这几年之内。有些民族思想和新思潮早在1915年就已成雏形，因为这一年的"二十一条"促使大家觉醒，感到国耻沉重；这一年不少学生已开新风气，严肃地考虑中国问题，而且《新青年》（当时还称为《青年杂志》）就在这一年开始发行。我们也不应当认为，五四运动在1921年就宣告结束了。许多"五四"期间发展起来的思想论争，仍是当今最重要的事件。1922—1923年发生的中西文化论战和科学与玄学论战，就是五四运动的直接产物。若是忽略这些，我们便不能对五四运动做出彻底的了解和评估。总之，五四运动应看作历史整体发展过程中的一个阶段；事实上，自19世纪西方势力开始撞击古老的中国，中国就开始了她的蜕变，她调整了脚步，走了相当远的一段路程来

---

① 1925年5月30日，2000多名中国学生和工人在上海游行示威，抗议一名中国工人于5月15日在该市被日本纱厂卫兵杀害。游行中，至少有11名学生和工人被英国巡警枪杀，有20人受伤。6月1日，10余万名中国工人进行大罢工抗议，导致20余艘外国兵舰开进黄浦江，5个国家的海军在中国登陆。5月30日以后，中国人至少再有8人被杀，44人受伤。"五卅惨案"及其后果，在一定程度上留存有五四运动的痕迹，对中国社会有着极深远的政治影响。[10]

适应现代文明，而五四运动实是这段旅程中要事频繁、最富于决定性的一个阶段。

经济、社会和政治背景

倘若我们认为上述对五四运动的理解可以接受，那么就可以提出下面这个问题：为什么中国适应变化的进程在这段时间会加速了呢？要解答这个问题，即使只解答一部分，也必须谈到第一次世界大战开始以后，中国经济、社会、政治情况的各种变化，以及国际大势对中国的影响。

在与现代的西方世界接触之前，中国的经济在本质上是农业性的，工业未曾发展。在这种经济下，她财富的大部分由地主和商人拥有。他们通常以下列四种主要方式来积累财富：将农产品中获得的利润用于购买更多土地、经商、民间借贷，从公职中获得的合法或非法的收入。由于在 20 世纪之前的两千年里，中国的经济一直以农业为主，上述的第二种和第三种财富积累的方法也都往往取决于农业生产。结果，以土地投资方式作为资本积累的观念，左右了中国的传统经济思想。下面这两句谚语式的民谣，确切地说明了这个观念："隔着玻璃亲不了嘴，穷就穷在没有地。"[12] 中国在公元前 3 世纪就废除了长子继承遗产的制度，因此也防止了土地过度集中和大规模财富积累的发生，使家庭和乡村成为自给自足的基本经济单位。半商业半家庭式的、靠学徒制度维持的各种手工业店铺是中国仅有的工业。手工业的生产和交换，大部分由地方性的同业公会来处理。这一切办法和习惯阻碍了国内市场的扩大和大规模工业的发展。

自从 19 世纪西方势力打开了中国的门户，这种自给自足的农业经济制度便开始发生变化。1863 年中国设立了第一间工厂，是一家兵工厂。然而在 19 世纪后半期，中国的工业仍旧很少有发展的机会，部分原因在于，列强通过暴力或外交手段攫取特权，将物美价廉的外国工业产品向中国市场大量倾销。

这种外国商业竞争的压力，直到第一次世界大战爆发后，才告减轻，因为那时西方列强都正专心致力于军需品的生产。从那时开始，由于入超量的减少，中国的民族工商业才得到一个喘息和发展的机会。1914 年到 1920 年间，纺织厂、面粉厂和其他轻工业所生产的国货数量有了显著的增长。这些年的繁荣景象，后来回顾起来，常被认为是中国工业史上的黄金时代，至少和以前相比，情形确是如此。[13] 由于这一次的发展和西方资本主义势力的长期侵入，中国传统的自足农业乡村经济的崩溃更加速了。土地投资已渐渐显示出向工、商、金融等企业投资转移的征兆。培育工业发展的新兴组合股份公司比起以前发展得更快。1920 年前的那几年，中国的国币"银圆"已大半取代了墨西哥银洋，于是国内部分地区获得了币制统一，促进了金融活动的发展，大城市里开办了更多的新式银行，许多旧式的钱庄也改组为银行。1912 年、1915 年、1919 年、1920 年和 1921 年，都是现代中国货币与信用制度发展过程中具有里程碑意义的年份。而资本的集中和都市经济的成长等倾向，也都日益显著。然而，这些经济的变化仍属于雏形阶段，而各处发展不均。虽然一些中国大都市的经济特色，在一定程度上变得与 20 世纪的西方都市一样，但是内陆辽阔的乡村地区仍然保持着上古和中古时期的经济特色。中国的农业经济制度正在开始分崩离析，但是还没有被一种现代的经济制度全盘取代。20 世纪初期，中国必将产生一种社会经济转变程序的模式，从破坏到废物清除、重建和改革，这是早就可以预期到的。但是相反地，事与愿违，第一次世界大战结束后不久，上述培养了中国经济跃进式发展的国际局势也宣告结束。由于日本对华影响的增加，以及其他列强纷纷重回中国市场角逐，中国初具雏形的工业举步维艰，浮沉不定。[14] 中国和列强经济势力的利益冲突，日趋尖锐。这些相继出现的经济变革、国内繁荣、危机，以及存亡的挣扎，在不同的时段显著地影响了当时的政治、文化活动。

伴随着经济方面的变化，许多重要的社会变迁也在发生。中国旧有的寡头政治制度之所以能够维持，是因为三股社会势力的联合：一方是皇室和军事集团，另一方是地主集团，在这二者之间还有士大夫集团。可是到了 20 世纪初，这一传统社会的均势联盟已经严重失衡。科举制度已在 1905 年废除，而新的有效的人事铨叙制度尚未确立。具备能力的有志青年，大都不能通过正规途径获得公职。在历史上的危难时期，中国社会通常依靠家庭或乡村的各种自给自足及合作方法来补救，以渡过难关；但由于这次危难的无比艰巨，已远非那些传统的方式所能救济。再者，随着新兴都市迅速发展，新式商人、企业家和城市工人的数量也在不断增加。20 世纪的前 30 年，中国城市的扩展速度是惊人的。例如，1919 年"五四"事件发生的时候，北京约有 60 万人口；到 1923 年，即 4 年以后，北京的人口数便增至 110 万，几乎是 1919 年的两倍。[15] 由于内战（1915 年到 1922 年间有 10 次严重的内战，它们的持续时间总计 48 个月之久）、[16] 灾疫以及农村经济的崩溃，失去土地的农民和失业者的人数大增。他们变成穷人之后，很多人背井离乡，成为职业军人，有些则沦为土匪或流氓。这批不安的人口，滋养了军阀主义，五四运动之前的几年，是军阀主义发展最迅速的阶段。同时，一个根本且长期重要的因素，开始在中国社会发挥巨大作用。由于地主和士大夫的逐渐式微，一群掌握了一定现代西方学识的新式知识分子出现了①。自 1907 年新式的西方教育制度开始大规模施行以后，此后的 10 年内，大约有 1000 万人曾经或正在接受各种方式的新式教育。（统计见本书附录一。）他们与现代西方文明的种种接触，与传统思想意识及统治阶级逐渐背道而驰，使他们能带领其他不安的民众，向"救中国"这个目标进军。五四运动正是反映了以上各种社会势力的重新组合。

同时，1915 年以后，中国国内和国外的政治局势也是培养革命的一片沃土。第一次世界大战期间及结束以后，民族主义和民主政治的氛围在全

---

① 这里我所用"知识分子"一词比西方的 intelligentsia 含义较广，我用它来指代稍富于流动性的知识分子集团，包括一定程度上受过良好教育的公众、教师、学者、中学大学及其他专门以上学校的学生以及新士大夫阶级，并且包括其他职业性的新闻工作者、作家、艺术家和律师等。在以后的讨论里，我们将采用旧式士绅阶级（old gentry）来指拥有土地或没有土地的、只受过传统教育的人群，他们构成了全国各地方统治势力的一部分，或者是官僚职位的候选人；而"新式知识分子"（new intelligentsia 或 new intellectuals）一词则指那些多少受过新式教育，或有西方学识的人。因为在五四运动期间，大约 80% 的中国人仍旧是不识字的，所以这些名词的应用特别富有意义。

世界盛行，尤其是亚洲地区。美国总统威尔逊（Woodrow Wilson，1856—1924）的政治理想主义，例如他所提倡的废除秘密外交、保障小国的政治独立和民族自决等，都获得了中国知识分子的拥护。欧洲政治新思潮的转变，新兴共和国的增加，女子选举权的争取，创制权、复决权、罢免权等民权的确立，以及工业民主（industrial democracy）等，都增强了中国人的希望。但是当列强企图在巴黎和会上重建他们的殖民地政策时，中国人民由空虚的希望坠入深切的失望，于是爱国情绪就空前地、如火如荼地蔓延开来。另一方面，在这个时期，许多国家都爆发了革命，显示出借群众起义来改变大局的可能性。1917年俄国的十月革命，加上芬兰、德意志、奥地利、匈牙利和属于德国的巴伐利亚及其他各国爆发的社会主义革命，都影响了东方的政治趋势。日本在1918年8月爆发了"抢米风潮"，朝鲜在1919年3月1日发生了也是以学生为主的"三一运动"。"五四"事件的前两个月，第三国际（the Third Communist International）成立，并且在莫斯科召开了第一次世界代表大会。

　　与这些国外的革命狂潮相比较，中国人当时却活在一团漆黑的国内政局中，共和政府虽然试行了中国史无前例的政党政治，而实际上则完全被军阀操纵。1914年，军阀总统袁世凯解散国会，废除宪法。1915年和1917年相继发生了没有成功的帝制运动和复辟运动。袁世凯取消共和政体，自1916年元旦起，到3月23日止，改称"洪宪"帝制，前后共83天。安徽省督军张勋拥立清朝的末代皇帝溥仪复辟，由于他的辫子兵在北京被驱散了，只支持了12天之久（1917年7月1日至12日）。自此以后，全国各地的实权都落在互相对抗的督军手里，而中央政府的大权则落在袁世凯的旧部段祺瑞手里。段氏就是受日本经济支援的军阀官僚政治集团——安福系——的领导人。为了反对这样的北京政权，1917年9月1日孙中山在广州组织军政府。从此以后，发生了一系列胜负不定的南北内战，举国为之骚动。"五四"事件之前不久（1919年2月20日起），北京和广东双方在美国总统威尔逊的鼓励下，在上海举行了一系列拖延的、徒劳无功的南北内战和谈，这简直是第二次世界大战后，美国政府所建议的类似和谈的讽刺性预演。上海和巴黎两处和议的忽起忽落、惊疑不定，在心理上给予中国人的社会情绪以极度的干扰。我们应该记住，辛亥革命一方面由于推翻了皇权而增加了对民族革命和民主改革出现的希望；在另一方面，革命以后的若干年里，中国人的政治思想和活动并未远离传统的方式，大部分民众仍然遭受着专制且极端守旧的官僚的压迫，他们还像从前一样地服从权威，服从武装势力，服从传统的伦理和政治教条。这些政治上的混乱和落后现象，更坚定了新式知识分子的信念：为了使古老的中国重获新生，必须实行大规模的基本改革。同时，段祺瑞之所以拥护徐世昌当总统，本是皖系想利用他来对付直系和其他军阀，徐上台后则企图通过与南方议和来节制段派，因此当时的新式知识分子反对段派亲日，不但有南方和国民党及进步党的支持，并且有北洋政府内反段系势力的制衡。"五四"的成功，可说时机难得。

五四运动的历史意义

在中国历史上，可以找到许多与五四运动在某些方面存在相似的事件。由学生带领，批评或干涉政治的例子屡见不鲜。最早见于记载的，是郑国人在乡校里批评朝廷的事件，发生于公元前 542 年，即孔子诞生后 9 年。郑国当时的执政子产没有听从别人的建议去关闭学校，而是虚心接纳了批评。他说："（毁乡校）何为？夫人朝夕退而游焉，以议执政之善否。其所善者，吾则行之；其所恶者，吾则改之。是吾师也。若之何毁之？我闻忠善以损怨，不闻作威以防怨。岂不遽止？然犹防川，大决所犯，伤人必多，吾不克救也；不如小决使道，不如吾闻而药之也。"他这种开明宽容的政策受到当时及以后许多中国历史学家（包括孔子在内）的赏赞。[17] 在西汉末哀帝元寿二年（公元前 1 年），1000 多名太学的学生在博士弟子王咸的领导之下，抗议朝廷惩处一位刚正的官吏司隶鲍宣。这是中国历史上第一次太学学生直接干涉内政的事件。在公元 2 世纪东汉时，太学生郭泰和其他人联合了朝臣和思想界的领袖们，大胆批评朝廷和宦官，后来数百官吏和学生被当作"钩党"关入牢狱并判处死刑，造成"党锢"事件。这是中国历史上第一次主要的党争。[18] 在宋朝（960—1279），学生运动更趋于空前普遍。徽宗宣和七年（1125），太学生陈东（1087—1128）领导太学学生，请求皇帝处死宰相和部分军事领袖，控诉他们处理国事失误；但是这次上书没有任何结果。第二年，即钦宗靖康元年（1126），陈东又率领几百名太学生伏阙上书，当时支持他们的"军民不期而集者数万人"。他们要求皇帝惩罚宰相，起用李纲为相，并且采取强硬的外交政策，以抵抗北方来的金人的侵略。皇帝的内侍遭受民众猛烈的袭击，被杀死了数十人。结果朝廷处死了与这次暴力行动有直接关系的民众数人，但也受到民意逼迫，改变了一些外交和内政政策。这是中国有史以来第一个在校学生领导平民干涉外交政策的典型例子。后来陈东和许多其他学生也都被处死了。然而，在宋朝后期仍然发生了五六次类似的学生运动，并且还有学生罢课事件的记载。在宋代的历史里，也可以找到教师们鼓励或支持学生运动以反抗朝廷的事例。[19] 依循这些先例，明朝（1368—1644）的学生运动，更连续不断地卷入党争的旋涡。[20]

　　这种学生干涉政治的现象为什么会在中国发生呢？在君主政体之下没有真正的立法机构，或一种民众代议制度，少数受过教育的群体想要设法表达自己的观点也许是不可避免的。事实上，中国几千年来，在危难时期，往往是官办学校，通过教职员和学生团体，担当起公意代言人的角色。中国早期和现代的评论家们大抵都赞同这种活动。例如 17 世纪，著名学者和思想家黄宗羲（1610—1695）实际上就曾主张过一种政治制度，把学校当作消息灵通的发表公共舆论的场所，或一种立法代表机构；并且他认为这种制度是中国上古的"三代遗风"。[21]

　　五四运动的学生们接受了这种学生负有政治使命的传统观念，可以从他们的出版物中再三强调这一观念作为证明。[22] 但是 20 世纪的学生运动和它们的传统模范，却有一个很重要的区别。"学校"和"学生"二词在中国古时的用法，不同于五四运动时期的一般用法，事实上，也不同于 19 世纪末 20 世纪初学校制度已逐渐改向西洋方式时的用法。传统的官办学校，套用现代的制度来比较，大致从中学阶段开始，它们与科举制度关系密切，这些学校既是未来官员的人才储备处，同时也是学习机构。因此，它们比起今日的学校来，入学的成年人似乎较多，而年轻的知识分子较少。这些官办学校的成年知识分子对政治的关切，又超过一般散布各地、在私人教师教导下年纪较轻的学生。换句话说，就是中国传统的私塾由于它们多半是独立的，组织规模也比较小，所以很明显地，比起公立学校来，不太能够参加学生运动。不过一些规模较大的私立或半公立的"书院"，有时候却对民意发生过影响。

同样地，"五四"时代的文学和思想变动就某方面说，在历史上也有先例。周朝（约前 1046—前 256）的后期，文学和思想都有非常重大的进展。当时文字的语汇里加入了许多新的地方语成分。唐朝（618—907）发生了一次重要的文学改革，就是所谓"古文运动"。新的诗体和新的散文体的成就都很大，佛教的禅宗也逐渐发展。随后，宋朝（960—1279）出现理学，以对抗中世纪精神。在元朝（1271—1368），新的戏剧形式发展欣欣向荣。明朝（1368—1644）时，白话长篇小说和短篇小说大为流行。后来到了清朝（1644—1911），研究古典学术的考据学兴起，以填补过去理学、心学的空虚。

尽管有上面那些先例，五四运动在活动的广度和意义的深度两方面说来，仍然是独一无二的。[23] 第一，这是中国知识分子首次觉察有必要彻底改革中国文明。在与现代西方接触以前，除了印度佛教的影响之外，中国文明从来不曾严重地受到外来势力的全面挑战。佛教虽曾密切地触及中国思想和社会生活的许多方面，但对中国主要政治和经济制度的影响却较小。由于西方在科学和其他方面超前了几百年，加上其他许多由于双方社会殊异而产生的因素，使得西方对中国的影响远非过去那些外来影响可比。在1840—1842 年的鸦片战争证明了西方列强势不可挡之后，中国知识分子中的领袖人物开始觉悟到中国确实有学习西方科学的技术的必要，尽管他们仍旧认为中国的传统制度和传统思想比西方高明，因此不需要改革。经历了 1894—1895 年的甲午战争，中国被日本打败以后，她对西方文明的第一个反应阶段也宣告结束。从那时起，中国的青年知识分子鉴于日本明治维新的成就，认为除了要学习科学的技术之外，中国还应当效法西方的法律和政治制度；但他们仍然坚持那些他们心目中认为更基本更实质的中国哲学、伦理观念和传统社会的基础原则，不应当被改变。张之洞在1898年用一句话简单扼要地表达了这个观念："中学为体，西学为用。"①可是1898年的戊戌百日维新无法把倡议的法律和政治制度改革付诸实现，而1911年的辛亥革命也只完成了其中的一部分。民国建立以后，军阀势力的抬头和两次复辟帝制运动的企图都证明，倘若只改革法律和政治制度，而不做其他方面的变更，一定难以取得进展，于是发展到第三个阶段，就是五四运动时代。在这一运动期间，新兴的知识分子不仅公开主张需要介绍西方科学技术、法律及政治制度，而且还宣称传统的中国哲学、伦理观念、自然科学、社会学说和制度，都应该彻底重估，参考西方的这些部门，重新创造。这不同于前一时期鼓吹的那种有心无意的改革或是局部革新，它是一种广泛的、热烈的企图，要推翻那停滞不前的旧传统的基本因素，而以一种全新的文化来取代它。[24]

五四运动也显示了中国知识分子对个人人权和民族独立观念的迅速觉醒。它通过从思想和行动方面团结群众的方法，加速了中国循着"民族国家"（nation-state）制度形态而达到统一。当然，中国的人口众多——恰如罗素（Bertrand Russell）所说的"人类的四分之一"（a quarter of the human race）[25]——他们想要达到个人解放，促进民族国家意识和社会平等，即使再过几十年，也不可能完全达到目的。然而，这段时期中国知识分子因循这些方向所加强的自觉和活动，仍是一件具有全世界性意义的事。这也是所有历史学家都承认的。更进一步说，由于这场运动在经济、社会、

---

①　"中学为体，西学为用"这个企图综合中学西学的口号，可能是与日本的一个类似的观念相互影响或并行发展出来的。日本人为了证明他们学习汉学的必要性与合理性，曾经提出"和魂汉才"的说法，据说这是菅原道真（Sugawara Michizane，845—903）首先提议的。后来在19世纪时，西学的倡导者之一佐久间象山（Sakuma Shōzan，1811—1864）又提议"东洋精神、西洋技艺"。甚至热心推行西化运动的福泽谕吉（Fukuzawa Yukichi，1834—1901）也造了一个可能是由上述推演出来的流行口号"和魂洋才"。

政治和思想各方面，也都提供了或认同了许多新的因素，因此它成为了解现代中国过去40年（这是从1959年倒算起。——译者）的首要关键。由于随后几十年绝大多数激烈的论战和斗争都是由这场运动所触发，若是不研究它，我们必然会误解这些真正论争的渊源和性质。事实上，当今中国的政治局势可以说是直接或间接由这场运动发展出来的结果。"五四"的余波并没有消失，它一直持续到现在，并且可能指向将来。不但如此，近代中国大多数领导人物，从文学、哲学，到经济、政治等各界，大都受过"五四"时代的教育和训练，而且多因参与这场运动才开展他们一生的事业。这次经验一直影响着他们的思想和心理。虽然一些守旧分子把所有中国后来发生的灾祸全都归罪于"五四"，但是年轻一代几乎全都认为"五四"对他们始终有着"深厚"的恩惠。[26]一位重要的报纸主笔曾说："我是'五四'时代的青年。'五四'开始启迪了我的爱国心，'五四'使我接触了新文化……无论如何，'五四'在我心灵上的影响是终生不可磨灭的。"[27]综合以上所有事实，我们可以合理地断言，若是不知道这场运动的主流，绝不能充分了解现代中国的本质、精神和情绪。

最后，在我们评述中国与西方的关系时，更不能忽略这个运动。我们都知道，这期间对中国传统伦理观念、习俗和制度最大的挑战，就是以自由主义、民主、科学等观念的面目出现的西方思想。西方各国的，尤其是美国的巨大影响是不可否认的。然而，受到苏联快速发展的事实的激励，伴随着高涨的民族主义情绪，在此后的几年里，社会主义思潮变得更具影响力。西化重点在此时从自由主义转变为社会主义，这个现象可以用下列各种原因来解释：中国需要急速工业化，多次屈辱地战败，同时具有权威主义的政治传统，加之社会主义的理想主义对一个基于合作、而非基于个人主义的社会可能产生较大的吸引力，还有国民党在这场运动期间和随后的种种政策。另一方面，西方列强为了争取中国经济利益而采用种种遭人厌恨的帝国主义手段，以及中国自由主义者的错误政策和低效率，都证明了西方文明的大缺点。除此以外，若是仔细研究西方各国对五四运动本身的政策和态度，也可以帮助我们对这次思潮起落转变的原因，有进一步的了解。

　　以上我简短地陈述了五四运动的范畴和意义，尤其着重它发生的背景。后续章节对运动中种种事件和观念的评述，希望将能呈现一幅充分的图像，以显示这曾撼动了中国的根基，而 40 年后仍然余波激荡的 20 世纪的知识分子思想革命。

上　编

运动的发展

第二章

促成五四运动的力量（1915—1918）

为了弄明白五四运动的内在情绪和思想，我们必须探究日本对华政策所引起的中国人的反应，和第一次世界大战期间中国留学生在国外的种种活动。关于前者，当时代表一般中国民意且后来形成五四运动主要力量的，大致上有不同的两种人：一种人是由于对近代帝国主义的反应，救国的愿望偏重于充满强烈的爱国热情；另一种人则是受了西方文化对中国冲击的影响，注意力重在提出各种不同的改革计划以促成中国现代化。前一种人里面既有读书人也有不识字的人，他们供给五四运动的情感动力较多；后一种人多是青年知识分子，他们主要赋予五四运动以思想内涵。

其实一般民众的救国热忱和知识分子的亟于改革，在19世纪末已经开始了。可是直到第一次世界大战初期，因为受了日本政府对中国的政策和行动的刺激，中国大多数民众对国耻才开始有激烈的反应。在同一期间，新式知识分子也认识到自己必须振奋起来，带领同胞走上彻底现代化的道路。

另一方面，那个时期中国留学生的数量激增，他们和西方的密切接触给他们带来新的思想。这些新思想后来又启发了其他新式知识分子，共同激起了五四运动。

国内爱国分子的国耻感（"二十一条"的刺激）

清末的中国人认为自己的重大责任不外乎是"富国强兵"，对帝国主义根本上的种种危险茫然无知，然而，"五四"期间的中国人与之不同，他们明白当前的急务是把中国从列强的辖制下解救出来，他们团结群众的口号是"救国"。这个口号，最初出现在1894年甲午战争时，中国被日本打败以后，到了"五四"期间就更是广泛流行了。这反映出当时的中国人，特别是知识分子，对中国在现代世界里挣扎求生存所遇的种种危机已经有所察觉。日本的"二十一条"所带来的耻辱和其后所发生的事件更大大加速了觉醒的进程。

1915年1月18日，一个阴冷凄凉的晚上，日本驻华公使日置益（Hioki Eki）一反正常外交途径，在一次私人的会晤中，向民国总统袁世凯呈递了几页写在有兵舰和机关枪水印的纸上的文件，这便是恶名昭著的"二十一条"。日本公使在向袁世凯呈递这些要求前，警告中国政府必须"绝对保密，否则须负所有严重后果之责"。[1] 在开始谈判时，日方也显得极其神秘。日本采用这些特别水印的纸，绝对不是偶然的，而是对文件内容和意图的一个威胁性暗示。这些要求对中国人民自尊心的损害之大，是真正的坚船利炮也从来未能做到的。

通过这些要求，日本实际上想控制中国东北、内蒙古、山东、东南沿海区域和长江流域等地。假若中国答应了这些要求，上述所列的这些地方都要沦为日本的殖民地，整个国家的经济和行政也都要受到日本的操纵。其中的第五项要求，日本更是意图在事实上完全剥夺中国政府对内的控制权。所以这项要求的内容，日本最初并不想让其他列强知道。根据这项要求，中国无论在政治、经济、军事上都必须雇用有决定性影响的日籍顾问；日本在中国土地上有权建立日本医院、教堂和学校；重要城市的警察必须由中日合作组织和管理；中国所需军器的半数或以上要购买日本的产品，或准许在中国领土上建立中日合办的兵工厂。除此之外，还有其他种种类似意图控制中国的要求。[2]

紧接着条件提出而举行的中日谈判，持续了将近四个月。最后，在1915年5月7日下午3时，日本提出最后通牒，要求中国"不加修改地接纳第一、二、三、四项内所有的要求和第五项内有关福建的要求"。[3]第五项内其他比较苛刻的项目都已删掉。面对这个威胁，又考虑到要求提出以后已经开入中国境内的日本军队，袁世凯政府不等国会通过——根据宪法，这类事务必须经国会通过，可是当时国会已经被袁解散——在5月9日下午1时便接受了日本最后通牒中的所有要求，并在5月25日签订了中日《民四条约》。

在谈判期间，中国政府采取了前所未有的策略，利用中外新闻界以争取道义上的支持。[4]虽然日本要求对条约内容严格保密，但还是逐渐被中国的官员泄露给新闻界了。当中国的报章杂志与公共舆论一致抗议日本的要求时，政府却放松传统政策，没有加以管控和压制。谈判进入第二阶段时，日本的外务大臣加藤高明男爵（Baron Katō Takaaki）要求中国政府对新闻加以审查管制。[5]第三次会议时，日置益向中国新任外交总长陆徵祥（1871—1949）抗议中国政府一反传统习惯，不仅对报界言论不加管制，更利用这些言论来帮助中国谈判。面对这个抗议，陆徵祥的回答是："现在已不再是满洲人统治的时代了，中国人已经享有新闻自由。"[6]陆的答辩当然似是而非，在袁世凯的政权下哪里有真正的新闻自由。袁世凯对这次谈判的政策无疑只是想短时间内争取群众对他个人的支持。事实上当时中国政府也正式承认采取这种政策①，再者，在答复日本要求共同拥有汉冶萍煤铁公司时，袁世凯就借口该公司是私人企业，中国政府无权干预。[9]

在当时政治混乱、社会落后和军阀统治的情况下，这次事件可说是中国人民在近代史上第一次大规模公开发表自己的意见。新式知识分子的声音，代表了国民对国耻的感受，响彻全国。当谈判还在北京进行的时候，

---

① 中国外交次长、实际谈判的负责人曹汝霖在1915年3月5日写给东京驻日公使陆宗舆的信中，承认这个"舆论政策"的负责人是顾维钧。[7]当时美国的驻华公使芮恩施（Paul Reinsch）也这样说："中国人是依靠公众舆论的。"他更特别把袁世凯也包括在内。[8]袁的"舆论政策"，主要目的显然是要激起世界舆论对中国同情，而并非想扶持中国新闻界本身。可是为了他个人的野心，也同时希望中国的舆论能支持他的政府。

中国各地群情激昂。几乎所有的中国报章杂志都表现出强烈的反日情绪。中国留美学生听到新闻说"国内各地都表现出爱国忧国的情绪"便感到十分高兴。十九省的都督向中央呼吁，切勿向日本的要求屈服。据说每天总统府"潮水般涌进"无数的信件和电报，都是中国人民为了表示他们的愤慨而发出的。[10]

当北洋政府因为最后通牒而接受日本的要求后，中国民众的愤慨达到了顶峰。"毋忘国耻"的标语在全国随处可见，或是涂写在墙壁上，或是附在商品的商标上，或是印在信纸信封上。[11] 5 月 7 日和 5 月 9 日立刻被命名为"国耻纪念日"[12]，蒙受国耻的经过也被写进了教科书。[13]

中国的官员和民众两大群体对"二十一条"有着不同的反应。就官方而言，中日《民四条约》签订以后，有许多官员立刻提出了一个救国计划，[14] 并且得到了袁世凯的认可。但是不久之后这计划便被抛诸脑后。[15] 就民众方面而言，这项条约有两个必须注意的重要后果：第一，新的民族主义逐渐形成，不少人觉悟到中国人如要生存，便必须抵抗外国的侵略。这个感受从日后"外争国权"，后来改成"外抗强权"的口号可以看出。这个口号也是五四运动中最流行的两个口号之一。不少西方的观察者都注意到"二十一条"对中国民族主义发展的影响。譬如，其中有报道："中国的青年眼见他们的祖国要被吞并。日本透过'二十一条'所表现出的态度，毫无疑问地显示出中国唯一的希望，只有采取强烈激进的民族主义政策。"[16]

第二，被视为侵略者的外国势力使得中国全国起码在那一段时期有了团结一致的精神，很多政治派系都联合起来支持袁世凯。当时最大的反对党是国民党，它在 1914 年已在东京改组成为地下革命组织，此时也宣布支持北京政府。一个国民党的领袖说："让我们停止内部斗争，团结一致，面对共同的敌人。"[17] 同时袁世凯正如上文所述，既不干涉当时新闻界的反日行动，又极力对其他革命领袖表示妥协，想借此提高自己的声望。当时的新闻报道称，在中日谈判期间，袁世凯政府特赦了孙中山、黄兴和许多其他革命领袖，并且许诺只要他们愿意回国并宣布效忠政府，便给予他们高级职位。[18] 最后，由于每一次紧急局势都会为野心独裁者提供一个良好的崛起时机，袁世凯受到当时舆论和政敌对他的自发性支持的鼓舞，也自信地认为他当皇帝的美梦已经得到人民支持。[19]袁世凯企图恢复帝制的阴谋，是对中国人民，尤其是对当时的新式知识分子的一个警告：要救中国必须铲除所有的军阀和卖国者。这个观念逐渐加强，后来便产生五四运动期间另一个最流行的口号"内除国贼。"

虽然民族主义和反军阀的情绪都是直接或间接地因"二十一条"激发出来的，反军阀的情绪却一直到几年之后才变得较明显。在当时，民族主义的热情是群众反日运动最主要的动力。公众在1915年1月26日发现日本所提的要求，便召集了许多群众大会。2月19日，上海成立了"市民爱国会"，专门反对"二十一条"要求。2月底，美国旧金山的中国商人致电广州的南方军政府，建议抵制日货，但广州方面当时为了避免使政府在与日方谈判时为难，没有接纳这个意见。然而就在同时，"国民对日同志会"已经在上海组织起来了。1915年3月18日，同志会在公共租界召开民众大会，参加人数达到十数万，坚决发起抵制日货行动。抵制行动很快便传播到其他城市，甚至专卖日货的商人也参加了。这次行动立刻震惊了日本政府。在日方压力下，袁世凯在3月25日下令禁止抵制日货运动。[20]然而，中国人的愤怒已经不是一纸禁令所能制止的。抵制运动在4月里开始传播到长江各口岸和北方各城市。汉口的商人在听闻当局已允许日租界举行提灯游行以庆祝日方谈判胜利的消息之后，便于5月13日开始示威游行并抵制日货。所有商店都罢市，有三家日本店铺被抢掠，两名日本人受了伤。在中国军队一团奉命开入汉口但尚未到达之前，英俄的军队已经扛着上了刺刀的枪，把聚集的中国人驱散了。日本驻军也下令开出军队，但不久后撤退。[21]

抵制日货的运动很快就遍及中国南方。北京、上海、汉口、长沙、广州，甚至在海外的旧金山，中国人都成立了抵制日货的特别组织。[22]东京方面为此大感不安。6月中旬，日本正式向中国抗议中国境内的反日运动。[23]6月29日，袁世凯再度命令各省政府禁止抵制行动。[24]结果，商人放弃了"抵制"这个名词，可是却提出"振兴国货"的口号，继续不用日货，并且成立了"劝用国货会"。抵制运动从 1915 年 3 月一直继续到同年年底，其中最有效的时段大概是从 4 月到 8 月间的 5 个月。这次抵制日货是中国有史以来第五次抵制外货运动，却是第一次感受到该手段在参与人数众多时所产生的威力。在最严厉的抵制期间，日本对华贸易遭受了空前的损失。

这次抵制日货运动发生的时机，正值中国的民族工业受到第一次世界大战期间国际贸易失调的刺激而迅速发展，因此也成为促进当时中国工业发展的一个重要因素。5 月间，上海成立"知耻社"的同时，另一个名为"救国储金团"的组织也成立了，它的目的是募集 5000 万元资金帮助发展本国工业。据新闻报道称，捐款人包括社会各阶层人士：从最富到至贫的都有。[25] 抵制日货运动爆发以后，中国多种轻工业的生产都显著增加。[26] 中国接受日本的要求后不久，一位美国通讯记者便注意到"二十一条"所激起的中国人团结一致的决心和中国经济与商业上的潜力。他相信此番中国努力发展工业，特别是棉纺织工业，可能会"维持久远"，因此对日本的主要贸易将会给予"致命的"影响。他在新闻稿里写道："那么多中国人内心充满了国耻感，深切的怨愤和精神上的苦恨，使得抵制日货运动变得实际且必要，因为人民已下定决心尽量不买日货了。"[27]

这可能对当时的情况估计得过于乐观。虽然中国人的确开始觉悟到救国的必要，可是他们对建设经济的努力还只是初步的。而且类似于应该采取什么步骤去救中国这一类具体问题，当时的一般知识分子都很少去直面思考，至于普通民众就更不用说了。当前的危机并没有使中国人立刻彻底改变他们习惯上对政治、国事漠不关心的态度。一位日本作家当时在一篇题为《中国民族性和社会组织》的文章里，就指出这一事实。这篇文章引起了中国作家们，如陈独秀等人的痛切感慨。[28]

可是少数活跃的中国知识分子，特别是回国或仍在国外的留学生，对中国的基本问题却变得比从前更了解和关心了。他们开始思索，究竟中国传统文明是否需要从根本上进行一次彻底的改革。

海外留学生改革的热忱

近代中国的改革运动，受到了由不同方式诱发的各种因素的刺激，这些因素包括从不同国家回来的留学生和传统的理论及历史上的先例。然而，与后来的模式不同，清朝末年从西方回国的留学生几乎没有一人参与当时正在发展的改革运动。当时改革的发起人和领袖，通常都是不懂西方语言的。正如梁启超所说："晚清西洋思想之运动，最大不幸者一事焉。盖西洋留学生殆全体未尝参加于此运动；运动之原动力及其中坚，乃在不通西洋语言文字之人。坐此为能力所限，而稗贩、破碎、笼统、肤浅、错误诸弊，皆不能免；故运动垂二十年，卒不能得一健实之基础，旋起旋落，为社会所轻。"[29] 可是到了五四运动时期，新的思想和行动便往往与归国留学生有了密切的联系。

说起19世纪下半叶，若就西方影响之下产生的中国改革运动而论，它的模式可说大部分是以当时第一号强国大英帝国的社会政治思想为榜样的。严复翻译的几乎所有著名篇章都采自英国资料，林纾的翻译也有将近三分之二是英国文学。然而在19、20世纪交替的期间，大部分中国学生却是到日本、美国或欧洲大陆，特别是法国求学的。因此，这三个国家变成了外国影响最主要的中心。每一个国家在中国都烙下它们各自不同的文化模式和政治与社会信仰因素的痕迹。从留学生对中国问题所提出的各种不同甚至相反的解答，便可以看到这三国文化上相异的地方。五四运动也反映出这些不同的影响。

在美国发生的思想和文学上的争论

美国是近代中国正式派遣留学生的第一个国家。早在1872年，30名中国男孩便已经被派到美国接受教育。然而直到1909年，中国留美学生的数量并没有增加多少。同年，美国政府决定退还庚子赔款，帮助中国派遣留学生赴美。[30] 到了1915年，在美国专门学校及大学留学的中国学生，便已超过 1200 人了①。

日本对中国提出"二十一条"的消息使这些留美学生群情激昂。他们的情绪，从他们所办的刊物，学生联合会的喉舌《中国留美学生月刊》（*The Chinese Students Monthly*）可以看到。1915 年 3 月的刊物，几乎用全部的篇幅来讨论这个问题。有些学生说，中国应该斗争，仿效比利时的抵抗，而不应像朝鲜一样被征服统治；有些人主张中国不应被"日本化"（Japanned）；另外一些人认为，目前中国国内的这个危机，需要各人"放弃自己前途的原定计划"，做"重大的牺牲"。其中一篇社论说："我们应该做对国家最有贡献的事，如果必要的话，甚至牺牲生命。……中国现在需要能干的人才比需要任何其他东西更为迫切。因此，我们的责任十分简单——回国去！"³² 有些中国学生甚至愿意利用暑假，到美国军部主办的军事营地受训。³³

当一般中国留美学生的愤怒情绪高涨的时候，却有少数人发出了警告，呼吁留学生们保持冷静。胡适（当时英文署名 Suh Hu）②，时任该月刊的国内通讯版编辑，写了《给全体中国同学的一封公开信》，呼吁大家采取"清醒的爱国主义"（patriotic sanity）。他说：

---

① 美国官方公布的教育统计数字，估计在美国大学学习的中国学生有 594 人。但根据中国学生联合会更准确的调查显示，留美的大学生有 800 人，总数达 1200 人。³¹

② 胡适是近代中国最有影响力的自由主义学人，他被认为是第一个大力提倡白话文学的诗人。1891 年出生于上海，原籍安徽绩溪，父亲是一位知名学者，清末曾在东北地区和台湾任职。胡适 3 岁时父亲便去世了，从 3 岁到 12 岁，他的叔父和堂兄教授他重要的古典著作，同时他自己也看了不少白话文的旧式小说和传奇。1904 年，到上海求学，第一次接触西方知识，并极大地受到了严复的翻译作品和梁启超文章的影响。从 1906 年到 1908 年，当他在中国公学读书时，已萌生了用白话文写作的念头。1910 年，他通过政府举办的庚子赔款甄别考试，被选派到美国留学，最初学的是农科，后来转学哲学。1915 年，在康奈尔大学（Cornell University）获得哲学学士学位。1917 年，在哥伦比亚大学（Columbia University）获得哲学博士学位。从 1917 年到 1927 年，他在北京大学担任哲学教授，后来担任英文系主任；1930 到 1937 年，担任文学院院长；1945 年到 1949 年，担任校长。抗日战争期间（1938—1942），他被任命为中国驻美大使。1949 年以后，客居纽约，1958 年回到台湾担任"中央研究院"院长。他一生获得了三十余所欧美大学的名誉博士学位。³⁴

就我看来，我们留学生，在这个时候，在离中国这么远的地方，所应该做的是：让我们冷静下来，尽我们的责任，就是读书，不要被报章的喧嚣引导离开我们最重要的任务。让我们严肃地，冷静地，不被骚扰，不被动摇地去念我们的书。好好准备自己，等到我们的国家克服这个危机以后——我深信她必能克服这个危机——好去帮助她进步。或者，如果必须的话，去使她从死亡里复活过来……

远东问题最后解决的办法，并不在于我们立刻和日本开战，或者在于其他列强的干涉……最后真正的答案，必须向其他地方寻求——也许比我们现在所想象的答案要深刻些。

我并不知道答案在哪里，我只知道答案不在这里。我们必须冷静客观地去把它找出来……[35]

这封信引发了激烈的辩论，胡适被他的同学们骂作"卖国贼"[①]。月刊的总编辑邝煦堃，当时是新闻系学生（后来改行从事外交），便写了一篇长文回应胡适。他认为，胡适的不抵抗主义根源于老子、耶稣和释迦牟尼的教训。

在胡适思想某些晦暗的角落里，他似乎同意我们，认为他自己说的不抵抗主义在某些情形下并不适当，而必须被放弃。他在公开信里说："如果有必要的话，去使她（中国）从死亡里复活过来。"但是用什么方法去使中国从死里复活过来呢？难道靠一手挟着《圣经》，另一手挟着一本同样有用的书，像是《白朗宁诗集》（因为胡适对它比任何其他书本都要熟悉），便办得到了吗？他必得承认，一旦日本占据了中国，要驱除他们就必须使用武力。把中国从死里活过来，比在日本未

---

① 后来胡适在他的一篇英文自传里，回忆这件事时说："我的和平主义和国际主义，往往给我带来很大的麻烦：当1915年日本向中国提出著名的'二十一条'时，在美国的每一个中国人都主张立刻向日本宣战。我写了一封公开信到《中国留美学生月刊》，呼吁他们不要急躁，要冷静下来好好思考。为了这封信，我受到各方面严厉的攻击，而且往往被诋为'卖国贼'。"[36]

侵入以前就抵抗要难多了。[37]

这篇长文的结论认为，胡适所提出的并非"清醒的爱国主义"，而是"不爱国的胡说八道"（unpatriotic insanity）。另一名留学生在一封给编辑的信里说，虽然他同意学生的责任是读书，但却不同意把一个学生非常留心当前国内的危机当作是疏忽了做学生的责任。只有认真研究国家危机的学生，才能真正尽他的责任——就是解决亟待解决问题的责任。[38]

从长远的历史方面看来，对"中国学生在国难时期应持什么态度"这一问题的辩论，可能被认为是无足轻重的事件。但是事实上，这个辩论却触及一个极重要的问题，它塑造了新式知识分子在五四运动中的很多活动方式，及某种程度上日后中国教育、政治和社会的发展方向。

值得注意的是，那时的辩论双方所持的原则都是基于冷静严肃的思考，而辩论的最后，双方还是以理智为主。

胡适认为，中国问题的解决办法应该是采用比建军更根本深刻的措施。正如他在1915年2月21日的日记里所说："国无海军，不足耻也。国无陆军，不足耻也。国无大学、无公共藏书楼、无博物院、无美术馆，乃可耻耳。我国人其洗此耻哉！"[39]他在写给一位美国教授的信里，解释他为什么不大愿意支持革命，他认为教育才是建立新中国的基础。正如他所说："这是由底层做起。"[40]"教育救国"这个观点，以前自然也有人说过，后来由胡适和其他受美国影响的新式知识分子领袖们在五四运动中大力提倡和推行。

在同一时期，另一个具有长远影响的运动也开始成形了。自19世纪末，中国文学界人士已经开始讨论"诗界革命"和"文学革命"，但并没有具体计划。至于白话文学，也早在20世纪初年就有人提倡了。迟至1915年9月17日，胡适提到"文学革命"时曾说："新潮之来不可止，文学革命其时矣。"[41]但他所谓"文学革命"也不过仍是"诗国（亦作界）革命"，它的初步就是用散文词汇去写诗，"要须作诗如作文"[42]而已。根据胡适的说法，"文学革命"广泛的意义，即所有文学作品都以白话取代文言。这一观

念的提出还是较后来的事——那是他于 1916 年夏季，在康奈尔大学和哥伦
比亚大学的宿舍和同学们讨论这个问题时才形成的。[43] 赵元任和胡适将他们
的讨论整理成一系列英文文章，发表在《中国留美学生月刊》上。[44] 然而，
这些文章并没有激起读者的任何兴趣。直到 1917 年 1 月，他的《文学改良
刍议》在《新青年》杂志上发表，并且由陈独秀在 2 月号里发表他的激烈
主张《文学革命论》一文，这个观点才被大家热烈讨论。（关于这些详细经
过，参看本书第三章及第十一章。）

中国的文学革命是以诗的革命为开端。"诗界革命"在中国已经被提
倡了好些年。几乎所有参与 1898 年（戊戌）百日维新的政治改革者，都是
年轻的诗人，他们当中有些同时也是"诗界革命"的倡导人。[45] 胡适的改
革计划，只是把这个运动推展到一个新阶段。正如他在 1919 年的回忆，他
对"诗界革命"的意见主要是基于自己的实验主义和文学进化的理论。这
些理论是从中国文学史和欧洲文艺复兴所得来的教训。[46] 我们应该留意胡
适可能也受到了 20 世纪 20 年代美国文学运动的影响。自从哈丽叶特·门
罗（Harriet Monroe，1860—1936）的《诗杂志》（Poetry: A Magazine of
Verse）在 1912 年开始刊行以后，新诗运动震撼了整个美国文学界。到了
1917 年，有些人甚至认为新诗是"美国的第一国家艺术"。[47] 在这一期间，
草原诗人（prairie poets）、意象派诗人（the imagists）、新抒情诗人（the
new lyricists）和实验主义者（experimentalists）开始纷纷出版他们的重要
作品。[48] 这时段出现的美国新诗，最独特的风格便是摆脱了传统诗中矫揉
造作的浮夸辞藻，而用自然口语写诗。1912 年到 1918 年这段时间，被称
为美国"诗歌的文艺复兴"（poetic renaissance）。[49] 20 世纪 20 年代确实不
仅是美国诗的新纪元，也是美国文学和思想上的新纪元。正如一个美国历
史学家所写："这是美国的文艺复兴时代，庞德（Ezra Pound）说：'相形之
下，意大利的文艺复兴不过是茶杯里的风波而已。'这个时代里的一切都是
新的：新女性、新人文主义、新艺术、新民族主义、新自由，甚至如罗宾
逊（Robinson）和比尔德（Beard）所说的新历史。"[50] 胡适和其他五四运动
时文学教育改革的倡导者们，便是在这个充满创造性和启发性的时代留学

美国 ①。这种革新的精神，在五四运动期间也在中国融会成了一个新纪元。

当然，我们无从判断美国的运动对胡适的新诗和新文学理论的形成到底有多大影响。不过，我们可以确信，在留美的最后三年里，胡适已经留意到那些文学上的新发展，虽然他对华兹华斯（William Wordsworth）、白朗宁（Robert Browning）的诗更有兴趣。他和那些在文学见解上反对他的人所争论的问题，其中之一是俗语是否应该入诗和用在文学作品之内。[52] 1916 年 7 月 22 日，他发表了第一首尝试创作的新体诗。他的反对者之一梅光迪便攻击他的作品是"剽窃"欧美毫无意义的"新潮"作品。在写给胡适的信里，梅光迪说："新潮流者，乃人间之最不祥物耳。有何革新可言。"梅光迪解释道，他所说的新潮主义，包括文学上的未来主义（Futurism）、意象派（Imagism）和自由诗体（Free Verse），艺术上的象征主义（Symbolism）、立体主义（Cubism）和印象派（Impressionism），宗教上的巴哈伊教派（Bahaism）、基督教科学派（Christian Science）、震颤教派（Shakerism，亦作震动舞，主张不婚——译者）、自由思想（Free Thought）、社会革命教会（Church of Social Revolution）、比利·森戴（Billy Sunday，1862—1935，美国的福音主义传道者）。[53] 胡适对这一攻击只有直截了当的答复："老夫不怕不祥，只怕一种大不祥。大不祥者何？以新潮流为人间最不祥之物，乃真人间之大不祥已。"[54]

攻击胡适采用西方的新潮思想也许有部分真实性。他最著名的为中国新文学而提出的"八不主义"，大概是受庞德在 3 年前，即 1914 年发表在《诗杂志》上那篇《几个不》（A Few Don'ts）一文的影响。[55] 20 年后胡适出版了他的日记，其中他在 1916 年写了几句话，提及他对意象派的认识，说意象派诗人的原则，很多和他自己对诗和文学的观点很接近，这从他的《文学改良刍议》一文也可以看出来。[56] 再者，他的新诗是基于他的实验主义，而这种实验主义便是受当时西方文学潮流启发而来的。诚然，他的《尝试集》

---

①   胡适从 1910 年 8 月到 1917 年 6 月留学美国。蒋梦麟留美是从 1908 年 9 月到 1917 年 6 月，他的博士论文也是在杜威（John Dewey）的指导下于 1917 年在哥伦比亚大学完成的。后来在中国发表，题为《中国教育原理之研究》（1924 年，上海商务印书馆）。[51]

（1920）作为第一本用白话写成的新诗集，书名便是受了这种影响。

　　同样地，在哲学、教育理论和科学方法这几方面，中国的新式知识分子主要也受了留美回国学生的引导。胡适的《中国哲学大纲》第 1 册，也是唯一写完的一册（1919 年 2 月，上海商务印书馆出版），便是在章炳麟之后对中国哲学和逻辑重新评价的先驱作品。这本书是根据由杜威（John Dewey）指导的、他从 1915 年 9 月到 1917 年 4 月间在哥伦比亚大学写成的博士论文《古代中国逻辑方法发展的研究》（*A Study of the Development of Logical Method in Ancient China*）改写的。这篇英文论文后来在 1922 年经上海亚东图书馆（Oriental Book Company）印行，题为《先秦名学史》（*The Development of Logical Method in Ancient China*）。杜威的实验主义和他的教育哲学在中国新文化运动中有突出影响，那是他的学生胡适、陶行知、蒋梦麟、郑晓沧等人的努力和他亲自来华讲学的结果。杜威和他的夫人在 1919 年 5 月 1 日——"五四"事件爆发的前三天——抵达上海，1921 年 7 月 11 日离开中国。他的文章和讲稿在中国新式知识分子圈里流传很广。[57]

日本对军事、文学和革命的影响

　　中国留美学生比较注重文化和教育方面的问题，留日学生却有不同的倾向。这些不同的活动，对中国也产生了不同的效果。近代中国第一次派遣学生到日本留学，是 1896 年，即中日甲午战争（1894—1895）之后。直到义和团事件的时候，留日学生的数量还是很少。然而 1901 年到 1906 年之间，却有急剧的增加。1906 年，留日的中国学生已经有 1.3 万人。[58]事实上从 1903 年开始，包括五四运动时期在内，在中国留学生中，留日的占最多数①。这些留学生不少成了五四运动的领袖人物，他们之中既有运动中的激烈分子，也有许多新文学作家中的领导人物以及许多革命极端分子，如民族主义者、社会主义者和无政府主义者等，同时却也包括反对五四运动

---

　　①　根据这段时期的统计数字，中国留学生中有 41.51% 留学日本，33.85% 留学美国，24.64% 留学欧洲各国，其中以德国、法国和英国占多数。[59]

的军事和行政方面的官员。

自 1904 年之后，中国每年都派遣人数众多的留学生到日本学习军事技术。[60] 20 世纪 20 年代有一位中国作家曾经夸张地说，中国"现在执军权之军人，十之七八可从日本士官学校丙午（1906）同学录，与《振武学校一览》（光绪三十三年，1907）中求得其姓名。军阀如此横行，留日陆军学生自应负重大责任"。[61] 事实上，某些留日归国的学生、军阀与旧式官绅正是反对五四运动的中坚分子。日本军事训练导致这个结果，是十分自然且不难理解的事。日本的军校纪律森严，军校学生对他们的长官奉若神明，他们不能批评校方行政人员，也不能干预政府的政策。[62] 这与五四运动的新式知识分子把这种批评和干预视为学生和一般青年的道德责任，是截然相反的。

同时，"五四"期间中国新文学的创作，也得归功于回国的留日学生。现代中国文学虽然在技巧和主题方面，都曾大量地模仿俄国和西方作品；然而"五四"时期，中国读者能够看到这些作品，却多半是从日文转译过来的。[63] 其次，日本对当时中国新文学的风格施加的影响也很明显。譬如，在"五四"初期作家中仍然相当流行的"梁启超体"，就带有鲜明的日本痕迹。很多在建设中国新文学过程中居于领袖地位的文学家，如鲁迅（周树人的笔名）和他的弟弟周作人，都是留学日本的。郭沫若曾说："中国文坛大半是日本留学生建筑成的。"[64] 事实上日本的文学改革，尤其是新诗和新思潮的到来只比中国早了若干年，而这些正深刻地影响着中国的改革。[65]

留学生从日本带来的第三个主要影响，是无政府主义和社会主义的输入。1919 年，这两种思想在中国青年群体中十分流行。[66] 从 1902 年到 1911年，中国的保皇党（君主立宪派）和国民党的前身同盟会，都曾在某种程度上宣传社会主义。关于这方面的讨论，可见他们双方在日本印行的文字宣传资料。[67] 1902 年，梁启超在他创办的《新民丛报》里首次提到麦喀士（Karl Marx，今译作马克思——译者）的名字。在最早把社会主义传入中国的一些书籍之中，有一种是 1903 年赵必振翻译的、日本人福井准造（Fukui Junzō）所著的《近世社会主义》（1899）。同年，在上海也出版了其他几本从日文翻译过来的有关社会主义和无政府主义的著作。1906 年，朱执信（1885—1920）在同盟会的机关报《民报》上首次发表《共产主义宣言》里十项建议的译文。[68] 1906 年 2 月组建的日本社会党（Japanese Socialist Party），对中国留日学生发生过很大的影响。这些学生经常参加日本社会党主办的公众集会，大约在 1907 年间，他们当中甚至自己组织了社会主义讨论小组。[69]学界普遍认为，当时很多在日本的中国留学生都与日本社会主义领袖们发生过接触，如安部矶雄（Abe Isoo）、片山潜（Katayama Sen［Hisomu］）、大杉荣（Ōsugi Sakae）、幸德秋水（Kōtoku Denjirō［Shūsui］，本名幸德传次郎——译者）及堺利彦（Sakai Toshihiko）等，并且从他们那里吸收了社会主义思想。1900 年，一名留日的 17 岁青年学生江亢虎，因为他们的影响而接受了社会主义。他受到了日本和西方的社会主义以及中国在日本的无政府主义者，如张继（溥泉）、吴稚晖、李石曾、褚民谊和古代中国理想主义的启发，于 1911 年 7 月 10 日在上海张园召开了一个社会主义同志会。同年 9 月 2 日，在上海创立社会主义宣传协会，印行《社会主义明星报》。辛亥革命后一个多月，即 11 月 15 日，江亢虎把协会改组成中国社会党，在上海举行了第一次全国代表大会。[70]据江氏自己说：“先后二十个月内，支部成立四百余处，党员加入，共五十余万人。”这自然过于夸张，但这确实是中国历史上的第一个社会主义政党。作为 1899 年至 1923 年间日本社会主义的主流，无政府主义在“五四”初期也同样流行于中国。

　　由于上述种种影响，中国留日学生对“二十一条”的反应和留美学生迥然不同。大约 4000 名中国青年，在听到日本的要求以后，竟然立刻集体离开日本回国，以表示最强烈的抗议。[71]留日的中国学生通常对中日关系特别敏感，也特别容易感情冲动。一来因为在地理上，他们离开祖国不远；二来因为在客居日本的环境下，个人不愉快的感受很容易对国仇家恨火上加油。集体回国的事情前后发生了好几次：[72]

　　1. 1905 年，为了抗议日本文部省（相当于教育部）宣布的《清韩留学生取缔规则》，全体留日学生选择罢课。一位杰出的中国学生、同盟会的重要成员陈天华（生于 1875 年），因此投海自杀。

2. 1911 年，为了参加辛亥革命。

3. 1915 年，为了抗议"二十一条"。

4. 1918 年，为了抗议《中日共同防敌军事协定》。

1905 年的事件，有几个当时无法预见的后果值得我们留意，因为这对于五四运动有间接的影响。当时回国的学生约有 1000 人，他们在愤慨的怒潮下，于次年在上海成立了中国公学。公学有几名学生（如胡适、朱经农、任鸿隽）后来在新文化运动中扮演着重要的角色。[73] 这个学校是当时谈新学最先进的几个中心之一。

除了中国公学以外，从日本回国的学生在 1906 年还联合所有在上海读书的学生，组织了"各省旅沪学生总会"。建会的目的体现在该会的简章中，即联合所有学生团体，以求达到将来建立"国会"的准备。[74] 这个总会雄心勃勃的工作计划是前所未见的。就某方面而言，虽然迹近梦想，然而可以反映出当时爱国学生对国家的抱负，很值得我们仔细研究。由于这个总会可以说是现代中国学生大联合的创始，我们不妨把它的《第一次简章》全部照录如下：

一、定名：

　　本会为中国二十二行省留学沪上之学生，组一机关部，故定名曰"各省旅沪学生总会"。

二、宗旨：

　　以破除省界，融结各校团体，以为他日敷设国会之权舆。

三、职员：

　　正副会长各一员，书记、会计、干事各一员，代表每省一员，评议每省两员，调查每省四员，均就各省学界中公推。

四、经费：

　　（甲）开办费（如登告白、刊会员录、章程、邮费等，及开会一切布置），应由发起赞成诸人暨会员酌量捐助。

（乙）入会后每期纳义务捐一元，以备会中度支。

（丙）如有会员及非会员，担任特别捐补助本会者，除登报表彰外，本会应予以相当之名誉。

五、应办条件：

（一）组织各省杂志及白话报。

（二）设国语练习会，以齐一各省之方言，交换会员之智识。

（三）调查各省内地社会之情形。

（四）赞助各省速办地方自治。

（五）研究法政，以备各省议绅之顾问。

（六）兴办移译事业，以输进外界之文化。

（七）调查印刷工艺、缫丝纺织、机器舂米、制药水、造冰、造纸、造肥皂、玻璃、干面、磷寸等新法，以为内地振兴实业之预备。

（八）设青年介绍所，以期游学之人日多。

（九）设学界通信部，以为东西洋留学生及各省学界通信之枢纽。

（十）集古今图书，藏庋总会，以供会员之展览。

（十一）组织美术俱乐部，以发扬国粹。

（十二）设师大女学校，期为各省造就多数女学堂，及幼稚园之教师。

（十三）普劝各州县多设小学，并监督其办法。

（十四）为内地各学堂介绍教员。

（十五）研究学务上各种问题，以为各省教育会之助力。

（十六）保持各省路矿权，劝乡人亟起自办，以救蹙国之祸。

六、会期：

（甲）本会成立后，须假本埠最适中处，订期开一特别大会，以后即永为本会纪念日。

（乙）每月开会一次，分提议、通函二项，以期会务之进步。

（丙）每岁春秋佳日，开恳亲会一次，以联同会之情谊，而资外界之观感。

（丁）遇有特别事件，可升临时会议。

七、会所：

俟会员众多，经费集足，再赁房屋，以为本会办事处。现暂时通信可寄：靶子路同昌里安徽杂志社。

八、公约：

（甲）尚公德。

（乙）惜名誉。

（丙）重实践。

附则：

草创之初，章程姑从简易，成立后公同研究，随时修改。[75]

这个会的组织并不健全，不久便销声匿迹了，计划中没有几项真的被实践过。然而，这是近代中国学生第一次尝试成立一个全国性的组织，也是他们第一次留心中国的社会、文化、政治问题[①]。同时这可算是1919年"五四"事件以后各类热心而活跃的学生团体的序曲。而且在那个时代就已经提倡"白话"和"国语"，实在是一件了不起的事。

1915年中国留日学生集体回国，从某方面看来，不外乎是1905年学生对日政策反应的重演，只是构成这次事件的原因比前次的政治性和外交性都要更浓厚些，并且在留日学生中激起了强烈的民族主义和反日情绪。有些学生甚至因此对整个日本文化形成了不合理的偏见和歧视。[77]至于1918年5月12日的集体回国事件，对9天后在北京发生的学生游行和请愿产生了相当大的影响，同时也对日后几个政治团体和政党的组成有所助益。

第一次世界大战后期，国民党人把民族主义的热情在留日的中国学生

---

① 同类的学生组织还有1905年在上海成立的"环球中国学生会"，是个留学生的组织。直到1911年，这个组织还没有如何扩展队伍的计划，比起"各省旅沪学生总会"，该学生会少了些雄心勃勃，多了些脚踏实地。然而，这个组织事实上通常由职业教育家领导。[76]"五四"期间，它设有自己的日夜校。作为"上海学生联合会"和"全国学生联合会"的成员，直到1919年6月9日为止，该学生会将自己位于上海公共租界内的办事处供作上述两个学联会的办事处。曹汝霖本来是该学生会的永久会员，但在"五四"事件发生后一个星期便被革除了会籍。

和知识分子当中重新激励起来。从 1913 年秋季到 1916 年秋季，很多国民党的领袖，因为"二次革命"反对袁世凯的缘故而流亡日本。1914 年 6 月，孙中山在东京把国民党改组成具有革命政党性质的中华革命党，在第一次世界大战期间，鼓吹反对北京的军阀政府。国民党在大战末期，再一次倡议自从 1912 年以来几乎已经被放弃了的民族主义。

总的来说，留日的中国知识分子所受军事主义、社会主义和民族主义的影响，较留学其他国家的学生所受的为多。

在法国成长的革命政治意识和活动

这段时期内，法国对中国影响之大实在难以形容。[78]自跨入 20 世纪以来，法国大革命时的政治思想在中国青年革命者和维新者中间的风行可说一时无两。在 20 世纪的前 20 年间，大革命思想影响了许多中国知识分子和政治领袖，如梁启超、陈独秀和不少国民党的领导人物。陈独秀在 20 多岁时学习法文，后来成为法国文明的仰慕者和传播者。[79]在《新青年》（《青年杂志》）的创刊号里，他发表了一篇文章《法兰西人与近世文明》，宣称法国是近代西方文明的创始者。他没有引据充分确切的史实，就认为法国人"创造"了近世三个最重要的学说。他提出，拉飞耶特①在他的《人权宣言》（La declaration des droits de I'homme）一文里提出了人权学说（陈独秀进一步认为，美国的《独立宣言》是拉飞耶特起草的）。1809 年，比达尔文（Charles Robert Darwin）早了 50 年，拉马克（Jean Baptist de Monet de Lamarck）②在他的《动物学哲学》（Philosophie Zoologique）中已发表了

---

①　今通常译为拉法耶特（Marie Joseph La Fayette，1757—1834），法国贵族，曾参加美国独立战争，与美国第一任总统乔治·华盛顿是挚友。1789 年，他出任法国国民军总司令，提出《人权宣言》和制定三色国旗，成为立宪派的首脑。1830 年，他再次出任国民军司令，参与建立七月王朝。由于参加了美国独立战争和经历了法国大革命，他被称为新旧两个世界的英雄。——编者

②　拉马克（1744—1829），法国博物学家、生物学的奠基人之一。他最先提出生物进化的学说，是进化论的倡导者和先驱；同时他还是一名分类学家。主要著作有《法国全境植物志》《无脊椎动物的系统》《动物学哲学》等。他提出的进化观点倾向于"用进废退说"，与达尔文的"物竞天择说"不同。——编者

进化论。而近代的社会主义则是源于法国作家巴布夫[①]（Babeuf）、圣西孟[②]（Saint-Simon）和傅里耶[③]（Fourier），至于德国的拉萨尔[④]（Lassalle）和马克思，只不过把它发扬光大罢了。[80]更值得注意的是，陈独秀的中国文学革命理论，却是他研究法国文学史的结果。后来有些人还把五四运动看作"中国的法国启蒙运动"（Chinese French Enlightenment）。

在很多情况下，五四运动中的中国知识分子受到 18、19 世纪法国民主思想和自由主义影响的程度，远远超过其他西方国家思想。"五四"时期中国知识分子的气质，往往流露出法国浪漫主义（romanticism）的痕迹。传入中国的还包括法国的乌托邦社会主义（Utopian Socialism）和无政府主义，尤其是它们的理论。早在 1907 年，在巴黎的中国留学生创办了《新世纪》周刊，宣传社会主义和在法国流行的俄国人巴枯宁（Mikhail Aleksandrovich Bakunin，1814—1876）与克鲁泡特金（Pyotr Alexeyevich Kropotkin，1842—1921）的理论。[81]此后 15 年间，由中国知名的无政府主义者领导的留法运动，吸引了很多有远大志向且十分能干的青年学生的注意。1912 年，李石曾、吴稚晖、蔡元培（当时任教育总长），这些无政府主义者和汪精卫在北京共同组织了留法俭学会，鼓励并帮助青年学生留法。

---

①　今通常译为巴贝夫（1760—1797），法国革命家、空想共产主义者。热月政变后，巴贝夫组织了秘密团体"平等会"，密谋夺取政权，建立劳动者专政。由于叛徒告密，他和密谋运动的其他领导人一起被督政府逮捕。1797 年 5 月 27 日被凡多姆高等法院判处死刑。他提倡消灭私有制，建立"人人平等"的社会；并设想建立以农业为中心的、具有平均主义和禁欲主义特点的"共产主义公社"。马克思称赞他为第一个"真正能动的共产主义政党"的奠基人。——编者

②　今通常译为圣西门（1760—1825），法国空想社会主义者。贵族家庭出身，曾参加美国独立战争。1789 年参加法国大革命，1791 年离开革命。1802 年起开始写作，宣传自己的空想社会主义。主要著作有《一个日内瓦居民给当代人的信》等。——编者

③　今通常译为傅立叶（1772—1837），法国空想社会主义者。他批评当时资本主义社会的丑恶现象，希望建立一种个人利益和集体利益一致的社会主义社会，幻想通过宣传和教育来实现，在当时并未引起多少关注，不过对后来的社会主义运动产生了一定影响。主要著作有《新的工业世界和社会事业》等。——编者

④　拉萨尔（1825—1864），德国早期工人运动活动家、机会主义代表人物之一，全德工人联合会创始人、联合会主席。他提出，在资本主义制度下，工人阶级的贫困是由所谓"铁的工资规律"造成的。——编者

他们还在北京、上海、天津和保定设立留法预备学校。从 1912 年到 1913 年这一年间，他们召集了大约 120 名学生到法国去。[82] 不久以后，在总统袁世凯压迫之下，这个俭学会才解散了。

不过在 1914 年，李、蔡、汪和其他俭学会的领导者（如吴玉章），鉴于留学生中有些是工人出身，便把他们的计划扩展成"工读"运动。1915 年 6 月，他们在巴黎组织了一个勤工俭学会，目的是鼓励和帮助穷苦学生通过工作以维持自己在法国留学的生活。第一次世界大战期间，勤工俭学学生的数量开始增加，为了照顾他们，蔡元培和他的一些中法朋友 1916 年 3 月在法国成立华法教育会（Sociélé Franco-Chinoise d'Education），蔡元培被选为会长。1919 年年底，在法勤工俭学的学生已达 400 人，次年增加了 1200 人。这些学生之中的大多数人在离开中国以前便已经受过大学或中学教育；有些则是教师、商店店员、技术人员或者新闻从业者。事实上，这些学生到了法国以后，只有小半进了学校，大半是受雇于工厂或其他地方。[83]

除了上述勤工俭学运动之外，第一次世界大战期间中法之间还发展了一项史无前例的移民协定。1916 年年初，英法政府因为国内缺乏劳工，或许参考了华工在俄国的成绩，便和中国政府达成协议，招募中国工人到法国和其他地区工作。根据这份为期 5 年的合约，一名普通华工每天最多工作 10 小时，可以获得 5 法郎（约合中国银圆 0.965 元）的日薪。除半数被扣除用以支付食宿、医药外，工人每天实得 2.5 法郎（0.483 元）。依照这项协定，第一批约 8000 名苦力，在 1916 年冬季抵达法国。[84] 1917 年时，法国政府雇了 4 万中国工人，英国雇用了 10 万人，美国的援外军团向法国借用了 1 万人。1918 年年底，法国、英国、美国政府雇用了共 14 万中国工人，分散在 100 多个营地工作。[85] 根据 1918 年中国驻美国华盛顿公使馆所得的报告，在法国、埃及、法属殖民地、美索不达米亚和巴勒斯坦为协约国军队工作的华工总数达 17.5 万人。这些人数分布如下：为英军工作的有 12.5 万人，为法军工作的有 4 万人，为美军工作的有 6000 人，在美索不达米亚和非洲工作的有 4000 人。[86] 而 1919 年年初公布的数量已经达到了 20

万人①。如此众多的工人被派到西方国家工作，在中国历史上这是破天荒的第一次。

我们必须注意，招募华工的协定，是靠留法俭学会的帮助才达成的。招募工作在政府指导下，大部分由中国各地方的教育行政人员和村镇的小学教员负责。[88] 起初招募到的都是目不识丁的劳工，后来却包括了很多学生和教师，[89] 再加上400名学生作为通译员。因此，1918年，在法国的华工中，约有2.8万人已有机会受到教育且能识字，他们应该被同时列入知识分子群体之内。

这些中国工人被派到公路、铁路、矿场、工厂、农田、森林、制造大炮坦克的军火工厂、废弹场、铸铁厂、船坞或在建兵营工地工作，还有不少甚至被派去当件工——发掘并埋葬因战事而死亡者的尸体。[90]

这些中国劳工的性质，明显地与其他海外华侨不同。他们当中包括许多知识分子，可是几乎每个人都要做粗重的工作，而且他们在外国只是暂时的，预定只要战争一结束就都得回到中国。同时，他们被很好地组织起来，每一个工作营约有2500到3000名中国工人。根据合约，他们有权组织工会，并且和其他公民同样享有法国法律所保障的自由。[91]

西方政府雇用前所未有的大量中国工人到西方工作，大大影响了中国日后的群众运动的后果。最主要的是，这次雇用使得中国知识分子有机会和工人一起生活并肩负起领导责任。此前的中国留学生大多出身于富裕家庭，很少做过粗重的工作。相比之下，这次的"学生工人"出身于贫苦或中等家庭，他们第一次大规模打破了学生属于有闲阶级的传统。[92] 在这些学生的协助下，"一战"期间在法国的中国工人组织了很多工业性和社会性的机构，如职业介绍所、中法贸易公司（the Franco-Chinese Trading Company）、工会、工人社团、中国劳工社，还有其他很多的储蓄会、读书会和自治会（self-government clubs）等。其中最重要的组织，是一个大多数组织者是永久留法的中国人的华人协会（Chinese Federation），这是由六

①　美国国务卿蓝辛（Robert Lansing，1864—1928）向"十国委员会"（Council of Ten）报告："中国提供了20万名劳工。"[87]

个"一战"时在法国成立的中国会社所合组而成的总会。其创建目的包括帮助中国留法学生、提高中国留法工人的福利，他们所支持的"中华出版社"，帮助印发巴黎和会中国代表团的所有中文文件；同时又在经济上资助了一家专为中国工人争取利益而创办的中文周刊。

在法国的中国工人和"学生工人"的福利和教育工作，开始于"一战"初期。当时留法知识分子的领导人物之一蔡元培，在1916年主持编撰华工学校的教科书。（显然由于参与教育留法工人这件工作所获得的经验，使他后来在主持国立北京大学时也鼓励学生做同样的事。）1916年以后，教育留法工人的工作便大部分由国际基督教青年会（the International Y. M. C. A.）主持，该组织拥有超过150名中、英、法、美、丹麦、荷兰籍的成员，其主要经费来源是协约国战时工作团（United War Work Campaign）在中国筹募所得的141.6万元基金。其中的很多成员，如蒋廷黻等，是留美的中国大学生志愿者，他们在教中文时，尝试用过一些实验性的教学法。到1921年年底，识字的华工已由20%增加到38%。[93] 1918年，曾在青年会工作的晏阳初，便利用他在法国教育工人的经验，推动五四运动后期颇为风行的平民教育运动。[94]

同时，留法的华工和"学生工人"，由于工作的社会环境关系，对种族和阶级等概念也逐渐形成了自己的立场。到了"一战"结束的时候，他们当中的领导人物，有的信仰民族主义，有的信仰无政府主义，也有的信仰马克思主义。1916年11月至1918年7月之间，在法国工厂的中国工人一共罢工25次。（在英军、美军中工作的华工罢工记录已经找不到了，据说华工对法国官兵比对英国官兵要满意些。因为法国人的种族观念较弱，纪律拘束也没有那么严。）这些罢工事件大多由于合约上某些条款没有被履行、苛刻的待遇、欠薪、过严的军事控制、危险的工作环境、对小错误的过度惩罚，或语言误会等原因引发的纠纷。[95]"一战"结束以后，法国立刻陷入经济衰退，造成大量华工和学生失业。1920年，1700多名留法中国学生只有靠接受不同方面的救济才得过活。这些救济工作，在当时的学生圈内引起了政治上的争议，许多人攻击国内政客利用公费收买学生，以取得政治上的拥护。大多数工人和许多学生都买棹回国，不少工人在回到中国时口袋里连一个钱也没有了。[96]

　　然而第一次世界大战以后，从法国回来的工人和学生却带回来了新经验和新思想。很多工人学会了看书写字，而且体验到西方较高的生活水平，又接触到当时欧洲的劳工运动。他们的民族主义意识变得十分强烈，很多人在归途中因为山东问题而拒绝在日本港口登岸。这些工人所得的经验，对"五四"时期上海的工会组织和活动都很有帮助。1920 年秋季前，有人埋怨："曾经和欧洲最近的斗争有所接触而回国的劳工，可说是中国工运的发难者。"这些回国的工人，当时就被认为是"潜在的布尔什维克"（Potential Bolsheviks）。[97] 平心而论，这些回国的工读生和工人当中，确实有很多是在 20 世纪 20 年代把五四运动推向极端民族主义和社会主义的主要分子。中国共产党的创始人和领导人物，不少就是"一战"期间或结束后留法勤工俭学的学生[①]。

　　就这样，中日冲突在国内激起了中国人民无比狂热的民族主义情绪；而留学生则提供了从国外汲取的许多新思想。这些学生回国以后，就开始肩负起正在形成中的巨大革新运动的领导责任。

---

　　① 只消列举其中几个就够了，例如：周恩来、蔡和森和他的妻子向警予、吴玉章、李立三、张昆弟、罗学瓒、李富春和他的妻子蔡畅、王若飞、徐特立、罗迈（李维汉的假名）、陈毅和邓小平。[98]

第三章

运动的萌芽阶段：早期的文学和思想活动
（1917—1919）

就在"二十一条"事件过后不久，中国的政治局势愈发沉重的那段时期，五四运动前期文学和思想两方面的转变也渐渐开始了。从 1915 年的冬天到 1917 年的夏天，两次帝制运动使全国都骚动不安起来：旧式官僚们忙着准备复辟即位事宜；旧士绅们还不免牵强附会地传播过去官方宣扬的正统儒家教条，替帝制运动建立惯有的理论根据；在没受过教育、不识字的民众当中，到处散布着"真命天子就要重出"的谣言。因此，新建立的民国不但对外遭遇国耻，同时在国内，也因为军阀、旧式官僚和士绅的阴谋计划而险象环生。面对这个混乱的局面，年轻一代的中国知识分子忧虑重重地开始寻求拯救中国的方法。

此时，数量众多的海外归国知识分子带回了新的观念。1915 年，陈独秀由日本回国，那年秋天他创办了《青年杂志》，这标志着一次根本性改革运动的起点。1916 年，蔡元培从法国回国，并自 1917 年起着手北京大学的改组，这两者大大增强了这次改革运动的实力。1917 年夏天，胡适、蒋梦麟也从美国回国，加入了这群新式知识分子的领袖集团。在改革的过程中，他们与旧士绅和旧文人集团的论战，只遭到微弱而消极的抵抗。尽管如此，由于军政方面的权贵固守传统的伦理教条和制度，新式知识分子们仍然深受军阀政府的压制。

　　1916 年冬天，日本开始实施新的对华政策，企图通过收买中国政府的方式来增加自己的影响力。由于当时北京政府意图用武力统一并控制全国，日本的活动恰好和他们的需要相契合。但民间的反日情绪依然持续高涨，而日本和新兴的中国工商业之间的经济冲突，也随着第一次世界大战的进程而更加尖锐。在这种情况下，日本的寺内正毅（Terauchi Masatake）政府与中国的段祺瑞政府之间，最初发生了财政联系，后来又建立了军事方面的密切关系，这自然很快就引起一般中国民众，尤其是知识分子的疑惧。因此，当知识分子逐渐开始运用这些外交事件作为攻击政府的利器时，他们所倡导的新改革运动也就得到正在高涨的反日情绪的鼓舞和支持，该运动成为年轻爱国分子全力以赴的焦点。

《新青年》杂志的创办

　　1915 年的夏天，在中国留日学生因反对"二十一条"纷纷回国之际，曾经参加过革命工作而流亡在日本的陈独秀[1]也回到了上海，创办《青年

---

　　[1]　陈独秀（1879—1942），字仲甫，笔名陈仲、陈仲子、只眼，安徽省怀宁县人，与后来同他的名字常联系在一起的托洛茨基（Leon Trotsky）同年而生。在家乡，陈的家庭被当作富户。他的父亲曾在清政府做过官，在陈几个月大的时候便过世了，因此家道中落。他在 5 岁到 16 岁（按公历计算）之间，从祖父和长兄那里接受了严格的古典教育。1896 年他 17 岁时，以第一名的成绩通过了清政府的县府院试，成为秀才；次年，在南京的"江南乡试"中了举人以后，进入著名的杭州求是书院，研读用法语教学的航海工程学。1901 年，他在安徽安庆发表反对清廷的演说，遭到清政府的通缉，逃到南京。在南京，他结识了后来有名的政论作家章士钊（1881—1973），几年以后他与章氏共事，开始从事报刊的编辑工作。1902 年他 23 岁时，赴日本，就读于东京的高等师范学校。在日本时，他和冯自由及其他的朋友创办中国青年会。但就在同年，他便回到了上海。1903 年，他与章士钊、张溥（后改名继，字溥泉）、苏曼如及何梅士等在上海创办《国民日日报》，鼓吹革命。不久之后，他回到安徽，于 1904 年创办《安徽俗话报》。1905 年，到上海；1906 年，他再赴日本，同行的是诗人苏曼如。同年又回国，和章士钊、刘师培（他与章氏一样，后来转为保守，不赞成新文学和新思想运动）一同在安徽芜湖的皖江中学教书。同时，陈又创办了另一份杂志《白话报》。由于不完全赞成民族主义，他在留日期间，曾拒绝加入孙中山领导的同盟会（也有人认为他可能加入过）。据某些新闻报道称，1907 年陈曾去过法国（陈任职北大时的履历如此显示，但有许多人认为这点不真确），（接下页）

杂志》。这个杂志在五四运动期间，扮演过极其重要的角色。陈独秀曾参加1913年反袁失败的"二次革命"，随后他协助章士钊编辑著名的《甲寅杂志》①，然而，在1915年由于袁世凯的压力，杂志被迫停办。从1913年开始，袁世凯一直压制反对他的报章杂志，唯一例外的是那些在"二十一条"谈判期间对他的声望有利的报刊。在谈判结束以后，许多反对帝制的报纸杂志便都被查禁了。

陈独秀创办杂志时，社会环境颇为不利。出版自由受到许多严苛的法律限制。名义上，1912年的《中华民国临时约法》规定，公民有言论、著作、刊行及集会、结社的自由。[2]这项条款是参考日本宪法（第二十九条）而定的，因此，《临时约法》也在另一条内规定，如有认为增进公益、维持治安或非常紧急必要时，人民的权利就可以受到法律的限制。[3]由于这种变通条款可以做各种广泛的解释，而且当时总统和他一手操纵的国会可以任意通过并颁布法令，所以在1912年到1914年间，北洋政府公布了一系列的法律和命令，以限制人民的权利，包括《戒严法》[4]、《治安警察条例》[5]、《预备戒严条例》[6]、《报纸条例》[7]和《出版法》。②根据这些法律和条例，总统或地方的军事领袖可以宣布"戒严"；可以干涉公民的人身自由，以及居住、言论、集会、结社、通信、迁徙、财产等自由权利；警察有权控制所有政治性或社会性的结社，以及其他出版物；可以禁止女子参加政治团

（接上页）深受法国政治和文学思想，以及法国文化的影响。1910年，他回国执教于杭州的陆军小学。次年，参与辛亥革命。辛亥革命以后，由安徽省都督同盟会会员柏文蔚任命为安徽省都督府秘书兼教育委员。民国元年（1912），复兼任安徽高等学堂教务长。1913年，他与柏氏一同参加讨伐袁世凯的"二次革命"，同年革命失败后不久，逃到日本。他在日本一直逗留到1915年才回到上海。[1]

①　这是在1914年（甲寅年）5月，章士钊在东京创办的月刊。这份杂志支持比较自由的立宪政府，反对袁世凯的帝制运动。章氏是一位在日本和英国受过教育的法学家，他深受英国思想家白芝浩（Walter Bagehot）的政治理论的影响。他的政论文章被认为是中国文章第一次表现出相当程度的现代逻辑思维。1916年之后不久，他改变立场，开始抵制在中国采用西方制度，提倡传统的中国文学和文化，反对新文学和新思想运动。1949年以后，支持新中国政权。

②　1918年至1919年，许多报纸和学生刊物，都在这些法规管制之下遭到查禁，借口是这些出版物公开泄露中国政府与日本签订的秘密条约，或说他们批评政府的政策。[8]

体或出席任何涉及讨论政治的集会；此外，如鼓励工人"同盟解雇"、罢工、要求增加工资或"妨害善良风俗"等都在被禁之列；还有缺乏明确定义的"破坏社会道德""妨害地方利益"等行为，也都被定为罪行；所有出版物一定要向警察局备案，缴纳保证金，必须获得同意才能发行。若是触犯了以上这些规定，就会受到严重的处罚。

所有以上这些法规，在袁世凯统治时期，以及"五四"时期的大多数时间段里都是有效的。由于政府的高压，中国的出版业在 1915 年以后便不幸地大幅萎缩。实际上，1911 年的辛亥革命曾使中国出版业一度极速发展。当时全国约有 500 家日报社，包括北京 50 家、上海 15 家、汉口 6 家。然而在袁世凯的帝制运动期间，北京报社的数量锐减至 20 家左右，上海减到 5 家，汉口则只剩下 2 家了。1912 年之后的两年之中，全国报纸发行总数也由 4200 万份降到了 3900 万份。[9]

这就是《新青年》开始出版时的背景。陈独秀从一开始就是热心的反袁分子，但他由"二次革命"的失败经验中总结出，只有在中国人民，尤其是青年觉醒之后，只有在旧社会和旧文明有了根本的改变之后，中国才有摆脱军阀桎梏的可能。他认为，若没有一种新的出版物，这种解放是不可能达成的。后来，他和汪孟邹（即他的侄儿汪原放）商讨这件事，汪氏是陈独秀的旧友，是上海群益书社和亚东图书馆的经理。[10]在这位出版家和其他人士的资助之下，陈独秀于 1915 年 9 月 15 日在上海出版了《青年杂志》，这个月刊一年后改名为《新青年》，法文名为 *La Jeunesse*。[①]陈独秀

---

① 此份月刊的第 1 卷都以《青年杂志》为名，第 1 卷包括 6 期，第 6 号出版于 1916 年 2 月 15 日。此后由于"种种原因，不克按期出版"（见 2 卷 1 号，页 7；这正是袁世凯洪宪复辟的时期），停刊了半年。第 2 卷第 1 号在 1916 年 9 月 1 日出版，刊名改为《新青年》。前 7 卷都由上海棋盘街的群益书社印行。直到 1917 年 1 月，陈独秀都是杂志唯一的编辑。1918 年以后，杂志成立了一个编辑委员会，委员会由 6 人组成，除了陈氏自己，还有钱玄同、胡适、李大钊、刘复（半农）和沈尹默（高一涵等为后来加入）。由第 4 卷第 1 号开始（1918 年 1 月 15 日），由委员会中的一人每个月轮流担任编辑。每月设有讨论会，参加者有 6 名编辑和主要的撰稿人，如鲁迅、周作人、沈兼士和王星拱等。从 1918 年 1 月开始，杂志中所有的文章几乎全是用白话文撰写。杂志的法文刊名是在创刊号上就有的。1919 年 6 月，由于"五四"事件而被迫停刊，一直到 11 月才恢复出版。（因此，第 6 卷第 5 号在 1919 年 5 月出版，而第 6 号直到 11 月 1 日才出版。）同年 9 月，（接下页）

是唯一的编辑。《新青年》的许多早期撰稿人，如李大钊、高一涵，都曾为当时被查禁的《甲寅杂志》供稿。

《新青年》的创办时间恰逢现代第一份中文杂志诞生的 100 周年①。由于当时严苛的政治环境，陈独秀避免刊登直接的政治评论。他宣称，创办《新青年》杂志的目的是改造青年的思想和行为，而非进行政治批评。在第 1 号的"通信"中，一位署名"王庸工"的读者建议，杂志应当警惕民众、反抗帝制运动，陈独秀没有采纳他的建议；而事实上，反抗帝制的尖锐评论却随处可见，尤其是在"通信""国外大事记""国内大事记"三个栏目中。

依当时陈独秀和胡适的观点，中国政治问题的根本症结所在，要比一般人平常所想的深刻得多。胡适主要致力于学术、教育和文学等方面的改革，而陈独秀却强调推翻腐朽的传统和唤醒中国青年思想的必要，因为建设新中国的希望是在青年们的身上。《新青年》第 1 号的发刊词《敬告青年》由陈独秀执笔，他在文章开篇提到：

（接上页）陈独秀一出狱就组织了"新青年社"，并在 12 月 1 日的 7 卷 1 号里发表了《杂志宣言》和《社章》。所有编辑和大多数的主要作家都加入了该社。从 1917 年年初到 1919 年冬，陈独秀在北京，杂志便在北京编辑，在上海出版。1920 年夏天以后，"新青年社"分裂，编辑委员会也解散了，陈独秀又重任唯一的编辑。同年 5 月的那期（7 卷 6 号）刊物又被查禁。在甫至中国的"第三国际"秘密代表维经斯基（Gregory Voitinsky，中文化名吴廷康）的帮助下，陈于 1920 年 8 月在上海组织"社会主义青年团"。9 月 1 日，《新青年》复刊（8 卷 1 号），由重组过的"新青年社"自行印刷发行。从此以后，《新青年》成为共产党的机关刊物。发展到此，胡适、钱玄同、刘复、鲁迅、周作人及全部其他自由主义者都脱离了这个组织。8 卷 6 号（原定 1921 年 2 月 1 日出版）的稿件被上海的警察没收。于是，杂志搬到广州，8 卷 6 号于 1921 年 4 月 1 日在广州出版。1921 年 10 月，"新青年社"再度解散。杂志的最后 1 期，即 9 卷 6 号，出版于 1922 年 7 月 1 日。其后有瞿秋白编辑的《新青年季刊》，出版了 4 期（1923 年 6 月 15 日到 1924 年 12 月 15 日），前两期由广州平民书社印行，后两期由广州新青年社印行。另有不定期的《新青年》出了 5 期（1925 年 4 月 22 日到 1926 年 7 月 25 日），两份杂志都在广州出版。[11]

①　目前公认的中国第一份非官办的现代杂志，是《察世俗每月统记传》（*Chinese Monthly Magazine*），1815 年 8 月 5 日，由两位英国基督教传教士威廉·米尔恩（William Milne）、罗伯特·莫里森（Robert Morrison）与一位中国人梁亚发在南洋马六甲创办。这个月刊在广州和东南亚诸岛的华侨社会中秘密发行。[12]

　　窃以少年老成，中国称人之语也；年长而勿衰（Keep young while growing old），英美人相勖之辞也：此亦东西民族涉想不同现象趋异之一端欤？青年如初春，如朝日，如百卉之萌动，如利刃之发于硎，人生最可宝贵之时期也。青年之于社会，犹新鲜活泼细胞之在人身。新陈代谢，陈腐朽败者无时不在天然淘汰之途，与新鲜活泼者以空间之位置及时间之生命。人身遵新陈代谢之道则健康，陈腐朽败之细胞充塞人身则人身死；社会遵新陈代谢之道则隆盛，陈腐朽败之分子充塞社会则社会亡。

　　准斯以谈，吾国之社会，其隆盛耶？抑将亡耶？非予之所忍言者。彼陈腐朽败之分子，一听其天然之淘汰，雅不愿以如流之岁月，与之说短道长，希冀其脱胎换骨也。予所欲涕泣陈词者，惟属望于新鲜活泼之青年，有以自觉而奋斗耳！

　　自觉者何？自觉其新鲜活泼之价值与责任，而自视不可卑也。奋斗者何？奋其智能，力排陈腐朽败者以去，视之若仇敌，若洪水猛兽，而不可与为邻，而不为其菌毒所传染也。[13]

　　陈继续说，中国需要的，是要青年能够"发挥人间固有之智能，抉择人间种种之思想——孰为新鲜活泼而适于今世之争存，孰为陈腐朽败而不容留置于脑里"。[14]他建议，要处理这个问题，应该不妥协、不犹疑，要像"利刃断铁，快刀理麻"。又提出六项青年行动的大原则："自主的而非奴隶的""进步的而非保守的""进取的而非退隐的""世界的而非锁国的""实利的而非虚文的""科学的而非想象的"（页2—6）。这篇文章的根本目的在于攻击守旧主义，并提倡打倒没有价值的传统。他在第二项末尾，用达尔文主义的论调写道：

　　于此而言保守，诚不知为何项制度文物，可以适用生存于今世。吾宁忍过去国粹之消亡，而不忍现在及将来之民族，不适世界之生存而归消灭也。

　　呜呼！巴比伦人往矣，其文明尚有何等之效用耶？"皮之不存，毛将焉傅？"[①]世界进化，骎骎未有已焉。其不能善变而与之俱进者，将见其不适环境之争存，而退归天然淘汰已耳，保守云乎哉！（页3）

　　陈独秀做打倒传统偶像的努力时，也清楚地陈述了他的理由。他认为，由于帝制运动与其他守旧集团利用传统的教条，尤其是儒家理论来支持他们的观点，所以如果仅只批评他们政治认识的浅薄是不够的，更重要的是摧毁他们的根基，因为不通过破坏的阶段，在这个社会和经济制度已腐化了数百年的中国，绝不可能有积极的建设。《新青年》的读者常乃德，后来成为少年中国学会的领导人之一，曾询问陈独秀，为什么他不干脆鼓励中国人实行西方的小家庭制度，而只鼓吹传统大家庭制度的崩溃？陈的回答是，由于大家庭制是基于儒家的伦理观念，因此只要儒家的教条不被推翻，小家庭的观念根本不可能生根。儒家的教条认为，若是儿子离开父母自组小家庭，那他就是不孝、不德。[15]陈独秀所要攻击的，是许多基于这些传统伦理观念的中国社会制度和风俗；家庭制度和帝制运动只不过是传统伦理影响下的两个例子罢了。

　　这项旨在批评传统、唤醒青年的庞大计划在1917年之前，都是由陈独秀和几位撰稿人来推动。1915年到1916年年底之间，陈独秀的活动中心在上海，当时新式知识分子领袖们之间的关系并不明确，也没有什么组织，这群人包括国内外的吴稚晖、胡适、李大钊、高一涵和刘复。但到了1917年年初，文学革命就逐渐成形了。1916年12月26日，继任袁世凯成为大

---

　　① 原文为"皮之不存，毛将焉附"，陈文中"傅"应为"附"之误写。语出汉朝刘向《新序·杂事》。——编者

总统的黎元洪，任命蔡元培[①]为国立北京大学校长；[17]蔡可说是新式知识分子的精神领袖，他是现代中国最伟大的教育家和自由主义者之一。在蔡元培的鼓励和庇护之下，新式知识分子的精英人物于是云集北京大学，而改革运动也因此能大有进展。

北京大学的改革

　　蔡元培在国立北京大学由 1917 年（蔡于 1 月 4 日就职）开始推动的各种改革，其在五四运动中发挥的重要作用，不下于陈独秀之创办《新青年》。这所大学起源于康有为及其弟子梁启超在 1895 年创办的强学会。然而，直到 1898 年 8 月，这所大学才以京师大学堂之名正式成立（1896 年虽有旨成立该校，但因反对强烈而未成立），以大学士吏部尚书孙家鼐为总监督，吏部侍郎许景澄为总教习，在中国传教多年的美国浸礼会传教士丁韪良（W. A. P. Martin）任西学总教习。那时的学生全部是从中上级官吏或科举考试通过者中选拔出来的。1900 年，新任总监督许景澄因反对义和团被处死刑，学校也停办了两年；直到 1901 年年底才恢复开课。1912 年民国成

---

　　①　蔡元培（又名鹤卿，字孑民，1868—1940），浙江省山阴县人。1883 年 15 岁时中秀才，1889 年，通过乡会试，1892 年 24 岁时通过殿试，中二甲进士，授翰林院庶吉士，任李慈铭的家庭教师。1894 年，升补翰林院编修，但在 1898 年戊戌变法失败后，辞去官职，致力于教育事业。1901 年，任上海南洋公学特班教习。次年赴日本，几天后即回国，在上海创办爱国女学，并任爱国学社教员，宣传革命及俄国的虚无主义，而内心亦相信社会主义。1903 年，与章炳麟等筹组光复会，后来合并为同盟会。1905 年，他和章士钊、陈独秀等在上海一个秘密小组里学习制造炸弹。1906 年，到北京任译学馆国文及西洋史教习。1907 年，随驻德公使孙宝琦赴德国柏林。次年至莱比锡大学就读。1911 年辛亥革命后回国。民国成立，在孙中山的内阁里任教育总长。袁世凯出任总统后不久，蔡即辞职，于 1912 年秋重赴德国，入莱比锡大学研究现代文明史。1913 年夏天回国。但同年秋天又和吴稚晖等同赴法国，并从事对在法中国工人的教育和社会服务，以及推行留法中国学生的工读计划。1916 年冬，北京政府采纳了一些浙江省国会议员的建议，任命蔡为浙江省省长，他在法国回电请辞。随后不久，政府即任命他为北京大学校长。原任校长胡仁源辞职赴美，胡是蔡在南洋公学时的学生。据说，这次蔡被任命是由汤尔和推荐的，汤氏是国立北京医学专门学校的校长，也是蔡元培的朋友。[16]

立，大学更名为国立北京大学，严复曾任校长 7 个月。[18]

直到 1919 年年初，这所大学是中国仅有的三所官办大学之一，而且是在首都的、由中央政府供给全部经费的唯一公立大学，它是公认的全国最高学府。北京大学包括四个学院：文学院由中文、哲学、英文、法文、历史等系组成，理学院由物理、化学、数学、地质等系组成，法学院由政治、经济、法律、商学等系组成，工学院由土木工程和矿冶两系组成。1911 年以前，北京大学每年的预算都不超过 10 万关平两（Haikwan Taels），在 1916 年也只有 43 万银圆。蔡元培任校长后，学校大为扩充：1918 年的预算达到 67.68 万圆，几乎是其他公立大学每年平均预算的 6 倍之多；1919 年和 1920 年的预算分别为 79.2459 万圆及 95.7579 万圆。[19]1919 年年初，全校约有 50 名办理行政事务的职员及 202 名教授及教员。教授与教员中，除了英国人 4 名，美国人 3 名，德国人 3 名，日本人、法国人、丹麦人各 1 名外，其余全是中国人。

从 1912 年到 1918 年，北京大学的毕业生共有 612 人：其中 233 人来自文学院，40 人来自理学院，209 人来自法学院，120 人来自工学院。北大在 1912 年之后的 10 年内入学者的增加，及 1919 年春季班的入学情形，可以由下列数字中窥见一斑：[20]

表 2.1　国立北京大学历年在学学生数量（1912—1921）

年份	人数
1912	818
1913	781
1914	942
1915	1333
1916	1503
1917	1695
1918	2001
1919	2228（2413）[21]
1920	2565
1921	2252

表 2.2　国立北京大学 1919 年春季入学学生人数 [①]

	本科	预科	总计
文学院	341	415	756
理学院	134	362	496
法学院	532	415	947
工学院	60	154	214
总计	1067	1346	2413

在 1916 年年底蔡元培被任命为校长时，北京大学以它守旧的传统而闻名。学生们把这所大学作为在政府中飞黄腾达的垫脚石，而不把它当作求学研究的地方。教授们也大多来自官场，品评教授不完全依据他们的教学和学问，而更多依据他们的官阶。教授们被称为"中堂"或"大人"；学生们则被称为"老爷"。在道德方面，教授和学生们多声名狼藉，他们时常流连于赌场或妓院。当时北京大学以"探艳团""赌窟"和"浮艳剧评花丛趣事之策源地"等恶名雅号而闻名。[22]

从蔡元培接任校长开始，北京大学发生了极大的变化。1917 年，蔡元培在就任演说中指出，学生进入大学的目的应是求学，不应当是升官发财。[23] 此后不久，他又提出了办学三方针：第一，大学是学术研究的机构。"研究"不仅包括介绍西方文明"输入欧化"，更要创造一种新文明；不仅只是"保存国粹"，更要"以科学方法，揭国粹之真相"。第二，学生不应当"专己守残"，把大学当作是旧式科举制度的替代品，而"应于专精之余，旁涉种种有关系之学理"。第三，大学里应保有思想学术自由。各种分歧的理论——只要是它们都有严格的学术立场——在大学里都应该得到兼容并收和自由发表。不管是哲学里的唯心论或唯物论，文学美术里的理想派或写实派，经济学里的干涉论或放任论，伦理学里的动机论或功利论，以及宇宙论里的乐天观或厌世观，都可以"樊然并峙于其中"。他还强调：

---

①　大学每个学院包括"本科"和"预科"。"本科"大致相当于美国的研究院，"预科"大致相当于大学部，但不完全一致，1912 年以后，高中毕业生通过入学考试后可以进入预科。读了三年，由预科毕业以后可以进入本科；本科要读三年才能毕业，法学院要读四年。1918 年以后，预科的年限改为两年，本科改为四年。同时也采用了美国的学分制。

"此思想自由之通则，而大学之所以为大也。"[24]

根据这些自由而进步的原则，蔡元培推行了很多实际的改革。许多观点分歧的教授都同时受聘任教于北京大学。教授团里成立了各种研究与辅导学生的社团。大致说来，大学是由教授们管理的，而不是行政人员或官员；学生也允许以个人身份参加政治活动。蔡元培的意见是，一个在校学生最重大的责任是读书。他认为，政治集团和学校之间不应该存在联系。然而，20 岁或 20 岁以上对政治有兴趣的学生，可以以个人身份加入任何政治集团。学校可以对他们加以劝告，但不可干涉他们的自由选择。这个观点与当时北京政府的政策恰好相反。政府时常禁止学生参加政党，他们的理由是，学生"唯一"的本务就是读书[1]。蔡元培又鼓励学生自治，于是各类学生组织纷纷成立，包括读书、演说、讨论、出版、娱乐、社会服务、体育等社团，以及其他活动，例如一间学生银行、一家消费合作社、一座博物馆等。一种类似于曾在法国试行的"工读"制度也在北大建立了起来。平等的精神输入了这所大学。以前存在于学生和教授之间的界限，或学生与工人之间的界限，在一定程度上被消除了[2]。

学生的道德水准也大大地提高了。1919 年，进德会成立了，它仿照1912 年由吴稚晖、李石曾和汪精卫在上海成立的组织，会中的所有成员都接受不嫖、不赌、不娶妾等戒条。该协会的乙种会员除了遵守上列的戒条外，还进一步承诺不做官吏，不做议员。他们通过了惩罚的规则，并由会员选出监察人员，当时的会员规模在 1000 人左右。[27] 不做官、不做议员这两项约法，充分反映出无政府主义和虚无主义的影响，同时也反映出新式知识分子对旧官僚的轻视[3]。在新式知识分子的眼中，旧官僚和军阀是所有

---

　①　1917 年 2 月 6 日教育总长对所有学校重申这个禁令。1907 年 11 月，清政府更曾严令禁止学生参加任何组织或公开演说。[25]

　②　例如，1918 年 1 月，北大有 25 名学生联名致信蔡元培，报告有一名学校杂役通过自修学习，而且成绩斐然；蔡元培立刻将该名杂役升任职员，并回信提出，学校中的教授与其他工作人员在地位上是没有高低之别的。就中国学校里传统的守旧社会阶级形态来说，这当然是很不寻常的。随后不久，北大又成立了一所为工役设立的夜校。[26]

　③　在 1912 年中国无政府主义者宣布了"十二戒约"：1）不吃荤，2）不饮酒，3）不吸烟，4）不雇用仆役，5）不乘人力车与不乘轿，6）不结婚，7）不用姓，8）不做官，9）不做议员，10）不参加政党，不当兵，不信神。[28]

罪恶的源泉。

新式知识分子的联合与《新潮》杂志的创办

蔡元培在北京大学的各种改革之中，最重要的大概是他实践了兼容并包的思想。尽管蔡自己是国民党前身同盟会的最早会员之一，但在他选聘教职员的时候，却从不让自己受到党派和政治立场的影响。1912年孙中山政府任命他为教育总长时，他曾说明他对教育的看法。他理想的教育制度是"超轶政治之教育"，而不是"隶属于政治之教育"。有关教育的目的，他提出五项原则：（一）实施"军国民主义"，以避免军国主义者独控军队势力；（二）以"实利主义"来改良民生；（三）实施基于互助原则的"德育主义"；（四）用"世界观教育"来提升一种宇宙观；（五）最后，以康德哲学的"美感教育"，通过美感的鉴赏，把人民由现象世界带领到实体世界的领域。这项基本原则的最终目的就是要以美学来代替宗教。在论及世界观的教育时，蔡元培强调："循思想自由言论自由之公例，不以一流派之哲学，一宗门之教义梏其心，而惟时时悬一无方体无终始之世界观以为鹄。"[29]

随后他到北京大学任职，又重申思想自由的立场，坚持凡在理性基础上自成一家的理论，在大学里都应有传播的完全自由。因此，北大的教授团便包括了许多意见极为分歧的人物，从著名的保皇党、守旧派与复古论者，到自由主义者、激进派、社会主义者和无政府主义者，纷纷加入。有位中国作家曾大胆地说："于是很自然地，所有最富于生气和有天才的年轻一代中国知识分子都群集在他的领导之下。结果在几年之内创造出一种令人难以置信的多产的思想生活，几乎在世界学术史上都找不到前例。"[30]

这种教育方面的自由政策，使北京大学成为旧派保守学者和新式知识分子之间的公开论战场所，而且新式知识分子也因此得到了联合的机会。1917年年初蔡元培就职校长的时候，他任用陈独秀为文科学长（即文学院长）①。与此同时，其他许多新思想人物也都应邀加入北大教授团。

其中有文字学家兼声韵学家钱玄同②、语言学家兼诗人刘复③、诗人兼书法家沈尹默——他们都是白话诗和文学革命的先驱人物。这年夏天，刚由美国回国的胡适也在文学院担任教授，他所负责的是中国哲学史课程，教授的观点与传统的见解大不相同。新散文和新诗作家周作人于 1917 年 4 月 16 日开始在北大附设的国史编纂处任编纂，9 月 4 日改任文学院本科教授，

①　蔡元培于 1905 年左右在上海办《警钟日报》的时候，便和陈独秀共事过。当时陈独秀化名为陈仲甫，由于章士钊的介绍，他和蔡一同在实验室秘密制造炸弹，以从事革命活动。由于陈独秀坚定地支持自己及朋友在安徽芜湖创办的白话杂志，蔡对他印象更深。随后不久，陈去日本，蔡往欧洲。1916 年年底，陈离开上海前往北京。1917 年 1 月，新任北大校长的蔡元培请国立北京医学专门学校校长汤尔和推荐一位文科学长的人选，汤尔和推荐陈独秀，并告诉蔡，陈独秀和陈仲甫实为同一个人，并拿几册《新青年》给蔡看。随后蔡去访问陈独秀，并征得他出任的同意。很有趣的是，几乎在聘任的同时，1917 年陈出版的《新青年》1 月号，登出了蔡元培两篇攻击以儒教为国教运动的演说。蔡对此登载的事并不知情。同一期里，有一位读者向陈独秀建议，应该请蔡元培常替《新青年》撰稿。31 胡适曾告诉我，有一次他在汤尔和家里谈天，汤拿出自己的日记来查推荐陈独秀的日期，查了很久还没查得，倒被胡适眼快一下就看到了。

②　钱玄同（原名钱夏，1887—1939），出生于江苏苏州（吴县），祖籍浙江湖州（吴兴县）。他的父亲是蔡元培的老师，他的哥哥是清朝的外交官和政治改革者。7 岁时，他开始学习中国声韵学和文字学。10 岁以前就能背诵儒家经典。13 岁时，他的玩伴们有很多加入了义和团，钱受到他们的影响，更趋于保守，并且刻苦用功以应考科举。但是后来他读到康有为和梁启超的作品，就开始变成改革派和今文经学派的信徒。1903 年之后，主要受到章炳麟和刘师培作品的影响，转变成反清的革命派。1904 年，他和朋友合办了《湖州白话报》。次年赴日本，在早稻田大学研读日语和教育学。1906 年，加入同盟会。1908 年，与鲁迅、周作人、许寿裳、龚宝铨（未生）、朱希祖、朱宗莱、钱家治等人在东京组织了"国学振起社"，邀请《民报》主编章炳麟讲解《说文解字》，并教授中国语言学和文学。约在同时，受到日本的刘师培和张继以及留法"新世纪社"的影响，钱开始学习世界语（Esperanto），并且倾向无政府主义。1910 年回国，1913—1915 年在北京高等师范学校教授语言学，1915 年以后在北大任教。直到袁世凯的帝制运动，他开始关注当代的思想和文学问题。事实上钱玄同加入北大教授团比陈独秀更早些。根据钱的说法，他与沈尹默向蔡元培推荐过陈独秀担任文科学长。大概向蔡推荐陈的，不止一人。在"五四"时代及以后，钱出版了不少论文，讨论语文改革、古代史和音韵学。

③　刘复（字半农，1891—1934），生于江苏省江阴县。1912 年，他常向各报刊投稿，并担任上海《中华新报》的编辑。这段时期，他还撰写当时流行的通俗小说。1916 年到北京，次年在北大预科任教。新文学运动的早期，他写了许多通俗轻松的诗歌和散文以提倡白话文学。后来他致力于语音学和辞典编汇的研究。1920 年，他赴伦敦大学学习语言学。1925 年，在巴黎大学获得文学博士学位，成为巴黎语言学学会（Société Linguistique de Paris）的成员。当年他回到北京，在各大学任教习，并从事语文改革运动。

仍兼原职。反对儒家的学者吴虞自 1916 年年底就与陈独秀有联系，1919 年开始受聘北大任教。鲁迅虽然到 1920 年才加入北大教授团，但自从 1912 年教育部由蔡元培主持之后，他就一直在该部工作，这期间与不少北大的自由主义派教授保持着密切的联系①。1918 年 2 月，李大钊在北大逻辑学教授兼图书馆主任章士钊的推荐下，接任图书馆主任，后来也兼任历史、政治学、经济学和法律方面的教授②。（同年 10 月，陈独秀与李大钊在北京

---

①　鲁迅（原名周树人，1881—1936），出生于浙江省绍兴县的一个有地位的家庭。在他幼年时，进士出身在清廷任官的祖父因事入狱，因此他父亲的经济情况极端拮据，鲁迅当时常常跑当铺，靠典当度日。17 岁时在南京江南水师学堂就读，约半年后转入矿路学堂攻读矿学。毕业以后，1902 年获得政府奖学金赴日本求学。1903 年 9 月开始，在仙台医学专门学校学医，1906 年中途放弃，改行从事新文学。1907 年回到东京，同他的弟弟周作人计划创办杂志《新生》，但不幸失败。这期间他学会了日文与少许德文，并广泛地阅读东欧与北欧文学。1909 年 7 月他回到中国，当年秋天在杭州师范学校教授化学和生理学。1910 年 9 月，在自己家乡的中学教授同样的课程。1912 年 1 月，赴南京，在蔡元培任总长的新建民国教育部里出任次要职员；5 月，随着政府北迁到北京。他在教育部任职一直到 1925 年，终被当时的总长章士钊免职。1917 年夏，鲁迅受到钱玄同的鼓励，加入《新青年》杂志的改革运动。他的讽刺短文和短篇小说拥有很多的读者，对新文学和新思想运动的传播有很大的贡献。1920 年五四运动分裂以后，他和《新青年》的关系便中断了。直到 1930 年后才成为左翼作家的领导人物。[32] 相反地，周作人（1885—1967）后来成为著名温和派的极富于风格的散文作家。他和一位日本女子结婚。1937 年后，留在北京担任傀儡政府下的北京大学校长，后任教育总署督办。1945 年抗战胜利以后，国民政府判处他 14 年有期徒刑，后改判 10 年有期徒刑，住在监狱里。现在他仍在中国大陆写回忆录。（这是就 1959 年的情况说的。周作人已于 1967 年去世，他的《知堂回想录》已于 1970 年在香港出版。——译者）

②　李大钊（字守常，1889—1927），生于河北省乐亭县，早年父母去世，由祖父母抚养，家境清寒。1907 年夏，考入天津北洋法政学堂。毕业后参加《政言报》和社会党工作。1911 年春，赴日本早稻田大学学习政治学和经济学。1916 年夏回国，任进步党领袖之一汤化龙的秘书，并任《晨钟报》副刊的编辑。1918 年 2 月，受聘为北京大学图书馆主任，1920 年 9 月以后兼聘为教授。他成为陈独秀的密切合作者，帮助他编辑《新青年》和《每周评论》。1921 年 9 月，他辞去图书馆主任的职位，继续任教授，并受聘为校长秘书。在北大，他曾教授现代政治学、史学思想史、唯物史观、社会主义、社会运动史、社会立法等课程。他还在北京女子高等师范学校教过女权运动史和社会学等课程。在"五四"事件期间，学生们常在他图书馆办公室附近集会。1920 年，他与陈独秀合作参加成立中国共产党的准备工作，1921 年陈独秀往广州以后，他成为共产党在北方的实际领导人，当时有"南陈北李"的说法。1924 年 1 月，当他热心提倡的国共合作成功时，他被选为国民党的中央执行委员会委员。1927 年 4 月 6 日，他在苏联大使馆被张作霖的军警逮捕，28 日在狱中被绞死。1918 年毛泽东曾工作于李大钊主持下的北大图书馆，并曾深受李氏的影响。[33]

创办《每周评论》）。其他教授还包括：政治学家高一涵、社会学家陶履恭（即陶孟和）、心理学先驱及逻辑学者陈大齐、经济学家马寅初，以及最先在中国研究科学方法的学者之一王星拱。在蔡元培的领导下，这些杰出的知识分子在北大的学生群体中发挥了深远的影响。

　　1918 年冬天，北京有一群才能卓越的学生，因为受到当时潮流的影响，热烈支持新思想和新文学运动，便合作创办了《新潮》杂志，英文名称是 The Renaissance。该杂志最初由北大学生傅斯年、顾颉刚和徐彦之创议，后来罗家伦、潘家洵和康白情等也加入了筹备，他们大多数是对历史和文学感兴趣的学生。由于陈独秀和李大钊的帮助，他们从北大获得了出版该月刊的经济和物质方面的支援。胡适担任他们的顾问，并和陈独秀、李大钊、周作人等一起，鼓励支持新杂志的形成和发展。学生们提出了他们出版物应坚持的三种"原素"——"批评的精神""科学的主义""革新的文词"——自然而然地，他们支援了《新青年》和《每周评论》所提倡的种种改革。这个杂志的第 1 期出版于 1919 年 1 月 1 日，很快地受到全国文学青年的热烈欢迎。

　　出版该月刊的新潮社是个非常小型的组织。当它在 1918 年 11 月 19 日正式成立的时候，只有 21 名会员，他们全都是北京大学的学生；而登记入会的会员似乎从不曾超过 41 名。大多数会员后来都成为"五四"事件时的学生领袖，并且从那时起，在近代中国思想和社会的发展方面扮演重要的角色①。

---

　　①　根据傅斯年所说，《新潮》的创办"纯是由觉悟而结合的"。1917 年秋，傅斯年、顾颉刚和徐彦之最先提出创办杂志的念头。次年秋天，徐彦之和陈独秀讨论这个想法。傅斯年回忆说，学生们得到陈独秀意外而热烈的支持。陈说："只要你们有办的决心，和长久支持的志愿，经济方面，可以由学校担当。"因此，这些学生开始着手成立自己的组织。他们与罗家伦、康白情研究办法，其后有十多位同学加入。那时胡适成为他们的顾问。第一次预备会议在 1918 年 10 月 13 日举行，会中决定了那三种原素，同时徐建议用英文刊名 The Renaissance，罗建议中文刊名《新潮》，日本人也曾以此作为期刊名。（日本的《新潮》杂志于 1904 年创办，是当时提倡自然主义文学的杂志之一。1907 年以后，由东京帝国大学的学生继续创办一系列以《新思潮》为名的文学杂志。1914—1916 年，许多活跃的著名作家，例如久米正雄［Kume Masao］、菊池宽［Kikuchi Kan］、芥川龙之介［Akutagawa Ryūnosuke］等在日本鼓吹自然主义和写实主义文学。北大的中国学生必然曾受过这些类似日本杂志的影响。）这些学生认为英文刊名和中文刊名（接下页）

现在简单列举其中一部分人的成就如下：

傅斯年：极有影响的史学家和言论家；1937 年，担任中央研究院历史语言研究所所长；1949 年，兼任台湾大学校长。

罗家伦：史学家、教育家及言论家；1928 年，出任北京的国立清华大学校长；1932 年，担任重庆的国立中央大学校长；国民党政府中的高级官员。

顾颉刚：著名的中国古史学家及民俗学家。

康白情：浪漫派抒情诗人。

毛准（字子水）：教育家及国学家。

江绍原：教育家及宗教历史学家。

汪敬熙：短篇小说家，生理学及心理学教授。

吴康：哲学家。

何思源（字仙槎）：教育家；1944 年担任山东省政府主席；1946 年，任北平市市长。

李荣第（字小峰）：出版家（他的北新书局出版了不少重要的新文学作品）。

俞平伯（原名铭衡，俞樾曾孙）：著名的散文作家、诗人和《红

（接上页）"恰可以互译"。11 月 19 日，开第二次会，选出职员。图书馆主任李大钊分配了图书馆中一间屋子作为新潮社的办公室。他们的章程规定，北大的学生或校外人士（后者需要有社中两名会员的推荐）在该杂志中登出三篇以上作品就可以成为会员。新潮社的组织分为两部：编辑部和干事部。傅斯年被选为主任编辑，罗家伦是编辑，杨振声是编辑部书记；徐彦之被选为主任干事，康白情是干事，俞平伯是干事部书记。1919 年 11 月 19 日改组，废除两部制，罗家伦被选出以接替傅斯年，因为傅即将赴英国留学。孟寿椿接替徐彦之任经理，而顾颉刚、高尚德、李小峰和其他二人各被推举担任赠阅、交换、广告、记录及校对等职务。同一会议还决定把杂志社改为学会，扩充组织和社务，由徐彦之主持出版了几本丛书。1920 年 5 月，周作人加入本社，成为唯一的教授社员。8 月 15 日的会议又正式决定改组，恢复两部旧制。10 月 28 日，周作人被选为编辑部主任编辑，毛子水、顾颉刚、陈达材和孙伏园为编辑；孟寿椿任干事部主任干事，6 名社员，包括高尚德、李小峰、孙伏园和郭绍虞被选为干事。该年年底，新潮社出现衰谢，一部分原因在于大多数重要会员都出国留学了，而其他人则忙着成立"文学研究会"（见第四章）。《新潮》的最后一期（3 卷 2 期）在 1922 年 3 月出版。[34]

楼梦》研究专家。

郭希汾（字绍虞）：作家，中国文学批评史专家。

孙伏园（原名福源)：《晨报》副刊知名编辑，作家。

张崧年（字申府，笔名张赤）：基尔特社会主义者；精通罗素哲学、数理逻辑，有一段时期是辩证法唯物论的诠释者。

杨振声（字今甫，亦作金甫）：中国文学教授，作家，1930年任国立青岛大学校长。

刘秉麟（字南陔）：经济学教授。

孟寿椿：上海国立暨南大学文学院院长。

冯友兰：著名的哲学史家，哲学家。

朱自清：著名的散文作家，诗人。

在《新青年》集团和北大发生了联系以后，新式知识分子的意见受到高度的推崇和广泛的注意，一方面是因为北大在中国学术界的领导地位，一方面是因为有日趋壮大的学生支持。

然而，我们也应该清醒地认识到，此番新式知识分子在北大的联合只是暂时的，那些领袖人物的见解和兴趣本就不同，陈独秀和胡适二人便是很好的例子。尽管陈独秀当时认同在改造政治之前必先破坏旧式传统观念，但他的兴趣仍主要偏重于政治和社会方面；然而，胡适和大学里的其他教授则对文学与教育改革抱有更大的兴趣。1917年，当他们因提倡新思潮、反抗旧文人旧士绅集团而联合起来的时候，他们之间达成了笼统的相互谅解，即他们的改革运动将着重于各种非政治性的活动。这次联合，实际上是基于一般性的、不曾精确界定的观念，例如"自由主义""人道主义""民主""科学"等。后来，当陈独秀对段祺瑞政府的种种活动渐觉忍无可忍的时候，他便不由自主地批评起政府来了；1918年以后，他变得更加激烈，并且开始倾向于群众运动。他之所以创办《每周评论》，并将其作为短小却尖锐的抨击政治的利器，实际上是为了达成自己的政治目的。相反地，其他自由主义者则逐渐趋于保守或缓和，并且避免卷入政治旋涡之中。然而，这次联合直到"五四"事件以后才告分裂。1932年，胡适对这次事态的发展做了如下的回忆：

> 在民国六年，大家办《新青年》的时候，本有一个理想，就是二十年不谈政治，二十年离开政治，而从教育思想文化等等非政治的因子上建设政治基础。但是不容易做得到，因为我们虽抱定不谈政治的主张，政治却逼得我们不得不去谈它。民国六年第二学期陈先生来到北大，七年陈先生和李大钊先生因为要谈政治，另外办了一个《每周评论》，我也不曾批评它，他们向我要稿子，我记得我只送了两篇短篇小说的译稿去。[35]

新式知识分子的改革观点

尽管新式知识分子的联合在性质上有分歧，然而1917年到1918年期间，他们也曾切实地把精力专注在思想文化改革方面。陈独秀在就任文科学长之前，已经与易白沙、吴虞形成了他们反孔教的看法，并与胡适合作发展了文学革命的观点。这些人都是《新青年》杂志的供稿者。所以在他就职北大的时候，就曾经宣称：

> 仆对于吾国国学及国文之主张，曰百家平等，不尚一尊；曰提倡通俗国民文学。誓将此二义遍播国中，不独主张于大学文科也。[36]

他这项计划同时着重于社会伦理的改革和文学的改革。为了达成这些目的，新式知识分子不但尝试介绍西方思想和制度，而且也力图重估并批判中国的传统。这个方针并非由某一人策划而成，也不是受某一人的督导。事实上，这个方针代表了一群意见分歧的人们的共同立场。

这些新观念的详细探讨将留在本书下编的几章中，这里先列出"五四"

事件以前《新青年》中所讨论的一些重大问题，大致上按照刊登的先后安排，以显示五四运动第一阶段里知识分子的思想感情趋势。总的说来，《新青年》反对各种旧的思想和习惯形态，提倡新学；反对君主专制政体，反对少数人物享有政治特权，提倡民主、自由主义和个人主义，后来还重视社会主义；反对传统的伦理，例如对政权掌握者尽忠、对父母尽孝以及对男子女子适用两种不同的贞节尺度，提倡社会里人人平等；反对传统的大家庭制度（父母与成婚的子女及后代生活在一起，组成家庭单位），提倡西方的小家庭制度，提倡女性的平等和独立，以及恋爱和婚姻自由自主，不受父母的安排。在随后的几期里，《新青年》开始提倡文学革命，鼓励语文改革，讨论国语罗马字化和推行世界语的问题，并且介绍标点符号的用法；反对旧迷信和旧宗教，提倡科学、技术和不可知论；反对极少受到质疑的传统儒家哲学，提倡重估所有的经典；反对只顾及教育者的权威，提倡教育应当鼓励发展人性。《新青年》的最终目的，是通过社会、政治和文化的改革，以达成思想界领导力量的大联合，以反抗军阀的统治。

这些新思想领袖所主张的基本原则可以归纳为两项，依照他们所加的绰号，分别是"德莫克拉西先生"（民主）和"赛因斯先生"（科学）。1919年1月，陈独秀为庆祝《新青年》创刊三周年而发文，对上述两项原则做了扼要的概述，并且驳斥了一些对《新青年》的非难。他写道：

　　他们所非难本志的，无非是破坏孔教，破坏礼法，破坏国粹，破坏贞节，破坏旧伦理（忠孝节），破坏旧艺术（中国戏），破坏旧宗教（鬼神），破坏旧文学，破坏旧政治（特权人治）这几条罪案。

　　这几条罪案，本社同仁当然直认不讳。但是追本溯源，本志同仁本来无罪，只因为拥护那德莫克拉西（Democracy）和赛因斯（Science）两位先生，才犯了这几条滔天的大罪。要拥护那德先生，便不得不反对孔教、礼法、贞节、旧伦理、旧政治。要拥护那赛先生，便不得不反对旧艺术、旧宗教；要拥护德先生又要拥护赛先生，便不得不反对国粹和旧文学。大家平心细想，本志除了拥护德、赛两先生之外，还有别项罪案没有呢？若是没有，请你们不用专门非难本志，要有气力、有胆量来反对德、赛两先生，才算是好汉，才算是根本的办法。[37]

由于受到教授们和《新青年》的激发，北京大学与其他大学的学生获得了对新思潮更明确的了解，并且在新思想运动中变得更加活跃。新潮社的会员都是先锋分子，他们把运动当作是"思想革命"或"社会革命"，并且鼓励读者在中国介绍和传播世界的"新思潮"。他们指出这次运动的精神应当是批判精神，应用尼采（Friedrich Nietzsche）的警语，就是"重估一切价值"（transvaluation of values）。更重要的是，他们"发愿协助中等学校之同学，力求精神上脱离"前代人物道德思想上的"感化"。傅斯年起草的《〈新潮〉发刊旨趣书》中，除了要唤起中国学术思想在世界思潮中的地位之自觉外，便强调了这一点：

中国社会，形质极为奇异。西人观察者恒谓中国有群众而无社会，又谓中国社会为二千年前之初民宗法社会，不适于今日。寻其实际，此言是矣。盖中国人本无生活可言，更有何社会真义可说。若干恶劣习俗，若干无灵性的人生规律，桎梏行为，宰割心性，以造成所谓蚩蚩之氓；生活意趣，全无领略。犹之犬羊，于己身生死、地位、意义，茫然未知。此真今日之大戚也。同仁等深愿为不平之鸣，兼谈所以因革之方……

……不曾研诣学问之人恒昧于因果之关系；审理不了而后有苟且之行。又，学术者深入其中，自能率意而行，不为情牵。对于学术负责任，则外物不足萦惑；以学业所得为辛劳疾苦莫大之酬，则一切牺牲尽可得精神上之酬偿。试观吾国宋明之季甚多独行之士，虽风俗堕落，政治沦胥，此若干"阿其所好"之人终不以众浊易其常节。又观西洋 Renaissance 与 Reformation 时代，学者奋力与世界魔力战，辛苦而不辞，死之而不悔。若是者岂真好苦恶乐，异夫人之情耶？彼能于真理真知灼见，故不为社会所征服，又以有学业鼓舞其气，故能称心而行，一往不返。中国群德堕落，苟且之行遍于国中。寻其由来：一则原于因果观念不明，不辨何者为可，何者为不可；二则原于缺乏培植"不破性质"之动力，国人不觉何者谓"称心为好"。此二者又皆本于群众对于学术无爱好心。同仁不敏，窃愿鼓动学术上之兴趣……

……观察情实，乃觉今日最危险者，无过于青年学生。迩者恶人模型，思想厉鬼，遍于国中，有心人深以为忧。然但能不传谬种，则此辈相将就木之日，即中国福利之年。无如若辈专意鼓簧，制造无量恶魔子；子又生孙，孙又生子；长此不匮，真是殷忧。本志发愿协助中等学校之同学，力求精神上脱离此类惑化。于修学立身之方法与径途，尽力研求，喻之于众。……总期海内同学去遗传的科举思想，进于现世的科学思想；去主观的武断思想，进于客观的怀疑思想；为未来社会之人，不为现在社会之人；造成战胜社会之人格，不为社会所战胜之人格。[38]

新潮社领袖人物所主张的社会革命观念显然部分地受到俄国十月革命的影响。在《新潮》的创刊号里，罗家伦论及当代世界的潮流，他说，在历史上的每一个重要时期，几乎都有它阻挡不住的潮流。文艺复兴是欧洲中世纪之后的大潮，宗教改革是欧洲 16—17 世纪的大潮；18 世纪的大潮是把民主精神传播到世界其他国家的法国大革命；而 19 世纪的大潮则是 1848 年革命，其结果是打击了德国、奥地利与意大利封建君主贵族体制。根据罗家伦的看法，20 世纪的世界新潮流就是俄国的十月革命："现在的革命不是以前的革命了！以前的革命是法国式的革命，以后的革命是俄国式的革命。"[39] 他认为，法国大革命是政治性的，然而自此以后的革命都会是俄国革命的类型，即会发生许多社会革命，在这些革命里，民主会战胜君主，平民会战胜军阀，劳动者会战胜资本家。[40] 同期杂志中，后来像罗家伦一样转变为激烈反共分子的傅斯年，也发表了类似的观点。他认为俄国将会兼并全世界，不是在领土方面，也不是在国权方面，而是在思想上。[41] 在以后出版的一期《新潮》中，一位读者提出，此后的革命会效法"美国革命"的形态，但这个见解受到编辑们的反驳。就大体而论，这些学生们的意见似乎要比陈独秀、胡适甚至是李大钊等教授的意见还要激进。

　　然而，若是断言这些学生领袖都是布尔什维克主义者，或都是马克思主义者，却是不正确的。他们的主张是社会主义与民主主义二者的模糊混合体。罗家伦在上述一文中说："革命以后，民主主义同社会主义，必定相辅而行。"他进一步认为，社会主义与个人主义是相关的，而不是对立的，而且"此后的社会主义并不是要以雷厉风行的手腕，来摧残一切的个性；乃是以社会的力量，来扶助那班稚弱无能的人，来发展个性。"[42] 他相信这即是新潮流的真正意义。罗家伦对这些政治观点的研讨受到两本书的较大影响，一本是沃尔特·爱德华·韦尔（Walter Edward Weyl）的《新民主主义》（*The New Democracy*，1912），其副标题是"有关美国若干政治经济趋势的论说"（An Essay on Certain Political and Economic Tendencies in the United States）；另一本是斯蒂芬·巴特勒·里柯克（Stephen Butler Leacock）的《政治学原理》（*Elements of Political Science*，1906）。罗家伦反对通过暴力来达到改革的目的，他更强调全体人类与平民的利益，他说："我们与其崇拜大彼得，不如崇拜华盛顿。与其崇拜俾士麦，不如崇拜佛兰克林。与其崇拜雷揭奴的理财，不如崇拜马克思的经济。与其崇拜克虏伯的制造，不如崇拜爱狄生的发明。"[①43] 这段话恰恰说明了当时的学生如何偏好笼统的概括说法。但是他们对学习的渴望和传播他们观念的热情却给改革运动提供了新动力。他们宣称，要想阻止潮流，或逆流而行，会带有极大的危险性，只有顺着潮流而进才能确保安全。"现在世界的新潮来了，我们何妨架起帆桨，做一个世界的'弄潮儿'呢！"[②]

---

　　① 以上诸人，今通常译为：彼得大帝（Peter the Great）、华盛顿（Washington）、俾斯麦（Bismarck）、富兰克林（Benjamin Franklin）、黎塞留（Richelieu）、马克思（Karl Marx）、克虏伯（Alfred Krupp）、爱迪生（Thomas Edison）。——编者

　　② 依照与著名的杭州"钱江潮"有关的一种古俗，成群的人携着彩色的旗帜，在钱塘江口游泳，戏弄起伏的浪潮。这种活动是为了迎接伍员（伍子胥）的灵魂。伍子胥是公元前 5 世纪吴国的名将，被吴王夫差赐死自杀后，尸体被抛入钱塘江中。后人相信这潮水乃是他的愤懑之气所成，而那些游泳的人通常被称为"弄潮儿"。这个名词时常出现在中国古典文学中。可参见宋末吴自牧《梦粱录》卷四"观潮"条。20 世纪 50 年代后期，罗家伦和我谈到他这篇文章时，大感惶惊不安，自认过于"幼稚"，但赞同作者所指出的它对新思潮运动的时代作用。

反对派的批驳和答辩

在新式知识分子的联合形成期间，北京大学出现了一个反对集团。这个集团包括一些保守派的教授、研究员和学生。清朝末年，北大的文学院教授团包括为数颇多的桐城派文人，而另一部分则属于"文选"派。①（而法学院里的大部分教职都由留日学生担任，一般说来，他们比留法和留美的学生都要保守些。）1911 年辛亥革命以后，江苏、浙江两省的学者（因此被称作"江浙派"）继桐城派而起，成为北大文学院的一大势力。江浙派学者大多是章炳麟（太炎）的门生和朋友，而林纾可以说是与桐城派有关。在校内，江浙派的教授们便形成新式知识分子的主要反对势力。⁴⁴

这群旧文学的提倡者以刘师培为领袖，以黄侃（季刚）、林损、辜鸿铭、马叙伦和国史馆中的一批较为年长的学者为后盾②。他们通过《国故》

---

①　桐城是县名，属于安徽省。清朝有许多著名的古文作家都是桐城县人，包括方苞（1668—1749）、姚鼐（1731—1815）、刘大櫆（1698—1780）等。由于这些著名的桐城文人在文体表达上相近，而且全国各地的作者往往仿效他们的文体，这个文派就以县为名了。19 世纪时，湖南的曾国藩（1811—1872）及其门徒、友人又重振光大了桐城文派。（陈独秀、胡适和段祺瑞也来自安徽省。）"文选"派的名字出自萧统（昭明太子，501—531）所编的《文选》，此书收录了公元前 246 年到公元 502 年间所写可做范本的诗赋和美文。这个选集主宰了近千年的传统中国文学的文体。

②　刘师培（曾更名光汉，1884—1919），江苏仪征人，出生于今文学派的学者世家。1904 年，与章炳麟、邓实、黄节、马叙伦以及其他同盟会作家创办了"国学保存会"。次年，该会在上海出版了《国粹学报》。1906 年之前，他一直与陈独秀共事，在同一所中学教书。1906—1907 年，与一些中国学生在日本创办了《天义报》，是第一批宣扬社会主义的中文杂志之一。在辛亥革命以前，与章炳麟一样，刘师培是位反清的革命者。其后他转变为保守文人，是主持 1915—1916 年袁世凯帝制运动的"筹安会六君子"之一。他那篇著名文章《君政复古论》使他在自由主义者之间声名狼藉。他是章炳麟、严复、杨度的密友，杨度也是筹安会的创办人之一，严复也被列名。刘是由章炳麟推荐到北京大学任教的。他于 1919 年 11 月 20 日去世。刘师培精通古文经典、历史和文学，他的作品中包括《中古文学史》《论文杂记》《左盦外集》等。

黄侃（1886—1935），是章炳麟的大弟子。1915 年，他介绍钱玄同到北大教书，但后来他们两人在古文经典的研究方面，意见却常常相左。

林损（1891—1940），字公铎，浙江瑞安人，是著名的旧式文人学者。

辜鸿铭（1857—1928），字汤生，出生于马来西亚的槟城（Penang），祖籍福建，母亲是西洋人。他在爱丁堡大学研究英、德古典哲学，又在德国一所工程学院就读之后，于 1885 年左右来到中国。此后，他担任张之洞的秘书和顾问长达 20 年。作为一个（接下页）

杂志向公众宣传，提倡文言文、儒家和旧伦理。这些学者受到大学里保守派学生以及文人的拥护。[45]

　　然而，这个保守的反对集团在思想方面的宣传效果并不明显。他们的出版物，缺乏可读性，有时甚至不合逻辑，因此对大部分中国青年没有多大吸引力。他们的文章经常堆满难解的古文生僻字，即便是功底极佳的学者也不一定都懂。最终，他们的《国故》杂志只出了 4 期便夭了。[46] 至于军阀政府的出版物，由于通常只包括官方的言论，在这场论战中并没有发挥多少作用。新式知识分子领袖的写作能力与保守集团形成了鲜明对比。他们大多是卓越的散文作家：陈独秀热情有力的论说文，一直吸引着年轻人；胡适清晰流利的文体，当时可说是无与伦比；鲁迅的讽刺短文和小说，仿佛一把双锋的利刃，尖锐而致命；周作人常写生动的散文，使读者感觉在与家人娓娓对谈。其他推动新文学和新思想运动的教授和学生领袖也大多数是文笔流畅有力的作家，例如钱玄同、刘复、罗家伦、傅斯年、顾颉刚和朱自清等。此外还有在这次运动中崛起的其他一大群光芒四射的青年散文家、小说家、剧作家和诗人。这些新知识领袖们不仅对西方语言和文化知识的掌握凌驾于旧学者之上（严复和辜鸿铭等少数兼通中西者是例外），而且在中国古典学术的研究上有时也超越了他们。许多新知识领

（接上页）假西洋人（imitation Western man），他能读英语、法语、德语、意大利语、拉丁语及古希腊语。虽然他留着辫子，穿着长袍马褂，却不能说流利的官话。他痛恨西方的殖民主义与民国的共和政府，并经常用古怪的言论为所有的传统中国伦理习俗辩护。他认为娶妾的风俗是合理的，因为一夫多妻正如一把茶壶配有多只茶杯以组成一套茶具一样，是非常自然的；但没有人见过一只茶杯配几把茶壶的组合。虽然他固执地反对进步、改革等观念，但他在 1910 年以前却推动了所谓"中国牛津运动"（Chinese Oxford Movement），主张中国和全世界都应该推行"思想上的门户开放"和"心灵扩张"政策。他引用《圣经》中保罗的话："但要凡事察验，善美的要持守。"（Test everything. Hold on to the good.《帖撒罗尼迦前书》5：21）"五四"时期民主在中国渐受重视之际，他把"德莫克拉西"（Democracy）谑称为"德魔克乱西"（Demo crazy）；他又嘲弄自然主义文学，把新文学所推崇的俄国小说家陀思妥耶夫斯基（Dostoyevsky）称作"多死拖-威士忌"（Dosto-Whisky）。

　　有关马叙伦，见第五章，页 150，注释。

　　"国史馆"是当时隶属于北京大学的机构之一。馆中的学者都是较为年长的历史学家，包括屠寄（字敬山，屠孝实之父）、张相文（字蔚西）、薛阆仙、童亦韩及徐贻孙等。

袖不但能写流利的白话文，还能写畅美的古文，而旧学者要么只精通古文，要么过于高傲而不屑于使用白话文，而白话文当时已成为更有效的写作媒介了。

在大学圈子之外，还有两位颇负盛名的文学界领袖支持保守派，即翻译家严复和林纾。此时的严复已转为保守，反对学生运动及新文学新思想运动，尽管在此前20年他曾支持"五四"时期的青年知识分子所倡导的许多改革。他认为，只有回归古代的中国伦理和文化，只有排斥西方的影响，才能救中国。这恰与他在1890—1900年间的观点背道而驰。他还提出，古文比白话文更富暗示性，更典雅，并且在自然淘汰的原则下，由于新文学运动的不合理性，它不久就会自然地销声匿迹。因此他认为积极的反对是多余且没有必要的 [①]。于是，只剩下林纾一人是大学圈子外唯一具有影响力而支持保守派的发言人了。

在20世纪的最初20年里，林纾是最受欢迎的欧美小说翻译家，尽管

---

① 严复（1854—1921），字又陵，在他的早期，尤其是1895—1902年间，实际上是首要的自由主义改革家，他最先提倡西化，介绍现代科学方法、民主思想制度到中国来，并较早提出改革中国语言。他也是反对科举制度和传统的儒家控制的先驱之一。然而1902年以后，他逐渐转向温和保守，赞成以教育方式来改革，而不赞成革命，并排斥自由主义和国家主义。他相信中国古代思想与现代西方思想有相近之处，因此应该好好保存。由于19世纪末西方对资本主义社会的批评激增，他早期对西方文明的乐观看法也动摇了。辛亥革命以后，袁世凯任命严复为北京大学校长，后来他成为袁世凯的政治法律方面的顾问。他或多或少被迫支持了袁世凯的帝制运动，而在运动失败袁世凯去世之后，他对国民政府以及对所有政党的厌恶情绪日益增长。他认为第一次世界大战是西方文明崩溃的征兆。因此，他在晚年自然而然地提倡恢复中国古代文明，并称蔡元培为"神经病一流"。然而，尽管严复和年轻一代有思想上的冲突，他所翻译的介绍有关社会达尔文主义、实用主义、逻辑学等方面知识的书籍，对"五四"时期知识分子的重大影响绝非夸张（详见第十二章）。他在译文里精巧铸成的许多中文词句，例如"物竞天择，适者生存""优胜劣汰"等，自20世纪的最初10年开始，就被大家当作是中文固有的成语运用，而他意料不到也不会赞同的是，后来新起的改革家和革命家竟用这些名词作为他们的冲锋口号。例如，军阀陈炯明的别号"竞存"，以及胡适的自传中披露，他在1910年为自己改名"适"，都是出自严复的译文。许多救国运动的热心分子也都用这些社会达尔文主义的观点来支持自己的观点。陈独秀在《青年杂志》创刊号的第一篇文章《敬告青年》中，就通过这些观点批驳保守主义。严复的翻译作品，尤其是《天演论》（*Evolution and Ethics*）一书，在毛泽东的高中期间，对他产生过极大的影响。[47]

他并不通晓任何外国文字。[①]由 16 位以上精通西方语言的助手协助，他把 180 种小说及其他作品译成 281 册文言文，共 2000 万字。他的助手先把外文原著口译为白话，林纾再把白话转译为文言。他对桐城派和"文选"派的古文推崇备至。在北大时他一直是反对江浙国学派的重要人物，江浙派主要研究文字学、声韵学和考证学，他们瞧不起桐城派的古文，觉得桐城派肤浅，不够水准。林纾却认为经学派的崛起，尤其是在 1911 年以后取代北大桐城派的学术地位，实是中国文学走下坡路的象征。可是面临新文学运动的兴起，除了少数例外，这两派的旧学者和旧文人多半选择捐弃前嫌，携手反抗新文学的共同威胁。

　　然而，这些保守派的反抗相当消极，林纾加入他们的阵营也有些姗姗

---

①　林纾（1852—1924），字琴南，号畏庐，福建闽县人，严复是侯官人，民国后闽县与侯官合并为闽侯县。他 19 岁时得了严重的肺病，全家都深受其苦。20—30 岁间，他过着相当放纵的生活，被他的同乡人视为异端"狂生"。1878 年，考中秀才，1882 年，中举人，而在 1883—1898 年的一系列京试中却名落孙山。在 30—35 岁间，他阅读了 4 万余卷古书。1900 年，他到北京的一所中学里教书，后来（1905 年前后）在北京大学前身的京师大学堂里任教。1909 年，任该校文科学长。江浙派兴起后，他于 1913 年辞职离开。后来在"五四"时期，他出任段祺瑞的亲信徐树铮所创办的正志中学的教务长。该校严禁学生参与学生运动。晚清期间，林纾提倡过许多社会、政治、文学方面的改革，在 1898 年的时候就用平白语言写诗，但是他与多数人一样，没有跟上时代快速前进的步伐。他翻译的文字是流利而古雅的文言，为他口译的助手包括王子仁、魏易、王庆通、陈家麟等。林纾翻译的速度一天可以达到 6000—8000 字。（他每小时可以翻译 1500—2000 字，但他自己创作一篇短小的古文有时却要花上几个月。以胡适做比较，据他自己说，他一小时能写 900 字原创作品，翻译却只能达到 400 字。）林纾所翻译的 180 种书籍中，有 17 种没有出版过。这些翻译中，105 种译自英国作家，33 种译自法国作家，20 种译自美国作家，7 种译自俄国作家，2 种译自瑞典作家，还有 7 种译自不知名的作者，比利时、西班牙、挪威、希腊、日本作家各有 1 种。此外，他还翻译了 15 个短篇，创作了相当数量的中文散文、小说和诗歌。他最受欢迎的译作是小仲马的《茶花女遗事》（Alexandre Dumas, fils, *La Dame aux Camelias*, 1852, 今译为《茶花女》）——这是他的第一部翻译作品，完成于 1893 年，以及狄更斯的《块肉余生述》（Charles Dickens, *David Copperfield*, 今译为《大卫·科波菲尔》）、司各特的《撒克逊劫后英雄略》（Walter Scott, *Ivanhoe*, 今译为《艾凡赫》）、斯托夫人的《黑奴吁天录》（Harriet Beecher Stowe, *Uncle Tom's Cabin*, 今译为《汤姆叔叔的小屋》）、欧文的《拊掌录》（Washington Irving, *The Sketch Book*, 今译为《见闻札记》）。他部分早期的译作在文学革命后被新的译作取代了。然而，林纾仍旧是中国最多产的翻译家，在译作数量上难以被超越，其中部分杰出的作品已经成为翻译界的经典；尽管有些令人遗憾，除了 40 种巨作小说，许多他翻译的原文仅是二流作品，因为林纾的助手中少有文学修养极佳的，而他只有依赖助手们的选择。[48]

来迟。早在 1917 年，钱玄同就出面支持胡适的文学改革建议，并且攻击林纾。[49]林纾当时只是间接而缓和地答复他，简单地说不应当废弃古文文学，而应当好好保存它，效法西方之保存拉丁文。[50]其他反对新文学、新道德的文人和学者，也都在论战里采取消极的态度。因此，当《新青年》编辑想用论战来引起读者兴趣的时候，他们只好登出一封由编辑钱玄同以假名用文言书写的读者投书。这封信登在 1918 年 3 月 15 日的那一期里，署名"王敬轩"；信中用种种荒唐可笑的理由控诉《新青年》。随后，由杂志的另一位编辑刘复对这封信做了长篇而流畅的答辩。虽然钱玄同的来信是捏造的，但在文体上和大部分旧文人对儒家、旧伦理和对文学的见解上，都模仿得相当巧妙。[51]这个插曲引起了读者很大的兴趣，同时也引起旧派学者的愤怒。

　　不久之后，林纾对新文学运动的反感逐渐增强。1919 年 2 月和 3 月，他在上海著名的《新申报》上发表了两篇短篇小说，讥讽新思想和新文学运动的领袖们。在这些小说里，他用一些假名字来影射蔡元培、陈独秀、胡适和钱玄同，并用侮蔑的言语来描绘他们。这些小说大致上是"伟丈夫"惩处异端的主题。现在把他的小说《荆生》摘录如下：

　　　　辛亥国变将兆，京城达官迁徙垂空。京师陶然亭游客绝稀。有荆生者，汉中之南郑人，薄游京师，下榻陶然亭之西厢，书一簏，铜简一具，重十八斤，悬之壁间，寺僧不敢问其能运此简与否。然须眉伟然，知为健男子也。亭凥同光间，京僆恒置酒延凉于是，以乱故，寂然无复游客。时于五月十八日，山下有小奚奴，肩蛮楄载酒，其后辘辘三车，载三少年，一为皖人田其美，一为浙人金心异，一则狄莫，不知其何许人，①悉新归自美洲，能哲学，而田生尤颖异，能发人所不

---

①　田其美影射的是陈独秀。根据中国古史，田氏是陈氏的分支，"秀"与"美"二字意义相近。田其美一名大概也是模仿民初革命党人陈其美的名字。金心异影射的是钱玄同。"金"与"钱"同义，而"异"与"同"则为相反词。狄莫影射的是胡适。"胡"与"狄"都可指野蛮民族。以"莫"代"适"是据《论语·里仁》篇："无适也，无莫也，义之与比。"或《左传》昭公三十年："楚执政众而乖，莫适任患。"荆生影射的是徐树铮将军，因为荆、徐是古代关系密切的两州。——译者

敢发之议论，金生则能"说文"，二人称莫逆，相约为山游。即至，窥荆生室，颇轻蔑，以为武夫不知风雅，漠然不置念。呼僧扫榻，温酒陈肴，坐而笑语，与荆生居处，但隔一窗。田生中坐，叹曰："中国亡矣，误者均孔氏之学，何由坚言伦纪，且何谓伦纪者，外国且妻其从妹，何以能强？天下有人种，即有父母，父母于我又何恩者？"狄莫大笑曰："惟文字误人，所以至此。"田生以手抵几曰："死文字，安能生活学术，吾非去孔子灭伦常不可！"狄莫曰："吾意宜先废文字，以白话行之，俾天下通晓，亦可使人人咸窥深奥之学术，不为艰深文字所梗。唯金君何以默守'说文'，良不可解。"金生笑曰："君知吾何姓，吾姓金耳。姓金者亦嗜金，吾性但欲得金，其讲'说文'者，愚不识字之人耳。正欲阐扬白话以佐君。"于是三人大欢，坚约为兄弟，力搰孔子。忽闻有巨声，板壁倾矣，扑其食案，杯碗均碎。

　　一伟丈夫趦足，超过破壁，指三人曰："汝适何言？中国四千余年，以伦纪立国，汝何为坏之！孔子何以为时之圣？时乎春秋，即重俎豆；时乎今日，亦重科学。譬叔梁纥病笃于山东，孔子适在江南，闻耗，将以电报问疾，火车视疾耶？或仍以书附邮者，按站而行，抵山东且经月，俾不与死父相见，孔子肯如是耶？子之需父母，少乳哺，长教育耳。乳汝而成人，教汝而识字，汝今能嗥吠，非二亲之力胡及此！譬如受人之财，或己命为人所拯，有心者尚且衔恩，汝非二亲不举，今乃为伤天害理之言。余四海无家，二亲见背，思之痛绝。尔乃敢以禽兽之言，乱吾清听！"田生尚欲抗辩，伟丈夫骈二指按其首，脑痛如被锥刺。更以足践狄莫，狄腰痛欲断。金生短视，丈夫取其眼镜掷之，则怕死如猬，泥首不已。丈夫笑曰："尔之发狂似李贽，直人间之怪物。今日吾当以香水沐吾手足，不应触尔背天反常禽兽之躯干。尔可鼠窜下山，勿污吾简。……"三人相顾而（无？）言，敛具下山。回顾危阑之上，丈夫尚拊简而俯视作狞笑也……[52]

在这篇小说的结尾处，林纾认为田其美这些人"禽兽自语，于人胡涉？"原可置之不理，荆生惩罚他们，实亦"多事可笑"。他又叹道："如此混浊世界，亦但有田生狄生足以自豪耳，安有荆生？"

在另一篇小说《妖梦》中，林纾又用类似的描述。故事里有一个门人梦游阴曹，发现那儿有个"白话学堂"。蔡元培任校长，陈独秀任教务长，胡适任副教务长。后来看见他们都被佛经里说的曾吞食过太阳和月亮的大王罗睺罗阿修罗活吃了。[53]虽然林纾本人并不完全赞同军阀政府的各种内政外交政策，但许多人都相信，这些故事的目的是向军阀求援，尤其是徐树铮，他是安福系最能干的领导人物，又极崇拜林纾，林纾希望政府可以干预北大行政。[54]后来为了回应别人的指责，林纾在《新申报》上道歉，对故事中的侮辱词句表示悔意，他的道歉赢得了陈独秀的称赞。

然而，林纾更严肃的反对则表现在1919年3月18日他写给蔡元培的那封著名的信里，其中以"覆孔孟，铲伦常""尽废古书，行用土语"等罪名控诉北大。在这封信的开篇，林纾认为当前"名教之孤悬，不绝如缕"，希望蔡元培"为之保全而护惜之"。而尤其告诫他："大学为全国师表，五常之所系属。……若尽反常轨，侈为不经之谈，则毒粥既陈，旁有烂肠之鼠；明燎霄举，下有聚死之虫。何者？趋甘就热，不中其度，则未有不毙者。方今人心丧蔽，已在无可救挽之时，更侈奇创之谈，用以哗众。少年多半失学，利其便己，未有不靡沸麕至而附和之者。而中国之命如属丝矣。"接着，他陈述了一系列反对新思潮和白话文学的理由。现摘要列举如下：

一、过去的改革并无成效可言："晚清之末造，慨世者恒曰：去科举，停资格，废八股，斩豚尾，复天足，逐满人，扑专制，整军备，则中国必强。今百凡皆遂矣，强又安在？"

二、而民国的新改革家"更进一解，必覆孔孟，铲伦常为快。呜呼！因童子之羸困，不求良医，乃追责其二亲之有隐瘵，逐之，而童子可以日就肥泽，有是理耶"？这就是说，中国今日的贫弱，不应迫究既往及伦常。

三、并且外国人也遵守伦常："外国不知孔孟，然崇仁、仗义、矢信、尚智、守礼，五常之道，未尝悖也，而又济之以勇。弟不解西文，积十九年之笔述，成译著一百廿三种，都一千二百万言，实未见中有违忤五常之语，何时贤乃有此叛亲蔑伦之论，此其得诸西人乎？抑别有所授耶！"

四、文学革命是不必要的，因古文读者会越来越少。"前年梁任公倡马班革命之说，弟闻之失笑。任公非劣，何为作此媚世之言？马班之书，读者几人？殆不革而自革，何劳任公费此神力。"

五、古文并不妨碍科学与学术，且亦不能被消灭。"若云死文字有碍生学术，则科学不用古文，古文亦无碍科学。英之迭更，累斥希腊、腊丁、罗马之文为死物，而今仍存者，迭更虽躬负盛名，固不能用私心以蔑古。矧吾国人，尚有何人如迭更者耶！"

六、常道不可因一时的方便而变更，而且孔子也是会适应时代需要的。"须知天下之理，不能就便而夺常，亦不能取快而滋弊……孔子为圣之时，时乎井田封建，则孔子必能使井田封建一无流弊；时乎潜艇飞机，则孔子必能使潜艇飞机不妄杀人，所以名为时中之圣。时者，与时不悖也。卫灵问陈，孔子行；陈恒弒君，孔子讨。用兵与不用兵，亦正决之以时耳。"

七、强权不必成功，且中国弱败亦不能归罪于孔子。"今必曰天下之弱，弱于孔子。然则天下之强，宜莫强于威廉。以柏灵一隅，抵抗全球，皆败衄无措，直可为万世英雄之祖。且其文治武功，科学商务，下及工艺，无一不冠欧洲，胡为恹恹为荷兰之寓公？若云成败不可以论英雄，则又何能以积弱归罪孔子？"

八、孔子学说注重人与人相处之道，连庄子也没有完全反对他。"彼庄周之书，最摈孔子者也。然《人间世》一篇，又盛推孔子。所谓'人间世'者，不能离人而立之谓。其托颜回，托叶公子高之问难，孔子陈以接人处众之道，则庄周亦未尝不近人情而忤孔子。乃世士不能博辩为千载以上之庄周，竟咆勃为千载以下之桓魋，一何其可笑也！"

九、只会说土语的人并不就有真学术。"天下唯有真学术，真道德，始足独树一帜，使人景从。若尽废古书，行用土语为文字，则都

下引车卖浆之徒，所操之语，按之皆有文法，不类闽广人为无文法之
啁啾，据此则凡京津之稗贩，均可用为教授矣。"

十、过去优秀的白话作家，也曾向古文学习，且曾采用古文。
"若《水浒》《红楼》，皆白话之圣，并足为教科之书；不知《水浒》中
辞吻，多采岳珂之《金陀粹编》，《红楼》亦不止为一人手笔，作者均
博极群书之人。总之，非读破万卷，不能为古文，亦并不能为白话。"

十一、白话可用来译解古书，但不能取代古书。"若化古子之言
为白话演说，亦未尝不是。按《说文》：'演，长流也。'亦有延之广之
之义。法当以短演长，不能以古子之长，演为白话之短。且使人读古子
者，须读其原书耶？抑凭讲师之土语，即算为古子？若读原书，则又不
能全废古文矣。矧于古文之外，尚以《说文》讲授，《说文》之学，非
俗书也。当参以古籀，证以钟鼎之文，试思用籀篆可化为白话耶？果以
篆籀之文，杂之白话之中，是引汉唐之环燕，与村妇谈心；陈商周之
俎豆，为野老聚饮。类乎不类？弟闽人也，南蛮鴃舌，亦愿习中原之语
言，脱授我者以中原之语言，仍令我为鴃舌之闽语，可乎？盖存国粹而
授《说文》，可也。以《说文》为客，以白话为主，不可也。"

十二、新派说，父母自因情欲而生育，对子女无恩。这是禽兽的
话。"近来尤有所谓新道德者，斥父母为自感情欲，于己无恩。此语曾
一见之随园文中，仆方以为拟于不伦，斥袁枚为狂谬。不图竟有用为
讲学者！人头畜鸣，辩不屑辩，置之可也。彼又云：武曌为圣王，卓
文君为名媛，此亦拾李卓吾之余唾。卓吾有禽兽行，故发是言。本穆
堂又拾其余唾，尊严嵩为忠臣。试问二李之名，学生能举之否？同为
埃灭，何苦增兹口舌，可悲也！"

最后，林纾忠告蔡元培："大凡为士林表率，须圆通广大，据中而立，
方能率由无弊。若凭位分势力，而施趋怪走奇之教育，则惟穆罕麦德左执
刀而右传教，始可如其愿望。今全国父老，以子弟托公，愿公留意，以守
常为是……"[55]

针对这些严厉的控诉，蔡元培在3月18日回复了一封分析的长信，[56]这封信后来受到广泛的转载和征引，极大地促进了新思想和新文学运动的传播。蔡元培开篇对林纾澄清，外间对北大的谣言，并非事实。接着便说："原公之所责备者，不外两点。一曰：'覆孔孟，铲伦常。'二曰：'尽废古书，行用土语为文字。'"基于此，他分别替北大辩护：

有关"覆孔孟，铲伦常"的答复：

一、北京大学教员不曾以"覆孔孟"教授学生。"大学讲义，涉及孔孟者，惟哲学门中之中国哲学史。已出版者，为胡适之君之《中国上古哲学史大纲》，请详阅一过，果有'覆孔孟'之说乎？特别讲演之出版者，有崔怀瑾〔适〕君之《论语足征记》《春秋复始》，哲学研究会中，有梁漱溟君提出'孔子与孟子异同'问题，与胡默青君提出'孔子伦理之研究'问题，尊孔者多矣，宁曰覆孔？"

二、教员所反对的只是那些依托孔子以反对革新之不合时言论，并非与孔子为敌。"若大学教员，于学校以外，自由发表意见，与学校无涉，本可置之不论。然姑进一步而考察之，则惟《新青年》杂志中，偶有对于孔子学说之批评，然亦对于孔教会等托孔子学说以攻击新学说者而发，初非直接与孔子为敌也。……使在今日，有拘泥孔子之说，必复地方制度为封建；必以兵车易潜艇飞机；闻俄人之死其皇，德人之逐其皇，而曰必讨之。岂非昧于'时'之义，为孔子之罪人，而吾辈所当排斥之者耶？"

三、大学不但未提倡铲除伦常，且教诫甚严。"次察'铲伦常'之说。常有五：仁、义、礼、智、信。公既言之矣。伦亦有五：君臣、父子、兄弟、夫妇、朋友。其中君臣一伦，不适于民国，可不论；其他父子有亲，兄弟相友（或曰长幼有序），夫妇有别，朋友有信，在中学以下修身教科书中，详哉言之。大学之伦理学，涉此者不多；然从未有以父子相夷，兄弟相阋，夫妇无别，朋友不信，教授学生者。大学尚无女学生，则所注意者，自偏于男子之节操。近年于教科以外，组织一进德会，其中基本戒约，有不嫖、不娶妾两条。不嫖之戒，决不背于古代之伦理，不娶妾一条，则且视孔孟之说为尤严矣。至于五常，则伦理学中之言仁爱、言自由、言秩序、戒欺诈，而一切科学，皆为增进知识之需。宁有铲之之理欤？"

四、教员在校外也没有发表铲除伦常的言论。"若谓大学教员，曾于学校以外，发表其'铲伦常'之主义乎，则试问有谁何教员，曾有何书，何杂志，为父子相夷、兄弟相阋、夫妇无别、朋友不信之主张者？曾于何书，何杂志，为不仁、不义、不智、不信及无礼之主张者？公所举'斥父母为自感情欲，于己无恩'，谓随园文中有之。弟则忆《后汉书·孔融传》，路粹枉状奏融有曰：'前与白衣祢衡，跌荡放言，云，父之于子，当有何亲？论其本意，实为情欲发耳。子之于母，亦复奚为，譬如寄物瓶中，出则离矣。'孔融、祢衡并不以是损其身价。而路粹则何如者①，且公能指出谁何教员，曾于何书，何杂志，述路粹或随园之语，而表其极端赞成之意者？且弟亦从不闻有谁何教员，崇拜李贽其人而愿拾其唾余者。所谓'武曌为圣王，卓文君为贤媛'，何人曾述斯语，以号于众，公能证明之欤？"

有关"尽废古书，行用土语为文字"的答复：

一、北大的课卷皆仍用文言，讲义也绝大多数是文言。"请先察'北京大学是否已尽废古文而专用白话？'大学预科中，有国文一课，所据为课本者，曰模范文，曰学术文，皆古文也。其每月中练习之文，皆文言也。本科中有中国文学史、西洋文学史、中国古代文学、中古文学、近世文学。又本科预科皆有文字学，其编成讲义而付印者，皆文言也。有《北京月刊》，中亦多文言之作，所可指为白话体者，惟胡适之君之

---

① 东汉的孔融（153—208）恰巧是孔子第20代后人，他是受曹操部下路粹诬告的牺牲者，被曹操所杀害。[57] 吴虞在《说孝》一文中，曾引用孔融的话来支持他反对孝道的论点，但这时他还未到北大任教。

《中国古代哲学史大纲》。而其中所引古书，多属原文，非皆白话也。"

二、讲解古书必赖白话。"次考察'白话是否能达古书之义？'大学教员所编之讲义，固皆文言矣。而上讲坛后，决不能以背诵讲义塞责，必有赖于白话之讲演。岂讲演之语，必皆编为文言而后可欤？吾辈少时，读《四书集注》《十三经注疏》，使塾师不以白话讲演之，而编为类似集注类似注疏之文言以相授，吾辈其能解乎？若谓白话不足以讲《说文》，讲古籀，讲钟鼎之文，则岂于讲坛上，当背诵许氏《说文解字系传》、郭氏《汗简》、薛氏《钟鼎款识》之文，或编为类此之文言，而后可，必不容以白话讲演之欤？"

三、白话并不逊于文言，而且提倡白话的教员，皆博学而长于文言。"又次考察'大学少数教员所提倡之白话的文字，是否与引车卖浆者所操之语相等'，白话与文言，形式不同而已，内容一也。《天演论》《法意》《原富》等，原文皆白话也，而严幼陵君译为文言。少仲马、迭更司、哈德等之所著小说，皆白话也，而公译为文言。公能谓公及严君之所译，高出于原本乎？若内容浅薄，则学校报考时之试卷，普通日刊之论说，尽有不值一读者，能胜于白话乎？且不特引车卖浆之徒而已，清代目不识丁之宗室，其能说漂亮之京话，与《红楼梦》中宝玉黛玉相埒，其言果有价值欤？……北京大学教员中，善作白话文者，为胡适之、钱玄同、周启孟〔作人〕诸君，公何以证知为非博极群书、非能作古文而仅以白话文藏拙者？胡君家世汉学，其旧作古文，虽不多见，然即其所作《中国哲学史大纲》言之，其了解古书之眼光，不让于清代乾嘉学者。钱君所作之文字学讲义、学术文通论，皆古雅之古文。周君所译之《域外小说》，则文笔之古奥，非浅学者所能解。然则公何宽于《水浒》《红楼》之作者，而苛于同时之胡、钱、周诸君耶？"

最后，蔡元培提到他在北大办学的"两种主张"：

一、"对于学说，仿世界各大学通例，循'思想自由'原则，取兼容并包主义，与公所提出之'圆通广大'四字，颇不相背也。无论为何种学派，苟其言之成理，持之有故，尚不达自然淘汰之运命者，虽彼此相反，而悉听其自由发展。"并附抄自己在 1918 年 12 月 10 日所写的《北京大学月刊发刊词》里所提倡的三点意见。

二、"对于教员，以学诣为主。在校讲授，以无背于第一种之主张为界限。其在校外之言动，悉听自由。本校从不过问，亦不能代负责任。例如复辟主义，民国所排斥也。本校教员中，有拖长辫而持复辟论者①，以其所授为英国文学，与政治无涉，则听之。筹安会之发起人，清议所指为罪人者也，本校教员中有其人②，以其所授为古代文学，与政治无涉，则听之。嫖赌娶妾等事，本校进德会所戒也。教员中间有喜作侧艳之诗词，以纳妾挟妓为韵事③。以赌为消遣者，苟其功课不荒，并不诱学生而与之堕落，则姑听之。夫人才至为难得，若求全责备，则学校殆难成立。且公私之间，自有天然界限。譬如公曾译有《茶花女》《迦茵小传》《红礁画桨录》等小说，而亦曾在各学校讲授古文及伦理学。使有人诋公为此等小说体裁讲文学，以挟妓奸通争有夫之妇讲伦理者，宁值一笑欤？……"

这些信件的往来，表明了保守势力对新运动的总攻击。蔡元培的答复虽然坚定而严肃，在某些论点上仍显露出避重就轻的痕迹，他否认或弱化了新运动教授们所提倡的种种事项。蔡元培处在当时情况之下，既受到落后军阀政府的统治，还受到群集的保守势力的猛攻，他回信的首要目的是维持北大的自由，使其不受政府干涉，因此他不可能全力宣扬新思想。然而，即使受到这些限制，他仍为新思潮做了很好的辩护。

从一开始，保守派的反对就是注定要失败的，因为他们努力争取的只是政府的干预，而很少求取公众的支持。他们企图游说安福系控制下的国

----

①　例如辜鸿铭。

②　例如刘师培。

③　以纳妾为韵事的有辜鸿铭、刘半农等。咏妓的有陈独秀、黄侃等，后来又有吴虞。陈尤喜涉花柳。

会，去弹劾教育总长和北大校长，并且他们还要求教育总长解聘陈独秀、胡适、钱玄同等自由派进步派的教授。弹劾的议案曾在国会被提出，但没有通过，因为政府担心学生和舆论的强烈反对。然而到1919年春天，政府要干预的说法开始甚嚣尘上，3月，陈独秀被逼辞去教务长的职位。[58] 如若"五四"事件没有发生，在北大和其他大学里的新思想运动极可能会被军阀政府镇压下去。[59] 江苏省省长齐耀林就曾以保存"国粹"为借口，下令所有的地方政府和学校，严禁购买或阅读任何批评旧文学和传统伦理的报章书籍。[60]

青年对新思潮的响应

尽管当时危机四伏，但这次新思潮并不像反对派那样缺少群众，陈独秀创办的《新青年》从一开始就激起了青年知识分子的热烈支持。这不但应归功于这份杂志中所提倡的许多大胆新颖的观念，也应归功于其中极有感染力的文体和写作技巧。除此以外，从许多角度看来，《新青年》中"通信"一栏是中国杂志中第一个真正有效而自由表达公意的平台，很多重要的问题和观点都曾在此得到严肃的讨论和发展。《新青年》可说是个名副其实的"思想炸弹"。有一位读者回忆："它的出现像是一声雷鸣，把我们由骚扰不宁的梦中震醒了。"[61] 杂志的出版者之一汪孟邹说，最初每一期大约只印1000份；1917年以后，"五四"时期，销量骤增到1.6万份——就当时中国出版业的情况而论，这是相当惊人的数字。[62] 由于读者的大量需求，许多期都曾重印了好几次。

中国青年对这一杂志的热烈反应在读者投书里表现非常明显，这些投书大多是由觉悟的青年执笔。后来他们之中有不少人在现代中国政界和思想界里成为出众的人物。这些年轻的读者，当他们在努力进行社会改革的过程中遭受挫折之时，看到了《新青年》的出现，对他们说来，正如其中有一位所说的，它就是"青年界之明星"。他还说："未几大志出版，仆已望眼欲穿，急购而读之，不禁喜跃如得至宝。"又说："至于今日，大志五号出版，又急购而读之。须知仆已问过数次，今已不能须臾缓也。迨展读数页，觉悟语深入我心，神经感奋。深恨不能化百千万身，为大志介绍。"[63]

《新青年》中有不少类似上文所引的投书，它们反映了当时的青年受到新思潮的唤醒，觉察到需要有组织地活动。由于他们所接触的是许多混淆不清、未成系统的新观念，因此他们对新潮流的反应也并不一致。1917 年以后，许多思想温和的，或具有进步的自由主义观念的青年，以及激进派的青年，纷纷成立不同的组织。虽然他们当时没有特别的影响力，但有些会员后来却在中国政治进程中扮演过重要的角色。

新民学会是这些社团中的一个，它是由毛泽东和他的朋友于 1918 年 4 月 18 日在长沙创办的。五四运动之前，毛泽东在该城的湖南省立第一师范学校就读，这所学校设在著名的城南书院旧址之上，南宋初年张栻（号南轩，1133—1180）曾在该书院讲学。湖南省立第一师范学校在 1913 年后由北京高等师范学校的毕业生任校长，许多提倡自由主义思想的教员，例如杨昌济（又名怀中）、徐特立和方维夏等，都应聘加入该校，因此这所学校成为微缩的北京大学。而该校的学生也经常是湖南省学生运动的活跃领袖，他们之中的许多人后来成为社会、政治、文化各方面改革运动的出色人物。毛泽东很快就成为《新青年》的热心支持者。1917 年春，他采用一个奇怪的笔名"二十八画生"，投稿给《新青年》①。这篇文章的本身并没有什么重要性，但这件事却显示了他对该杂志的浓厚兴趣。在《新青年》的激发感染下，他不久便组织了新民学会。该社团的会员规模在 70 人到 80 人之间，其中的一部分人后来成为中国共产党的领导人物，一部分人在 1927 年后的

---

①　这篇文章的题目是《体育之研究》，用文言写成，刊登在 1917 年 4 月 1 日那期（第 3 卷第 2 号）里，笔名的由来是：他的名字"毛澤東"三个字总共的笔画数是 28。这篇文章登出后不久，1917 年夏，毛泽东寄出许多封信给长沙各学校的学生"嘤鸣求友"，并"征求有志上进，愿为救国救民出力者为同道"。他还在长沙的一份报纸上以这封信作为广告。这封信所署的笔名与《新青年》上那篇文章相同。根据毛的回忆，这封信得到"三个半答复"。那"半"个答复来自一位名叫李立三的青年，后来他与毛泽东会面，倾听他的观点，但却不曾被他说服。他们一直没有建立友谊关系。李立三后来有一段时间成为中国共产党的领导人之一，并且是"立三路线"的创始人。这封征友信登出后不久，毛泽东联合了他周围的一群学生同志，形成了新民学会的主力。毛泽东自己以及他的传记作者，和他的同志们后来都很少提及这篇刊登在《新青年》上的文章。毛泽东在写这篇文章的时候是个斯巴达式的体育训练的热心提倡者。[64]长沙的第一师范学校在 20 世纪 30 年代更名为省立第一高级中学，后又改为长沙高级中学，一师则迁往别处，但长高继承了原有活跃的学风。

内战中阵亡，其他人则加入了国民党或其他组织。[65]1918年，新民学会协助募集并组织湖南省的学生参加"勤工俭学"运动赴法国留学。这与中国留法工读学生运动中激进因素的发展有着相当密切的关系①。

　　1918年年初，毛泽东从第一师范学校毕业，同年9月，与约20位参加工读的学生同赴北京。他在师范学校时的老师杨昌济为他写了一封介绍信给李大钊。（罗家伦有一次告诉我，毛泽东去见李大钊是他介绍的。我想他只是引见人罢。）杨昌济曾在湖南省立第一师范学校教授伦理学、逻辑学、心理学、教育学和哲学，这时他已在北京大学担任教授。他的女儿杨开慧后来与毛泽东结婚。毛泽东被李大钊聘用为图书馆助理员，月薪8圆。那时候毛泽东深受北大正提倡的新思潮的影响。虽然他职位低，但为了能在北大旁听，他加入了哲学研究会和新闻学研究会，因此他结识了一群胸怀大志的青年，其中许多人后来成为国民党或共产党的领导人物，还有些成为文学界的领袖，例如陈公博、谭平山、邵飘萍、康白情、罗家伦和段锡朋。他也曾与陈独秀和胡适会过面，却不曾引起他们的注意。在这种环境的培养之下，毛泽东对政治的兴趣日增，而他的看法也日趋激烈。那时由于受到一位学生朋友区声白的影响，毛泽东接纳了许多无政府主义的思想。直到1919年年初他才离开北京到上海和长沙去。

　　类似于新民学会的团体在其他许多城市中也都各自独立地成立起来。1936年夏，毛泽东曾评论这些社团：

　　　　这些社团大部分是受了陈独秀的著名《新青年》杂志的影响而组成的。我在师范学校做学生时就开始读这个杂志，对胡适和陈独秀的文章非常钦佩。有一段时期他们成为我的模范，代替了我以前曾崇拜过但当时已经放弃了的梁启超和康有为。那时候我的头脑是自由主义、民主改良主义和乌托邦社会主义有趣的混合物。对于"十九世纪的民主制度"、乌托邦主义和旧式的自由主义，我多少是有模糊的热诚，并且我已明显地是一个反军国主义者和反帝国主义者。[67]

----

　　① 根据留法工读学生的一份报告记载，湖南省的学生数量最大。[66]

有一点应当注意的是，这种"有趣的混合物"并非当时某一个学生的特殊心境，实际上它代表了五四运动之中活跃与扰动不安的青年们的思想主流。

即使在"五四"事件以前，新运动不但已经吸引了青年知识分子，并且还获得各政党中自由主义分子和激进分子的同情。许多新式知识分子的领袖，例如蔡元培、吴稚晖、李石曾、钱玄同、蒋梦麟等，都是国民党党员，或其前身同盟会的会员。虽然国民党在这个运动的初期不曾表明任何态度，但有些会员却早以个人身份加入了活动[①]。这段期间中国各政党的党员大多可以自由行动。此外，新知识潮流还受到温和的保守派研究系的热心支持，研究系是由进步党演变而来的，两者都接受著名作家和改革家梁启超的领导[②]。

到第一次世界大战快结束时，新改革家们实际上已赢得了几个主要政党的同情（倾向政府的集团除外）和许多新式知识分子的支持。北大和其他在北京的几所大学在实质上已成为运动的领导中心，同时新观念和新精

[①]　1914—1919 年，国民党以"中华革命党"之名为人熟知。其总部，直到 1916 年袁世凯去世以前，还设在东京，1916 年迁到上海。1919 年 10 月 10 日，党名改为中国国民党。1924 年年初，在中国国民党第一次全国代表大会之后，其总部由上海迁到广州。"五四"时期，国民党是唯一一试图推翻北京政府的有实力的政党。党中有些较为温和的党员仍留在北京，担任国会议员。[68]

[②]　进步党是由清末戊戌百日维新的改革家们创办的君主立宪派发展而来的。1912 年 10 月，即辛亥革命后一年，君主立宪派人士组织了民主党。1913 年 5 月 29 日，在袁世凯的促成之下，民主党的领袖梁启超、汤化龙和林长民等把该党与共和党以及小规模的统一党合并重组为进步党。该党成为当时国会中的多数党，形成与国民党抗衡的势力。袁世凯死后，进步党逐渐分裂。1916 年 8 月之后，进步党一分为三，组成以汤化龙为首的宪法研究会，以梁启超为首的宪法研究同志会，以及倾向国民党的孙洪伊为首的韬园系。不久，汤、梁两派又合并为宪法研究会，即研究系。该党系大致上来说支持段祺瑞，并在段的内阁中出任职位。但在 1917 年 11 月段氏下台以后，研究系在安福系控制下的国会中，只保留很少的席位。1918 年以后，该党许多思想领袖，例如梁启超和张东荪，都开始放弃实际的政治工作，从事文化与思想的改革。当年冬天，研究系在北京的宣传机构之一《国民公报》登出一系列的文章，讨论并支持《新青年》中提倡的一些新观念。1919 年年初，胡适、周作人和陈独秀在《新青年》中与《国民公报》的编辑蓝知非（名公武）往来好几封长信，讨论贞操、语言、改革者的态度等问题。其他的出版机构，例如北京的《晨报》和上海的《时事新报》（英文常称为 The China Times），加上国民党的《民国日报》，也都变成了新文化运动的先锋。李大钊在转变为马克思主义者之前，属于研究系，是该系的领袖和北京政府内政总长汤化龙的四位秘书之一。汤出生于 1874 年，于 1918 年 9 月 12 日在加拿大的维多利亚市被国民党所派的刺客王昌击毙。[69]

神也已开始在全国各城市的学校中对青年知识分子发挥了作用①。

直到这时候，新改革运动的积极分子主要还是北京的教授和学生。新式知识分子和新兴商人、工业家之间，还没有建立密切的关系；此外，军阀政府和士绅文人联合而成的反对派与商人、工业家之间也还没有发生争端。事实上，在1915年到1917年间，新式知识分子和旧势力之间的矛盾主要是观念上的，而非行动上的冲突。然而1917年，当段祺瑞揽权的中国政府与寺内正毅的日本政府之间关系转为亲密之后，这个局势开始转变了。中国保守集团的亲日态度导致新式知识分子与民众的联合，因为1915年的"二十一条"和其后日本军人政府的种种活动，已使民众的爱国心高涨起来。这种爱国情绪在联合的"救国"运动声中逐渐转化为行动。到1918年，这种行动便已发展得更加积极了。

1918年5月的抗日请愿

若要说明中国知识分子与民众在救国运动里发展出的密切关系，首先要知道1916年10月寺内正毅（Terauchi Masatake）继大隈重信（Okuma Shigenobu）出任首相以后，日本对中国政策的转变。

大隈一直同时支持中国的革命党和清朝复辟运动派，试图用这种两面政策抑制袁世凯的势力。"二十一条"是他对华政策的高峰。[71]但寺内掌握政权后，他任命胜田主计（Shōda Kazue）为财政大臣。此时日本的经济正面临空前的战时繁荣，到处都有过剩的资本可供发展新的企业。因此胜田就开始提倡所谓"菊分根"（菊の根分け）政策，即用贷款和投资方式，在中国建立经济的支根，并且化中国为日本殖民地②。此外，日本驻华公使林

① 在"五四"事件以前已经有不少事例，学生由于受到《新青年》的激发，在学校里创办杂志传播新思想和新文学，但却面临学校当局极大的压迫。试举一例，1919年春天，武昌的中华大学附属中学的学生就曾组织"新声社"，出版《新声》杂志。[70]

② "菊分根"这个名词的典故出于胜田的一首题菊花图诗中的一行。后来他用这个词句作标题写过一篇未完稿的回忆录，为"西原借款"做辩护。该回忆录曾由龚德柏译为中文，书名为《西原借款真相》，由太平洋书店出版。[72]

权助（Hayashi Gonsuke）也建议协助段祺瑞，而不再支援反对北京政府的国民党。上述新政策导致的结果是，1917年1月到1918年9月期间，日本为段祺瑞政府提供了数额巨大的"西原借款"①。

受到这些借款的影响，段祺瑞政府变得越来越依赖日本，并且因有日本的经济支援，段氏本人巩固了他在国会的势力。1918年3月7日（可能从1917年8月就开始了），段的心腹徐树铮得到以曹汝霖为总长的财政部的支持，组织了一个势力雄厚的机构安福俱乐部，该机构收买了大多数国会议员，获得拥护，1919年秋季以后便垄断了北京国会，占据了大部分行政要职。这件事很快引起政府里其他集团的嫉妒和公众的不满②。

在北京政府与日本缔结了秘密军事协定之后，形势就更趋恶化了。

---

①　林权助提议协助段祺瑞的政策，但却不赞成"西原借款"，因为他认为该贷款会妨害列强在中国的利益，并引起它们的嫉妒。后来他还控诉寺内正毅支持段的动机和目的并非是为了积极协助中国的统一，而是适得其反。[73]该贷款因日方经办人是西原龟三（Nishihara Kamezo）而得名。贷款总额高达1.45亿日元。

②　段祺瑞（1865—1936），安徽合肥人。1885年，毕业于天津的北洋武备学堂。1889年，赴德国学习炮兵科。1895年，协助袁世凯，于小站训练新军，并于1900年镇压了山东的义和团运动。辛亥革命期间，他任清军第二军军统、湖广总督，但1912年年初，却领衔北洋将领四十六人通电，迫使清帝退位。革命之后，他在袁世凯的内阁中担任陆军总长。1913年5月到7月间，代理国务总理。1916年到1917年间实任国务总理，兼任陆军总长。1918年，在张勋复辟失败之后，段重新出任国务总理和陆军总长。在此之前，段氏曾于1917年3月25日组织了中和俱乐部（"中和"一词大概本于《周礼·大司乐》《荀子·劝学篇》及《礼记·中庸》），实际上是安福俱乐部的前身。1918年春，当时担任关内奉天军副总司令的徐树铮（1880—1925），接到了财政部转来的1000万圆，这笔钱名义上是奉天军的军费，但据说用在操纵新国会的议员选举上。这年秋天，选举结果揭晓，当选的430名议员中，有330余人曾接受过徐的金钱。这些议员以众议院议长王揖唐为首领，他们经常在安福胡同聚会，因此称作安福俱乐部。据说只要任何一个国会议员登记为该俱乐部的会员，俱乐部就每个月付他300—800圆。至少在名义上，任何党派的议员都可申请入会。段祺瑞是这个集团的实际领袖，但在表面上，他却装作和该俱乐部毫无瓜葛。整个组织由精明能干的年轻将领、著名的"小徐"徐树铮，直接控制。通过曹汝霖及其至友，该俱乐部和日本人维持着密切关系。当时的大总统徐世昌和他周围的一些军人开始对这个颇具实力的组织感到不安。（据说徐世昌得到美国和英国公使的支持。）安福俱乐部的重要成员包括：参议院议长李盛铎、代理国务总理龚心湛、司法总长朱深、交通总长曹汝霖和次长曾毓隽、币制局总裁陆宗舆、警察总监吴炳湘、监务署督办及国务院侨工事务局局长张弧、众议院副议长田应璜、国会两院秘书长，以及许多军事将领。1920年8月3日，在曹锟和张作霖势力击败了段的军队之后，安福俱乐部解散。[74]

1918年，苏俄与同盟国媾和，公开并废除了1907—1917年由沙皇政府签订的一系列俄日秘密协约。在这些协约里，日俄两国计划从中国夺取东北和蒙古地区，并阻止中国接受任何其他列强政治方面的援助。[75]在这些被披露之后，日本获得段祺瑞的同意，在1918年3月到5月间与中国政府协商《中日共同防敌军事协定》。根据这些条款，中国政府给予日本种种权利，下列只是其中数项：日本有在东北北部和外蒙驻军的权利，以防止同盟国或苏俄入侵；日本有权使用中国的军事地图；有权在中国陆军和海军里任用日本教官。双方政府对条款的内容一直持保密态度。直到1919年2月，在上海和谈中，由于南方政府代表的要求，北京政府才公布了该协定的一部分①。

　　然而，即使在此之前，北京政府对这次外交发展，也没有能把人民大众完全蒙在鼓里。早在1917年春，政府的亲日活动已经引起公众舆论的强烈抗议。由陈友仁（Eugene Chen）所办中英文对照的《京报》（The Peking Gazette），在1917年5月18日就登出了一篇标题为《出卖中国》（Selling Out China）的社论，透露了后来发展为《中日共同防敌军事协定》条款的部分谈判内容，并公开谴责段祺瑞政府卖国。陈友仁因此入狱，该报也立刻被政府查禁。[77]到1918年夏，公众舆论要求政府公布该协定，留日和留法学生也进行示威，抗议秘密外交。尽管有日本军警的干涉，留日的中国学生仍然于5月5日在东京开会，会中决定他们全体（约有300人）在5月20日以前集体回国②。他们还组织了一个"留日学生救国团"，以全体留日学生为会员，并由旅日的中国商人提供经济支持。5月6日，在东京的另一次集会中，46名中国学生代表被日本军警逮捕，这使得学生的情绪更加激动。[79]

　　1918年5月12日，留日的中国学生开始集体回国。5月22日，北京

---

　　①　协定的内容到目前为止还没有全部公布。1921年1月27日，北京政府与东京政府同时宣布该协定无效。1919年3月14日，经中日双方政府的同意，曾把部分有关军事的条款交出版界发表。[76]

　　②　在这几星期之中，有些学生在日本组织了"诛汉奸会"。有亲日嫌疑的中国人都受到了警告和威胁。郭沫若当时已与一名日本女子结婚一年半，他后来回忆，那时他被当作"汉奸"。1915年，他曾加入"回国"运动，但这次他的态度却很消极。一年以后，由于受到"五四"事件的影响，他才参加反日的活动。[78]关于留日学生数次集体回国之事，参见第二章。

政府教育部颁布一项规定，强迫他们回日本，声明由于条约的军事性质，不能对外公布；学生若要救国，应当继续学业，而非放弃学业。[80] 但回国学生却不顾政府的威胁，在上海继续救国团的活动，并有部分学生，包括曾琦、王兆荣、喻义等，在上海创办了《救国日报》。曾琦在该日报上发表了一系列的文章，要求中国青年加入救国工作①。这些文章后来在北京被收集重刊为一本小册子，题为《国体与青年》。[82]

1918 年 6 月 30 日，活跃的知识分子和留日学生，包括王光祈（1892—1936）、曾琦、李大钊、陈淯（愚生）、雷宝菁（眉生）、张尚龄（梦九）和周无（太玄）等在北京创办少年中国学会②，该学会在成立初期提倡爱国主义，学会的宗旨是"本科学的精神，为社会的活动，以创造少年中国"。并且提出四项目标："一、振作少年精神，二、研究真实学术，三、发展社会事业，四、转移末世风气。"[84] 所谓"社会事业"是指以促进改革和新知识为目的的教育和新的工商业。这些负责人之中，有热心的国家主义者，如曾琦和王光祈；有未来的左派人物，如李大钊。其中也有与《新青年》关系密切的，例如王光祈与李大钊。在"五四"事件以前，陈独秀也曾与该学会发生联系，但他并没有加入。[85]

少年中国学会的成立只是政府亲日政策刺激下产生的诸多救国运动之一。在政府的政策日趋明显之后，新文学、新思想的倡导者和民众的反日爱国集团之间的关系也变得更加密切了。

到 1918 年 5 月，民众反对《中日共同防敌军事协定》的情绪达到高潮。5 月 20 日，2000 多名在京的大学和其他学校的学生——包括国立北京大

---

① 曾琦（1892—1951），字慕韩，四川隆昌人。初就读于成都的四川法政学堂。1912 年，担任参议院议员。后来在成都和重庆从事报业。1914 年左右，在上海震旦学院学习，与左舜生、李璜同学。1916 年，赴日本中央大学攻读法政。1918 年回国。1919 年到 1924 年间，赴法国和德国，并于 1923 年 12 月 2 日在巴黎和同志们创办少年中国党（后来改名为中国青年党）。1945 年冬，以该党领袖的身份参加国民参政会，代表当时右倾的国家主义派组织。1948 年 10 月，赴美国。1950 年，在欧洲旅行了两个月之后又回到美国。1951 年 5 月 7 日，在美国首都华盛顿逝世。[81]

② 直到 1919 年 7 月 1 日，少年中国学会才正式创立和扩张。有记载显示，李大钊随后不久加入。[83] 关于该会的其他历史发展，见本书第九章。

学、国立北京高等师范学校、国立北京法政专门学校和国立北京工业专门学校——举行了一次抗议签订该协定的游行请愿。他们聚集在冯国璋的总统府前，要求公布协定的内容，并加以废除①。由于总统向他们保证政府从不曾做过也不会去做损害国家利益的事，学生们的情绪才暂时平静下来②。

其他许多城市的学生随后也举行了类似的游行请愿，包括天津、上海、福州，他们呼吁地方政府提请中央政府废除《中日共同防敌军事协定》。[88]虽然这次学生运动很快就被平息，但它却影响了数量众多的商人，他们也随后举行了许多公共集会，拍电报给政府，谴责国务总理段祺瑞，要求政府与南方休战，而段祺瑞此前坚持与南方政府决战到底。

1918年5月间的一系列学生游行和请愿的意义，并不在于对政府的直接影响，而最重要的是他们标志着新式知识分子与其他社会势力大规模合作的开端。从某种程度上看，它们可说是"五四"事件的预演。

由游行请愿的那个夏天，北京学生派遣代表到上海，他们立刻与当地其他学生共同组织了学生爱国会，该会后来更名为学生救国会。[89]这预示了全国学生运动大联合的一次试探和开始。

同年夏天，该会中的北大学生创办了《国民杂志》，支持该杂志的还包括首都和其他城市学校的学生。随后成立的《国民杂志》社，包括200名以上会员（有一说法是180名）。每名会员交5圆会费，以资助杂志的出版。杂志的第一期在1919年1月1日出版，与《新潮》月刊创刊于同一日。《新潮》的创办目的主要是为了燃起纯粹的文学和思想革命的火花，而《国民

---

① 据《教育杂志》的报道，有4所学校参加了这次请愿，见第10卷第6号，页44—45。学者华岗认为，至少有10所学校参加，除了那4所大学，还有国立北京师范学校附属中学、中国大学等。[86]

② 学生们在上午9点集合于新华门总统办公室的会客室前，要求面见总统。冯国璋派北京市长王志襄、步兵统领李阶平、警察局长吴镜潭和宪兵司令马觐门等代表接见，劝说学生回学校去，但他们没有成功。最终，总统亲自接见13位学生代表，包括段锡朋、雷国能、许德珩、王政、易克嶷、方豪（以上6人均来自北京大学，此方豪并非天主教学人方豪）、熊梦飞（师范学校）、鲁士毅、邓翔海、夏秀峰（以上3人均来自工业学校）。他们由李阶平在居仁堂介绍接见。这群学生中不少后来成为"五四"事件的领袖，并成为中国后来政界和教育界的知名人物。[87]

杂志》则集中致力于联合新式知识分子和民众，以共同参与爱国活动。[90]

另一方面，1918 年的这次学生游行和请愿，还勾勒出社会诸势力重组的清晰脉络。表面上看来，此次运动仅只是一次爱国活动，表现了民众的反日情绪和对北京政府外交政策的抗议。然而，其实质却显示了两股社会势力的冲突，即新旧势力的冲突。

在这场冲突中，由于外国对中国政府的援助增加，旧势力的实力得到增强。1915 年以后，军阀在帝制运动过程中获得了部分旧士绅的支持。事实上，尽管有外国势力的影响，帝制运动的推动力还是以国内诸保守势力为主。支持复辟君主制的势力不曾得到大多数列强的积极支持[①]。然而，如上文所说，在第一次世界大战后期，当日本对华影响力因寺内正毅政府的政策而大增时，中国军阀越来越依赖日本政府的经济和军事援助，以维持自己的统治。因此 1917—1918 年间，段祺瑞同时享有一部分国内和国外诸势力的支持，然而这些支持却招来了中国内部各社会和思想集团的抗议。

而冲突的另一方，新兴工商业者开始与新式知识分子采取共同立场以反对政府的政策。1916 年与 1917 年两次帝制运动之所以失败，主要是因为政治、军事的反对力量，而不是因为商人和学生的反对。与日本政府谈判"二十一条"时所持的立场，使袁世凯在外交政策上赢得了民众的一些支持，而袁氏复辟帝制的意图也不曾使商人阶级有多大的不安。根据芮恩施（Paul Samuel Reinsch）的记载，在张勋复辟时，许多北京商店都带着"愉快的兴奋"和好奇，在门前很快就挂起了黄龙旗。[92] 这些行动也许是警察命令的结果，不过商人并不积极地反抗帝制也是显而易见的。中国新兴工商业者对共和或君主等问题的关注度远不如对国货与日货的竞争问题，这是完全可以理解的。在第一次世界大战的后期，日本对中国市场的控制已经成为中国新兴工商业的一个致命威胁。因此，北京政府对日的让步绝不可能赢得这些工商业者群体的同情，于是他们的爱国主义情绪逐渐酝酿，开始抗议《中日共同防敌军事协定》。此外，当时统一币制的改革未见成效，

---

① 袁世凯的帝制运动曾得到美国总统威尔逊的同情。据说，袁曾派顾维钧到美国争取支持，而且确实曾获得一些援助。日本是第一个反对袁氏称帝的国家。[91]

许多地区币制仍旧非常混乱，使国内贸易大受妨害；繁重的租税绝大部分又消耗在维持那胜负不决、绵延多年的内战上；当时的法律也不利于工业发展。这些都增加了诸新兴势力对政府的不满。这种情绪在 1919 年 5 月上海商业公团联合会致南北和谈会议的要求书中表现得非常明显。[93]

新式知识分子既然已经联合起来，企图摧毁政府内外守旧势力的思想、伦理基础，当然也渴望与这股新兴的经济势力合作。因此，1918 年 5 月学生和商人请愿，可以说是为联合行动提供了一次初步的具体试验，不过直到一年之后，这种联合才完全成熟。

第四章

"五四"事件

1919 年的"五四"事件是风暴的中心,是整个五四运动的旋涡。在该事件之后的活动里,新式知识分子与新兴经济势力集团基于爱国心而形成的互相联合,开始强烈地表达自己的诉求。同时,新文学和新思想变得非常流行,救国的情绪开始酝酿,而且整个运动的力量和影响达到高峰。直到最后改革者渐渐分裂,分别演化为各种派别,重组了与日后在社会、政治、文化等领域的发展相关的社会势力集团。

中国在巴黎和会的失败

"五四"事件的近因是巴黎和会对山东问题的处理。自第一次世界大战开始,中日关系便是中国最急迫、最繁难的问题。1914 年 8 月 15 日,日本对德国提出最后通牒,要求在 9 月 15 日前把"胶澳(即胶州湾)租借地全境"移交给日本,不过同时应许"最终将交还中国"。[1]1898 年 3 月 6 日,德国以 99 年为期,从中国政府手中强租胶州湾地区,其借口是,1897 年 11 月 1 日,两名德国传教士在山东省曹州府巨野县被中国散兵杀害,德国即于 11 月 7 日派兵强占胶州湾。现在日本却想从德国手中转夺这块土地,而其所说的最终要归还中国的这种诺言,从一开始就为国人所怀疑。[2]第二年,即 1915 年，日军便不顾一切地强行占据了胶州，最后更在事实上占领了山东省的大部。山东是孔子和孟子出生、教学、逝世的"圣地"；又在经济上、军事上都居于重要地位。日本不但无意履行交还的诺言，反而对中国提出了严苛的"二十一条"，并且迫使中国政府在 1915 年 5 月 25 日签订了损害中国主权的《中日民四条约》。中国人起初还自我安慰，寄希望于"一战"后列强会以公平的解决来纠正这种无理欺凌。[3]

因此，当 1918 年 11 月 11 日"一战"结束时，中国人欣喜若狂。政府宣布放假 3 天，而且随处都是由衷庆祝的人群。北京的大游行以太和殿为中心，18 年前，八国联军也正是在这里"庆祝胜利"，当时庆祝的是德国的统帅瓦德西（Count Waldersee）和其他高级联军司令率领八国联军打败了义和团。现在情势似乎恰好相反，中国是协约国联盟的一员，而德国却是战败国了。为了适应这种情绪，停战不久，中国人一向认为是侮辱象征的北京克林德碑①（von Ketteler Monument）也被移去了。全国人普遍的情感是，所有的国耻都会永远跟着这块北京人惯称为"石头牌坊"的纪念碑而消失。[5]

不但如此，中国的新式知识分子领袖还抱着更大的希望。11 月 17 日庆祝协约国胜利时，大批的学生和教师参加了北京约 6 万人的游行。同时新式知识分子领袖，比如蔡元培等在庆祝大会上发表演说，都表达了非常乐观的态度。他们相信这次协约国的胜利真正是民主战胜了专制和军国主义，工人和平民战胜了压迫者；李大钊甚至把这次欧洲的胜利直接称为"庶民的胜利"、"民主主义劳工主义"的胜利，或是"社会主义"和"布尔什维主义的胜利"。[6]其余的领袖人物，如胡适、陶孟和等，也以为这次战争摧毁了秘密外交的观念和行动，禁止了破坏法律，制止了军事干涉政治，并且击败了独裁制度。[7]他们更假定，德国自 1898 年以来所侵占的中国领土和主权必将归还中国，并且"一战"期间在日本胁迫下签订的所有不平等

---

①　克林德碑树立在北京崇文门大街，是为了纪念 1900 年 6 月 20 日义和团事件中被中国士兵在那条大街杀死的德国公使克林德（Freiherr von Ketteler）而建的。碑的正面刻有中国铭文"正义战胜强权"，反面有拉丁文书写的"维护正义之纪念"（In Memoriam Juris Vindicati）。这块碑后来在一天清晨被过于狂喜的协约国士兵击破，最终被中国政府移走。[4]

条约和协定会在紧接着的巴黎和会里得到纠正。他们中的大多数都或多或少过于天真地相信，伍德罗·威尔逊（Woodrow Wilson）的"十四点和平原则"①（Fourteen Points）和各协约国政府的宣战宗旨会在战后得到落实。[8]

然而，这种错觉在 1919 年 1 月 18 日巴黎和会开始后，就开始破灭了。从巴黎传回的消息显示，日本将要接替德国在中国的地位，而且情况可能会比以前更恶劣。在和会尚未开始之前，中日两国政府曾互相表示友好，然而双方代表团一到巴黎，态度就立刻转变了。中国代表改变态度的原因，部分因为对日本的怀疑，部分因为受到了国内舆论的压力②。当时中国民众和代表的态度因南北政治的分歧而分裂。北京政府任命陆徵祥为参加和会的总代表，他在 1915—1919 年间担任外交总长，曾在 1915 年签署由于"二十一条"而议订的《中日民四条约》，广州军政府对此番陆氏作为总代表的任命，从一开始就反对。在各代表中，王正廷代表南方政府；顾维钧同情南方，明显受到了美国影响。南方主张对日本采取更强硬的政策，并且企图煽动民众对北京政府亲日态度的疑惧之情。1919 年 3 月和 4 月里，中国的报纸和外国人在华所办的报纸上均有报道暗示，在中国代表团中，已有某种影响势力在暗中活动，将使这些代表只顾全日本利益③。在这种情

---

① 1918 年 1 月 8 日，美国总统威尔逊因俄德媾合问题，在国会演讲时提出了议和基本条件，即"十四点和平原则"。其中的主张包括：废除秘密外交；公海航行自由；消除国际贸易障碍；限制军备；平等对待并尊重殖民地人民；德国在欧洲强占的土地应退回；对大小各国同等保障其政治独立与土地完整的权利以及组织国际联盟以维持世界和平。当时中国人及其他小国对此热烈欢迎，认为"十四点原则"是对弱小民族的正义保障。——编者

② 1919 年 1 月上旬，一箱中国代表团的文件（丁字文书一箱），在运往巴黎途中，经过日本东京时遗失或是被盗了；加之中国代表团赴巴黎的路线特别经过日本，据传中国总代表在东京与日本外务大臣内田康哉（Uchida Kōsai, 1865—1936）曾密谈两个小时之久，"约略谈及胶州问题"。以上这些因素都使普通公众，尤其是南方民众，对政府及其代表起了深深的怀疑。[9]

③ 中国代表团包括五名全权代表：陆徵祥、王正廷（南方领导人之一，广州参议院副议长，南方政府派驻美国代表）、顾维钧（驻美公使）、施肇基（驻英公使）、魏宸组（驻比利时公使，后来为伍朝枢所接替。伍是南方代表，伍廷芳之子）。仅外交总长陆徵祥率领随员由国内经日赴法，其他代表皆由国外赴会。代表团人数共 62 人。代表团内因个人的职位高低和所代表的政治集团不同而引起分裂。[10] 1919 年 4 月初，王正廷打电报到上海各报馆，指控中国人有"某些卖国贼"。这电报引起国内很多遐想。4 月下旬，上海谣传顾维钧要亲日，因为他要与曹汝霖的三小姐订婚。此条消息是路透社驻北京的记者报道的，后来又说这消息来源是两个在巴黎的中国代表（不是顾）给广州军政府的电报。[11]

形之下，从和会一开始，激烈的争论不但在中日代表团之间不断发生，而且在中国代表团内部各派系代表之间也爆发开来。

从巴黎传来第一个使中国人震惊不已的消息，是日本代表牧野伸显（Makino Nobuaki）男爵 1 月 27 日在五强（美、英、法、意、日）全体会议上宣布：英、法、意三国曾在 1917 年 2 月与日本签订秘密协定，承诺在战争结束后"援助日本要求割让德国战前在山东及各岛屿之领土权"[①]。有了这样的秘密保证，日本对和会通过其要求更十拿九稳了，而中国所赖以为援的美国却变得孤立无助了。

此外，日本代表又在 1 月 28 日五强最高会议期间，透露了中国军阀政府先前与日本政府的一些秘密妥协，这使情况变得更加复杂。原来因为要在山东省境内建设济（南）顺（德）与高（密）徐（州）铁路，北京政府曾经在 1918 年 9 月 24 日和日本商谈秘密借款（西原借款之一项），因而把这两条铁路的一切财产收入作为借款的抵押品。[13] 同日，日本外务大臣后藤新平（Gotō Shimpei）对中国提出关于处理山东问题的七项建议。按照他所提出的内容，日本沿胶（州）济（南）铁路的驻兵将集中于青岛，而派一支队驻于济南；护路队要用日本人担任警长和教练；铁路完成后由中日共同管理。

对这些提议，驻日公使章宗祥于 9 月 25 日在换文里回答道："中国政府对于日本政府右列之提议，欣然同意。特此奉复。"[②] 9 月 28 日，章宗祥便与日本签订济顺、高徐两条铁路的借款预备合同。以上这些协议，直到 1919 年 1 月 28 日上午巴黎和会的"十人会议"[③]（the Council of Ten）为止，

---

　① 虽然日俄在 1907 年至 1917 年之间也有过同样性质的秘密协定，而且在这次日本宣布以前，这些秘密协定还曾被苏俄政府公开并废除，但是中美在巴黎的代表们却仍对这次日本的宣布感到惊讶不已。[12]

　② 在美国和谈委员会的卷宗里，有一个日期稍后的，发于 1919 年 3 月 20 日的备忘录，在该备忘录里，中国代理外交总长陈箓向美国驻华公使芮恩施声明，1918 年 9 月 24 日有关山东的协议本是中国不愿意发表的，因为这个协议承认了日本有权继承德国以前所有的特权。[14]

　③ "十人会议"又称"最高会议"，参会人员包括美、英、法、意、日五国的元首和外交部长，是巴黎和会实际的决策机构。——编者

都被视为机密，不曾公开。而其在和会上公开时，甚至连有些中国全权代表都还不知道^①。

济顺、高徐铁路的借款和关于山东问题的换文给予日本法律上的依据，用来主张自身在山东和有关铁路的权益。1919年1月27日晚，美国代表团从顾维钧那里获悉中日借款和秘密协议。他们立刻向中国代表解释，这些协议使美国难以继续支持中国，中国代表们也为了这件事而感到困窘万分。他们在给中国外交部的秘密电报里，提供下面这种颇为古怪的建议：[18]

> 再四思维，目下只有一提出意见，将所有胶州及胶济铁路以及一切附属权利，须归中国政府管理。一由政府将此合同提交议会，与议员接洽，令勿通过，以民意为政府后盾，将来争辩时或易于措词，即某国（美国）帮忙亦较易为力。否则，日英团结，美易孤立，不能裹助中国，前途将不知所届。请速面呈大总统裁夺施行。如果赞成此项办法，政府密交两院，令开一秘密会议，两院不通过后，仍秘密咨回政府，勿令众知。

这件事却显然并没有在国会里提出^②。可是借款和协定的秘密已不能长久保密，因为必然要在巴黎和会上讨论。日本在和会上提出山东议案时，所奉行的依据是中日两国1915年5月25日的协约和1918年9月24日济顺、高徐铁路的合同，以及有关与日本缔结解决山东善后条约的换文。对于这些争辩，中国代表的答复是，1915年的协约是中国在日本武力的胁迫下签订的。而且"中国既向德国宣战（1917），则情形即大不同。根据 rebus sic

---

① "上述的秘密协定（即所谓'欣然同意'的换文）直到这时在大会上公开，中国代表才知道。"[15] 后来在1951年10月30日，拉塞尔·法菲尔德（Russell H. Fifield）采访顾维钧时，证实了这点。[16] 不过，陆徵祥可能早已知道，因为曾有报道，密约的副本放在东京遗失了的箱子里。[17] 顾氏大约在1月27日或以前也知道了。

② 芮恩施相信，"除非国会批准这些协定，否则中国人民会坚持这些协约里有关出让主权和抵押各点为无效"[19]。依照《中华民国临时宪法》第三十五条，"临时大总统经参议院之同意，得宣战、媾和、及缔结条约"[20]。

stantibus^①之法理言之，亦为今日所不能执行"。²¹ 日本代表反驳："1918 年关于铁路的合同和有关山东问题的换文是在中国参战以后签订的，所以并不能说是受了胁迫。"²²

前有英、法、意支持日本要求山东利益的保证，后有中日两国 1918 年的秘密协定，在这种种不利的情形之下，中国在巴黎和会上失败了。1919年 4 月 30 日，威尔逊、劳合·乔治（David Lloyd George，1863—1945）、乔治·克列孟梭（Georges Clemenceau，1841—1929）——美国国务卿蓝辛（Robert Lansing）称他们为神圣的三位一体（Holy Trinity）——在"四人会议"上^②（意大利首相奥南多缺席），秘密决定把德国在山东所有的利益都转让给日本，并没有提及日本 1914 年所作"交还中国"的诺言。这项决议后来编入了《凡尔赛条约》第 8 号第 156 条、第 157 条、第 158 条：

> 第 156 条　德国根据 1898 年 3 月 6 日之"中德条约"，及其他关于山东省之一切协约，所获得之一切权利、特权，如胶州之领土、铁路、矿山、海底电线等，一概让与日本。德国所有胶济铁路权，及其他支线权，及关于此项铁路一切财产、车站、店铺、车辆、不动产，又矿山及开矿材料、与附属一切权利利益，让与日本。自青岛至上海至芝罘之海底电线，及其附属一切财产，无报酬让与日本。
>
> 第 157 条　胶州湾内德国国有动产、不动产，及关于该地直接间接之建筑与其他工事，无报酬让与日本。
>
> 第 158 条　德国于和约实行后 3 个月内，将关于胶州之民政、军政、财政、司法等一切簿籍、地券、契据、公文书，一概让渡于日本。同期间内，德国将关系前两条所记权利、特权之一切条约、协约、合同等，让渡于日本。²³

---

① 拉丁语"事势继续如此"，系国际的法理：惟有事势无基本变更时，条约才继续有效。

② 3 月 25 日后，"四人会议"代替了"十人会议"。4 月 24 日，意大利的代表团退出和会，故其首相奥南多（Orlando）缺席。——编者

除了对山东问题争辩外，中国在 4 月曾向和会提出两个提案。一个是说明中国"请求废除 1915 年 5 月 25 日中日两国政府所订之条约和换文"，另一个是关于下列七点的调整：

（一）废除在华所谓势力或利益范围（spheres of influence or interests）；

（二）撤退外国军警；

（三）裁撤外国邮局及有线无线电报机关；

（四）撤销领事裁判权；

（五）归还租借地；

（六）归还租界；

（七）恢复关税自主权。[24]

以上第二个提案是中国政府准备的，至于第一个废止 1915 年条约的提案则是中国留欧学生向中国代表团建议的。自从和会开会以来，中国留欧学生为了监督代表团，早就组织了起来。[25]然而，这两个提案都被和会拒绝了。

民众对合约的反对情绪

中国在巴黎和会上的斗争，起初并没有显得太令人绝望；直到 4 月 22 日，威尔逊在"四人会议"上态度开始动摇后，情势才转变。甚至在威尔逊态度动摇以后，中国人仍然保持着几许乐观。和会开会期间，国内外的中国人对中日外交的关注都大大增加了，他们组织很多团体来支持或监督驻巴黎的中国代表团，还把代表团的活动消息公布出来，有些代表也试图与公众保持密切联络。文章、小册子和发布的新闻都广泛地传播着。中国人如此发奋地从事新闻活动，甚至使有些外国观察者认为做得有点过多了。至少当时的效果是使得日本人感觉丢了面子。[26]

但是我们如果考察整个情况，就可以理解中国人民这种极大的关注，特别是新式知识分子和商人，这不仅是受到了政党煽动的表现，也确实反映了这些新团体的真实诉求，就是把自己从殖民统治下解放出来。为了证实这样判断"五四"事件前夕民众情绪是正确的，我们需要分析当时中国那些向巴黎和会发出抗议呼吁的各种社会、政治、文化团体的特性和复杂性。

固然，南方政府的确曾极力宣传对日本和北京政府的仇恨，一些与国民党或南方政府关系密切的能人，曾为此到美国和法国做过准备工作。[①]这种活动并不限于革命党，进步党——或称研究系——虽然在国会中是代表军阀的联盟，但他们也在此时站出来，反对段祺瑞政府的亲日政策。其领袖梁启超当时适逢在欧洲诸国游历，被北京政府任命为中国代表团的顾问，他在4月24日从巴黎致电国民外交协会，反对中国政府同意《凡尔赛条约》。[27]

然而，与这些政党活动相比，更值得重视的是国内外的中国人联合起来，组织了许多民间团体，以讨论外交问题。国内团体包括：李盛铎、王揖唐在1919年2月11日组成的国际联盟同志会，由林长民[②]、张謇[③]、王宠惠[④]和其他进步党与国民党领导人物在2月18日创立的国民外交协会。[28]另外一个有影响力的团体则是广州军政府创立的外交调查协会。1919年

---

① 据法菲尔德说，陈友仁和郭泰祺都是在巴黎很活跃的宣传人物。在去法国之前，他们在美国成立了强烈反日的中国新闻社（China Agency）。陈、郭两人曾任广东政府驻华盛顿的代表，后来陈友仁任北伐时期武汉政府的外交部长。1931年"九一八"事变以后，又任南京政府的外交部长。

② 林长民（1876—1925），字宗孟，福建闽侯人。烈士林觉民之兄，林徽因之父。进步党领导人之一，日本早稻田大学毕业。1913年，被推为众议院议员，4月任秘书长。1917年7月，出任段祺瑞内阁司法总长，11月辞职。——译者

③ 张謇（1853—1926），字季直，祖籍江苏常熟，晚清状元，受到"清流"南派首领潘祖荫、翁同龢等人的赏识，曾是晚清立宪运动的领袖之一。辛亥革命后转向共和，并受孙中山邀请担任实业总长，主张"实业救国"。1913年，袁世凯就任大总统后，被任命为农商总长。1915年，当袁世凯部分接受日本提出的"二十一条"时，张謇愤然辞职，与袁氏彻底决裂。——译者

④ 王宠惠（1881—1958），字亮畴，广东东莞人，耶鲁大学法学博士，近现代中国法学的奠基者之一。1912年1月，任首任南京临时政府外交部总长。1912年3月，改任民国首届唐绍仪内阁的司法总长。此后多次出任司法总长。——译者

1月28日上午，顾维钧和王正廷代表中国政府，正式向"十人会议"提出议案，这更激起了中国人民对外交的关切。[29]巴黎的中国代表团在2月7日至4月10日期间，共收到86封由全世界各地不同的中国团体发来的电报，他们都支持中国要求，抗议日本在和会的提案。致电的团体包括来自北京、天津、上海、武汉（武昌、汉口、汉阳）、济南、纽约、洛杉矶、伯克利、檀香山和伦敦等地的13个学生组织，以及在上海的留日归国学生团体。[30]

除此以外，还有32个工商业机构和工会的抗议，例如北京中华总商会、檀香山中华商会、山东工业协会和广州的华侨工会等，再加上超过67个政治和社会团体（如省议会、教育会）以及美国、菲律宾、古巴、墨西哥、爪哇、马来亚和其他许多国家的华侨组织。

致电人在这些电报里强调他们的信心，认为和会当然应该保证尊重人权，中国也绝不会承认列强的秘密协定。北京学生的电文说：

> 北京各中等以上学校学生——五〇〇人宣誓支持各代表努力维护我国家之权利，希继续坚持到底。[31]

山东省议会、农商公会、山东省教育协会和山东省工业协会的电文提到，秘密协约是"直接违反"威尔逊的"十四点原则"，结尾要求"把中国从卖国贼卖国的危机中解救出来"。济南的山东国民请愿大会的电文则说：

> 巴黎和议陆、顾、王三专使鉴：青岛及山东路矿，日人实无继承之权，所有理由，已有各界人民先后电达，无烦转述。现闻我国军阀及二三奸人，阴谋卖国，示意退让。东人闻之，异常愤激。本月（四月）二十日，在省城开国民大会，集众十余万，佥谓此说若行，是陷山东于没世不复之惨。若辈包藏祸心，多方掣肘，丧心病狂，万众同仇。东人死丧无日，急何能择？誓死力争，义不反顾。公等受全国之委托，负人民之重望，务请俯准舆情，勿惑奸计，据理力争，必达目

的。恢复我国主权，维持东亚和平，胥在此举。东省人民实深祝祷。山东国民请愿大会张英麟等十万三千七百人同叩。[32]

这些发到巴黎的电报，多数是发自中国学术界和中产阶级人士。虽然这些电报反映了民众的情绪，可是似乎多少带有过于感情化和不切实际的色彩。关于这点，四个月以后，那位反对在文学领域推广白话文的守旧派辜鸿铭，用英文发表了冷嘲热讽的苛评：

> 你们《密勒氏评论报》的通讯记者抱怨中国人有百分之九十是文盲，原因是"文言难学"。我认为所有的外国人、军阀、政客，特别是现在仍在中国享乐的回国留学生，不但不应该抱怨，而且应该在有生之日里，为了中国四亿人之中有百分之九十仍然是文盲，而每天感谢上帝。因为只要想一想，若是这四亿人的百分之九十都变得识字了，那后果会怎样呢？只要想一想，如果北京的苦力、马夫、车夫、理发匠、小伙计、叫卖贩、算命先生、游手好闲、流氓诸色人等都识字了，并且都像（北京大学）大学生们一样要去参加政治活动，我们会有一个多么好的洋相出现。听说最近有人已拍了五千通电报给巴黎的中国代表，对山东问题激烈主张，现在来算算看，如果中国四亿人民的百分之九十都认识字了，而且都要像我们留学生这样爱国，全国可能会发出多少通电报，花去多少电报费？[33]

就中国人民过于情绪化的反应而论，辜鸿铭的见解的确有他的道理。北京政府的懦弱和国际强权政治的性质，既然如此，岂是单凭代表们的口舌和人民的电报所能转变？不过在"一战"结束之初，国人对和会的结果怀抱过大的希望和乐观，新式知识分子对政府亲日政策激烈反对，深切体会到亡国的危机，以及新工商界努力保持国内市场在战后不被日本人控制，如此背景之下，中国人的情感作用也是可以理解的。

惊破迷梦的巴黎消息

4月下旬，当和会要把德国在山东的地位让给日本的消息传到北京时，中国人忽然跌入沮丧和愤怒的深渊。首先他们想要知道，谁该对巴黎的不幸负责。根据报道，4月22日威尔逊在"四人会议"上曾质问中国代表："1915年9月当时，协约军势甚张，停战在即，日本决不能再强迫中国，何以又欣然同意与之订约？"[34] 这消息激起了民众的猜疑。他们怀疑政府不是在威胁之下，而是心甘情愿出卖了中国主权。几天以后，4月24日梁启超在给国民外交协会的电报中写道："对德国事，闻将以青岛直接交日本，因日使力争结果，英法为所动。吾若认此，不啻加绳自缚。请警告政府及国民，严责各全权，万勿署名，以示决心。"5月2日，林长民便在《晨报》上批评说，和会本来打算在取得有关国家的同意后，才把山东问题向五强（美、英、法、意、日）提出，由这五个国家来处理，现在却直接接受了日本对山东的要求；这样一来，"胶州亡矣，山东亡矣，国不国矣"！他的结论是："国亡无日，愿合四万万众誓死图之！"

同时中国代表因为害怕对失败负责任，所以向国内报告："此次中国主张失败之原因，一由于1917年2月至3月间，日本与英法诸国有胶澳让归日本之密约，二由于1918年9月，我国当局与日本政府有'欣然同意'之山东换文，遂使爱我者无从为力。"[35] 这个报告刊载于5月1日的北京《中国时报》。其他报章以及北京的外国教员在5月3日也向中国人透露了这个消息。于是国内的中国人在"五四"事件前夕，就已经知道巴黎和会的结果与他们的希望相去甚远，是为强权政治所操纵的，而自己的政府，甚至在和会开始以前就把国家的利益出卖给日本了。对威尔逊理想和诺言的失败，学生们正式表达了他们的失望：

> 全世界本来都倾听威尔逊的话语，就像先知的声音，它使弱者强壮，使挣扎的人有勇气。中国人一再听说过了……威尔逊曾告诉过他们，在战后缔结的条约里，像中国这种不好黩武的国家，会有机会不

受阻碍地发展他们的文化、工业和文明。他也告诉过他们不会承认秘密盟约和在威胁下所签的协定。他们寻找这个新纪元的黎明，可是中国没有太阳升起，甚至连国家的摇篮也给偷走了。[36]

后来一个北大毕业生追述"五四"前几天学生不安的情绪和对西方国家的失望，他说：

> 巴黎和会的消息最后传到这里时，我们都感到非常震惊，我们立刻对事实的真相觉醒了，外国仍然是自私和军国主义的，并且都是大骗子。记得5月2日晚上，我们很少人睡觉。我跟一群朋友谈了几乎一整夜。结论是更大的一次世界大战早晚会来，并且会在东方作战。我们知道的很清楚，我们跟政府毫无关系，也不存任何希望，而且也不能依赖所谓伟大领袖像威尔逊这种人的原则。看看我们的同胞，看看那些可怜无知的大众，不能不觉得我们必须要奋斗。[37]

消息灵通人士对当时情况已开始察觉出一些预兆。例如蒋梦麟事后回忆："甚至在'五四'游行示威以前，有些新教育运动的领导人观察学生的不安，也预言过要出事。"[38]那时美国驻华公使芮恩施（1869—1923）是该运动的近距离观察者，也是极力反对美国在巴黎和会向日本妥协的人。他描述"五四"前夕中国公众和在中国的美、英人士的情绪如下：

> 世界上可能没有任何地方像中国这样对美国在巴黎的领导抱着如此大的希望。中国人信任美国，信任威尔逊总统时常宣布过的原则，他的话语传播到中国最远的地方。正因为如此，那些控制巴黎和会的老头们的决定，使中国人民有着更强烈的失望和惊醒。
>
> 我一想到中国人将如何来接受这个打击，来接受这摧毁他们对国际平等的希望的打击，就使我作呕和沮丧……
>
> 在华的美国人，像英国人和中国人一样，在这不安的几个星期里，

都深深地感到沮丧。自从美国参战以来，大家就有胜利的信心，相信所有的牺牲和痛苦，都会使战后国际活动建立起正义的原则。在这种原则之下，人类可以生活得更幸福和更安全。现在所有的希望却都给粉碎了。[39]

中国学生的这种沮丧和愤懑的情绪，到了 5 月初，变成了愤怒的游行示威，抗议"政府里的卖国贼"和巴黎列强的决定。

学生的特性和组织

在详述中国学生对凡尔赛危机的反应之前，首先关注一般学生，特别是在北京的学生的特性和气质是很重要的。尤其是，自从 20 世纪初期，中国学生就比西方民主国家的学生更具有活跃的政治和社会意识，他们更乐于参与公共事务和尝试政治改革。这种特性可以由很多因素来说明[①]。

最重要的，许多历史和社会现实，使青年知识分子感到惊恐，例如中国屡次被从前视为蛮夷和低下的外国人打败，腐败和分裂的政府，长期的内战和落后崩溃的经济等。因为老师时常教导青年们，将来他们要成为国家的救星和希望，所以无论任何有损国家和文化自尊心的事，都会使中国学生比其他群体更加敏感。同时他们也意识到，有影响力的学生运动具有悠久传统；并且由于学生们作为能读能写极难掌握的语言文字的少数人，所以他们也意识到自己在公共事务上的特殊地位，于是救中国的使命落在他们肩上也是理所当然的了。

此外，中国学生对参加社会和政治活动，在心理上都早有了准备。1905 年，中国废止传统的科举制度，这使知识青年毕业后的远景变得模糊不清。在过去的传统制度之下，读书人的主要目标一直是入仕为官。科举

---

① 参看第一章中"五四运动的历史意义"一节。

废除后，这种个人的挫折，便只好用有机会做群众领袖来弥补了。正如罗素所观察到的，这个事实使中国学生成为改革家、革命家，而不像西方的某些受过高等教育的青年，变成了"犬儒主义者"，即愤世嫉俗之流①。活在一个没有真正立法机构和选举制度的国家里，青年学生们看见渐进的改良被阻碍，民意被抑制。这种情形使他们愤怒，也使他们认为他们通过非正统式的政治行动进行的反抗和抗议是正当合理的；因为旧制度显得如此无望，新世界和现代思潮对青年的吸引力更增强了。

关于这点，我们还必须注意到这些新式知识分子和他们的对手在年龄和教育上显著的差异。当时大学生领袖都是 20 岁才出头，并且他们很多同学以及几乎所有的中学生都是十几岁的少年人。1919 年活跃的学生，如傅斯年（1896—1950）、段锡朋（1896—1948）、罗家伦（1897—1969）、周恩来（1898—1976）都不超过 23 岁，甚至是许德珩，他被认为比普通学生年龄大，是被派到上海、南京的少数北京学生代表之一，后来又成为鼓动学生、商人和工人在当地罢工的重要角色，当时也只有 24 岁。供给他们新思想的教授们也多是二三十岁。相反地，多数站在他们对立面的旧学者往往已超过了 60 岁；军阀们的首领都是中年人，甚至更老。②保守派和政府里大多数的官员都受过清朝政权下的旧式教育，与新式知识分子接受的教育有很大的不同。这种悬殊远远超过通常前后连续两代人之间的差异③。因为教

---

① 罗素说："在整个东方，大学生比现代西方的大学生希望对舆论能具有更大的影响力。但是在取得实际收入上，他们却比西方的学生机会少得多。然而因为他们既不是没有力量，也不是感到满意舒服，所以就变成了改革家、革命家，而不是变成犬儒主义者。改革家和革命家的快乐全靠公共事务的进行。甚至即将被处死刑时，他们还可能比满意舒适的犬儒主义者要感到更真实的快乐。我记得有一次一个青年到我们学校来访问，他要回到家乡，在中国反动地区创办一所和我们类似的学校，他预料结果他会被杀头。虽然如此，他却感觉到一种恬静的快乐，是我只得羡慕而不可得的。"[40]

② 1917 年当北京大学开始改革时，陈独秀正是 38 岁，胡适 26 岁，钱玄同 30 岁，刘复 26 岁，鲁迅 36 岁，李大钊 29 岁，甚至蔡元培也只有 41 岁。虽然刘师培只有 33 岁，黄侃也只有 31 岁，但在同一年林纾却已是 66 岁，严复已是 64 岁，辜鸿铭已是 60 岁，段祺瑞也是 53 岁了。

③ 依据 1919 年出版的《最近官绅履历汇录》，在 4764 位高级官员和教育行政人员里，1545 人曾通过清朝的科举考试，1341 人在旧式学堂毕业后留学海外，909 人在中国学校毕业，969 人来自商人和其他团体。而几乎所有的低级官员都只接受过传统教育。[41]

育和观念的不同，使青年学生对政府和学校当局的看法和行动无法接受。

此外，还有几种因素使中国学生更便于参加群众运动。与西方学生不同，他们在拥挤的宿舍里习惯了集体生活。无论是读书或是娱乐，都是成群结队的。中国人的生活里普遍流行的，不是个人主义，而是集体的、合作的态度。这种态度在比较理想化的青年中尤为盛行，他们都集中在几个都市中心，使他们在习惯和思想上与各自的父母远离；而多数学生的家长是住在乡下的绅士或地主。群众运动的方式，如示威、罢工和联合抵制外货，若不是由归国留学生介绍来的，就是从中国历史和西方出版物中学来的。这些行动方式向他们提供了合适的途径以表达那些没有机会透露的积怨或愤慨。新式知识分子有了第一次世界大战期间在欧洲"勤工俭学"和工读的经验，这些经验显然有力地把他们和西方蒸蒸日上的劳工运动拉得更近。在另一方面，中国的舆论对于学生干政，从来就没有强烈的反对。

虽然上述分析适用于五四运动当时和以后的普通中国学生身上，但是关于"五四"事件前夕的北京学生，还有其他的特点需要关注。北京一向是中国传统的政治和文化中心。除了那些只热衷经济的人，多数活跃的有野心的知识分子几个世纪以来都聚集在首都里。知识分子多数来自地主、官僚和其他富裕家庭。传统上，他们中的许多人与官僚维持着密切的联系，并且身为纨绔子弟，多数人的人生目标是入仕，与官僚分享权力，而极少费心关注外交政策、社会问题和新思潮。

然而在第一次世界大战快要结束时，尤其是 1917 年蔡元培在北大进行改革以后，学生的气质经历了一次重要的转变。"五四"事件前夕，在北京的大学生根据他们的特性，可以分为三种：一种是纨绔子弟的残余，多少仍然过着颇为奢靡的生活；其次是用功的学生，对学问研究比对时事更加关注；第三种则是最受新思想影响的学生，这类学生的人数大概只占了全体学生的 20%，但却是最活跃的群体。[42]这些学生密切关注国内外的事件，而深深地对社会、文化和知识上的问题感兴趣。与其他同学相比，他们吸收了更多的西方思想，而且阅读了更多的西方文学——易卜生（Henrik Johan Ibsen）、托尔斯泰（Leo Nikolayevich Tolstoy）、莫泊桑（Guy de

Maupassant）、克鲁泡特金、萧伯纳（Bernard Shaw）。使命感和怀疑的精神在这群学生中间流行，他们后来成为领导学生运动的学生领袖。

其实当时北京学生群体的思想和活动都很复杂。所有过去东西方推崇过的思想在他们的脑海中挤压激荡。他们对于这些庞大复杂的思想体系并没有深刻研究，但对于所信仰的却具有无比的热忱，就像一个人从一间永夜的房间走到阳光之下，发现每一样东西都很新奇。

如上所述，1918 年 5 月的请愿以后，学生们相继组织了很多公开的或秘密的、自由的或激进的小团体，数量在 20 个以上。在所有的团体之中，最有影响的是新潮社和国民杂志社。（当时秘密组织在民众、政客、商人和军人中都很流行。）虽然大多数学生组织是非政治性的组织，可是有很多人对政治感兴趣。早在 1919 年，在北京的活跃学生中，无政府主义已经十分流行了。20 世纪的最初 10 年里，蔡元培就是一个热忱的虚无主义、无政府主义和社会主义宣传者；其他许多知识分子领袖人物也有类似的经历。1911 年辛亥革命以后，很多人所持的无政府主义信念，多半只保留了它的人文主义、自由主义和利他主义方面，而不包括其恐怖主义方面。在残忍的军阀统治之下，青年中发展出激进思想是不可避免的。革命性和无政府主义的出版物，如《自由录》《伏虎集》《民声》《进化》，在学生中秘密传阅[①]。克鲁泡特金和托尔斯泰开始受到追捧，克氏的名著，如《一个反抗者的话》（又译为《告少年》，*To the Young*，1884）、《面包与自由》（*The Conquest of Bread*，1888）、《田园、工厂、手工场》（*Fields, Factories and Workshops*，1898）、《互助论》（*Mutual Aid: A Factor of Evolution*，1902）等，深受学生们的喜爱。还有康有为的《大同书》和谭嗣同的《仁学》，以及记

---

① 《民声》是无政府主义的晦鸣学社出版的杂志，该学社由刘师复（1884—1915）于 1912 年在广州创办。该杂志的法文版采用世界语（Esperanto）标题 *La Voco de la Popolo*。1913 年，广东省省长下令禁止该杂志出版，并解散学社。1914 年 7 月，刘在上海设立无政府共产主义同志社，有时也称作无政府党。《伏虎集》是在刘去世后，由铁心收集并整理的刘师复文集。刘对孙中山的三民主义和江亢虎的社会党都持批评反对态度。书名《伏虎》，隐射江亢虎的名字。《自由录》是由实社出版，该社也是提倡无政府主义的组织，其中的作者有留法勤工俭学学生华林和北大学生黄凌霜等人。有人认为，无政府党第一次将广州的理发师和茶楼跑堂组织进工会。该党在 1925 年之后被并入国民党。[43]

载清朝军队屠城的旧民族主义著作，如《扬州十日记》，都仍然为许多青年阅读和推崇。康、谭的作品带有强烈的无政府主义和理想的社会主义色彩①。当时学生团体颇受这些意识形态的影响。1919 年 2 月，北京高等师范学校（即北京师范大学的前身）的学生和校友秘密地创办了激进的工学会。该社团提倡一种工学主义，反对孟子"劳心者治人，劳力者治于人"的主张，而试图把这两个方面结合在一个人身上，即劳心的人也要劳力，劳力的人也要劳心。工学会的主要目的，是在中国实现无政府主义的某些理想，以服务于劳工阶级的利益，并且以"工学"单位为基础来建立国家。同时，他们也接受杜威"生活即教育"和"社会即学校"的思想。虽然工学会的成员都极富于偶像破坏性和反叛性，但是他们仍然献身于他们的信念，坚信社会改革应该依靠一点一滴的实行。所以他们的会员除了求学之外，都要工作，特别是木刻、印刷等工作，当时在高师数学系四年级就读的湖南学生匡互生便是工学会的会员。以下我们所要描述的学生活动有许多便是由工学会在幕后策动的，而且有时该社团也发挥着把学生活动转向积极和激进方向的枢纽作用②。其他组织，如同言社和共学会都较为温和，但是在学生圈中也有相当的影响力。[45]

---

① 康有为（1858—1927）的《大同书》写于 1884 年，可是当时并没有出版；后来在 1913 年和 1919 年各出版了一部分。康去世后，该书在 1936 年和 1956 年才全部出版。该书英文版由劳伦斯·C. 汤普森（Laurance C. Thompson）翻译，书名译为《大同书：康有为的世界哲学》（*Ta T'ung Shu：The One World Philosophy of K'ang Yu-wei*，1958，纽约），而康氏自己曾把书名直译为《论大和谐》（*The Book of the Great Concord*）。谭嗣同的《仁学》作于 1896 年秋到 1897 年春之间，1898 年由梁启超在日本横滨最先出版。该书是一部破坏偶像的作品，是理学、佛教、基督教、排斥清朝专制政体和介绍西方科学思想的混合物。依照谭的说法，"仁"代表了仁慈、博爱、同情、灵魂、爱力和人性，是"以太"的功能和显现，而"以太"是宇宙和人生物质和精神的基本实质。[44]（作者按：我在威斯康星大学的学生道格拉斯·怀尔［Douglas Wile］在 1972 年完成的博士论文《谭嗣同与〈仁学〉》［*T'an Ssu-t'ung and "the Jen hsüeh"*］，对谭的传记写得很详细，并把《仁学》译成了英文。）

② 不可把"工学会"和一年以后成立的"工读互助团"混作一谈。虽然两个团体的学生都参加体力劳动，但是工学会试图依照他们的理想来建设社会的野心更大，并且比工读互助团对劳工问题更有兴趣。1922 年 5 月，工学会的机关刊物《工学》月刊出版劳动节的"五一纪念号"，并且建议设立一所工人学校。同言社后来并入了共学会。

"五四"游行示威

1919 年 4 月底，中国在巴黎和会失败的消息传到北京，学生社团，包括新潮社、国民杂志社、工学会、同言社和共学会纷纷召开会议，决定在 5 月 7 日国耻纪念日，即日本提出"二十一条"最后通牒的四周年纪念日当天，举行民众示威大游行。这项决定不久得到了北京所有大学学生团体的支持。由北京大学、高等师范学校、高等工业学校和法政专门学校牵头，共同为参加的各校学生制订了游行示威的计划。由此可见，"五四"事件的近因不仅是巴黎和会的惨败，也是 1915 年"二十一条"所引起的愤怒情绪的延续①。在同一会上，学生们也决定向全国各报馆、各团体发出以下电报：

> 青岛归还，势将失败，五月七日在即，凡我国民当有觉悟，望于此日一致举行国耻纪念会，协力对外，以保危局。
>
> 北京专门以上学校全体学生 25000 人叩②。[47]

这次会议以后，5 月 1 日至 3 日由巴黎传来的消息更加令人震惊。据报道称，中国关于公正解决山东问题的要求即将被和会拒绝，并且中国提案难于被接受是因为中国的"卖国贼""欣然同意"换文的阴谋。这时驻日公使章宗祥恰好刚由东京匆匆返国③。回国以后，他在天津逗留了几天，政府

---

①　关于这点，芮恩施说："（1919 年 5 月 4 日）学生暴动的主要原因，虽然部分是 1915 年日本提出最后通牒四周年纪念日的临近，但是他们也因为那些关于参加巴黎和会的各国领导行为的报道而感到焦虑和不安。"[46]

②　当时在北京的大专学生是否有 2.5 万人，此处存疑。这个数字也许包括了军校学生。当时学生的出版物时常使用这一数字。其他还有记载认为当时在北京的大专学生只有 1.5 万人。上文我已引用的北京各中等以上学校学生致巴黎和会代表的电报则声称 1.15 万人。下文所引在东交民巷给各公使馆的说帖也用这个数字。这也许比较近于事实，至少是学生会的估计。当然他们也不见得包括完备。

③　4 月中旬，章宗祥请假离京，当时日本政界要人和其他国家驻日外交界人士纷纷到东京火车站欢送，忽然来了中国男女留学生数百人，章夫妇起初误认他们也是来欢送的。后见他们大声呼喊，抛掷白旗，才知不妙。陈独秀说："驻日章公使回国的时候，三百多中国留学生赶到车站，大叫'卖国贼'，把上面写了'卖国贼''矿山铁道尽断送外人''祸国'的白旗，雪片似的向车上掷去，把公使夫人吓哭了。"[48] 当时经外国人劝解，学生并无暴力举动。

中另一位著名的亲日派陆宗舆曾到天津与之密谈。4 月 30 日，章回到北京，并没有公开说明此次回国的目的。虽然他在北京有自己的房子，却住在曹汝霖家里。次日，外国媒体报道称，章将不复返职，传言他将接替陆徵祥担任外交总长和巴黎和会总代表。这个消息更引起了民众的怀疑，他们认为政府中的高官正在阴谋出卖国家利益。5 月 3 日，北京民众的情绪激昂，政治团体和社会团体都召开紧急会议，企望尽力设法渡过这个难关。北京商会通电其他各城市的商会，请求他们支持中国在巴黎和会的要求；上海商会决定在 5 月 6 日开会讨论解决之道。国民外交协会派代表谒见大总统徐世昌，请求他给中国在巴黎的代表下令，如果山东问题得不到合理的解决，就拒绝签字。同时，5 月 3 日的集会也决定邀请其他社会团体和政治团体来参加预定于 5 月 7 日在北京举行的国民大会。[49] 还有留日学生救国团致电总统："宁愿公开决绝，亦不愿屈辱求生。"[50]

在公众舆论如此压力之下，北京政府却用严厉的措施来镇压骚动，这使民众更加愤慨。[51] 北京的学生认为有必要把已经准备好的游行提前。一个参加了当时活动的学生，这样描述 5 月 1 日到 3 日那种要求行动的激昂情绪：

> 自 5 月 1 日起我们一直在考虑，寻求表达我们对政府的腐化和对中外军阀主义不满的办法。……最终，我们得到如下结论：唯一可以立即着手的只有召集北京的学生，举行一次大游行。[52]

5 月 3 日下午 1 时，最活跃的一群学生鉴于情况紧急，在国立北京大学贴出一则通告，召集所有北京大专学校学生代表举行临时紧急会议①。这次会议当晚 7 时在北京大学法科（亦称"第三院"，地点在皇城东面北河

---

① 张国焘在他的《回忆录》（英文访问原稿）里称，是他在 5 月 2 日晚上 7 时召开的国民杂志社职员会议上，提议召开这样一个紧急会议。他在香港时也当面对我如此说过，但别无旁证。

沿、孟公府及箭杆胡同之间）大礼堂举行，参加的学生有 1000 多人，由易克嶷主持。易克嶷来自湖南，是富于民族国家主义感的北大学生，他也是国民杂志社的领导人之一，对新旧文化问题持温和态度。参加集会的学生多数来自北京大学，不过国立高等师范学校、法政专门学校和工业专门学校也派来代表联络。会上先由北京大学新闻研究会的邵飘萍分析了山东问题，紧接着其他学生也发表了许多慷慨激昂的演说。会议通过了若干决议，其中最重要的一项是在晚上 11 时通过的，即决定提前于 5 月 4 日召集所有北京的大专学生举行群众大会，以抗议政府的外交政策，而不是原计划的 5 月 7 日；同时选派代表到除日本以外的各国公使馆，陈述关于青岛问题的民意和决心。决议后，各校代表即返回准备。后来一名北京大学的学生追述 5 月 3 日集会的情况如下：

> 我们起初讨论国家的危机，大家都同意，造成山东问题的原因是腐败和不公平。所以我们作学生的应该奋斗，让全世界看到"强权绝对不是公理"。后来又讨论了四种进行的办法如下：（一）联合全国各界民众一致力争；（二）通电巴黎专使坚持对和约不签字；（三）通电各省民众于 5 月 7 日国耻纪念日举行国民大会和游街示威运动①；（四）定于 5 月 4 日联合北京各校学生在天安门举行一次巨大的示威游行，以表示我们的气愤不满。
>
> 会场上当大众情绪十分紧张的时候，一个法律系学生谢绍敏，当众用口咬破中指，撕裂衣襟，用血大书"还我青岛"四个字，向大众揭示，所有的到会人都肃然感动。接着便是一阵鼓掌和万岁声，全场顿现出凄凉悲壮的气象。[53]

显然地，5 月 3 日晚间的集会是在感情激昂的气氛中进行的，这一点

---

① 第三项决议其实早已采纳了。前两项也和 5 月 4 日上午集会通过的很相似。显然地，在不同的集会里重复通过决议的原因，如果不是因为参加的学生不同，就是他们要用后来的决议来增强以前决议的力量。

许德珩和张国焘在回忆这次集会时也如此承认。许德珩是当时的学生领导人之一，曾在会上发表演说，后来他成为"五四"事件被捕的 32 名学生之一。张国焘也是北京大学的学生，在会上也发过言，后来成为共产党领导人，不过 1938 年被开除出党。他们还表示，开会的时候，有一个十六七岁的学生，痛哭流涕，大喊如果会上不对示威做积极的决定，他就要当场自杀。[54]

然而在此也应该指出，这次集会仍然是有序的，并且大多数的学生和学生代表都无意在预定的游行示威中发生暴力行为，集会主要是由新潮社和国民杂志社的成员主持，他们多数从最初就不赞成暴动行为。① 整个游行示威似乎经过了精心的准备。1919 年 5 月 1 日，杜威及夫人来到中国，他在 6 月 20 日从北京寄给远在美国的女儿的信中说：

> 附带说一句，我发现上次把这里的示威游行比作一般大学里男生宿舍的打斗，对这里的学生说来有欠公平。整个示威游行经过了精心的计划，并且比他们预定的时间提早结束，因为有另一个政党也要游行示威。他们的运动如果在同一个时候，会给误认作是被政党利用，而他们要以学生身份独立采取行动。想想我们国内 14 岁以上的孩子，有谁思考国家的命运？而中国学生负起一个清除式的政治改革运动的领导责任，并且使得商人和各界人士感到惭愧而加入他们的运动。这实在是一个了不起的国家。[56]

不过有些激进派人士却不满足于这次游行示威仅仅是有纪律的抗议。5月 3 日晚的紧急会议前后，很多秘密的和公开的小型学生团体也在各校开会，商讨即将来临的游行示威的方案和步骤。据报道，有些团体在会中计划袭击三名亲日分子曹汝霖、章宗祥和陆宗舆。[57] 曹是交通总长，兼交通银

---

① 例如，罗家伦是新潮社创办人之一，也是积极参加新文学和新思想运动的学生，他是"这次集会负责人之一"。[55] 罗亲自对我也如此说过。

行总理①。章自1916年起便担任驻日公使②。陆是币制改革局的总裁、交通银

---

① 曹汝霖（1877—1966），字润田，生于上海。祖父曾在江南制造局工程处工作，父亲曾在该局材料库任职。13岁学习法语。1897年，通过考试甄选，成为清政府遣日留学生，入东京帝国大学学习法律。1904年回国，通过归国出洋学生考试，获得法科进士头衔；升任商部主事，并兼任京师大学堂附设的进士馆法律助教。后改任清廷外务部候补主事，在袁世凯及徐世昌等人的提拔下，到清末时已是外务部的左侍郎。1911年辛亥革命以后，离外务部职，任袁世凯私人顾问。不久又在北京执律师业，颇著名。他似乎颇善于自我营销。有一次，在上海有两个女人，据说"强奸"了一名少年并致其当场死亡，被判入狱。曹自愿搭救，使这两个女人无罪开释，重获自由。他主要的辩论理由是，在生理上女人不可能强奸男人，并且法律对此类案件并没有明文规定。[58] 当第一届国会召开时，曹作为蒙古代表当选议员，虽然事实上他从未在蒙古居住生活过。在国会中，他表面上归属于进步党。1915年，他作为袁世凯政府的外务部次长，专办对日外交，负责关于"二十一条"的谈判及之后中日所签订各项条约。在袁世凯复辟帝制失败之后，他短暂隐退。1917年7月17日，曹出任段祺瑞内阁的交通总长，虽然其间总理数次变更，但曹就任该职直到1919年6月。1918年3月至1919年1月，他兼任代理财政总长。1918年，他领导国会里的新交通系，并在工作上与安福俱乐部互动密切。同年，他又促成西原借款，并实际参与处理所有向日本银行的借款，以支持段内阁的武力统一政策。在巴黎和会期间，据说他向北京政府施加了巨大的经济压力，以维护日本政府的利益。通过他的各种公私职务，曹积累了巨额财富。1919年5月16日，据中美通讯社（Sino-American News Agency）报道，曹的财产清单如下："上海地皮（计有7处），价值300万元；汉口大智门地皮，价值200万元；（横滨）正金银行谯国堂（曹家堂名）名下，日元250万；交通银行股本，20万元；天津的房屋、地皮、金店、洋货店，价值共计150万元；满铁会计股票，日元50万；北京的房屋、地皮、洋货店、番菜馆，价值50万元；日本箱根别墅，价值2万元；海州盐坊（与倪嗣冲、段祺瑞、徐树铮合办者），价值10万元；与梁士诒、徐树铮及袁氏亲属三人取得西藏金矿权，曹所占之份，价值200万；龙口烟台铁矿公司股本20万；汇业银行股本40万元；其他古玩珍宝、活期存款以及未能调查之数，尚不在内。总计曹氏个人产业，实超过于当年和珅之数，核计之，至少有2000万元。以历任总次长之薪水，纵加以重大之官利红利，为数至多不过50万元。"[59] 这些数字是否属实，无法查证。虽然曹在"五四"事件后被免职，但在1920年1月，政府仍授予他三级勋章。1922年1月，曹又担任高级工业委员。7月，吴佩孚当权，政府检举曹任总长期间，接洽西原借款时有咨用嫌疑，因而被交法院查办，他即逃往天津日租界。此后他退出政府，兴趣转向采矿业和银行业。虽然在"五四"期间被纵火的曹宅后来卖给了热河省主席刘多荃，但据说他仍在北京生活直到1946年。1949年前往台湾，次年经香港赴日本，住了七八年，备受过去与中国有关的日本老人物的照顾。1957年，移居美国，并于1966年去世。

② 章宗祥（1879—1962），字仲和，生于浙江省乌程县。1895年，通过考试后入日本东京帝国大学攻读法律。他是中国最早的留日学生之一，与校友曹汝霖交情甚笃。1903年，章获得明治大学的法学学士学位。回国以后，他曾短期任教于京师大学堂，并获清廷钦赐进士。1908—1910年，章在民政部尚书肃亲王善耆部下担任北京内城巡警厅厅丞。（在此期间，他曾利用职务庇护汪精卫。汪因为刺杀摄政王载沣未遂被捕，由章鞠讯。）1911年6月，在清朝内阁宪政编查馆任职。1912年1月以后，章曾短暂隐（接下页）

行的董事长,并且是中日合办的汇业银行的中方董事长^①。他们三人都被认为是北京政府中最亲日的官员。

据另一报道记载,有些学生事先就有烧毁曹宅的计划,并且学生秘密社团——多数是无政府主义的组织——有意在 4 月下旬就开始游行示威。[60] 依照这种说法,"五四"前夕这些学生团体就召开了秘密会议,并且决定要严惩那三个官僚。当时有同盟会的老会员把章宗祥的照片交给激进学生,以便他们辨认。(曹、陆的相片经常被摆在照相馆里,所以学生都能认出他们。)虽然他们决定携带小罐燃料和火柴以点燃曹宅,但大多数学生对该计划却一无所知。这些社团因担心秘密外泄,所以他们在 5 月 3 日晚间的紧急会议上说服其他同学,希望比预定时间提前三天进行游行示威。这项记载显然为后来的暴力行动提供了一种相当可能性的解释。不过,如果我们就此认为这次游行示威是被那些秘密社团所操纵,就未免有些言过其实了。更接近事实的推论是,那些秘密社团利用了当时大众的普遍情绪,争取到实施暴力的机会。[61]

(接上页)退,但是不久又回到袁世凯政府。1912 年 7 月,任大理院院长。1914 年 2 月,改任司法总长。4 月,又兼署农商总长。袁世凯复辟帝制失败后,1916 年 6 月 30 日,他继陆宗舆任中国驻日公使。章对日本的许多借款都负有交涉责任,并且 1918 年 9 月,他在答复日本提出关于日本在山东的地位时签署了"欣然同意"的换文。1919 年 6 月被免职,1920 年 1 月北京政府还颁给他四级勋章。1925 年继陆宗舆任北京汇业银行董事长,后长期寓居青岛。1940 年,任以王揖唐为首的华北伪政府的咨询委员及电力公司董事长。1948 年左右迁居上海,并于 1962 年去世。

① 陆宗舆(1876—1941),字闰生,浙江海宁人。曾在日本早稻田大学攻读政经科。回国后在 1905 年通过归国出洋学生考试,获得举人头衔。同年 10 月,清政府派遣五大臣出洋考察各国宪法(徐世昌本是五大臣之一,因吴樾暗杀及徐改任巡警部尚书,未果行),陆被派为二等顾问。因为他善于款待有名望的官员,所以升迁很快。1906 年,徐世昌奉命查办奉天事件时,陆成为徐所赏识的部下。1907 年,徐任东三省总督,命陆为东三省监务局督办。1913 年,他被选为北京第一届国会的参议员。在袁世凯当政期间,自 1913 年至 1915 年,即"二十一条"谈判的时期,他担任驻日公使。他被认为是袁氏帝制运动的支持者之一。袁去世后,陆退职回国,当西原借款时,为了汇兑方便计,他在中国设立中日合办的汇业银行,自任董事长。通过该银行,他多次经手替北京军阀向日本签约借款。对西原借款他也负有部分的责任。颇具讽刺意味的是,他也和曹、章一样,曾任京师大学堂的助教(1902)。1917 年以后,他又和曹汝霖同在新交通系控制下的安福国会里任参议员。"五四"事件后避居天津日租界内。晚年迁居北平,颇潦倒穷困,1941 年病逝。

5月3日，学生决定提前举行游行示威这件事显然早在北大行政当局的意料之中。学生集会以前，蔡元培曾召开教授会议，讨论学生活动问题。因为军阀对大学采取敌对的态度，加上教授群体本身对政府在中日问题上的懦弱立场感到愤怒不满，所以教授不愿意阻碍学生活动。"五四"前夕，蔡元培曾会见学生领袖狄福鼎，据说他向狄表示，他对学生们颇为同情。[62]

5月4日是星期日，上午10时，学生依照前一天晚上会议的决定，在堂子胡同法政专门学校召开各校学生代表会，预备游行示威的活动。[63]有13所大专学校的学生代表参加了（包括北京大学在内），陆军学校也派了学生代表列席。在这次持续一个半小时的会议里通过了五项决定：

（一）通电国内外各团体，呼吁他们对巴黎和会的山东决议案抗议；

（二）设法唤醒全国各地国民；

（三）准备5月7日在各地召开国民大会；

（四）联合北京所有的学生，组织一个永久的机构，负责学生活动以及与其他社团联络关系；

（五）决定本日下午游行示威的路线为：由天安门出发，经过东交民巷、崇文门大街等商业热闹区。

这次会议里，学生代表们在决定上述重要事项时表现出了极高的效率和协调性。[64]

下午1时30分左右，3000多名学生聚集在天安门（在紫禁城外正南，是皇城正门。明成祖永乐十五年［1417］初建。旧名承天门，清顺治八年［1651］重建改今名。清朝凡国家有大庆典时，在门上用金凤衔着诏书，下承朵云，垂下颁发）前广场，参加游行示威。（关于参加学校数量及学生人数问题，参看本书末附录二。）他们代表了北京13所大专学校。北京高等师范学校、汇文大学（美国教会所办，即燕京大学的前身）最早到达，紧接着的是北京法政专门学校、工业专门学校、农业专门学校、医学专门学校、警官学校、铁路管理学校、税务学校、中国大学、民国大学和朝阳大学。北京大学的学生到得最晚，但是他们在游行示威活动中扮演着领导角色。当时凡先到的学生都用鼓掌欢迎后来的，后来的便摇动旗帜作答，步伐整齐，仪容严肃。（关于这些学校的性质和历史，参看本书附录三。）

这时北京政府曾尽力设法阻止这次大集会游行。教育部代表在几名军官警官陪同下，在 4 日上午 11 时左右便到达北京大学，并当着蔡元培的面（也有报道说，蔡当时不在场），劝说学生们不要参加游行，但是学生们与这位代表经过长时间对话和辩论之后，拒绝接受他的劝告。这段插曲唯一的作用是使北大的学生队伍迟到了一些时候。

当学生们手执白旗和传单到达天安门前的广场时，他们按学校分组列队集合。一名来自北京大学的学生代表向大家介绍那位教育部代表，并且对他们解释了北京大学学生迟到的原因。教育部代表向学生询问集会的用意，学生将传单给他看，作为答复。他又劝告学生们，现在人数太多，事先又未通知各公使馆，恐怕不能在使馆内通行，大家应该各回原校，改推代表向政府和各使馆交涉。[65] 步军统领衙门统领李长泰、京师警察厅总监吴炳湘也相继到场，劝告大家放弃游行。学生们没有接受劝告，他们清醒地意识到，不论是请愿也好，游行示威也好，都不可能即刻达到目的，他们的直接目的在于公开表达对军阀的愤慨和对强权政治导致国耻的反抗。

他们在集会和随后的游行示威中分发印有"北京学界全体宣言"的传单，上面说明了这次游行示威的目的①：

　　现在日本在万国和会上要求并吞青岛，管理山东一切权利，就要成功了！他们的外交大胜利了！我们的外交大失败了！山东大势一去，

---

　　① 传单是由罗家伦起草的。他后来回忆："民国八年 5 月 4 日上午 10 点钟，我方从城外高等师范学校回到汉花园北京大学新潮社，同学狄福鼎（君武）推门进来，说是今天的运动不可没有宣言，北京八校同学推北大起草，北大同学命我执笔。我见时间迫促，不容推辞，乃站着靠在一张长桌旁边，写成此文，交君武立送李辛白先生所办的老百姓印刷所印刷 5 万张；结果到下午 1 时，只印成 2 万张分散。此文虽然由我执笔，但是写时所凝结的却是大家的愿望和热情。这是'五四'那天唯一的印刷品。"[66] 后来罗家伦和我谈到，他起草这篇宣言时，像面临紧急事件，心情万分紧张，但注意力却非常集中，虽然社里的人来来往往，很是嘈杂，他却好像完全没有留意。传单写成后也没有修改。

就是破坏中国的领土！中国的领土破坏，中国就亡了！所以我们学界今天排队游行，到各公使馆去，要求各国出来维持公理。务望全国工商各界，一律起来，设法开国民大会，外争主权，内除国贼。中国存亡，就在此举了！

今与全国同胞立两条信条道：

中国的土地可以征服不可以断送！

中国的人民可以杀戮不可以低头！

国亡了，同胞起来呀！

这篇宣言用了生动简洁的白话文，反映了文学革命的效果，一般人都认为它是青年知识分子精神的最好表示。除此以外，还有一篇用文言写成、较为正式的宣言，也为这次集会所采用。该宣言里提倡"国民大会"和"露天演说"，并且暗示学生最后的反应将是以暴力手段对付卖国贼。这篇似乎是激进派与极富于民族国家主义思想的学生在会前早已预备好的宣言，并没有在集会和游行示威时印发，但是事后却传播到全国各地。宣言如下：

呜呼国民！我最亲、最爱、最敬佩、最有血性之同胞！我等含冤受辱，忍痛被垢，于日本人之密约危条，以及朝夕祈祷之山东问题，青岛归还问题，今日已由五国共管，降而为中日直接交涉之提议矣。噩耗传来，黯天无色。夫和议正开，我等所希望、所庆祝者，岂不曰世界上有正义，有人道，有公理？归还青岛，取消中日密约、军事协定，以及其他不平等之条约，公理也，即正义也。背公理而逞强权，将我之土地由五国共管，侪我于战败国如德、奥之列，非公理，非正义也。今又显然背弃，山东问题由我与日本直接交涉。夫日本，虎狼也，既能以一纸空文，窃掠我二十一条之美利，则我与之交涉，简言之，是断送耳，是亡青岛耳，是亡山东耳。夫山东北扼燕、晋，南拱鄂、宁，当京汉、津浦两路之冲，实南北之咽喉关键。山东亡，是中国亡矣。我同胞处此大地，有此山河，岂能目睹此强暴之欺凌我，压迫我，奴隶我，牛马我，而不作万死一生之呼救乎！法之于亚鲁撒、劳连两州也，曰："不得之，毋宁死。"意之于亚得利亚海峡之小地也，曰："不得之，毋宁死。"朝鲜之谋独立也，曰："不得之，毋宁死。"夫至于国家存亡，土地割裂，问题吃紧之时，而其民犹不能下一大决心，作最后之愤救者，则是二十世纪之贱种，无可语于人类者矣。我同胞有不忍于奴隶牛马之痛苦，亟欲奔救之者乎，则开国民大会，露天演说，通电坚持，为今日之要着。至有甘心卖国，肆意通奸者，则最后之对付，手枪炸弹是赖矣。危机一发，幸共图之！ [67]

集会的时间很短，没有长篇演说，几个人大略阐述了集会的意义之后，已是下午两点左右。学生排队由天安门南出中华门，向东交民巷各国公使馆前进。队伍前面由两个魁梧的学生（也有人说不是学生而是校役的，从着装方面看来好像不是学生，但也不确定）举着两面由红黄蓝白黑组成的五色旗，其后紧接着的是一副富于讽刺意味的中国传统式的挽联：

卖国贼曹汝霖、陆宗舆、章宗祥遗臭千古

卖国求荣，早知曹瞒遗种碑无字

倾心媚外，不期章惇余孽死有头

北京学界泪挽 [①]

学生除了向街上看热闹的人群发送传单之外，还手举着几千面用布或纸制成的白旗子，旗上用中文、英文或是法文写着标语，并且还有讽刺漫画用以表达他们游行示威的目的和情绪。标语可以分成以下两类： [68]

（一）关于"外争主权"或"外抗强权"的，例如：

---

① 挽联是中国传统葬礼上的常见物，将两个对仗工整的句子书写在白布或白纸上，以赞颂逝者的生平。挽联是一种中国特色的文学形式，类似于挽歌。白色在中国传统习俗中用以表达哀悼之情。有些记载无"遗种""余孽"四字。上款把通行挽联中的用语"留芳千古"改成"遗臭千古"。联语中以曹操和章惇的姓氏指代曹汝霖和章宗祥，暗讽他们奸诈专权。此联据当时报道，是高师一个范姓学生所撰。

还我青岛

不复青岛宁死

头可断青岛不可失

誓死力争青岛

取消二十一条款

誓死不承认军事协定

中国被宣告死刑了

拒绝签字巴黎和约

抵制日货

保卫国土

保卫主权

中国是中国人的中国

民族自决

国际公理

反对强权政治

宁为玉碎勿为瓦全

（二）关于"内除国贼"或提倡爱国的，例如：

打倒卖国贼

卖国贼曹汝霖

章宗祥、曹汝霖卖国贼

卖国贼曹、陆、章

诛卖国贼曹汝霖、陆宗舆、章宗祥

国民应当判决国贼的运命

日本人之孝子贤孙四大金刚三上将

卖国贼宜处死刑

勿作五分钟爱国热忱

游行示威的队伍给北京的民众留下了深深的印象。很多观众静静地站在街上，认真倾听学生呼喊的口号，热泪盈眶。许多西方旁观者向学生们喝彩、脱帽，或是摆动帽子以示支持。[69] 学生在街上有序地游行，童子军和小学生也来加入游行的队伍，或帮着维持秩序，并且也替他们发放传单。甚至连政府派来巡逻的警察和密探都没发现学生方面有任何蓄意使用暴力的征兆。

从东交民巷到曹汝霖住宅

然而在游行的后期，学生们的情绪有所变化，不再像先前那么有纪律。他们经过中华门到棋盘街向东转，到了东交民巷的西口①。东交民巷的警察阻止学生进入该治外法权管辖区。学生们事先曾打电话与美、英、法三国公使馆沟通，他们都表示很欢迎。直至队伍到了东交民巷西口，正位于西口内的美国兵营的军官也放行了，并且还让队伍通过了美兵营和美使馆。然而东交民巷的捕房拒绝学生队伍通过，说除非得到大总统的同意，才得准许入内游行。当由该巡捕打电话与总统府交涉，往返磋商不得要领。据陈独秀和李大钊等所编的《每周评论》第21期（5月11日）中一位署名"亿万"的作者回忆当时的情景："大家只好在美使馆前连呼'大美国万岁！威大总统万岁！大中华民国万岁！世界永久和平万岁！'四声。"（作者按：《每周评论》上的这段记载，我的英文原著没有转引，因为觉得未见于别种报道。但从下文所引的书面说帖看来，该记载似乎是可靠的。那时中国人总

---

① 东交民巷是义和团事件后（1901），依《辛丑条约》划定的由各国自行管理的使馆区。该特别区域占地面积超过千亩，其南面以城墙为界，其他三面也均有设防的高墙围绕，墙外的空地留作军事训练和防卫之用。在该特别区内，驻扎有隶属各使馆的军队和特警部队，中国军警不得进入，中国公民也不准居住。1921年，罗素谈起这个地区："直到今日，东交民巷还是用墙围绕着，里面都是欧洲、美国和日本的军队。墙外面有一片空地环绕。在空地上中国人不准有建筑物。这地区是由各国公使馆共同管理的。在这大门之内的任何人，中国当局都无权过问。当有不平常的贪污案和卖国政府被推翻的时候，那些当事人就逃到日本（或是其他国家）的公使馆里寻求保护，就这样逃脱了犯罪的惩罚。在东交民巷这块圣地上，美国人建立了一座大规模的无线电台，据说可以直接和美国联络。"[70] 1942年，中国对外废除不平等条约时，该区域的合法性也被废除了。

希望争取到美国帮助以抵抗日本，而且当时的中国学生较为天真单纯，不知道欧美外交只顾自己利益，谈不到什么公理和道义。）然后由 4 名学生代表（包括罗家伦、段锡朋、傅斯年，另一人可能是张国焘）与东交民巷的官员通过数次电话以后，被推选进入美国使馆去见公使。他们发现公使不在，便留下说帖[①]。

说帖全文如下：

大美国驻华公使阁下：

吾人闻和平会议传来消息，关于吾中国与日本国际间之处置，有甚悖和平正谊者，谨以最真挚最诚恳之意，陈辞于阁下：一九一五年五月七日二十一条中日协约，乃日本乘大战之际，以武力胁迫我政府强制而成者，吾中国国民誓不承认之。青岛及山东一切德国利益，乃德国以暴力掠去，而吾人之所日思取还者。吾人以对德宣战故，断不承认日本或其他任何国继承之。如不直接交还中国，则东亚和平与世界永久和平，终不能得确切之保证。贵国为维持正义人道及世界永久和平而战，煌煌宣言，及威尔逊总统几次演说，吾人对之表无上之亲爱与同情。吾国与贵国抱同一主义而战，故不得不望贵国之援助。吾人念贵我两国素敦睦谊，为此直率陈词，请求贵公使转达此意于贵国

---

① 该记载结合了当时的各种报道和资料，包括 1926 年 1 名北京大学学生写的回忆录，王茛章也引用过。[71] 在很多类似的记录里也有记载，如 1919 年 5 月 5 日宪兵的报告。[72] 张国焘在他的英文回忆录里提到这次他做过学生代表，但是在以前的记载里都没有这种记录。朱文叔在 1923 年提到，学生队伍到过美国使馆，但是后来被英、法、意各国挡回，只好派代表去上述三国公使馆。[73] 朱氏的说法有误，他错将东交民巷西口的美国守卫当作美国大使馆的守卫。学生队伍的确经过了兵营，但是在到达美使馆前就被东交民巷的警察阻止了。[74] 然而，1952 年，学者华岗却认为："大家（学生）决定先找日本帝国主义算账，他们从东交民巷西口进去，首先就遭遇美国帝国主义的阻拦，因为美国使馆就在东交民巷的西口。美帝表面上表示同情学生，而实际上却拦住不许往东去，因为日本使馆就在东面。"[75] 这种说法存疑，因为依照所有的证据以及 1919 年实际的情形看来，美国那时有意在中国庇护日本似乎不太可能。据 1919 年 5 月 4 日一名英国记者的报道，当时美国公使馆首席秘书恰好轮值担任东交民巷的警长，他没有理由拒绝学生继续前行，因为学生们既没有武装，又很有秩序，并且只要求送递说帖的权利。但是中国警察拒绝学生进入东交民巷。[76] 由此看来，东交民巷的守军和中国警察都应对拒绝学生通过的事负责。

政府，于和平会议予吾中国以同情之援助。

谨祝大美国万岁，贵公使万岁，大中华民国万岁，世界永久和平万岁！

北京专门以上学校学生一万一千五百人谨具

当时中国学生虽然对威尔逊在巴黎和会对日本妥协已有不满，但学生们对在华的美国人却态度友好，因为芮恩施公使和许多在华的美国人都不愿意看到日本在远东势力的不断膨胀，也不满于威尔逊总统和国务院的妥协政策，他们对中国学生表现出同情。芮恩施后来回忆那天的情景：

5月5日（作者按：应为4日之误）一群学生在使馆门口出现，宣称要见我，那天我不在，正好去门头沟（在北京以西47里宛平县内）的寺庙旅行，所以没有见到他们。后来的事实证明，他们的游行示威，是展开学生运动的第一步，该学生运动创造了历史。那天上午（下午），因为事先得到巴黎对山东问题决定的暗示，使他们爱国的热忱达到了沸点……在北京沮丧的中国人民把希望都集中在巴黎，当北京得到巴黎可能接受日本要求的暗示时，学生第一个冲动是要去见美国公使，去问他这消息是否真实，并且要看他有什么可说，我逃掉了一次严峻的考验。[77]

随后学生又派代表6人到英、法、意三国公使馆，因为是星期日，各公使均不在，只派馆员接见，表示同情。学生代表们只能把说帖留在各公使馆里。学生们等待了约两个小时，还是无法获得行经东交民巷游行示威的许可，同时中国的警察和军队也已包围东交民巷的入口，武力干涉，并且企图强迫学生退后。在这种双重失望和压力之下，学生队伍——现在也有其他民众加入了——变得懊恼和愤怒。他们发现，现在国家还没有亡掉，自己的国土已不能通行，而且自己的政府还要来阻碍；将来亡国，更何堪设想？因此更迁怒于亲日的官吏。忽然有人大喊："大家往外交部去，大家往曹汝霖家里去！"据说在这个紧要关头，被选为游行示威总指挥的傅斯年，曾力劝同学们不要去，可是他已无法控制当时群情激昂的局面。[78]

于是学生队伍退出东交民巷，掉转向北，沿户部街、东长安街，到东单牌楼和石大人胡同。他们沿途散发传单，大喊"卖国贼曹汝霖""卖国贼陆宗舆""卖国贼章宗祥"，甚至连军阀段祺瑞和他的亲信徐树铮也包括在内。下午4点半左右，队伍到达离外交部不远的赵家楼二号曹宅。

直到这时，事态的发展还没有真正失控，一名英国记者报道，学生"队伍整齐地到达曹汝霖的住宅，堪称文明国家的学生。然而警察的镇压手段引起了游行示威者的愤怒。因此他们才爆发出激烈的暴力行为"。[79]

曹宅主体部分是西式洋房，一排平列，西面连着中式平房。学生发现大门已紧闭，并且有四五十名军警守卫①。学生队伍要求曹亲自出面解释与日本缔结密约的原因。[83]对于这些要求，警察不但置之不理，反而试图迫使学生退后。这使得游行示威的学生愤怒异常，大声呼喊"卖国贼！卖国贼！"许多学生开始向曹宅的窗口和墙头抛掷石块和白旗，曹的父亲患病半身不遂，当时正坐在东厢廊下，由一婢一僮陪侍，一块石头飞来，由婢女挡住，打在她的背上，曹的父亲未被掷中，被仓促扶进内室。学生们想冲进门去，却无功而返。正要退回返校时，5名奋勇激进的学生突然跃上不太高的围墙，敲碎玻璃打开窗户，跳进了曹宅②。这5名学生在墙内遭遇了数十名曹宅警卫，但是警察卫兵都已被学生吓住了，毫无抵抗之力，任凭学

---

① 周予同说："赵家楼街道不宽，仅容四人并排走，在曹宅的门前只有一个警察。"[80]不过1919年5月4日，罗德尼·吉尔伯特（Rodney Gilbert）在北京报道，当时有50名警察聚集在该内阁成员住宅门口。[81]曹汝霖事后回忆，他只见派有三四十人。事件发生后不久，另有报道说曹家被200名警察围住。[82]曹可能要求京师警察厅总监吴炳湘派出200人，但是吴最初没有派去那么多，后来见局势越来越紧，才陆续增派了一些。吴好像对曹并不十分同情。

② 5名跳窗户的学生姓名后来演变成传奇式的猜测。传言第一个爬墙跳窗的是傅斯岩，傅斯年的弟弟。[84]然而据北京大学教授和《新青年》月刊的编辑之一沈尹默所言，第一个跳进曹宅的是北大理学院学生蔡镇瀛。匡互生（1891—1933）后来声称自己是五人中的一员（他本年毕业后，次年即任长沙的湖南第一师范教员及训育主任，参加反张敬尧的斗争。1925年，与朋友在上海创办立达学园，并任校长。是《五四纪实》的作者）。又有人说，文学院哲学系的学生杨晦也是五人之一。另外一人是易克嶷。[85]不过，罗家伦曾对我说，江绍源也在内。

生搬开堵门的石头和木块，把前门打开。[86] 就这样大批学生涌进了曹宅。

学生们当时以为三名亲日分子正在客厅内开秘密会议，不料客厅和书房都找不到人，便大声呼喊："拖出曹汝霖来，揍他一顿！""曹汝霖在哪里？"他们激动地把客厅和书房的花瓶瓷器等物摔到地上，又跑到曹的两个女儿的卧室，两女已不在内，学生们便拆下铁床的柱子和零件，转到曹汝霖妻子的卧房，曹妻锁了房门，独自在内，学生就用铁柱撞开房门，问曹在什么地方，曹妻说他在总统府吃饭未回，学生便把所有的镜框家具等完全打碎，打开抽屉，希望搜查到一些卖国文件，倾箱倒箧，把首饰等物抛掷在地，用脚踩碎。随后又到东面曹汝霖患病的父亲的房里，但对其父母却都不曾惊动。学生们又找到曹的儿子和一个年轻的侍妾（即原本是妓女的苏佩秋），又让卫兵把曹的父母妻儿四人带走，只把房内一些燕窝银耳等物摔了满地，踩得粉碎，捣毁了许多家具①。随后少数激进派学生，走到车库，捣毁曹的汽车，取了几桶汽油，到客厅和书房等处浇泼，放火烧屋②。

那时（约 5 点钟），章宗祥、丁士源③与著名的日本记者中江丑吉

---

① 据下引曹汝霖给总统的报告，他父亲曾被人殴打，这显然并非事实。孙伏园回忆：北京学生在捣毁曹汝霖住宅的时候，一个青年冲进了曹的卧室（或是曹女儿的卧室），撕破了彩色的丝被，并大声呼喊，跑出房子后被警察抓住。这个人就是江绍源。后来他成为著名的教育家、作家。[87]

② 火是怎么起的，仍是个问题。依照后来的许多回忆录，毫无疑义，火是学生放的。此事发生的第二天，曹控告学生烧了他的房子，并指出学生最后来到车库，捣毁乘用车，取了几桶汽油，浇在客厅书房等处，放火燃烧。但学生都不承认，并宣称曹家是为了伤害学生或为了毁去有关卖国的文件，所以自己放火。[88] 当时有关此事的新闻报道多数认为起火原因不明。[89] 有些认为是电线走火，后来政府为了要释放被捕的学生，似乎接受了这个借口。[90] 有些报道认为是曹家用人放的火，为了遮掩他们在混乱中哄抢曹家的财物。[91] 王茁章引用了 1927 年一名学生的回忆："学生散了是因为房子突然着火，也是因为军人向他们开枪。"[92] 而匡互生提出，火是一些激进的学生故意放的。[93] 周予同表示，有些学生用随身携带的燃料烧了房子。[94] 许德珩在 1950 年回忆，学生把床帐点火，烧了房子。沈尹默在同一年的回忆录里也表示，事情发生的那天，曹宅邻近的住户都认为是学生放的火。当时多数外国报章都报道是学生放火烧房子，但并没有具体说明是怎样烧的。综合大多数的报道，我们也许可以推论：有些激进的学生因为找不到曹感到失望愤怒，继而放火，至于用什么方法烧的，虽不太清楚，不过大概用汽油燃烧最有可能。

③ 丁士源（1879—1945），字文楼，浙江吴兴人。曾留学英国，时任交通部航政司司长，兼京绥和京汉两铁路局的局长。

（Nakae Ushikichi）^①都在地下锅炉室里，听闻上面放火，急跑出来，向后门奔走。章穿着晨礼服，学生们以为他就是曹汝霖，便将他包围起来，撕破西装，有一学生击打其后脑，章即倒地。丁冲出去叫警察的时候，警察也不愿意来干涉。章便躺在地上装死。在混乱中，学生看见起了火，当时又听见有人大叫："曹汝霖已给打死了！"害怕做得有些太过分，于是有很多人散开了，有的回家，有的回校。中江丑吉和警察趁机扶起章宗祥，逃到邻近一家油盐店的一间黑屋里躲避。在那里，他又被另一批学生发现，被倒拖到油盐店的门口。因为他不肯说出自己的姓名，所以学生用旗杆把他打到失去了知觉，还把店里的皮蛋扔在他身上。后来章宗祥被警察送到日本同仁医院^②，医生说全身受伤大小共计56处。据报道，章在天津的房子也在同一天被学生毁坏了。[98]

当学生攻击曹宅时，曹本人实际上在家与章、丁、中江丑吉商谈^③。他

---

① 中江丑吉（1889—1942），日本著名自由思想家中江兆民（Nakae Chōmin，原名笃介）之子。曹汝霖在日本留学时就曾住在中江丑吉家里三年之久，与他兄妹都关系亲密。他的妹妹后来嫁给"二战"后任日本首相的吉田茂（Yoshida Shigeru）的兄弟。中江丑吉在北京居住生活了30年，是颇有影响力的日本学者，他精通西方（尤其是德国）哲学和中国古文，后来他转向学习马克思主义。他是铃江言一（Suzue Genichi）的老师，小岛祐马（Ojima Sukema）的朋友。中江丑吉的主要作品是《中国古代政治思想》（1950年，东京出版）。[95] 抗日战争期间，他在北平，曾力劝曹汝霖不要与日本军阀及伪组织合作。

② 据说那个油盐皮蛋店是日本人开的，当章宗祥被打的时候，在场旁观的有西方人和日本人，但只有中江丑吉一个人设法帮助和保护他，中江本人的手臂、背部也被铁棍打伤数处。大多数在曹宅参与殴打章宗祥的学生都误将他认作曹汝霖；在油盐店殴打他的学生也都没有认出他，不过学生们怀疑他是卖国贼之一，因为他拒绝坦白自己的姓名。[96] 有些报道说，有学生在客厅里已认出章。[97]

③ 当天中午，曹、章、陆三人都到总统府，参加徐世昌给章宗祥洗尘的宴会，总理钱能训（字幹丞、干臣，1869—1924）作陪。宴会期间，京师警察厅总监吴炳湘电话报告公府，说学生正在天安门外集会，将要游行，劝曹等不要回家。曹说："有什么可怕的！"饭后，他和章在钱的办公室休息了一会，听过吴炳湘、段芝贵和钱的数次辗转电话后，便告辞一起回家。[99] 另有报道说，当天早上董康曾邀请章宗祥到法源寺赏牡丹花，午饭时他到曹宅。[100] 事实上，章是在总统府午宴，饭后与曹同回曹宅的。路透社5月4日晚11时由北京发电，在曹、章谈话时有一个日本人在场。[101] 另一报道说："他们（学生）看见一个卖国贼和一群日本人谈话……他们去问他问题，可是被日本人拦阻了。"[102] 此处所指的即是章宗祥与中江丑吉。曹、章回家时，汽车由后门开进，故未遇到学生。丁士源在东交民巷路过，见学生被阻，要来曹宅，故赶来报信，劝曹家先躲避。

见学生投掷石块进来，便匆匆忙忙地躲进主卧室与女儿卧室隔壁间相通的箱子间内，学生居然没有想到这两个卧房中间还有这箱子间，所以没有找到他。当时报道说，他打扮成用人的样子从窗口逃走，穿过一条窄巷，乘汽车到东交民巷内由外国人开设的六国饭店①。陆宗舆不在场，但学生们在殴伤章宗祥后，还走到陆宗舆家，因见外面军队林立，并架设有机关枪，如临大敌，便自动散去了②。第二天，5月5日曹汝霖在给总统的辞呈里对曹宅被毁和章宗祥被殴等事记叙如下：

> 呈为信望未孚，责难交集，恳请罢斥以谢天下事：窃汝霖本月四日上午，奉派入府公宴。午后二时半回抵东城赵家楼私宅。适与驻日公使章宗祥晤谈，忽闻喊声甚厉，由远而近，势如潮涌，渐逼巷口，巡警相顾束手。约十余分钟，突见学生千余人，破门逾墙而进，蜂拥入内，遇物即毁，逢人肆殴。汝霖生父就养京寓，半身不遂，亦被殴击。旋即纵火焚屋，东院房屋，至汝霖起居所在，立成灰烬，其余亦悉遭毁损。章公使当火发之际，仓猝走避邻舍，为群众见执，摔地狂殴，木石交加，头部受伤九处，伤及脑骨，流血不止，立时晕倒，不省人事。幸警察总监吴炳湘及步军统领李长泰，闻信先后到场，强迫解散凶徒，伤警护送章公使入医院调治，据云脑筋震动，遍体鳞伤，性命尚无把握。而汝霖宅内暴徒，闻军警捕拿，遂纷纷窜散。此汝霖因公被祸，家室焚毁，及章公使同时殴辱，重伤濒危之实在情形也……[104]
>
> （以下替他在外交及借款任务方面辩护，从略。）

在混乱中，院子里学生和警察也爆发了冲突。但是当时警察在那种情

---

① 同一报道说："因为汽车超速，所以东交民巷的警察要求他们停车，解除了（曹的）四个卫兵的武装，并且逮捕了司机。"该记载可能不是事实。曹事后回忆，学生去后他仍藏在小室里，这时吴炳湘亲自到曹家来，向他道歉，并派车把他全家送到六国饭店去。

② 按照大多数的报道，陆不在房子里，但是蒋梦麟说："曹和陆都由后门逃了出去。"[103] 蒋说不确。

形之下，态度相当温和，实际上他们部分人"保持了一种宽厚的中立"，只是在接到了上峰几次紧急命令之后，才被迫干涉学生。[105] 最终，学生和警察双方均有受伤。3 天之后（5 月 7 日），北大学生郭钦光在城里一家法国医院去世，一般人多认为其死因是在这事件中受伤和紧张过度。郭的死亡，在"五四"以后的日子里，成为助长学生愤怒的事件之一①。

　　学生和警察的冲突一直持续到 5 点三刻。那时大多数参与游行示威的学生都已散去，只剩下几十个人在看热闹。直到京师警察厅总监吴炳湘和步军统领衙门统领李长泰带着警察、军队和宪兵赶来镇压时，他们才散去②。以前对学生态度客气的警察和兵士，现在可能是因为上司亲自督阵，所以态度忽然转变了。他们吹响警笛，向空中放了几枪，遵照吴的命令（吴等是总理钱能训派去的），在现场附近逮捕了几人，沿街又逮捕了一些。结果共有 32 名学生被押到警察厅，包括北京大学的易克嶷、曹永、许德珩、江绍源、李良骥、杨振声、熊天祉，高等师范的向大光。[108] 从各种证据看来，被捕的学生所属学校及人数如下：北京大学 20 人，高等师范 8 人，工业专门学校 2 人，中国大学和汇文大学各 1 人③。

　　虽然被捕的学生里只有少数是领导人物或参与了暴力行动，但是他们

---

　　① 郭钦光（1896—1919），字步程，海南文昌人。1917 年秋季进入北大文学院预科。很多报道都说他是因受伤而死。据朱文叔和龚振黄等表示，郭是一个非常爱国的学生，他在游行示威的时候，奋不顾身地追击卖国贼，因疲劳过度，又见当局下令逮捕学生，气愤吐血。后来在医院里听说许多与他一起游行的学生被捕，呕血更多，因而去世。[106] 似乎事实上并未受伤。

　　② 据孟世杰说，这时警卫机构派来的军警超过 300 人。[107]

　　③ 除了上述后来都很有名的学生之外，被捕的 32 人还有：北京大学的梁彬文、胡振飞、梁颖文、陈树声、郝祖宁、萧济时、邱彬、孙德中、何作霖、鲁其昌、潘叔、林君损、易敬泉；高等师范的陈宏勋（可能是陈蒗民，后来成为暨南大学数学系系主任）、薛荣周、赵允刚、杨荃峻、唐国英、王德润、初铭晋；工业专门学校的李更新、董绍舒；中国大学的刘国干；汇文大学的张德。有些报道把"李良骥"写成"李良骏"。据蔡晓舟和杨量工（杨亮功）的说法，被捕学生的来源是北京大学 20 人，高等师范 8 人，法政专门学校 2 人，中国大学 2 人。[109] 陈端志记载的数字有所不同：北京大学 19 人，高等师范 8 人，工业专门学校、汇文大学和留法预备学校共 5 人。许德珩的回忆认为，在 32 人之中有 1 人是市民，而不是学生。[110]

走到警察厅都表现得充满英雄气概①。后来一些学生各有回忆，现在整合摘录如下：

　　学生（只是第一次被捕的十个人）遭左翼侦缉队及便衣士兵拘捕，用粗绳反缚两手，两人一连的被押解着，路上略不服的话，军警就用枪柄、短棍或手掌击打他们。被捕后先带至一小官厅，随即派兵送至六条胡同侦缉队本部，被囚禁在木栅里。有五个学生和五六个盗匪监禁在一起，不许说话。三小时以后，有更多的学生被押进木栅里来，即用武装兵士和便衣兵士每三人牵一人，押解到警察总厅，在路上他们遇见一辆汽车经过，里面有几个西洋人鼓掌向学生囚犯欢呼，学生欢呼回答。到达了警察厅以后，都囚禁在一间屋子里，不准交谈。[111]

　　学生被捕以后东交民巷周边立刻宣布戒严。[112]救火队急忙赶到曹宅，他们打着鲜艳的旗子，高声按响救火车的喇叭，半寸宽的水流射在烧得像火绒的房子上。直到晚8时才扑灭大火。东院那排西式平房已烧光了，只剩下门房和西院中国式房一小部分未烧完。灭火的水蔓延到附近街道上，同时也将学生放火烧卖国贼房子的事作为谈资带到市井之间。这条新闻迅速传遍了整个京城。

　　此次事件立刻给中国政界和社会留下了极深的印象。他们当时最常谈论的话题是在曹宅门前短暂的冲突中，学生和警察之间并没有激烈的争斗。早期曾有报道："对中国的公众来说，这似乎是一个非常尖锐的讽刺。这个人曾经替整个北洋军队筹措到所有的军费和军火，他通过他的伙伴可以指挥数十万大军，却被青年学生把自己的房子一烧而光，竟没有一个人来替他开一枪作一臂之助！"[113]

　　由以上的叙述看来，到此为止，似乎可以确切地说，游行示威纯粹是

---

　　① 据说学生被押送到警察厅时，曾被恶劣对待，第一天被拷问。不过第二天，在保安队队长看过他们以后，准许他们在院子里走动。第三天他们拿到了一份《益世报》（美国人在中国主办的反日报纸）。

学生们义愤的表示。这种公愤终于演变成大多数游行者不曾预料的、失去控制的骚动。学生们的行动是被爱国主义情绪驱使的。假如事态的发展仅停留在 5 月 4 日当天,那么游行示威的重要性也许就很有限了,很可能仅仅被视为学生们对军阀统治和对巴黎和会上列强处理山东问题决议的反抗;或是与对此次运动的历史和发展一知半解的观察家一样,认为这次游行示威只不过是一群青年无组织者的"暴动",或只是少数激烈派的暴动。

然而,北京学生在"五四"事件以后,立刻开始组织全国的新式知识分子支持他们的运动;同时努力利用宣传、集会和游行示威等方式,赢得普通大众的同情。在此过程中,学生们也开始与不识字的人群建立了更近的关系,并且争取到了新兴工商业者和都市工人的强有力支持。因此学生的新思想以不可思议的广度传遍了全国各大都市,而古旧的文明体系也开始崩塌,新社会政治的发展也开始加速。"五四"事件之所以能在中国近代史上占据独一无二的地位,与其说是因为游行示威的本身,毋宁说是因为游行示威所引起的这些后果。

第五章

事件的发展：学生示威与罢课

"五四"事件之后的几个月是五四运动最危急和最重要的关头。学生们以他们革命性的行动，开始深刻长远地影响着中国近代的文化与政治。为了厘清这种影响，我们必须观察学生是如何集中并组织新式知识分子，如何通过和平手段将其他社会力量和经济力量结合起来，以及如何在这"狂飙"（Sturm und Drang）时代里，在大众中传播他们的新思想。

关于这两个月的发展，本章和下一章将做详细记述。这段历史可分为两个时期：

（一）学生游行示威和罢课时期。由 5 月 4 日至 6 月 4 日，运动的参与主体是学生。这一时期又可分为两个阶段。

第一阶段由 5 月 4 日至 18 日。学生们专心从事组织各界力量和游行示威。在这一阶段里，学生的活动主要是争取其他知识界、政治界和社会领袖的支持；举行示威游行，向各方请愿并做街头演说。

随后的阶段由 5 月 19 日开始。在该阶段中，普遍罢课和强烈抵制日货，成为学生反对北京政府和日本的主要武器。

（二）学生与工商界及工人联盟时期。6 月 2 日、3 日、4 日，政府大批逮捕学生，促使商人和都市工人在 6 月 5 日罢工，以支持学生。到了 6 月 28 日，中国代表拒绝出席巴黎和会的签字仪式，"五四"事件取得胜利的成果。

北京政府当时的反应

北京政府对"五四"事件的第一反应似乎有些踌躇和迷惑。起先总统徐世昌本不坚持要严惩学生。"五四"当晚，曹汝霖召集他的同党在六国饭店召开秘密会议，商讨对付学生的办法。会商的结果并未公开。[1]次日，在给总统的书信里，他请辞交通总长的职务，并对他在政府所做工作进行辩白。[2]陆宗舆紧接着也向总统提出辞呈。[3]曹当时的看法，一方面以为事件是反对党操纵的，再者学生只是受到过激派的鼓动。所以表面上看来，曹对学生的态度似乎是温和的。同时，教育部在温和派的旧式士大夫傅增湘[①]总长领导之下，似乎想要妥协和安抚学生。5月4日晚间10时的一则报道，很能反映这一态度：

> 学生的集会游行，都加以劝告自动解散。教育部命各校校长严格控制学生，接纳以曹家着火是因电线走火的说法来释放被捕学生。曹本人也曾表示，如果骚动真会渐渐平息，他也不愿意严惩捣乱分子。[4]

然而，这种态度不为政府里的军人和旧官僚所接受。5月4日晚上，政府要人在总理钱能训家里开会决定处置办法。安福系作为控制政府的主要力量和曹汝霖的后盾，联合其他亲日分子与旧官僚，坚决要用激烈的手段来惩办参与的学生和学校，并向总统和总理施压以达到这一目的。[5]

这些保守人士对学生和学校的态度是可以理解的。自从1917年春蔡元培任北大校长以来，因为有些教授和学生不断抨击儒家与传统伦理习俗，并公开批评军阀主义和政府的外交政策，所以北京政府里的军方势力和元老们都对北大采取怀疑和敌视的态度。段祺瑞本人因在担任总理期间被学校散发的小册子所攻击，也把大学视为眼中钉。[6]1918年5月21日学生请

---

① 傅增湘（1872—1949），字沅叔，四川江安县人。1891年，曾从吴汝纶学，其后六年间任职杭州求是书院。光绪二十四年（1898）进士，选入翰林院为庶吉士。1917年12月至五四运动前，曾入内阁任教育总长。他是近代著名的古书收藏者和版本学专家。——译者

愿以后，军阀和北京学界的矛盾更深了。如前文所述，1919 年 3 月，迫于政府对北大的压力，陈独秀辞去了文科学长的职务。[7] 在这种长期冲突的背景下，"五四"游行示威实际上便成为新式知识分子对政府里军阀势力的公开宣战。于是军阀也认为这是合适的机会和借口以惩罚学校。

因此，5 月 4 日晚上在总理府的官方会议中，保守集团强烈要求封闭北京大学，撤换北大校长，并严厉处置被捕学生。所有提议几乎一致通过，使傅增湘的微弱反对丝毫不起作用。[8]

此后行政当局便下令司法部查明事实，以便惩处"五四"事件的相关责任人①。5 月 5 日，教育部下令限制学生活动，同时北京的军警戒备加强，以控制学生的活动，北京政府已准备把被捕学生移交法庭处置。

北京政府对"五四"事件的处理，从一开始就犯了严重的错误。面对这样一个存在已久的微妙局面，他们在没能正确估计社会上普通公众对青年学者的支持以前，就轻率地对学生和学校实施激烈的报复手段。虽然新文学和新思想运动的领导人在游行示威中扮演了很重要的角色，但是他们并不是唯一与游行示威有联系的群体。例如，持反日态度的人群不仅有新式知识分子，还包括旧派知识分子，其中很多是赞成旧式文学的教员和学生。甚至林纾（他为旧文学辩护的态度详见第三章），在"五四"事件几周以后，他也宣布对抵制日货行动表示同情②。然而，政府忽视了这些线索，却将新文学和新思想的倡导者和学生视作游行示威的唯一领导人。这样一来，就为新文化集团提供了机会，以争取其他学生和教员，甚至争取不完全赞成新文学和新思想改革的人群的同情和支持。此外，北京政府并没有意识到，学生们对曹、章的攻击，固然并非大部分游行示威者所预计，但事后民众和学生却都认为是合理的；政府也没考虑到被捕的学生们不一定就是殴打章宗祥和火烧曹宅的当事人。结果，当政府不分青红皂白地控告被捕的 32 名学生时，全体师生便怒火中烧，并且感到有联合一致反抗政府的需要。

---

① 5 月 5 日至 7 日有章宗祥受伤而死的误报。[9]

② 林纾在一封信里提到，他同情联合抵制日货的行动，但是更希望把它和建设中国本国的工业结合起来。并且他认为，外交应让北京政府去办，而不应该由学生罢课来对付。[10]

北京政府在处理学生和学校的问题时，忽视了或是混淆了上述因素。总之，政府的措施只是粗暴地把新思潮新文化问题等都只放在反日或亲日这个二元立场上来处理，以至于绝大多数中国人理所当然地站在反日的一边。

北京学生联合会的成立与知识分子的动员

"五四"事件以后，学生们立刻朝气蓬勃地投入联合各界的行动中。北大学生游行示威回校后，在下午7时检点人数，发现失踪数人。[11]不久消息传来，失踪的同学是被军警逮捕的，将依据戒严令受到审判，可能立即被处以死刑。这条消息激起学生的极大愤怒，他们立刻召集全校学生在当晚开会，蔡元培也到场。学生们谴责警察的粗暴，同时也担心被警察逮捕的同学有生命危险。他们认为，全体学生应该对事件负责，而不只是被捕的同学有责任，结果决议全体到警察局去接受监禁。蔡元培同情理解学生们爱国的动机，提出他会负责促成被捕学生释放。会后他便独自前往警察局。[12]他的努力并没有效果，不过他要求释放学生的立场却一直非常坚定。同一天晚上，其他大专学校的学生也纷纷召开类似性质的集会。

第二天上午（5月5日）9时，所有相关大专学校的学生代表在北京大学开会，并且决议派出代表，以方豪（后来担任金英中学校长，不要与同名的天主教历史学家相混）为首，请求各大专学校的校长与国民政府教育总长联名，向总统请愿释放被捕同学。[13]会议同时决议，不达愿望，决不复课①。下午3时，这些决定在由段锡朋主持的全体会议上正式通过。会议由

---

① "五四"游行示威的次日，有些学校早已罢课，学生罢课最后实际上扩展到北京的绝大多数大专学校。这次学生代表开会的时候，北大学生代表坚持罢课的决定，却被高等师范学校的学生反对，理由包括：（一）他们应该遵循被捕学生的牺牲精神，也当入狱；（二）罢课会使得再召集学生聚会发生困难。这种观点没有被大多数学生所接受。高师上午仍照常上课，但下午也与其他各校采取一致行动罢课了。[14]根据张国焘的英文回忆录所述，5月5日上午召开的会议，只有北大的学生参加，并且在那次会议上成立了北大的学生联合会，段锡朋、方豪当选为学生联合会的代表，罗家伦、康白情、周炳琳、陈剑翛（陈宝锷）负责总务和文书，而张本人被选为讲演团主席。

所有有关大专学校的学生 2000 余人参加。北京政府的国会议员符定一在大会发表演说，支持学生的目标。罗家伦报告，他成功地完成了赢得商人和报界的支持的任务。到会学生的注意力并不只限于释放被捕同学，他们还坚持游行示威的目的。会上通过的决议大致包括：（一）上书大总统，请惩办卖国贼，并力争青岛；（二）上书教育部，说明学生 4 日游行经过情形；（三）通电国内外关心局势的各机关团体，请求一致行动。在会上，他们也讨论了抵制日货的可能性。学生们还自愿为各种活动捐款数千元以作为经费。[15]

　　在此，不妨提到当时学生运动的经济情况。"五四"以后的最初几个月里，多数新成立的学生联合会尚未建立起后来出现的按协会章程规定征收会费的习惯，所以当时必要的费用只由会员分筹，或接受会员的自愿捐助。1919 年 5—6 月期间，亲日团体与中日两国内的日本媒体都在指控驻北京的美国公使馆资助并煽动中国学生的反日运动。这种控诉遭到了美国公使芮恩施和中国学生的断然否认，他们公开斥责这种控诉是公然的污蔑。[16]事实上学生拒绝外界的援助，由以下两个事实可以推论：第一，当时大多数的学生来自富裕家庭，他们有稳定的经济支持；第二，在当时以及后来，都没有确凿的证据支持亲日派的指控。所以我们可以假定，在整个学生运动期间，学生们在经济上主要是独立的①。

　　在同一会上，学生又进一步做出一个具有长远影响的决议，为了援救同学和提倡爱国运动，他们决定成立一个北京中等以上学校学生的永久组织。委派北京大学和高等师范学校的学生代表起草组织章程。第二天（5 月 6 日）上午，章程草案拟定，当天在北京中等以上学校的学生代表会上提出，而且被接受。于是"北京中等以上学校学生联合会"即刻成立了。[17]

　　学生联合会成立的目的，在联合会的组织规程中有明确说明："本会以尽学生天职谋国家之福利为宗旨。"主要活动包括：对外，力争山东青

---

　　①　关于学生运动的经济问题，参看第六章，页 162，注①。

岛问题并发起抵制外货活动；对内，诛卖国贼（曹、陆、章）和打击军阀派势力。[18]

为了达成这些目的，学生联合会由两部分组成，一是评议会（一说评议部），一是干事部。[19]评议会由与会各学校，不管人数多寡，每校选举代表2人组成，设正副评议长各1人。评议会常会于每星期日举行一次，特别会无定期，必要时由评议长召集之。评议会负责决定学生联合会所有的方针和决议。至于评议会议决事项，关于全体者，暂时委托国立北京大学的学生干事会代为执行；关于各校者，由各校代表转达该校学生干事会执行。（参与本会的各校学生，每校组织一学生干事会，其组织法由各校学生自定。）后来干事部成立了，干事由各会员学校的学生团体选出。干事部分总务、庶务、会计、文书、新闻、交际六股。学生联合会的经费由"与会各学校学生分筹之"。学联会至适当时机，得由与会各校学生代表五分之四以上出席，出席代表五分之四以上同意解散之①。

北京学生联合会的成立有着相当的重要性，因为它是中国第一个以城市为单位联合所有中等以上学校学生的永久组织。在随后的几年内，中国所有的重要城市里，北京学生联合会几乎变成了很多类似团体的榜样。北京学生联合会的成立也促成了一个月之后中华民国学生联合会的成立，而后者成为全国学生活动的大本营。

此外，男女学生大批地聚在一起，活跃地共同参与同一会议，并且共同组织成一个团体，这在中国历史上是空前的创举。当时在中国尚未完全实现男女同校，男女学生多是在不同的学校上课学习，他们之间并没有共同的活动。由于北京学生联合会囊括了所有中等以上学校的代表，因此所有中等以上女校的代表也参与其中。自此以后，女学生开始参加学生运动，并且给予学生运动有力的激励。这种情形对次年中国男女合校的措施有所

---

　　① 事实上，当时每校各有学生组织，组织也有类似的两部分：评议会和干事部。两者都由各校学生自行选出。北京学生联合会中的评议会和干事部的代表，都是由北京各校的评议会和干事部两部联合开会，在评议会和干事部的代表中选举出来，或是由在校的其他同学中选出来。[20]到5月8日，北京所有中等以上学校（即专科及大学）都已加入了北京学生联合会。

贡献，并且也有助于后来的女权运动①。

北京学生联合会的成立是为了联合北京全市学生而成功迈出的一步。他们要求释放被捕同学的目的，立即得到其他大多数知识分子领袖，特别是教授们的支持，也得到国内大多数社会和政治团体的支持。

5月5日，北京学生针对罢课，曾声明两点理由：第一，学生痛外交失败，愤同学被拘，无心研究学问；第二，青岛问题当以死争，被拘同学，亟须营救，无时间精力上课。（可对比第二章"二十一条"事件时留日学生的争辩。）当天，北京大专学生对各省督军及省长发有公函，同时也就是对各界说明"五四"事件的真相和学生游行罢课的目的。公函全文如下：

> 青岛及山东问题，关系中国生命。日本乘我内政尚未统一之时，利用我汉奸，如曹汝霖、章宗祥、陆宗舆之徒，内惑政府之心，外掣专使之肘，隐为操纵，以图于巴黎和平会议，达其主张，攫得我国领土。吾辈闻耗之余，义愤填膺，爰于5月4日，开北京全体学界游行大会。意在对外则分致美、英、法、意四国公使说帖，请其转达其本国政府，于和平会议，予吾国以同情之援助；对内则揭国贼之阴谋，促其悔祸之心，俾国民急起直追，以博我外交之最后胜利。是日队侣秩序，极为整肃。同人等皆属赤手，尤为众目所共见。且经过之处，市民追随狂呼，亦足见人心不死，众志成城，而非吾学生界单独之行动矣。乃警厅竟于队伍既散之后，逮捕学生至三十余人。学生等迫于

---

① 1919年3月15日，蔡元培在青年会演讲时，公开提倡男女合校的平民小学。新潮社的一些学生也在报纸上发表了一些支持男女合校的文章。"五四"事件爆发前不久，有一个女学生写信给蔡元培，请求北大的入学许可。这封信到达北京时，蔡已因"五四"事件离开了北京。"五四"事件以后，很多女学生受到新思想激荡，其中有一些请求北大校方准许她们入学。1920年1月至2月间，该校代理文科学长陶孟和批准了9名女生入校旁听，不过拒绝了其他很多后来申请的女学生。这种男女合校的措施，激起了男学生们的兴趣，同时也是当时在校园里时常被讨论的话题。教育部立刻饬令北大，警告对准许女生入学这事必须慎重考虑，因为国立学校应该保持"崇高之道德水准"。这段插曲轰动一时，甚至总统也出面警告北大当局。不过因为中国当时的法律并没有明文禁止男女合校，蔡元培依据这点，在没有请求政府许可的情况下，在1920年秋季正式批准那9名旁听的女学生注册为正式学生。蔡氏此举被认为是中国大学男女合校的开始，虽然实际上美国和中国基督教徒主办的广州岭南大学在1918年就已经开始实行男女合校了。[21]

公义，不得不暂时停课，以待被捕同学之释出。但国权一日不复，国贼一日不去，吾辈之初志一日不渝。吾辈主张：一则直电巴黎和平会议，不承认 1915 年中日二十一条款，并谓青岛与山东一切之德国利益，按之国际法，断无由日本继承之理由。且德国昔以武力强借我国之领土，今亦应因武力失败而归还我国。庶从前国际上不平等之条约得以扫除，世界永久之和平得以维系。再则致电我国巴黎议和专使，若青岛与山东问题不得圆满解决，断不得忍辱签字。三则请政府立免曹、章诸贼之职，以正其卖国之罪。至吾辈停课之日期，务以被捕同学之释出为止。诸公爱国热心，谁不如我。甚望一致联合，外争国权，内除国贼。不胜诚挚恳切之至。再吾辈此举，纯为力争主权，伸张公理起见，决无仇视日人之心理。务恳贵督军、省长鉴此愚忧，转饬所属各衙门，晓谕人民，万不可对于日人加以野蛮，致惹国际交涉，俾日本政府借词，以遂其狡焉思逞之计。此则学生等所栗栗危惧，而不得不先为陈明者也。

5 月 5 日下午，14 所有关的大专学校校长在北京大学开会，[22] 通过决议，他们负责确保被捕学生的释放，并在事后辞去任职①。除了劝告学生保持冷静以外，他们又通电各省教育会，请求他们联合一致，反对军阀政府逮捕和惩罚学生。[23] 同一天，他们又前往面见总统、总理、教育总长和警察总监。只有警察总监吴炳湘出见，其他人都拒绝接见。警察总监告诉他们，他无权释放被捕学生。[24]

在"五四"事件之后，北京政府曾立刻采取一些预防游行示威进一步扩大的措施。政府对有关游行示威的新闻严加审查。北京连接各国的有线电报电线都被切断，外国记者对"五四"事件的报道主要通过无线电。北京政府的做法导致国外得到的有关"五四"事件的消息都非常简短和零

---

① "五四"事件时，属于教育部管辖的 6 所大专学校的校长分别是：蔡元培（北大）、陈宝泉（高师）、洪镕（工专）、金邦正（农专）、王家驹（法政专科）、汤尔和（医专），其中蔡元培、陈宝泉和汤尔和是知名的同情新文化运动者，此外，汤与北京政府的一些高级官僚有着密切的联系。

散①。然而，有些学生的机智胜过北京政府。他们经由某一外国机构，发电到天津某一租界地，5月5日再由天津转播到上海，就这样由上海转播到全国其他各城市。[25] 因此，大批抗议的电报涌进北京政府。除了亲日派的军阀和日本人所办的少数报章以外，其余大多数的报纸都坦率声明同情学生，支持学生的报章杂志都是极具影响力的。例如，北京隶属进步党并倾向新文化运动的《晨报》《国民公报》，以及1915年由中国天主教创办、当时刚被美国人收购的《益世报》。[26] 上海日报公会（包括有上海市多数的报纸）致电总统、总理、教育总长、北大校长和巴黎专使，赞成学生的行动，并且请求"立刻释放学生，以息公愤"。[27]

其他进行类似抗议的重要组织，还包括国民外交协会、中华学界联合会、江苏省教育会、学术研究会、对日外交后援会、留日学生救国团、欧美同学会、同济会和上海律师公会。很多商业团体也表达了对学生的支持。5月6日，北京总商会开会决定会员拒绝购买日货，主张断绝中日间一切工商业联系，并且严厉制裁卖国贼和暴虐的官吏。[28] 同一天，上海商业公团联合会致电北京政府和蔡元培，对学生表示同情。第二天，为了敦促释放被捕学生，又另发急电，声明："学生基于爱国心，引起本公团至高的敬意，至大的钦佩。所以在此发誓支持他们，并且保证他们的安全，不容许他们受到任何伤害。"[29] 这些电报极其重要，它们证明了中国商人对此事的主动关切，并且一改传统社会对商人阶层疏离政治和群众运动的固有印象，证实了他们确实愿意强烈地向政府抗议。5月6日的上海和谈会议，南方政府首席代表唐绍仪致电总统徐世昌，支持北京学生。同一天参加该和谈会议的北京政府首席代表朱启钤也致电北京政府，报告上海民众的情绪，并且力请政府对游行示威和被捕学生宽大处置。除此以外，他在一定程度上主动联合唐绍仪，5月6日联名致电在巴黎的中国代表，请求他们坚持青岛回

---

① "五四"事件发生以后，英、美报章上似乎都没有即时的详细报道。《纽约时报·5月8日发自华盛顿的短电》（1919年5月9日，第2页）："本日国务院得知与中国北京的通信电线被切断。唯收到芮恩施公使的无线电报一通，证实新闻界的报道：由于对巴黎的山东处置引起愤慨，首都北京发生骚乱……"在报上找不到比这更详细的消息。伦敦《泰晤士报》对"五四"事件全无报道。

归中国的立场①。

民众对学生明显的同情不久被政党掌控，作为攻击北京政府的武器。孙中山当时正在上海，他即刻表示对学生的支持。"五四"事件的消息一传到南方，他就率领其他6位广州军政府的总裁，致电北京政府抗议，支持学生运动。部分原文如下②：

> 青年学生，以单纯爱国之诚，逞一时血气之勇，虽举动略逾常轨，情有可原……倘不求正本之法，但藉淫威，威于何有？以此防民，民不畏死也。作始也微，将毕也巨……执事洞察因果，识别善恶，宜为平情之处置，庶服天下之人心。

此外，在广州的非常国会召开两院联席会议，特别讨论"五四"事件，会后通电各省政府和其他团体，电文如下③：

> 卖国贼曹汝霖、章宗祥、陆宗舆甘为外人鹰犬，密与日本勾结，外而阻挠赴欧代表之要求撤销中日密约及交还青岛；内则希图破坏上海和议，以遂卖国阴谋。罪状昭著，天人共愤。京中（中，本一作津）学生，怵于国亡之惨，目击国贼（本一作"贼党"）横行，奋不顾身，义勇勃发，焚灭曹宅，痛击章褘（本一作"焚曹宅，殴章陆"），有国以来，无此痛快。乃北廷不思卖国奸党，人尽可诛，反任意拘禁学生，并有将加惨害（四字一作"惨害学生"），解散大学之说。同人闻之，不胜诧异，爰于即日（即日本一作"佳日"，则为5月9日，惟被捕学

---

① 当时朱和安福系没有密切的关系，他隶属于总统徐世昌。[30]

② 1918年5月，广州军政府改大元帅制为总裁制，设立七位总裁来代替孙中山自1917年9月所任的海陆军大元帅职务。在南方军阀的压力之下，孙放弃了最高统帅职，只担任政府里的七总裁之一。他自广州经日本抵上海。"五四"事件发生时，他正在上海研究中国经济、心理、社会的重建问题。显然地，在这段时期所有总裁们的命令和宣言不都由他批准。但是据胡汉民说，这份电报是由孙发起的。[31]

③ 通电末署名为"参议院议长林森（后来曾迭任国民政府主席）、众议院议长吴景濂、副议长褚辅成，暨全体议员叩印"。电文文字各本略异，这里稍加校正。[32]

生早已于 7 日保释。是否南方消息较迟之故，此电确实日期，待查），特开两院联席会，群情激愤，一致议决通电各省，要求北廷，即释已逮学生，维持各校现状，严惩卖国贼曹汝霖、章宗祥、陆宗舆，以谢天下。诸公爱国热忱，宁减此莘莘学子，尚乞一致声讨，全力援救，为人间留正气，为国家扫奸气。事机迫切，立盼进行。

南方人似乎看到了"五四"事件会增强他们在上海和谈会议中的声势。5 月 13 日，他们的首席代表唐绍仪未得广州政府的指示，也未使和谈会议的同仁知道，径向北方政府提出强烈要求，这个要求便造成了 5 月 15 日和谈的破裂。[33]

这件发展得如此迅速和出人意料的争执，不仅是新式知识分子和守旧派之间的斗争，不久更进一步演变为亲日军阀、少数官僚、落后分子联合与全国多数人民之间的斗争。当"五四"事件的消息传遍全国各地，多数人憎恶亲日的安福俱乐部这一事实，立刻就变得异常明显。段祺瑞在政府内外的敌人，都精明地紧紧抓住这个机会，以打击段氏的势力。

有些军阀和君主立宪派也表明了自己支持学生爱国运动的立场。康有为，最初是改革家，后来又是 1917 年复辟运动的计划者之一，这时正闲居上海，他虽然不赞同新文学和新思想运动，却在 5 月 6 日通电公开赞扬"五四"学生运动："诚自宋大学生陈东、欧阳澈以来，稀有之盛举也。试问四万万人对于学生此举，有不称快者乎。"又说："自有民国，八年以来，未见真民意、真民权，有之自学生此举始耳。"[34] 并且主张立即释放被捕学生，诛卖国贼曹汝霖、章宗祥。其他赞成学生运动的例子，还有直系军阀曹锟部下第三师师长孚威将军吴佩孚（后来他成为北方政府最有力的统治者之一）。他与康有为一样，公开表达对学生的支持。其他军阀，如湖南督军张敬尧、江西督军陈光远，也要求北京政府免除曹、章、陆的职务，并且坚持中国收回青岛①。

―――――――――

①　自 1918 年 4 月 28 日吴佩孚即自汉口驻军湖南衡阳。他是对南方唯一打过几次胜仗的北洋军阀，当时拥护曹锟。曹和吴这时都不愿竭力执行段用武力统一南北的计划。1918 年 6 月 25 日，吴便和南方的湘军谭延闿、赵恒惕达成了停战协定，以后即攻击段政府的亲日政策，主张"息争御侮"。[35]

　　这些早期的发展显示出学生运动的性质。在抗议日本侵略和反对政府中亲日官僚的旗帜下，学生们发起这次运动，到这时因受到对运动有不同利益和不同了解的团体支持而发展成为一种无形的联盟。具有新思想的学生和知识分子领袖，自然是这次运动的中心人物，新兴商人也临时加入了这次运动，其他的社会和政治团体也给予道义和政治上的支援。在如此复杂的联盟里，文化改革的远大目标，难以被所有参与的人接受，但是当时，至少在一点上他们可以联合起来，就是他们都想打倒当政的亲日军阀与官僚。这种情形暂时增强了新式知识分子与政府交涉时的力量。

　　北京政府逮捕了 32 名学生以后，受到了来自公众的极大压力。大批抗议的电报，每天都会涌向北京政府和在巴黎的中国代表团。[36] 自 5 月 5 日起，3 天之内，教育总长傅增湘即向总理钱能训三次递交辞呈。由于傅的力争，政府暂时撤回了惩处肇事学生的命令，并且解散与"五四"事件有关学校的命令也因他的断然拒绝联署而未发布。[37]

　　同时，北京学生的罢课正在进行，并且城里多处可见激动的人群。由其他城市传来的消息显示，游行示威正在广泛地扩展。在这种内外压力之下，北京政府于 5 月 6 日夜 12 时后，由警厅通知教育总长及各校长，允许在 7 日保释 32 名学生，以待法庭审判，但以当日复课为条件。于是 7 日上午 10 时，被拘学生全部出狱。同日，章宗祥也命他的妻子具书呈请国务院释放学生[①]。也许北京政府想要平息群众的紧张激动情绪，所以特别选择在这一天——国耻纪念日——释放学生，因为政府知道，很多反对政府的集

---

　　① 　三位重要人物汪大燮（前任总理，字伯棠）、王宠惠、林长民于 5 月 5 日联名呈警察总监自愿做保释人。呈文原文为："窃本月四日，北京各校学生为外交问题，奔走呼号，聚众之下，致酿事变。当时喧扰场中，学生被捕者三十余人。国民为国，激成过举，其情可哀。而此三十余人者，未必即为肇事之人。大燮等特先呈交保释放，以后如须审问，即由大燮等担保到案不误。群情激动，事变更不可知。为此迫切直陈，即乞准保，国民幸甚。呈警察总监。具呈人（签名）：汪大燮、王宠惠、林长民。"7 日上午，各校派代表和 13 部（一说 6 部）汽车，到监狱迎接在禁的学生，可是被拘的学生以青岛问题尚未解决，不肯出狱，经警察总监再三劝说，才上车。这时学生高声呼喊："学生万岁！""还我青岛，复我主权！""中华民国万岁！"直至各校门为止。沿途市民也狂呼万岁，有些人因而感动痛哭。到校时，同学皆在门前欢迎，并散发"尔忘五月七日乎！"的传单，大家读了又痛哭失声云。[38] 鼓励和援助学生最出力的是林长民。

会和游行示威将要在这一天举行。[39] 总之，学生在和北京政府对抗当中，打赢了第一仗。

被捕学生释放的第二天，北京学生停止罢课，但是学生的活动并没有在北京和其他各城市停止，相反地，他们的活动继续扩展和增加。学生们在北京中等以上学校学生联合会的领导下，继续为抵制日货活动做准备工作，他们把学校里所存的一些日货拿出来，在北京先农坛当众付之一炬。

其他城市学生的支持

"五四"事件之后的一两个星期以内，扩展到全国的学生活动有下列几点特征：（一）成立学生自治组织，以负责实现各项行动；（二）组织游行示威，以抗议政府的外交政策、巴黎和会对山东问题的决议案及学生被捕问题；（三）发起全面抵制日货活动。这些波及全国的学生活动，以天津、上海、南京、武汉等大城市的实际情况为例，值得我们仔细考察。[40]

天津的学生在5月5日得到"五四"事件的消息。他们的反应非常迅速，于6日晚举行了激昂的集会以抗议政府。第二天，又成立了"天津学生临时联合会"。5月12日，天津市有1000余名学生为了纪念北大学生郭钦光因"五四"事件殉难，公开为他举办了追悼会。会后他们便在城内外街头演讲。14日，仿效北京学生联合会的组织，正式成立了"天津中等以上学校学生联合会"，率先参加的学生来自直隶（河北）高等工业专门学校、南开学校（时为中学，后来改为大学）、北洋法政专门学校、水产学校、新学书院和北洋大学。甚至唐山路校的学生也赶来参加，该校直接隶属交通部，当时的交通总长是曹汝霖，而该校校长章宗元是章宗祥的哥哥，曾留学美国。谌志笃、马骏是天津中等以上学校学生联合会的学生领袖，马是回民，后来成为共产党员。大会决定即日组织各校学生爱国讲演队，开始上街讲演。5月23日，以女学生为主体成立了"天津女界爱国同志会"，该组织的成立加强了反政府活动的力量。该会以直隶省立第一女子师范学校的校友刘清扬（会长）、该校附属小学教员李毅韬（副会长）为首，女学生王天麟（又名王瑞生，总务委员）、郭隆真（后改名郭林）、邓颖超（以上皆为评议委员）等为核心人物。6月18日，天津各界救国联合会的成立也加强了反政府活动的力量。这个团体包括170余个教育、经济、社会和宗教团体。当时周恩来已从南开学校毕业，后在日本留学，"五四"事件以后回到天津，担任《学生联合会报》的主编，该报是天津学生联合会出版的三日刊（后改为日报），每期销量达到2万份以上。世界爱国同志会也出版有一个周刊。后来成为周恩来妻子和高级共产党员的邓颖超（原名邓文淑），当时只有16岁，还在第一女子师范学校念书，她并担任女界爱国同志会的讲演长和天津学生联合会的讲演部长。[41]

上海学生于5月5日得到由天津转来的电报，得知"五四"事件的消息。蒋梦麟当时在上海，他回忆当时上海对此消息的最初反应：

> 这消息使整个上海市激动。下午民众组织如各教育会、商会及省市地方团体都发电到北京政府，要求罢免那三位官僚，释放被捕拘留的学生。第二天，整个上海市焦急地等待北京政府的答复，但是没有任何音讯。于是市内学生开始罢课，和民众组织作同样的要求，并且到街头演说。[42]

5月7日下午1时，由江苏省教育会副会长黄炎培主持，在西门外体育场举行了一次国民大会，有2万多人参加（一说是7000人）。参加集会的大多数是学生。会后，与会代表前往面见上海和谈会议的南北代表和淞沪护军使，请求他们支持北京的学生。

5月8日下午4时，所有主要中等以上学校的学生代表81人在复旦大学开会，决定组织上海学生联合会。9日下午2时，来自44所学校学生代表96人又在复旦召开第二次预备会，通过致电巴黎专使，力争主权，抵制日货，抗议日本拘侮中国留日学生，发表学联会宣言。5月11日下午2时至9时，来自61所学校的1.2万多名学生，在环球中国学生会内的临时办事处开会，正式成立"上海中等以上学校学生联合会"。复旦大学学生何葆仁被选为主席，同时又成立了"上海学生护鲁义勇团"和街头演讲队^①。

在南京，来自20余所学校的学生，至少包括一所著名学府——南京高等师范学校（即后来的东南大学及中央大学）——和其他很多职业教育团体，联合召开国耻纪念会。与会的有1万多人，同时也组织了学生联合会。又派代表到督军公署、省长公署和省议会请愿，抗议巴黎对山东问题的决议，并且要求发展教育、振兴本国实业。他们还成立了街头演讲组、救国团和救国储金。仿照济南和上海的行动，南京的商人在5月11日也开始抵制日货。

5月11日，武汉15所大专及中等学校的2000多名学生代表在美国教会主办的文华大学集会。他们讨论了支持北京学生的必要步骤，决定抗议北京政府的外交政策。在会上，学生们捐款2000余元作为各项活动的经费。5月14日，一个与北京学生联合会性质相似的学生联合会成立了，同时决定致电巴黎和会的中国代表，力请拒绝签署和约。学联会又决定发行白话刊物，以鼓励表达民意和提倡购买国货。5月18日，学生们举行了一次有声有色的游行示威。

其他各省各市的学生也都有类似的反应和活动。学生活动最活跃的省份有：江苏（特别是苏州、松江、无锡、常州、镇江、扬州、南通、徐州、海州、嘉定、淮安、淮阴）、浙江（特别是杭州、嘉兴、绍兴、宁波、湖州）、山东（特别是济南、兖州）、湖南（特别是长沙、衡阳）、山西（特别是太原）、陕西（特别是西安）、四川（特别是成都、重庆、绥定、秀山）、云南（特别是昆明）、河南（特别是开封）、河北（特别是保定）、安徽（特别是安庆、芜湖）、江西（特别是南昌、九江、临川、吉安）、福建（特别是福州、厦门、漳州）、广东（特别是广州、肇庆）、广西（特别是桂林、

---

① 何葆仁是学生联合会评议部的主席，他在上海学生运动里非常活跃。李鼎年是学联会的总务部长。另外复旦大学的学生领袖是程天放，后来任中国驻德大使、国民党宣传部部长。1949年国民政府迁台后，曾任"教育部长"。⁴³后来担任国民党宣传部副部长的潘公展，这时已从圣约翰大学毕业，在市北公学教书，参加学生运动也很积极。

南宁）。此外还有绥远、奉天、吉林和黑龙江。[44]

除了国内的学生，留欧留日的中国学生也因"五四"事件的消息而激动起来。在东京，发生了一段插曲，对后来五四运动的发展颇有影响。多数在1918年集体回国的中国学生，在这一年又漂泊回到日本。然而在1919年5月4日之前不久，他们有些人又发起了另一次集体回国运动。听闻"五四"事件消息时，仍然留在日本的中国学生大约有4000人。他们准备5月7日那天在东京举办国耻纪念会，可是因为日本警察的干涉，找不到开会的场所。最后他们请求中国公使准许他们借用其办公室。驻日代理公使庄景珂找不到拒绝的理由，但是5月6日晚中国公使馆办公室却被日本军警包围了。第二天早晨，中国学生因为不能在中国公使馆开会，所以便在德国公使馆门前和附近的公园里集合，分组游行到英、美、俄、法各国公使馆，投递有关山东问题的请愿书。他们所用的标语包括："摧毁军国主义""维护永久和平""直接收回青岛""五七国耻纪念"等。[45]当他们沿二宅板前行时，被1000多名日本骑兵和武装警察包围并驱赶。于是他们展开了街头争斗，学生们被马践刀研，有100多人受伤，其中29人重伤。警察逮捕了39人，监禁在翱町区的警察局内。第二天，被捕的学生被保释。[46]当时日本警察的报告宣称，事实上攻击学生并不是他们的错，他们之所以这样做是因为受到中国代理公使和中国学生监督的请求。[47]后来日本地方法院不顾中国民众愤怒的抗议，判决7名中国学生入狱①。为了要尽力平息中国人民紧张的情绪，该判决后来似乎改为缓刑了。

驻东京的中国公使馆向北京政府报告，表示对当事的学生不满。中国政府对留日的中国学生也不加以保护，这件事当然对国内的学生运动来说更是火上加油。[49]

上面所述，"五四"事件以后一两星期里的学生活动，主要限于通过游

---

① 学生的判决结果：胡俊，1年苦工；张云章及一名王姓学生，4个月；杜中和与另外两名学生，每人3个月；还有一名学生的刑罚不详。关于此事件，在1955年北京中国科学院重印的资料里，没有收录所有被捕和受伤学生的姓名，只提及彭湃，他是该事件中受伤的学生之一，后来成为共产党员。许多被捕的学生（占30%以上）和受伤的学生（占40%以上）是湖南省人。[48]

行示威和街头演讲的方法来成立各种组织和争取社会的支持。虽然有些永久性的活动已经开始，但是这些由新式知识分子带来的压力以及其他社会和政治的力量，至少就改变外交政策和调整人事而言，似乎仍然不足以迫使北京政府做重要的让步。

总统的惩罚令与蔡元培的出走

"五四"事件以后，北京政府事实上曾采取一些措施来阻止和干涉民众的爱国活动。5月6日，就是释放因"五四"事件而被捕的32名学生的前一天，总统徐世昌下令，责备部属未能阻止事件发生，所以应负责任，尤其谴责那些基层警察。此外，他命令警察总监，采取充分措施，切实防弭民众以后各种集会和游行示威，并且吩咐如果民众"不服弹压者"，则应立刻"逮捕惩办"。总统的命令原文如下：

> 本月四日，北京大学等校学生，纠众集会、纵火伤人一案，方事之始，曾传令京师警察厅，调派警队，妥为防护。乃未能即时制止，以致酿成纵火伤人情事。迨经警察总监吴炳湘亲往指挥，始行逮捕解散。该总监事前调度失宜，殊属疏误。所派出警察人员，防范无力，有负职守。着即由该总监查明职名，呈候惩戒。首都重地，中外具瞻，秩序安宁，至关重要。该总监职责所在，务当督率所属，切实防弭，以保公安。倘再有借名纠众，扰乱秩序，不服弹压者，着即依法逮捕惩办，勿稍疏弛。此令。[50]

在这条至少表面看来十分严厉的命令之下，北京的新式知识分子变得比以前更加愤怒了。城中多数社会、教育、经济团体已计划于国耻纪念日当天（5月7日）在中央公园里举行国民大会。该大会由国民外交协会主持，当时却被政府禁止了。警厅先期即通告阻止，临时又加派军警千余名，遍布东西长安街及中华门一带，警察又封锁公园的出入口，禁止游览。各界按期到会，络绎于途，都被军警驱离。于是公众临时改变计划，打算在先农坛开会，人数达七八百人时，又被军警驱散。最后选取京师总商会会所，由于议场狭小，所以各团体只推派代表200名集会。他们通过了五点决定：否认政府对日所缔条约，抗议政府对学生的态度，坚持拒签和约，力争青岛，并计划于11日再开大会，如再被干涉，则将派代表往济南或南京开会云云。[51]

总统因为学生坚持他们的反政府活动而感到困窘，于是5月8日又给教育部一道命令，令中引用警察总监对于"五四"事件的报告，并且指出，虽然32名被捕学生当时已被保释，但是仍将受到法庭的制裁和惩罚。同时他又强调学生的本分是读书，年纪太轻，不应"干涉政治"。令文如下：

> 据内务总长钱能训转据京师警察厅总监吴炳湘呈称：本月四日，有北京大学等十三校学生约三千余名，手持白旗，陆续到天安门前齐集，议定列队游行，先至东交民巷西口，经使馆巡捕拦阻，遂至交通总长曹汝霖住宅，持砖乱掷，执木殴人，兵警拦阻，均置不理，嗣将临街后窗击破，蜂拥而入。砸毁杂物，燃烧窗户，并殴击保安队兵，致有重伤。驻日公使章宗祥被其攒殴，伤势尤重。经当场拿获滋事学生多名，由厅预审，送交法庭讯办等语。学校之设，所以培养人才，为国家异日之用。在校各生，方在青年，质性未定，自当专心学业，岂宜干涉政治，扰及公安。所有当场逮捕滋事人，既由该厅送交法庭，宜即由法庭依法办理。至京师为首善之区，各校学风，亟应力求整饬。着该部查明此次滋事确情，呈候核办；并随时认真督察，切实牖导，务便各率训诫，勉为成材，毋负国家作育英豪之意，此令。[52]

总统不但在上述两道命令里要严厉惩罚学生，并且在其他政令里拒绝了接受曹汝霖和陆宗舆的辞职。他在回复中，盛赞"曹汝霖体国公诚""陆宗舆有裨大局"。[53]此举当然使得新式知识分子和公众难以容忍。此外，5月8日总统命令中的最后一段很清楚地暗示，他要求教育总长和所有学校的教师对"五四"事件负大部分责任。事实上，教育总长和各大专学校校长自"五四"事件起便都遭到军阀和旧官僚的严厉抨击。如前面所述，内阁的确考虑过要解除蔡元培的校长职务，并且社会传言纷纷，曹汝霖和章宗祥已出资 300 万元，雇人暗杀蔡氏，又说北京大学的校舍将要被焚毁，学生要被屠杀①。

蔡元培知悉总统 5 月 8 日的命令后，当天晚上 11 时又收到他被解职并由马其昶接替的通知。5 月 9 日上午，他秘密地离开北京前往天津②。蔡留下了两封辞职信，一封给总统，一封给教育总长。[56]不过最重要的是，他还留下了一则简短的启事，这立刻引发了教授和学生们的疑惑和激动情绪，并且对五四运动也有意料之外的影响。这则启事从此名噪一时：

> 吾倦矣！"杀君马者道旁儿"也。"民亦劳止，汔可小休。"我愿小休矣！北京大学校长之职，已正式辞去；其他向有关系之各学校、各集会，自 5 月 9 日起，一切脱离关系。特此声明，惟知我者谅之。蔡元培启。

启事中征引的两句古语，意思有些模糊。当时在学校里传播着有各种版本的解释③。

---

① 杜威 6 月 24 日由北京报道："各省纷纷谣传，中国军阀为了打倒反对势力而准备要走屠杀的极端。谣传甚至要来一次政变，以求永久稳固军阀和亲日派政府的控制。北京大学校长因为是新式知识分子和自由分子的领导人，为军阀所憎恶。他辞职后突然隐匿不见了。因为根据报道，不但是他自己的性命，连那些数百学生的性命也受到了威胁。"[54]

② 蔡先到天津，再经上海，然后暂时隐居杭州，住在朋友位于西湖旁的房子里。[55]

③ 第一行引文是一句古谚。按《艺文类聚》引《风俗通》曰："杀君马者路旁儿也。言长吏养马肥而希出，路边小儿观之，却惊致死。按长吏马肥，观者快之，乘者喜其言，驱驰不已，至于死。"这段话似乎有先后两重解释：一种解释是，路边小儿把马惊死了；另一种解释却是说，由于路旁观众的赞赏，乘者把马骑死了。南朝梁代的张率（字士简），曾作有《走马引》一诗：(接下页)

　　这次蔡元培在北京政府的压力下被迫辞职，在新式知识分子、学生和教授们看来，乃是北京政府对他们的公开打击。在很多方面他们都认为蔡是他们的精神领袖。当时蔡在教育界的名望是无人能及的，因为其开明、民主、对人率直，甚至对学校低级职员也是如此，所以几乎所有大学里的教授和学生都热心地尊敬和支持他。不管是温和的或是革命的新式知识分子，多视其为他们共同事业的象征，尽管他对此次运动的看法是否与新式知识分子完全一致也是存疑的。[58]继蔡元培之后，其他各大专学校的校长，包括医专、工专、高等师范、法政专门学校等，也纷纷提出辞职。[59]

　　在蔡元培出京的同一天，虽然有些议员们提案弹劾曹汝霖，但是教育

――――――――――

（接上页）

　　　　良马龙为友，玉珂金作羁。
　　　　驰骛宛与洛，半骤复半驰。
　　　　倏忽而千里，光景不及移。
　　　　九方惜未见，薛公宁所知。
　　　　敛辔且归去，吾畏路旁儿。
　　第二句是引自《诗经·大雅·民劳》第二章，原文如下：
　　　　民亦劳止，汔可小休，
　　　　惠此中国，以为民逑。
　　　　无纵诡随，以谨惛怓。
　　　　式遏寇虐，无俾民忧。
　　　　无弃尔劳，以为王休。
　　启事登出后不久，学生们都想探求蔡氏的真意所在。其中学生常惠请教北大文学教授程演生引文的来源，程在5月11日曾给他一封阐释的回信。
　　当时各界人士对蔡所引诗句，解测纷纷。据程演生给常惠的复信："'杀君马'之语，外面误解者亦甚夥，且有望文生意者，谓君指政府，马者指曹、章，路旁儿指各校学生，若是说去，成何意义？可发一笑。贤者虽明哲保身，抑岂忍重责于学生耶？"因此他认为蔡引"杀君马"句的用意，"大约谓己所处之地位，设不即此审备所在，徒存他人之观快，将恐溺身于害也。与士简诗意正相合。所以上文曰：'吾倦矣！'自伤之情，抑何深痛"！至于引《民劳》诗句，程以为："蔡先生用此语，盖非取全章之义。所谓民者，或自抒其名耳（孑民）。言己处此忧劳之余，庶几可以小休矣。倘取全章之义，则不徒感叹自身，且议执政者也。"
　　但是蔡元培本人在一年后却解释，他引"杀君马"句，"但取积劳致死一义，别无他意"。他引《民劳》诗，"但取劳则可休一义，别无他意"。这固然也许是事实，可是当时各方的臆测更是流行，而且这些引语也的确可能含有刺评执政之意，只是说得相当微妙罢了。[57]

总长却又下令限制学生的活动。同时，北京政府决定审判被保释的32名学生。5月10日，他们在地方法院被提讯，斩钉截铁地否认对烧毁曹宅及殴打章宗祥负有责任。在回答律师的询问时，又断然否认曾受任何政党的主使。他们在法庭上宣称，那是"完全出自良心的自由行动"。他们也拒绝呈上无罪的抗辩，因为他们的行动根本没有犯法。几天以后，他们向法庭提出如下的正式声明状：

> 学生许德珩（其他姓名见前，此略）等三十二人呈为提出声明事。曹章等卖国，罪不容诛。凡有血气，罔不切齿。五月四日之事，乃为数千学生，万余商民之爱国天良所激发。论原因不得谓之犯罪，则结果安有所谓嫌疑。且使我国果有法律之可言，则凡居检察之职者，应当官而行，不畏强御，检察曹章等卖国各款，按照刑律一百零八条、一百零九条之罪，代表国家提起公诉，始足以服人心。乃曹章等卖国之罪，畏而不检举，而偏出传票传讯学生，不平者一。学生等三十二人，并无一人系当场捕获者。既非当场捕获，亦不过数千人中分子之一耳。钧厅传讯，加以"嫌疑"二字，果有嫌疑耶，亦应数千人同时讯问，何单传生等？不平者二。公民团捣毁议会，殴打议员，被逮者百余人，释放之后，未闻依法办理。五月四日之事，痛外交之失败，愤卖国之奸人，悲愤所激，不能自已，非公民团所比拟，而钧厅公然传讯，不平者三。以上三大不平，所谓"法律"二字者，宁复有丝毫价值之可言！然五月九号学生等奉到钧厅传票，十号即齐候审者，岂甘受此不平之审讯哉？盖一以卸校长保释出署之责任，一以避抗传不到之恶名。此两种原因，在钧厅传讯时，学生等首先声明在案矣。今各校长已联翩辞职，同学又自行检举，情事变迁，两种原因，已不存在。特提出声明，如钧厅认为有再讯之必要，嗣后不论其为传票为拘票，请合传十六校学生。德珩等亦当尾同到厅，静候讯问，决不能单独再受非法之提传也。再此呈已于五月十五日上午十时呈递钧厅，奉谕以不合方式，不能受理，

改用刑事辩诉状，见示。学生等查刑事辩诉，系刑事被告人所用，不敢从命，理合声明。谨呈。[60]

我们不能断然认为当时北京政府在法律上找不到任何理由来发起诉讼。不过当时多数中国人至少认为这个问题是有关政治的、道德的，而不是法律的。北京政府未经议会的同意而与日本签订秘密协约，对日本做出如此重大的让步，在普通公众看来就不可能是合法的。事实上，南方派在1917年秋季已宣布北京政权违宪。当时的很多人，包括新式知识分子，只不过接受北京政府作为一个事实存在（ de facto ）的政府，而不是法理层面（ de jure ）的政府。最终，不受欢迎的北京政府在法律上的诉讼几乎没有获得民众的支持。后来因为北京中等以上学生威胁要全体到法庭和监狱去，5月12日他们向政府正式提出全体自行检举的呈文："呈请自行检举事：窃生等本不应干预政治，近以山东青岛问题，祸迫眉睫，义愤所激，不能自已，致有五月四日之事。学生等诚无状，理合依法自行投案，静候处分。此呈地方检察厅。"由于以上种种理由，北京政府在法律上诉讼学生的尝试从来没有成为事实。

同时北京政府对学校又加压力，他们逮捕了更多的学生。5月11日，两名街头演讲的学生在清华学校被捕。[61]教育总长傅增湘因为局势艰难，又受军阀的打压，于5月11日晚潜行到北京附近的西山，坚持辞职。[62]5月15日，辞职由总理批准，委任次长袁希涛为代理总长。[63]与此同时，5月14日，北京政府又下两道特别命令：一是命令用军力来镇压学生运动；另一则重申学生无权干涉政府的政策。[64]

上述所有事态的发展，如总统发布的命令、蔡傅二人的辞职、诉讼学生的尝试、逮捕更多学生，完全激怒了新式知识分子。青年的愤怒是那么强烈，以至于继郭钦光之后，又有清华学校高等科的学生徐日哲①因街头演说过劳，于5月22日在清华病院去世，又有一个前京师大学堂的校友周瑞

---

① 徐日哲（1900—1919），江西吉水人，前沪海道尹徐元浩之子。——译者

琦（广西灵川人）富有悲剧性地自杀了[①]。

蔡元培离京以后，北京所有大专学校校长联合一致抗议北京政府。5月12日，他们推选了9位代表谒见总统和总理，要求政府表明对教育界的真实态度，对处理将来情况的计划和方法，以及表明保留蔡的职位的真实愿望。徐世昌总统当即命教育次长袁希涛挽留蔡元培，并且派人去寻找傅增湘。但是蔡元培复电坚决辞职，甚至特派学生代表去请他，都改变不了他的决意[②]。13日，北京各大专学校校长同时上交辞呈，医专校长汤尔和与工专校长洪镕立刻出京，教育部派员赴天津挽留无结果。14日，总统即下两令，警戒学生干政，虽于同时挽留蔡元培，但却免除傅增湘教育总长之职。同一天，安福俱乐部提出由田应璜接管教育部；不久来自北京政府的消息又表示，亲军阀的古文学家马其昶会接任蔡元培，出任北京大学校长。马是北京政府的政治顾问，同时又是对旧文学有造诣的人，他提倡传统的桐城派文体。马田二人均与安福俱乐部关系密切。这些都是新式知识分子最怕听到的消息。

在意识到政府对他们展开了全面攻击之后，北京的新式知识分子迅速活动起来。教员和教授们仿效学生联合会，成立了"北京中等以上学校教职员联合会"。该组织与学生联合会一样，不仅包括新文学和新思想的拥护

---

① 周瑞琦是投水自杀的，在他口袋里找出一封遗书，说明了他对中国情况悲观的看法："中国有如此严重的内忧外患，不久也许要亡国了。无人能知山东问题将如何解决，南北和平将于何时实现。大家徒然旁观学生们空举双手，毫无私心、隐讳与其他外在的企图，冒着生命危险来救国家，这多么可遗憾！我认清了我现在是正在见证一个民族的危亡和人民的受奴役，我决定宁愿作自由鬼而不愿作活奴隶。同胞们！为你们的国家勇敢奋斗吧！我结束了我的生命。"又遗书北大各校友和教育界及学生："大学诸学友并转学界诸君鉴：鲜民之生，不如死之久矣。琦毕业以来，十年不出庭户，罔知世事。近知和会遽停，外交又大失败，我真不知死所矣。五中悲愤欲裂，不知所云。青岛乃圣人发祥之地，乃吾国华，又用武必要之港。要塞一失，门户洞开，何以能国。我闻得诸君开会力争，决一死以作诸君之气。勉为一语，为诸君及国人告：'此次毋再贻讥五分钟热心是幸。'余不多言。瑞琦绝笔。"[65]

② 教育部通过三种办法来挽留蔡元培：（一）请总统下令挽留；（二）派一司长到天津寻找，并劝他暂不离津；（三）通电上海，请蔡即日回任。[66]

者，也有不愿意参加或是反对新运动的人①，他们多数支持学生运动反抗政府外交政策和反对蔡、傅二人离职的主张。显然地，在某些方面，教职员确实是在跟随学生运动，而不是领导学生运动②。

学生大罢课

当此重要时机，在多数教职员和学生对北京政府面对他们的态度感到愤怒的时候，有些学生仍然在设法保持冷静。5月13日，教育总长傅增湘去职的第二天，北京所有中等以上学校的学生开会讨论当时的局势。他们提出了进行全体罢课的方案，起初也为多数人所支持通过。但是经过冷静考虑和讨论以后，大家认为罢课会妨碍学业，同时如果政府忽视罢课的话，也没有什么作用。因此终于决定继续上课。17日，北京学生联合会再次开会，到会24所学校，讨论罢课问题，赞成罢课的只有6所学校，其余18校皆反对。结果第二次全体罢课的尝试，也没有成功。

然而，面对政府日益增加的压力，这种暴风雨前的平静注定无法持久。学生们在得知亲军阀的政客田应璜要出任教育总长及政府决定要惩罚教育

---

① 依马叙伦的说法，北京教职员联合会的成立，是由北京大学教职员联合会提议的。北京大学教职员联合会的会长是康宝忠，马叙伦是秘书。北京中等以上学校教职员联合会也选康为会长，马为秘书。后来康逝世以后，马接任会长，另一位北京大学的教授，沈尹默的哥哥沈士远为秘书。马叙伦（1885—1970）在辛亥革命以前与保皇党有关系。民国初年，被认为是进步党的党员或支持者，而进步党与北洋军阀是合作关系。"五四"事件发生时，他在北大教书，曾受新潮社的批评。事实上他反对新文学运动，但他与汤尔和既是同学，又是好友，而汤向北京政府推荐蔡元培为北京大学校长，同时又向蔡推荐陈独秀为北大的文科学长。后来马在自传中宣称，汤之推荐蔡，原是他的意思。胡适在1956年秋告诉我，他曾看过汤尔和日记的原稿，发现记载有关北大问题上汤、陈、蔡的关系。胡适不相信马所说是真事。"五四"事件以后，马率领着部分教师罢课反抗北京政府。不过，后来他先后在北京政府和国民政府里担任教育部次长（1924—1925年他曾一度在段祺瑞内阁里担任代理教育总长）。抗日战争期间，他在上海，抗战胜利后，与许广平（鲁迅的妻子）等组织中国民主促进会。1949年后在新中国曾任人大代表、文教会副主席及教育部长等职。67

② "五四"事件以后，有些人建议教职员应该仿效学生，组织自己的联合会。68

界的消息时，5月19日北京18所大专学校的学生召集了一次学生联合会的紧急会议。[69]会上决定于5月19日进行全体学生大罢课。北京学生以"北京学生联合会全体学生"名义，向"各省省议会、教育会、商会、农会、工会、各学校、各公团、各报馆"发表宣言，这是一份颇为情绪化又有些许天真的"罢课宣言"：

> 外争国权，内除国贼，五四运动之后，学生等以此呼吁我政府而号召我国民，盖亦数矣，而未尝有纤微之效，又增其咎。夫青岛问题，学生等集争之焦点，会议已决矣，事濒败矣，卒未见政府有决心不签字之表示，而又破裂南北和议以资敌。学生等之失望一也。曹汝霖、章宗祥、陆宗舆，国人皆曰可杀，乃政府不惟置舆论之指击于不顾，而于其要挟求去，反宠令慰留，表彰其功德，以与教育总长傅公之免职相况；外间复盛传教育全局举将翻动之说。国是前途何堪设想！学生等之失望二也。五月十四日两令：一则以军威警备学生，防公众集合；一则禁学生干政。凡公忠爱国之天良，一切不容表见。留日学生以国事被拘，政府则置诸不理。学生等之失望三也。学生等之为学，恃有此方寸之地耳；今一朝而三失望，方寸乱矣。谨于五月十九日起，一律罢课。至三失望之回复为止。至于罢课期内，仍本我寒（十四日）电宣言之大纲，始终无悖。一则组成"北京护鲁学生义勇队"，以备我国家不时之需；再则推行各校"平民教育讲演团"，使国人皆知以国家为重；三则由各校自组"十人团"力维秩序，以舒我国家内顾之忧；四则以暇时潜心经济，俾勿负我国家树人之意。学生等深受教育，修养有素，凡所作为，皆循我智仁勇之国风，决不致自逸轨道，而遗我国史之羞也。学生等一任良能，行我良知，知我罪我，今非所计，惟付诸百世后之公评而已。[70]

同时，北京学生联合会上书总统徐世昌，提出六点要求：（一）巴黎和会上有关山东交涉的和约绝不可签字；（二）惩办卖国贼曹、章、陆；（三）

挽留傅总长、蔡校长，取消田任教育总长之议；（四）政府应撤去对学生做猛烈压力的措施，以维护人权；（五）向日本抗议 5 月 7 日留日学生被捕之事；（六）在上海重开自 5 月 15 日暂停的南北和议。[71] 学联会强烈表示，除非他们的要求政府都接受，否则学生将继续罢课。

宣言里提到的"十人团"，正式名称为"救国十人团"，按照组织规则，任何气质相投的学生都可组织成一个集团，提倡联合抵制日货和促进宣传。这个集团设立一个特别的十人团，专门负责与所在学校的学生联合会联络，而学校性或地区性的学生联合会对各省学生联合会负责任，而各省学生联合会则对中国学生联合会负责，它成立于全体学生开始大罢课的一个月后①。这种组织的形态后来扩展到很多大城市，变成了学生和劳工行动组织的核心②。

学生们 5 月 18 日的决定，在"五四"事件发展的过程中又向前推进了一步。在这个决定以前，他们反政府的活动曾产生过一些鼓动作用。虽然联合抵制运动刚刚开始，学生罢课随处发生，但是如果没有全体大罢课，他们的活动就显得不够普遍和强烈，难以引起一般不识字公众的注意。全体学生罢课的决定意义，是向政府的压制提出全盘的挑战。更重要的是，学生们的着重点，由大批学生团体的集会，转移到小型的、但更有影响的普通民众的街头集会，由多彩的游行示威转移到实际的抵制日货和提倡本国工业，而后一变化当然对一些新兴工商业者有很大的吸引力。这些新兴商人和工业家自从第一次世界大战以来，就遭到日货在中国市场倾销的威

---

① "十人团"在其成员中选出下列负责人：（一）主席一人，他要将精力放在团内最需要的地方；（二）调查员一人，整理出该团范围内的商店中日货的存货清单；（三）编辑一人，撰写小册子、报纸上的文章及其他宣传资料；（四）纠察一人，向违犯规章的人定罚款并收罚款；（五）财务一人，负责本团的财政事务（主要责任是筹集宣传工作所需的经费）；（六）讲演员五人，负责劝告民众提倡本国工业，购买国货，不买日货。[72] 计划中也规定，每十团联合提名一个代表，称作十人代表；每百团提名一个百人代表；每千团提名一个千人代表。又每名团员的团员证背面，都有同团其他九人的姓名。每一团员应该尽力说服其他非团员参与运动（每人答应至少争取十人）。当然，这个计划究竟被严格地执行到什么程度，还是一个问题。[73]

② 中共认为"十人团"运动曾经帮助过中国劳工运动选择政治方向和中国共产党的成立。[74] 然而，张国焘在他的英文回忆录里认为这种说法不确切。

胁。学生们抵制日货的决定当然不是孤立的。上文提起过，北京商会在 5 月 6 日的决议里也曾提倡过此项行动。学生们可能是用这一步骤来获得新兴商人和工业界的合作。事实上，学生们这样做，也确实争取到了他们强有力的援助。

学生全体罢课在 5 月 19 日开始，北京 18 所大专学校的学生拒绝上课。第二天，全市所有的中学也加入罢课。街头演讲团分散到城内各地抵抗警察的干涉，大量分发印刷的白话文传单、小册子和报纸。演讲者所提倡的主要是恢复青岛主权，拒绝承认基于"二十一条"和其他密约所签订的中日协定，抵制日货和购买国货。当时警察的干涉毫无效用，因为很多警察都同情学生们的爱国热情。

北京全体学生的大罢课不久便扩展到其他城市。5 月 19 日以后，由北京秘密地派遣一些学生代表到天津、南京、上海和其他城市去开展运动（派往天津的有 27 人）。5 月下旬，学生罢课的情形很快扩展到所有重要城市的学校。天津学生联合会于 5 月 23 日开始全体大罢课。[75] 参与的 15 所学校包括：北洋大学、南开学校、直隶法政学校、直隶第一师范学校、高等工业学校、省立中学、孔德中学、成美中学、大营门中学、直隶水产学校、育才中学、私立法政学校、新学书院、甲种商业学校和英国人所办的英华学校，学生共 1 万余人，拒绝上课。他们向北京政府做六项要求，内容和北京学生的要求大致相似。

在上海，中等以上学校学生联合会于 5 月 19 日决定向北京政府发电，力请撤销接受傅总长辞职的命令，也决定从 5 月 22 日起全体罢课，直至收到学联会通知，否则决不上课；又决定要派遣学生代表到其他各城市去说服所有公私立学校共同罢课。因为江苏省教育会（当时蒋梦麟是该会的组织人之一）和教职员从中调停，所以学生联合会应许暂缓 3 天才开始罢课。学生见到北京政府对北京学生的要求没有采纳的意思，24 日学联会开评议、交际及职员会议，决议罢课时应进行的宣传工作等项，次日发出罢课的通电。于是来自 70 所学校的 2 万余名学生，包括复旦大学、东吴大学、震旦大学、圣约翰大学、同济大学、上海公学、沪江大学、神州女学、爱国女学、南洋公学、南洋中学、澄衷中学、南洋女子师范、民生女学、青年会中学、南洋路矿学校、徐家汇公学、启秀女学、博文女学、亚东医校、上海图书美术学校、南洋商业学校、中西女塾、清心女学、英华书馆、沪北公校、中华美术学校、市北公学、民立中学、大同学院、两江公学和其他大专及中学，自 5 月 26 日起罢课。当天进行的游行示威活动吸引了约 30 万的围观民众。[76]

上海的学生似乎更意识到他们与商人及都市工人之间的联系。上海学生联合会在 5 月 27 日决定派遣联络小组到各商会，力请所有商人于 5 月 31 日在大门上悬挂白旗，作为参加当天郭钦光烈士追悼会的表示；同时决定在学生联合会里设立劳工部，以便与劳工们保持联络；又设调查部，往各大商店调查日货，在上面加盖印章；决定开始发行日刊作为宣传工具；并且每人每半年应该向学联会捐纳 5 角钱，以为办报发电之用；他们还决定了派遣代表向其他各城市的学校、回国留学生和各国领事署请求合作和支持。[77] 前三项决定是促使商人、工人在以后的日子里与学生联合的重要措施。

自此刻起，上海开始转变为学生运动最重要的中心。很多才华出众的学生领袖，由北京、天津、南京齐聚在这座中国第一大城市。5 月 31 日的追悼会约有 10 万市民和学生参加，参加的学生来自 82 所中学和高等学府。[78] 北京学生代表许德珩和陈宝锷在 5 月 27 日化装离开北京，来到上海，他们在会上发表了令人振奋的演说。会后，学生们游行到上海县商会，力请该会劝告各商店与学生合作。上海县商会应许第二天与学生代表商讨此事。[79]

有些城市的学生面对着强大的压力，必须诉诸其他不同的行动方式。例如，武汉学生在 5 月 18 日游行示威以后，湖北省督军王占元对他们进行了严厉的镇压。当 5969 名武汉中等以上学校的学生在 6 月 1 日宣告罢课时，王派出军队在所有学校驻守，以严厉监视学生。在同一天，有约 100 名街头演讲的学生受伤和被军警逮捕，其中有些人受伤以致手足残废。一名湖北省高等师范学校的学生被军人杀害。王占元刚刚庆祝完自己获得由日本天皇颁发的奖章，便在 6 月 3 日以提早放暑假为借口，下令关闭所有的学校。与此同时，他又宣布，凡有任何学生公开进行反日演讲的，都要当场枪毙。于是武汉学生联合会的活动都转入地下，秘密进行。第二天，该会秘密决定，所有的学生都返乡，将运动发展到乡野之间。与武汉学生相似，杭州的学生也在 5 月 28 日分散回家，各人在乡下活动。

学生大罢课所波及的重要城市包括：北京（5 月 19 日）、九江（5 月 20 日）、天津（5 月 23 日）、济南（5 月 23 日）、唐山（5 月 24 日）、保定（5 月 24 日）、太原（5 月 26 日）、上海（5 月 26 日）、苏州（5 月 28 日）、杭州（5 月 29 日）、南京（5 月 29 日）、福州（5 月 30 日）、安庆（5 月 31 日）、开封（5 月 31 日）、宁波（5 月 31 日）、无锡（5 月 31 日）、武汉（6 月 1 日）、南通（6 月 3 日）、长沙（6 月 3 日）、漳州（6 月 5 日）、镇江（6 月 6 日）、武进（6 月 6 日）、徐州（6 月 9 日）、广州、厦门和其他城市。[80] 这个运动共计影响了 22 个以上省份的 200 多个大小城市。

上述记载表明，在"五四"事件以后的一个月里，大多数的群众活动是由学生发起的。在抗议政府方面，学生独自扮演着重要角色：首先是游行示威，接着是广泛的全体学生大罢课。此外，他们在这一段时期里有四项有助于日后活动的成就：第一，由于在各省、市、学校均成立了学生联合会，学生开始转变为组织严密的集团。第二，学生得到了知识分子领袖的支持，例如教职员、作家、记者都站出来支持他们。并且学生运动启发了这些知识分子领袖，促使他们创建自己的组织进行活动。诚然，教育界人士以前也有自己的组织，但是它们大多数是职业性组织，而在此时期所成立的教职员组织却更富有政治性。随后的几年里，在与军阀和官僚斗争的过程中，教育界发展成为一股特别的力量。第三，学生们唤醒了很多政治和社会领导人，使他们觉悟，在任何政治奋斗中，青年必须被承认是一种力量，乃是铁的事实。至少他们认识到，在与安福俱乐部的斗争中，青年是有效的力量。最后，也是最重要的，学生被民族意识的高涨所鼓舞，抓住了"反对亲日政策"作为他们战斗的口号。在爱国的旗帜之下，学生们成功地争取了公众的同情，并且在未来很快地获得了都市商人、工业家和工人的联合支持。

第六章

更进一步的发展：工商界及劳工界的支持

5 月以后，当商人、工业家及城市工人和学生开始团结起来，局势发生了变化。6 月初政府大批逮捕学生，促成了这个大联合的形成，而且上海及其他地方的商人、工人也开始用罢工来表明自己的态度。

这条对抗政府的联合阵线的形成，有赖于当时空前有利的思想意识及经济利益环境。其中最重要的因素，正如事件发生以后所显示的，是一股被日本及中国政府所忽视的全新的爱国主义和民族主义浪潮。另一大因素，特别与抵制日货和商人罢市有关，是中国和西方在第一次世界大战期间发展起来的经济力量与日本在利益上存在的冲突。

政府向学生寻求和解的失败

由于学生的罢课，北京政府陷入左右为难的境地，最初表示愿意在某些小问题上向学生妥协。不过政府也不会做出任何会引起日本反感以及有损那些身居高官要职、亲日派的军阀们利益的事情。5 月 21 日，内阁总理钱能训在一项给教职员联合会的文告中，曾这样答复他们的要求：

（一）惩办卖国贼问题。以为必须根据法律，有确实证据，才能惩办。

（二）不签字问题。以为如果由政府明白宣布，实在有碍邦交，办不到；但政府一定郑重进行，总希望对得起国民。

（三）挽回傅、蔡问题。蔡的回任已有把握；傅却去志坚决，政府仍设法挽留他。

（四）维持上海合议问题。上海南北和议，虽有决裂的现象；但北方代表决不撤回。[1]

学生对这些答复极不满意。当他们得知那三位亲日的官员曹汝霖、陆宗舆、章宗祥被留任，而且亲日的外交政策保留不变时，学生们愤怒异常。此外，政府对其他要求的漠视，更是彻底激怒了他们。许多问题和要求，政府既没有给予回答，当然也没有履行实现。

就在此时，日本试图干涉整个局势。5月18、20、21日，日本驻华公使小幡酉吉（Obata Torikichi）向北京政府提出三次抗议，要求镇压所有学生的反日活动。紧接着日本驻中国的军队也通过武力施压。日本的战舰聚集在一起，沿着天津、上海、南京、杭州及其他中国港口巡弋。[2]在这种威胁之下，北京政府开始试图使用武力镇压学生运动。第一步是革除警察总监吴炳湘的职位，不过因为遭到北京商会的反对并没有成功。稍后，5月21日，又将步兵统领李长泰撤职，由王怀庆接替。吴炳湘和李长泰都被某些保守派怀疑倾向同情学生。[3]5月23日，查禁北京学生联合会出版的《五七日刊》，该刊物由陈宝锷主编，后来迁至天津，继续出版了一段时间。学生联合会的其他刊物，如《救国》也遭到取缔。无政府主义者及社会主义者出版的秘密刊物，如《进化杂志》《工人宝鉴》《太平》《民声》都被查禁没收。11种支持学生运动的新闻报纸，如《益世报》《北京晨报》《京报》也都被封了。[4]5月25日，教育部下令，限学生在3日内回校复课。同时，政府又计划采取三种措施以应对学生：用武装军警去干涉学校的行政；解散学生团体；派遣警察到各学校，强迫学生签名，答应复课，凡拒绝签字的学生会被开除。学生完全不理会复课的命令，北京的教员也立刻向政府提出抗议，并威胁政府，如果采用如此高压手段的话，他们就要集体辞职。

面临如此激烈的反对，政府稍微缓和了它的政策，答应暂时取消武装军警干涉的计划；不过作为交换，要求教员劝导学生回去上课。教育部同时也派员与学生谈判。代理教育总长袁希涛建议提早一个月放暑假，以达到驱散学生的目的。结果高等师范学校及法政专门学校真的提前放了暑假。不过在如此紧张的局势之下，学生很难被分散。另一项建议由安徽省主席吕调元提出。他提议立刻举行一次特别的文官考试，公开面向所有学生。该建议的目的是要争取一些有才干和抱负的学生到政府部门去，以此削弱学生运动。政府显然被这个有新意的主张所吸引，于是开始计划施行。虽然这条建议略显天真，而且事实上难以达到其目的，但该计划却反映出一个当时已被人察觉的社会问题。正如本书第一章中指出的，自从旧式科举制度被废除后，便没有建立新的人才选拔制度来取代。十多年过去了，新式知识分子仍然无法通过常规渠道成为政府公务员；而在政府中谋求职位，正如社会传统所鼓励的，仍然是他们生活的理想。然而这个问题存在已久；如果单纯地以为当下学生运动的直接动机是争取进入政府部门，那么这种看法则是错误的。一个公正的遴选制度也许可以帮助年轻的民国政府慢慢建立起社会平衡（social equilibrium）；然而类似的草率改革行动，根本无法平息这样一场起因复杂的风潮。

纵然如此，政府向学生谋求妥协的努力终有一些效果。最初，学生们在北京的活动强调反日演讲，他们每天约有3000人在街头开展活动。后来为了避免引起与日本外交摩擦，他们放弃了大队人马演讲反日的宣传形式，化整为零，转变为个人或小组行动（主要是组成救国十人团），而且推动国人购买国货。学生们义务帮助中国实业家及国货商人推销其商品。他们把城里的市场及生产情形做了一次仔细的调查，列举了80多家本国的工厂和公司，它们可以生产制造代替通常从日本进口的商品，诸如草帽、奢侈品及办公用品；并向所有的商店推荐这份目录。学生们的工作，包括研究消费市场、价格以及许多经济改革的可能性。他们将这些研究出来的资料印成几万本小册子和传单，到处分发。他们的行动集中而紧密，不过仍相当有秩序，而且和平地进行。[5]

　　北京政府由于有亲日派官僚在幕后操纵，见到学生的情绪在表面上稍有平静，便决意强有力地镇压这种不可容忍的宣传活动。6月1日，总统徐世昌颁布两道命令[6]：第一道称赞曹汝霖、陆宗舆和章宗祥，表彰他们为民国立下的不少功劳；第二道归罪学生纠众滋事，扰乱治安，告诫他们立刻回校上课。命令中还宣布，学生团体如学生联合会、学生义勇队，一概封禁。首都施行戒严令。[①]

6月2、3、4日的大逮捕

　　政府恢复采取严厉政策，首先表现在第二天（即6月2日）下午逮捕了7名在东安市场贩卖国货的学生。[②] 学生为此非常愤怒。北京学生联合会在当天傍晚集会，决定展开更大规模的贩卖活动。他们决定第二天一齐出动，以50人为一组的团体做沿街演说。他们不说抵制日货，只是鼓吹爱国，劝导国民购买国货。但凡50人中有一人被拘捕，其他人就一齐跟他进监狱。

　　6月3日早上，900多名学生（有些报道说约2000人），手持白旗，开始出外演讲，每团约有10至60人。城里的巡警增加了数倍，保安巡察马

---

　　① 芮恩施认为，北京政府由于袒护曹汝霖及其同僚，而采取错误的措施，因此激起那时相当安静的学生的愤怒情绪。根据曾琦所说，当他5月底从上海到北京，以留日学生救国团代表的身份支持北京学生运动时，发现局势已变得相当平静，而且李大钊、陈独秀、康白情等人都试图劝导学生采取温和行动。曾琦曾反对李、康的劝告，在学生中发表了几次演讲，鼓动学生们在这紧急关头与政府对抗。他又提到，易克嶷，一名来自湖南省的北大学生，他是这次事件中最热烈和积极的学生领袖之一。[7]后来易加入国民党，担任段锡朋的秘书。

　　② 北京学生联合会6月3日致全国电指出："……露天讲演之事，虽以外交关系暂停；而贩卖国货，实行个人讲演，则未尝一日间断。乃政府愈出愈奇，竟于昨日（二日）捕去学生七人，学生大为愤激。"[8]大逮捕的政策，据说是首都卫戍司令段芝贵的建议，且要坚持执行。[9]安福系的徐树铮，自从"五四"事件后回到北京以来，似乎不愿支持以高压手段对付学生。张国焘是北京学生联合会演讲团的领导学生，他后来说自己是6月2日被捕的七人之一。

队骑着马在街上到处巡逻。他们起先劝说学生停止演讲，学生不从，警察便驱散听众。结果很多学生及观众被马踏伤，或被警察打伤。学生联合会马上致电上海各报馆，说明当天上午有178名学生被军警拘捕。到了下午，被捕的人数增至400。首都的拘留所无法容纳，政府便把北河沿北京大学法科的大楼变成临时学生拘留所。法科的大门前贴上"第一学生拘留所"字条。校舍四周，派出保安队等支棚露宿监视。北京中等以上学校学生联合会致上海各报馆的电报全文如下：

> 今日（六月三日）学生游行讲演，各校之出发者九百余人，被捕者一百七十八人。北京大学法科已被军警占据，作为临时拘留所，拘囚被捕学生于内。校外驻扎兵棚二十，断绝交通。军警长官，对于学生，任意侮辱。手持国旗，军警夺而毁之。讲演校旗亦被撕掷。其坚持国旗与校旗者，多遭枪殴。受重伤者二人。旋被送入步军统领衙门，榜掠备至，尚不知能否生还。此外马队之冲突而受伤者亦多。东华门外有一军官对学生曰："吾系外国人。"其颟顸昧良，有如此者；学生等文弱，拘囚榜掠，任彼军警之所为。一日不死，此志勿夺，杀贼杀敌，愿与诸君共勉之。北京中等以上学生联合会叩。肴。[10]

6月4日，有一通从天津发到上海各报馆的电报，报道北京局势：

> 昨日（三日）十时，北京学生大演讲，被军警拘捕，现闲置译学馆四百人；断绝粮食，四周架武器，设帐置围。又二人被步军统领拘去，笞刑镣铐下狱。未捕者连日仍继续演讲，以示决心。并电各省县学生、各界，火速营救。[11]

杜威夫妇也在6月4日从北京用英文报道：

> 今天上午十一点钟，当我们开始找房子时，看见学生演讲。后来

听说他们被拘捕了，而且口袋里带着牙刷和面巾。事先即准备入狱。有些人说不止两百人，实在有一千人被拘捕。单单在北京就有大约一万人在罢课示威。[12]

尽管不停地被逮捕，学生并没有罢休，而是一次又一次增援上街演讲。截至6月4日晚上，政府竟囚禁了大约1150名学生。马神庙北京大学理科的校舍，已经成为第二临时拘留所；文科所在也被武装军警重重包围。[13]学生遭遇如此大规模的武力镇压时，不但丝毫未表现出要妥协的迹象，反而加强了外出演讲的活动。6月5日早上，有5000多人在街头演讲。大街小巷，公园菜场，都变成了公众集合的地方。学生们站在木箱子上演讲，泪流满面。北京当局无法再拘捕更多的学生，只好驱散深受感动的听众。

当大批逮捕达到高潮时，北京多数学生做好了决心不屈、随时入狱的准备。他们背着被褥，以便在拘留所使用。① 在很多场合，警察往往被学生的爱国行动软化，反而给予同情。当警官不在旁监视的时候，他们会让学生到另一街口继续演讲："我们当然支持你，可是，我们不想惹麻烦，请向前面移动一下吧。"[15]

学生最初被监禁的时候，条件苦不堪言。一支约有700人的军队负责看守他们，并且架起20个兵棚，把北大法科团团包围起来。第一天不准许送食物进去。被监禁的学生在6月4日早晨4点才分配到被褥，不过还是没有食物。不过，"那些刚刚被拘禁的学生，在还未出发去演讲时，早已机智地携带着里面装满食物的行囊"。[16]监狱里受伤和生病的学生都得不到治疗。②

---

① 据说当一些学生被捕正要送去囚禁时，他们停下来以便一些外国旁观者照相。警察予以干涉。学生便讥笑那些不懂幽默的警察："等一等，你不知道我们早已准备好去坐牢吗？不过在我们进去之前，让我们送给这些好心的外国人一些纪念品吧。"[14]

② 王芑章记载："根据胡适博士的观察，北大法科拘留所的待遇很悲惨，学生们有病苦的，甚至有饥饿到将近死去的。他请求教员给他们送面包。"胡适对学生在学校拘留所的悲惨遭遇大概有点夸张，因为一名《晨报》的记者曾在6月6日下午访问学生，看见他们的生活情况要好些，他甚至看见几百人在室外踢足球。[17]北大法科教授黄右昌也曾访问那些拘留所。

政府这种高压手段引起了全国各地的愤怒。女学生也出来参加示威了。6月4日当天，有100多名女生挺身而出，沿街演讲。第二天，来自北京15所女子学校的学生1000余人在天安门聚齐，然后整队到新华门，派出代表钱中慧、吴学恒、陶斌、赵翠兰四人去见总统，陈述意见。恰好因为总统正在接见各校教职员，便由秘书陈子厚代见。女代表说明来意，并提出四项要求：（一）不能把大学作为监狱；（二）不可以待土匪的方式对待高尚的学生；（三）日后不得再以军警干涉学生爱国之演讲，并要求言论自由；（四）对于学生，只可告诫，不可苛待。陈子厚答应代为转达，三日内政府当有明白指示。女代表才辞出，整队回校。妇女救亡会会长杨玉洁、高小兰是请愿团的领袖。天津女生也派有代表参加。这次女生的实际行动可说是史无前例的。[18]

教员也前来援救学生，把食物和被褥送到学校的拘留所里去。来自北京教职员联合会的8名代表，包括一名汇文大学的美国教授，冲入学校监狱去慰问被监禁的学生。[19]各大学和学院的行政职员，与女生们的要求一致，抗议学校被当作监狱。[20]6月4日，北京基督教徒决议，把他们的布道坛借给学生作为演讲台。[21]

当被拘学生的悲惨待遇传播开来以后，马上就引起群众对抗政府的风潮。几百名公众与来自各种不同组织的代表，如国民外交协会、女学生联合会、和平联合会、红十字会，每天到监狱去慰问学生，给他们送去食物，并且给予其他必要的帮助。不过所有金钱的捐助都被学生们拒绝了。[①]与此同时，政府却遭遇了各方无数的抗议。

---

① 梁启超的弟弟梁启雄送交1000元给被监禁的学生，他说钱是广东一位姓何的人捐送的。一名在监狱内的学生联合会的代表接受了钱，然后交给学联会的评议部。经过讨论，他们决定把钱退还给梁启雄，而且在报纸上登出广告，说明不接受金钱捐助。段祺瑞和他的得力助手安福俱乐部的领袖徐树铮，也曾想办法给学生捐钱，并且解释说，他们实在很同情学生。但他们的捐助也被拒绝了。在"五四"事件时，学生们廉洁自守的立场，始终不渝；因此也赢得了社会人士最大的尊重。[22]

6月5日上海的罢市和罢工

大批学生的被捕引发了中国所有城市的愤慨。不过最激烈的，该属上海。商人、工业家、城市工人在被激怒后，开始跟随新式知识分子的领导，开展有限度的团结一致的行动。不但如此，新式知识分子在与新社会和新经济力量短暂的亲切合作当中，开始明白以后的成功要靠全国一致的、以改变中国经济和社会为目的的群众运动。这种趋势在6月5日的大罢市中很清楚地反映出来。这一发展把五四运动推进到一个新的方向。

我们应该记得，自从5月26日上海学生罢课以来，城里的中学及高等学府的学生已经开始不停地推进抵制日货的宣传行动。无数感人的事件在学校和城里发生。[23]在6月1日预先安排好的与学生代表的会谈里，商界领袖答应以行动来支持学生。

6月2日，当政府开始大逮捕，学生代表又谒见上海县商会要人，以说服他们立刻采取行动，支持学生运动。不过当天恰是端午节公共假期，正好是生意好赚钱的日子，商人们都较为忙碌。因此商界领袖计划在第二天召开紧急会议。会议于6月3日下午5点在南市商会会所举行。开会时，上海学生代表何葆仁、北京学生代表许德珩、黄日葵、段锡朋、陈宝锷，纷纷演说报告，恳求上海商界继续坚持抵制日货、抗议政府的内政外交政策的立场；要是政府没有令人满意的反应，便要停止纳税。当商会领袖想延期讨论这些提案时，其他商界代表却热烈地支持这些提议。当时到会者有许多是未被邀请的商人和职员，因此会场稍显激昂混乱。8点时，还没有决议，商会会长宣布会议暂停，等到第二天下午4点再讨论。

6月3日下午，当上海县商会正准备继续开会时，接到淞沪警察厅禁止任何此类集会的命令。赴会的商界和学生代表，在该会门前看见命令贴在大门上，并且有警察和政府官员上前勒令他们离去。商人及各界人士有数千人，聚集门前，等待开会，却遭到大队警察辱骂和驱散。这样一来，针对警察和政府的愤恨情绪油然而生。傍晚时，学生们到处演讲，并且把印好的传单在大码头和各重要区域分发，控告上海官厅违反宪法，侵害人民的自由与权利，并鼓动商人采取行动对抗政府。同时，上海县商会响应江苏省教育会副会长黄炎培的信，决定与该会联合，替学生向北京政府请愿。[24]

6月4日下午，上海学生联合会在收到从天津发来的有关北京大逮捕的电报后，马上开展更积极的行动，争取工商界的支持。有关大逮捕的新闻号外和传单即刻分发出去。下午7点以后，学生戴着白布帽[①]在每条街上激昂地演讲。城内南市的学生尤为活跃，他们访问每家商店，请求他们签字，答应从第二天开始罢市。几乎所有被请求的商店都署名了，答应停止营业。[②]家家户户，莫不购买充足的日用食品以应付罢市。直到午夜，武装警察才将学生们驱散。6月3日，日本驻上海领事馆已预言6月5日全上海会大罢市。第二天，上海新闻界也发出同样的预告。[26]

果然在6月5日那天，大罢市开始了。天将拂晓时，学生们已恢复街头演讲。天大亮时，南市大小店家，均未开门。附近地区的店铺也紧跟着闭市。早上8点，法租界一带的商店也开始参加罢市。大约一小时后，罢市风潮扩展到整个法租界。从上午10点到11点之间，公共租界内的英美租界也开始闭门罢市。罢市如野火一般往闸北蔓延。至中午，全市各商店已没有一家开门了！后来郊区亦如此。[27]各类店铺场馆都不开门做生意，包括游戏场和饭馆。只有一些外国商店例外。于是在几个小时之内，一座拥有153.85万人口的大城市，竟然被一场临时发起、组织粗略的示威罢市控制了，以支持1.3万名罢课的学生。[③]

大罢市后，上海市景象的惨淡荒凉，不是西方人所能想象得到的。中国绝大多数的商店都没有西洋式的玻璃橱窗和大门。关门时，就把一片片的木板拼合起来，看来好像是为提防军事袭击而设计的。因此，当大多数

---

①　开始抵制日本以后，便少有中国人戴草帽，因为多数草帽都是日本制造的。

②　只有小东门某银楼的老板不允签名，可是当学生跪下请求后，也就应允了。[25]

③　上海学生联合会在6月6日致所有上海外国领事馆的信中说，有1.3万名学生罢课示威。不过第二天在商会举行的一项会议中，一个学生代表却说有2万多名学生。从6月5日开始，所有学生，包括专科学校、中学、小学的学生，都参加罢课了。上海人口引自1919年中国邮政局所公布的数字。[28]

店铺同时关门闭户时，上海便好像面临大战进攻或革命。其实，除了开始罢市的几天，在街头演讲的学生被军警逮捕了200多人外，一切进行得都很有秩序。学生很快就被释放了，局势也安定了下来。[29]上海市并没有变成一座空城。正好相反，街上有愈来愈多人开始聆听学生们的演讲。全市商店的窗户上都贴着白色的标语，写着诸如此类的口号："商号一致，罢市救国""还我自治，释放学生""不除国贼，誓不开市""不除国贼不开门""爱国自由，不受干涉""义无反顾""人心未死""压力无用""官场恐吓，勿为所动""至死坚持在狱，我们都会加入"。[30]这些标语在某种程度上反映出某些商人渐渐觉醒的民族意识和自治的理想。他们意识到，需要与新式知识分子团结起来，以抵抗侵略和压迫。

6月5日下午，在上海学生联合会的邀请下，200多名来自不同社会及政治团体的代表举行了一次集会。参加的商界、社会及政治领袖包括虞和德、黄炎培、蒋梦麟、叶楚伦、张东荪等；学生包括段锡朋、许德珩、朱承询等。会议由复旦大学学生何葆仁主持。代表们一致决议继续罢市以支持学生，同时组织一个包括工、商、报界及学生联合会的永久性机构，该机构定名为全国各界联合会，亦称"工商学报联合会"。英文报纸《北华捷报》（The North-China Herald）报道：在会议里，"好几位演讲者强调罢市不是排外运动——日本也包括在内。所有在场的人要负责劝导朋友们，帮助维持和平与秩序"。[31]自从那天以后，该联合会举行了多次会议，支持工商界的罢市罢工及其他群众运动。后来在11月10日，该联合会举行正式的成立典礼，有1200多名来自各省的代表参加，其中包括政学各界领袖，如黄大伟（代表孙中山）、蒋梦麟、黄炎培等。

各方对这次大罢市的性质，意见往往不一。首先我们要问，什么团体是这次大罢市的主要动力？有三大群体参与运动，即店主、店员、学生。是店主还是店员构成了主要的力量？学生在罢市的决定上扮演了如何重要的角色？关于这种种问题，有很多矛盾的报道出现。

有人提出，多数商店的老板本来不想罢市。罢市后不久，上海总商会会长（比上海县商会更大的组织）虞和德（虞洽卿）向淞沪护军使卢永祥报告，店主本来不想罢市，可是同情学生的店员要实行。[32] 相反地，有些报道却说，很多店主都主动关闭店门。应该清醒地认识到，虞和德给护军使的报告，其中一个目的，似乎是想减轻店主对罢市的责任，因为军方对这次罢市与店主的关系颇为怀疑。（护军使是上海除租界外其他地区的真正统治者，而上海总商会则代表了所有店主的利益。）

照通常的情况，这时候的店员本来缺乏组织，隶属于不同店铺的店员很少来往，对商店的经营事宜也根本没有说话的余地，他们对付雇主远不及工厂工人对付工厂主那样有力量。在日常情况下，店员不服从店主并损害他们的利益而进行罢工似乎是不可能的。然而，由于学生积极有力的活动，煽动了公众对政治局面的愤慨，情况就不一样了。在当时的环境下，店员想要罢市，学生更是支持他们，因此店主对罢市也就难以反对了。那时任何商人如果拒绝与反日运动合作，就可能被称为卖国贼，并且前途堪忧。

学生通过宣传活动，极大地影响了社会事件和大众情绪，而且这种影响对罢市产生了重要作用也是毫无疑问的。他们赢得了多数人的同情，包括店员和商人。因为上述原因，虞和德给上海护军使的报告也就不能被作为商人不同情学生的证据。相反的事实是，上海各种商业团体都曾给北京政府拍过无数电报替学生说话。杜威于6月24日从北京报道："很多事实证明，学生实际上已经成功地拉拢商人以拥护他们，他们已不再是孤立的了，而是达成了一种联盟，在攻守上都和商会在一起。他们在商谈着罢税的行动。"[33]

杜威的报告与上海外国租界当局的言论正相反。6月5日罢市以后，租界当局就改变他们支持学生的态度，转而控诉学生强迫商人罢市。其实除了少数例外，我们没有找到任何商人埋怨被强迫参与罢市的记录。[34]

固然，我们也必须承认，并不是每名中国商人都支持学生的所有活动。上海的中国商人对日本的态度实际上是分歧不一的。虽然上海总商会表态，对青年学生及学者抱有同情，但较早之前却曾表达过相当亲日的观点。这曾受到上海商业公团联合会与报界的猛烈攻击，包括陈独秀在《每周评论》

上的社论。① 当然，专卖日本货物的中国商人的确遭受了严重的经济损失。可是在那时候，他们只是属于极少数的商人而已。

持续 7 天的罢市，中国商人承受的经济损失，总计在 2000 万银圆以上。[36] 但这损失可能通过其他的因素来补偿。经过了短暂的战时繁荣，中国便面临着市场困难的问题。由于乡村经济逐渐崩溃，广大农业人口的购买力显示出下降趋势，商人和本国工业家都面临这一困境。排斥日货和提倡购买国货的抵制运动，不论是否能够从根本上解决，至少暂时缓解了难题。5 月底，由于学生运动的结果，本国产品的价格呈现出逐渐升高的迹象。②

给予学生积极支持的并不限于商人和店员。上海市区工人同情学生的史无前例的大罢工也在同一天爆发。首先从纺织业工人和印刷业工人开始，后来扩展到冶金业工人及其他工人群体中。[38] 由于当时中国没有联合有效的劳工组织，工人罢工的开始日期因各工厂而异，大约开始于 6 月 5 日到 11 日之间。参加罢工的人数一直没有完整的统计，有些估计约 6 万到 7 万，也有估计 9 万多，但也有认为 10 万或更多的。③

根据可以找到的报道，罢工曾在至少 43 家工厂、公司和公用事业组织中发生。其中 7 家纺织厂、7 家金属工厂、18 家公用事业企业公司（如

---

① 这篇社论作于 1919 年 5 月 18 日，主题是抨击较保守的上海总商会 5 月 9 日给北京政府的一通电报。在该电报里，上海总商会主张，直接与日本谈判解决山东问题。这受到日本报界的欢迎，可是被实力强大的上海商业公团联合会所反对，该联合会代表了 56 个（后来有 62 个）商会团体。日本因担心其他列强干涉，曾建议山东问题不要在巴黎和会讨论，而由中日两国直接谈判。5 月 13 日，上海总商会撤回 5 月 9 日给北京政府的电报，会长朱葆三和副会长沈铺在 5 月 14 日提出辞职。虽然他们的辞职未被北京政府批准，事实上朱葆三后来还是被虞和德取代了。[35]

② 5 月 19 日学生大罢课后，北京学生曾采取一种计划，惩罚提高国货价格的商人。[37]

③ 邓中夏认为参加罢工的工人共约 6 万至 7 万。陈达的估计有 9 万多。可参见本书末附录四"罢工的数据"。在上海的美国人创办的英文《大陆报》在社论中曾劝告停止罢工，其中有一段说："国民有爱国心，为人人所共称；然使 5 万、10 万、乃至 20 万之劳动工人，一日无所得食，至于三四日之久，则为饥饿所逼，而爱国心将受其害"云云。但这只是泛称，并非确切统计。据上海重要纺织业工业家穆藕初在 6 月 7 日的演说，上海有 100 万人口（邮政局的估计是 153.85 万人），其中 12% 是工厂工人，纺织业工人占大多数。[39]

公共汽车公司、电话及电报公司）、7家运输及交通公司（如火车［上海至南京线和上海至杭州线］、汽轮公司）及其他公司工厂（如印刷、造纸、石油、烟草、火柴工厂等）。此外参加的行业包括：餐厅工人、漆工、木匠、水泥工人、司机、清洁工。根据统计，约有100家公司及工厂受到罢工的影响。[40]

工人罢工导致的雇主及工人的损失都没有报道。大略的估计认为，上海总共约有35万罢工工日，薪金损失约20.44万银圆。这个损失数字的估算基础是最少5万名工人参加罢工，每天平均薪水据官方统计为0.584银圆。当然该数字不见得准确。[41]

罢市的意义不在于它带来的经济结果，而是它的内在意义。这是中国历史上第一次基于政治和爱国的大罢工，工人的目的不是要求加薪或改善他们的待遇，而是向中国及日本政府提出抗议。在罢工期间，工人和管理人员曾经商谈有关维持秩序或给予群众服务的必要。工人与管理人员之间没有爆发严重的冲突，只有少数日本人经营的工厂例外。即使在日本人经营的工厂机构里，工人的动机也并没有被管理当局责难。大多数中国人经营的工厂和公司的老板没有对罢工提出切实的反对。或许以下的推测是合理的，此番城市工人旨在表达对学生积极支持的罢工行动，得到了多数雇主的默许。工人罢工在政治和社会各方面的影响和意义，都在下述的事件有所反映。在罢工期间，工人于6月9日至11日在上海举行群众示威游行。[42]虽然不是所有的上海工人都参加了罢工，但运动却激起了劳工群体对政治极大的关心。6月6日，上海市一个劳工组织甚至激烈地给驻节南京的江苏省督军李纯拍了一通电报，鼓动他发动革命，宣布江苏省脱离北京政府而独立。[43]

在工商机构以外，也有数量众多的市民也参加了罢工。此次运动的影响力深入社会底层，连乞丐、小偷、妓女、歌女都参加罢工。后来，邮局职员、警察、消防队员都威胁，如果政府仍然对学生保持这样的态度，他们也要停止工作。[44]

"五四"事件的解决：内阁垮台与拒签合约

当政府的大逮捕引起学生更强烈的反抗时，北京政府吸取了教训。代理教育总长袁希涛面临来自军方及社会与学生团体的双重压力。他在困境重重之中一筹莫展，只得提出辞职。同时政府内阁因为面临一系列的强烈抗议，立场一再动摇。当6月4日傍晚逮捕了1000多名学生后，内阁成员在总理的私人官邸集会，决定接受袁希涛的辞职，然后委任另一位教育次长傅岳棻接任代教育总长。①从此，政府放弃所有用武力解决学生问题的希望，开始试用劝导说服的策略，不过对坚持其外交政策及留任三位被攻击的官员的决心丝毫不动摇。6月5日，政府所采取的两项措施说明了这一新策略。代理教育总长的更换开启了妥协之路。此外，政府任命前北大工科学长胡仁源署理北大校长，不过属于临时性质，因为蔡元培的辞职一直没有明确表示是否已被接受。②这些措施，仍然被学生们认为是政府有意控制大学的明证。

新任代理教育总长即刻出示两项办法以解决学生问题：（一）要求军警机关将军警从大学周围撤回；（二）由教育部与学校当局会同劝告学生回校上课，恢复原状。此后学生方面，统由教育部和学生直接洽商，不假手军警。[48]因此，6月5日下午，所有军警皆从校园撤退。政府之所以突然退让，是因为受到上海正在酝酿罢工罢市的消息的影响，商人和工人罢市罢工的长远效果是不容低估的。6月5日以后，北京的紧张气氛，每个人都有所察觉。[49]

军警撤退后，学生拒绝离开学校里的监狱，除非某些要求已被接受。

---

①　8月4日杜威夫妇在北京写道："看来目前的教育次长（傅）被委任是有三个前提的：他必须解散北大，防止校长回任，开除目前所有的高级学校的校长。他未能完成任何一件，因此安福系的人便不满意。人家说他是个滑头的政客，当他和我们开明的朋友吃饭时，他告诉他们他如何被人诽谤——有人说他是安福俱乐部的成员。"[45]

②　自从蔡元培离开后，北大由教授们组成的委员会处理校务，虽然蔡曾经请工科学长温宗禹代理他的职务。不过此时教授们拒绝接受胡署理校长。[46]胡仁源是袁世凯集团的官员，原是马来亚一富有的橡胶商人。蔡任校长之前，他曾任北大校长。[47]

当警方把校舍用来作为囚禁学生的监狱时，学生已在教室里组织起来，现在更采用新的步骤以自我防卫。^①他们即刻通电所有的省议会、教育会、商会、农业社团、劳工组织、学校及全国报界，控诉政府"非法蹂躏教育，破坏司法，侵犯人权"。⁵¹同时向北京政府提出四项要求：（一）三个卖国贼必须罢免；（二）保证学生言论自由；（三）学生们从监狱释放时，允许他们在北京街道上游行；（四）政府应该公开为拘捕学生之事致歉。⁵²第二项要求只是原则问题，因为大逮捕以后，北京学生一直在街头演说，呼吁大家只购买国货，并未受到政府的进一步干涉。^②

政府现在变得与当初急于拘捕并监禁学生时一样，急切地想把学生放走。6月7日，派出4名教育部职员作为"非官方代表"去劝导学生离开校舍监狱，结果失败了。第二天，政府派出两人组成的"劝导代表团"，其中一人是国务院秘书。他们向学生解释，政府承认了错误，并表示歉意。警察也道歉了，同时派几部汽车到校舍监狱门口送学生回家。很多社会团体也派代表慰问，数量多至数千人，他们也成为学生与政府之间的调停人。

在这样的背景之下，当6月8日一直不肯出狱的学生们胜利地走出校舍监狱时，一时鞭炮和欢呼之声包围着他们。他们的同学和同胞在外面集会，欢天喜地迎接他们。因此，大逮捕如闹剧般地结束了，使政府成为街头的笑柄。这种局势，正如西方观察者所言，是中国政府的致命伤。⁵⁴

然而事情并没有完结，因为政府还没有接受学生的所有要求。许多城市的学生、工人、商人及其他社团仍然在进行抗议政府亲日政策的行动，上海的罢市也没有因为学生的释放而停止。正好相反，各种不同的社会力量汇合在一起，共同对抗政府。早在6月6日，一共有1473位来自商界、学生、工人、报界及其他社团的代表，在上海县商会会馆举行了一次全国

---

① 从北大法科校舍内的学生中选出了178名巡逻队员。北大理科校舍的学生则选择鲁义勇队作为巡逻队员。同时他们也选出联络员，以负责接待外宾和其他事务。⁵⁰

② 杜威夫妇在6月7日报道："学生的故事是有趣的，尤其是上星期五（6月6日），学生手持旗帜，欢呼喊叫着，列队游行演说，警察站在旁边像保护着天使，没有一个学生被捕或被干扰。我们听说，有一个学生，口若悬河，滔滔演说，警察很有礼貌地请他答应把他的听众往前移动一点，原因是听众太拥挤，会阻挡交通，警察不想负妨碍交通的责任。"⁵³

各界联合会的集会，有很多经济、政治和社会领袖出席。代表们要求北京政府严惩卖国贼；否则，罢市罢工将继续进行，并且为了表达抗议，商人将会拒绝纳税。[55]

这次联合会议发表了两项宣言。其中一项是对所有在华的外国人说的：

> 此次吾们市民罢市的真意，只在促北京政府觉悟，取消丧失主权的不正当条约，惩办应负责任的外交和军事当局；决不损害到在中国的各友邦国民的一丝一粟。这是中国人民最和平、最正当的爱国表示；希望各友邦国民原谅我们的苦衷；希望各友邦国民主持正义，加以精神的援助！[56]

这项宣言显然是在反驳日本政府提出的反日活动包括排外运动的控告。

在另一项宣言里，全国各界联合会在解释了该会的目的是在法律允许之内争取自由之后，呼吁上海国民维持秩序。[57]事实上，在城里的某些地区，童子军和学生都上街帮助警察维持秩序。团结的责任感人人都有，甚至流氓、盗匪、地下帮会（如"青洪帮"的会员），都表示要爱国，暗中帮助维持秩序。结果上海市，这座平时犯罪率与芝加哥和纽约一样高的城市，罢市 7 天，却秩序良好，一点也没有骚乱。[58]

罢市罢工火速地扩散到其他城市。南京的商店从 6 月 6 日开始，都关门闭市。学生动员了 2400 人参加罢市，结果被军警殴打，28 名学生受伤。从 6 月 6 日到 9 日间，长江沿岸各城市的商人，相继参加罢市。沿江的交通运输都停止了。华北也卷入了这股风潮之中。①6 月 10 日，沪宁杭甬铁路工人和各轮船水手全体罢工。京沈铁路上的唐山车站和京汉铁路上的长辛店车站工人也都罢工。这些地方的工人多举行游行示威抗议。劳工组织

---

① 卷入罢市风潮的大城市有：松江、宁波、厦门、南京（皆始于 6 月 6 日）、镇江（始于 6 月 7 日）、苏州、常州、无锡、扬州、九江、芜湖、安庆（皆始于 6 月 8 日）、杭州（始于 6 月 9 日）、武汉、济南、天津（皆始于 6 月 10 日）、福州（因为政府干涉学生抵制日货运动，在 6 月 14 日才开始）。[59]除京、沪等地外，其他城市的罢工情形，多缺乏详细报道，有待于到各当地的报刊中去搜集资料。

的胚芽已经开始萌芽了。[60]

所有这些罢工罢市都对北京政府施加了巨大的压力。最严重的打击来自在经济上控制着首都的天津市。6月5、6日，学生在天津举行了两次游行示威，抗议北京大逮捕学生和禁止言论自由。6月9日，学生联合会在天津发起国民大集会，有2万多名公众参加。天津的商会，在公众和学生的要求和压力之下，决定从6月10日起发动大罢市。6月9日下午，天津准备罢市的消息传到北京，北京商界在心理上的震动立刻引发了经济恐慌感。中国银行和交通银行发行的纸币瞬间在市面上变得不受欢迎。首都的商人也开始计划停止营业。政府开始察觉局势的严重。6月9日，国务院秘书长郭则沄把总统已有命令接受曹汝霖辞职的消息带到北大学生联合会去，并说明命令的公告正在印刷中，不过其他两个官员不能罢免，因为担心会引起中日关系的恶化。不久之后，从天津传来更坏的消息。跟随商界的榜样，工人也要在6月10日罢工；如果局势没有好转，城里所有的公用事业就都要停止。有一批银行家也警告政府："如果今天再不解决，明天金融就无法维持。"[61]谣言传遍各地，有人说恐怕军队不太靠得住，甚至传说西山军团正要向北京出发，以支持学生。①北京学生已经决定于6月10日早上大队进行到总统的官邸，迫使其采取行动罢免三位官员。

面临这种危机，内阁于6月9日深夜召开会议。结果决定接受曹汝霖、章宗祥、陆宗舆三人的辞职。三道罢免的命令分别在6月10日早上和下午公布。②

---

①　杜威报道："毫无疑问，北洋政府之所以做无光彩的投降，其真正动机是因商人开始罢市，又恐惧以后有更多的麻烦。不过学生曾企图用他们的宣传去感动军人。许多谣言流行说，军队用来镇压示威已不可靠——尤其因为军饷一直拖欠未付。学生从'自愿'监狱胜利地列队而出后，有人听见他们很遗憾地说，政府更换巡守的军警太频繁，因此学生们只来得及说服一半看守他们的军警来同情支持他们。"[62]

②　三道命令分别发表。第一道准许曹辞职的命令在10日早上公布。关于陆的是在下午政府受到上海银行家集团的压力才公布的，而关于章的又是在几小时之后，因为受到同一集团及上海商会的进一步警告。6月10日，交通次长曾毓隽受命代理交通总长。6月18日，李思浩受任代替陆宗舆为币制局总裁。命令原文如下："交通总长曹汝霖呈请辞职，曹汝霖准免本职，此令。""驻日本国特命全权公使章宗祥呈请辞职，章宗祥准免本职，此令。""币制局总裁陆宗舆，因病一再呈请辞职，陆宗舆准免本职，此令。"[63]

上海总商会原计划在 6 月 9 日和 11 日两次企图中止大罢市和罢工，可是因为罢免事宜的不定，所以中止的行动都延迟了。[64]上海罢市罢工直到 6 月 12 日上午才停止，持续时间超过七天。[65]一两天后，其他地方的罢市罢工也陆续停止了。学生打了一场大胜仗。

然而，驱除三个卖国贼不是学生运动的唯一目标。其他的诉求，如拒绝在《凡尔赛和约》上签字、留任蔡元培为北大校长等，都还没有兑现。虽然罢课、罢市、罢工已经停止了，各种不同的社会团体和学生还是坚持其他的要求。在公布罢免三名官员的当天，徐世昌提交辞呈，不过被国会拒绝了。虽然如此，因为政府对学潮处理的失败和上海南北和谈的失策，徐世昌在 6 月 13 日接受了内阁总理钱能训的辞职（他自 1918 年 2 月以来，即任总理兼内务总长，现同时辞去这两个职位），并任命财务总长龚心湛为代总理。[66]在这之后的几个月里，因为"五四"事件和其他国内纠纷所造成的危机，总统一直无法选拔合适的人选以组成新内阁。①残缺的内阁还是被安福俱乐部所控制。

当曹、陆、章被罢免时，所有学校已将近暑假。学生回家后，把他们的宣传带到乡野之间。不过一个永久性的学生大本营已在上海设立。

早在 5 月底时，北京和天津的学生联合会曾邀请上海、南京、太原、济南、保定、汉口、杭州的学生联合会各派两名代表到上海组织全中国学生联合会。6 月 1 日，来自北京、上海、南京、天津等城市以及来自日本的学生代表在上海举行了一次非正式的会议，通过计划成立"中华民国学生联合会"的决议。他们在上海的寰球中国学生会设立一个临时办公室，以便进行筹备工作；同时请求各大学院及各省市的学生会于两周后派代表到上海参与筹备工作。6 月 16 日，中华民国学生联合会终于在上海成立了。当时有 30 多名来自全国重要省份和城市的学生代表、200 多名来自社会和经济团体的名流参加了成立大会。6 月 18 日，代表们选举段锡朋为主席，

---

① 直到 9 月 24 日，当与段祺瑞关系密切的军阀靳云鹏受命代理总理时，新内阁才得以组成。[67]

何葆仁为副主席，皆任期 1 年。①

中华民国学生联合会组织严密，在未来几十年中成为一股政治力量，正如一位中国的政治历史学家所指出的：

> 从这一次的（"五四"）运动出发，于是全国各省各都会都有了学生联合会，又成立了一个全国学生联合总会；我敢大胆的说一句——此时候已经有了长久历史的国民党的组织和党员间的联络指挥，恐怕还不如这个新成立的全国学生联合会组织的完密，运用的活泼灵敏。后来共产党和国民党在军阀势力压迫下的各省，大概是靠着学生联合会作宣传主义吸收青年党员的大本营，可知道所谓五四运动的关系了。[69]

6 月 11 日以后，学生和政府争执的焦点主要在于中国是否应该在和约上签字。在 5 月 13 日以前，政府对该问题没有任何决议。[70] 6 月 4 日以后，当在巴黎的中国代表团向北京请示有关决策时，政府的结论是，签字将对

---

① 中华民国学生联合会在大东旅社召开成立会，北京有 11 名学生代表参加，南京 3 人，天津 1 人，杭州 2 人，上海 2 人，日本 3 人，南通 2 人，武汉 2 人，嘉兴 2 人，宁波 2 人，崇明 2 人，淞江 2 人，保定 1 人，苏州 2 人，九江 1 人，扬州 1 人，山东省 2 人，吉林省 1 人，安徽省 2 人，河南省 2 人，浙江省 1 人。其余各省代表已在途中。参加成立大会的学生代表中，有很多后来成为名扬国内的人物，譬如段锡朋、唐炳源、陆梅僧、许德珩、黄日葵、张伯兼、扬健（北京代表）、何葆仁（上海）、崔书馨（山东）、刘振华（日本）、张其昀（宁波）。张伯兼后来成为国民党秘书长，国民政府迁到台湾后，担任"教育部长"。北京大学的陈宝锷应该曾参加，他的姓名在某些报道中大概被错印为"陆宗锷"。陈宝锷后来在伦敦大学取得硕士学位，担任北京大学和武汉大学的心理学教授。有人说闻一多和周炳琳（抗战时期任重庆中央政治学校及西南联大教务长）也曾参加。但早期的报告都没有他们的姓名。来宾中有黄炎培、蒋梦麟、李登辉（教育家，与同名政客非一人）、邵仲辉（力子）等。还有工商界领袖以及在上海教书的西洋教员数人，也都参加致辞。

段锡朋（1896—1948），1920—1924 年先后在哥伦比亚大学、柏林大学及巴黎大学留学，1925 年秋回国任武昌大学史学教授。次年，在国民党内帮助陈果夫办理党务，并在江西创立 AB 团。1930—1937 年，担任教育次长，抗战期间负责中央训练团。日本投降后，担任国立政治大学副校长。

许德珩后来成为北京著名的教育家，也是 1939—1948 年活动的国民参政会中有影响力的参政员之一。1949 年以后，担任民主学派"九三学社"的领导工作。[68]

中国有利。前总理段祺瑞、安福系的国会、总统及中国外交界一致同意这个看法。[71] 最终，政府在 6 月 24 日很自信地训令代表团，如果他们的抗议最后完全失败，那就在和约上签字。[①]

当中国大众听到这个消息时，都大为惊讶。很多团体，包括商业界、工业界和劳工界都一致谴责政府的这项行动。北京学生联合会要求总统更改训令。几百名来自不同团体的代表向总统请愿，在总统府门前站了两天两夜，又哭又骂，无休无眠。上海和山东的公众举行群众大会，并威胁，如果政府签字，他们就会宣布脱离北京政府而独立。[73] 在这样的舆论威胁之下，6 月 25 日，徐世昌总统于北京电告巴黎代表，改变他此前的决定。然而，这通电报在预定和约签订的时间之前，未及送达中国代表团。[74] 后来广东的南方政府认为，训令的延误是北京政府故意逃避责任的手段。南方官员认为："北京政府将后来的电报拍出去时，已知道在和约签过后才能收到，因此北京政府可以宣布说，代表草率签字是违反训令。"[75] 到底这样的解释是不是事实，我们很难判定，不过很显然地，北京政府是非常不愿意推翻前一封电报的。

在巴黎的中国代表们并不热心在和约上签字，因为这样无法满意地解决山东问题。虽然在大众舆论的压力之下，不过首席代表陆徵祥了解北京政府对日本的软弱政策，在是否违反北京政府的训令问题上犹豫不定。[②] 另一方面，在巴黎的中国代表早已感受到来自中国的学生、工人和法国华侨

---

　　① 徐世昌总统主张签约，他在 6 月 10 日的辞呈上说明，他提出辞职的原因之一就是他觉得应该签约，而大众舆论则像他所说的"昧于外交事实"，反对签约。[72]

　　② 南方官员控诉："虽然陆徵祥没有发表声明，很显然地，陆首席代表有很多原因使他担心，其中最重大者就是如果他违背秘密签约的训令而拒绝签约，将带来一些后果。不遵照北京政府的训令等于使他失去外交官的职位。"[76] 该说法并不必然正确。因为所有的代表在拒绝签约后，即提出辞职书，从陆徵祥给北京政府的电讯看来，也许可以说他当初无意要反对北京对山东问题的软弱政策。即使如此，在当时的情况下，他大概很不愿意去签和约。1943 年，当他在比利时西北部城市布鲁日（Bruges）附近的圣安德烈修道院（Abbey of Saint-André）当修士时，他写下回忆录，并没有提到巴黎和会时的大众压力，他说："这是我公务员生涯中第一次相信我的责任不在于服从命令。我们不能再容忍被别人玩弄。我不愿意再在这种不讲正义的条约上签署我的名字，因此我决定拒绝签字。当天晚上，已经很晚了，当临末的会议已经结束了几个小时后，完全出乎预料之外，我收到一封政府的电报，给我一道与此前指示相反的训令，而这训令中的指示，早先我已出于本心完成了。"[77]

的压力，他们要求拒绝在目前草定的和约上签字。这些人告诉代表们，如果签约，他们会遭受像北京学生对付曹汝霖那样的对待。国内各公团各私人给和会专使要求他们拒绝签字的电报，多达7000通。[78]在这种情况下，南方代表王正廷和顾维钧先后宣布，即使北京政府坚持立场，他们也决定拒绝签字。①

6月28日，和约签订的当天，在巴黎的中国学生、工人和华侨把在露滴雅旅店（Lutitia Hotel）的中国代表团官邸和陆徵祥的住宅包围起来。陆住在圣克劳德（St. Cloud）的一所法国疗养院里，他之所以突然搬去那里，据南方代表说，是因为他要避开"反对签字之同僚的压力"。[81]这些群众将代表们包围，阻止他们去签字。只有当法国人鸣炮向世界宣布《凡尔赛和约》已签字时，中国学生和工人才离开他们自己分配的岗位。当中国代表团知道他们的提案，即"临时分函声明，不能因签字而有妨将来之提请重议"被拒绝后，终于一致决定，未经北京批准，就拒绝在对德和约上签字。同时，代表们向总统提出全体辞职书。[82]

中国在6月28日拒签对德和约，表明以"五四"游行示威为开端的群众抗议已告圆满结束。7月22日，中华民国学生联合会宣布所有的学潮停止。7月间，蔡元培答应回北京重任北大校长。7月30日，胡仁源校长被解职，蔡于9月12日回到北京，9月20日重任旧职。[83]北京其他大专学院的校长也恢复了他们的职位。

事件解决后政府试图分离学生

在一切将要结束时，几段发生在北京的小插曲，说明政府与学生之间

---

① 1951年10月30日，顾维钧在美国首都华盛顿接受法菲尔德（Russell A. Fifield）的访问中指出，陆徵祥和王正廷曾表示过他们有意要签字，而且"已经把他们的图章送去，以备在和约上盖章"。[79]而陆在拒绝签字前给北京的报告里提到，王是第一个最反对签字的人；因此，顾氏此语与陆的报告相冲突。[80]陆的报告似乎应该更可信，因为王是南方代表，就我亲身的观察，他的个性很强烈，当时似乎不会主张签字。

的暂时休战是非常不安定的。当"五四"事件中被拘捕的 32 名学生于 5 月被保释时，各校长保证，他们不会再从事扰乱活动，同时也知晓，这些学生在名义上仍要受到法律的追究。因此秋季学期刚开始，政府便要求各校长交出学生，以便接受法庭审判。学校当局回复，学生们并没有回到原来的学校。大众舆论认为政府的要求是"破坏信约"。[84] 其实政府并不是真正想要再次挑起与学生有关的更多事端，不过是作为替军阀挽回面子的一种手段。除了这次姿态外，以后便再也没有提起这件事了。

　　然而，当蔡元培答应重回北京大学时，政府中一些军国主义的反动分子企图破坏北大学生的信誉并制造混乱。7 月 16 日晚上，部分安福俱乐部的成员在政闻社设宴，款待几名北大学生和一些渴望进入北大的学生。有好几位安福国会秘书处的官员也参加了宴会。这些官员试图通过收买学生来掀起一场运动，以反对并打击那些曾参加示威的学生和教授。策划会议定于第二天举行。开会时要决定的各项议案也是预先定好的；这些决议提出，只是少数几名热衷闹事的、自私自利的、沽名钓誉的人助长整个学生运动，而且强迫懦弱的同学做他们的拥护人。这些决议更假冒 100 名学生的名义宣称，多数人都是反对学生运动的，并且不希望蔡元培回校。[85] 可是深夜时，有两名参加宴会的学生把事情告诉了曾在学生运动中很活跃的同学。第二天，当同谋者在法政大楼集会时，大约有 100 名支持五四运动的学生冲进会场，把 5 名被收买的学生扣留，审问一番，录下了承认与反动分子勾结的书面口供，并将他们锁禁在北大理科的校舍内作为处罚，直到晚上警察才把他们释放出来。结果，7 月 18 日警察传出拘押票，把几名冲击会场的领袖逮捕，在地方法庭指控他们犯了非法审讯罪。[86]

　　这件事引起了极大的愤慨。当时的著名律师及进步党党员刘崇佑（1877—1942，字崧生），挺身而出替学生辩护。虽然有几位于 8 月 26 日被法庭宣判有罪，事实上他们赢得公众的支持。[87] 反动政客的收买案件立刻成为众所周知的丑闻，教育家们愤怒地指出："政府官员没权干涉只跟学生有关系的事情。"[88] 被判有罪的学生中有好几位是新潮社及其他组织的社员，

他们后来也成为中国各方面的领导人物。^①

如上文所述，在"五四"事件的后续动荡接近平息的阶段，政客及军阀仍企图渗透学生团体，后来都失败了。大部分中国学生，虽然时常过于天真和冲动，但拒绝被收买，始终忠于自己的目标。

关于事件解决的一些问题

以上所述有关学生的审判事件，提供了一些关于中国法律观念的线索。多数的中国知识分子看待"五四"事件，认为应该把道德、社会和政治问题放在法律层面之上。但在那些习惯于正式法律程序的西方人看来，"五四"事件及其引起的集体行动也许是一次非法行动。可是西方敏锐的观察者，如杜威等却把这次运动从"社会的道德意识"，而不是从"纯粹法律处理"的角度来考察。杜威在 1920 年春天说："我很怀疑，中国会不会完全模仿西方国家那样，依照法律主义和形式主义来行事。这也许是中国对世界的贡献之一。例如在中国，甚至先进分子，也很少兴趣在立法和政策决定方面推行纯粹间接的代议制度。上几个月，一连好几次大众舆论决定了一切，他们用群众集会和拍电报的方式强迫政府改变外交政策。他们所需要的是这种个人的感受和大众意志的影响。"[89]不过准确地说，该事件应该被视为非正常的政治局势的后果。公众，特别是那些新知识阶层，真正对北京政府失去了信心。此次事件之所以发生，大概因为在当时的情况下，公众不可能通过法律程序来改变或控制政府的行动。

把"五四"事件以后的演变看作一脉相承的发展，我们不得不承认，新式知识分子在反对军阀主义和保守主义方面取得了一次重大的胜利。当然，这种胜利在某些方面只是表面上的。虽然中国没有在《凡尔赛和约》

---

① 被判有罪的学生包括鲁士毅、王文彬、孟寿椿、易克嶷、狄福鼎、刘仁静，都是当时学生运动中积极活动分子。后来鲁在国民政府任职，易协助段锡朋在国民党工作，刘则参加了共产党。

上签字，但山东问题也仍没有解决。三名亲日派官员被罢免了，可是接替他们的职位的人仍然来自亲日的安福俱乐部；新组建的内阁也被同样的军阀集团控制。固然段祺瑞在"五四"事件一年之后下台，不过其继任军阀的恶劣程度与他相比，有过之而无不及。我们应该注意到，段祺瑞和其他很多军阀比起来，到底还是更内敛有节制的。不管他的动机如何，他毕竟负责推翻了张勋的复辟，而且在第一次世界大战中，是他使中国加入了协约国一方。陈独秀在 1919 年年底曾指出，不管在北方还是广州，别的军阀和官僚并不比段祺瑞、曹汝霖、陆宗舆、章宗祥和安福俱乐部强多少。[90]确实如此，1919 年北京政府对知识分子的处理并没有比其他时期的军阀更严厉。

五四运动当时的客观环境对运动的胜利有极大的帮助。段祺瑞当时并不能完全控制北京政府。段的势力多少受到以冯国璋和曹锟为首的直系军阀集团，以及温和派研究系的限制。此外，"五四"事件时期的总统、总理和教育总长都是文官出身，许多还是很优秀的文人学者。他们在政府中任职，以平衡各种军人及文官派系间的势力。除此之外，中国当时事实上已分裂成南北对立的局面。南方的革命政府在新式知识分子和公众心中，声誉日隆。新式知识分子在"五四"事件中能够成功，在诸多原因中，其中之一便是军事和政治派系之间的势力均衡。虽然段祺瑞的地位与尊严因"五四"事件而大受损害，而且不久之后就被其他势力更大的军阀首领所取代，知识分子却从此再也无法寻得那样有利的客观环境了。

尽管事实上，那几个月里知识分子的活动在政治方面取得的成就很有限，不过他们在其他方面却成就颇丰。这期间，更多的新式知识分子和社会其他团体发生了比以前更密切的接触。学者们以前一直躲在象牙塔里，现在却要走出来，到十字街头、广大民众之间。很多事件给他们带来与商人、店员、城市工人、工业家以及职业政客和政党领袖或干部交往的经验。在这些新鲜活动里，新式知识分子觉悟到，需要推动一项长期广泛的"深入民众、启发民众和组织民众"的计划。这种努力便导致紧随而来的新文化运动的扩展。

第七章

新文化运动的扩展（1919—1920）

新式知识分子之间团结的增加

"五四"事件以后，中等学校和大专院校的男女学生抢尽了风头。然而，这不仅是一场学生运动，背后还有新式知识分子，如教授、教师、作家，积极提出各种主张，以支持学生。陈独秀、胡适、蔡元培、李大钊、钱玄同、鲁迅、周作人、刘复、高一涵及其他为《新青年》和《每周评论》撰稿的作者，以及一些年长的政治领袖，如进步党中被视为亲美派的林长民和汪大燮，国民党中的王宠惠、胡汉民、戴传贤、邵力子等，都曾鼓励学生们心系中国当下的国情，唤醒学生们对当代世界局势的关注。虽然他们没有直接支持5月4日的示威游行，但是这一派中的激进分子曾经一直主张青年应该负责监督政府的决策并推进社会改革。从这一点来看，"五四"示威游行可以说是这些新式知识分子领袖倡导的必然结果。

从"五四"事件开始，新式知识分子领袖就是学生们最热忱的支持者。蔡元培和其他大学及学院校长的抗议和辞职，都是学生最有力的精神支持。当"五四"事件在北京发生时，胡适和蒋梦麟正在上海迎接杜威，一直到5月6日才知道，[1]不过他们和杜威都是同情学生运动的。6月初当学生运动正处于高潮时，陈独秀、胡适、高一涵及其他教授确实参加了学生反对军阀的行动，热烈地在街道上散发传单，支持学生向军阀提出抗议。陈独秀在 6 月 11 日被逮捕，理由是积极参与运动，并与上海市的布尔什维克出版物有关联。他被监禁了 83 天。他是在分发《北京市民宣言》时被逮捕的，该宣言要求罢免徐树铮及其他亲日官员职务，废除北京警察总部，保证市民有绝对言论及集会之自由；同时提出警告，如果政府拒绝接受这些要求，市民将采取"直接行动，以图根本之改造"。[2]

虽然在"五四"事件中，学生的各项活动盖过了教授和教员，但在后来的两个月里，运动变成了多数新式知识分子的联合行动。北京政府对教育界无理的压制使他们紧紧地凝聚在一起。有些曾经对新文学及新思想运动冷淡的人，在看到与运动关系密切的教授和学生在令人敬佩的"五四"游行示威和后来的发展中成为最活跃的领袖之后，他们也开始对新文学与新思想运动表示同情了。当然，其他社会、政治和经济集团给予学生运动的支持，也增强并团结了新式知识分子群体。

"五四"事件结束后，新式知识分子领袖的联合和他们对军阀的愤慨，清晰地反映在他们庆祝陈独秀 1919 年 9 月被释放出狱的诗歌中。"五四"事件发生后的第一期《新青年》拖延到 11 月才出版，里面刊载了新式知识分子领袖在这一主题之下所写的白话诗。[①]6 月 11 日夜，胡适写了一首题为《威权》的诗。这首诗后来被收入初中教科书，许多青少年都曾阅读。在这首诗中，他描写"威权"坐在山顶上，命令被镣铐禁锢的奴隶为他开矿。奴隶们挖了一万年后，那座山的底下被挖空了，"威权"终于跟山一起坍塌下来摔死了。原诗说：

> 威权坐在山顶上，
> 指挥一班铁索锁着的奴隶替他开矿。
> 他说："你们谁敢倔强？
> 我要把你们怎么样就怎么样！"

---

① 由于 1919 年 5 月至 10 月编者和作者都忙于参加学生运动，《新潮》也曾经中断出版过一段时间。这也印证了这些新式知识分子与"五四"事件关系多么密切。

奴隶们做了一万年的工，

头顶上的铁索渐渐的磨断了。

他们说："等到铁索断时，

我们要造反了！"

奴隶们同心合力，

一锄一锄的掘到山脚底。

山脚底挖空了，

威权倒下来，活活的跌死！³

　　刘半农当时也写有一首长诗，主题和胡适的相似，也是抗议威权的。⁴
而李大钊那首情绪激昂的诗，则是直接写给陈独秀的：

你今出狱了，

我们很欢喜，

他们的强权和威力，

终竟战不胜真理，

什么监狱什么死，

都不能屈服了你；

因为你拥护真理，

已经实行了你那句话：

"出了研究室便入监狱，

出了监狱便入研究室。"①

他们都入监狱，

---

　　①　这两句话，引自陈独秀的随感录《研究室与监狱》，发表于《每周评论》第25
期（1919年6月9日），即陈被捕的两天之前。陈独秀的原文如下："世界文明发源地有
二：一是科学研究室，一是监狱。我们青年要立志出了研究室就入监狱，出了监狱就入研
究室，这才是人生最高尚优美的生活。从这两处发生的文明，才是真文明，才是有生命有
价值的文明。"⁵陈独秀这两句话也常被学生领袖引用，作为争取思想自由的警句名言。⁶

监狱便成了研究室；

你便久住在监狱里，

也不须愁着孤寂没有伴侣。[7]

陈独秀自己用一首长诗来酬答同伴的深情；在诗中，他说自己深信博爱和宽恕。这一阶段，陈独秀的作品流露出一种浪漫主义与人道主义混合的思想，他这时还不是马克思列宁主义者。他认为所有的人，包括专权者、经济剥削者、政治压迫者及军国主义者，都是兄弟。他们应该被挽救，被惊醒，被启蒙，而不是被仇视。他的诗强调，"当真彻底的人，只看见可怜的兄弟，不看见可恨的仇敌"；"同情"会把人们团结起来。陈认为，这种信仰就是他的"真神"（true God）。[8]这首诗里反映了新式知识分子的一种身份认同感，他们在心理上已因抗议的精神空前地团结在一起了。

虽然新式知识分子在反抗中增强了团结，但在寻找一个大家都认可的积极理论方面，却遇到了极大的困难。然而，1917年之后，似乎有一个原则大致上逐渐被默认为他们的行动准则，即通过重新估价中国的传统和介绍西方的思想观念，以创造一个新社会和新文化。事实上，"五四"时期在中国历史中，被认为是"重估一切价值"的时代，这正契合了这个时期本身所倡导的精神。[9]

关于对传统主义和军阀主义的攻击，蔡元培在当时曾发表一篇短文，用巧妙的比喻加以分析。这篇题为《洪水与猛兽》的文章，一开始便提醒读者，在2200年以前，孟子曾把中国历史上的大乱比作洪水猛兽。蔡元培借此暗喻五四运动。新思潮是洪水，不过蔡元培没有像传统观点那样把洪水单单当作消极的力量，因为如果河流疏通，阻挡物被冲走了，那么，洪水的冲击力就可以被控制，而且可用来灌溉，人民会受益匪浅。相反地，如果不用疏导而用拦阻的办法，则洪水便会横决泛滥，毁灭一切；蔡同时用猛兽比喻吃人的军阀。就蔡元培看来，中国目前最大的问题，是要"有人能把猛兽驯服了，来帮同疏导洪水，那中国就立刻太平了"。[10]

《新青年》《新潮》改革观念的风行

知识界的新力量和团结促成《新青年》与《新潮》在"五四"事件以后的几个月内改组和扩大。《新青年》本来似乎没有什么正式的机构。自1917年以来，就只有一个组织松懈的编辑委员会。杂志没有拟定的工作纲领。每位编者或作者只表达自己的观点，而各自的观点却又有很大的差异。后来当"新青年社"成立后，组织形态才开始初具规模。1919年冬天，《新青年杂志社宣言》发表，表达了"全体社员的共同意见"。所有参加该社的成员都同意并遵守该宣言。宣言的全文如下：

> 本志具体的主张，从来未曾完全发表，社员各人持论，也往往不能尽同。读者诸君或不免怀疑，社会上颇因此发生误会。现当第七卷开始，敢将全体社员的共同意见，明白宣布。就是后来加入的社员，也共同担负此次宣言的责任。但《读者言论》一栏，乃为容纳社外异议而设，不在此例。

> 我们相信世界上的军国主义和金力主义，已经造了无穷罪恶，现在是应该抛弃的了。

> 我们相信世界各国政治上道德上经济上因袭的旧观念中，有许多阻碍进化而且不合情理的部分。我们想求社会进化，不得不打破"天经地义""自古如斯"的成见；决计一面抛弃此等旧观念，一面综合前代贤哲当代贤哲和我们自己所想的，创造政治上道德上经济上的新观念，树立新时代的精神，适应新社会的环境。

> 我们理想的新时代新社会，是诚实的，进步的，积极的，自由的，平等的，创造的，美的，善的，和平的，相爱互助的，劳动而愉快的，全社会幸福的；希望那虚伪的，保守的，消极的，束缚的，阶级的，因袭的，丑的，恶的，战争的，轧轹不安的，懒惰而烦闷的，少数幸福的现象，渐渐减少，至于消灭。

> 我们新社会的新青年，当然尊重劳动；但应该随一个人的才能与

兴趣，把劳动放在自由愉快艺术美化的地位，不应该把一件神圣的东西当做维持衣食的条件。

我们相信人类道德的进步，应该扩张到本能（即侵略性及占有心）以上的生活；所以对于世界上各种民族，都应该表示友爱互助的情谊。但是对于侵略主义占有主义的军阀财阀，不得不以敌意相待。

我们主张的是民众运动、社会改造，和过去及现在各派政党，绝对断绝关系。

我们虽不迷信政治万能，但承认政治是一种重要的公共生活；而且相信真的民主政治，必会把政权分配到人民全体，就是有限制，也是拿有无职业做标准，不拿有无财产做标准：这种政治，确是造成新时代一种必经的过程，发展新社会一种有用的工具。至于政党，我们也承认他是运用政治应有的方法；但对于一切拥护少数人私利或一阶级利益，眼中没有全社会幸福的政党，永远不忍加入。

我们相信政治、道德、科学、艺术、宗教、教育，都应该以现在及将来社会生活进步的实际需要为中心。

我们因为要创造新时代新社会生活进步所需要的文学道德，便不得不抛弃因袭的文学道德中不适用的部分。

我们相信尊重自然科学、实验哲学，破除迷信妄想，是我们现在社会进化的必要条件。

我们相信尊重女子的人格和权利，已经是现在社会生活进步的实际需要；并且希望他们个人自己对于社会责任有彻底的觉悟。

我们因为要实验我们的主张，森严我们的壁垒，宁欢迎有意识有信仰的反对，不欢迎无意识无信仰的随声附和。但在反对的方面没有充分理由说服我们以前，我们理当大胆宣传我们的主张，出于决断的态度；不取乡愿的，紊乱是非的，助长惰性的，阻碍进化的，没有自己立脚地的调和论调；不取虚无的，不着边际的，没有信仰的，没有主张的，超实际的，无结果的绝对怀疑主义。[11]

这篇宣言有几点是值得注意的。首先，它代表了一种具有国际意味的理想社会主义与自由主义混合的思想。第一次世界大战结束后不久，很多国家的知识分子领袖也有类似的思想。1919 年 3 月，《精神独立宣言》（ *Déclaration d'indépendence de l'esprit* ）在法国公布，有很多重要的知识界领袖都在上面签了名，包括法国的罗曼·罗兰（Romain Rolland）、亨利·巴比塞（Henri Barbusse）、乔治·杜哈曼（Georges Duhamel），英国的伯特兰·罗素、伊斯雷尔·赞格威尔（Israel Zangwill），德国的乔治·尼古拉（Georg F. Nicolai）、海因里希·曼（Heinrich Mann），意大利的贝奈戴托·克罗齐（Benedetto Croce），奥地利的斯蒂芬·茨威格（Stefan Zweig），瑞典的爱伦·凯（Ellen Key）、塞尔玛·拉格洛夫（Selma Lagerlf），美国的简·亚当斯（Jane Addams）等。[12] 在这篇宣言中，他们谴责世界上的知识分子放弃了自己独立的思想和精神，向武力投降，为了政治、政党、国家或阶级利益而参加战争。宣言提倡民主政治，主张全世界各国亲如兄弟。这篇宣言曾被翻译成中文，而且同时发表在同年 12 月的《新青年》（同一期上发表了该社的宣言）和《新潮》上。[13]《新青年杂志宣言》在一定程度上受到了这篇西方知识分子宣言的影响。

其次，《新青年》的这篇宣言表露出杜威的实验主义在中国知识界非常流行，而马克思和列宁的思想却在宣言里没有显著痕迹，虽然在不久之后，这种思想就被中国共产党的发起人，如李大钊、陈独秀及其他学生和作家所提倡。在这一时期，实验主义作为一种哲学和科学方法，比辩证唯物论更为流行。此时阶级斗争的主张也尚未被陈独秀和多数中国知识界领袖所接受。

再次，当 1917 年这些新式知识分子通过北京大学和《新青年》杂志社而走到一起时，他们同意不参与政治。然而在这篇宣言里，他们承认政治是群体生活中重要的一部分，而且认为，为了把政治主张应用到现实生活里，便需要有政党。不过他们自己还是不愿意和现有的政党发生瓜葛。

另一件事也证明了当时新式知识分子的团结已逐渐加强。1919 年 11 月 19 日，新潮社改组成为一个社团，并且扩大了工作纲领。除了出版月刊之外，还开始出版丛书，包括翻译西方的书籍。新工业家所给予的经济资助不但使新潮社可以从事出版工作，而且还能派遣会员到国外留学深造。[14]

在这样的背景下，新式知识分子的活动大大增加了。他们的活动主要是沿着两条路线发展：一方面是新思想出版物的增加和伴随而来的新观念的流行；另一方面则是各种社会团体和社会服务的建立与扩张。

新出版物的急速增加与旧刊物的改革

1917—1918 年，中国新闻出版业曾有过一些发展，不过在"五四"事件之前，多数刊物内容上仍颇为古板和千篇一律。直到 1919 年 4 月，中国的期刊，除了少数几家例外，多是文言文的。这些期刊可以分成四大类：其中最公式化的刊物是各种政府每月或每周出版一次的官方公报，充满琐碎而不得要领的内容和官僚气息。第二类是中小学校、大学当局或学生出版的期刊，这时期已逐渐增多。内容多是课堂作业或是毫无启发性的陈旧古板的议论，辩论一些早已是陈词滥调的题目，如《汉高祖封项伯斩丁公论》，以及其他鬼怪故事，或类似的主题。第三类是适合大众口味的杂志。通常什么问题都谈，没有立场，也很少有文学价值。第四类是评论性的期刊。他们经常发表论文以支持传统，提倡"国粹"，诸如古代伦理的"三纲"——"君为臣纲，父为子纲，夫为妻纲"。此外，这种评论性的期刊中只有极少数注意当前的社会问题和科学问题，如《太平洋》《新青年》《每周评论》《科学》，这些算是上乘的由具有现代眼光的群体主编的刊物。[15] 这最后一类的期刊，几乎都是 1915 年以后所创办的或经过激烈改组的刊物，而且文章往往是采用白话文写的。

上文所提到的古板和落后问题不仅在定期刊物中存在，当时中国所有的出版物都是如此。1917 年夏天，当胡适从美国回到中国时，他想找一本在过去 7 年内出版的有关哲学的中文书，却连一本也找不到。在上海他经过一整天的竭力搜求，才找到一本名为《中国哲学史》的书，然而据胡适说，该书作者的贡献仅限于如下结论："孔子既受天之命"和"与天地合德"。胡适因此批评："总而言之，上海的出版界——中国的出版界——这七年来简直没有两三部以上可看的书！不但高等学问的书一部都没有，就是要找一部轮船上火车上消遣的书，也找不出！（后来我寻来寻去，只寻得一部吴稚晖先生的《上下古今谈》，带到芜湖路上去看。）我看了这个怪现状，真可以放声大哭。"[16] 当时介绍到中国的西方书籍，几乎只限于 17 或 18 世纪出版的书。当时讲授英国文学的教师连约翰·高尔斯华绥（John Galsworthy）或萧伯纳的名字都不曾听闻。一名政治学和法律专业的大学生竟不知道日本是一个岛国，不知道日语跟英语乃是大不相同的语言。[17] 虽然这是显示大众无知的极端例子，不过公正地说，1917 年以前，西方知识的传入和介绍的确非常有限，中国出版业始终停滞不前。这种现象也许可以直接归因于 1914 年之后一系列严厉的限制报纸和出版的法规，虽然国内外的战争和其他更根本的因素所造成文化发展的中断也是一种阻碍。1917—1919 年，情况略有好转，不过主要只限于北京的新式知识分子和其他城市的某些学校。

　　然而"五四"事件之后，中国出版事业有了显著的发展。1919 年 5 月至 6 月期间，当学生还在宣传罢课、罢市、罢工和抵制日货时，他们的很多出版物都是用白话文写的，不过发给政府的文件和多数严肃的宣言还是采用文言文。事实证明，用日常口语写的文章比用文言文写的效果要好得多。结果在"五四"事件发生以后的半年内，中国涌现出约 400 种白话文新刊物。①

----

①　蒋梦麟在 1919 年年底写道："自从五月以后，大约有 350 种周报出版，都是学生或同情学生的人士主编的。这些周报通常印在一大张纸上，有半张日报那样大，中间折起来，变成四页。"杜威在 1920 年初从北京报道："据说两年前只有一两种试验性的、用白话文写的期刊，今天却有 300 多种。自从去年五月以后，学生已经开始出版许许多多期刊，都是白话文的，而且都是用普通人能明白的语言讨论问题。"这时期所出版期刊的准确数量仍不明确。王莒章认为："在 1919 年新文学革命开始以来的四年内，有 300 种学生杂志出版，其中只有一两种不是白话文的。"不过他又说明："有些作家说有 400 多种。"胡适在 1922 年说，1919 年至少有 400 种白话文期刊出版。后来有一位作者列举了 650 种期刊，都是在 1919—1927 年出版的，这不包括政府出版物、报纸附刊及许多学校行政当局出版的东西。[18] 我估计在"五四"时期，即 1917 年至 1921 年这 5 年间，全国新出的报刊有 1000 种以上。

以下是一些重要的新出版的期刊，在"五四"时期和后来都具有极大的影响力。（在我的另一本参考书《五四运动研究资料》里，列举了604种这一时期出版的新期刊和报纸，而且都有解题，不妨参看）：[19]

期刊名称	创刊日期	出版地点	立场
《新青年》（月刊）	1915年9月	上海	独立
《太平洋》（月刊）	1917年4月	上海	独立
《每周评论》	1918年12月	北京	独立
《新潮》（月刊）	1919年1月	北京	独立，学生
《国民》（月刊）	1919年1月	北京	独立，学生
《新教育》（月刊）	1919年1月	上海	独立
《星期评论》	1919年6月	上海	国民党机关刊物
《少年中国》（月刊）	1919年7月	上海	少年中国学会
《建设》（月刊）	1919年8月	上海	国民党机关刊物
《解放与改造》（半月刊）[①]	1919年9月	上海	进步党机关刊物
《少年世界》（月刊）	1920年1月	上海	少年中国学会

表格中所列的是刊物中最著名的，其他几百种新期刊多是短命或影响较小。这些期刊的名字都反映出那个时代的韵律。有月刊题为《曙光》，其他的名称还包括：《青年与社会》《社会新声》《新社会》《新中国》《进步青年》《新生》《新气象》《民铎》《新人》《热潮》《平民》《光明》《救国》《自由》《新学报》《新文化》《新学生》《工学》《向上》《奋斗》《觉悟》《平民道德》《平民教育》《科学与教育》。同时，还有《新妇女》《女界钟》，甚至小学生也有自己创办的刊物《小学生》。有些期刊专门讨论哲学、音乐、绘画、文学或其他自然科学与社会科学的问题，这些都是各类杂志的开路先锋。新出版物几乎囊括了新知识、新生活的各方面，其中很多以前从未被传播到中国；当然介绍的方法也和五四运动之前大大不同。

---

① 1920年9月15日更名为《改造》（月刊）。

另一方面，这些新的期刊，像美国的小杂志（Little Magazines）一般，都有很大的野心和热忱，以致有时未免太过唱高调，他们经常以堂皇的话语来宣布他们的工作纲领与目的。以《少年中国》为例，它宣称献身于"社会服务，在科学精神领导之下，以便实现创造少年中国的理想"。又如《救国》杂志提出，"提倡大众教育，以救社会"。《新妇女》的目标是"唤醒妇女作为改革社会的一种手段"，同时《女界钟》也以"教育妇女，使她们参加建设社会的进步"为目标。这些新期刊的口号都有着千篇一律的模式："从物质和社会上改造国家和社会"，"研究社会及经济问题，传播新思想"，"介绍新思想给国民，提高他们的人格，同时发展本国工业"，"唤醒工人和改造社会"，"促使学术进步，以便运用研究和批评的思想去改造社会"，"研究社会和介绍西方思想观念"，"提倡新的白话文学和大胆的批评"，"发表人民对外交政策的意见，同时指出外交对国家的重要"。甚至如一个期刊所说的，"介绍新思想给世界，采用乐观而批判的态度建设社会"。1921 年夏天，杜威在略述了这些期刊后批评道："当然，这些刊物很多都是昙花一现，正与其为野心太高相关。可是它们最能表达出这一运动的精神。"[20]造成期刊存在短暂的因素，青年缺乏坚持不懈的精神固然是原因之一，不过有很多时候那些刊物是被军阀政府所压制或受到混乱的内战和社会的动荡的妨害。

这些新期刊带来的值得关注的事实之一是，它们将国内的青年知识分子介绍给普通公众，并且作为他们之间沟通的桥梁；这些知识分子在后来的几十年里多成为社会、政治或文学方面的重要人物。事实上，"五四"事件以后的"期刊热"，在发展中国群众舆论和培养新式知识分子定型方面，都具有划时代的意义。

五四运动不但激发了新出版物的诞生，而且刺激了旧杂志报纸的改革。原有的期刊，诸如《东方杂志》《教育杂志》《小说月报》《妇女杂志》《学生杂志》《中华教育界》等，都纷纷改用白话文，而且开始介绍现代西方思想和知识。为了配合及加速这种改变，原来的老编辑多数都被激进的、有现代思想的青年所取代。1919年6月，已经创立15年的《东方杂志》（1904年创立），为了"顺应世界之潮流"，宣布在编辑上做重大的改革。[21]7月，该杂志的编辑一反此前的保守立场，提出中国杂志应该紧紧跟随世界潮流，放弃"反动的保守主义"，认识当前的局势，适应实际生活的需要，与其留恋在过去的回忆里，倒不如为未来的进步而工作。[22]1920—1921年，《东方杂志》开始刊登用白话文写的文章，并且在1921年1月聘请胡愈之为编辑。《小说月报》的变革更激烈。1920年12月，沈雁冰（后来以笔名"茅盾"而闻名）被聘为编辑。1921年1月，这个已发行了11年的月刊完全改变了原来的面貌，开始翻译当代西方文学，而且发表国内的新文学作品。《教育杂志》在新编辑李石岑（后来成为有名的哲学家）的主持下，反应也颇为迅速。1920年1月之后，该杂志刊登的社论和文章都开始采用白话文。《妇女杂志》和《学生杂志》也更换了编辑。所有这些创立多年的期刊都由商务印书馆出版，而那时商务印书馆事实上却是由保守的保皇党残余分子所控制。孙中山曾在1920年年初指责它是一家反动的机构，垄断了中国的出版事业。[23]

"五四"事件以后，各大城市的新闻报纸也被革命潮流所影响。很多日报增加专栏或出版附刊，以刊登新文学作品，讨论文化运动与学生运动。那些没有响应舆论要求的报纸的命运，可以以上海的一家日报《时报》为例。1919年以前，这是一家在中国教育界颇受欢迎的日报。然而1919年以后，当青年知识分子开始转向时，这家报纸却还是固执于传统的形式和内容。结果它的销量急剧下降，不久便被迫停止出版。相反地，《时事新报》《民国日报》由于同情新文化运动和学生运动，却立刻赢得了知识分子和青年的欢迎。[24]

除了刊物和报纸以外，新书和翻译作品的出版数量也较以前大幅增长了。"五四"事件以后的几年，至少有48家出版社出版中译的西洋书。[25]中国规模最大的出版机构商务印书馆在1912年出版图书407种，1915年出版552种，1919年出版602种，但1920年却出版了1284种。[26]

中国出版物在1919年至1920年之间的急速增加，这可以从两年间纸张的大量进口上看出，因为当时几乎所有的新书都是采用进口纸张印刷的。从1918年到1921年，进口的纸张数量增加了一倍以上①。这是证明"五四"以后中国出版界大繁荣的另一证据。

偶像破坏浪潮的高涨

跟出版事业同时迅速发展的，是对新思想的愈来愈沉醉。事实上，"五四"事件之后的那年，出现了一个时代，当时的中国新式知识分子的思想混合着怀疑主义、浪漫主义、自由主义、现实主义和无政府主义的因素。传统的思想和制度受到各方面的批评和攻击；新学说、新主义和现代知识不同分支的新观点都被介绍进来，并且加以讨论，虽然程度略显肤浅，但却充满干劲和热情。杜威1920年在北京记录了当时的现象：

> 有一个朋友细心阅读了大约五十篇学生论文后说道，他们的第一特点是很多问号；其次要求完全自由回答那些问题。在一个思想信仰曾一度被正统束缚成教条和自满自足的国家里，这种追讨问题的狂热是一个新时代来临的预兆。[28]

后来在1921年夏天，杜威又在北京观察到：

> （1919年）5月4号的动荡过去后，全国各地学生团体开始办期

---

① 中国进口纸张的价值在1912年是4 303 712关平两；1913年是7 169 255关平两；不过1914年，部分由于第一次世界大战，跌落到6 470 768关平两。从1915年到1918年，除了1916年，进口的总价值每年都在大体上保持不变。1918年的价值是7 243 563关平两。但1919年，总数增加到10 212 652关平两，1920年增至14 159 186关平两，1921年增至15 311 873关平两。1922年又回落至13 689 258关平两。这些统计数字中的纸张，多数用来印刷新闻报纸、期刊和图书；只有极少数是用来做书的封面或做其他用途。[27]

刊。特别重要的是正当这反贪污腐败和卖国官僚，以及抵制日货的高潮时，这些问题在学生刊物上却成了次要的讨论话题……他们的急务是追求教育改革、攻击家庭制度、讨论社会主义、民主思想和各种乌托邦理想社会……很自然的，在思想发酵之中，往往会产生一些幻想的泡沫。学生缺少明确的阅历背景，满以为所有的思想和建议，只要是新的、而且可以用来破坏旧习惯和传统，便差不多都是一样，全可接受。[29]

关于旧传统被新式知识分子攻击及其攻击的理由，将在本书下编再讨论。这里所要指出的只是：中国人对旧事物和新事物的态度在这时候起了极大的变化。在此之前，绝大多数的中国人都以古旧作为判断优秀程度的标准。货物稍为有价值的往往要宣传说是照古法所制。譬如，药品都习惯以"祖传丹方"来做广告；文学作品、国画、书法等风格也多是模仿古代名家。同样地，伦理道德、哲学、政治或经济理论也是厚古薄今。总之，新事物应该服从旧事物。甚至晚清（19世纪末叶及20世纪初年）的多数改革家和革命家也不敢向旧传统发起挑战，而只是利用这个传统套路。为了证明他们提倡采取西洋技术、科学和宪法是正当的，他们就尽量设法证明，原来中国古代圣贤包括孔子在内，也早就如此主张过了。

然而，几乎从19世纪末开始，严复翻译《天演论》，梁启超与一些无政府主义者进行辩论，加之"五四"事件后的日益加强的要求，这种观念开始激烈地变化。配合当时的青年学生运动，崇拜旧传统已被崇拜新思想所替代了。这局势给杜威的印象是："世界上似乎没有一个像中国那样的国家，学生如此一致和热切地追求现代和新的思想观念，特别是关于社会和经济方面的思想观念。同时也很少见到一个国家像中国一样，有些辩论本来可以用来维护既成秩序和现状的，却一点也不被重视——事实上，完全没有用来做辩护。"[30]有一位中国基督教徒在美国住了将近十年，于1921年4月回到中国讲学。他抵达上海时看到中国人在态度和生活方面的改变，感到很惊讶：

我几乎突然间被一种无形的力量和气氛所压倒。我感到有生命在运动——一种"新生命"，这是我前些年不曾见到的。我所遇到的人，我跟他们所谈的话，他们所采取的态度，他们所表示的见解，他们对当前各问题所加的判断；以及我所阅读的报纸，反映在报上的大众舆论的语调，所讨论的问题，都一一显示出这种新生命。有一个晚上，我到街上闲逛，走进各色各样的书店和报摊，买了47种不同的杂志，包括有周刊、季刊和半年刊。我花了一整个晚上，才只走马看花地把内容过目一番，发现这些杂志里面所讨论到的当前种种问题与所发表的各种舆论，比在美国报摊上所搜集到的任何47种杂志所讨论到的问题更时兴，意见更复杂。从那时候起，我到处旅行，给各种不同的听众演讲，在四五个大学教书，我愈来愈对这种似乎无时不在发展着的"新生命"感到兴趣。[31]

中国青年对新思想的热烈追求，不久便引起年长的中国保守派人士及外国观察者的警惕。这些外国人，正如杜威所说，多数在对待中国问题时"总先带着一种基本上的保守主义，厌恶改变"。[32] 有些中国教员抱怨学生"自高自大"的不服从行为和不稳定的心智。[33] 在某些方面，这些怨言似乎是有其根据的。我们很容易想象，在这样短的时期内，而且又是在中国这样古老的国家里，生活态度如此重大的改变，必然会引起一些恐慌的反应。下面一段文字是由一个经历过这个时代的人所写的，它说明了当时的中国青年如何把这种新的人生观过度发挥：

中国青年思想，以五四运动前后变动得最厉害。那时的青年，大家嚷着反对家庭，反对宗教，反对旧道德、旧习惯，打破一切的旧制度。我在南京暑期学校读书，曾看见一个青年，把自己的名字取消了，唤做"他你我"。后来到北京，在北大第一院门口碰见一个朋友偕了一个剪发女青年，我问她："你贵姓？"她瞪着眼看了我一会，嚷着说：

"我是没有姓的！"还有写信否认自己的父亲，说，"从某月某日起，我不认你是父亲了，大家都是朋友，是平等的"。铁民也是否认过自己父亲的，但是当一九二一年，铁民的父亲在家乡死了，他在北京，因父死未葬，家人促其归，而铁民竟因贫未能归。作《孤儿思归引》，情调甚惨。[34]

这个例子是否可以说明，至少有一部分中国青年，那时候太过疯狂或有些错乱呢？这个问题要与当时中国家庭成员之间的关系一起讨论，尤其是父亲对妻子和儿女的支配。婚姻通常很早就定下了，而且由父母决定，不用得到当事男女双方的同意，或者他们根本就不知道。贞操是女子单方面必要的道德。伦理上的"节"和"孝"被视为社会中牢不可破的铁律。在有些极端的例子里，社会道德鼓励十多岁的少女为死去的未婚夫殉节；儿子若反对并且拒绝跟父母代为选定的女子结婚，就要被看成不孝或非常不道德，会被社会蔑视，而且被取消继承家产的权利。[①]在这样的家庭制度和伦理教条之下，中国青年知识分子以上述行为和态度来反抗，是可以理解的。这也说明了为什么吴虞作为一名作家，不但不提中国家庭制度和宗族制度原有的一些好处，却反而断言那是专制主义的根源。傅斯年甚至更极端，大胆宣布腐败的中国家庭制度是"万恶之源"。[37]

虽然有些旧的伦理道德是那样明显的不合情理，但是保守的绅士和军阀政府却紧紧将其抓住不放，拒绝改革。[38]很多学院和学校还是由毫无现代

---

①　下面的几宗案子都发生在1918年，可以作为例证。有一个女子，她的丈夫死了，她试用了9种不同的方法自杀，而且承受了98天的痛苦折磨，才终于自杀成功。她死后，神主牌被供奉在祠堂里受人膜拜，被当作所有女人的道德模范。当一名19岁的订了婚的少女想学她的方法，绝食7天而不死，很多人竟为失去另一个道德模范而感到遗憾。要是所有已订婚的女子和寡妇拒绝再嫁或主动自杀，真是出乎自愿或自然发生的，也许就不会如此被反对。然而，由于政府为这种鼓励守节而公布了一款"褒扬条例"，有些家庭便强迫青年妇女去自杀，为的是使家庭获得道德荣誉。这种案例并非没有。[35]依照"褒扬条例"，凡妇女至少在30岁到50岁之间不再嫁人或为亡夫、未婚夫而自杀或因遇强暴不从致死或羞忿自尽者，都会受到政府的褒奖。[36]

知识的人来主持，很多不通晓科学的老师还在继续讲授科学。①

如果我们列举出一些当时青年知识分子所反对的遍及中国社会的习俗和迷信，我们也许会更容易理解他们打破旧风气的狂热。他们攻击轮回说、有鬼论、灵学，[41] 以及卜卦、风水、算命、[42] 用符咒或巫术治病、长生不老的仙丹、道家之气功等。[43] 同时，他们也批评旧传统，如男人留辫子、女人裹小脚、叩头、使用阴历和吸鸦片。[44] 当然这里所提到的只是其中的一部分而已。这些观念和习俗当然也并不是为每一位保守人士所支持，不过其中很多都是以传统为借口而被流传下去的。

前面我们说过，有人指责"五四"时期攻击旧传统的中国青年有对长辈不服从和心智不稳定的缺点；现在看一看上面所说的中国古老的风俗习惯亟须现代化的问题，便会使人觉得那种指责不过只是吹毛求疵而已。杜威认为，这些不服从和不稳定的表现，只是过渡时期的现象，是热烈追求

---

① 譬如 1919 年的春天，武昌高等师范学校出版的《数理杂志》里有两篇古怪有趣的文章，作者是该校史地系主任姚明辉。其中一篇的题目是《三从义》，另一篇是《妇顺说》。他的论题是妇女问题与数学的关系。他引用"十三经"之一的《仪礼》所说的"三从"作为论点。所谓"三从"即"未嫁从父、既嫁从夫、夫死从子"。[39] 他把这点跟《易经》《河图》扯在一起，引出下面这个图表：

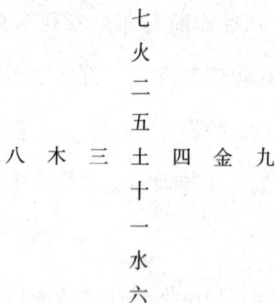

$$
\begin{array}{ccccccc}
& & & 七 & & & \\
& & & 火 & & & \\
& & & 二 & & & \\
& & & 五 & & & \\
八 & 木 & 三 & 土 & 四 & 金 & 九 \\
& & & 十 & & & \\
& & & 一 & & & \\
& & & 水 & & & \\
& & & 六 & & &
\end{array}
$$

这位教授认为，"一"代表男人，"二"代表女人。如果没有"一"，就不会有"二"；因此，如果没有男人，就不会有女人。这就是为什么女人应该服从她的父亲或丈夫；其次，"一"加"二"等于结婚。因为这样就产生"三"，而"三"是奇数（阳或男），而不是偶数（阴或女），所以女人应该服从儿子。这两篇论文中的其他解释更加荒谬，简直让人无法理解。总之，他的结论是，女人服从男人是天经地义的事。这位作者是如此的荒谬，却还被保留着教授的职位，而且在社会上被作为维护所谓"国粹"的保守派领袖加以崇拜，享受着极高的声誉。这引发了一名学生写信给《新青年》的编辑，抗议《数理杂志》中的文章。[40]

新思想的明证。他说：

> "心智"不安固然是可遗憾的。不过，这是一种转变时期普遍的
> 真实表征：彷徨、不安和对新奇的刺激的易于接受，在这种转变时期
> 必然会出现。另一方面，中国青年学生对事物兴趣的成熟，远超过相
> 同年龄的美国学生。中国的男女中学生肯严肃而了解地倾听有关某些
> 重大问题的演讲；若在美国学校，便只会引起厌烦的不安。我深信，
> 在任何其他国家的青年中，都没有像中国青年渴望新思想观念这么热
> 忱。目前，追求思想观念的热情有余，而应有的，用来求得知识以支
> 持那些新思想观念的耐性和恒心却嫌不足。可是这样反而替日益高涨
> 的追求知识和科学方法的欲望供给了格外的活力。这就是说，知识被
> 不断求得，既不是当作一种技术设计，也不是当作炫耀文化的世俗的
> 徽章，而是纯粹为社会应用。[45]

新知识的、新社会的和新政治的团体

"五四"事件以后，出版事业的繁荣和批评传统及介绍新思想的热忱，
还不是新式知识分子活动的全部面貌。他们同时还推行社团组织和社会服务。

在"五四"事件以前，中国商界、工人、教师甚至学生之中，很少有
类似于现代西方的组织严密的团体。[46] 1917—1918 年，为了配合新文学和
新思想运动，学生开始创立学习和研究的团体。不过这些组织只限于少数
活跃的学生；社会性的组织仍不为大众所熟悉。"五四"事件发生以后，建
立组织的热情，正如出版刊物一样，在全国各大城市传播开来。知识分子
对组织的运作管理在一定程度上是较为民主开放的，这不同于过去中国人
的旧习惯。[47]

有些在游行示威和罢课期间创立的学生团体，变成临时性的，在 6 到
12 个月内就解散了。不过那些学生联合会，不论是某一学校的或整个城市

的或全省的，与一些其他同时产生的社团一样，却往往继续存在。总部设在上海的中华民国学生联合会变成这些新团体之中最活跃和最有影响力的组织。其他在"五四"之后继续存在的重要学生团体包括：1905年创立、1919年重新组织的环球中国学生会，留日学生救国团，而欧美学生会则是"五四"之后，从留美学生联合会改组并扩大而成的。

除了这些自治性的团体外，学生还组织了其他文化知识的机构，目的在于学习、讨论、大众教育、社会服务或为其他社会、文化或政治目标而成立。这些机构包括：家庭建设讨论会、中国哲学会、新教育共进社、社会主义研究会、罗素学会、新学讲演会（或称讲学社）、实际教育调查会、通俗教育协会。共学会曾经吸引大批学生一起研究学习，在"五四"以后，它翻译并出版了不少西方现实主义的戏剧和小说，尤其是法国、俄国和德国的作品，后来又介绍共产主义文学。年纪稍长的知识分子也相当热烈地参与各种运动。尚志学会是由一些前政府官员和知名作家共同创办的，如梁启超、范源濂、林长民和张东荪等人，也尽了极大的努力去介绍推广西方文化。尚志学会的重要会员经常在经济上或其他方面支持西方思想家来华讲学，而且也出版了很多西方哲学著作的中译本。[48]

新式知识分子同时也跟其他社会团体合作，这主要通过名称头衔颇有野心的"全国各界联合会"进行。该联合会在"五四"之后成立，总部设于上海。它的成立旨在帮助各界团体的行动一致，谋求各团体在参加全国性的运动时，能够得到内外人士及社团的支持。[49]这个联合会的组织成员包括：中华民国学生会、女界爱国同志会、全国基督教救国会、中华总商会、全国新闻记者协会以及社会名流、劳工及其他社会和宗教团体的代表。[50]类似这种联合会的团体，由上海生发，纷纷成立于其他多数大城市，如天津和北京。[51]

这些新团体中最活跃的，除了学生的联合会之外，是许多的小社团。这些社团由青年知识分子创办，有的设在学校之内，有的设在校外。例如少年中国学会发起于1918年，一直到"五四"事件之后才活跃起来。由于"五四"的刺激，该学会经过一年的筹备，于1919年7月1日在北京正式成立。那时候它有 74 名会员，他们多数是住在各大城市或国外的学生、教育家、新闻工作者和作家，他们后来多成为现代中国政治、社会或教育界的领袖人物。在成立大会上，为了配合当时思想潮流的趋势，由李大钊和其他会员提议，修改了早期所草拟的四项目标，并重新肯定了学会的宗旨，"本科学的精神，为社会的活动，以创造少年中国"。同时，采用四句口号作为所有会员活动的公约，即"奋斗、实践、坚忍、俭朴"。虽然该学会并不是很严密的组织，但它的会员经常和总部保持联络，发表个人对某些重大社会和文化问题的不同看法，而且报告他们对国内外的经济发展和社会情况的印象。他们也举行很多座谈会，讨论不同的问题。除了两种机关刊物《少年中国》和《少年世界》之外，他们还在许多城市出版小型杂志并印发一些小册子。[52]

这样类似的由学生和青年组成的小社团实在太多了，无法一一列举。事实上，那几百种新期刊的支持者或创办者多数是一些小社团，如曙光社、共学会、社会实进会、青年进步社、真社等。这些社团的性质不太一样，有些属于自由派，有些属于社会主义者，有些则带有其他政治色彩。后来很多中国政治领袖，左派或右派，都出身于这类社团。

完全政治性的组织也吸引了很多青年。有些青年参加国民党，其他的参加了当时不知其数的小集团。从 1919 年秋天开始，很多政治或半政治性的团体成立或扩大组织。主办人多是学生，后来有不少成为中国共产党的领导人物。虽然在 1920 年以前，他们只倾向于宣传理想的社会主义和自由主义，还没有将共产主义作为他们的信仰。"五四"事件以后，毛泽东在新民学会里表现活跃，主编湖南学生联合会的机关刊物《湘江评论》。该刊物是周刊，创刊于 1919 年 7 月 14 日，极力提倡学生运动和批评政府。结果该学联会和周刊都在 8 月初被湖南省督军张敬尧封禁了。此事件更加强了毛泽东反张的活动，而且促使他于 1920 年 2 月再上北京，并在当年夏天信仰了共产主义。1919 年秋，恽代英与林彪、张浩（又名林育南或林毓兰，林彪的堂兄，后来成为共产党的劳工领袖），在武昌创立社会福利会和利群书社；利群书社与 1920 年 9 月毛泽东在长沙创办的文化书社有业务上的关系。

觉悟社于 1919 年 9 月 16 日在天津成立，创办者是当时颇为活跃的天津学生联合会的男生和天津女界爱国同志会的女生。该社多数会员是南开学校和直隶工业专门学校的学生；其中最活跃者包括周恩来、马骏、邓颖超、孙晓清（后来成为国民党广东支部秘书）、郭隆真、关锡斌。该社创立的目的是要实现一种理想，即社会进步必须以个人的自觉为基础，而且朝着基尔特社会主义（guild socialism）、无政府主义和人道主义的方向积极发展。觉悟社在 1920 年 1 月 20 日开始出版《觉悟》杂志，并且接受了李大钊的一些指导。在北京，也有一个社团，名字和组织都与觉悟社相同；还有一个相似的团体，则名为复社。其他类似的社团也纷纷在上海、杭州、汉口等地成立。[53]

“五四”事件以后，另外还有一种联合上述诸社团，以谋求达成共同目标的趋势。譬如，改造联合会是由少年中国学会、人道社、曙光社、北京觉悟社及青年互助团所联合组成。这个联合会公布了自己的宣言和会章，虽然它的存在时间很短。

所有这些新社团几乎都带有理想主义色彩，也许可用“五四”事件后新式知识分子所倡导的一些运动为例说明。例如，日本有一个乌托邦式的社会运动叫作“新村”制度，由武者小路实笃（Mushakoji Saneatsu）所倡导。这正符合一些中国教授和学生的理想。这项运动的理论和组织方法，在 1919 年由周作人和他的哥哥鲁迅及其他作家在《新青年》及《新潮》杂志上介绍到中国。[①] 这个运动的哲学基础建立在克鲁泡特金、托尔斯泰（Tolstoy）和那些理想社会主义者所主张的互助和人道主义之上。他们的目的在于实现“各尽所能，各取所需”的理想。《新青年》发表过武者小路实笃的一封题为《与支那未知的友人》的信和一首题为《寄一个支那的兄弟》的诗，同时刊出的还有中国知识界领袖蔡元培、陈独秀和周氏兄弟热烈响

---

①　周作人曾访问过东京日向和上野的日本“新村”。鲁迅翻译了武者小路的戏剧《一个青年的梦》，从 1919 年 8 月开始连载于《国民公报》。北京政府 10 月 25 日封禁该日报后，该剧本重新在《新青年》7 卷 2 号（1920 年 1 月 1 日，页 65—103）刊登并连载于之后 3 期。“新村”的思想受到胡适的反对，他觉得它只提倡一种隐士的生活。[54]

应的文章。[55] 从《新青年》及其他杂志的表现看来，武者小路的理想社会主义和人道主义给"五四"事件之后的中国新式知识分子留下了相当深刻的印象。

知识分子对新社会的热烈追求，也表现在他们为自己创造新生活的尝试上。1919 年冬天，一批青年知识分子，包括王光祈、罗家伦、徐彦之，受到法国的"工读"制度及日本的"新村"的影响，在蔡元培、陈独秀、胡适、李大钊和周作人的支持下，开始在北京、天津、上海等大城市组织工读互助团。每名团员不单要念书，每天至少还要工作 3 个小时。每名团员的收入都属于工读互助团，不过团员的基本费用，如学费、医药费、房租、购买衣服书本的费用等皆由该团提供。他们的工作包括开办印刷所、餐馆、洗衣店和从事手工及小贩等劳动。[56] 虽然他们的计划并没有大规模地实现并且事实上最终失败了，但这计划至少在短期内实践了新式知识分子的理想，而这样的实践经验影响了他们日后对社会问题的想法。这项运动的支持者，各人的观点大不相同，[①] 它的失败给某些知识分子带来了一些教训。他们终于明白在这既成的经济系统和社会里，没有城市工人或资本家合作，想创造一个乌托邦社会是不可能的。[②]

新式知识分子所倡导的大众教育

比较成功和有较深影响的是这些社团在全国各地展开的大众教育工作。这些工作包括下述的一些：

---

① 工读互助团刚成立时，需要同情者在经济上的支持。北京团部的乐捐者有：陈独秀（30 圆）、胡适（20 圆）、张澜（后担任中国民主同盟主席，30 圆）、李大钊（10 圆）、蓝知先（进步党，10 圆）、张继（国民党，10 圆）、蒋介石（10 圆）、陈博生（145 圆）。胡适把这种运动比作美国学生的勤工俭学；其他支持者把它看作一种生活实验及新生活方式与新社会的开始。

② 孙中山的追随者和当时中国最早提倡马克思主义之一的戴季陶，建议学生最好进入资本家的工厂去，跟城市工人一起工作，从而领导他们。[57] 有些工读互助团里的工读生后来成为著名人物，例如经济学家施存统（施复亮）、作家章铁民。

学术性和大众化的演讲

1919 年以后，演讲在中国风行一时。许多著名的西方思想家都曾被邀请到中国访问，目的便是演讲，受到了热烈的欢迎。杜威便是其中最早受到邀请的访问者之一。他接受一个教育协会的邀请，在中国停留了两年零两个月，游历了 11 个省份（奉天、直隶、山西、山东、江苏、江西、河北、湖南、浙江、福建、广东）。他做了一系列学术性或大众化的演讲，尤其在北京、南京和山西。他在北京的五大演讲多由胡适担任翻译，演讲的题目分别是：（一）社会哲学与政治哲学（首次以实验主义哲学的观点来探讨）；（二）教育哲学；（三）思想之派别；（四）现代的三位哲学家（亨利·柏格森［Henri Bergson］、伯特兰·罗素、威廉·詹姆斯［William James］）；（五）伦理演讲。这些演讲的中文稿都发表在报纸和期刊上，后来又成书出版，中文版在两年内再版 13 次，每版有 1 万本。他的其他演讲除了有学生和教师去聆听外，其他的知识分子也都前去参加，当地及全国性的报纸都做了深入详细的报道。毫无疑问，西方哲学家在现代中国做了那么多次演讲的，这还是第一次。杜威谈论哲学、逻辑学和教育的书也被译成中文出版，而且销路很广。[58]

1920 年 9 月 5 日，梁启超创立了专门主办著名的中外学者演讲的学会，提议政府应该每年提供 2 万圆以便邀请外国著名学者来中国演讲。那时候杜威还在中国，梁启超和其他的人邀请罗素在访问苏联之后来华访问。罗素在 10 月 12 日抵达中国，并留居了将近一年。他在北京做了很多次公开演说和五次学术演讲：（一）数理逻辑；（二）物之分析；（三）心之分析；（四）哲学问题；（五）社会构造论。罗素访问中国的前后，他所著有关社会、政治和哲学问题的书有不少被翻译成中文，在中国改革者和进步分子中广为流传。前面已经提过，罗素学会不久之后就成立了，并且在 1921 年 1 月还创办了《罗素月刊》。[59]罗素的哲学及其为人，对"五四"后期的中国知识分子，尤其是活跃的青年的影响，比现代西方任何其他思想家都更显著。

除了杜威和罗素之外，美国的教育家孟禄（Paul Monroe）也在1921年9月5日接受邀请来到中国。德国哲学家杜里舒（Hans Driesch）在1922年也被邀请到中国。印度诗哲泰戈尔（Rabindranath Tagore）在1923年受到邀请访华。[60]中国新式知识分子也计划邀请亨利·柏格森和鲁多夫·奥伊肯（Rudolf Eucken），不过最终没有实现。

同时中国学生也在不识字的人民大众之间广泛主办大众化的演讲。在这些大众化的演讲中，他们提倡科学知识、爱国精神、新伦理观念和许多新社会思想与政治思想。其中一个积极主办演讲的团体是平民教育讲演团，于1919年3月23日由北大学生廖书仓、邓中夏、罗家伦、康白情、易克嶷、周炳琳、许德珩、张国焘、王光祈等人创办。"五四"事件以后，该团的工作大大活跃了。团员在城里和乡下做了不计其数的演讲，把印好的演讲稿和通俗杂志分发给民众。他们虽然有时遭到警察的干涉，但这样的工作一直持续到1923年。类似这种讲演团的组织，在北京高等师范学校和其他学校也有存在。[61]

大众教育和免费公学

"五四"事件以后，很多学校面向工人及穷人子弟开办了免费的夜校。在第一次世界大战期间，有一些中国学校和大学设有夜校，供校园里的工友学习。1917年，北大开始设立校役夜班。[62]1920年1月18日，北大学联会开办平民夜校。这些措施终于打破了中国高等教育向来抵制平民入学念书的传统，尤其是高等学府。在较早的时候，学校大门口通常有这样的牌告："学堂重地，闲人免入"。[①]1919年年底，北大理科主办的夜校有500多名学生，年龄在7岁至30岁之间。其他的学校也有设立类似的夜校。[64]还有另外一些免费的学校，由学生和商人合办，后者提供经济上的支持。据说"五四"事件之后，由学生联合会主办的免费平民学校"遍布全国各地"。[65]一位美国记者在1919年8月报道："学生们已长期组织起来，计划

---

① 当然军人是可以进去的。军阀经常侵略学校，随意把它改成军营。[63]从中华民国成立以来，这种事情层出不穷。

去教育全国的民众和穷人的孩子。单单在上海，就开办了 16 所免费学校，使没有能力交学费的孩子可以读书。同样的行动正在全国各地广泛进行。学生还深入农村，在农民之间进行促进全国团结的工作。"[66] 晏阳初在 1920 年凭着他在法国教育华工的经验，开始推动后来闻名全国的平民教育运动。因为当时学生正热烈地推动大众教育，所以他的运动在 10 年间迅速发展起来。[67] 这些学生和知识分子所推行的社会服务还包括办壁报、公共图书馆以及改善大众卫生等。

对新文化运动支持的不断加强

在上述各种事件发展的过程中，我们就很容易看出它们之间的相互关系。这些事件的共同目标，可以用"新文化运动"一词来概括。因此这个名词便逐渐被用来总括当时所有发展中的改革行动。要创造一个新文化或新文明的念头只是几年以前才开始的。陈独秀在 1915 年创办《新青年》之后，开始关注这一观念。在《新青年》（《青年杂志》）创刊号上，他写了一篇文章题为《法兰西人与近代文明》，而且把夏尔·瑟诺博斯（Charles Seignobos）的《现代文明史》（*Histoire de la Civilisation Contemporaine*）的第三章译成中文。[68] 1916 年年初，陈独秀提出人类生活的特征是创造文化，因此 20 世纪的人应该为 20 世纪创造一种文化，不可只跟着 19 世纪走。[69] 1919 年 1 月出版的《新潮》创刊号上，学生们也宣布，他们杂志当前的第一急务是要"渐渐导引此'决然独存'之中国同浴于世界文化之流"。[70] 这些远大的理想和有关的活动，一直要到"五四"事件以后，才作为"新文化运动"，系统地得到新式知识分子的提倡。

"新文化运动"这一名词，在 1919 年 5 月 4 日以后的半年内逐渐得以流行。当年 12 月，《新潮》的编辑在出版宣言中答复读者，他们的运动就是"文化运动"。[71] 1920 年年初，该运动已经非常普遍流行了。[72] 从 1918 年春天起，进步党很多的报纸已经开始支持这一新思想运动了。国民党的党员也早已以个人身份成为热烈的支持者。不过直到 1920 年 1 月，孙中山才正式支持新文化运动。他简要概括所有的新思潮，称之为新文化运动，同时号召全体党员都来支持。在一封致海外国民党同志的信中，他说：

> 自北京大学学生发生五四运动以来，一般爱国青年无不以革新思想，为将来革新事业之预备。于是蓬蓬勃勃，发抒言论。国内各界舆论，一致同唱。各种新出版物为热心青年所举办者，纷纷应时而出，扬葩吐艳，各极其致。社会遂蒙绝大之影响。虽以顽劣之伪政府，犹且不敢撄其锋。此种新文化运动，在我国今日，诚思想界空前之大变动。推原其始，不过由于出版界之一二觉悟者从事提倡，遂致舆论大放异彩，学潮弥漫全国，人皆激发天良，誓死为爱国之运动。倘能继长增高，其将来收效之伟大且久远者，可无疑也。吾党欲收革命之成功，必有赖于思想之变化。兵法攻心，语曰革心，皆此之故。故此种新文化运动，实为最有价值之事。[73]

孙中山在这封信里承认，而且向他的党员指出，五四运动对中国社会的巨大影响，《新青年》《新潮》及其他杂志是该运动的倡导者，学生运动和新文化运动有着密切的因果关系。根据他信中的观点，"五四"学生运动和新文化运动很难截然分割而被视为互不相干的独立运动。胡适在"五四"28 周年时也很赞成这种看法。不过后来有些孙、胡的追随者却坚持要把这两个运动分割看待。事实上，从"五四"事件开始，很多国民党的领导人物及其他自由进步知识分子已经参加或积极支持学生运动和新文化运动了。

被当时大多数新式知识分子广泛使用的"新文化运动"一词，其内涵相当广泛，甚至广于后来所承认的部分。1920 年春天，陈独秀在一次讨论新文化运动时，把"文化"的意思限制于有关科学、宗教、道德、文学、音乐和艺术等方面的活动；他并不使用其社会层面的含义，没有把实用的政治、社会和经济行为包括进去。1921 年年初，他又进一步指出，文化运动和社会运动是两样不同的东西。前者不能包括后者，后者也不能包括前者。如果"文化"做如此狭义的解释，则很显然的，"五四"事件后新式知识分子的活动，事实上早已越过了文化运动的范围。不过在"五四"事件发生后的一年里，知识分子的活动起初似乎还把重点放在狭义文化范围以内，后来才逐渐积极从事实际的社会或政治行动。最终，带有这种含义的"新文化运动"一词，在当时为中国人广泛地接受。

"五四"事件以后，发展深远的新文化运动给中国带来了新面貌和极大的希望。杜威在长篇分析了新文化运动之后，得出这样的结论：

> 我们可以这样肯定说，新文化运动，即使是那么芜杂和不安定，却给予中国以新的前瞻和远大的希望。它固然不能代替比较好的交通系统（如铁路和公路），缺少交通系统，这个国家不能统一，因此也不能富强。可是中国也需要民心一致，这点没有新思想知识运动是不能达到的。而且当形成民心一致时，这民心是瞻望过去，还是与当前世界潮流配合而同情于现代思想，也会造成完全不同的后果。[74]

至于就中国知识分子而言，他们对这点更加乐观。他们把新文化改革活动视为黑暗中的一线光明，可以照亮一条救国的希望大道。该运动对中国的青年有极大的吸引力，很多聪明而有抱负的海外留学生都决定回国参加运动。郭沫若当时还在日本念书，而且是热情的歌德派诗人。他被中国的这股新潮所激动，开始写很多新诗，歌颂新时代和新中国。他写道："'五四'以后的中国，在我的心目中就像一位很葱俊的有进取气象的姑娘，她简直就和我的爱人一样。"[75]"五四"时期，多数献身事业的中国青年都被爱国的热忱支配着。然而，政治的浪潮很快就把新文化运动的热忱卷入无限的纷争里去了。

第八章

世界主要国家对五四运动的态度

从一开始，世界主要国家对五四运动的发展就有着重要的影响，这与现代中国其他主要的改革运动的情形相同，它们通常都是由于与外国的接触而引发的。就五四运动而言，外国的举动和反应常常与运动中的重要事件交织在一起，有些时候会将运动引向新的方向。尤其是当"五四"事件发展成为一场全国性的风潮以及当新式知识分子开始分裂之时，这一点表现得十分显著。为了有助于理解这样的发展，特别是我们将在下一章论述的运动的分裂，所以本章将简要叙述外国对这场运动及对此时期中国形势的态度之差异与变化。

在那些与运动有关的主要国家中，日本是唯一直接卷入其中的；西方国家，如美国、英国、法国都曾在不同时期对新式知识分子有过积极与消极两方面影响；运动发展到全盛期后，苏维埃联邦逐渐开始向新式知识分子展示其动人心弦的魅力。

日本的反应

不难理解，保守的日本政府从一开始就对中国人由"二十一条"引发的反日情绪非常恼火。它不断地要求北京政府采取严厉措施，以镇压学生运动和抵制日货运动。并且就在"五四"事件发生后，日本在中国经营和控制的报刊就开始宣称，学生运动是由美国人扶持的。1919年6月16日，日本外务大臣就此向美国驻日大使罗兰·莫里斯（Roland S. Morris）表示了强烈的不满。在同一次会谈中，他还提醒道，这场运动将促使普遍的"排外情绪"的迅速发展。[1]同时，日本新闻界广泛报道，英美特务在煽动中国学生反日，"利用这场运动以扩大他们的市场"。[2]它还将"五四"事件归因于中国政治家们野心的冲突，归因于布尔什维克的宣传，按莫里斯的话来说，归因于"除日本侵略外的一切"。[3]在事件发生后，保守的日本政府常常将这些中国学生称为"学匪"。①

学生运动是由美国大使教唆和赞助的谣言5月开始在中国出现，传播者很可能是亲日团体或日本驻华领事馆当局。谣言说，芮恩施曾挪用联军战争工作团宣传运动（The United War Campaign）的收入去资助学生运动。②芮恩施断然否认了这种指控，正如他后来在回忆录中指出的：

> 没有人会不赞同中国学生的目的和理想，他们是在为民族的自由和新生而抗争。我本人也深为同情，不过我自然还是避免一切与运动的直接接触，因为它纯粹是中国人自己的事情。尽管如此，日本报纸却相当详细地报道了我如何组织了学生运动，如何花费了四万美金使运动开始进行。但众所周知，这场学生运动全然是自发而不可遏制的，上述指责只能博人一笑。[6]

在日本国内，保守的新闻界也在广泛传播这种指控，并且进一步谴责英美在华侨民和传教士也援助了学生运动。莫里斯1919年6月在东京说："19日发行的日刊《国民》报道，美军的兵营以及红十字会和基督教青年会

---

①　当时在日本学医的郭沫若于1919年年底作了一首题为《匪徒颂》的诗，作为对此的反抗。[4]

②　根据芮恩施的报告，5月间曾有人向美国公使馆兜售对他进行这种指责的小册子的草稿照片，据称全中国已散布了成千上万的此种小册子。该草稿被认为是曹汝霖的手迹，或者是出于曹所属的交通系的某些成员之笔，但从照片无法确认其作者。[5]

的房子被从事反日宣传的中国人和美国人用作开会场所，还说美国公使馆总共散置了五百万日元以资助这种运动。"[7]

正如上文提到的，日本人对芮恩施资助学生运动的指控是毫无根据的。[①] 因为这场运动汇聚了大批天真的青年男女，他们不可能长久地保守秘密，这种对于他们一方的资金援助几乎会立即为人所知。况且，很明显，正如杜威一再强调的，这样一场浩瀚的运动绝非几个外国侨民或外交人员所能煽动的。

至于日本政府所声言的中国正在形成一种普遍的排外情绪，事实上正是那些保守的日本人自己指控作为外国人的美国人和英国人煽动并支持了这场运动。在当时的中国人和美国人看来，6 月份，当中国的局势变得严峻的时候，面临国内大米缺乏和社会动荡的日本政府，采取了一种企图将中国人的反日情绪转向反对一切白种外国人的政策。芮恩施和其他美国驻华、驻日外交官多次报道了这种政策，告诫日本特务正在"不择手段地引导公众意志同样反对其他外国人，尤其是英国人和美国人"，"在美国人中，传教士首当其冲"。[8]

的确，自巴黎和会做出有关山东问题的决议之后，中国知识分子对列强怀有深深的怨愤。公众的民族主义情绪日益高涨。但在当时，中国人的愤慨主要是针对国际强权政治，而非普通外国人。就大多数新式知识分子领袖而论，在"五四"时期并未产生狭隘的民族主义。[②] 很明显，尽管这场运动带有强烈的民族主义痕迹，但它本质上并非一场排外运动。实际上，从第一次世界大战爆发到 1919 年的这段时期，是美国人与其他许多国家的人在中国最受欢迎的时候。[11] 在此期间以及随后的几年中，有如此之多的西方杰出学者被邀请至中国讲学，这个事实就是一个明证。的确，五四运动在相当的程度上是一场西化运动；从根本上来说，排外主义与五四运动的

---

① 见第五章，页 135；第六章，页 159，注①。
② 陈独秀甚至批判"浅薄的自私的国家主义、爱国主义"，认为这是从日本贩来的"劣货"，中国应该予以"排斥"，他主张以人道主义和爱公理主义替代民族主义和爱国主义。[9]关于亡国灭种的危机，陈甚至说，中国若免不得亡国的命运，宁可亡在白种人的手里，也不愿亡在黄种人手里。[10]

立场是相对的。

　　进一步考虑到相当多的中国知识分子受到过日本自由主义者和社会主义者的影响，[①] 可以断言，就起领导作用的中国知识分子而言，"五四"时期中国的反日运动不是针对日本人或一般的日本思想，而是（更确切地说）针对野心勃勃的日本军国主义分子。当然，不可否认，在中国公众中产生了狂热的反日情绪，致使个别在华的日本人受了些苦。

　　在另一方面，日本自由主义者对事情的看法与保守派不同。东京帝国大学的著名教授吉野作造（Yoshino Sakuzo）[②] 在"五四"事件后发表的一篇文章中指出，日本新闻界所报道的外国人煽动了这场运动是不真实的，中国的反日情绪是指向日本的官僚主义和军国主义的，而非针对日本国民。[13]除写作了几篇具有类似观点的文章外，他还于事件发生后不久给北京大学的一位中国朋友写了一封信。信中写道："侵略主义的日本，不独为贵国青年所排斥，抑亦为吾侪所反对也。"[14]

　　另一位日本作家、非共产主义的社会主义者、庆应大学的教授福田德三（Fukuda Tokuzō）[③] 声言，日本的对外政策实际上是为"贪婪的资本主义的沙文主义"所引导的，中国的反日运动是"这种政策的直接后果"。[15]

　　著名的《中央公论》持有相似的观点，甚至走得更远。它建议日本应该"阻止官僚和资产阶级的对华政策"，停止加剧"因向曹、章及其他所谓亲日分子提供援助而引起的中国人民的不满"。还宣称："必须将中国学生奋

　　　① 李大钊是通过河上肇（Kawakami Hajime）接触马克思主义的；"五四"事件后的一个时期，日本人道主义的新村运动在中国自由主义和改良主义的知识界领袖中十分盛行，以上仅是其中的两个例子。

　　　② 吉野作造（1877—1933），日本"晨社"的领导人之一。1905年，曾在中国担任袁世凯的顾问和他儿子的老师，同时还是天津北洋大学的教师。其后，他赴英、德、美诸国学习。1913年回到日本后，他成为东京帝国大学的一名政治学教授，并且为日本的民主和进步运动做出了重大贡献。他曾出版了30多部有关政治史和政治理论的书。日本"晨社"对中国的学生运动十分同情，1919年6月或7月，中华民国学生联合会曾与该社互相通信。[12]

　　　③ 福田德三（1874—1930），曾在德国学习经济学，受到英国经济思想和历史学派的影响，后对经济学的社会福利方面感兴趣。中共方面1958年将其定位为"资产阶级经济学家"。

斗的目标视作我们自己的目标那样"，他们的胜利将"使日本从官僚和资产阶级的有害影响中解放出来"。[16]

西方的两种态度的对照：赞同和疑虑

尽管日本人对美国煽动中国运动的指责是不能完全置信的，但是仍可以断言，大多数在华的西方消息灵通人士是同情学生的，并且就山东问题和反日运动来说，是支持他们的目标的。这样的事例很多。当时在华的英美记者和作家，从威特·宾纳（Witter Bynner）、乔治·索科尔斯基（George Sokolsky），到约翰·杜威，以及后来的伯特兰·罗素，在他们所写的一些报道和文章中都称赞了中国的知识运动，认为它象征着一个古老民族富于希望的、脱离蒙昧的觉醒。[17]近乎全部的驻华西方外交官，包括芮恩施、英国公使约翰·朱尔典（John Jordan）和法国公使柏卜（Boppe）都持同情态度。

身为外交官及政治学家的芮恩施，不论从美日在远东的利益冲突角度，还是根据自己的良知和政治信仰，都对1919年的学生运动怀有同情之感。他强烈地反对巴黎和会有关山东问题的决议，因为在他看来，那不仅与美国及中国的利益相悖，而且是对威尔逊"在大战中所提出的每一条原则的可悲的否定"。[18]同时，曾是教授的芮恩施与中国知识分子保持着密切的联系，并且清楚地看到，中国青年的目标和理想是不会得到官僚和军阀的支持的。据他观察，在运动中，西方民主正在这个古老的国家生根，一个能够表达自己的思想情感的公众群体正在形成。在驻华外交官中，他成为中国青年最为深切的同情者之一，他相信青年们是在为他们民族的自由和新生而战。

芮恩施对学生运动，特别是在山东问题上的态度是一些在华的西方人士所共有的，并且在一个时期内实际上得到了美国政府的认可。事件发生后的5月末，许多英美的在华组织，包括驻华美国商会（the American

Chamber of Commerce of China）、美国同学会（the American University Club of China）、北京传教会（the Peking Missionary Association）和北京英美侨民协会（the Anglo-American Association of Peking）都表示了对巴黎和会决议的反对及对中国的同情。[19]

然而，西方人对中国运动的同情是很不一致的。尽管大多数人都支持中国民众的反日情绪，但是这场让西方作家、记者和某些传教士感兴趣的知识风潮却引起了西方商人和侨民的顾虑。上海和其他城市的英法租界当局对五四运动的赞许态度，由于6月份的罢市罢工后日本政府的宣传以及一些外国在华商人对"过激主义"的——当时，布尔什维克主义被译为中文的"劳农主义"，或沿用日本的做法，译为"过激主义"；而布尔什维克有时被译作"广义派"——歇斯底里地恐惧而发生了反转。甚至在"五四"事件之前，正如莫里斯1919年3月从东京报道的，日本新闻界"传播各种歪曲的报道，蓄意制造对美国针对日本和世界的阴险图谋的恐慌"。他援引了其中一个报道，文中说："美国正在与布尔什维克结盟以将远东掷入混乱之境，并号召日本制止这种举动。"[20]

由公共租界和法租界构成的上海的外国租界，是在清朝末期中国战败后根据不平等条约建立的，这与其他许多中国城市的情形相同。在条约特权的保护下，租界已成为国中之国，拥有自己的警察、军队、邮局和众多中国居民所不具备的公民权利。①

---

① 如同中国的其他许多租界，上海公共租界是由工部局管理的。除天津的英租界和意大利租界外，中国居民无权进入任何租界的董事会。以上海为例，尽管其公共租界的中国居民构成当地总人口的97%以上，纳税额占80%，但他们在工部局没有代表，也没有发言权。工部局由9名外国成员控制，他们实际上仅代表少数商人及列强侨民的利益。租界处于传统殖民方式的统治之下，而这与其母国的民主体制是根本不同的。1915年，上海公共租界有外国居民18 519人，中国居民620 400人。1920年，人数则分别为23 370和759 839。同年，租界向外国学生提供的奖学金为211 400两白银，而提供给中国学生的只有87 500两。法租界比公共租界更不民主。其基本法律是拿破仑三世于1868年批准的，此后一直执行，没有变更。曾有多例巡捕殴打无辜市民及捣毁商店货物的案件。有一段时期，法租界当局在公园门口竖立标有"华人与狗不得入内"的牌子。实际上，根据1919年公园开办时的规定，有主人带领的狗是可以入内的，而中国人不行。此规定到了1928年被推翻。[21]

　　1919年，公共租界当局对中国的群众运动十分关注。在6月份的罢市罢工以前，它常常表示对学生和新式知识分子的同情，尽管在租界内的学生示威运动通常是不被允许的。租界的喉舌——《北华捷报》在这个时期所发布的所有新闻显示，上海、北京和其他城市的学生运动都是秩序良好的。甚至在6月7日，该报仍承认"在此期间，学生们成功地赢得了大多数商人的同情和提供支援的许诺"。该刊还报道说，6月5日，商人们在支持罢市这一点上，观点是"一致的"。[22]

　　但在6月6日，罢市和罢工开始的第二天，公共租界当局对学生运动的态度开始变化。它发布了一个告示，警告公众勿在租界内散发传单，禁止悬挂有煽动民众字眼的旗帜，还告诫人们不要在街上集会。在星期日（6月9日）晚上举行的一次会议上，工部局决议"或由本局所特许者除外，不论何人，不论何事，如果身着军衣或佩戴徽章、衣帽记号等，表明某会、某团体者，一概不准在街上行走，或到公共处所"。[23] 还决议镇压一切罢工、抵制日货、街头演讲和其他学生活动，并将上海学生联合会驱逐出租界。同时，工部局还决定从6月9日起，以武力推行上述决议。

　　计划中的镇压行动得到了一些外国商人和驻沪的英国、法国、比利时领事馆的支持，但是——据芮恩施说——美国驻沪总领事托马斯·萨蒙斯（Thomas Sammons）、芮恩施本人以及英、法驻华公使都反对这样做。芮恩施6月24日向美国国务院报告："6月9日，当我收到上海的（美国）海军情报官员关于工部局计划实施的严厉镇压措施所引发的严峻形势的电报后，我极为关注，担心这种狭隘的、目光短浅的举动将使英国和我们自己卷入这场中国的民族运动。"[24] 于是他即刻在6月9日致电美国驻沪总领事，要求他"尽一切努力去说服"他的"同事和工部局改变这种行为"。[25] 芮恩施后来在其回忆录中谈到这次事件，他说：

　　　　感受到全部的公众冲击力的日本人，企图将运动贴上排外的标签，并唤起人们对义和团的记忆。上海的一些有影响的英国人，被商人和学生在产业工人中的成功努力吓坏了，也开始称他们排外。我听说上海工部局可能要采取严厉措施以压制联合抵制和罢工。英国公使已去海滨了，我通知他说，形势非常严峻。

　　要是我们或者英国人让自己陷入这场动乱，那就愚蠢到极点了。它仅是针对日本人的，幸而与我们无关，而且绝非排外。我明确指示驻沪总领事，劝告美国社团既不要支持也不要反对这场运动，它是中国人自己的事情。美国人对这点看得很清楚，并且认识到工部局卷入这件事是多么不明智。我告诉总领事，除非有非法的和公然的行为，外国在华当局与罢工完全无干。由于我们幸免于中国人的敌意，我们希望继续置身事外。为了避免带来更普遍的麻烦的一切危险，美国人向中国领导人施加了很大影响，迫使他们避免采取任何可能使外国人普遍卷入运动的举动，他们欣然应允。[26]

但是修改拟定的镇压政策的努力落空了。工部局中有两名美国人，但只有一人站在芮恩施一边。英法公使都对租界当局没有什么权威。此外，英国总领事不得不考虑在公共租界最具实力的英国商人的利益。因此，工部局发动了一切力量以推行这项严厉的决议。散发传单和悬挂中国旗帜被禁止了，集会、游行和上街示威也被禁止了。上海学生联合会6月9日被驱逐出公共租界。（其后它将办公处移至法租界，6月11日再次遭到法国巡捕的驱逐，最后转移至华界。）所有佩戴抵制标志的中国人都被强迫离开租界。

从6月9日起，《北华捷报》完全转换了腔调，将学生运动称为"骚乱"。它改变了原来鼓励的主张，开始告诫学生，学习才是他们的职责。在6月9日的社论里，该刊在解释了它先前一向支持学生运动的原因后，宣称：

　　但是现在他们（指中国学生）自命为政治事务的评论家。他们没有充分了解这种立场是多么危险，请允许我们援引一段一位最能干、最富智慧的美国政治家的演讲："民主具有其危险性，危险源于这样一个事实：大众没有时间、机会或（在大多数情况下）能力去研究和理解国与国之间所存在的必要的、错综复杂的关系。"发表上述见解的人，其权威不下于依莱休·卢特（Elihu Root）先生。他所说的民众指的是美国人，全世界公认的政治最开明的民族之一。如果他对这样的民众都这么讲，那么他对中国今天的事情会怎么说呢？他难道不会劝学生坚守住他们的学业吗？人应各守本分。（*Ne sutor ultra crepidam.* 拉丁文，出于古罗马典故。——译者）[27]

此时，该刊自相矛盾，否认了自己从前的报道，指责学生们"威胁"并"勒索"商人加入罢市。它说："毫无疑问，不论中国学生的观点如何，正如那些不时地企图勒索前政府官员和其他人的钱财的敲诈犯无权将这里当作避难所一样，学生们也没有权利进入公共租界，并对其居民实施暴行。"[28]

稍晚，6月12日，当三名官员被免职的消息传到了上海后，中国店主、学生和工人在华界举行了集合和游行，以庆祝胜利。当其中一支由商人、工人及部分学生组成的游行队伍进入法租界时，遭到了法国巡捕的袭击和驱散。另一支队伍在进入公共租界时遭到阻拦。若干中国工人和商人在街头搏斗中被公共租界工部局警务处人打死或打伤。[29]芮恩施就此事于6月24日致美国国务院的报告值得在这里详加引述：

英国公使……约翰·朱尔典爵士……对于我们所应采取的恰当态度，大体上同意我的看法，法国公使从一开始就这样。不幸的是，尽管工部局成员之一的哈罗德·道勒先生（Harold Dollar）反对（而另一位美国人——麦瑞曼先生［McRiman］一直与英国的利益密切联系在一起），英国总领事和上海工部局还是决定采取行动，若非中国领导人的冷静和明智，后果将是相当严重的。

美国侨民社团似乎从一开始就认定，这场中国的民族运动基本上是合理的，我们没有必要去干预。（美国）总领事做了各种适当的努力以阻拦和避免可能使我们卷入其中的不明智的举措。由于在沪美国人的这种态度，我相信，不仅美中传统友谊得到了加强，甚至英国人也从中受益，避免了由于工部局的缺乏远见的行为而招致的理所当然的后果。

美国总领事萨蒙斯有充分的理由责备英国总领事的态度。在 6 月 14 日第 3356 号快电中，他报告，英国和比利时领事表示，不应该允许学生回到他们在公共租界的住所，他则强烈反对这个建议。当一艘英国炮舰停泊在关税码头时，萨蒙斯总领事通知一名（英国）资深领事：这样的程序是不合法的，不能视作符合惯例，因为事先没有得到领事馆的认可。英国总领事声明，英国海军舰船的活动完全是受海军高级军官控制的。外国炮舰在这个地点停泊尤其容易激怒中国人。

……当那几个人（曹、陆、章）的辞呈被批准的消息为英、法、美各国公使馆给它们驻沪的领事馆的电报所证实后，那里的活跃运动便停止了，在上海及其他地方，罢工也宣告终止。而抵制日货活动仍在继续。不幸的是，由于 6 月 10 日（12 日？）公共租界的一名警官头脑发热的行为，造成一些中国人的死伤。这场民族运动迄今所采取的方式博得了外国人的敬重。[30]

美国驻沪总领事就"工部局高压政策中的一些非常邪恶的附带成分"做了进一步的报告，但是这点没有公开。[31]

在华的英国、法国侨民对英国驻沪总领事和工部局面对学生运动的狭隘政策极为不满。英国人办的《字林西报》（North China Daily News）6 月 21 日发表了一篇社论，对学生运动在未来中国将据有的位置表示了赞赏。美国人在上海办的《大陆报》（The China Press）在同日的一篇社论中敦促"领事机构下令进行一次公开调查，不但要调查对罢工的处理情况，而且要调查公共租界的整个防卫机制——其方法及人员"。[32] 芮恩施直白地指出，工部局"代表着上海的狭隘的商业主义"。[33]

上海的法租界当局对学生和新文化运动采取了一种类似的高压政策。在罢工罢市结束一周后，1919 年 6 月 18 日，法国驻沪总领事奥古斯特·韦礼德（August Wilden）通知工部局，永久封禁在法租界刊印的《救国日报》，其主编被判处中国法律的极刑，罪名是他的报纸鼓动人们参与抵制日货。6 月 26 日，韦礼德公布了一则限制一切出版发行的定章，规定："无论书籍、杂志、新闻纸及印刷品，非预将底稿一份送法巡捕房及法总领署，不能在外发行。"[34] 违反者将随时被警方查封，并加以严惩。[35] 该令即刻在法租界实施。

然而，当法国当局试图确保一条地方性法规的限定性修正案在公共租界通过，以使那里实行一项并行的政策时，立即引发了中国居民和外国居民的强烈反对。大批中国团体，包括代表商人、新闻记者、出版商、银行家、职员、学生、实业家、工人的团体，都加入了抗议的行列。由美国驻华商会执行委员会与旅华美国人协会（American Association of China）举行的一次联合会议通过了一项决议，反对该修正案，"因为它违背了美国的原则，而且不会达到预期目的"。[36] 修正案也遭到大多数领事的反对。由于这些反对，修正案的提议被决定送交纳税人大会讨论。在那里，纳税人对该提议完全没有兴趣，予以否决。1919 年至 1925 年，每年由于工部局召集讨论该项提议的会议都流产了，因为参加会议的纳税人从未达到法定人数。尽管如此，事实上，租界当局的这项高压政策在绝大多数情况下得以贯彻。

然而在"五四"事件后，上海的中国居民开始更有效地组织起来，如马路联合会、中国纳税人协会等。他们不断地抗议"中国纳税人在纳税人大会上没有发言权，被剥夺了公民权"。[37] 这样，"五四"事件促进了上海租界的中国人争取公民权的斗争，这种斗争在随后的几年里成为那座城市历史的特点，并且蔓延到其他所有有租界的大城市。

上海租界争取公民权的斗争对 20 世纪初的中国青年知识分子的心态产生了巨大影响，因为在此期间，大批重要的知识界领袖、政治工作者、活跃的雄心勃勃的青年男女、新时代的精力充沛的学生都被吸引到这个城市。西方对租界的管理并未为中国人很好地示范西方民主。鉴于那里工厂工人恶劣的生存条件，与上海商业主义打交道的经验以及租界当局的狭隘政策，这些知识分子很快就对西方深感失望。

工人罢工及其潜在的后果，是被上海租界当局视作威胁及施行高压政策口实的事件。上海的大多数工厂是由外国人所有或控制的，中国劳工所受的剥削一向是恶名昭彰的。正如杜威及其他许多作家所报道的，妇女和儿童不分昼夜地长时间工作——常常是一周七天，一天十二到十三个半小时——只为令人难以置信的可怜的报酬：多者二角钱，少者除工厂提供的食宿外别无分文。尽管条件如此恶劣，多数工人还是尚未觉悟到罢工的可能性。由于认为学生们混入工人中间，向他们灌输自由和民主观念和西方工人运动的性质，工厂主们陷入了恐慌，尽管6月初上海的工人主导的罢工是为了声援学生，而非针对资方，而且事实上学生曾劝告工人们不要罢工，以免引起国际纠纷。[38]

租界当局的行动也是受到1919年西方和东方都存在的"红色恐怖"气氛的影响。① 虽然在1920年以前，中国并没有真正有影响力的共产主义团体，一种对布尔什维主义的异常恐惧还是在传统中国社会与在华的西方侨民中间弥漫开来。甚至是具有自由主义倾向或力主改良的人，如胡适，也被当作布尔什维克。[40] 同西方公众一样，中国人常常将布尔什维克与无政府主义者及社会主义者相混淆②，实际上三者有很大区别。不妨这样说：布尔什维克对1919年的五四运动及其以前的影响，是很难与自由和民主的观念相比的。③

---

① 当时的一位中国出版商拒绝出版一本社会学的书，唯恐被查禁，原因是"社会学"与"社会主义"都有"社会"这个共同的字眼。[39]

② 例如，科捷涅夫（Kotenev）曾讲，上海公共租界警务处将"带有明显社会主义与无政府主义倾向的书籍和文件"视作"布尔什维克文学"。当时遭到巡捕搜查的两家书店，事实上出版的多是自由主义作品。其中之一的远东图书馆曾出版《新青年》及几乎全部胡适的著作。[41]

③ 杜威于1921年夏天基于他个人观察在文章中提出这一见解。他认为，"那些文章可以汇成一个选集，从中表明它（五四运动）对社会、对世界和平是个威胁。关注此运动的日本作家多将之视作蓄意破坏的激进主义，并归因于布尔什维克的宣传。但是在我所访问过的九个省，还没有发现俄国直接影响的一丝痕迹。当然，俄国的革命作为一种酵素，间接地有着巨大影响，但远比不上世界大战甚至威尔逊总统的民主与民族自觉观念的影响力。因为新文化运动尽管对目前中国它所客气地称为'共和国'的政府毫不关心，但它仍被民主观念强烈震动了"。杜威进一步说："就技术意味而言，中国并无布尔什维主义的准备及资质。但可以想见，如果军人的虐政、压迫与腐败继续下去，直到直接触动了农民的利益，就将导致现存秩序的拥护者势必转变为布尔什维主义的一片混乱的反抗。"[42]

苏俄的吸引力

正当中国知识分子尝试着吸收西方思想家的自由和民主的传统时，却遭遇了商业和殖民化的严酷现实，在这段关键的时期，苏维埃联邦向他们展示了诱人的魅力。直到五四运动时期，中国仍是一个允许在其境内行使各种治外法权和特权的国家。在其领土上，存在着各种"势力范围"、"特殊利益范围"（spheres of special interest）、交战区、租借地、条约口岸、租界、居留区和使馆界。外国人在中国保持着自己的法庭和邮局；甚至当中国人与外国侨民发生法律诉讼时，也须服从外国法庭的裁定。在工商业权利、铁路矿山的经营、贷款和货币发行方面，列强都拥有大量得到承认的特权。中国国家税收的两项主要来源——海关税、盐税连同其管理，都完全处于外国的控制和管理之下。同其他税收一样，这两项收益也要充当偿还对外借贷的固定费用的抵押，这些或公开或秘密的贷款，通常被用于供给军阀因个人实力争斗而发动的连绵不绝的内战。国家的进出口税率也由列强决定。外国进口商走私军火和麻醉剂，在中国市场上廉价倾销。在中国境内的许多战略要地，都驻有数量可观的由外国人指挥的外国军队和战舰。所有这些，以及其他事实使"中国"变成一个地理名词，而非主权国家，一个市场，而非国家。[43] 尽管遭到一些颇具远见的西方人的批评，西方列强官方的对华政策仍固守着传统的殖民线路。在另一方面，俄国在十月革命之后的这段时期，对中国和其他亚洲殖民地采取一种或多或少的理想主义政策。苏维埃政府公布并废除了几项沙皇与日本签订的关于中国的秘密条约。1919 年 7 月 25 日，列奥・P. 加拉罕（Leo P. Karakhan）——莫斯科的工农苏维埃政府代理外交人民委员——在致"中国人民和中国南北政府"的一项宣言中，提议废除沙皇政府与中国签订的所有秘密条约及其他不平等条约，无偿放弃一切在华特权和利益。[44]

载有这项宣言的电报在传送中被奇怪地延误了 8 个月，直至 1920 年 3 月才到达北京。北京政府拒绝就之谈判，在 6 月份致各省长官的电报中，它宣称不能正式接受此项建议，因为该电报可能是伪造的。在华西方新闻界也声明，他们无法保证这个文件的真实性，他们并未得到确证，然而在几个要点上，一些"内在证据"都对其真实性不利。宣称电报系伪造是毫无根据的。[①] 然而安福国会当即将该建议置之一旁。其后继者吴佩孚政权也是如此。苏俄的提议从未完全地付诸实施。[②] 有人认为这是北京政府不愿谈判的缘故，也有人则归因于伴随着 1919 年 8 月至 10 月高尔察克反政府武装从俄国东部的撤退，苏俄从革命的自我牺牲的外交政策向传统的利己主义政策转向。

那份电报的延期有可能是西方和中国的反苏力量努力的结果。这证明，当时中国尚无有组织有影响的布尔什维克；或者即使有的话，他们与苏俄之间也没有什么联系。否则，他们会早些传播这个消息，特别是在学

---

① 事实上，《加拉罕宣言》确实曾发表过，1919 年 8 月 26 日的莫斯科官方报纸《消息报》和《真理报》，在报道莫斯科的旅俄华工的一次集会时提到过该宣言，尽管当时已迟滞了一个月。[45] 苏俄政府 1918 年曾制订并且由官方透露了类似的向中国归还租界和主权的提议。[46]1920 年 4 月中旬，在北京政府宣称该宣言系伪造之前，苏俄代表已抵达北京，准备就该提议主持谈判。[47] 至于西方新闻界所言"内在证据"，大体是说，宣言讲："凡从前俄罗斯帝国政府时代，在中国满洲以及别处，用侵略手段而取得的土地，一律放弃。"这与沙俄并未合法地获取整个满洲这个事实不符。换言之，宣言过于慷慨了。[48] 后来发现，1920 年 6 月在中国出版的宣言的英译本中，有一段关于向中国归还中东铁路的文字，而这未见于在莫斯科发表的文本。一些苏俄官员后来指责说，此段是由译者或其他人植入，以将问题搞乱；然而西方作家断言或暗示，这是一个谜，苏俄真正的给予并不像在中国所见的文本所显示的那样慷慨。其他的解释将文字的脱落归因于苏俄外交态度的改变。[49] 总之，看来这段插曲对于中国人并没有太大意义，因为在中国和莫斯科发表的文本都含有过于慷慨的声明，即苏维埃联邦将归还所有"从前俄罗斯帝国政府时代，在中国满洲以及别处，用侵略手段而取得的土地"，这可以被解释为包括在中国东北地区的中国中东铁路。宣言还呼吁就两国间的"其余一切问题"进行磋商。列强阻挠中苏谈判的意图是相当明显的。法国和日本驻华公使甚至就中国允许苏维埃政府的西伯利亚贸易代表团进入中国一事正式提出了抗议。[50]

② 1921 年，苏维埃联邦出兵外蒙古，以肃清由西伯利亚逃走的谢苗诺夫率领的反布尔什维克残余。他们留在那里并协助建立了蒙古人民革命政府。1922 年，签订了一项苏蒙秘密协定（《俄蒙修好条约》应为 1921 年签订。——译者）。但 1924 年 5 月 31 日，当《中苏协定》签订时，确定了以下三点：（一）苏维埃联邦废除先前沙俄与中国签订的一切条约和协定，放弃所有俄国革命前沙俄从中国获取的租界；（二）苏维埃联邦承认外蒙古为中国不可分割的一部分，保证尊重中国在当地的主权，并从那里撤军；（三）苏维埃联邦同意由中苏共同经营并由中国赎回中东铁路。由于其后中国复杂的政治变化，很难估计《加拉罕宣言》的诚意。[51]

生运动和罢工罢市达到高潮的时候。[①] 况且，加拉罕宣言出现在"五四"事件发生两个多月、中国人拒绝在对德和约上签字一个月后，亦即"五四"事件解决以后才提出的。假使布尔什维克在这段时期的学生运动和罢工罢市中扮演过重要角色，如同东京、北京及租界当局所宣称及后来的共产党人所断言的那样，宣言就应早些制订。尽管如此，苏俄对"五四"事件的主要反应仍登载在 1919 年 9 月的《消息报》上。作者沃兹涅先斯基（A. Voznesenskii）时任外交人民委员会东方司的主任，他乐观地认为，五四运动为布尔什维主义在中国的发展提供了机会。[53]

在这里，我们并不判断苏俄提议的动机以及推测假如北京政府乐意谈判，提议是否会付诸实施。重要的是后来在 1920 年 3 月，当中国知识分子得知这一宣言的存在后，五四运动的发展受到了极大的影响。知识分子认为，在那种形势下，较之日本的"二十一条"和向中国施加的其他压力，较之西方强权强加给中国的特权与歧视，中国人没有理由不去热烈欢迎这个提议。北京政府的对俄政策以及对提议的无动于衷，在知识分子看来是不可理解的。

在沙皇政府被推翻之前，中国曾试图拒付对俄国总额约 1200 万关平两的庚子赔款。虽然其他列强都同意放弃自中国参加"一战"之日起的 5 年期间向中国的索赔，但沙俄政府只同意放弃它那部分的四分之一。实际上中国已经有一段时间未支付这笔赔款了。现在沙皇政府被推翻了 3 年多，沙俄已无法维持其在华公使馆和领事馆的大批人员的开支了。然而，此时北京政府却开始向北京的旧俄公使馆支付赔款，尽管先前它拒绝对前沙皇政府付款。（在 1917 年俄国的二月革命之后，中国政府似非正式地承认了俄国临时政府。但是俄国驻华公使馆仍维持着其沙俄时代的雇员，并或多或少地保持着传统的对华态度。因而，中国人常视其为沙俄使馆。）这些赔款随后被用于支持高尔察克、谢苗诺夫和其他企图推翻苏维埃政府的势力。这些在西伯利亚的俄国军队一直在打日本牌，无视中国的利益。当北京政

---

① 至于在中国的俄国移民，1917 年的官方数字为 51 310 人，由于十月革命，1920 年人数增长到大约 20 万人。这些人大多是布尔什维克的反对者和前政府官员。[52]

府派炮舰到黑龙江去保护中国的利益时，在日本人的怂恿下，俄国人向中国炮舰开火并将其扣留。[54] 旧俄使馆依然坚持那些曾受沙皇政府的武力保护的条约的实施。[55] 北京政府依旧承认这个丧失了自己政府的俄国使馆，却拒绝同愿意无条件地放弃在华一切租界和特权的苏维埃政府进行谈判，在中国民众看来，这当然是荒唐无稽的。

因此，当得知加拉罕宣言时，中国新闻界及包括学生、教师、商人、实业家、工人、妇女的各种团体，都回以强烈的感激。值得注意的是，宣言不但给知识分子，而且给工商业者留下了深刻的印象，而后者在通常条件下是不会受共产主义者的行为所鼓动的。全体国会成员，不论其政治信仰如何，也都加入了这种狂热。截至4月初，已有30余个重要组织就此问题直接与苏俄政府进行了通信联系，其中包括全国报界协会、中华民国学生联合会总会、上海各马路商界总联合会、商界救国总团、中华劳动公会、中华实业协会、女界联合会、全体国会议员以及其他社会和政治组织。[56]

中华民国学生联合会总会在1920年4月11日答复苏俄政府和人民的信中声称：

> 至于对于最近你们在致我侪的通牒中所表示之盛意，尤觉无限感谢。我们自当尽我们所有的能力，在国内一致主张，与贵国正式恢复邦交；并敢以热烈的情绪，希望今后中俄两国人民在自由、平等、互助的正义方面，以美满的友谊勠力于芟除国际的压迫，以及国家的种族的阶级的差别，俾造成一个真正平等、自由、博爱的新局面。[57]

其他社团也表达了类似的期望。

同时，大多数中国报纸和期刊，不论自由主义的还是保守主义的，都做出了类似的热情反应，要求与苏俄建立外交关系。美国报业辛迪加所属的一家著名的中文报纸《益世报》[58] 就是率先支持此项要求的报纸之一。[59] 进步党机关报认为，《加拉罕宣言》是以威尔逊本人未能实行的威尔逊原则为基础的。[60] 国民党机关报说：

自"五四"事件以后，全国国民所时刻注意的，无非对日问题。但是对日问题，绝不是专对日本政府所能完全解决的。从今以后，应该把注意点移在对俄问题上面。对俄问题，绝不仅是对一国的问题，是对世界的问题。资本阶级和劳动阶级、侵略主义和和平主义、国家主义和世界主义的种种冲突，究竟怎样解决，都和各国对俄国的态度有关系。我愿全国舆论界学生界工业界以及其他国民，大家起来研究对付，不要开一次会，发一通电，就算了事才好。[61]

因此在五四运动后期，1920 年春季以后，中国知识分子开始比以往更关注苏维埃联邦，不过他们对它的态度是有分歧的。尽管仍有一些群体对苏维埃联邦持敌视态度，但亲苏势头正在高涨。

在公众舆论的压力下，北京政府不得不派出一个外交使团赴莫斯科，并于 1920 年 9 月 20 日起不再承认旧俄政府。[62] 9 月 27 日，苏俄政府发表了由加拉罕签署的第二次宣言，其中包含着与第一次宣言相似的提议，但在中东铁路问题上有更多保留。[63] 早在 1920 年，即北京政府承认苏俄政府的 4 年前，一些中国知识分子就设法与苏俄在华代表保持着联系。1922 年8 月，当苏俄特使越飞（Adolf A. Joffe）抵达北京时，尽管北京政府对他很冷淡，但他受到了中国学生和社会团体的热烈欢迎。在一次欢迎会上，有14 个主要的社会组织和学生组织参加，其中包括新潮社、非宗教大同盟和社会主义研究会等，教育界的领袖，如蔡元培等也出席了会议。综上所述，西方在华商业势力的自私态度和苏维埃联邦对中国知识分子的吸引力深深地影响了五四运动的趋势。

中国知识分子在未来出现左转的趋向，部分原因是由于中国缺乏个人主义的传统，加之知识分子对平淡乏味且显然耗时太长的政纲失去了耐心。按照实用政治的说法，在与拥有更先进的政治观念与实践的西方世界的比照下，耐心成为一种很难保持的品性。但更重要的是，西方在本国实行的民主到了中国，就被杜威所称的西方"利己和隐秘的集团"所歪曲了。[64] 西方在华租界当局对新式知识分子运动的帝国主义和殖民主义态度以及列强对华外交政策，与西方思想家和政治家，如杜威、罗素、威尔逊所倡导的观念是明显矛盾的。苏俄对中国的吸引力，在中国正日益高涨的民族主义和试图摆脱列强的政治、经济控制的独立运动的浪潮下，愈发明显。在此种形势下，对《加拉罕宣言》的封锁及北京政府对谈判的拒绝，使得苏俄的吸引力更具戏剧性和效力。

第九章

观念与政治上的分歧（1920—1922）

　　紧接着"五四"事件后的几个月里，在新式知识分子之间兴起的联合精神只是表面的，是他们在面临着共同敌人的情况下所导致的暂时结果。除了齐心致力于重估传统和提倡新学之外，他们的具体理念显然并不一致。那时传入中国的西方观念极其多样。当传统的中国思想及制度出现动摇的时候，各式各样的西方观念，如民主、科学、自由主义、实验主义、人道主义、无政府主义、社会主义等，就涌入了思想的自由市场；而且当时的中国问题极端复杂。为了解决这些问题，新改革家们不得不关注政治实践与争端。当他们把注意力由对传统制度的共同敌视转向寻求积极解答的时候，他们面对的是各式各样的哲学思想与社会模式。因此，1919 年以后，新式知识分子之间的分歧与日俱增，首先出现在思想上，后来发展到了行动上。随后几年，整个运动瓦解了。

分裂的主要思想集团

　　"五四"事件之后中国思想界的主流非常复杂，所以不容易分类。由于当时不识字人口所占的比例很高，所以普通人辨明各种新观念之间区别的能力，是远不如卷入争论之中的新式知识分子的。为了便于讨论，我们将省略次要的枝节，把新式知识分子划分为四个主要集团：自由主义者、左派分子、部分国民党党员、部分进步党党员。自由主义者、左派分子，与后两者中拥护民族思潮的部分，共同构成了五四运动思想和行动的实际领导者。国民党与进步党的个别党员，也对五四运动给予了相当的支持，尤其是抗议政府内政外交的行动。

这里的"左派"，包括了许多在"五四"时期并不被划分为左派的群体，此处它被用来指代包括所有提倡社会、经济和政治方面彻底改革的激进党派，而纯粹的民族主义革命者则不包括在内。"五四"早期的左派领导力量是理想主义的和民主的社会主义者、无政府主义者、基尔特社会主义者、工团主义者。继而，又出现各种马克思主义者和共产主义者。1919年和1920年间，新式知识分子趋于提倡一般性的社会主义的理想，而没有在观念上做精细的区分；然而除了他们都抨击私有财产制之外，这些派别彼此有着极大的差异。我们也应该注意到，很多著名的左派知识分子，如陈独秀、李大钊，在"五四"中期以前，并没有朝这个激烈的方向彻底地转变。

另一方面，自由主义者正如他们所倡导的理念，较少进行有组织性的活动，在许多情况下，他们很难被认定为一个团体。当考察什么是这些"自由主义者"的共同立场时，我们会发现，他们在不同程度上都提倡思想和言论自由。他们之中有些在思想方面可以划入激进派，但在行动上却较偏重于制度化的民主方式。有些之前受过英、法自由主义和立宪主义影响的知识分子和作家，如严复、章士钊等，没有投身新改革运动，并放弃了他们早期的信念。其他著名的持自由主义观点的知识分子领袖，如蔡元培、吴稚晖等，则受无政府主义和虚无主义的影响，不曾系统化地接触过自由主义。只有少数几位学者，如张慰慈、高一涵、陶孟和，对自由主义和西方民主理论有所研究。这些自由主义的作家中，胡适的作品最浅明易懂，并被广泛阅读。杜威的其他学生，如蒋梦麟、陶行知也是颇具影响力的自由主义教育家。杜威的作品和演讲吸引了大多数青年知识分子的注意。紧随"五四"事件之后，实验主义者实际上成为中国自由主义阵营的首脑。

除了上述两大群体之外，还有两个重要的政党。他们党员的组成，更加复杂。许多与梁启超结交的受过罗素与柏格森影响的进步党知识分子领袖，开始倾向基尔特社会主义。除了梁启超以外，该党内著名的作者还有张东荪、蒋百里、张君劢、蓝公武（字知非，又号志先）。有些领导人物，如林长民等，是近于自由主义的士绅阶级及威尔逊式的理想主义者；林就是一位学生运动最先的热烈赞助人。至于大部分党员，则是官僚和政客，他们与青年知识分子的接触较少。

在"五四"事件发生之际，国民党已分裂为南方革命派与北方国会派。孙中山和他的亲近追随者，联合了少数进步党及南方军阀政客，已在广州、上海一带从事推翻北京政权的活动。国民党的其余派别，如原由黄兴与宋教仁领导的华兴会余众，及原由章炳麟领导的光复会余众，加上带有无政府主义背景的国民党党员，多留在北京。国民党领袖之中，对新式知识分子和学生有强大吸引力的是孙中山、蔡元培、吴稚晖、胡汉民、戴季陶、叶楚伧、沈定一（沈玄庐）、邵力子、朱执信、廖仲恺。在事件发生之时，他们大都已倾向于社会主义和民族主义，尽管蔡元培、吴稚晖与政党的组织关系实际上并不密切。

"五四"时期提倡的各种改革越来越明显地在朝着相反的方向发展：左翼分子对社会主义学习及宣传的热忱与日俱增，而自由主义者则更关心对实际问题的适当处理方法。当胡适与社会主义者及一些进步党员展开辩论时，分歧就逐渐明显了。同时，自由主义者倾向于避免陷入政治纠纷之中，并且主张应该由教育和文化运动来达成改革。相反地，社会主义者和国民党则有意于政治运动，而进步党的立场则在两者之间。而尤其紧要的是，"中国应采取哪种经济、政治制度"这个重大问题开始浮现出来。而当时最切身的问题是，对北京政权该采取什么态度？左派知识分子发现自己的立场与国民党对北京政权采取政治革命的主张较为相近；而进步党留在北京政权之内；自由主义者则在他们对军阀政权批评和抗议无效之后，逐渐退入学术工作的领域中。

问题与主义

新式知识分子的分裂实际上始于思想的领域，在"五四"事件发生后不久就展开了。中国青年那时几乎淹没在改革热潮之中。他们认为可以根据某种西方理论，把中国的各种问题一下子全部解决，这样热忱和天真的态度在各种左派分子之中表现尤为明显。在另一方面，自由主义者认为，只有用各个击破的方式才能解决问题，他们自然避免谈"基本上的解决"。胡适1919年7月20日发表在《每周评论》上的文章《多研究些问题，少谈些主义》，在7月到9月之间，引起新式知识分子领袖之间的一场风暴，于是这种观念上的差别就逐渐浮上了水面。这次短暂的论战可作为分裂开始的信号。

胡适的观点基于实验主义。在这篇文章之中，他宣称，任何理论或主义只是解决某一项实际问题的一种工具。胡适认为，理论的形成应该以个别实际问题的研究作为基础和出发点。任何人都可以唱高调，轻易地宣扬无所不包的主义。而事实上，"五四"事件之后，即使是安福俱乐部的军阀们也开始谈论社会主义或"民生主义"，他们以缺乏严肃的态度来为这些主义做诠注。除此以外，胡适还指出，传入的"主义"不一定适合当时的实际需要。最后，他总结："纸上谈兵的各种抽象的主义还可能被政客们利用作他们空虚的口号，来满足自己的野心，根本不用于解决问题。"胡认为中国的问题不可能一下子全部解决，必须个别地着手进行解决不可。"治所有病痛的万灵药是绝不存在的。"[1]

胡适的文章立刻引起了进步党的报纸作家蓝公武和当时正热心研究马克思主义的李大钊的反对。蓝公武指出，各种问题多是息息相关的，而非单纯地孤立着。若没有"主观的思考"或是某些理论的支持，许多问题都无法辨明。在西方民主制度传入中国以前，中国人几千年来从不把专制制度视作一种难以容忍的制度。[2]蓝和李都认为，所有的问题在一个无所不包的架构里是彼此关联的，而无所不包的主义则是各种性质相似的思想类群。"主义"可用作判断形势和判断问题的标准，"主义"也可以作为解决这些相关问题的工具。李大钊同意胡适的某些观点，认为应该对实际问题进行详细的研究，不应该只空泛地讨论理论，但他不认为研究问题与讨论理论之间有任何抵触。即使"主义"曾被军阀和政客利用作为利己的口号，这也不是"主义"本身的过失。相反地，这种现象更强调了仔细研究各种主义和严格执行这些主义的必要。李大钊当时已部分接受了马克思唯物论及其阶级斗争的理论，故更进一步地辩论，在一个毫无组织而暮气沉沉的国家里，若是没有经济制度上的彻底改变，问题是不可能个别地解决的。[3]

在胡的答辩里，他坚持，我们可以研究主义，可以选择地把"主义"用作工具和假设，却不可把"主义"当作教条和铁律，我们应该用进化的观点以及用"历史的态度"来研究各种主义。[4]

后来在 11 月 1 日，胡适写了另外一篇文章，把他对新思潮的观点，做一概述，他的结论如下：

> 新思潮的精神是一种评判的态度。
>
> 新思潮的手段是研究问题与输入学理。
>
> 新思潮的将来趋势，依我个人的私见看来，应该是注重研究人生社会的切要问题，应该于研究问题之中做介绍学理的事业。
>
> 新思潮对于旧文化的态度，在消极一方面是反对盲从，是反对调和；在积极一方面，是用科学的方法来做整理的工夫。
>
> 新思潮的唯一目的是甚么呢？是再造文明。[5]

在文章的末尾，胡适坚持，文明不是笼统地全盘造出来的，而是一点一滴地造成；所谓"解放与改造"，也只是指一点一滴地把某种制度、某种思想或某人解放了或改造了；文明再造的第一步应该是个别问题的研究，而文明再造的进展则取决于个别问题的解决。我们还要注意，胡适把章炳麟先前建议的"整理国故"一词在此重新定义，后来其用法与早期反传统的新思潮时不太相同，我们将于第十三章详细讨论。

以上胡适对新思潮运动的观点，在理论上得自杜威 1919 年冬在北京大学的演讲"社会哲学与政治哲学"的支持和印证。杜威在这16次演讲中，根据他的基本理论——知识即是行动的一种形式——批评及否定极端的唯心论及极端的唯物论，他说，社会的进化是基于历史的进程，用来解决问题的理论则起源于事件。因此，研究者应该注重事件和实证，应该保持一种实验的态度，还应该把所有的原则当作假设。换句话说，新兴的社会政治哲学应偏重于实验，偏重于个别事件的研究以及社会的"不断改进"。[6]

胡适的文章及杜威的演讲所提出的问题，是针对社会科学方法论的难题，同时针对在理论和实际改革上的正确态度。他们的要点在于警告大家，问题是不可能用任何无所不包的理论一下子全部解决的，并且我们不可把"主义"当作万灵药，只应把它们当作解决某些时期的某些问题的假设和工具。由于随后数年中国知识分子在思想和政治行动上所发展的教条主义，这个警告是具有相当分量和远见的。

然而在早期阶段，对左派分子及大部分其他新式知识分子来说，这种危机并不显著。事实上，当时很少有支持社会主义及其他主义的著名知识分子，武断地全面接受他们的主义。李大钊在1919年8月承认，"主义"只是解决实际社会问题的工具。[7]陈独秀，即使在1920年9月也还认为"与其高谈无政府主义、社会主义，不如去做劳动者教育和解放的实际运动"。[8]直到当年12月1日，陈才宣称，正如行船必须定方向，社会改造必须受"主义"的指导。但是他同时认为，进步和社会改造不可能在短期内一蹴而就，而要靠"一点一滴一桩一件一层一层渐渐地"革除和不断的努力才能创造出来。[9]在这一点上，陈独秀与胡适的观点是非常相近的，而且一直到生命的最后阶段，他仍认为不应该谈论空泛的主义。甚至在1921年的夏天，在中国共产党的机关刊物上，一位共产党作家还写道："一切社会主义都只是暂时的真实；它们不能被当作永恒和绝对的真理。"[10]

因为至少在表面上，这些左派领袖的观点与自由主义者相差不远，所以他们就此中止了这场辩论。但在事实上，在这段时期不少青年非常容易地染上了"主义"的流行病，虽然有些人只一知半解，却变成某种主义的坚定信徒。他们热烈地讨论主义与理想，但却不曾仔细地进行研究。一般来说，他们的概念都是粗浅而混乱的。这种缺点不但在无政府主义者、社会主义者和马克思主义者之间很明显，在自由主义者和保守派之间亦是如此。他们那时实在应该得到告诫，不应忽视实际的问题，只顾抽象的理论，并且应当把理论详细研究，不应该只当作口号。

从另一方面说，虽然"多研究些问题"这个建议既一针见血，又是应时之需，但是自由主义者在这一点上并不比其他主义的信仰者做得好。我们可以看到，在当时的情况之下，中国必须正视的最严重问题是经济和社会问题；而自由主义者，像其他人一样，都不曾仔细研究这些刻不容缓的问题，也不曾提供任何假设或最后的解决方案。事实上，也很难辨明他们与其他理论的提倡者到底在争论什么。当然，杜威一派的学者关注教育问题，他们为此提供了解决的方案；然而，当时大多数的青年仍然不认为，仅仅通过教育的途径就能解决所有的经济、政治和社会问题。具有讽刺意味的是，1920 年，即自由主义倡导"多研究些问题"之后不久，极少有自由主义者加入社会调查工作或劳工运动，而那时有很多社会主义者及其同路人已经开始走进工人和农民群体，以研究他们的生活状况。[①]1922 年以后，不少自由主义者转向专攻艰深的学术领域，如考据等。直到数年以后，一些自由主义领袖才真正尝试研究中国刻不容缓的问题。在运动早期，他们似乎忽略了一个事实，即实验主义和自由主义可能的贡献不应仅限于吹毛求疵的批评。

此外，实验主义和自由主义本身当然也是"主义"，而且在中国同时介绍和竞起如此之多互相矛盾且含混不清的主义，也是一个影响深远的问题。如果实验主义者和自由主义者不把自己卷入旋涡，跟其他主义的提倡者做详尽具体的理论上的争辩，他们也就不可能争取到其他中国知识分子的赞同。事实上双方都在避免这种详尽具体的争辩。当时几乎没有人会把对方

---

① 1920 年 5 月的《新青年》在一定程度上可以说是这个趋势的产物，从此以后，该杂志或多或少注意到社会和经济调查以及劳工问题，而当时自由主义者却对此裹足不前。20 世纪 20 年代初期的《少年中国》和《少年世界》等杂志也表现出与《新青年》类似的作风。

的理论做彻底的细致研究。在这样的情况下，实验主义者似乎只是在对其他人说："你们应当放弃所有的主义，而接受我们的主义，因为根据我们的主义，我们不应当把主义奉为教条。"这样一来，他们自然处于不利的地位，因为当一场浩瀚的思想运动正在酝酿，而主义还只被许多人当作口号标语的时候，这样的辩论方式的说服力显然是极其微弱的，更不必谈发展了。事实上，这也是"全无主义的主义"（doctrine of no doctrine at all）陷入进退两难之境的一个例子。[11]

虽然这次辩论没有改变当时思想大势的趋势，它至少使头脑开明的，甚至是激进的知识分子，更加认清他们应该避免空喊口号。以实验调查为重心的《少年世界》的发行可作为这种影响的证明。1919年秋，毛泽东和他的朋友们也开始意识到这个问题，并在长沙组织了"问题研究会"。该研究会建议研究140多种有关政治学、经济学、社会学、教育、劳工和国际关系等方面的问题，例如，如何联合民众，社会主义能否实行，以及孔教问题。他们较为接受"研究问题应该和研究主义密切关联"的观点，然而他们并没有把自己的建议贯彻推行下去。[12]同时，"少谈些主义"的警告，虽不是完全无效，但对于自由主义者与其他主义的信徒之间的争论，实是不够充分，不足以产生任何实际结果。

社会政治激进主义与文化激进主义的对峙

自由主义者与左派分子在态度上还有一种基本的分歧，即他们对政治活动与文化改革，两者孰轻孰重有不同的观点。大致上说，自由主义者避谈实际政治，比较注重教育和文化改革，而左派分子（与国民党携手合作）则赞成直接的政治运动。

上面我们已经提过，自1917年新式知识分子领袖开始联合之后，他们有些已经不愿涉及政治，或避谈政治；即便陈独秀亦如此，他因对军阀和旧官僚制度异常失望，所以认为当时救中国的希望不在于政治运动，而是在于全国的文化革新。但是 1918 年以后，北京政府的内政外交使他越来越关注政治。他与其他《新青年》的作者，如李大钊、高一涵及张慰慈（后二者为政治学学者），都发现很难完全避免触及政治问题。虽有该杂志社其他成员的反对，陈仍坚持写作与政治相关的文章，并且常鼓励高一涵及张慰慈也这样做。[13] 同时，该杂志和类似出版物的许多年轻读者都认为，这些杂志应以积极的态度多检讨些政治问题。陈的观点是，政治是可谈的，但他对政治所下的定义却比所谓行政细节或政客活动等要广得多。他用新的方法来处理这个问题，想要"站在社会的基础上造成新的政治"。[14] 他的许多朋友也持相同的态度。于是，广义的政治问题便成为他们重要的话题之一。

另一方面，主张避免卷入当时政治旋涡的人也不在少数。陈独秀认为主张不谈政治的人，可以归为三派：（一）学界，即某些学者和知识分子，代表者如胡适、张东荪；（二）商界，即商人集团，典型的代表是"上海总商会"和新近成立的上海"马路商界联合会"；（三）无政府党人。陈认为，最后这一群体积极地在原则上反对一切政府组织，以达成他们的目标，而其他两个群体则只是现实政治问题相对的、暂时的逃避者。[15] 这三个群体的划分并不完全准确，因为无政府主义者如吴稚晖、基尔特社会主义者如张东荪，或某些商人集团，如马路联合会，并不完全避开现实政治。不过许多人不愿采取政治行动，尤其是自由主义派知识分子，倒是事实。连有些专门研究政治学的学者也有避免涉入现实政治的倾向。

自由主义者对现实政治的厌恶是基于两个原因：一则由于他们对军阀和官僚政府的悲观态度，二则由于他们假定只有通过由教育导致的社会文化变革才能达到政治改革的目标。正如胡适后来所说的，虽然他自己本来对政治很有兴趣，可是因为 1917 年夏他由美回国时，在路上听到张勋复辟的消息，就把他的信念打消了，于是他在 20 年间，裹足不参加政治。他认为，在当时那种环境下，复辟运动自然会产生，如要消除复辟，必须先改变环境。所以他开始加入中国文学和思想的改革运动，以为政治改革打些基础。[16] 杜威更系统化地解释了同一观点。他指出，因为"民主本是一些信仰，本是对生活的一种观点，本是一些思想的习惯，民主并不只是政府的形式，所以实行民主需要有'普遍的教育'（universal education）"，朝普遍教育迈进的第一步是将口语白话作为书写的工具。[17] 杜威又谈到"辛亥革命的相对失败"，他在 1919 年年底断定其失败的原因是"政治改变过分超越思想上和道德上的准备；政治革命是形式上的、外在的；在有名无实的政体革命兑现以前，一定要先有一次思想革命"。因此，建设中国应靠"普及民主教育，提高生活水准，促进工业及消除贫穷"。[18] 另一次杜威在分析中国的西化运动史之后，他做出结论："要是没有基于思想变革的社会改革，中国是改变不了的。政治革命失败了，因为它是外在的、形式上的，只触及社会活动的架构，没有影响到真正控制社会生活的概念。"[19] 中国人的另一要务则是，向西方学习科学方法。[20]

自由主义者秉持这些观点，更进一步断定，当时的学生运动和改革潮流都不是政治运动。杜威认为，1919 年 5 月 4 日的学生运动"在外表上看来虽然非常具有政治性，但并不是政治运动。这是一种新觉悟的表现，是男女青年在受教育启发后的一种思想上的觉醒，以为必须要有新的信仰和新的思维方法。不管这个运动的外在形式怎样改变或崩溃了，此一运动已稳固不移"。[21] 因为杜威认为新文化运动已"正确而又切实际地"与"学生反叛运动联结在一起"，所以从这方面说，他对学生活动的观点，也可作为他对五四运动的观点。此外，他不仅认为五四运动不是政治运动，而且还断定"在内部深处，它是反对所有政客，反对所有将来想要直接通过政治以达到社会改革的一种抗议"。[22] 虽然他承认学生运动有政治的外衣，但他相信它的重点仍在政治范围以外。他认为其原因有二：一则中国在传统上就是"对政府的问题漠不关心。学生的反叛只是一次暂时的、表面性的例外"；二则"腐败的官僚和各省督军掌有实权，这种政治昏乱导致的绝望，足以使青年们放弃直接的政治活动"。[23]

自由主义者致力于强调教育和文化改革，而左派分子则大加强调此运动的政治性。陈独秀 1921 年的辩论可作为这种态度的一个典型例子。陈的观点是，学生在"五四"事件中之所以能成功，主要是因为他们采取了有组织的行动，并且掀起了一场从开端就有强烈政治意义的群众运动。[24] 陈独秀越来越不能忍受军阀政治，于是主张知识分子应该采取各种行动，以达成他们的政治目的。一方面，他认为新文化运动应促成这一目标。虽然他接受以下的假设：军事、政治、经济活动不应包括在文化范畴之内，文化运动应只针对科学（包括社会科学和自然科学）、宗教、道德、文学、音乐和艺术等问题；而在政治事务方面，文化运动只应针对政治科学的问题。他坚持文化运动应该朝着以下三个方向发展：第一，应强调有组织的活动，以建立人民的大众精神；第二，应强调创造的精神，以发展新文化，而不应仅是放弃东方文化，接受西方文化；第三，此运动应影响所有其他运动，即间接影响现实的政治、军事和经济，可是不应当反受它们的渗透。[25]

另一方面，陈独秀建议，新文化运动不是新式知识分子应参加的独一无二的活动，他们也应该参加处理社会问题，如有关妇女地位、劳工环境、人口问题等的社会运动。据陈的观点，从事文化运动的人不一定同时为社会运动工作，从事社会运动的人也不一定为文化运动工作。因为文化运动和社会运动实在是两件事。他还认为，即使某文艺家或某科学家对社会问题的观点相当保守，但他仍可以继续在新文化运动中做出贡献。陈独秀反对以文化运动作为政治社会改革的直接工具，文化运动最后总会影响政治和社会改革。然而它是一项全民族的重大责任和艰难事业，需要长期和不断的努力；它不能，也不应当被期望在短期内完成。[26]

陈独秀对文化运动和社会运动的区分是为了说明，要解决中国急迫的政治社会问题，社会运动是极必要的。毫无疑问地，他始终是新文化运动的热心支持者、提倡者。但是随后数年，如果我们遵循他对两种运动的定义，那么他越来越偏向社会运动一边。他企图解决中国社会、政治、经济问题的方法也是采取社会运动的道路。该做法似乎与他为新政治而打下一种新的社会基础的观点相当一致，尽管这与他 1915 年年初创办《新青年》时的观点或多或少有些出入。当然，狭义的新文化运动，也有助于打下这个基础。即便如此，依照他的观点，这只是处理事物的间接方法。文化运动并不排斥解决中国问题时社会和政治活动的必要性。因此，在这一点上，他的观点和自由主义者有根本上的分别。

现在我们来看一看当时的政治党派，就会发现国民党和进步党的领袖已经认识到了五四运动的政治意义。有些人从一开始就察觉出学生运动和新思想运动的政治性，并将这些运动作为政治革命的前提，上文已经提到，孙中山便是其中一人。在紧接着"五四"事件之后的几年中，国民党的领导人实际上已感觉到五四运动文化方面之外的政治内涵和潜能。

至于进步党一方，领导人之一的梁启超对此表示了一种温和的态度。1921年年初，他在讨论"五四"事件后一年中运动的发展时，认为虽然把重点转移到文化活动上是有益的，但是忽略了政治却是错误的。一度曾作为政治改革家的梁启超引用中西历史上的例子来印证他的观点：政治上的进步常依赖不断的"政治运动"而达成。他对政治运动下了定义："政治运动者，国民中一部分，为保存国家及发展国家起见，怀抱一种理想，对于政治现象或全体或局部的感觉不满足，乃用公开的形式，联合多数人继续协同动作，从事宣传与实行，以求贯彻政治改革或政治革命之公共目的，所采之一种手段也。"[27]他指出："自今以往，中国究能有真政治运动出现否耶？我国民在今日，宜即从事于政治运动耶？抑仍有所待耶？此实目前最切要之问题。"另一方面，他也认识到，在一个没有言论集会自由、公众大多都智识幼稚的国家里，扶植政治运动会产生下列危机：运动可能会被政客和政党所操纵，作为利己的工具；大多数公众的兴趣不够大，不会普遍参加运动；或即使他们参加了，也多会受到群众感情的冲动，而非受理性了解的主宰。由于这些理由，似乎最好是"从文化运动、生计运动、社会改良运动上筑一基础，而次乃及于政治"。然而，正如他观察到的，政治运动在中国已是刻不容缓，因为：（一）在公众没有言论、集会、出版自由的黑暗政治之下，根本不可能推行改革运动，即便推行文化运动也不可能；（二）中国公众对政治太被动、太麻痹，如果没有政治运动来刺激冲动，我们的社会不可能变得"由静而动，由止而进"，社会改良也就根本不会有成就；（三）公众没有政治常识和政治兴味，就不能实现真正的政治运动，这是事实，然而反过来说，要是公众没机会参与政治运动，他们的政治常识和兴味也就不会增进；（四）政治运动会增进中国国民协同行动的习惯、自觉心和自治力。

因此，虽然梁启超没有断定政治运动应当是当前中国人的主要国民运动，但是他建议，在此过渡时代，应该"以辅助的意味行政治运动"，以便消除文化运动、社会运动的种种障碍；并且应该"以教育的意味行政治运动"，以便为"将来有效的政治运动"做好准备。[28]

梁启超的观点似乎是在胡适和陈独秀之间，而国民党领导人则对五四运动的政治潜能深感兴趣，因此吸引一些左派知识分子入党。

虽然五四运动在本质上是一场思想革命，然而也正因为新式知识分子对政治的兴趣不断提高，才会有这个运动。这在中国历史上几乎是个不变的定律，每次重要的学生运动，都不同于传统上对政治的冷漠，而是显示出积极参加政治活动的趋势。"五四"事件也属于这一类似的趋势，不但在青年之中，甚至一般公众之中，至少在受学生运动唤醒的城市居民，这是显而易见的。一名西方的观察家在1919年5月这样报道学生运动："数百万数千万个农民、商人和工匠破天荒第一次谈论国内和国际大事，以前他们做梦也没想到会对此发表意见，就是受到近来历次革命的刺激也不曾有这种效果。你可以走进任何一家食品店，所有执事的工人都纷纷在你周围谈这个话题。通常在各茶馆里贴着的'莫谈国事'的标语已不再时兴了。这些青年斗士（即学生们）的所作所为，真不平凡——大概中国终于真正觉醒了。"[29]诚然，不利的政治环境固然足以使新青年们对当时的官场仕途望而却步，然而这个绝望的政治泥沼却同时能够、实际上也鼓舞了他们参加有政治革命意义的、直接的政治活动。

民主主义、资本主义、社会主义和西化

前面两节只涉及改革家们的态度和方式。当时最急切、最严重的问题仍然是：中国应该建立什么样的政治与经济制度？应该建立什么样的文

化？本书在后文中会涉及 20 世纪 20 年代初期发展的思想论战，那时将讨论这些学术方面和哲学方面的争论。本节只关注于这些严重问题所引起的各种反应，这些反应也在根本上影响了五四运动后期各种思想行动的分裂。

"民主"（当时也叫作"民治主义"）是"五四"时期新式知识分子最常用的口号，但是他们从不曾充分讨论并彻底了解这个名词。在第一批分析这些西方词汇并用白话文发表理论的作者之中，杜威给新式知识分子的印象最为深刻。在 1919 年冬发表的一次演讲中，杜威把"民主"（民治主义）的因素分为四类：（一）政治的民主：以宪治和立法代表权为主；（二）民权的民主：如言论、出版、信仰、居住等自由；（三）社会的民主：消除社会不平等的现象；（四）经济（生计）的民主：平均分配财富。[30] 杜威认为这些是我们应该拥护的现代民主主义的本质。

此外，杜威还讨论了如何在中国实施民主主义和个人主义，他提倡一种渐进的计划，以修正西方传统的个人主义的理想。他追溯西方个人主义的政治史，把它分为两个阶段。在第一个阶段里，人民为了个人自由，与国家和集体控制做斗争。这个阶段之后，个人之间的不平等成为一个问题；西方民主制度目前的趋势是用社会立法制度来限制个人自由，以消除不平等的现象。杜威接着建议，中国应该通过下列方法把两个阶段合二为一：（一）既然中国没有个人主义的传统，可以把中国传统原有的社会集团和政府对个人的"保障的原则"加以民主化；（二）中国可以借着大众教育的方式，为公众达成机会上的平等；（三）为了解决中国的一些特殊问题，可以发展知识的专门化。正如他所说的，西方民主制度对这方面的信任太低了。[31] 这些建议是杜威的尝试，他把自己的理想裁剪一番，以适应中国的实际状况。尽管杜威如此设想，但中国人仍有忽视个人自由和权利的危险，毕竟他们不曾充分地经历第一阶段，没有充分为个人的自由和权利斗争过，并且，直到当时，国家政府的权威几乎从来不曾遭遇严重的挑战。然而，杜威的计划却相当适合当时中国人的口味。

然后，杜威分析了当代各种经济理论和制度，他采取的是一种进步的或激烈的自由主义，排斥正统的资本主义及马克思社会主义的理论。他用下列两种理由来攻击传统的开放性劳工契约理论。第一，传统理论忽略了一项事实：如果劳资双方没有平等的立足点和对等的力量，根本谈不到开放性契约。在劳动力供应大量过剩的情形之下，工人为形势所迫，必会接受不利于己的契约。第二，开放性契约的理论存在另一大错误：此理论认为劳资之间的契约只影响到劳资双方，而事实上，这些契约影响整个社会的利益。另一方面，杜威认为，他不接受马克思社会主义，是因为国家操纵的经济制度会扼杀个人的创造精神，正如以前封建制度之下的情况；反对马克思主义的另一个原因是，在这种主义下，国家的经济组织将仍为一小群有能力有经验的特权阶级所操纵。[32]

杜威接着讨论了基尔特社会主义、工团主义（syndicalism），他认为新制定的苏维埃宪法采纳了这两种理论的基本要素。他虽然没有奉基尔特社会主义为宗旨，但对这种他称为"工业的民主主义"的主张，却较少指摘。他据此主义提供两个具体方案，以解决中国的经济问题：（一）中国政府应该把重要资源收归国有，如公路、矿产、森林、水道等，不应当开放为私有财产；（二）中国应当运用和改良原有的旧式基尔特制度，将它作为建立民主制度的基础之一，即把职业的同业工会转化为政治的机构；有些中国作家，如张东荪等，也曾提倡这种观点。作为长篇演讲的结论，杜威鼓吹这种重建中国经济的最高原则：所有经济企业的首要目的是提高社会的福利，而不是个人的利益。因此虽然他绝对不是一位社会主义者，但他却质疑传统资本主义的前提之一，即私人利己的动机自然而然会提高社会福利的观点。[33]

由于杜威观察了中国当时经济的情况，他更坚决地放弃马克思主义和传统的资本主义。据他的判断，因为中国工业落后，劳工问题和财富分配不均问题还不严重，因此，社会主义和马克思主义在中国没有立足之处。[34]（杜威就传统马克思主义认为工厂工人为无产阶级一点而论，自然有他的理由；但中国当时土地问题已相当严重，地主、佃农财富不均已受人注意。这点我们已在本书导言里提到，读者还可参看本书的结论，尤其是附录一对"五四"时期各社会势力的分析。）然而，他充分地意识到，由于缺乏劳工保障的法律，中国是剥削者的"天堂"。[35] 他说："中国事实上还在工业革命的最初阶段，如果中国不愿重蹈其他国家的覆辙，不愿有劳资关系产生的各种罪恶和危险，不愿有劳工低薪的工业、童工、妇女工、资方的压迫和劳方的怠工等，如果中国想从其他国家 19 世纪的经验中得到教训，中国必须对这些问题先有准备。"[36] 因此，杜威一如当时许多知识分子，如孙中山、梁启超、陈独秀等，认为中国一定要采用某种经济政策，以防患将来的社会革命。杜威在演讲中还把所有社会问题分为三类，经济的、政治的和思想的；他指出三者之中，经济问题最为重要，因为"经济生活是所有各种社会生活的基础"。[37]

然而，杜威的中国学生、朋友及其他自由主义者并不特别重视他所讨论的严重经济问题。当时中国的自由主义者正全神贯注地进行教育改革、学术研究和重估国学等工作。他们之中很少有人严肃地考虑通过经济组织与实践，在中国实现民主主义的问题。对经济问题的忽略是自由主义的公众影响力日益衰微的主要原因之一，尤其是当他们轰轰烈烈地攻击传统的思想制度之后。

另一方面，有些中国知识分子在一段时期内曾受到杜威民主观念，尤其是他经济改革思想的影响，这些人甚至包括某些已经倾向于社会主义的知识分子。杜威一系列关于社会、政治、哲学的演讲，连载于《新青年》，首次刊登于 1919 年 9 月。陈独秀在同一期里发表了一篇文章《实行民治的基础》，在这篇文章里，陈基本上同意杜威所分析的民主四大因素，他仅只加了另一因素。他认为仅有代议制和宪政主义还不足以维持政治上的民主，最好加上人人都有"直接议决权"，他并没有为此下定义，我们推测，他指的可能是创制权、复决权和罢免权。陈独秀也认为社会和经济的民主，比起其他因素，如政治的民主和民权的民主，更为重要。[38]

对于把这种广义的民主制度在中国付诸实现，陈独秀的态度很乐观。他知道，政治的和民权的民主，在英国和美国发展得比其他国家更彻底。但还没有任何一个国家曾达成社会的和经济的民主；他断言也包括苏俄在内。此外，陈独秀根据杜威对美国民主制度发展的分析，发现美国民主政治的基础扎根在乡村、镇邑和郡县的自治，而不在联邦政府的活动中。[39]他接着建议："我们现在要实行民治主义，是应当拿英美做榜样，是要注意政治经济两方面，是应当在民治的坚实基础上做工夫，是应当由人民自己一小部分一小部分创造这基础。这基础是什么？就是人民直接的实际的自治与联合。"[40]

陈独秀根据这个原则，提出两种具体的方案以在中国建设民主制度，即"地方自治和同业联合两种组织"。前者的设想大致根据杜威所描写的美国乡镇自治制度；后者实际上就是把杜威利用传统中国同业公会（基尔特）制度的建议，加以具体化和补充。此外有趣的是，陈独秀还指出，他主张的社会经济的民主基础——即"同业联合"——异于中国旧式的"各业公所"和中古世纪欧洲的"同业协会"（基尔特）组织，因为这两种组织都是由雇主（"店东"）方面组成的；也不同于当前西方的工会及其他各种劳动组合，只有工人才能成为会员。陈独秀所主张的"同业联合"是雇主和工人双方以平等地位共同组成的。他说："此时中国工商界，像那上海、天津、汉口几个大工厂和各处铁路矿由的督办总办，都是阔老官，当然不能和职工们平起平坐；其余一般商界的店东店员，工界的老板伙计，地位都相差不远，纯粹资本作用和劳力没有发生显然的冲突以前，凡是亲身从事业务的，都可以同在一个联合。"[41]因此，他提倡的地方单位自治和同业联合组织的方案，与"五四"事件以后在上海发展的马路联合会非常类似；在那段时期，陈认为阶级斗争在中国的发生没有必然性，他的观念显然受了基尔特社会主义的影响。

虽然那些即使倾向社会主义的知识分子也同意杜威对民主主义的某些诠释，但他们自身仍有明显的偏颇：例如对经济问题的特别注重，对民主制度程序的忽略，及对当时政治情况的过分单纯观点。仔细研究那些年的作品，包括李大钊的在内，就会发现他们对西方的政治制度极少有真正的了解。在这一方面，陈独秀比起同一旗帜下的其他知识分子也许理解得多些；不过1919年6月，当他在原则上批判立宪主义政治和政党政治时，他认为这二者"马上都要成历史上过去的名词了"，并简简单单地下结论道：

"什么是政治？大家吃饭要紧。"[42] 当时第一次世界大战后中国和世界凄凉不景气的经济情况，不但使左派分子对西方的政治制度大失信心，同时也使一些自由主义领袖，如陶孟和等，也怀疑西方的政治制度，尤其是代议制政府，他们认为这种制度已无法解决中国和西方各种现存的政治和经济问题。[43] 此外，当时中国的腐败政府及西方对中国的侵略和殖民政策，完全遮盖了西方政治法律制度理论上的优点。直到陈独秀 1942 年去世的前几年，他才认识到，即使在社会主义社会里，也应该采用一些西方民主政治的方式和经验，例如议会制政府、司法独立、保障各种民权的法律程序，这些民权包括思想、言论和出版的自由，工人罢工的权利，对反对党的保障，以及自由的选举，等等。[44]

正当这种低估西方民主制度的政治成就的潮流澎湃时，中国知识分子开始偏重于讨论经济制度，而这种讨论即以资本主义和社会主义两种观念为重心。1920 年，罗素到中国访问演讲，使这种讨论更为热烈；这时基尔特社会主义和工团主义的影响略显增强，资本主义成为严肃的探讨对象。

1920 年秋到 1921 年秋，罗素接受进步党的领袖梁启超等邀请，到中国访问。前文已经提过，该政党由开创时期就与北洋政府关系密切。同时，它的党员构成很复杂，其中官僚的和保守的党员往往与军阀勾结；而党内知识分子领袖及他们创办的报纸，由 1918 年就开始同情学生运动和新文化运动。这样的立场使进步党与安福俱乐部之间的关系日趋恶化，同时，也因进步党与安福集团的关系恶化而使该立场更加坚定。党员们的政治观点也南辕北辙，他们有的相信基尔特社会主义，有的相信民主社会主义，有的相信资本主义，也有的相信共和立宪主义或君主立宪主义。这些知识分子领袖之所以邀请罗素来演讲，多少希望能借此巩固他们观念上的立场。

当时中国的左派分子与自由主义者也欢迎罗素，因为他赞同一些社会主义的立场，尤其是他在来到中国之前，于 1920 年 5 月访问了苏俄。实际上，在关心政治的中国青年之中，他比杜威拥有更大的读者群。1920 年以前，他的著作已有不少被译成中文，包括：《社会改造原理》(*The Principles of Social Reconstruction*)、《自由之路：社会主义、无政府主义和工团主义》(*Roads to Freedom*: *Socialism*, *Anarchism*, *and Syndicalism*)、《政治理想》(*Political Ideals*)、《哲学问题》(*The Problems of Philosophy*)。1920 年年底，科尔（G. D. H. Cole）的《工业自治》(*Self-Government in Industry*)与哈利（J. H. Harley）的《工团主义》(*Syndicalism*)也被译成中文引入国内。在当时，小型的地方民主制度与基尔特工会自治的理想受到一部分新式知识分子的欢迎。1920 年 10 月和 11 月，《新青年》刊登了不少罗素的作品及讨论罗素思想的文章。罗素根据先前访问苏俄的经验，发表了一些批评文章；[45] 当时陈独秀已经信仰共产主义，但在罗素的观点还没受到一些中国知识分子及保守派的曲解和利用以前，陈及其他左派人士对罗素并不抱抨击的态度。从罗素演说中衍生出一些问题，即中国是否接受资本主义，中国应该向西方文明学习什么。

罗素对中国的第一印象是极度的贫穷。他认为，发展工业和教育是中国的最紧急要务。他强调，为了完成这些发展，第一必须建立一个秩序井然、励精图治的政府，尽管这与他主张的削弱政府的哲学观点相抵触。在这方面，他建议中国应该鼓励建立议会制政府，该政府需要得到中国立宪主义者的维护，有爱国的及具有世界眼光的民众的支持与参加，这些民众不但要有公益精神，他们还应该有力量制止军人滥用权力并阻止外国的侵略与控制。当罗素的访华行程即将结束时，他将自己的观点做了清晰的总结和剖析。[46] 但在他访华期间，他的观点并不曾普遍流行并被彻底讨论。

至于经济方面，罗素倡导的制度多少需要澄清，否则，与苏俄的经济制度就很难划清界限了。他认为，一个像中国这样"经济落后但文化不落后"的国家，如果建立一个良好的政府，采用"国家社会主义，即列宁所谓'国家资本主义'"，就会有很大的收获。[47] 罗素与杜威的观点一致，认为当时在中国是否该建立真正的社会主义并非最急切的问题。他提出，各种非资本主义的制度反而不适合落后国家，这包括共产的无政府主义、工团主义、基尔特社会主义等。他在与一位中国经济学家的谈话中曾说，若要发展工业，有三种可行的方式：由资本家控制的发展、由国家控制的发展或由工人控制的发展。罗素认为，中国工人当时的组织和教育都不充分，所以不能管理经济；又因为中国在最近的将来不可能马上实现政治的民主，所以在三者之中，国家控制为最上策，其次为中国本国的私有资本主义制度。他说："中国最悲惨的命运是让它的经济操纵于外国资本家之手。"[48] 在根据他的口头演讲整理而成的中译本与他的"道别中国演讲"里，罗素谈到，苏俄式的共产主义不会盛行于西欧，它也不是为世界谋和平的理想制度；但由于中国当前的急务是高速增产，在中国目前的经济发展阶段，可把苏俄式的共产主义做大刀阔斧的剪裁后善加运用。[①] 因此，他劝说中国短期内可试用国家社会主义，即国家资本主义，建立一个有序高效的政府，避免过分的官僚式独裁，也避免偏重经济因素而忽略了伦理因素，同时寻求自由主义和民主主义的长远发展。[50]

罗素关于政府制度和经济制度的建议，受到他对推广中国教育问题的观点的修正和限制。他坚信，教育应该提高公众的政治意识。中国教育，一如中国工业，应该不受到外国的操纵，因为外国的操纵已经使中国学生对西方文明抱着卑躬屈膝的态度；中国的建设也不应该完全依赖留学生，因为他们的身心留有留学国家的烙印。罗素提议："新中国应该为自己设立目标，要保存中国固有的民族性：文雅与礼节、坦诚与谦和，加上西方的科学知识，应用在中国的实际问题上。"[51] 罗素相信，除非中国保存其爱好和平的生活哲学，而拒绝学习西方对人对事的侵略态度，否则中国采取了西方的政府制度和工业化，不一定会增进世界和平的机会。[52]

罗素这种关于教育目的的观点，是基于他对东西文明的鸟瞰。罗素是

---

① 罗素在中国的演讲甚至公开地明显支持某些共产主义的理想，并且承认苏俄布尔什维克经济措施的一些成就。在一次演说中，他大大称赞苏俄实行共产主义以后的成功，如他们实现了经济上和政治上的平等。然后他下结论道：世界上所有的国家都应该协助苏俄维持她的共产制度。他还说："此外，我认为世界上每一个文明国家都应该试验一下这种卓越的新主义。"[49] 当时苏俄派驻在中国的共产党人曾设法拉拢罗素。罗素演讲的中文翻译所表达的看法，有时与他自己英文作品中的看法似乎不一致。（杜威也如此，但相异的程度也没有罗素大。）有时候，大约是翻译的错误或偏差，因为可能略去了演讲稿中的一些限制条件词句。因此，即使译文已准确地译出了基本要点，却不能说这些译文逐字逐句完全代表罗素自己的准确看法。但是，我们的讨论应该根据中文翻译，因为这些翻译当时拥有广大的中国读者。

一位和平主义者，他决然反对西方好战的侵略态度。相反地，他在中国发现普通民众，尤其是乡野村民，过着宁静、和平、仁爱、容忍的生活。此外，在罗素眼中，中国的伦理学和政治哲学大多也宣扬类似的理想生活。他特别推崇老庄的道家思想，道家"生而不有，为而不恃，长而不宰"（见《道德经》第十章——译者）的观念，刚好与罗素自己"提倡创造性的冲动，消灭占有性的冲动"的想法非常相近。罗素批评西方人："说到中国人和西方人道德方面的不同，我们不如中国人，因为我们的精力比较充盛，以致每时每刻所犯的罪恶也更多。"[53] 在这方面，罗素异于杜威，也异于"五四"初期大多数的中国新式知识分子，因为他们都提倡西方的思想，反对中国传统的伦理和哲学，罗素却主张西方人能教导中国人的并非道德和有关政府的伦理准则，而只是科学和技术。更准确地说，只有科学方法。反过来说，西方人倒应该向中国人学习"生活目标的正确观念"。[54]

当时杜威的追随者，与马克思主义者及无政府主义者，都攻击儒家和中国的旧传统，基督教青年会（Y. M. C. A）亦是如此，只是攻击得不那么激烈，而马克思主义者还开始攻击帝国主义。虽然罗素与这些派别同样或更激烈地反对战争和帝国主义，但他却偏好传统的中国生活哲学，尤其是道家爱好自然的思想，试图以此打击以上所有西方思想派别。他曾说："中国知识分子的真正问题是：如何获得西方的知识，但避免西方机械主义的观点。"[55] 罗素所谓"机械主义的观点"，即"一种把人类当作是原料的习惯，只要我们心中生了某种奇想，就用我们的科学方法把人类操纵铸造成我们这种奇想中的形状"，这种习惯"在帝国主义、布尔什维克与基督教青年会中都一样盛行，这种习惯造成这些派别与中国观点的基本区别，而我个人认为这种习惯罪大恶极"。[56]

罗素也知道，单靠他所说的中国民族性的和中国文明的美德，不足以建立他所提议的效率政府和经济制度。他也意识到，因为受到西方与日本侵略态度的逼迫，中国只好转向武力道路，而放弃传统的儒家、道家强调顺从的农业与家族式的伦理，以求发展公益精神，或发展爱国主义与西方的民族主义。后来罗素回忆他的中国之行时说："我爱中国人，但是显而易见地，为了抵抗凶恶的军国主义，中国的文明将大部分被摧毁，他们似乎没有别的路可走，不是被征服，就是采用他们敌人的各种劣习。"[57]

在罗素发表他的观点之际，社会主义正是大家讨论的对象。因为被歪曲和误解，同时也因为当时中国新思想潮流的高涨，所以罗素的观点激起了几场争论。在政治问题和经济问题方面，罗素反对苏俄共产主义的广泛措施；一些中国知识分子原来希望全盘采用苏俄的政策，他的反对使他们的想法打了折扣。另一方面，罗素强调增产的必要，他的观点引出了一个问题：中国是否有必要发展自己的民族资本主义制度？进步党中的基尔特社会主义者大致上都对资本主义抱有怀疑的态度。[58]然而，因为当时生产效率的问题成为注目的焦点，基尔特社会主义者也知道中国的工厂工人数量太少，势力薄弱，不可能肩负政治上和经济上的各种责任。他们之中，如张东荪等甚至认为，在中国没有真的工人阶级，只有兵士和土匪。在他们看来，民众最需要的是工作和生计，这个需求远远超过对自由或对任何其他事物的需要。虽然资本主义制度对工人不公平，但是若考虑要供给民众工作和生计，资本主义是最有效的办法。因此，他们建议在目前阶段，可以试用地方性的资本主义和合作社制度。到了资本主义制度发展完成，工人阶级势力强大的时候，就该放弃资本主义，采用社会主义。当前急务是摆脱国际资本家的控制，而不是推翻本国的资本家。这种观点在某些方面和19世纪90年代末期俄国的马克思主义者，如彼德·斯特鲁耶夫（Peter Struev）与图甘-巴拉诺夫斯基（Tugan-Baranorwsky）的论点很相似。1921年年初，进步党的杂志《改造》发表了一系列的文章，以各种不同的方式表达了以上的观点。[59]

基尔特社会主义者修正了自己的观点，立刻引起了上海马克思主义者与国民党党员的批评，并且在《新青年》和其他国民党刊物中针对他们出现了以"社会主义"为题的争辩。[60]左派分子坚持，如果中国不成立一个工人阶级主持的强大政府，中国就没有力量阻止外国资本主义国家的侵略，因此虽然中国的工人阶级仍在幼儿阶段，大家更应该扶助这一阶级的成长。国民党的领袖则当然相信中国需要一个强大的政府来取代北京政权。

虽然左派分子批评《改造》杂志的这批作家有"反社会主义"和"倾向资本主义"的趋势，但是争论的主题却并不清晰明确。这批作家之间思想色彩的差别也相当大，他们大部分从不曾以拥护资本主义为最后目标，即使他们声明不接受马克思主义，也不接纳无政府主义，但他们也不承认他们曾否定过社会主义的理想。[61] 这批作家之中有人提出，生产手段国有化不一定比私人企业更合理易行，一个不受监督的政府有极大的危险性，而社会主义式的转变会导致社会的混乱。[62] 然而，这些怀疑并没有引起大多数知识分子的注意。虽然保守派人士趁机采用这些观点来支持自己的论调，但是普通读者不曾把这些观点视作这次争论的重心。有人提出，杜威与罗素在上海的时候，不少进步党党员、商人、工业家和买办，都参加了迎宾宴会，并且还尝试拉拢这两位哲学家站在他们一边，该说法似乎有些可信。[63] 最终，罗素的观点跟一些基尔特社会主义者的许多观点都受到歪曲和利用，反而被作为支持与北京政府合作的政策的基础，也支持商人和工业家的利益，支持保存"国粹"的主张。

罗素对东西方文明的观点使主张保存"国粹"的人更振振有词了。罗素提倡工业化，但要保存中国人顺从、爱好和平的天性，并要保存中国农业社会发展的伦理观念。要实现他的想法，若非绝对不可能，是否实行起来太困难？道家"弃智""回归自然"的思想是否适应现代科学里无尽求知欲和征服自然的尝试？罗素的观点，实际上与19世纪末中国士大夫提倡的"中学为体，西学为用"有相似之处，而"五四"时期大多数新式知识分子与杜威都不赞成这种观点。杜威认为，日本已经采用了"这种西方文明中物质至上和技术本位的特性"，但结果却是罪孽深重，因为日本保存了传统的军事主义精神。[64] 对这种说法，罗素自然可以答辩，如果日本可以学到科技，同时保存了传统的观念，那中国为什么不能也学到科技，同时保存和平、顺从的伦理观念，而得到反于日本的良好结果？

然而，中国保守派和传统主义者却把罗素对文明的见解用在其他方面。他们强调，甚至闻名世界的西方思想家也承认以精神为本的东方文明的优越性，而科学并不如大家所说的那般重要。这些论点将在后面涉及科学、形而上学和文化论战的章节中，进行更充分讨论。除了保守派和传统主义者做此歪曲和利用以外，罗素的有些见解与当时中国新式知识分子的心境，显然并不协调，尤其与马克思主义者更是格格不入，1920 年至 1921 年间，马克思主义者已开始对基尔特社会主义者与无政府主义者发动严厉的攻击。

1954 年，罗素在寄给我的一封信中，他仍旧坚持 30 多年前对中国的态度，但他指出，中国保守分子利用他的意见作为他们理论的根据，试图阻止当代西方科学传入中国，这远非他的原意，他在信中说：

> 你告诉我在中国他们如何诠释我的观点，令我极感兴趣。我知道我的观点可能被反动分子所利用，但这绝非我原有的意图。我在北京发表的告别演说及我的书《中国问题》中，讲过中国应该采用那些方策。我了解中国已经决定要尽速工业化。世界上所有工业落后地区也正在进行工业化。不久以后，我们将有大量过剩的工业产品，但将严重缺乏食物。这两个困难问题会由一场大战来解决，在战争里用工业的产品来减少饥饿待哺的人口。不管是 30 年以前，或是现在，我都不认为这是一条通向太平盛世之路。①

"五四"事件随后两年之中，中国知识分子对政治经济制度及文明的观点发生了冲突，他们受杜威和罗素的影响至巨。最初造成的情况相当混乱，因为没有哪一个集团完全同意任何其他集团的观点。但是经济和政治方面的分野，逐渐地主宰了运动的分裂。而在受到现实政治局势的冲击后，分裂更加速了。

---

① 罗素 1954 年 8 月 26 日给周策纵的信。在信中，罗素解释，他不记得陈独秀问他对资本主义真实看法的那封信，他也不记得他在 1920 年年底给陈的回信。陈独秀给罗素的信，见《新青年》8 卷 4 号（1920 年 12 月 1 日），页 8；又见 8 卷 5 号（1921 年 1 月 1 日），"编辑的话"；罗素的答信预定排在第 6 号。罗素信中所谓"告别演说"，即以"中国人到自由之路"为题的演说，刊登于《哲学》第 3 号副刊（1921 年 9 月），页 1—14，附有傅铜的中译文，页 357—368。在这篇演说中，罗素的一些观点，如提倡国家社会主义，就受到进步党中以前支持他的人，如张东荪的反对，但其他的人，如《哲学》杂志的编辑傅铜等却赞成这种观点。

参与政治

1920 年以后，随着意识形态冲突的日渐加剧，知识分子的行动也随之分化。分化的根本原因是他们对北洋政府的态度不同，他们对于社会、政治、文化的变革或者说革命的期望不同。当自由主义者以及保守主义者唇焦舌敝地劝说军阀进行适度变革的时候，越来越受到苏俄影响的左派分子、民族主义者则加快扩展他们的组织。

"五四"事件以后的几年中，新式知识分子，尤其是自由主义者和研究系中的一些人，在少数左派知识分子的支持下，曾经数度试图进行政治改革，但是均未获成功。在军阀统治之下，自由主义者总是忍不住要谈政治。早在 1919 年 9 月，也就在胡适与李大钊就"问题与主义"在《每周评论》上开展论战不久，该周刊就被北洋政府封禁。胡李二人只好在一家由留学欧美归国的学人创办的《太平洋》月刊上继续论争。[65]1920 年 8 月 1 日，胡适、蒋梦麟、陶孟和、高一涵、王徵（美国新银行团秘书）、张慰慈等一众自由主义者，与刚转变成为马克思主义者的李大钊一起发表了《争自由的宣言》。宣言起首谈道：

> 我们原本是不愿谈实际政治的，但实际的政治却没有一时一刻不能妨碍我们。辛亥革命到现在已经九年了，在这九年的假共和的统治下，我们饱尝了种种不自由的痛苦。不论政局怎样的变动，执政党怎样的变换，这痛苦丝毫未变。政治逼得我们到了这种境地，我们便不得不起一种彻底的觉悟，认定政治如果由人民发动，不得不先有养成国人思想自由评判的真精神的空气，我们相信人类自由的历史，没有一国不是人民费去一点一滴的血汗换来的，没有肯为自由而战的人民，绝不会有真正的自由出现，这几年军阀政党胆敢这样横行，便是国民缺乏自由思想自由评判的真精神的表现。[66]

他们在宣言中要求停止政治迫害，要求废弃 1912 年生效的管制新闻、出版的法律与条例以及 1914 年生效的紧急状态法令。[①] 他们要求的是积极的自由。他们首先要求言论、出版、集会、结社自由和通信秘密；其次是人身自由；第三，他们要求有公正的组织监督选举。

必须注意，自由主义者及其同盟者在宣言中特别强调两件事：一是中国存在着实行残暴统治的军阀；二是公众只有通过自己的奋斗才可能获得自己的自由。然而，军阀政府却对他们的宣言置若罔闻，于此，他们究竟应该怎么办，这又马上成为一个棘手的问题。然而，他们既没有明确的方案，也没有更进一步的行动。

上述宣言发表之时，正值控制北京政府的段祺瑞以及他的安福系被推翻，取代他们的是另外两个代表英美利益的军阀：曹锟和吴佩孚。[②] 中国的政局越来越混乱，越来越黑暗。1922 年 5 月 13 日，曾经发表上述宣言的人与其他著名的知识界领袖联名发表了另一宣言——《我们的政治主张》。该宣言由梁漱溟和李大钊发起，胡适起草。[③] 其中心意思是要建立一个"好人政府"，这是由胡适提出的，而他则可能受到了"美国好政府协会"（American Good Government Association）思想的启发。他们在宣言中提出了他们的"政治改革的目标"：

> 我们以为，现在不谈政治则已，若谈政治，应该有一个切实的、明了的、人人都能了解的目标。我们以为国内的优秀分子，无论他们理想中的政治组织是什么（全民政治主义也罢，基尔特社会主义也罢，

[①] 宣言中所说的法律与条例，包括本书第三章所提到的法律、条例，以及 1919 年生效的《新闻管制条例》。后者的目的就是要剥夺民众以文字表达自己思想的自由。

[②] 1920 年 7 月，段祺瑞的皖系军队被张作霖与曹锟的直奉联军击败。8 月 5 日，安福俱乐部被封。吴是曹锟手下权势最大的将军，他当时实际上控制着华北。据说，苏俄曾一度想联吴，但后来放弃了这一计划，转而支持孙中山。

[③] 在宣言上签名的有以下 16 人：蔡元培（北大校长）、王宠惠、罗文干、汤尔和（国立北京医专前任校长）、陶行知（国立东南大学教育科主任）、王伯秋（国立东南大学政法经济科主任）、梁漱溟、李大钊（北大图书馆主任、北大教授）、陶孟和（北大哲学系主任）、朱经农、张慰慈、高一涵、徐宝璜、王徵（美国新银行团秘书）、丁文江（前地质调查所所长）以及胡适。除已另外注明者外，其他的人都是北大教授。

无政府主义也罢），现在应该平心降格的公认"好政府"一个目标，作为现在改革中国政治的最低限度的要求。我们应该同心协力的拿这个共同目标来向国中的恶势力作战。[67]

之后，他们阐述了"好政府"的含义：从负面看，要有合适的机构监督政府官吏；从正面看，政府应当为社会全体谋充分的福利，应当充分容纳个人的自由、爱护个性的发展。因而，他们要求有一个宪政的政府，一个公开的政府，一个实行计划政治的政府。他们实现目标的第一步就是号召"好人"出来奋斗，组织起向恶势力决战的舆论。他们提出的其他改革包括：（一）应该召开新的和平会议解决南北双方的冲突；（二）实现裁兵；（三）裁汰官员；（四）改革选举制度。

事实证明，这个宣言并没有发挥任何作用。北洋军阀仍然做着武力统一的迷梦。次年，又发生了臭名昭著的贿选案，曹锟以每票5000元的价钱收买了北京国会几乎所有的选票，当上了总统。这500多名参与贿选的国会议员，后来就被称作"猪仔议员"。[68]

知识分子的这些改革建议是注定要失败的，因为他们既得不到当局的支持，也得不到社会团体的支持，而且提出这些改革计划的人中，大多数人也不愿意采取过分反对军阀的实际政治行动。他们当中有一些人后来曾一度加入北洋政府，但是很快就被排挤出来。[①]确实，他们当中的许多人脱离了人民大众，甚至也脱离了大多数思想活跃的年轻知识分子。而且，尽管从表面上看，"好人政府"的主张是在自由主义精神的影响下提出的，但是并非所有的联署人都是自由主义者。他们当中有一些人相当保守，温和

———————

①　1922年9月19日，也就是"好人政府"宣言发表的4个月之后，在吴佩孚的支持下，在宣言上签名的人中有三人加入了北洋政府。王宠惠出任国务总理，罗文干（1941年去世）出任财政总长，汤尔和出任教育总长。由于他们以前曾在"好人政府"宣言上签字，这一届内阁就被称作"好人内阁"，这多少有点讽刺的味道。然而，曹锟以及其他的一些军阀对他们却十分不满。不久，罗文干就遭人诬陷，身陷囹圄。11月25日，内阁集体辞职，以示抗议。罗案引起了蔡元培领导之下的北大教授和学生的愤怒，他们罢教、罢课以声援罗文干。这件事可以说是一个极好的例子，它说明在军阀统治之下，"好人政府"的主张是行不通的。[69]

到连和平的政治改革都不愿意实行；而在另一端，李大钊已经加入了中国共产党。作为当时运动的核心人物，胡适本人的立场也并不明确。当时有一群学生写信给他，提出问题：面对着听不进一句忠告的军阀政府，不搞革命又如何建立"好人政府"？胡适含含糊糊地答复道，他们将采取革命与改革两种办法。[70] 然而，实际上，"好人政府"运动中的许多知识界领袖都基于现实的考虑，而对北洋政府持容忍的态度。而在文学革命问题上反对胡适主张的保守主义者，则对他的这种冷静态度，大为赞赏，称他"谈政治不趋极端，不涉妄想，大可有功社会，较之谈白话文与实验主义胜万万矣"。[71] 而在文学革命问题上支持胡适的朋友，则对他放弃以前的文学革命的事业，表示遗憾。[72] 胡适解释，他之所以又重新谈政治，那是因为现在"孔丘、朱熹的奴隶少了，却添上了一班马克思、克鲁泡特金的奴隶"。[73] 胡适既反对无政府主义，也反对马克思主义，又反对号召推翻北洋政府的人，因此他的改革主张自然得不到左派分子和国民党人的支持。1923 年春以后，当北洋政府对自由主义者的建议完全不屑一顾，并且着意压迫他们时，后者只好放弃他们对现实政治的参与。在"五四"时期的第一阶段中，自由主义的潮流曾经汹涌澎湃过，但过此以往，它就逐渐变得没有那么活跃了。[①]

另一方面，从 1920 年起，苏俄则开始与中国的左派分子、国民党人以及其他一些倾向于社会主义的新知识界领袖接触。如前所述，"五四"事件之后的几个月中，社会主义引起了新知识界前所未有的兴趣。受其时十分流行的抗议与造反精神的影响，他们当中的许多人开始组织起来，集体研究社会主义。1919 年秋，研究社会主义的团体风行一时，甚至部分安福俱乐部的成员以及其他的一些保守主义者也组织了类似的团体。1919 年 12

----

① 要讨论此后中国自由主义的发展，那就超越了本书的讨论范围。中国的自由主义是否是近代西方的自由主义，仍然是一个问题。1930 年到 1931 年间，中国自由主义者的政治活动又趋活跃，他们发表了一篇题为《我们走哪条路？》的文章。此时，胡适修正了以前的政治态度，甚至宣称，中国从来就不曾有过军阀。由此，招致了梁漱溟以及左派分子的批评。但是，1934 年到 1935 年间，当一批学者与军人鼓吹中国应当实行独裁与法西斯主义时，包括胡适在内的自由主义者又是最坚决的反对者。[74]

月，"社会主义研究会"在北大成立，其成员中有北大以及其他大学的100
多名教员与学生。其他大城市也成立了同样的研究小组。严格地说，这些
知识分子并非都信仰社会主义，但是要比早期的社会主义者，如江亢虎的
追随者（他们大多接近于民主社会主义）更加热烈，也更加活跃。当然，
也还有其他许多社会主义者，他们既没有加入这类研究团体，也没有加入
江亢虎的社会党。到1919年年底，研究的社会主义可谓五花八门；"社会主
义研究会"的成员也发生了分化，成立了各式研究社会主义、无政府主义、
工团主义的组织。①

　　也正是在这样的形势下，"五四"热潮引起了共产国际的注意。1920
年年初，该组织执行委员会所属的远东秘书处派遣一位名为维经斯基
（Grigori Voitinsky，中文名吴廷康）的俄国人，带着他的妻子、一名俄国
秘书、一位中国翻译杨明斋，到中国的新式知识分子中推动共产主义运
动。② 他们到北京之初，一时找不着接触中国人的门路。一段时间以后，通
过苏俄代表尤林（M. I. Yurin，他当时在北京和派克斯［A. K. Paikes］一
起为《加拉罕宣言》的谈判做准备）的介绍，维经斯基认识了北大俄文系
教授俄国人鲍立维（Sergei A. Polevoy），他当时已经开始同情苏维埃政府。

---

　　① 张西曼说，社会主义研究会是在蔡元培的保护下在北大成立的。张又说，随着
时间的推移，其活跃分子包括陈独秀、李大钊、张西曼、陈顾远、朱谦之、瞿秋白、孟寿
椿、邓中夏、张国焘、易克嶷、郭梦良、范天均、徐六几、费天觉、毛泽东、周恩来。以
后，郭梦良、朱谦之以及其他一些人成立了"基尔特社会主义研究会"，陈顾远以及其他一
些人成立了"工团主义研究会"，瞿秋白以及其他一些人成立了"无政府主义研究会"。[75]
张国焘在他1958年的英文回忆录中否认自己曾经加入过社会主义研究会之类的组织，甚
至怀疑在那么早的时候是否就有这个研究会。但是我们掌握的证据充分证明，1920年年
初，中国的许多大城市中都有以社会主义研究会之类的名字命名的社团。
　　② 杨明斋（1882—1938），生于山东一个贫苦人家。他经由中国东北与西伯利亚到
达俄罗斯，在那里学习工作了10年。十月革命之后，他加入了俄国共产党。1921年9月，
在上海与陈独秀、陈独秀的妻子高君曼，以及其他几位共产党员，如李达、周佛海、包惠
僧等一起被法国租界当局逮捕。杨明斋在狱中被关了两天。此后，他对共产党的组织工作
不再那么积极。20世纪20年代，他在北京居留过一些时候，从事写作。1922年，他翻
译出版了托尔斯泰的《假利券》（*The Forged Coupon*）。1924年，又出版了《评中西文化
观》一书，他在书中所持的并非马克思主义的观点，而只是温和地批评梁漱溟、梁启超、
章士钊对中西文化问题的看法。

通过他，维经斯基和李大钊以及其他一些在五四运动中表现积极的知识分子建立了联系。李大钊随后介绍维经斯基到上海去会见陈独秀，陈独秀自1919年秋天从北京的监狱出狱之后就一直待在上海，住在法租界，继续出版《新青年》。

由于国际共产主义者的这种影响，以及青年中的社会主义团体分化的加速，在李大钊的鼓励下，社会主义研究会的一部分成员与北京大学的其他学生一起，于1920年3月在北京发起成立了"马克思主义研究会"[①]，大

---

① 许多人根据波多野乾一（Hatano Kenichi）的说法，认为北大马克思学说研究会早在1918年就已经建立。但是到目前为止，尚没有足够的可靠材料证明这一说法。1918年10月以后，李大钊与其他极少几位知识分子可能曾经在北京提议成立"马克思主义研究会"。但是，这一组织是否存在过、它的成立时间，都还值得怀疑。当然，在中国，个人研究马克思主义的时间可以追溯到很早的时候（参见本书第二章）。李大钊1918年写《Bolshevism的胜利》一文时，就可能已经读过马克思主义的一些文献，但他严肃认真地研究马克思主义则显然是从1919年春才开始的，那时他编辑了《新青年》的马克思主义研究专号。在北京和上海，由一些国民党领导人、无政府主义者、学生组织的非正式的、秘密的研究马克思主义的团体可能在这一年就已经开始活动。1920年3月发起的"马克思学说研究会"，一直到1921年10月（张国焘说是1920年9月），也就是在中共"一大"召开之后四个月，才正式成立的。其成员包括19名北大学生：高崇焕、王有德、邓中夏、罗章龙、黄绍谷、王复生、黄日葵、刘仁静、范鸿劼、李骏、何孟雄、朱务善等。从现有的材料看，当时北大最为活跃的马克思主义倾向的学生张国焘却没有出现在名单上，这颇值得注意。1921年11月17日，该会公开招集会员，并于1922年1月召开了正式成立大会。2月初，该会成员增加到63人。从那时起，讨论会就召开得更加频繁，至少是一周一次。李大钊、顾孟余（国民党党员，《新青年》的撰稿人）、陈启修（一位著名的经济学家，翻译《资本论》的先驱）、高一涵等都曾在该会组织的演讲会中发表过演讲。学会建立了一个小型的图书馆，收集有40多本英文书和20多本中文书（其中三分之一是马克思、恩格斯、列宁的著作），还有一些报纸、期刊。该会与1922年唐山、北京的矿工罢工有一定的关联。[76] 该会用"学说"而不用"主义"命名，表明该会的成员对马克思主义在一定程度上持一种超然的、冷静的、学者式的态度。需要指出的是，那时人们所说的马克思主义或者马克思学说，其含义要远比后来共产党的理论中的马克思主义丰富得多。一直到1921年，共产党的领导人仍然承认马克思主义的社会主义应当包括以考茨基为代表的马克思主义、以伯恩斯坦（Bernstein）为代表的修正的马克思主义、工团主义、基尔特社会主义、以列宁和托洛茨基为代表的布尔什维主义。1921年以前，中国有部分学者一直认为布尔什维主义是无政府主义而不是马克思主义的流派。1919年至1920年，中国的一些社会主义作家认为社会主义有两大派别，一是集产主义，即马克思主义；一是其他的共产主义，即克鲁泡特金所提倡的无政府主义。这一时期人们所用的术语十分混乱。"共产主义"这一名词，大约是在1914年由无政府主义者刘师复提出的。[77]

约在同一时期，"俄罗斯研究会"也组织起来了。

应当强调的是，1919 年夏天以后，也就是在上海的租界当局在租界内镇压商人罢市、工人罢工以及学生运动之后，上海的民族主义者愈发"左倾"，而那里的社会主义者与无政府主义者也越来越活跃。那里的人们对马克思主义的研究以及对马克思主义某些方面的宣传，也比北京以及其他城市反应更为热烈。当在北京已经有很高声望的陈独秀到上海后，他身边很快就聚集了许多具有这种思想倾向的能干而又活跃的知识分子。[78] 除了袁振英（镇瀛）、金家凤、遗恨等无政府主义者以外，还有以张东荪（他当时主编进步党的机关报《时事新报》）为代表的研究系的基尔特社会主义者，以及许多孙中山的追随者。如前面所指出的，19、20 世纪之交，国民党的领导人就开始宣传社会主义思想。孙中山从中国驻英公使馆被释放之后，1896 年到 1898 年之间在伦敦就可能接触了欧洲的、可能还有俄国的社会主义革命者。1906 年，孙又把他的三民主义中的民生主义等同于社会主义。①列宁也在一定程度上欢迎孙中山领导的辛亥革命，而国民党则在俄国十月革命之后的几天就首先在中国传播这一消息。1918 年 5 月，在与南方的军阀政客合作受挫以后，孙离开了广州，而到上海建立他的总部，研究其革命哲学，撰写《建国大纲》，同时又计划着重新夺回广州，以作为他的革命基地。同年，他开始与列宁保持联系，而后者也派代表到上海与他面谈。"五四"事件之前，或者说至少在 1918 年之前，孙中山对于新思潮，尤其是新文学运动，并不热心。对于白话文将取代文言文的说法，他不以为然，觉得文言文比白话文要更加精练、更加典雅。②但是他得悉"五四"事件的消息之后，他马上就对学生运动给予积极的支持，觉得这是思想转折的一个契机，认为这一运动的成就将会为完成中国革命打下基础，并将加强他

---

① 孙中山提出，"民生主义"一词实际上就是"社会主义"的中文翻译。[79]

② "五四"事件以前，孙的所有著作都是用文言写的。但是此后，他的演讲几乎都是用白话，而 20 世纪 20 年代初，国民党的许多文献也随之改用白话。孙的第一篇用白话写的演讲稿，可能是他 1919 年 10 月 8 日在上海基督教青年会所作的"改造中国之第一步"的演讲。[80]

反对北洋政府的力量。①

  作为中华民国的缔造者之一，作为著名的政治领袖，孙中山支持"五四"学生运动，这对知识界的分化产生了重大影响，也把青年吸引到革命阵营。列宁十月革命的成功给他留下了深刻的印象，而西方国家对他要求的为重建国家计划提供财政支持的呼吁无动于衷，却承认每一届北洋政府，又使他十分失望，因此他的思想就渐趋"左倾"。此前，由叶楚伧、邵力子主持的国民党的机关报，即上海的《民国日报》就已成为新文化运动的重要阵地。陈望道是邵力子编辑《民国日报》的助手。同邵一样，陈当时是上海社会主义研究会的成员，并第一次用中文完整地翻译了《共产党宣言》，于1920年4月由该研究会出版。1919年6月，国民党在上海出版了由沈定一、戴季陶编辑的《星期评论》。8月，孙派又在上海创立《建设》月刊，该刊由戴季陶主编，由朱执信担任发行人。戴又请留日归国的狂热的马克思主义者李汉俊当他的助手（10月，孙改组并强化了他的政党，并且正式定名为中国国民党）。1919年和1920年，这两个杂志除了介绍西方的民主理论与制度外，还刊登了大量的有关社会主义、无政府主义、马克思主义的文章。

  尽管孙中山和他的多数追随者从未曾整个地接受马克思主义，但是国民党的一些著名人士，如戴季陶、胡汉民、朱执信、沈定一、廖仲恺等，确实是从国民党的立场出发，捍卫和宣传了马克思主义的某些思想。他们

---

① 孙中山虽然支持五四运动，但是他思想的某些方面与当时的新思潮还是有不同之处的。尽管他的三民主义的主要思想来源于西方，但是他却有意自夸自己是中国正统思想的继承者，这可能是为了说服一些保守主义者和民族主义者。众所周知，1921年冬，在广西桂林，当共产国际代表马林问他，他的革命思想的核心是什么时，他自豪地说："中国自古以来有自尧、舜、禹、汤、文、武，以至于周公、孔子，相传不息的道统。我继承的就是这种道统。"在他有关民族主义的演讲中，他也推崇中国传统的伦理原则，诸如"四维"（礼、义、廉、耻）与"八德"（忠、孝、仁、爱、信、义、和、平）。孙有意要为中国传统的伦理原则进行现代诠释。不过，此后孙中山思想中的这些内容，常常为国民党中的传统主义派的尊孔读经运动提供了支持。就他的这部分思想而言，孙中山的思想与五四运动中的新思潮一派的观念是相对立的。[81]

接受了马克思主义的唯物史观及其均分财富的理想，并且声明，中国的古圣先贤早已提出过类似的主张。至于马克思主义的阶级斗争理论，大多数国民党理论家设想出了种种预防阶级斗争的办法。总体而言，他们在理论上达到了民主社会主义的水平。[82] 他们从社会主义这一角度出发，重建并阐释中国历史，招来了自由主义者的一些温和的批评，并引起了一场学术争议。[①]

而且，孙的政党当时在知识界提倡一种精英革命理论。1919 年秋，孙中山在上海基督教青年会以及寰球中国学生会所发表的演讲中，就明确反驳了改造中国之第一步在实行教育改革、工业化、地方自治的思想。在他看来，现存的腐败政府是不会允许人们实现这些目标的。建设新中国的第一步应当是以政治革命扫荡旧官僚、军阀与政客，只有完成了这一任务之后，重建国家的工作才可能有成效。[84] 此外，他还认为，只有一个由职业革命家组成的政党才可能拯救中国。如他所说，一个革命党人会把自己的一切都奉献给革命。他的这一思想，颇遭一些有自由主义思想的学生的怀疑，但却很能吸引思想活跃的青年。[85] 就在"五四"事件以后不久，孙在回信给上海、天津学生联合会的学生时，就勉励他们投身于革命。他说："我热切地期望你们团结起自己所有的同志参加斗争，以达摧毁旧势力之最后目标。"[86] 据说，当时其他许多城市的学生代表也与在上海的孙中山保持着密切联系。[87] 结果，从 1919 年年底起，一大批曾经参与"五四"事件的青年被吸收进国民党。罗家伦回忆道："然而当时还有一个很实际的政治影响，就是受过'五四'潮流震荡的人，青年以及中年，纷纷投身于国民革命。总理对于这个趋势，感觉是最敏锐，而把握得最快的人。他对于参加'五四'的青年，是以充分的注意和最大的热情去吸收的。他在上海见北京学生代表，每次总谈到三四点钟，而且愈谈愈有精神，这是我亲见亲历

---

① 争论的问题是，《孟子》一书中所说的井田制度，即一种土地公有制，在中国历史上是不是真正实行过。国民党的理论家，如胡汉民、廖仲恺、朱执信等，对此持肯定态度，而胡适与其他一些人则持否定态度。[83]

的事实。所以民国十三年国民党改组前后，从五四运动里吸收的干部最多，造成国民革命的一个新局势。"[88]

当民族主义者、社会主义者以及无政府主义者在青年中积极活动时，陈独秀也正试图以同样的方式扩大他自己的政治影响。很快，他和李大钊就与国民党领导人建立了联系，并在《新青年》和《每周评论》上发表他们的文章。当维经斯基到上海时，陈就把他介绍给戴季陶、李汉俊、沈定一、邵力子、张东荪等人。经过数次会议（这些会议通常都是在戴季陶家中秘密举行的）之后，他们一致同意要将支持《新青年》《星期评论》《时事新报》的群体以及其他团体联合起来，建立新的革命联合阵线，组织一个中国的共产主义政党或者一个中国的社会主义政党。不过，当党章草案提交讨论时，一些成员不能接受其中一些有关阶级的思想。张东荪认为自己必须退出这一组织。这应当是中国共产党成立的确切日期，尽管后来中共正式把它的成立日期定为1921年7月。发起成员有陈独秀、戴季陶、李汉俊、沈定一、邵力子、陈望道、李达、施存统、俞秀松以及阮啸仙等。他们通过了党章，并在上海建立了一个临时的中央机构。陈独秀当选为该机构的书记。尽管戴季陶、邵力子很快退出了该党，但是显然，1920年时的陈独秀，在他的革命生涯中已与许多国民党的、无政府主义的、社会主义的年轻领袖结成联盟，自此以后就全身心地投入了新的政治冒险事业中。1920年5月之后不久，在杨明斋的主持之下，中共在上海成立了"华俄通讯社"，又举办了"外国语学社"。8月，又成立了"社会主义青年团"。8月15日，该党出版了《劳动界》周刊；11月7日，也就是俄国十月革命三周年之时，又出版了其机关刊物《共产党》月刊。1921年7月1日到5日（据张国焘的回忆，会议一直持续到9日或10日）中共"一大"之前，在维经斯基一行人的帮助下，中共已经在上海、北京、长沙、武汉、广州、济南成立了六个支部。1921年年初，留法勤工俭学的学生在经过左右两派的一系列争论之后，在法国也成立了类似的组织——"少年中国共产党"①。

这一新的政治发展，使一切统一新知识界的努力都难以为继。1920 年至 1921 年，许多有了政治觉悟的知识分子开始有了不同的立场，这就引起了他们以前曾经一起合作的组织的分裂。最先受到冲击的是新青年社，虽然《新青年》月刊并非中共的机关刊物，但却受到了中共的影响。1920 年 5 月号的《新青年》是劳动节专号。该刊上刊载的左派分子的文章越来越多，而自由主义者的文章则越来越少。9 月 1 日，陈独秀在上海组建了一个新的新青年社负责该刊的编印事宜。到了冬天，孙中山应自封为"革命军阀"的陈炯明的邀请，到广东担任政治领导人。根据孙或其亲信人物的推荐，陈独秀被任命为广东全省教育委员会委员长。12 月 16 日，他离开上海

---

①　在上海的中共临时中央机关成立之后，维经斯基一行人又分别到其他大城市去推进共产主义运动。由于缺乏翻译人员，他们经常拿着英俄字典或者华俄字典，手指着上面的单词，与中国的青年知识分子交谈。1920 年 9 月，李大钊与他的学生邓中夏等人在北京组建了中共以及中国社会主义青年团的北京支部。与此同时，当时在湖南省立第一师范学校附小任教的毛泽东，显然是按照陈独秀、李大钊的指示，在长沙成立了"文化书社"以及长沙马克思主义研究会。该研究会的数十位成员，主要来自新民学会以及湖南省学生联合会，他们大多都是湖南一师的教师、校友、在校学生，其中包括何叔衡、陈昌、夏曦、郭亮及肖述凡等人。10 月，毛泽东收到北京方面寄来的信以及社会主义青年团的章程。大约同时，罗素在长沙发表了一系列演讲，指出俄罗斯共产党专制独裁的残忍，又提出通过教育、经济改革等和平手段也可能实现社会主义。这些演讲在长沙的知识分子（包括新民学会的各成员）中引起了激烈的争论。毛泽东对罗素的主张不以为然，他认为必须要通过武力夺取政权。随即，他开始要求反对共产主义的成员脱离新民学会。1921 年 1 月初，他在长沙建立了社会主义青年团的支部。大约也在同一时候，在维经斯基的秘书以及鲍立维的指导之下，董必武和陈潭秋在武汉也成立了类似的组织。在法国，截至 1920 年，1600 多名中国留法勤工俭学的学生中，有许多人政治上已经觉醒。他们在自己创办的《旅欧》周刊上，将他们自己窘迫的经济状况与中国留美学生较为优裕的经济状况做了一番对比，预言将来领导中国的将会是自己："试看将来之中国将属于谁！"与在长沙的新民学会成员之间发生了分化一样，14 位留法的新民学会成员之间也在 1920 年 7 月初发生了分化。新民学会的创始人之一肖子升领导着无政府主义以及反对共产主义的一派人，后来又加入了国民党；而蔡和森则领导着激进的一派人，与周恩来、王若飞、李立三于 1921 年在法国建立了中国少年共产党与社会主义青年团。青年团实际上是由工读互助社转化而来，该社的成员包括李富春、李维汉、蔡畅、向警予、张昆弟、罗学瓒等。这些共产主义者随即与留法勤工俭学学生中的无政府主义者、国家主义派进行了一系列斗争。随后，1921 年秋，蔡和森、张昆弟、罗学瓒以及其他一些人被法国政府驱逐回国。刘少奇则是 1920 年在上海成立的社会主义青年团的最早成员之一。

前往广东，并将《新青年》的编辑事务交给陈望道。

此时，《新青年》阵营中的左翼，尤其是陈独秀以及他在上海的助手们抱怨该阵营中的自由派，如胡适、陶孟和等变得过于保守，太接近研究系。[89] 如李大钊所说："现在我们大学一班人，好像一个处女的地位，交通、研究、政学各系都想勾引我们，勾引不动就给我们造谣；还有那国民系看见我们为这些系所垂涎，便不免引起点醋意，真正讨嫌！"[90] 而自由主义者则觉得《新青年》的政治色彩太浓，说它"差不多成了 Soviet Russia（纽约共产党出版的每周一次的画报，《新青年》常转载其中的文章）的汉译本"。[91] 所以，胡适提议，要么另外创办一个以哲学文学为主题的杂志，而《新青年》则继续谈它的政治；要么发表宣言，重申不谈政治的办刊主张，并将《新青年》移回北京编辑。[92] 陈独秀不同意胡适的办法。经过与北京同仁的反复协商，并取得了鲁迅、周作人、钱玄同、陶孟和、高一涵、张慰慈、王星拱等人的同意之后，胡适要求将《新青年》移回北京编辑，并使它保持原来的风格，也就是使它继续成为一个哲学文学期刊。为了避免分裂，李大钊同意了这一建议。[93] 但就在此时，也就是 1921 年 1 月末，《新青年》被上海法租界封禁；于是，陈独秀将其移到广州出版，并变成了共产党的机关刊物。一年多后，1922 年 5 月 7 日，胡适、高一涵、陶孟和在北京创办了自己的《努力周刊》。由此，这些新知识界的领袖长达四年的联盟宣告结束。1922 年 9 月，陈独秀终于在上海创办了一个纯粹的政论刊物《向导周刊》。

大约在同一时期，其他的知识分子团体也以大体相似的方式分裂了。新潮社在 1919 年 11 月开始扩展其活动范围，1920 年 8 月 15 日又实行改组。数月之后，由于其大多数领导人或者去美国留学，或者去英国留学，《新潮》杂志就停刊了。该社 50 名成员中，大多数人此后一直是自由主义的学者、作家、教育家，而另有少数几位成员后来加入了国民党。1920 年年底到 1921 年，该团体逐渐萎缩，以至于销声匿迹。[94] 毛泽东领导的新民学会也从 1920 年起分为左右两翼。一些右翼分子后来加入了国民党，比如肖子升后来成为李石曾、易培基的追随者，并且成为国民政府中的高级官员。按照毛泽东的说法，一些左翼分子则坚持"意义深远的社会、经济、政治变革的纲领"。[95]

当时最为著名的社会团体"少年中国学会"也发生了分裂。该学会主要是从一些归国的留日、留法学生以及学生、作家、教师、新闻记者之中吸收成员。尽管该学会的成员数量没有超过 108 人，但却包括了许多能干而又活跃的中国青年。[96]起初，学会禁止所有成员参与政治活动，但是在"五四"事件之后的氛围之下，这显然不切实际。从 1920 年起，该组织的成员就积极参与各式各样的社会、政治、文化运动。因此，学会内部就发生了严重的争论，围绕的核心问题是，学会成员是否应当参与政治活动，他们对政治、宗教事务应当持怎样的态度？ 1921 年，学会召开代表会议，专门讨论这些问题。从表面上看，如代表们所说，最重要的问题是："是否应当采取一种主义，以为学会的主义。"然而，其本质在于他们是否应当"把学会变成一个社会主义组织"。据我们所知，到此时为止，该学会的一些成员已经秘密加入中国共产党；而另外一些人则反对任何"左"的倾向。会议就这一问题没有达成任何大家都可以接受的决议。1922 年 7 月，学会是否应当采取一种主义、会员是否应当参与政治的问题，在学会的另一次会议上又引起了与会人员的激烈争论，结果依然一无所获。随后，《少年中国》月刊在 9 月间出版了一个专号，专门讨论上述问题。1923 年 10 月 4 日，该会又在苏州召开了一次会议。面对着由北京发生的臭名昭著的贿选案所引发的全国性政治危机，面对着列强插手中国内战的情况，会议发表了一份宣言，宣布学会的目标是："联合青年，争取中国的民族独立"；"推进公民自决，反对军阀统治"；"提倡国民教育，反对教会教育"；"倡导经济重建是改进国民德性的重要途径的观念"。这些主张，融合了当时高涨的民族主义以及五四运动之后不久提出来的共产主义纲领，是已经严重分化的成员之间经过激烈的争论、劝说、妥协之后宣布的。然而，妥协终究没能持续多久。在上海、南京、巴黎等地举行的其他一系列非正式的讨论会上，都找不出大家可以真正接受的行动方针。因此，学会趋于停顿，而会员们也分道扬镳。左翼成员如李大钊、恽代英、周佛海、邓中夏、毛泽东、刘仁静、张闻天、沈泽民、黄日葵、赵世炎、高尚德（高君宇）、侯绍裘、杨贤江等投身于中国共产党；而右翼成员如曾琦、左舜生、李璜、张梦九、何鲁之、余家菊、陈启天、刘泗英（刘正江）、魏嗣銮、常乃德、赵曾畴、陈登恪等则着手组织少年中国党（后来改名中国青年党），提倡国家主义和民主。还有一些人则加入了国民党或研究系，有人建立了一些小党派。[①] 据曾经担任过中国青年党领导人的左舜生回忆，当学会成员们最后一次激烈辩论之后，邓中夏在离开他的屋子时，情绪激动地握住他的手，激情满怀地说："好吧！舜生，那我们就在战场上再见。"[98] 确实，这话概括了五四运动不祥的分裂，这也预示着中国两派知识分子之间此后几十年中悲剧性的斗争。

---

① 会员之一的康白情，改名为康鸿章（仿李鸿章之名）。他后来去了美国，与少年中国学会的另一位成员孟寿椿组织了一个存在时间很短的新中国党。前文曾经提到过的许德珩，后来成为九三学社的领导人，九三学社现在是中华人民共和国的民主党派之一。少年中国学会的总部开始设在北京，但在 1923 年 10 月的苏州会议之后，就移到了南京。在南京（后来是北京）、成都、巴黎设有分会。其最初的 74 位成员中，9 位在法国，7 位在日本，4 位在德国，英国与美国各有 1 位，以上均为学生；15 位在北京，12 位在南京，在上海与成都各有 4 位，他们都是学生、教员、记者、编辑以及翻译人员；有 15 名实业家与记者出身的成员分布在武汉、长沙、天津、济南、西安、广州、福建、浙江、奉天等省市；此外，在马来亚也有 1 名教员与 1 名记者。1925 年 1 月号的《少年中国》月刊上刊载了 95 位成员的名单，除了我们前面所提到过的成员的名字外，其中还有许多著名人物，如：诗人宗白华，哲学家方东美，著名作家郑伯奇、田汉、李初梨、朱自清，著名教育家周炳琳、杨亮功（杨量工）、吴保丰、邰爽秋、章志、舒新城、穆济波、曹刍、倪文宙、吴俊升、李儒勉、杨效春，著名图书馆学家袁同礼，实业家苏甲荣、卢作孚，古生物学家杨钟健，国民党政府南京市市长沈怡，还有徐彦之、李劼人、陈宝锷、阮真、雷国能、朱镜宙、芮学增等人。学会吸收成员十分慎重，标准也很高，其中之一就是会员应当有积极进取的事业心。自始至终，大多数会员都反对"列宁所实行的马克思主义的国家社会主义"，他们认为这有损于个人的自由，尽管他们当中许多人抱着某种接近于社会主义的理想。他们同样也反对阶级斗争以及俄国十月革命，理由是其残酷而没有人道。学会依靠会员的捐助维持，不接受外来的财政资助。苏州会议曾决定要创办一所中学，但计划并未付诸实施。1924 年以后，由于会员之间政治主张的分歧，学会渐趋沉寂。1925 年秋，一个五人委员会曾经试图使学会重现生机，但没有成功，学会随即不复存在。[97]

第十章

社会政治的后果

五四运动和它的分裂给中国的政治、社会及教育发展带来了直接后果，并且产生了深远影响。本章将讨论这个运动在1920—1922年间所产生的主要直接后果，并简单提及随后至1924年的发展。

政治和经济组织的重新定向

这场学生运动的政治请愿活动由各种党派继续下去。随着民族主义和社会主义的浪潮日渐高涨，由苏俄支持的国共合作得到迅速发展。由学生提出的"内除国贼""外争国权""外抗强权"的口号很快被各政党所接受，并发展成为正式的反帝国主义、反军阀主义运动。前者表现在20世纪20年代初期，由进步党派和民主党派所支持的、旨在削减南北方军费的裁军运动，以及革命派对北京政府统治的反抗活动。后者是由左派和民族主义者所结成的新联盟推动的。1923年7月13日，中国学生联合会、全国总工会、全国商业联合会等组织在北京成立"反帝国主义大同盟"，很快得到社会各界的热情支持。在一个月内，同盟的24个支部就在全国所有的主要城市中建立起来。它的纲领是，通过联合抵制、罢工和与其他被压迫民族合作的方式，废除和取缔一切租界、协定关税和治外法权，驱逐所有外国军队，废除不平等条约，收复失地。[1] 在这样的民意气氛中，1924 年年初，国民党进行改组，接纳共产党人入党，为 1926—1927 年的北伐或国民革命（共产党后来称之为"大革命"）铺平了道路。北伐推翻了北京政府，并且给蒋介石带来了权力。

五四运动在社会政治方面的另一个结果是，商人和城市工人的组织和活动得到发展。从某种意义上说，"五四"事件教育中国人民，"他们的力量在于组织起来"。[2]

"五四"事件以后不久，大城市中的商人们开始以各种方式组织起来。在上海，他们建立起"马路联合会"。各街道的业主和居民不论他们从事哪种商业活动都组成一个联合会。因此，位于上海商业区的 52 条街道组成了 52 个马路联合会。为了联合所有的马路联合会，建立了一个称之为"上海马路联合会总会"的中心组织。每个马路联合会都为店员和学徒开办了商业夜校；还设有管理街道卫生和街道其他社会福利问题的组织。[3] 马路联合会总会成为上海最有影响的组织。后来，它领导了部分上海居民向政府和外国租界当局要求民权的运动。① 其他城市的商人们普遍仿效天津的做法，在各行各业中成立同业工会。这些新的商业组织不同于旧式商务工会，后者通常是被政府操纵的。

此外，"五四"事件以后，现代工会也开始发展起来。6 月 5 日工人们的罢工，实际上开创了中国工人运动的新纪元。在"五四"以前，中国劳工组织几乎都是传统的同业型，而且组织松散。

1917 年到 1918 年，这种同业工会迅速发展，部分原因是孙中山和一些无政府主义者的鼓励，部分原因是受到香港工人运动的影响。据报道，当时在广东有 62 个以同业工会和英国商业工会为模式组成的工会。1918 年 3 月，无政府主义者吴稚晖创办了中国第一个名为《劳工》的月刊。该刊物宣传蒲鲁东（Pierre-Joseph Proudhon）的劳工理论和工团主义的工会概念。"五四"事件以后，由于学生在工人当中活动的增强，涌现出许多新的

---

① 在 1949 年中华人民共和国成立后不久，也在上海建立了街道组织。[4]

劳工组织。例如，"五四"事件发生后几个月，在上海出现了"中华工业协
会""中华工会总会""电器工业联合会"等组织。[5]与此同时，在第一次世
界大战结束后，许多具有新思想、经验和抱负的中国工人从法国归来。他
们在上海成立了中国归国劳工协会，该组织成为上海新劳工运动的骨干。
1919 年，仅在广东一省，就有 26 个由归国工人组成的现代工会。这些组
织被认为是具有西方现代意义的最早的中国工会。在随后的几年中，广东
的这类工会增加到 130 个。[6] 1919 年 4 月，《劳工》月刊第一次将"劳动
节"介绍到中国。广东在同年的 5 月 1 日、上海在 1920 年举行了庆祝活动。
1921 年 1 月，中国共产党临时中央建立了以俞秀松、李启汉（李森）为领
导的"职工运动委员会"，组织印刷厂、烟厂和纺织厂的工人开展活动。与
此同时，张国焘和邓中夏也开始在京汉铁路线上的长辛店组织起几千名工
人。其他的共产主义支持者和国民党人在同一时期也开始组织上海工人。
在 7 月召开的第一次代表大会之后，中国共产党成立了以张国焘（此时用
名张特立）为首的中国劳动组合书记部。书记部旨在协调、统一 1918 年后
成立的分散的工会，指导他们的罢工。

　　然而，1919 年到 1923 年间，随着劳工组织的迅速增加，其领导者的
观点也产生了很大分歧。他们中的一派人认为，中国工人应当参与政治运
动和罢工，但是他们太弱小以至于不能形成独立的组织，必须依靠政治党
派，特别是国民党；第二派人也认为工人应当依靠政党，但是应更直接、
更激进地参与政治运动和罢工，这部分人倾向于接受共产党的领导；第三
派即劳工工联主义者，试图促进独立于政治的劳工运动。这些不同的团体
直到 1924 年春天才联合起来。[7]

　　"五四"事件之后，工人的罢工也增加了。1918 年全中国仅有 25 次
罢工，但 1919 年就增加到 66 次，1920 年和 1921 年两年的罢工次数较少，
分别为 46 次和 49 次，这是因为劳工运动正处于一个波动和准备的阶段，与
当时的学生运动一样，出现了暂时的衰落，1922 年罢工次数又上升到 91 次。
1919 年后参加罢工的工人人数也在增加。据报道，1918 年每次罢工的平均参
与人数是 538 人，1919 年是 520 人，1921 年增至 4910 人，1922 年为 4635 人。

"五四"事件后，爱国和政治动机是这些罢工的主要原因。不断上升的罢工潮在 1923 年和 1924 年有所回落，但是在此之后又高涨起来。[8]

女性解放

将女性从传统的社会束缚中解放出来，是五四运动的另一个硕果。一位撰写中国女性生活史的作家说："中国妇女能有独立人格的生活，其成就归功于《新青年》的介绍，五四运动提供了这项成就的钥匙。"[9]

中国女性在过去的几个世纪中，经常受到粗暴对待，这一切看来是真实的。她们被隔离于社会关系和社会活动之外；法律从未将她们看作独立的公民。实际上，女子不享有财产的继承权。在家庭中，女性居于次要的、被动的和从属的地位。典型的传统女性是一种附属性的存在，如"贤妻良母"。最晚开始于公元 10 世纪前半叶的缠足，使女性像跛子一样虚弱并丧失能力。尽管在中国历史上出现了一些女诗人和女画家，但是中国传统的伦理观念是"女子无才便是德"。女性被迫单方面保持贞操；而纳妾却是法律允许的。在许多情况下，与高等妓女交往被认为是与知识分子的生活相符。父母溺死女婴的事情经常发生。由于家庭的经济压力，女子为社会所鄙视。总之，女性在传统上受到不公正的对待。

在 19 世纪末，严复和其他的改革者曾经评论，旧式家庭制度不适合现代生活。1916 年年初，陈独秀提倡新的家庭制度和女性解放。[10]后来在陈独秀和吴虞攻击儒学伦理时常常提到这点。1918 年 1 月，《新青年》杂志发表了陶孟和论女性地位的文章，介绍西方妇女运动的观点。[11]4 个月后，周作人在《新青年》上发表了他从日语翻译的与谢野晶子（Yosano Akiko，1878—1942）的文章《贞操论》，反对单方面的保持贞操，否认"贞操即道德"的观念。[12]这个观点得到胡适、鲁迅和其他很多作家的支持。[13]这些文章为女性解放做了思想上的准备。

"五四"事件之后，女子开始参加学生运动，出席社会和政治活动。男女合校开始实行。"五四"事件以前，很少有女子高等学校，然而，1922年已有28所大专院校招收女生。[14]她们被教育成为独立的公民，而不是家庭的附属物。"五四"事件后，女性被允许在男校教书。[15]女性的就业机会开始增加。自由婚姻更为普遍。关于性的道德开始转变，节制生育的概念被介绍到中国。①

同时，有关家庭生活和女性的社会地位的新思想，引起了多数中国青年知识分子的关注。通过合作安排、公共保育和社会保障，女性从家务劳动和抚育儿女的重负中解放出来。西方作家提出的改革女性生活的思想在中国被广泛讨论。[17]公众增强了对女权运动的同情。女子反对家庭或婚姻束缚、争取受教育的斗争经常得到公众的支持。[18]

更为重要的是，在五四运动后期，中国的女学生与男生一样，对政治事件产生了极大兴趣。女性参政运动也取得了长足的进步。②1920年，部分长沙女性参加市民游行，要求婚姻自由和人身自由。翌年2月，湖南女界联合会成立，提出应赋予女性五种权利，即平等的财产继承权利、选举和被选举权利、平等受教育的权利、平等工作的权利及婚姻自主的权利。这在后来被称为"五权运动"。1921年12月，该运动的成功使湖南省立法制定了保障女性参政权利和女性人身自由的条款，并且有一名女性代表被选入省立法机构。类似的运动在浙江和广东也有发生。[20]

1922年夏天，在安福军队被打败后，女性参政运动变得活跃起来，但也分裂成温和派和革命派。③第二年，北京政府允诺进行某些改革，例如

① 1922年4月，由于日本政府拒绝桑格夫人（Mrs. Margaret Sanger）入境，她访问了中国。她在北京大学发表了题为"什么是节制生育和如何实行节制生育"的演讲，胡适担任翻译。桑格夫人对中国的访问，第一次唤起了大众对节制生育的兴趣。随后，在北京和上海成立了一些组织以推动节制生育。[16]

② 在辛亥革命期间，有许多女子参加了革命军队。然而民国成立以后，女子军队便被南京临时政府解散。1912年，一些女性参政组织向临时议会请愿，要求宪法赋予男女平等的权利，但她们的要求没有受到重视。3月19日，一些年轻女子冲击议会，她们打坏窗户，殴伤警卫。这当然是在中国历史上从未发生过的事件。然而，这个事件只涉及了一个极小的圈子，此后，女性参政运动几乎终止了。[19]

③ 1922年7月25日，由要求宪法赋予女性平等权利的女学生组织的女子参政会在北京成立。8月23日，另一些女生在北京成立了女权运动同盟会，她们提出了相似的要求，但同时号召女性参加推翻"封建军阀"和实现民主的革命。[21]

禁止公娼的计划和严格禁止纳妾的法令。不过女性参政和男女平等的权利，实际上经过很长时间才得以实现。

教育改革

从 1918 年 10 月起，全国教育会联合会在每次年会上不断提出一些教育改革的建议。教育原则、机构、课程、学生自治和普及教育都被涉及。1919 年 1 月成立的"中国新教育共进社"是由许多著名教育家，如蔡元培、蒋梦麟、陶行知、黄炎培、郭秉文、胡适、何炳松、陶孟和等组成的，是致力于改革的几个主要的教育专业机构之一。

在五四运动时期的教育改革中，职业教育的发展也是一项重要内容。在某种意义上，它反映出新式知识分子与一些自 1916 年以来发展起来的新实业家不断增强的紧密联系。[①] 这种促进职业教育、增进学校与企业家联系的活动，由于保尔·孟禄的来华而进一步深入。1921 年 9 月 5 日，孟禄受"实际教育调查社"的邀请来华访问。他和他的中国朋友试图沿用美国的方法来改革中国的教育。他们认为，教育和私有企业家应当在发展中相互依存。[23] 在后来的几年中，他们对中国的教育问题做了广泛的调查和讨论。1922 年 11 月 1 日，民国大总统公布了一项仿效美国模式的教育体制，它实际上为以后几十年中国的教育体制奠定了基础。[24]

以上的教育改革主要是由自由派倡议的，得到了一些民族主义者和保

---

① 这种关系的发展最先出现于 1916 年 3 月的一个联合会上。江苏省所有的职业和技术学校的校长和上海的许多主要实业家出席了此会。双方讨论了彼此如何协作。1917 年 5 月 6 日，黄炎培、伍廷芳、梁启超、张謇、王正廷、蔡元培、郭秉文在上海成立了"中华职业教育社"。1918 年，职业、商业和工业学校有了提高和发展，它们与城市企业之间的联系也加强了。1919 年年初，一些中国公司开始捐款给学校，建立学生奖学金。教育部颁布条例鼓励这些捐赠。"五四"事件后，中国教育联合会通过决议，号召教育界应当与农协、工会、商会联合起来。1920 年 3 月，汉口的商业和教育界联合会议通过了一项推动普及教育的计划。一个月后，北京政府为鼓励学校和私有企业合作，决定向地方学校派遣督学。1922 年 8 月，"中国职业学校联合会"成立。[22]

守派的支持。他们尽管取得了某些成绩，但是也遇到了很大阻力。新兴的中国私有企业没有足够的实力和热情为职业教育提供充足的资金支持，更不用说私立学校了。中国教育不得不依赖政府的支持。那些在实际上控制着中央和地方政府收入的军阀，其主要兴趣却是军务和内战，因为他们希望击败对手获取权力。全国收入的80%被用于军事，而且所占份额本已极少的教育费用经常被军阀们非法挪用。[25]学校经常关门和被士兵们霸占为军营。结果，从1919年冬天起，自由派和某些坚信教育是道德、社会和政治改革的手段的保守派们，为保证教育经费，被迫陷入与裁军的斗争，但收效甚微。

1919年10月，全国教育会联合会在第5次年会上，决定敦促政府裁军并增加教育经费。这个决议在次年的年会上又被重申。[26]从1921年到1922年，裁军运动取得了一些进展。1922年秋，市民们多次举行群众集会，讨论裁军问题。[27]但只要军阀或"强人"仍统治着中国，裁军的努力就注定要失败。

五四运动后期的中国教育，是以争取教育财政独立而斗争为特征的。在当时，教师的薪水经常被拖欠。他们工资的七八成是以纸币支付的。这些纸币常常由于不能兑换而变得一文不值。[28]1919年12月4日，由于中央银行和交通银行拒绝兑换这种纸币，北京中小学和高等院校的教师在教师联合会的领导下，要求政府支付薪水，但没能取得成功。这一事件导致了全市所有教师和教授的集体罢教。从1919年12月4日开始，罢教运动持续了一个多月，至1920年1月12日结束。其结果是，作为一种姿态，民国总统命令政府维持教育经费。[29]1921年3月14日，由于政府在过去的三个半月里未向学校提供经费，北京市所有国立大专院校的教授们再次罢教。北京8所国立大专学校的月预算总额实际上仅仅20万元，但是政府拒绝支付。[30]这次罢教持续了几个月，发展成一场"教育基金独立运动"（要求固定和保证教育经费在政府预算中的份额）。6月3日，8所院校的教授在代理教育总长的陪同和上千名学生的跟随下，步行至徐世昌总统的官邸递交请愿书。他们在总统府门前被阻拦，并遭到总统武装警卫的殴打和射击。[31]

许多教授和学生身受重伤。经过一些有影响的人士的斡旋，在政府为北京国立学校在银行设立了一个 200 万元的特别教育基金账户之后，罢教于 6 月 28 日结束。[32] 此次事件被称为"六三索薪"。1921 年后，教师罢教及类似北京这样的事件多次在其他城市发生。[33]

这些斗争的失败向左派和民族主义者表明，自由派试图以纯粹的教育手段改革中国的计划在当时的环境下是不切实际的。结果是，前两派有更多的机会吸引知识分子加入他们以武力推翻北京政府的活动。与此同时，尽管自由派教师不愿意参加运动并继续对运动的政治性质进行批评，但是学生运动依然得到加强。

学生运动后来的趋势

1919 年后的中国学生运动常常与中日关系缠绕在一起。有一些运动是由持续的联合抵制日货的反日活动所引发，另一些则与政府的对日政策，特别是悬而未决的山东问题有关。在抗议政府的活动中，学生们经常得到政治党派的支持。[1]

进步和左翼人士对学生和教师罢课、罢教的支持，增强了他们的力量

---

①　1919 年 11 月 16 日，一些中国学生由于参与抵制日货活动，被日本侨民和领事馆警卫打伤。这一事件引发了持续一年之久的外交谈判。1920 年 11 月 12 日，该事件得到解决。双方政府都表示歉意，日本政府赔偿受伤中国学生 1200 元。另一个事件涉及山东问题，该问题因中国拒绝在对德和约上签字而悬而未决。1920 年 1 月 24 日，日本驻华公使小幡酉吉要求中日直接谈判。安福系想接受这个建议，而其他政界领导人，如孙中山、梁启超及前总统黎元洪等都反对。反对者中，学生联合会的反对最为积极有力。1 月 28 日即日本的建议公布之后的第四天，北京学生联合会将一封信呈递给民国大总统，声明反对直接与日本谈判的建议并解释了反对的理由。这个问题旋即引发了一场辩论。2 月 4 日，2000 名学生在天安门集会，抗议政府所持的态度。9 个月以前的"五四"游行也正是由此地开始的。有 40 名学生当场被军警逮捕并在民事法庭被当局起诉。他们当中的一些人以行为不端的罪名被判入狱数月。4 月 26 日，当小幡酉吉重提直接谈判的问题时，又引起了学生的抗议。然而，由中国学生联合会宣布的全国范围的学生罢课并没有实现，仅几个学校执行了学生联合会的决议，该决议被商人和实业家们所反对。不过应当注意的是，上海的中国工人确实举行了表示同情的罢工，罢工于次日结束。[34]

并赋予了某些政治色彩。这对于教育和学生运动的发展可能有好坏两方面的影响。必须指出的是，由于在新式知识分子和保守的政府官员（不包括军阀在内）之间存在很大的思想分歧，因此，这些运动并不完全取决于学校和教育界以外的政治影响。许多后来在中国被称为"学校风潮"或"学潮"的教师和学生的罢教、罢课，反映了对腐败的社会和政治势力控制教育的一种自发的反抗。

学潮在"五四"事件后成为中国的一大难题和主要的政治和社会问题之一。学潮如此频繁和复杂，在这里无法详述并评价。上海和北京对这些罢课所做的一项总调查表明，在 1922 年中国发生的 125 次教育界大骚乱中，有 101 次是由个别学校的学生和教师所为，24 次涉及多个学校或职业教育界。[35]

虽然"五四"事件后的几年出现了许多学校骚乱，但是学生们也从事了一些富有建设性的、积极的活动，可以用"学生自治"一词来概括。前面曾经提到，"五四"事件后，学生在新文化运动的发展过程中，更为积极地加入私人组织和参与社会服务。实际上，1919 年后学校中的各种学生组织，除了学生联合会外，也有了很大发展。他们的活动变得自治性更强，更有效率，更富于表现力。许多学生组织和活动是在这个时期创立的。以国立北京大学为例，"五四"事件后的几年中，下述的学生组织在学校里成立：世界语学会（1919 年 10 月成立）、戏剧社（1919 年）、地理研究会（1920 年）、社会主义研究会（1919 年 12 月）、罗素学社（1920 年 12 月）、学生基督教青年会（1920 年）、英语讲演会（1920 年）、马克思学说研究会（1921 年 10 月）、政治科学社（1921 年）、法律学会（1921 年）、经济学会、数学学会、学习方法研究会、普及教育研究会等。

以清华学校（该校以美国的庚子赔款为资金支持）为例，可以看出"五四"事件前后学生组织和活动在性质上的有趣对照。"五四"事件前，从民国成立到 1918 年，学生们成立了宗教组织，如基督教青年会、佛教俱乐部；或是以推动拳击、科学、儒教等目的为宗旨的组织；"五四"事件后这些组织仍然存在，但是它们的活动范围扩展了，有时转变为包括更多社会性调查和社会服务活动。1919 年到 1922 年间，学生为工友和保安开办了一所夜校和图书馆，成立了有关农业、艺术、政治科学、经济、诗歌、戏剧和音乐的研究会，以及为提高公众演讲、辩论和世界语水平的组织。一个类似于美国学生司法组织的学生法庭也成立了。[36]更重要的是，学生联合会在 1919 年成立，成为学校之外所有学生活动的核心。学生组织和活动的性质在事件前后的变化对比，在其他院校也真实存在。

总结学生运动从"五四"时期到 20 世纪中叶的发展，我们可以断言，从政治意义的方面看，它经历了三个阶段。从 1915 年或 1917 年到 1919 年，随着政治兴趣和活动的增加，学生运动经常是爱国的和思想的运动。1918 年 5 月的请愿和一年之后的"五四"事件，标志着学生对政治事务的积极干预，但在当时学生与政党之间很少有联系。1919 年，政党还只是学生运动的支持者，而不是合作者。学生运动在这一阶段受到来自所有进步知识分子、社会、经济和政治领袖几乎一致的支持。

1920—1921 年的第二阶段，学生对政治的兴趣随着外界影响的增强而增加。他们开始与政党发展更紧密的关系，其中的一些人参加了政党活动。政党开始将他们的报纸专栏对学生投稿者开放。一些学生编辑和记者受聘于这些报纸。与此同时，大多数自由主义者、实业家和商人逐渐减少了对学生运动的支持。自由主义者，如蔡元培、胡适、蒋梦麟及陶孟和，与新实业家如穆藕初，在 1920 年 5 月都发表了他们的意见，学生的游行和罢课应当停止，学生的任务是学习。[37]另一方面，左派和民族主义者对学生运动变得更为热情。由于这些新的复杂原因，1921 年后，学生运动逐渐减弱。政府的镇压和学生群体内部右翼与左翼之间的矛盾也导致了学生运动的暂时衰落。这一时期缺乏统一、严格的学生组织也是学生运动衰退的原因之一。

1922 年到 1924 年构成了学生运动的第三阶段。在这个时期，学生们开始参加政党的组织工作。全国范围的学生运动在 1923 年复兴。学生中的左翼几乎左右着学生运动的方向，这种情况在中国南方尤其明显。这种趋势因 1924 年国民党采取争取学生入党的政策而达到高潮，国民党的这一政策得到共产党的支持，在当时共产党中的大多数人也加入了国民党。学生联合会自此正式被列为参与政府活动的政治派别。[38]

下 编

主要思潮分析

第十一章

文学革命

在那些与五四运动有关联，并在此后数十年间对中国的思想潮流产生深远影响的思想发展中，有两个显著事件：一是文学革命，一是介绍西方思想并重估传统文化。本章将论述文学革命的背景、成就以及取得这些成就的方式。西方思想的介绍及传统伦理道德的重估，将在之后两章中继续论述。

旧文学

文学是中国传统知识分子的主要职业。这个事实直接解释了为什么在由知识分子领导的五四运动中，文学扮演着如此重要的角色。

一般来说，19世纪的中国文学由三个文学流派所支配。在非小说的散文写作领域，大多数著名作家都仿效桐城派的风格①。该派的领袖们拟定了一系列他们称之为以儒学为基础的"义法"。[1] 其中包括：（一）"文以载道"，后来这条原则趋于极端时，意味着文人应当为宣扬圣人的学说和道德原则著文。广义地说，它可以被解释为"载道的文学"，有些类似于西方的"所

---

① 关于这一派和"文选"派，见第三章，页65，注①。

有的文学都是宣传"的观点，但又不完全相同。"道"在当时主要被解释为道德和伦理规范，因此这条原则有时被理解为"卫道的文学"。（二）文章必须有语调、韵律和色彩；用词应严格推敲，不可使用粗俗的语言。[2]20世纪初的文学领袖，如林纾、严复都自觉或不自觉地受到这些原则的影响。

比桐城派稍晚出现的另一个文学派别是"文选"派。属于这一派的作家，如王闿运（1832—1916）、刘师培、黄侃等，皆模仿魏晋六朝文风。他们有些文章是过分拘泥于修辞的骈文。

在诗歌方面，宋代江西派风格被争相模仿。[①] 该派诗人刻意使用古怪、晦涩的词语。除了一些民族主义者和革命诗人的作品外，他们大多数作品的主题是琐碎、俗套的。

以上三种流派支配着19世纪的中国文学。当时只有诗和非小说散文被视为严肃文学，小说和戏剧普遍受到轻视。在先前几个世纪里，许多用白话写成的小说、短篇故事、剧本等，都被视为非正统文学。诚然，在19世纪末的一段时间里，写小说和翻译小说受到相当重视，因为许多作者以此作为政治批评的工具；但当时大多数通俗小说家只写一些粗劣的鬼怪、探案或才子佳人的故事。[3] 除了极少数例外，在晚清，上述各种文学已经变得僵化、陈腐。

19世纪末，文学改革思想的萌芽有了发展：（一）1895年后，一些青年诗人和支持戊戌变法的维新派开始提倡新诗。他们试图在诗歌创作中加入一些散文用词、新式的或欧化名词以及民歌中的俗语。[②]（二）中国散文的形式在某些情况下是为了实用的目的。其代表有：严复与林纾的翻译、梁启超的通俗论文和章士钊的政论文。[4] 他们的作品在某种程度上都受到外国语言的影响。（三）一些有学问的改革者和外国传教士在出版杂志、报纸

---

① 该派主要仿效宋代诗人黄庭坚（1045—1105）的风格。黄是江西省人，与苏东坡（1036—1101）同一时代。20世纪的前20年，该派的许多诗人都是"南社"成员，该社成员包括保守派和许多辛亥革命者。

② 黄遵宪（1848—1905）是这场诗歌改革运动的主要领袖，其他参与者还有康有为（1858—1927）、梁启超（1873—1929）、谭嗣同（1856—1898）、夏曾佑（1865—1924）。

和发表其他作品时，开始使用白话文。白话文曾被用于写作宋代的哲学论述、元代的某些剧本和公文，以及宋代以后的小说和通俗短篇故事。1904 年和 1906 年，青年时代的陈独秀和胡适加入了这一运动。① 19 世纪的最后 25 年中，产生了大量未被承认为文学作品的白话体小说。[5]（四）在文学理论领域，王国维（1877—1927）受哲学家尼采和叔本华（Arthur Schopenhauer）的影响，提出文学应当"描写生活"和每一代人都有自己对文学的看法的观点。[6]（五）学者们创制了一些汉字拼音系统。[7]

晚清时中国文学的所有上述改革和发展仅仅是少数学者的工作，改革者们并没有对传统文学和语言构成严重威胁。

文学作品中现实主义和白话文的提倡

1916 年开始的文学运动不同以往。第一，新改革者们极具挑战性地宣称，文言文是已经死亡的语言，"因为它已不再被人们所使用"。[8]第二，他们认为口语作为一种活的语言，是创造活的中国文学的唯一适用的媒介。白话文作品从此以后将构成中国文学的主体。[9]第三，新文学改革者攻击传统文学理论的核心——"文以载道"和"道德原则"的观点，认为其限制太严。旧理论终将被取代，或者至少是被重新解释。文学从此为文学而文学或者是为了传达某种新的理念。第四，新的汉字拼音系统不仅作为汉字教学的工具，而且将替代汉字本身。因为文学革命使文字交流发生革命，所以它是"五四"改革的重要组成部分，在改变中国人的思维方式方面有着重大意义。

以欧洲文艺复兴为模式的新文学和新思想运动，是由当时的著名记者黄远庸首先提出的。他在 1915 年以前就首次提出这一纲领，与此同时，他

---

① 　清末以前，只有少数几种白话文杂志。林纾在 19 世纪末开始向《杭州白话报》投稿。1906 年，陈独秀也开始与 1898 年创办的《无锡白话报》建立了联系。胡适所主持的《竞业旬报》于 1906 年创刊。这一时期至少有七八家杂志冠以"白话杂志"的名字。

还批评了"文以载道"的理论。[10]1915 年，黄远庸离沪赴美之前写信给东京《甲寅》月刊的编辑章士钊（陈独秀是其助手），信中说：

> 愚见以为居今论政，实不知从何处说起。洪范九畴，亦只能明夷待访。果尔，则其选事立词，当与寻常批评家专就见象为言者有别。至根本救济，远意当从提倡新文学入手。综之，当使吾辈思潮如何能与现代思潮相接触，而促其猛省。而其要义，须与一般之人生出交涉。法须以浅近文艺，普遍四周。史家以文艺复兴，为中世改革之根本，足下当能语其消息盈虚之理也。[11]

接到此信后，章士钊却令人沮丧地复信："提倡新文学，自是根本救济之法，然必其国政治差良，其度不在水平线下，而后有社会之事可言。"[12]

与章士钊不同，1915 年 9 月，当陈独秀创办《新青年》时，他非常注重向中国介绍现代西方文学。《新青年》第 1 期即开始连载屠格涅夫（Ivan Sergeevich Turgeneve）的小说《春潮》（*Spring Floods*）的译文，从第 2 期起又刊登王尔德（Oscar Wilde）的喜剧《意中人》（*An Ideal Husband*），这两篇都被译成了白话文。[13]11 月，陈独秀发表了《现代欧洲文艺史谭》。他在文中过于简单化地指出，18—19 世纪欧洲文学思想从古典主义转变为浪漫主义，在 19 世纪末又转为理想主义，最后是自然主义。[14]他说："19 世纪之末，科学大兴，宇宙人生之真相，日益暴露，所谓赤裸时代，所谓揭开假面时代，宣传欧土自古相传之旧道德、旧思想、旧制度，一切破坏。文学艺术亦顺此潮流，由理想主义再变而为写实主义，更进而为自然主义。"[15]在这段议论之后，陈独秀描述了自然主义在法国和欧洲的成就和上升趋势，高度赞扬左拉（Émile Zola）及其追随者和朋友们——龚古尔兄弟（the Goncourts）、福楼拜（Gustave Flaubert）、都德（Alphonse Daudet）、屠格涅夫、莫泊桑。陈独秀认为，所有现代欧洲作家，不论属于哪一派，都受到自然主义的影响。他接受以下观点：托尔斯泰、左拉、易卜生是世界上最伟大的三位文学家，而易卜生、屠格涅夫、王尔德、梅特林克（Maurice Maeterlinck）是现代世界最有代表性的四位作家。12月底，陈独秀在答复一位读者就编者对中国文学的看法和他是否将在中国提倡自然主义的问题时说："吾国文艺，犹在古典主义理想主义时代，今后当趋向写实主义。"[16]陈独秀关于中国文学古典主义和浪漫主义性质的这一断言稍有偏颇。很显然，他所说的理想主义指的是浪漫主义，而他所说的古典主义也仅具有传统主义者的含义，与西方的含义多少有些不同；但他意在表明，现实主义在中国的来临。他在中国提倡现实主义而不是自然主义，是因为他担心自然主义作家对社会和人生赤裸裸、痛苦和丑陋细节的大胆描写不会被当代东方人所接受——在日本发生的事件证实了这一观点。[17]

对西方和中国文学思潮的这次简短讨论，可能是新式知识分子意图以西方理论改革中国文学的第一次告白，它预示了以后几年间中国文学思想的趋势。这次讨论没有在中国读者中引起广泛的关注，但却因此出现了一封留美中国学生的来信。该信支持陈独秀关于中国文学应当是现实主义的观点。写信人即是胡适，他刚给《新青年》杂志投了一篇俄国短篇小说的白话文译稿。[18]在这封信中，胡适批判了当时"南社"的诗风。更为重要的是，他第一次公开对中国的"文学革命"提出了在本书第二章中已经提到的一些原则，后来他称之为"八不主义"：[19]

综观文学堕落之因，盖可以"文胜质"一语包之。文胜质者，有形式而无精神，貌似而神亏之谓也。欲救此文胜质之弊，当注重言中之意，文中之质，躯壳内之精神。古人曰："言之不文、行之不远。"应之曰："若言之无物，又何用文为乎？"年来思虑观察所得，以为今日欲言文学革命，须从八事入手。八事者何？

一曰，不用典。

二曰，不用陈套语。

三曰，不讲对仗（文当废骈，诗当废律）。

四曰，不避俗字俗语（不嫌以白话作诗词）。

五曰，须讲求文法之结构。

此皆形式上之革命也。

六曰，不作无病之呻吟。

七曰，不摹仿古人，语语需有个我在。

八曰，须言之有物。

此皆精神上之革命也。①

陈独秀极热情地回信支持胡适，除了第五条和第八条以外，所有的原则他都表示赞同。他认为，第八条原则可能会被理解为支持"文以载道"的传统理论。陈独秀坚决地认为，文学不仅仅是为了达到某种目的的手段或工具，他反对忽视文学和艺术的独立价值。自然主义作家应当不掺杂任何主观解释地描写社会，他认为这就是写实主义和浪漫主义的根本区别。②

在陈独秀的鼓励下，胡适写了一篇题为《文学改良刍议》的文章。1917年1月1日出版的《新青年》和3月出版的《留美学生季报》都登载了这篇文章。《留美学生季报》是留美中国学生联盟在上海出版的中文杂志，胡适当时任该杂志主编。这篇文章进一步解释了他给陈独秀的信中的"八不主义"原则，后来被认为是唤起中国文学革命的第一声号角。值得注意的是，胡适在解释"不避俗字俗语"的原则时，宣称白话文是"标准"的中国文学，创造中国"活文学"的适宜的载体是白话，而不是文言。[21]

由于受到留美中国同学的强烈反对，胡适避免使用"文学革命"一词，而称他所提议的文学运动为"改良"。陈独秀接到这篇文章后深有同感。他

---

① 胡适的提议显然受到（在第二章所提到的）美国印象派原则以及华兹华斯《抒情歌谣集》第2版序言和柯勒律治（Samuel Taylor Coleridge）《文学传记》的影响。周作人认为，胡适的观点基本上类似于明代中国文学改革者的观点。[20]

② 陈独秀给胡适的回信，"通信"，《新青年》2卷2号（1916年10月1日），页3—4。这个观点在答一读者来信中做了更清楚的阐述，"通信"，《新青年》3卷2号（1917年4月1日），页10—11。陈独秀认为，"文以载道"中的"道"被旧文学家狭隘地解释为"儒家教义"。但即使它被广义地解释为"原则"或"原理"，他也不提倡"文以载道"的观念。因为从根本上说，文学并不是为了宣传理念而存在的。可是在目前情况下，理想主义文学可能被当代中国暂时地容忍。他所要攻击的只是古典主义和对"道"的狭隘解释。

在文章的结尾加了一个注释，特别指出，口语应当被用来作为标准中国文学的媒介，并说"他也有相同的信念及热烈的希望"。[22] 紧接着，在 2 月 1 日出版的杂志上，陈独秀也开了火。他在冠以黑体字标题《文学革命论》的社论中说道：

今日庄严灿烂之欧洲，何自而来乎？曰，革命之赐也。欧语所谓革命者，为革故更新之义，与中土所谓朝代鼎革，绝不相类。故自文艺复兴以来，政治界有革命，宗教界亦有革命，伦理道德亦有革命，文学艺术，亦莫不有革命，莫不因革命而新兴而进化。近代欧洲文明史，宜可谓之革命史。故曰，今日庄严灿烂之欧洲，乃革命之赐也。

吾苟偷庸懦之国民，畏革命如蛇蝎，故政治界虽经三次革命，而黑暗未曾稍减。其原因之小部分则为三次革命皆虎头蛇尾，未能充分以鲜血洗净旧污。其大部分，则为盘踞吾人精神界根深蒂固之伦理、道德、文学艺术诸端，莫不黑幕层张，垢污深积，并此虎头蛇尾之革命而未有焉。此单独政治革命所以于吾之社会，不生若何变化，不收若何效果也。推其总因，乃在吾人疾视革命，不知其为开发文明之利器故。

孔教问题，方喧呶于国中，此伦理道德之先声也。文学革命之气运，酝酿已非一日，其首举义旗之急先锋则为吾友胡适。余甘冒全国学究之敌，高张"文学革命军"大旗，以为吾友之声援。旗上大书特书吾革命军三大主义：曰推倒雕琢的阿谀的贵族文学，建设平易的抒情的国民文学；曰推倒陈腐的铺张的古典文学，建设新鲜的立诚的写实文学；曰推倒迂晦的艰涩的山林文学，建设明了的通俗的社会文学。[23]

这篇文章大胆地攻击了当时存在的三个文学流派，并且以激昂的语句结束道："吾国文学界豪杰之士，有自负为中国之虞哥（雨果）、左喇（左拉）、桂特郝（歌德）、卜特曼（豪普特曼）、狄铿士（狄更斯）、王尔德乎？有不顾迂儒之毁誉，明目张胆以与十八妖魔宣战者乎？予愿拖四十二生的大炮，为之前驱。"[24]

胡适和陈独秀的这些文章，立即引起其他新式知识分子领袖的注意。最先给予强有力的支持的是钱玄同。钱玄同是章太炎先前的学生，当时是北大一名研究音韵、训诂学的著名教授。他的支持立刻增强了"文学革命军"的实力，并且引起了文学界的注意。他连续写了数封信给陈独秀，抨击当时文学流派的领袖们，称他们是"桐城谬种""选学妖孽"。[25]刘复也公开站出来支持革命派。[26]到1917年年底，文学改革思想已经赢得许多北大学生的热情支持，其中包括傅斯年、罗家伦。傅斯年在1918年和1919年所写的文章促进了文学改革在学生中的发展。[27]1917年春季以后，这一讨论以书信和论文的形式继续进行，例如胡适的《历史的文学观念论》。[28]在这些讨论中，陈独秀和钱玄同是文学革命最坚定的倡导者，而胡适的论文对一般知识分子而言更具说服力。1917年4月9日，胡适从纽约写信给陈独秀道："此事之是非，非一朝一夕所能定，亦非一二人所能定。甚愿国中人士能平心静气与吾辈同力研究此问题。讨论既熟，是非自明。吾辈已张革命之旗，虽不容退缩，然亦绝不敢以吾辈所主张为必是而不容他人之匡正。"[29]

陈独秀复信：

> 改良文学之声，已起于国中，赞成反对者各居其半。鄙意容纳异议，自由讨论，固为学术发达之原则。独至改良中国文学，当以白话为文学正宗之说，其是非甚明，必不容反对者有讨论之余地，必以吾辈之主张者为绝对之是，而不容他人之匡正也。其故何哉，盖以吾国文化，倘已至文言一致地步，则以国语为文，达意状物，岂非天经地义，尚有何种疑义必待讨论乎。[30]

1917年以后，文学革命进入到了"建设"阶段。改革者们开始尝试用白话文写作。自1918年1月起，由北京大学6位教授编辑的《新青年》杂志全部采用白话刊行。白话后来被称为"国语"，这一名词是回国学生在1906年提出的①。胡适在《建设的文学革命论》一文中，宣布了古典文学的死亡（实际上远非如此），提议用白话文创造活的文学：

> 我的"建设新文学论"的唯一宗旨只有十个大字："国语的文学，文学的国语。"我们所提倡的文学革命，只是要替中国创造一种国语的文学。有了国语的文学，才可有文学的国语。有了文学的国语，我们的国语才可算得真正国语。……
>
> 这二千年文人所做的文学都是死的，都是用已经死了的语言文字做的。死文字绝不能产出活文学。……
>
> 简单说来，自从《三百篇》到于今，中国的文学凡是有一些价值有一些儿生命的，都是白话的，或是近于白话的。其余的都是没有生气的古董，都是博物院中的陈列品！……
>
> 中国若想有活文学，必须用白话，必须用国语，必须做国语的文学。[31]

1918年，可以被看作是中国新文学诞生的一年。白话新诗的写作被新式知识分子们广泛尝试，它是白话运动的最初果实。胡适在1920年3月发表的《尝试集》中的大部分诗歌都是1918年创作的。在北京的改革者，如刘复、鲁迅、沈尹默、俞平伯、周作人、朱自清、康白情、陈独秀、李大钊、傅斯年、罗家伦等都参与写作白话诗。第二项发展是用新的翻译技巧介绍现代西方文学。北欧的作家易卜生、斯特林堡（August Strindberg）、安徒生（Hans Christian Andersen），东欧的陀思妥耶夫斯基（Fyodor Dostoyevsky）、库普林（Aleksandr Ivanovich Kuprin）、托尔斯泰，现代希腊的埃夫塔利奥提斯（Ephtaliotis）和波兰的显克微支（Sienkiewicz），这些人的作品被译成一种语法和风格都受原来欧洲语言影响的中文。[32]第三项创造是一种新的散文形式。《新青年》从1918年4月起、《每周评论》在稍

---

① 关于《新青年》杂志编辑工作的变动情况，见第三章，页46，注①；关于"国语"，见第二章，页28—31。

晚一些时候，开辟了"随感录"专栏，发表不同撰稿人所写的大量尖锐的讽刺性散文。陈独秀、刘复、钱玄同，后来还有鲁迅和周作人写的一些杂文都发表在《新青年》杂志上，它标志着一种新的散文形式的出现。杂文的语调通常是讽刺性的，它后来发展成为一种具有摧毁力的政治武器。第四，1918年中国现代短篇小说出现。鲁迅在钱玄同的坚持下加入了《新青年》杂志的编委，他在1918年5月发表了最早的短篇小说《狂人日记》。[33]他的短篇小说集《呐喊》收录了他从1918年到1922年间的作品。这是中文短篇小说这种形式的最早集子（最早的现代短篇小说集应当是郁达夫的《沉沦》——译者注）。第五，新戏剧运动始于1918年。《新青年》在6月出版了易卜生专号，10月出版了中国传统戏曲的改革专号。早期新戏剧的有关论文显示出易卜生的巨大影响。

　　然而直到1919年，新文学运动才在更广泛的范围内传播。当年春天，文学革命引起了更多的支持和反对。"五四"事件以后，白话文被大多数学生刊物广泛采用。几乎所有的杂志、报纸及文学作品都开始使用新文学媒介。胡适在1922年就"五四"事件对文学革命的影响做了如下描述：

　　　　民国八年的学生运动与新文学运动虽是两件事，但学生运动的影响能使白话的传播遍于全国，这是一大关系；况且五四运动以后，国内明白的人渐渐觉悟"思想革命"的重要，所以他们对于新潮流，或采取欢迎的态度，或采取研究的态度，或采取容忍的态度，渐渐地把从前那种仇视的态度减少了。文学革命的运动因此得自由发展，这也是一大关系。因此，民国八年以后，白话文的传播真有"一日千里"之势。[34]

　　1919年10月，全国教育联合会决定要求政府正式提倡白话文。[35]1920年1月12日，教育部发布训令，要求小学一二年级自当年秋季起，国文教学用白话文取代文言文。[36]3月，教育部下令废除小学所有文言文教科书。[37]白话文教学很快遍及中等以上学校。1920—1921年，白话文被公认为"国语"。与此同时，1918—1919 年制定了汉语"注音符号"。①

对文学改革的反对

对文学革命的反对从开始就略虚弱。最初的反对主要来自以林纾和辜鸿铭为代表的传统学者。前者用中文，后者用英文，同时在 1919 年撰文反对文学改革。北大教授刘师培、黄侃、林损和马叙伦的反对并没有林纾的影响力大。因为他们不像林纾那样拥有广泛的读者，对新文化的反对也没有林纾那么激烈。

但是，正如第三章所提到的，林纾对文学革命的反对也没有什么明显效果。首先，在新旧文学的讨论中，他高度评价传统伦理道德。然而，由于他为传统伦理道德的辩护，往往是采用《荆生》这类短篇小说的形式，而不是运用逻辑分析，所以他的论证对支持文言没有起到多大作用。其次，他的经历削弱了他对文学革命全力以赴的反对。19 世纪末，林纾本人实际上曾经是文学改革者。他承认旧白话小说具有一定的文学价值。在致蔡元培的信中他只是温和地反对道，如果人们不能大量阅读古文作品，就不能写好白话文。② 他甚至说："古文者白话之根柢，无古文安有白话。"39 对于将白话文作为新文学的媒介，林纾的反对看来既不强烈也无效果。再次，林纾不能令人信服地论证：不应当为了现在的文学而放弃古代的文言文。他说："知腊丁文之不可废，则司班韩柳（宗元）之书亦不能废。吾识其理，乃不能道其其所以然。"40 他还蹩脚地辩解："吾辈已老，不能为正其（新文学倡导者）非，悠悠百年，自有能辩之者。请诸君拭目待之。"41 如果林纾反对的矛头针对胡适后来夸张的说法"这二千年的文人所做的文学都是

---

① 1912 年教育部成立了一个国语发音标准化委员会。这个委员会提出一套包括 39 个字母的语音符号用以注音。教育部在 1918 年 11 月将其定为注音"字母"。1919 年 4 月，一套新的符号被公布。1919 年 9 月，出版了《全国注音符号字典》。在"五四"时期，注音符号曾被提倡用作简单的字母替代复杂的表意文字，但是后来这种兴趣日趋淡漠。38

② 见第三章，页 68—69。

死的"，那么，他还有一些根据。事实上，在中国古典文学中存在大量有价值、有生命力的作品。然而，这无助于说明，现在的作家在现代作品中还应当采用古文。

至于狂热的传统主义拥护者辜鸿铭，他认为一种死亡的语言应当被定义为"笨拙、呆板、无生气、无法创造生动的文学的"。他在做出这种定义之后指出，在这种意义上，古文不是死的语言。相反，如同莎士比亚的英语一样，古文是一种"高雅的语言"。它比口语更优美，正如莎士比亚的英语比现代英语口语更优美一样。他还强调文言文不是死文学，是因为它载"道"。他将"道"翻译成英文的"law of life"（生活的法则）。他说，改革者带来一种使人变成道德侏儒的文学，这种文学才是真正的死文学。[42]

改革者反驳，死的语言是那种不再为人们口头所讲的、难以使人明白的语言。即使古典文学有其优美之处，但是它既不被人们所讲也不易于听懂。莎士比亚的语言是高雅、优美的，但讲英语的人们现在使用的是现代英语，而不是莎士比亚的英语。而且，大约90%的中国人是文盲，部分原因就在于古文太难学。为了使人们广泛地受到教育，最好采用口语写作。[43]

对于这些争论，辜鸿铭回应：

> 最通用的语文并非最好的。面包和果酱比烤火鸡吃的人更多，但吾人亦不能说后者比前者更不可口，不能因其较稀少，而要吾人吃面包和果酱！[44]

辜鸿铭看来没有意识到，或者至少是忽略了这样的事实，莎士比亚的英语在他的时代确实是人们口头上说的和能够听懂的。在写剧本时，莎士比亚没有用拉丁文；辜鸿铭自己在日常写作时，也没有使用中世纪的英文。至于文盲问题，他干脆地反驳道，中国人口的90%是文盲真是公众的幸福，否则每个识字的人都效仿学生和知识分子，给出席有关山东问题的巴黎和会的中国代表团发电报，将要花费一笔难以想象的巨款[①]。在一段意在博取道学家和传统主义拥护者好感的狡猾的文字中，辜鸿铭进一步论证，根据孔子关于一个有教养的人即有道德的人的定义，实际上这90%的文盲正是中国"有教养"的人，那些"没有教养"的知识分子怎么能够谈论教育他们呢？

另外一位老作家严复在1919年已65岁，并且重病在身。如同我们在第三章所提到的，他认为没有必要为反对新文学运动进行公开争论。不过他在给学生的一封信中提出两点理由反对白话文运动。他认为，改革者们的主张仅仅是以西方文学改革的先例为根据。在严复看来（他的观点没有任何依据），改革者们错了，因为西方改革者是以口语适应书面语，而中国的改革者却试图以书面语适应口语。除此之外，他还武断地认为文言比白话修辞华美。

这些老保守派们的反对很快就消失了。然而1922年，更进一步的反对来自南京的一群保守的接受过西方教育的教授们。他们当中的大多数人接受了西方古典主义影响，其中一人曾经在1919年春天就新文学运动提出过反对意见。[45]1922年1月，南京高等师范的教授们创办了《学衡》月刊。那些参与编辑该杂志的人，如吴宓、梅光迪、胡先骕等，都受到了欧文·白璧德（Irving Babbitt）新人文主义的影响，反对新文学和新文化运动。[②]尽管他们的意见不完全相同，但是以下几点是他们共同持有的主要反对意见：（一）口语变化太快。如果用它写作，后人将不能理解旧的和新的文学作品。[47]（二）文学进化理论是没有根据的，这已经被英国的批评家哈兹里特（William Hazlitt）所论证。现代西方文学已经从古典主义发展到浪漫主义，从浪漫主义到现实主义，从现实主义又到自然主义、未来主义和新浪漫主义，这种观点是不正确的。[48]

---

① 见第四章，页98。

② 梅光迪和吴宓在哈佛大学曾经是白璧德的学生，受到他的文学理论的影响。白璧德在1922年年初写道，"中国必须脱离伪古典形式主义的故辙"，但他极力主张中国的改革者"保留蕴藏于中国古典文学伟大传统中的精髓"。他警告改革者，不要盲目模仿西方，在他们渴望成为改革者时不要将孩子同洗澡水一起泼掉。[46]

由于这些教授都用文言文写作，所以他们的读者并不广泛。他们没有太大的影响，以至于改革者们甚至都不屑于与他们争论。鲁迅干脆说："我所佩服诸公的只有一点，是这种东西也居然会有发表的勇气。"[49]1922 年 3 月，胡适宣称："《学衡》的议论，大概是反对文学革命的尾声了。我可以大胆地说，文学革命已过了讨论的时期，反对党已破产了。从此以后，完全是新文学的创造时期。"[50]

到 1922 年，文学革命确实已经取得了胜利，不过小冲突还是时时发生。1925 年 7 月，当时的教育总长和司法总长章士钊在北京创办了《甲寅》周刊，它是早期在东京创办的《甲寅》月刊的续刊。章士钊在周刊上写文章以反对文学革命。这次由于章士钊的地位和影响，在一些作家中引起较大的震动。作为回应，胡适发表了一篇题为《老章又反叛了》的文章，吴稚晖讽刺性地写了一篇《友丧》，哀悼章士钊和旧文学的死亡。[①]

人道主义、自然主义和浪漫主义：文学研究会和创造社

通过 1919—1920 年新式知识分子的共同努力，文学革命取得了胜利。在此之后，新式知识分子领袖们根据各自的志趣开始分裂成各种自然团体。实际上，一些文学革命早期的领导人，在发展新文学的过程中离开了。陈独秀为社会和政治运动而奔走；胡适的注意力渐渐转向研究中国古典和旧白话小说；钱玄同和刘复专心于语言学的研究；傅斯年和罗家伦专注于研究历史；沈尹默等人转而写作古体诗。另一方面，周作人、鲁迅及其他许多青年作家则开始介绍更多的西方文学理论和文学作品，并且开始白话文学的创作。如同文化和政治运动一样，文学革命向不同的方向扩展。

新文学运动的一个初步结果是，1921 年 1 月 4 日在北京成立的文学研究会。[51]当时大部分文学名人都加入了该团体。改革后的《小说月报》和新

---

① 实际上后来在各种形式的文章中，文言文仍然被国民党政府所提倡。1934 年，出现了另外一股反白话文运动的势力，却是徒然。

创立的《文学旬刊》(后改为《文学周报》)是这个团体的主要刊物。该团体有172名会员,设立了许多地区性分支机构,并且出版了大量地方性刊物。尽管组织松散,但它是继新青年社和新潮社后,最具有影响力的文学团体。[52]

在周作人和茅盾的影响下,文学研究会开始提倡"人的文学"。这个理论最早是由周作人在1918年提出的。他在《新青年》杂志上发表了一篇题为《人的文学》的文章,他所说的是一种建立在个人主义的人道主义基础上的文学。[53] 1920年,他提出文学的目的应当是为了人,而不是"为文学"。[54]当文学研究会成立时,周作人在其起草的宣言中将这一理论具体化了。他宣称:"文学是一种工作,而且又是于人生很切要的一种工作。"[55]

"为人生的文学"的观念从来没有被充分阐述。最初这个口号的提出,既是为了反对"文以载道"的传统文学理论,也是为了反对"礼拜六派"对文学的轻浮态度。① 文学研究会既反对文学仅仅是一种道德工具的思想,也反对文学独立于人生,即"为艺术而艺术"的观念。但是在对"人的文学"做进一步解释时,文学研究会的成员们似乎没有一个统一的立场,他们的观点是笼统的、含糊不清的。周作人简单地把人性的概念等同于理想主义。[56]另一方面,茅盾显示出一种现实主义和自然主义的倾向。在他看来,"真正的文学"应当是"人生的文学"。他说:"文学到现在也成了一种科学,有他研究的对象,便是人生——现代的人生;有他研究的工具,便是诗、剧本、说部。文学者只可把自身来就文学的范围,不能随自己的喜悦来支配文学。文学者表现的人生应该是全人类的生活,用艺才的手段表现出来,没有一毫私心,不存一丝主观。自然,文学作品中的人也有思想,也有情感;但这些思想和情感一定是属于群众的,属于全人类的,而不是作者个人的。"[57]茅盾强调文学的客观性,他接受西方思想,认为"文学是人生的反映",或者是社会、民族、环境、时代及作家的人格的一面镜子。[58](茅盾之名的原意是指"矛盾"。他没有意识到,自己在不同时期的不同主张之

----

① 《礼拜六》是该派在上海出版的通俗刊物,登载一些轻浮小说和没有文学价值的散文。

间的矛盾。他在某个时期宣称文学是一种"科学",其主观意念必须完全被抑制,不能夹杂丝毫个人观点。而在另外一个时期,他又宣称作家的个性必须最终在文学作品中反映出来。)他也反对"文以载道"和"为文学而文学"的思想。[59]

在后期,虽然不少文学研究会成员的作品还带有浪漫主义性质,但是主要倾向于强调现实主义和自然主义。他们并不想为人生的困境提出解决方案,但他们认为,他们能够通过暴露人生的真实境况使读者理解同胞的困境,产生休戚相关的意识。就其认为文学必须服务于超出本身的目的——非文学目的而言,在某种意义上,他们在遵循自己的"道"。文学研究会的许多成员从事文学创作和研究中国传统文学,但他们的主要成就被认为是介绍西方和其他东方国家的文学,特别是"被压迫人民"的文学,例如东欧文学。他们所翻译的作品代表了20多个国家和地区,其中包括日本、德国、法国、美国、英国、西班牙、瑞典、挪威、匈牙利、俄罗斯、奥地利、波兰、比利时、印度、巴勒斯坦的犹太人地区、爱尔兰、意大利、荷兰及玻利维亚。[60]斯堪的那维亚作家,如比昂松(Bjoumlrnst jerne Martinus Bjornson)、博耶尔(Bojer)、易卜生、斯特林堡,法国的巴比塞(Henri Barbusse)、波特莱尔(Charles Baudelaire)、阿纳托尔·法朗士(Anatole France)、莫泊桑、左拉,印度的泰戈尔的作品都曾被翻译。俄国的作品被翻译的数量最多,但却很少有苏联的作品,可能是因为苏联成立的时间不长。有作品被译成中文的俄国作家还包括:安德列耶夫(Leonid N. Andreyev)、阿尔志跋绥夫(M. P. Artsybashev)、陀思妥耶夫斯基、果戈理(Nikolai Vasilievich Gogol-Anovskii)、托尔斯泰、屠格涅夫、高尔基(Maxim Gorky)。[61]

可以说,文学研究会发挥着将西方现实主义和自然主义文学及文学理论介绍到中国的作用,它有助于揭示中国的社会现实。这反映了"五四"时期新式知识分子们专注于研究和改革社会的心态。与此同时,文学研究会的努力促进了中国"血与泪的文学"的发展,这反映了那个时代中国知识分子的反抗精神。[62]

　　"五四"后期，浪漫主义和悲观主义情绪在许多青年知识分子中盛行。旧文明已经动摇，青年对传统的伦理原则和生活观念产生了怀疑。他们迫于军阀、官僚和社会压力而加入抗议运动。在参加抗议运动的激情过去之后，他们开始梦想一个全新的、光明的未来，但传统的负担依然沉重。现实的社会、政府、学校都与理想中的相去甚远，各种新思想混杂不清，应当采取什么立场？应当向何处去？应当做什么？

　　这是一个充满挫折、苦闷、幻想和彷徨的时代。这种反抗、犹疑和悲观主义情绪表现在鲁迅的短篇小说集《呐喊》《彷徨》中的人物身上。叶绍钧的小说《倪焕之》以一名小学教师为主角，描述了一个典型的青年知识分子在五四运动时期的磨难和抗争。

　　不能令人满意的家庭生活是造成青年苦闷的另一个原因。他们意识到，在性和日常生活中需要更大的自由；他们发现传统的包办婚姻存在严重问题。[①] 由于离婚仍然是一件重大的事情，这种状况自然在青年知识分子的心理上产生了很大影响。自杀成为当时的社会问题之一。

　　在这种境况下，出现一个表达青年各式各样的反叛情绪的新文学团体毫不奇怪。1921 年夏天，一群满怀乡愁的从日本归国的学生——郭沫若、郁达夫（1897—1945）、张资平、成仿吾、田汉、郑伯奇，以及后来由法国归来的王独清（1896—1940）——在上海成立了创造社，它成为文学研究会的竞争对手。[64] 这些青年的口号是"创作"。他们的刊物《创造季刊》（1922 年 5 月—1924 年 1 月）和《创造周报》（1923 年 5 月—1924 年 5 月）不同程度地受到西方浪漫主义和个人主义影响。这些作者常常受一种颓废情绪感染，提倡"为艺术而艺术"、自我发展、情感的自然流露以及自由的组织。[65] 他们自认为是文学的异端，与《新青年》的支持者无任何关系。他们认为，《新青年》已经完成了新文学运动第一阶段对旧文学的攻击任务，

---

　　①　早在 1921 年，对 631 名大学和中学男生所做的婚姻状况调查表明，在已婚的 184 人中，只有 5 人是自己选择妻子的，另外 179 人的婚姻是由父母包办的。他们中的多数在结婚之前，没有见过自己的配偶，约有一半人出现了婚姻危机。在 181 名已经订婚的学生中，只有 6 人自己选择未婚妻，而 158 桩婚约是在父母未征得子女意见的情况下包办的。[63]

第二阶段是一个创造和建设的时期；而他们现在的任务是创造新的作品，攻击新文学阵营中的"机会主义者"，即批评"机会主义者"粗制滥造的创作和翻译。他们对其他文学团体的态度使自己成为被攻击的目标。[66]

创造社的作品很快在青年中广泛流传。郭沫若写作的浪漫主义诗歌《女神》（1921）和他翻译的歌德作品《少年维特之烦恼》（*Die Lieden des Jungen Werther*，1928）、张资平的爱情小说、郁达夫的悲观主义的作品吸引了许多青年读者。创造社的一位成员曾经说："'五四'之后，浪漫主义盛行于全国青年之间。'狂飙运动'也变成青年的口号，新生的文艺组织当时多少都具有这种倾向，其中以创造社最突出。"[67]在创造社历史的初期，它的确代表了当时的时代精神。

从文学革命到革命文学

从整体上来看，五四运动时期的新文学革命表现出反对"文以载道"和将白话文作为国语的趋势。不论是认为艺术是为人生的，还是为艺术本身的，在实践中，大部分文学只关注人的利益、男女之间的关系及自我表达。文学研究会和创造社代表了这一时期新文学的主要潮流。前者强调人与社会现实的关系；后者强调无拘束地表达个人感情。在这些作家的作品中，很少提出解决这些社会和生活问题的实际方法，只是表现出抗议和自我慰藉的精神。[68]

后来这两个团体受到环境变化的深刻影响。1925年，在上海发生与反英和反日罢工有关的"五卅惨案"之后，由于政治形势的恶化，创造社放弃其个人主义、悲观主义和"为艺术而艺术"的主张，进入了它的第二个时期。它采用"革命文学"作为战斗口号，与帝国主义和军阀进行斗争。"五卅惨案"也使文学研究会分裂、瓦解。鲁迅和周作人继而创立了一个新的文学团体——"语丝社"，坚持理想主义和人道主义的主张。与此同时，徐志摩、胡适、闻一多、梁实秋组织了"新月社"，提倡象征主义。1929年以后，创造社进入了第三个时期，宣传"无产阶级文学"。接着，1930年"左翼作家联盟"在鲁迅的领导下成立。与之对立，出现了一个由黄震遐、王平陵、邵洵美等人领导的提倡"民族主义文学"的团体。后来文学界的论战涉及以下主题：文学是否应当独立于政治，文学是否具有阶级性。从20世纪30年代起，左翼作品主导了中国新文学。

从1917年开始的新文学运动的实践是成功的；其结果是，过时的文言和陈腐的旧文学迅速衰落。白话文开始广泛用于写作和教学。随着书面语和口语的统一，知识和教育变得更易普及。除此之外，诗歌、散文、短篇小说、长篇小说和戏剧都有新的开端。文学批评和文学理论也取得了很大进步。文学因此更接近于生活和社会现实，它也受到更广泛的喜爱。新文学的自然主义和社会主义倾向，在后来对中国青年的思想和心理发展都产生了巨大影响。正是从这些意义上说，文学革命在现代中国思想和社会政治转型时期扮演了重要角色。

第十二章

新思想与对传统的价值重估

可以毫不夸张地说，在新式知识分子的所有活动中，新思潮的意义最大。五四运动中改革者们的主要目标是创建一个新中国，其方法之一是以新思想取代旧式的传统思想。《新青年》创刊伊始，这成为新改革运动的主要思路。在一定意义上，"五四"事件是这一思路的结果与具体表现。

在早期，新知识界的大部分领袖人物对于思想改革采取了毫不妥协的态度。1918 年，陈独秀与胡适联名答复《新青年》的一位读者时所表现出的态度就是一个极好的例证："旧文学，旧政治，旧伦理，本是一家眷属，固不得去此而取彼；欲谋改革，乃畏阻力而牵就之，此东方人之思想，此数十年改革而毫无进步之最大原因也。"[1]

旧思想的核心

要理解新思想的倡导者们所斗争的是什么，就要从总体上回顾中国的哲学传统，尤其是近几百年以来，统治者是如何控制、利用儒学的。

几个世纪以来，在中国占统治地位的有四大思想流派，即儒家、法家、道家、佛教。从其普遍的形式看，儒家已经与法家思想融合在一起，而道

家与佛教则已被诸如招魂术、占卜术之类的迷信手段弄得腐败不堪。这些
迷信观念经由中国传统的戏曲、民间故事等普及开来。在系统化的哲学与
伦理学方面，最近一百年来，中国人的思想则深受宋代理学以及清初发展
起来的汉学的影响。[2]

理学受佛教与道家的影响，它宣称一切都受"理"（规则，或者理性，
与柏拉图的"理念"或者西方哲学中的自然法则相类似）的支配。这个唯
一的、至高无上的"理"（有时又被等同于"道"），被看作是永恒不变的、
绝对的真理。按照该理论正统的解释，理想的政治行为是与"理"或"道"
相一致的。现实的政府，如果符合这一理想，就被看作是完美无缺的。为
实现这一理想，统治者应当通过格物致知、诚意正心、修身齐家来培养自
己的德行。[3] 由此，统治者就可能成为备德全美的圣君。实际上，依据儒家
的正统学说，中国的皇帝或者篡位者，通过宣称自己奉天承运、备德全美，
就很容易为自己的专制统治找到理由；尽管人民也可以用"理"或"道理"
作为最高准则来与统治者进行斗争。明初，朱熹对儒家经典的注释被统治
者定为标准注释，后来又被定为科举考试的标准，一直到1905年科举制度
被废除为止。由于有了这一正统理论，也由于法家理论对现实政治的影响
越来越大，君主的权力被绝对化了。

明末清初，一些启蒙思想家，如黄宗羲、顾炎武（1613—1682）、
颜元（1635—1704）、李塨（1659—1733）[4] 等起而反对理学。他们反
对理学的基本立足点在于，理学对儒学的解释，并非依据孔子本人的训
示；在《诗》《书》《易》《礼》《春秋》等儒家五经中，或者是在孔子与
孟子的其他言论中，都找不到"理"的概念。顾、黄甚至倡导个人自由，
他们强调孟子的"民为贵，社稷次之，君为轻"的思想，但是这些思想
家并没有进一步展开他们的理论。后来大批清代杰出的学者埋头考证古
代文献，他们大体上客观地研究了最早的注释儒家诸经的著作，即汉朝
人的注经、解经之作，发现理学不可信的材料。[5] 他们考订古代文献，发
掘新意，辨出伪书。这些经学家被称为"汉学"家，而理学家则被称为

"宋学"家。

后来,"五四"时期的新式知识分子非难正统的理学时,汉学家们的发现对他们产生了一定的影响。经过考证,汉学家们发现,有许多中国古代的哲学家并非儒家学派的人。梁启超甚至说,颜元与李塨的教育哲学与杜威的教育哲学很相似。[6] 然而,清代汉学家对儒家正统学说的批评所产生的影响还是有限的。他们研究的是十分专业的、只有内行人才懂的东西,如语音、语源、字义等。到了晚清,他们当中的一些人在哲学上又追随宋学的路线。那些批评理学的人这样做,是以如实地接受原始儒学为基础的,他们的目的并不是要对儒学提出质疑或修正,而是要回到他们所认为的真正的儒学上去。因此在 19 世纪,儒学依然是一派陈词滥调,依然统治着中国。确实,曾国藩(1811—1872)镇压太平天国时,其最能打动人心的口号就是卫孔护圣,捍卫名教。1898 年,康有为的改革运动也是以他对儒学的重新解释,即孔子本人就是改革家为理论基础的。在另一个极端,清朝的极端保守分子对祭孔表现出极大的热情。1906 年 12 月,慈禧太后下令孔子应受最高的祭祀。[7]

袁世凯统治时期(1912—1916),孔教之争越来越激烈。1912 年,康有为的门生陈焕章,以及其他一些著名的硕学耆老,如沈曾植、朱祖谋、梁鼎芬、严复等人,在上海成立了孔教会。1913 年 7 月,当国会中的宪法起草委员会着手起草《中华民国宪法草案》(即《天坛宪草》)时,其中的进步党成员提出一项条款,要求定孔教为国教。这遭到了国民党宪草委员的反对,于是这很快成为全国上下争执的焦点。经过了冗长而又乏味的辩论,达成妥协,这一问题暂时得到了解决。《宪草》第十九条规定:"国民教育,以孔子之道为修身大本。"[8]

在复辟帝制时,袁世凯就十分倚重正统孔教的支持。在筹备登基大典之时,他小心翼翼地去祭孔。[9] 1916 年 1 月 1 日,也就是在当上皇帝的第一天,袁世凯下令封孔子后裔孔令贻为"衍圣公",这是宋仁宗至和二年(1055)第一次赐予孔子嫡系后裔的封号。袁世凯甚至还封孔令贻为"郡王"。[10] 许多支持帝制活动的孔教团体与刊物也纷纷涌现。①

　　围绕着孔教的斗争并没有随袁世凯帝制活动的失败而停止。1916 年 8 月，国会在北京重新开会，《天坛宪草》第十九条又成为争论的焦点。一些国会议员，上蹿下跳，使出浑身解数，要定孔教为国教。在袁世凯利用孔教失败之后，康有为又上书总统黎元洪与内阁总理段祺瑞，旧调重弹，提议定孔教为国教。他甚至提出了一个贯彻这一思想的宪法草案。他宣称，今万国之人，莫不有教，惟生番野人无教；孔子为中国自产之教主；人不读孔孟之书，即不知为人处世；中国自汉而后，以《春秋》断狱，凡百余事，盖以《春秋》为宪法，故一切政治人事根据之；中国先人以《孝经》却贼，以《大学》治鬼，以半部《论语》治天下。[12] 康氏又断言，孔教统治中国两千余年，若废除孔教，即是自分自亡中国。各国皆有其精神基础，孔子之道即是中国之精神基础。"有孔教，乃有中国；散孔教，是无中国矣。"[13] 因此，他提出：（一）所有官员，自总统到各地方长官，每月及各重要场合，都要祭孔，对孔子牌位行三叩九拜之礼；（二）所有学生，从小学到大学，都应诵经，大学设经科，授以学位，由国家给予补助；（三）国家设立"教院"，助以经费。[14] 其他一些鼓吹立孔教为国教的人，其言论大同小异，都在强调孔子之道精美之极、无与伦比，中国当以之为立国之基。

　　这些建议得到了满脑子传统观念的保守主义者的大力支持，但遭到了新改革者的强烈反对，结果经过国会内外的激烈辩论之后，宪法中有关孔教的条款修订为："中华民国人民有尊孔及信仰宗教之自由，非依法律不受制限。"[15] 当时的情况是，在五四运动前夜与初期，尤其是 1916 年和 1917 年，虽然袁世凯已死，但他的阴魂不散，如时人所言："吾日闻袁世凯之宣

　　① 1913 年 2 月，孔教会在北京出版《孔教会杂志》，鼓吹定孔教为国教。该会是袁世凯帝制活动最热心的支持者之一。芮恩施记载："袁世凯在 1913 年 11 月 26 日的命令中，再次极力推崇孔教，说全中国人'率循孔道，奉为至圣'。他虽然没有明确宣布定孔教为国教，但他下令恢复祀孔大典与两年一次的纪念活动。命令又说：'我深信必须要保存中国传统的信仰。'因此，他得到了北京的孔教会支持。该会的精神领袖是毕业于美国哥伦比亚大学的陈焕章博士，他的博士论文论述的是孔子及其学派的经济原则。回国后，陈焕章一直致力于使孔教成为中华民国的国教。"[11] 1913—1915 年间，许多省都有类似的支持孔教、为帝制活动服务的团体，如直隶、河南的孔社，湖南、山东、黑龙江等省的孔道会或孔教公会。

言，吾日见袁世凯之行事。"①

新思想：现实主义、功利主义、自由主义、 个人主义、社会主义及达尔文主义

当老一辈人以及保守主义者依然固守着传统的思想与伦理之时，受西方思想影响的新式知识分子则联合起来拥护"德先生"和"赛先生"。所谓"德先生""赛先生"，是新式知识分子给"民主"与"科学"起的别名，用以概括当时的新思潮。正是借着这两位"先生"的权威，新式知识分子向孔教及其支持者发起了进攻。对五四运动早期新式知识分子思想的研究表明，他们的思想是 17 世纪以后西方各种思想的大杂烩，而他们特别推崇的则是源于美国独立战争与法国大革命的思想。

1919 年之前的 20 年里，各种西方哲学思想就已风行于中国。功利主义、进化论、经验主义通过严复的译著被引进国内。这些译著包括：赫胥黎的《天演论》（Thomas Huxley, *Evolution and Ethics*, 1894—1895 年译，1895 年出版，1898 年 4 月重印）、亚当·斯密的《原富》（Adam Smith, *The Wealth of Nations*, 1897 年年底到 1900 年秋译，1901 年底出版）、穆勒的《群己权界论》（John Stuart Mill, *On Liberty*, 1899 年译，1903 年 10 月出版）及《名学》（*System of Logic*, 只译了前半部，1900—1902 年译，1902 年出版）、赫伯特·斯宾塞的《群学肄言》（Herbert Spencer, *The Study of Sociology*, 1898 年到 1902 年译，1903 年 5 月出版）、甄克斯的《社会通诠》（Edward Jenks, *A Short History of Politics*, 1903 年译，1904 年 2 月出版）、孟德斯鸠的《法意》（Montesquieu, *L'Esprit des lois*, 1900 年到 1905 年译，1904 年到 1909 年 9 月出版）、耶方斯的《名学浅说》（William Stanley Jevons, *Primer of Logic*, 1908 年秋译，同年出版）。在"五四"时期

---

① 1916 年冬，上海的一些中西文报纸谣传袁世凯并未去世。¹⁶

正值中年的知识界领袖们，极大地受到这些著作的影响。法国大革命的思想，首先是由梁启超在 20 世纪初介绍到中国来的。梁启超以其通达晓畅的文章使卢梭的思想流传开来。1906 年以后，吴稚晖、李石曾、蔡元培、汪精卫等又向国内介绍了拉马克的《动物学哲学》、克鲁泡特金的《互助论》以及其他法国哲学著作。王国维等人则介绍了叔本华、尼采、康德的思想。"五四"事件以前，罗素的一些著作就已被翻译成中文，这加强了早先就已经进入中国的英国经验主义的影响。罗素的著作以及后来杜威对笛卡尔（René Descartes）方法论的介绍，为中国数理逻辑的研究奠定了基础。

"五四"时期之初，这些思想对中国知识界领袖们的批判性思维都起着不同程度的作用，但现实主义与功利主义是其中影响最为深远的。陈独秀在《青年杂志》的发刊词中就提倡实利的而非虚文的生活态度，推崇约翰·穆勒与孔德（Auguste Comte）。[17] 在他看来，东西方的根本差异之一在于，西方以实利为本位，而东方以虚文为本位。[18] 因此，为了使中华民族重现生机，他提出，中国应当以实利主义为其教育方针之一。[19] 除陈独秀之外，还有其他许多人也提倡功利主义。[20] 此后，这些思想又与实验主义融合在一起。"五四"事件以后，虽然青年充满着幻想，但是他们仍然是以实用作为行动基准，至少他们自认为是这样的。

"五四"初期，自由主义是挂在知识分子嘴边的口头禅。20 世纪初，梁启超与国民党领导人曾经提出过个人自由的问题。陈独秀在《青年杂志》的创刊号上，也强调个人自由，反对种种形式的奴役。[21] 他又把塞缪尔·F. 史密斯的《亚美利加》（Samuel F. Smith, *America*, 美国国歌①）[22] 翻译出来，刊登在《青年杂志》第 2 号上。埃德蒙·伯克（Edmund Burke）在英国下议院发表的支持北美殖民地人民反抗斗争的演说也被翻译成中文，刊登在《青年杂志》上。[23] 流行于中国知识分子当中的自由的概念，主要是来

①　这首歌原名应为 *"My Country, 'Tis of Thee"*，是一首美国爱国歌曲，塞缪尔·F. 史密斯作词，而曲调则沿用英国国歌《天佑吾王》，是美国在 19 世纪时实际使用的国歌。现在的美国国歌是《星条旗》（*The Star-Spangled Banner*），由美国律师弗朗西斯·斯科特·基（Francis Scott Key）作词，英国作曲家约翰·斯塔福德·史密斯（John Stafford Smith）作曲。——编者

源于卢梭的"国民总意说"以及英国的功利主义。[24] 他们是从人权、言论出版自由的角度来谈论自由的。[25]

当大多数国民意识到国家统一与强大的重要性的时候，一些新式知识分子则开始强调个人主义。他们坚持认为，不能以牺牲个人自由为代价去维护国家的主权与独立。[26] 大多数新知识界领袖认为，不能以国家的强大与民族的利益作为最高的理想，他们只承认，谋求个人福利需要这些暂时性的手段。[27] 陈独秀认识到，东西方的最重要的差异在于，西方文明，不论是英国、美国、法国还是德国，都是以彻底的个人主义为本位的，而东方文明则是以家庭或者家族为本位的。依据他的理解，西方的伦理道德、政治原理、法律都倾向于提倡个人的权利与福利，提倡思想言论自由，提倡个性发展。而在东方的制度之下，一个人，并不是独立的个人，而只是家庭或家族中的一员。这种制度，损坏个人独立自尊之人格，窒碍个人意识之自由，剥夺个人法律上平等之权利，养成依赖他人之习性。所以，他提出，要以个人本位主义取代家族本位上义。[28] 胡适向中国人介绍易卜生，促进了个人主义的传播。他向人们说明了易卜生反对法律、宗教、道德准则强制人们服从的理由。易卜生提出："社会的最大罪恶莫过于摧折个人的个性，不使他自由发展。"[29] 易卜生理想中的人生是"个人须要充分发达自己的天才性；须要充分发展自己的个性"。[30] 受易卜生的戏剧，如《玩偶之家》（ A Doll's House ）、《国民公敌》（ An Enemy of the People ）、《群魔》（ Ghosts ）的影响，胡适开始关注中国社会中妇女的低下地位，鼓励中国妇女奋起反抗，争取自身的解放，培养自立的思想。

1919 年以前，有一些知识分子也提倡过社会主义或无政府主义，不过他们并非真正信仰。他们提倡社会主义或无政府主义的理由是，只有这样才能在个人自由与人人平等之间保持平衡。这些思想主要来源于法国早期的无政府主义与社会主义，其中也有一些来自中国传统思想。然而，大多数知识界的先驱，并非真正信仰社会主义，或许是因为他们觉得，自己提出的实现个人自由的自由主义方案，同时也能实现平等。因此他们更愿意提倡人人权利平等及博爱互助的思想。[31] 论及法国对现代文明的贡献，陈独秀热情地称赞推行经济、社会平等的社会主义思想，认为这是现代欧洲文化的最新潮流；又提到私有财产制度不能立时废除，但是实行社会政策则可以消除贫富差距。[32]孙中山和许多早期的社会主义者、无政府主义者也曾提倡过此类思想。1919 年后，这些思想对中国青年的吸引力越来越大。

说到科学，我们发现大多数新式知识分子都强调达尔文的进化论，他们也正是以这一理论为武器去攻击旧信仰、旧传统的。他们当中的一些人，如戴季陶，在接受该理论的同时，也提倡互助论。他们认为，生命是由竞争维持的，而互助则是在竞争中培养人性的最好的方式。无论怎么说，达尔文主义是第一个对中国社会思想产生强烈影响的科学理论。

技术以及对自然的控制也被认为是西方科技文明的一个重要方面。新知识界的领袖们抛弃了东方的精神文明比西方的物质文明优越的旧观念。在提倡通过掌握与改进工具以改善人类的物质生活方面，吴稚晖可算是个急先锋，虽然他自奉甚简。[33]吴稚晖信奉的是"科学万能"论。[34]

新方法：实验主义、怀疑论与不可知论的方法 以及马克思主义的初步影响

新知识界的领袖们接受过较好的逻辑思维训练，因此，在与旧式文人论战时，他们的言论自然比对手更为有力。胡适就是一个典型，他也比其他人更强调方法论。在重估中国传统时，胡适坚持所有的推论都必须要有证据，主张对一切没有证据的事情都应当存疑。说到证明的方法，胡适尤其强调历史进化的眼光，或者引用杜威的话，即"历史的方法"。这一方法特别注意事物的发生与进化的过程，它源于赫胥黎的怀疑论，但其直接的来源则是杜威的实验主义。正如胡适自己所说的：

> 我的思想受两个人的影响最大：一个是赫胥黎，另一个是杜威先生。赫胥黎教我怎样怀疑，教我不信任一切没有充分证据的东西。杜威先生教我怎样思想，教我处处顾到当前的问题，教我把一切学说思

想都看作待证的假设，教我处处顾到思想的结果。这两个人使我明白了科学方法的性质与功用。[35]

在不可知论流行的氛围中，破除偶像崇拜的精神也开始升腾于知识阶层之中。尼采在论述伏尔泰时，曾说他是"用笑声去毁灭的""笑着的雄狮"。陈独秀、胡适、吴稚晖、鲁迅等也是伏尔泰式的人物，他们不遗余力地试图破除一切偶像。[36]陈独秀说道："破坏！破坏偶像！破坏虚伪的偶像！吾人信仰，当以真实的合理的为标准；宗教上、政治上、道德上、自古相传的虚荣，欺人不合理的信仰都算是偶像，都应该破坏！此等虚伪的偶像倘不破坏，宇宙间实在的真理和吾人心坎儿里的彻底的信仰永远不能合一！"[37]这是时代的心声。

总体而言，可以这样说，在五四运动的早期，实验主义、怀疑主义和不可知论是改革者批判传统伦理与思想的主要方法。一直到20世纪中期，无论是唯物主义，还是辩证唯物论，都还没有对它们构成真正强有力的竞争。

然而，早在1915年，陈独秀就对从经济的角度解释历史与社会产生了某种兴趣。[38]也有一些人在一定程度上提倡意思不甚清晰的唯物主义。[39]1916年和1918年，李大钊的著作中初步表现出了与"历史的方法"相对立的辩证法思想。[40]不过在李大钊早期的著作中，还找不出真正意义上的马克思主义理论。除了我们前面提到过的朱执信在1906年节译的《共产党宣言》以外，马克思的主要著作中，最早被翻译成中文的是《工资、劳动和资本》（*Wage, Labor, and Capical*），以《劳动与资本》为中文标题，刊载在1919年5月9日到6月1日的《晨报》（这是研究系的报纸）上。1919年夏，随着实验主义的风行，辩证唯物主义也引起了中国知识分子的注意，但是并没有被全盘接受，而是或多或少地持批判与存疑的态度。成立于1919年12月左右的"社会主义研究会"，起初研究的重点也并非马克思主义，而是基尔特社会主义、工团主义以及无政府主义。一直到1920年春，它才开始有组织地研究马克思主义。[41]

1919年5月，李大钊发表了一篇著名的批判性介绍马克思主义的文章，实际上他基本上持同情态度。他说："近来哲学上有一种新的理想主义出现，可以修正马氏的唯物论，而救其偏蔽。"[42]对马克思历史唯物主义，李大钊实际上采取一种修正的观点。（一）他接受了欧金尼奥·里尼亚诺（Eugenio Rignano）批评马克思的唯物史观与阶级斗争说相矛盾的观点，他推测，马克思可能会这样解释：阶级的活动可以归在经济进程自然的变化以内。不过李大钊也说："但虽如此说法，终觉有些牵强矛盾的地方。"[43]（二）在李大钊看来，唯物史观虽有决定论与宿命论的毛病，但是马克思、恩格斯在他们联合发表的《共产党宣言》中，檄告举世的劳工阶级，促他们联合起来，推倒资本主义，则可以弥补这一缺陷。[44]（三）马克思忽略了伦理观念与人道主义运动的作用。李大钊在这里开出了救治这一偏颇的药方：新唯心主义（neo-idealism）。（李大钊主张在以社会主义改造经济组织的同时，以人道主义改造人类精神。——译者）（四）李大钊评论："平心而论马氏的学说，实在是一个时代的产物；在马氏时代，实在是一个最大的发见。我们现在固然不可拿这一个时代一种环境造成的学说，去解释一切历史，或者就那样整个拿来，应用于我们生存的社会，也却不可抹煞他那个时代的价值，和那特别的发见。"[45]

值得注意的是，李大钊对马克思唯物史观的批评，却遭到了国民党领导人之一胡汉民的反驳。他写了一篇《唯物史观批评之批评》的长文，从正面逐一批驳李大钊的说法。[①]胡汉民似乎也是第一次用唯物史观研究中国的历史、哲学、伦理与风俗习惯。1919 年 10 月，他发表了《中国哲学史之唯物的研究》。从同年 6 月 2 日起，《晨报》上连续刊出卡尔·考茨基作品《马克思的经济学说》（Karl Kautsky, *Karl Marx's Konomische Lehren*, 1877）的中译文。8 月，戴季陶又翻译了考茨基的《马克思资本论解说》（*Das Kapital*），这是中国第一次大规模系统地介绍《资本论》。[47]随后，李大钊于 1919 年 12 月发表了《物质变动与道德变动》；次年 1 月，他又发表了《由经济上解释中国近代思想变动的原因》，[48]后者第一次尝试用唯物

---

① 此时，李大钊与在上海的国民党领导人有相当密切的联系。他是国民党的机关刊物《建设》在北京的发行代理之一。[46]

论解释新思想运动。然而，应当注意到，戴季陶和胡汉民对马克思主义的态度与李大钊是有差异的。戴和胡强调的是这一理论中的民族主义的含义，而李大钊则信奉阶级斗争学说，这也是他们后来分道扬镳的原因。[49]

同时，《共产党宣言》第一章被译成中文，发表在 1919 年 11 月 1 日的《国民》月刊（2 卷 1 号，这是一份学生刊物）；马克思为《资本论》写的前言也被译成中文，于 1920 年 10 月 1 日在同一刊物上发表（2 卷 3 号）。此后，恩格斯的《反杜林论》第 3 章也被译成中文，刊登在 1920 年 12 月的《建设》（3 卷 2 号）。马克思的《〈政治经济学批判〉导言》的中译文，发表在 1921 年 1 月的《东方杂志》（18 卷 1 号）。恩格斯的《社会主义从空想到科学的发展》由施仁荣第一次译成中文，发表在《新世界》（该刊自 1912 年后改成了双周刊）；1921 年，郑次川重译该书，由上海群益书局出版了单行本。以上几乎囊括了 1921 年前中国研读马克思主义的知识分子所能够接触到的所有的马克思、恩格斯的主要著作。值得注意的是，翻译这些著作的人最终都没有变成马克思主义者。[50]

1923 年以后，辩证唯物主义开始为中国的部分知识分子接受，20 年代以后，它对中国思想的影响逐渐加大。不过，若在这里再进一步探讨这一问题，就偏离了五四运动这一主题了。

"打倒孔家店"

借助着"德先生""赛先生"，新式知识分子的领袖们开始对传统伦理道德展开攻击。他们首先要打倒的，用胡适那句著名的话来说，就是"孔家店"①，也就是要推翻它两千多年来对中国伦理与思想的绝对统治。

---

① 胡适首先在《无虞文录》序言中，用"孔家店"这一名称来指代孔教及其徒子徒孙。随后，该词在反孔运动中流行开来。[51] 对此更系统的研究，请参见拙文《中华民国早期的反孔运动》（"The Anti-Confucian Movement in Early Republican China"），该文系 1958 年向第四次中国思想学术研讨会提交的论文，收录于亚瑟·赖特（Arthur F. Wright）编，《孔教》（*The Confucian Persuasion*，斯坦福大学出版社，1960）。

两千多年中，极少有人公开宣布自己就是反孔的。然而，有一些思想家，如王充（27—97）、李贽（李卓吾，1527—1602），敢于反孔，不过他们的意见基本上都被统治者与社会压制。到 19 世纪末 20 世纪初，已经有一些知识分子开始怀疑、批评儒学。严复一度对整个中国传统思想产生了怀疑，而中国的无政府主义者与社会主义者则要根本推倒所有现存的正统说教。梁启超曾说："吾爱孔子，吾更爱真理。"吴虞[①]写了一系列反孔的文章，但是清政府与民国政府都禁止这些文章出版。[52] 1915 年，《青年杂志》发表了几篇全面抨击孔教的文章，但文中都没有特别点出孔子的学说。直到 1916 年春，袁世凯的帝制运动已经日薄西山时，反孔运动才开始扩展开来。

1916 年 2 月号的《青年杂志》第一次刊登了易白沙（1866—1921）的文章。易白沙是易培基的弟弟，1916 年到 1919 年，曾先后任教于湖南省立第一师范学校与天津南开学校，是有无政府主义思想的民族主义者，后来因对中国政治前途悲观失望而自杀。易白沙的《孔子评议》一文，旨在揭破"中国二千余年尊孔之大秘密"。他的思路如下：儒学起初只是九家之一。孔子及其门徒主张君权，但又常常参与反对诸侯的叛乱。秦始皇焚书坑儒之后，孔门弟子又曾参加陈涉起义。公元前 206 年，这场起义推翻了秦王朝。以后，汉朝统治者鉴于秦亡覆辙，乃笼络儒生，又立孔子为傀偏，让天下人崇拜；随后又罢黜百家，独尊儒术，垄断天下之思想，使失其自由。易白沙进一步分析道，儒学之所以为统治者所利用，不能不归咎于孔子本人。首先，易白沙强调，孔子尊君权，漫无限制，又言人治而不言法

---

　①　吴虞（1871—1949），字又陵，号爱知庐主人，生于四川成都，1905 年游学日本（一说 1896 年），在那里受到了西方自由民主思想的影响。其所著《宋元学案粹语》就带有反孔色彩，并因此遭清政府学部查禁。为躲避清廷的追捕，他曾逃到乡下。1913 年，他在成都编辑《醒群报》，又因言论违抗流俗，而致报纸被封。1917 年，在《新青年》上发表反孔文章之前，他的一些诗作就曾经陈独秀之手，发表在《甲寅》月刊上。1916 年年末，受《新青年》反孔观点的影响，吴虞给陈独秀写了一封信。1917 年 2 月以后，吴虞就经常在《新青年》上发表文章。1919 年，吴虞应邀到北大任教，一直到 20 年代中期回到成都。约从 1926 年起，他在成都大学任教。1931 年起，又任教于国立四川大学。晚年，退隐于成都郊区。出版的著作有《吴虞文录》、《吴虞文别录》（成都，1936）、《吴虞文续录》（成都，1937），以及他的旧体诗集《秋水集》。他的许多文章是用文言写的。

治。孔子又以君与天为一体，把君主看作只受自己意志限制。这易演成独夫专制之弊。其次，孔子讲学不许问难，易演成思想专制之弊。其三，孔子提倡"中行"，这其实只是逃避实际问题的骑墙主义，其主张模棱两可，易为人歪曲。其四，孔子但重做官，不重自立，不重谋食，易入民贼牢笼。因此他周游列国，见七十二君。孔子自言，三月无君，则皇皇如也。另一方面，孔子又鄙薄利物，不屑耕织货殖，因此孔门弟子也只能傍食君主，甘做工具。因此，儒学也变成了专制君主的工具。[53] 易白沙在该文的下篇中说，神州国学，规模阔大，学派宏富，断非孔子一家学术可以代表。他认为，孔子及其门徒其实皆有改良政治之志，都有革命的野心；他们的宏愿是要做帝王，而且其中有人颇涉谋乱之嫌疑。[54]

易白沙的《孔子评议》只是想揭穿统治者尊孔之缘由，他并没有将儒学作为一个哲学或伦理体系加以批判，也没有指出它为什么不适合于现代社会。此后，陈独秀、吴虞、鲁迅（他以一种不同的方式）完成了这些任务，而且他们的批判要比易白沙的批判更有力，影响也更深远。

陈独秀注意到，孔子学说有其可取之处，但他反对不加区别地接受，理由是它毕竟是封建时代的产物，不适应现代社会的需要。他在许多文章中都谈到了这一问题，我们可以把他的意思概括如下：（一）儒家尚虚文，宣扬温顺谦让之德，贬斥斗争与竞争。这使中国人根性薄弱，且不思进取，难于生存于现代世界。[55]（二）现代社会以个人为本位，其法律伦理要在保护个人之自由权利。儒学的基础则是以家庭或家族为本位的封建社会，个人只是家庭或家族之一员，而非组成社会、国家之独立分子。儒家伦理重孝教忠，而无个人权利。这些封建时代的伦理，决不适应于现代个人主义的社会。①（三）儒家重阶级，一国之内，人有三六九等，此不容于民主共和之国。[57]（四）现代伦理讲个人人格之独立，这要以个人经济独立为前提。而儒家则言，父母在，不敢私其财。至为人妻者，更无财产之权利。这与现代经济观念完全背道而驰。[58]（五）现代立宪国家，个人之投身于政党

---

① 依照汉儒的"三纲"说，君为臣纲，父为子纲，夫为妻纲。[56]

生活者，莫不各行其是，自择其党，子不必同于父，妻不必同于夫。律以儒家教孝教从之义，父死三年，尚不得改其道；妇人从父与夫，并从其子，又岂能有选举权。[59]（六）儒家要求妇女单方面地保持贞节，妇人再醮，则不能容于社会，男女交际则有数不清的禁忌。所有这些又怎能通行于今日之中国。①（七）为批驳康有为立孔教为国教的主张，陈独秀指出，孔子不事鬼，不知死，也不提倡宗教崇拜，因此孔教断非宗教。因此宪法中定孔教为国教，就显得荒谬可笑。即便孔教是宗教，那定孔教为国教也与宪草中有关宗教信仰自由的规定相抵触。[61]（八）为了强调"以孔子之道为国民教育之大本"会妨碍学术与思想自由，陈独秀提出，无论何种学派，均不可定于一尊，以阻碍思想文化之自由发展。[62]（九）为孔子辩护的人宣称，汉儒与宋儒为自身之目的，歪曲败坏了孔子之道，他们的思想主张与孔子之道完全是两回事，孔子不能对此负责。针对这种说法，陈独秀反驳道："汉宋诸儒何以独与孔子为缘而复败坏之也？"他进一步论证，汉宋诸儒之学实是承继孔教之脉，他们所做的，只是为原始孔教明定纲常名目，使之成为一有完全统系之伦理学说，并未从本质上更改。人们不能独罪宋儒而不责孔子，因为孔教是封建时代的产物，其封建性不可避免。问题的本质在于：在两千多年后，又怎能要人们仍然崇信这一套封建时代的教条，又怎能将这一封建时代的教条运用于一个现代的民主共和之国？[63]

　　陈独秀对儒学的批判可谓直截了当，但反对孔教的真正英雄是吴虞，一个曾在东京研习法律与政治学的学者。吴虞不仅将孔教作为一个抽象的哲学与伦理道德体系来批判，而且还批判了孔教之下的礼教、法律、风俗习惯以及其对历史的评判。他花了 10 年时间，广泛搜集中国历代公私文献中记载的司法案例与礼法案例，研究这些案例中所折射出的传统思想主张，它们都号称依据儒家经典或者体现其思想的法律。他将这些思想主张

————————

①　根据《礼记》（据传，此书为孔子的弟子撰述，实际上是汉儒戴生编撰）一书记载："寡妇夜哭有戒，友寡妇之子有戒。"此外，儒家经典中还说："男女不杂坐"；"叔嫂不通问"；"已嫁而反，兄弟弗与同席而坐，弗与同器而食"；"男女授受不亲"；"七年（即七岁），男女不同席，不同食"。陈独秀说，所有此类为儒家所推崇的礼法，根本不能存在于 20 世纪。[60]我们这里必须指出，这些礼法在中国历史上也从未真正彻底实行过。

与老子、庄子这两位道家哲学家的理论相比较，也与孟德斯鸠、甄克斯、约翰·穆勒、赫伯特·斯宾塞、远藤隆吉（Endō Ryūkichi）、久保天随（Kubo Tenzui，1875—1934）的理论以及欧美各国的宪法、民法、刑法中的原理进行对比。[64] 换言之，在批判儒学时，吴虞注重的是制度、风俗以及法律原理。

吴虞批判儒学的主要论点是，儒学主张传统的家庭制度，这是君主专制的基础；其伦理原则以"孝"为核心，这成为要求人们无条件地对君主尽"忠"的基础。吴虞追溯了"孝"这一观念的发展及其与忠、礼的关系。[①] 在吴虞看来，儒家思想就是要消除民众的一切反抗或反叛的思想（若只针对孔子本人的话来看，这一说法并不十分充分）。宋儒程子说："孝悌是顺德，所以不好犯上，自然不会有逆乱的事。"[66] 针对这一说法，吴虞指出："把中国弄成一个'制造顺民的大工厂'，'孝'字的大作用，便是如此。"[67]

这种忠孝一体、家国合一的思想，理所当然就受到了统治者，尤其是专制统治者的欢迎，被他们贯彻到制度、法律、风俗习惯中去。"五刑之属三千，而罪莫大于不孝。要君者无上，无圣人者无法，非孝者无亲，此大乱之道也。"[68] 这是《孝经》中规定的法律原则之一。礼教中有关孝道的规定可谓不胜繁复。

清王朝以及此前的法律，都将"不孝"列为"十恶之一"，而习俗则鼓励以极端的形式尽孝道。传说中，有人活埋自己未成年的孩子以节省开支，赡养父母，而史书却称此类人为"孝子"。[69] 另一方面，如孟子所说，不孝有三，无后为大。于是纳妾成风，女子受歧视，节制生育也无法实现。孔子又教导人们，父母在，不远游，这又销蚀了冒险精神。[70]

揭露了儒家伦理的所有缺陷之后，吴虞指出，中国历史上有一些哲学

---

① 根据当时被认为是由孔子及其门徒编撰的儒家经典，"孝"为伦理之大原，礼仪之基准，教育之根本。在儒家经典之中，"孝"是一种义务，"始于事亲，中于事君，终于立身"。《孝经》（据传为孔子或其门人编撰，其实不是）上说，"以孝事君则忠"，"君子之事亲孝，故忠可移于君；事兄悌，故顺可移于长；居家理，故治可移于官"。在这里，国家比于家庭，君主比于父亲。《礼记》又扩展了孝的含义，提出："莅官不敬，非孝也。"[65]

家反对过这些伦理原则。法家的代表之一韩非（？—前233）就曾指出了孝与忠之间的矛盾。他举例，假如有一个人，他的父亲偷了别人的羊，他向官府告发了父亲。那么，他的行为忠于君，而对其父则为不孝，这是孔子不赞成的。[①] 韩非举的另外一个例子是，一位士兵因深爱自己的父亲而不愿拿自己的生命冒险，因而在保卫其君主的战斗中屡屡退缩。他固然守孝，但他忠于君主或国家了吗？[73]

吴虞和陈独秀对"孝"的尖锐批评，使守旧者大为震惊。随后他们指责陈独秀将"万恶淫为首，百善孝当先"这句古话篡改为"万恶孝为首，百善淫当先"。这纯粹是无中生有的污蔑，不过，这倒颇能说明批判旧道德与护卫旧道德的两派人的态度。

对旧式家庭伦理的批判得到了青年学生的热烈响应，他们积极推动这一运动的发展，但也引起了社会上的强烈反响。如杭州的浙江省立第一师范学校学生施存统（他具有强烈无政府主义倾向，是中国共产党最早的党员之一，但"大革命"失败后脱离中国共产党，成为一名经济学家），就于1919年11月8日，在一家学生创办的刊物《浙江新潮》上发表了一篇题为《非孝》的文章。他后来承认，他试图通过对孝道的批判引发一场大论战，以推翻传统的家庭制度，为建设一个新社会开辟道路。他引发一场大论战的目的达到了。不久，这篇文章就被包括国民党的《民国日报》在内的支持者们誉为一场带来清新空气的大雷雨；而包括浙江省省长与省议会议员们在内的反对者则对此横加指责，认为这是离经叛道的异端邪说。有意思的是，陈独秀、沈定一和以前曾在浙江一师任教的无政府主义者沈

---

① 翟理斯（Herbert Allen Giles）这样翻译这个故事："一个诸侯向孔子吹嘘他统治的国家道德水平有多么高，'在我们这儿，'他说，'你会看到许多正直的人。如果一个父亲偷了一只羊，他的儿子就会告发他。'而孔子则回答说：'在我们国家，正直的人与此不同：父亲为儿子隐瞒，而儿子也会为父亲隐瞒——正直就包含在这里面。'"[71] 罗素在比较孔子的"孝"与西方的公益精神时说："将这个故事与我们西方人从小听说的老布鲁特斯和他儿子的故事比较一下，那是很有趣的。"[72] 他这里所说的是朱利斯·布鲁特斯（Junius Brutus），他将自己参与企图使罗马废君复辟的两个儿子都判处死刑。将此与《柏拉图对话录》（The Dialogues of Plato）中尤西弗罗（Euthyphro）告发自己父亲杀人相比较，也很有趣。

仲九，写信给该校学生，支持施存统；而戴季陶则写信给反对施存统的学生。后来，因为这篇文章，《浙江新潮》被北洋政府封禁，施存统和他的同学俞秀松、周伯棣等人被勒令退学，后来他们远赴北京，参加了工读互助团。后来，施存统在陈独秀的帮助下前往日本留学，在那里他受到了大杉荣（Ōsugi Sakae）的影响，转向无政府主义。"《非孝》案"以及该校废止读经、改文言为白话科，引起了该校师生与省政府之间的一场激烈争论。最后，校长经亨颐被撤职，而学校则于1920年春被政府强行关闭。在政府方面，时任浙江省教育厅厅长夏敬观，是江西诗派的著名诗人。在学校方面，主张新思想的主要教师有刘大白（著名诗人，既用白话创作，也用文言创作）、夏丏尊（后来成为作家和翻译家，在中学生中极有影响）、陈望道；学生则有抒情诗人冯雪峰、汪静之、潘漠华，以及后来成为著名左翼作家、新闻记者的曹聚仁。此后，在经亨颐去职之后，姜琦成为该校校长，朱自清、俞平伯由蒋梦麟推荐来该校任教。因此，浙江一师成为浙江省新文化和新文学运动的中心。[74]

　　除了批判儒家的孝道，吴虞还对孔子提倡等级制度、主张人有尊贵卑贱之分进行了攻击。依照他的解释，孔子主张尊贵卑贱之等级制度，由天尊地卑演而成君尊臣卑、父尊子卑、夫尊妻卑、官尊民卑。[75]孔子说此种君臣之义万万不可抛弃；孟子虽有民贵君轻的思想，但他又批评杨朱（公元前4世纪）和墨子（公元前5世纪），说他们的主张无君无父，是为禽兽。[76]长期以来，人们认为大同思想（人人皆平等）是孔子提出的；而吴虞则说，自宋代新儒家以来，就有人怀疑那一段描述大同社会的话并非孔子所作。大同思想实源于老子。在这个问题上，陈独秀的观点十分鲜明。他认为，即使大同思想确实是孔子提出的，那也仅仅是强调，在那个所谓的理想世界里，君位传贤而不传子，而君权仍然是在君主之间的私相授受，而不是由人民选举。一个现代的民主时代决不能以这样的所谓大同作为理想世界。[77]

　　吴虞批判孔教，不仅仅着眼于孔子本人的说教或原始的孔子教义，也批判了渗透着这一理论的中国制度、法律、风俗习惯以及它们对中国人生活、社会的实际影响。胡适称赞他无意中运用了实验主义的方法，认为他的批判击中了孔教的要害。在给《吴虞文录》写的序言中，胡适说吴虞是"四川省只手打倒孔家店的老英雄"①。主要由于吴虞的努力，"打倒孔家店"成为"五四"时期中国知识分子中流行一时的口号。

吴虞对孔教的批判态度可能正适应了时代的需要。问题的实质不是对孔子的教义进行重新评价，而要揭露许多世纪以来，由统治者和官僚们强加在人们身上的伦理原则、制度，即基于孔子本人的教义或者冒用孔子教义的名义的伦理原则与制度的虚伪与残酷。战斗的关键是反对僵化的传统，而儒学则是这一传统的核心。

继吴虞之后的是鲁迅，他对儒学的批判更加尖锐，也更加有力。他将对儒家伦理的批判延展到整个传统的社会与生活，以及中国人的国民性。他的方法并非进行理论上的讨论，而是以其辛辣而又充满幽默的文笔进行讽刺与揭露。他独特的风格，他的睿智，他的冷峻，使他赢得了大量的读者。

在钱玄同的劝说之下，1917 年夏，鲁迅加入了《新青年》编辑部。他的第一篇短篇白话文小说《狂人日记》写于 1918 年 4 月，发表于同年 5 月号的《新青年》上，从中可以看出，他受到了果戈理和安德列耶夫的影响。这篇小说对中国的旧文化、旧传统进行了猛烈的攻击。他在小说中借"狂人"之口说道："我翻开历史一查，这历史没有年代，歪歪斜斜地每页上都写着'仁义道德'几个字。我横竖睡不着，仔细看了半夜，才从字缝里看出字来，满书都写着'吃人'两个字！""有了四千年吃人履历的我，当初虽然不知道，现在明白，难见真的人！""狂人"的结论是："没有吃过人的孩子，或者还有？救救孩子……"[79]

在随后一期的《新青年》上，吴虞对这个故事做了解释。他提出，那些最热衷于讲道德、说仁义的人，实际上是最残酷的食人者。吴虞列举了

---

①　据吴虞说，胡适对他的这一评价来自《水浒传》中的一个典故。写这篇序时，胡适正在研究这部小说。[78]

中国史书与经籍中记载的大量事实来佐证他的观点。① 然后，他得出结论：礼教讲到极点，就非杀人吃人不可。

鲁迅的杂文和小说针对的不是伦理原则，而是一般的风俗习惯。他的批判，虽然是以冷嘲热讽的形式进行，但大多是从现实主义和人道主义的观点出发的。他重新审视中国传统时，最为关注的是普通中国人的幸福。"许多人所怕的，是'中国人'这名目要消灭；我所怕的，是中国人要从'世界人'中挤出。"[83] 极端保守的传统主义者常常谈论"国粹"，鲁迅认为他们要保存的并不是国粹，而是"国废"。他反驳这些人："我有一位朋友说得好：'要我们保存国粹，也须国粹能保存我们。'保存我们的确是第一义。只要问他有无保存我们的力量，不管他是否国粹"。[84] 鲁迅主张，中国人应当为自己而活着，而不是为祖先而活着。学习现代科学和西方知识比背诵儒家经典更重要。"即使一头牛，连生命都牺牲了，尚且祀了孔子便不能耕田，吃了肉便不能榨乳。何况一个人，必须自己活着，又要驮了前辈先生活着。"[85] 因此鲁迅提倡创造，而不是保存。如果一个人不能创造，他至少能发现更好的东西——只要比旧的好，哪怕是新的偶像也成："与其崇拜孔子与关公，不如崇拜达尔文和易卜生。与其牺牲于瘟将军五道神，不如牺牲于 Apollo。"[86] 关于这一观点，鲁迅的同事和朋友林语堂，在 20 年后曾有这样评论："这正中了那句笑话：美国的臭虫比中国的香，美国的月亮比中国的圆。"[87] 从他的现实主义和功利主义的观点出发，鲁迅是真诚的；他提出了这样的问题：如果新的确实比旧的更有用，为什么要用"它是中国的还是外国的"这样的问题来庸人自扰呢？事实

---

① 例如，在周朝，齐桓公被认为是既忠且孝的人了。当他年老时，周天子以其年已耄耋，免其叩头之礼，但他却坚持要叩头以示他对周天子很忠心，也讲礼教。然而有一次，他告诉谄臣易牙，说他很喜欢吃易牙做的饭，不过他口福太浅，还从没有吃过小孩的头。易牙闻此言，遂蒸其子献给齐桓公。于是，这位既忠且孝的齐桓公实际就是个食人者。[80] 另一个例子就是汉高祖刘邦（公元前 247—公元前 195），他是中国历史上最先祭祀孔子的人，但他曾将一个叛将烹煮了分给大臣们吃，以示犒劳。[81] 唐朝名将张巡（709—757）杀其侍妾，分给为皇帝守城的士兵们吃。士兵流着泪，不敢吃，他便强迫他们吃。后来，城中有两三万妇女和小孩被食。而结果是，这位将军被誉为中国历史上最为忠顺的人之一。[82]（有关易牙的故事，实际上只是一个传说。）

上，就在林语堂批评的同一篇文章里，鲁迅主张西方的打破偶像崇拜论，但林语堂却忽略了这一点。无论如何，任何偶像崇拜，都存在着与生俱来的危害，不管这个偶像是新的，还是旧的，是东方的，还是西方的——在此后几十年中，这个论断在中国许多极左和极右的知识分子身上，已可悲地得到了证实。①

鲁迅是中国最热烈地支持中外一切新学、讽刺一切保守落后分子的人。在中国的许多外国租界当局与外国商人坚持条约特权，理由是中国传统的法律、风俗习惯太陈旧；但就是这些人，却又支持中国那些主张保存传统法律、制度、风俗习惯的保守落后分子。这些外国利益的代言人，也一起加入了颂扬中国的民族遗产、反对进步的大合唱，其目的便是要维持他们在华的种种特权。在鲁迅看来，这些人的目的是，用一把无形的刀来征服中国，他指出："凡称赞中国旧文化的，多是住在租界或安稳地方的富人，因为他们有钱，没有受到国内战争的痛苦，所以发出这样的赞叹来。"[90] 他

———————————

① 鲁迅本人从来不是一个偶像崇拜者。20世纪20年代中期，当郭沫若和创造社其他成员提出"革命的文学"的口号时，就遭到了鲁迅的反对。对于当时一些文人过分颂扬权威，无论是保守的，还是革命的，鲁迅都表示强烈反对。参加了"五四"时期破除偶像崇拜浪潮的中国知识分子中，后来成为偶像崇拜者的人不在少数。吴稚晖与戴季陶无条件地支持、颂扬蒋介石，是那些抛弃了早年的理想而屈服于国民党权威的典型。另一方面，诗人和历史学家郭沫若则是崇拜左翼权威的典型。1910年5、6月间，郭沫若写了一首充满着矛盾的诗。这首题为《我是个偶像崇拜者》的诗这样写道：

> 我是个偶像崇拜者哟！
> 我崇拜太阳，崇拜山岳，崇拜火山，
> 崇拜伟大的江河；
> 我崇拜生，崇拜死，崇拜光明，崇拜黑夜；
> 我崇拜苏彝士、巴拿马、万里长城、金字塔，
> 我崇拜创造的精神，崇拜力，崇拜血，
> 崇拜心脏；
> 我崇拜炸弹，崇拜悲哀，崇拜破坏；
> 我崇拜偶像破坏者，崇拜我！
> 我又是个偶像破坏者哟！ [88]

这些词句表明，郭沫若诗中有浪漫主义和泛神论的特点，以及他的自相矛盾，这可以解释他后来的行为。近年来，他对偶像的崇拜已超过了他的偶像破坏论。[89]

甚至把他的观点推向极端："中国的文化，都是侍奉主子的文化，是用很多人的痛苦换来的。无论中国人，外国人，凡是称赞中国文化的，都是以主子自居的一部分。"他同时揭露了那一班卫道分子的虚伪，他说："这班熟知旧文学的人们，还真有点玩弄文字的本领。新思想传入之时，他们呼之为'异端'，斥之为'邪说'，殚精竭虑的要消灭它。要是，经过一番苦斗之后，这新思想，有了一席之地，那他们又发现：'这不和孔子所说的一样么！'他们反对一切舶来的东西，说这会'用夷变夏'；不过，要是这夷人统治了中国，他们又发现这夷人其实也是黄帝的苗裔。"[91]

1918—1925 年间，鲁迅写了 26 篇短篇小说和大量的杂文。[92]这些小说以辛辣的笔调塑造了许多乖张古怪的人物，揭露了深受传统伦理道德和制度影响的中国国民的劣根性。1921 年 12 月，他发表的讽刺小说《阿Q正传》就是这类小说中的杰出代表，这部小说后来被翻译成 13 种文字出版。鲁迅作品中揭露的中国人的劣根性包括：不宽容、惰性、虚伪、谄上欺下、投机、优柔寡断。他在杂文中，尖锐地批判了保守主义、迷信和旧伦理。鲁迅总是描写社会和生活的阴暗面。他是一位作家，更是一名战士。他的笔如同一把匕首，猛然一击便直刺对手的胸膛，致之死命。海涅（Heinrich Heine）在他自撰的墓志铭中，要求在他的棺材旁放上一柄剑，而不是一支笔。鲁迅也完全可以提出这样的要求。

无疑，鲁迅是最具影响和最有力地批判中国传统的人之一。一位曾经与鲁迅论战的中国作家后来认为，"鲁迅在中国五四运动中的地位，就如同伏尔泰在法兰西启蒙运动中的地位"。[93]一位西方作家也将鲁迅的《阿Q正传》比作伏尔泰的《老实人》（Candide）。[94]

应该指出的是，五四运动早期的新式知识分子攻击儒学，主要是攻击现行的对儒家学说的正统解释。这种解释也好，这种攻击也好，虽说并非完全没有根据，但是也都没有完整地把握孔子的理论或精神。后来的知识分子所攻击的孔子思想，是否完全是孔子本人的思想，仍然很值得怀疑。孔子本人的学说也有模糊不清之处，有其局限性。因此，强调孔子思想的不同方面，或者是曲解孔子的思想，就必然会描绘出不同的"孔子"。确实，自五四运动以来，中国的一些作家如郭沫若，就武断地将孔子描绘成一个重要的改革家。有一些人，包括一些西方作家甚至认为孔子是天才的民主思想家，他的理论影响了西方的启蒙运动和法国、美国的民主思想。[95]

五四运动早期，儒学几乎没有有力的辩护人。一直到1920年后，才有人从理论上反击非孔的言论。除了梁漱溟（他对儒学和东方文明的捍卫我们将在下一章讨论），罗素也对儒学的一些原则做过简短却颇为同情的重新评价。在讨论孝道的缺陷时，如它妨碍了公益精神的养成，罗素说："比起与之相对应的西方的爱国主义来，毋庸置疑，孝道为害要小得多。"他认为，爱国主义"更易导致帝国主义和军国主义"。[96]

不管罗素这一观点的是非曲直如何，在"五四"时期前后，当一盘散沙的中国面对由民族国家统治、富于侵略性的现代世界时，年轻的中国知识分子们根本不可能接受这样的观点。爱国主义、民族主义、反帝国主义在中国的发展主要源于对这一格局的反抗。对很多中国改革者而言，中国传统的消极服从的伦理，在争取国家独立的斗争中毫无用处，除非列强以及其他国家也放弃其统治别国的思想，放弃其侵略政策。

罗素也指出，为什么那么多在华的外国保守分子与中国的保守分子一起捍卫儒家传统。他说："今天，中国面临着许多需要用全新的世界观才能解决的问题，也需要进行必要的重建，而儒家学说由于其自身的这些缺陷已经成了一块绊脚石；可是就在这样的时候，我们发现，所有那些想剥削中国的外国人却盛赞中国的传统，对年轻的中国创建一些更适应现代需要的东西的努力则冷嘲热讽"。[97]以此来质问所有在中国提倡儒学的人，对那些忠实信奉儒学的人来说，并不公平，但是对罗素所说的"外国剥削者"来说，他们倒真应注意一下孔子自律、谦恭、利他的教导。也许，这是罗素的真正目的所在，一方面，他承认某些中国传统"必须扫除，以适应现代之需要"；另一方面，他希望中国传统伦理和制度中的某些有价值的东西，不会"在驱逐外国剥削者以及被错误地称为野蛮、残酷的制度的（西方）文明的斗争中被摧毁"。[98]由于罗素的声望，他对儒家学说和中国传统中某些方面的赞扬，激化了改革者与反对者之间的争论，也不足为奇了。①

在"打倒孔家店"的斗争中，除陈独秀、吴虞、鲁迅外，还有其他许多知识分子，如顾颉刚、钱玄同、胡适也发挥了重要作用。对于古代哲学家，他们冷静的态度更富于学术性，也更为公正，而且与上面几位相比，其效果也毫不逊色。

①　见本书第九章，页242—248。

第十三章
新思想与后来的论战

在新思想运动的早期，就意识形态的冲突而言，改革者对儒学和传统伦理的批判只遇到了微弱的反驳，这既是因为旧士绅群体地位的式微，也因为他们的思维缺乏批判性。与此同时，那些介绍西方思想的新式知识分子，也没有对这些思想做深入细致的分析，这有利于保持他们阵营内部的团结。

然而，随着时间的推移，有关思想的考察也越来越细致。那些受过现代思维训练的人发现，智识传统问题以及移植西方思想的问题要比一开始想象的复杂，因而在许多问题上他们就不自觉地有了分歧，争论也随之出现。在理论论争方面，反对新思潮的群体到后来力量也逐渐强大起来。破除偶像崇拜与批判精神依然是大多数知识分子的主导思潮，但占据他们头脑的问题，比他们以前所思考的更具争议性。这些问题包括：古史研究、重估与改造传统文化、非宗教运动，以及东西文化问题论战、科学与人生观问题论战。

疑　古

1919年后，怀疑的精神成为中国经典和历史研究的特点。经典的真实性及其作者都引起了人们普遍的怀疑。经过努力,人们对中国古史的观念有了相当大的改变。

值得注意的是,这时的怀疑精神有多种思想渊源,其中之一是形成于清代汉学研究的今文学派。如前所述,该学派的最后一位主要人物,是百日维新运动的领袖人物康有为。他认为,孔子实际上是一位托古改制者,孔子撰述、删削"六经"的目的,是要为其改革制造理论根据。为了支持自己的政治改革运动,康有为通过若干著作,论证许多儒家的传统典籍都是伪经,而符合他的改革运动要求的经典则是真经。[1]当19世纪与20世纪之交,康有为被保守分子看作是危险的激进分子。然而,他在研究儒家经典时所采取的怀疑主义态度,实际上只是一种政治策略。后来到20世纪20年代,他早年对儒家经典的认识又毁了他的政治生命。由于他支持帝制复辟,又鼓吹尊孔,所以被青年一代看作是保守派的首领。无论如何,他考证儒家伪经的著作,对后来新的怀疑主义产生了巨大的影响,引导着新一代中国知识分子走向疑古。[2]康有为的弟子梁启超在中国史学领域,进一步地运用这种怀疑的精神与方法,并影响了许多当时的青年历史学者。[3]

另一方面,胡适以存疑的方法与历史的方法研究中国古代哲学,为研究中国古代文献提供了新的方法。早在1919年论述新思潮时,胡适就强调必须重估中国的民族遗产。1920年后,他集中精力考证了几部中国经典的白话小说,如《水浒传》《红楼梦》,考证其作者与作品的演化过程。他的研究为中国青年学者运用科学的态度与方法进行考证与研究,提供了活生生的范本。

并且,1917年后弥漫于中国的反对偶像崇拜的气氛,本身也鼓舞着年轻的中国学者以批判性的态度研究中国古史与古文献,从而也促进了对一般社会问题持怀疑态度的著作的普及。在"五四"事件之后的十年中,批判传统与权威的著作风行于新式知识分子中。当时的时代精神核心就是,重估一切传统。

在这种环境中,以怀疑主义和考证的方法来研究中国古史与古文献的工作,取得了很大的成就。顾颉刚与钱玄同正是这一潮流的领军人物,他们都是北大教授崔适的学生。崔适在研究古籍方面又追随康有为。顾颉刚是北大的研究生，也是《新潮》杂志的创办人之一。在胡适的影响下，从1920年起，顾颉刚开始考证、研究中国古史，集中精力发掘伪书与伪书作者。1922年，在研究中国古代的神话传说，特别是关于禹的传说时，顾颉刚提出了一个假说，即中国的古史是由神话传说层累地造成的。神话传说附会得越晚，就虚构得越精细、越完美，该神话所属的时代也就越早。[4]依据他的发现，孔子及其信徒们所推崇的理想圣君之一大禹，其实只是传说中一个象征性的人物。而且这个理论也被运用到其他古代人物，如黄帝、尧、舜等身上。如果这一革命性的假说成立，那么有文字记载的可信的中国历史将由五千年缩短为三千年左右。[5]

顾颉刚的古史研究以存疑的方法与历史的方法为基础。他追溯传说在各个时期的演进，将它们与现在的民间传说、民谣中的思想相比较。他也运用这一方法研究其他历史人物的生平。同时，他还研究不同时代的中国人对孔子的看法，理出了笼罩在孔子身上的神话的演化过程。顾颉刚说："春秋时的孔子是君子，战国时的孔子是圣人，西汉时的孔子是教主，东汉后的孔子又成了圣人，到现在又快要成君子了。"[6]

同时，为了确定古代历史记载的真实性，钱玄同和顾颉刚考证了"六经"的作者。他们完全否定了今文经学家们所宣扬的"'六经'是由孔子撰述、删削"的说法。他们提出，所谓已经失传的《乐》根本就不曾存在过。至于其他的"五经"，《诗》《书》《礼》《易》《春秋》，则只是孔子在讲学时作为教材的五本互不关联的著作。最后，他们认定，"五经"不是孔子编著、删削的，这就把传统的中国古史观打得粉碎。

"五四"末期，在中国历史编撰和古籍研究领域，出现了以顾颉刚、钱玄同、胡适、梁启超为首的疑古派。[1]他们的研究方法和结论，后来引起了历史学家的批评，一场典籍之争由此而生，这一论争从1923年一直持续到

---

① 钱玄同对中国经典的真实性持强烈的怀疑态度，因此，他于1925年8月将他的姓"钱"改为"疑古"，此后他就署名"疑古玄同"。

20 世纪 40 年代。[①]

疑古派打破了对古史的不切实的描绘。一旦说"六经"之中有一些，甚至全部"六经"都不是孔子编撰的，而这种说法又为大多数历史学家所接受的话，那么孔子在中国哲学史的真实地位就比此前的任何时候都要清楚明白。早期对儒学的批判是直接针对传统意义上的儒学的。在以批判性的眼光考证了古籍的真实性以及其编著者之后，评估古籍与孔子的标准自然也就应当改变。

虽然疑古派促成了旧式虚构的古史观的崩溃，或者至少对它提出了质疑，但是他们对重建古史却十分谨慎。他们认为，如果不仔细逐一检查每一块碎片，那么就不可能将一个破碎的古代花瓶复原；然而作为一个民族，却急需一个新花瓶。后来，与新文学运动一样，古史问题也与政治纠缠在一起。[②]

重估遗产与整理国故

新思潮中的重新评判传统，并不只是批判孔教，也不只局限于古籍与

---

① 顾颉刚和钱玄同关于中国古史和古籍的意见一经发表，便招致刘掞藜、胡堇人（胡适的远房叔叔，也是胡适幼年时代的伙伴）等历史学者的强烈反对。这次论战的书信与文章被收入七卷本的《古史辨》中。早先反对顾、钱的学者，捍卫中国典籍和传说的真实性，但其理由并不允分。一直到后来，才有人对疑古派所用方法提出了理由更为充分的反对意见。有人批评顾颉刚的结论是建立在"缄默的证据"之上的（即通过指出不存在可靠的历史记录，而否定历史事件的存在），[7] 而这是朗格诺瓦（Langlois）与赛诺伯斯（Seignobos）在《历史研究导论》（Introduction to the Study of History）中早就否定过的。其他人则认为，历史的方法以及通过与民间传说、民谣的比较来研究历史，并不能令人信服。[8] 然而，所有这些反对意见并未能修复传统的古史原貌。不管怎么说，疑古派并没有认定他们的意见就是最终结论。事实上，"五四"以后，疑古派的怀疑精神一直在学术界盛行。

② 以郭沫若 1930 年出版的《中国古代社会研究》为开路之作，左翼史学家试图运用历史唯物主义和辩证唯物主义，以重建中国的古史。后来在解释中国社会史问题时，其内部又陷入了一场复杂的争论。[9] 另一方面，国民党保守派的历史学家只是恢复原来的那个虚构的花瓶，似乎疑古派从未存在过。[10]

古史研究领域中的怀疑主义。在胡适、梁启超和其他学者的努力之下，出现了"整理国故"运动。"整理国故"，这是胡适在 1919 年重新界定的一个名词，但是后来这通常是指"重估思潮"之后出现的古籍研究领域的活动。胡适在这方面的贡献，以其《中国哲学史大纲》为开端，其贡献有：（一）他最先运用西方的方法研究中国古代哲学家的逻辑思想；（二）他比旧式学者更注意古代哲学家的生卒年代和他们著作的真实性；（三）他对墨家学派，尤其是它们的逻辑思想的卓越研究，在中国学术界是独一无二的；（四）他对中国古代白话小说的作者、版本以及其故事演化的考证，激发了民众对文学的兴趣，为以科学的方法研究文学传统树立了榜样。[11]胡适在这些领域的工作后来被李季、叶青等马克思主义者严厉批判；但由于缺乏旧学素养，他们似乎无法讨论胡适在国学方面的工作，也无法否认他在这一领域的贡献。然而，他的一些结论也遭到了一些学者，如马克思主义史学家郭沫若和新实在论者（neo-realist）冯友兰的有力挑战。[12]

在新思想的影响下，从 1919 年起，梁启超开始了整理民族文化遗产的工作。他的贡献在于中国史学、墨学和中国古代政治思想史等研究领域；他对近 300 年来中国学术发展的概括性描述，在这一研究领域有着极大的影响。梁启超、胡适、汤用彤、梁漱溟批判性地考察了中国佛教的历史。冯友兰关于道家和中国哲学史的著作也是一大杰出成就，是整理传统文化大潮中的一部分。大体上，从事国故整理工作的重要学者，他们所做的工作要比早期那些攻击中国传统的人更具建设性，也可能更有远见卓识。

另一方面，整理国故的思潮在某种程度上对新思想运动产生了不利影响。第一，整理国故时，一般学者专注于古代经典，对它批判得不够，这就为极端保守分子盲目崇拜传统提供了口实。学者们在研究国学时，必须将旧理论系统化，并用西方思想去重新解释，这就为保守分子提供了机会，他们借此宣称：现代西方的理论，中国的古人早就提出来了，中国人根本就不必向西方学习。军阀、官僚们也以此为借口，竭力阻止人们研究西方文化，要求中国人重新尊孔读经。[13]

第二，中国文化中自然有许多有价值的东西，但它们是与大量落后的、陈腐的思想混杂在一起的，如果这些思想重新统治人们，那将成为中国与现代世界同步前进的一大障碍。中国人当中，接受过逻辑思维训练从而能以理智的、批判性的态度去评判中国文化遗产的人实在太少。吴稚晖正是从这一角度出发，激烈地批评整理国故运动的。"什么叫国故？"他问，"与我们现今的世界有什么相关？他不过是世界一种古董，应该保存罢了。……是各国最高学院应该抽出几个古董高等学者出来作不断的整理。这如何还可以化青年之脑力，作为现世界的教育品呢？"[14]他从现实的观点出发，宣称：

> 这国故的臭东西，他本同小老婆、吸鸦片相依为命。小老婆、吸鸦片，又同升官发财相依为命。国学大盛，政治无不腐败。因为孔孟老墨便是春秋战国乱世的产物。非再把他丢在茅厕里三十年，现今鼓吹成一个干燥无味的物质文明，人家用机关枪打来，我也用机关枪对打，把中国站住，再整理什么国故，毫不嫌迟。[15]

第三，虽然吴稚晖和其他许多反对整理国故的人没有认识到旧文化的价值，但确实问题在于：整理国故能够，而且确实会将青年的注意力从中国急需的对现代科学的研究中移开。由于他们的国学训练和个人兴趣，胡适、梁启超以及其他学者研究古籍是合情合理的。令反对者忧虑的是，这些学者有意或无意之中鼓励许多年轻的知识分子追随他们去整理国故。1919年，胡适在他的文章《新思潮的意义》中主张，新思潮的一个重要任务就是整理国故。1921年2月，他创办《读书杂志》，鼓励年轻人研究古书。[16]两年后，他和梁启超各为年轻学生开列了一个国学书目。他们要求一般中学生，不管学什么专业，都要读几百册甚至连词源学家和其他专家都不能完全理解的古书。

对青年学生的这些建议，遭到了其他许多学者的反对。一向敬慕胡适的吴稚晖，急忙出来告诫学生不要走这条路，否则就会变成另一个胡适，一个"洋八股"的创造者。①[17] 后来胡适自己也认识到，整理国故确有这一痼疾。② 当保守的官僚们仍然大讲尊孔读经之道时，胡适将自己划到了反对阵营，但是这已是徒劳。

非宗教运动

大体而言，有组织的宗教在中国不如在西方强大，虽然一些西方人认为祖先崇拜是"中国最基本的宗教"。[20] 在许多人看来，儒学和道家学说根本不是宗教。佛教在中国虽然存在了很长时间，但是大多数中国人对这个宗教，并不像西方人和印度人对待宗教那样虔诚。对佛教，中国的文人学士更强调其中关于现世生活的哲学思想，而非其关于来生的观点。

在这种环境下，当改革者在 1916 年及以后发动打破偶像崇拜运动时，他们并未集中攻击宗教。然而，在反对企图定孔教为国教的斗争中，他们普遍表现出对宗教的反感。无论如何，他们的基本主张还是"宗教自由"，而不是废除一切宗教。蔡元培在宗教自由协会的演讲（发表于 1916 年年底的《新青年》），以及陈独秀在 1916—1917 年发表的一系列文章中，都表明了这一点。在批判迷信的同时，改革者们否定了鬼神存在论和灵魂不朽论。南北朝时哲学家范缜《神灭论》中的观点又再度流行。范缜认为，"形者神之质，神者形之用也。神之于形，犹利之于刀。未闻刀没而利存，岂容形亡而神在哉？"[21] 接受了这一理论，自然会否定大多数传统的宗教。

---

① 在传统的科举考试中，八股文是标准文体（即一篇文章必须有八个部分）。由于这种形式已是陈腐不堪，因此，"八股"这个词在中文中也就隐含着"陈腐""刻板"的意思。

② 1927 年，胡适谨慎地说，他整理国故的目的是"打鬼"，而不是对之顶礼膜拜。他说："我十分相信在'故纸堆'里有无数的老鬼，能吃人，能迷人，害人的厉害胜过柏斯德（Pasteur）发见的种种病菌。只为了我自己自信，虽然不能杀菌，却颇能'捉妖''打鬼'。"[18] 次年，胡适又进一步告诫青年，方法上的成就为所使用的材料的性质所限制。他说，"这条故纸路是死路"，劝告年轻人，"希望他们及早回头，多学一点自然科学的知识与技术"。[19]

当时，知识分子以其实用性来评判宗教。1917 年，陈独秀提出，"宗教之价值，自当以其利益社会之量为正比例"。[22] 钱玄同曾化名"王敬轩"在《新青年》上发表了一封信，"质问"《新青年》为何专门攻击儒学，而不排斥西教。《新青年》的编辑之一刘复答复道："本志记者并非西教信徒，其所以'对于西教不加排斥'者，因西教之在中国，不若孔教之流毒无穷，在比较上，尚可暂从缓议。"[23] 实际上，从人道主义与现实主义的观点出发，许多主要新式知识分子也承认伟大宗教的创始人，确有其非凡之处。例如，陈独秀就敬仰耶稣的人格。他曾在一篇被译成英文发表在教会刊物《教务杂志》(The Chinese Recorder) 上的文章中说，我们"要把耶稣崇高的、伟大的人格和热烈的、深沉的情感，培养在我们的血里，将我们从堕落在冷酷、黑暗、污浊坑中救起"。[24] 但是很显然，陈独秀不是将耶稣视为上帝之子，而是将他当成一个人，一个凡人，或者是一个社会改革家。他相信，根据近代自然科学和历史学，"创始说""三位一体说"只是迷信。因而他宣称："除了耶稣的人格、情感，我们不知道别的基督教义。"[25] 一般而言，陈独秀是反宗教的，正如他所说："一切充当政府与教育的工具的宗教，都是没有价值的。它们与以往被摈弃的偶像是一丘之貉。"[26]

1920 年以后，随着不可知论、理性主义、破除偶像潮流的发展，中国非宗教运动的势力不断壮大。1920 年 2 月，沈定一批评陈独秀对基督教持部分同情态度，他宣称："在未来社会的生活中，我们将废弃一切宗教。"[27] 当时的另一位学者朱执信提出，耶稣是个私生子，他的人格也并无超绝之处。朱执信还对《圣经》的真实性提出了怀疑，认为十字架是由远古的男性生殖崇拜发展而来的。[28]

第一次有力的、有组织的非宗教运动是由少年中国学会在 1920 年发起的。当时它在北京的执行委员会通过了一项由该会留法会员提出的建议：凡有宗教信仰者，不得介绍为本会会员；已入本会而有宗教信仰者，应自请出会。当时，人们的民族主义、社会主义、反帝国主义情绪不断高涨，在这种情形之下，可以推测，该会此时通过这样的决议，并不完全是理智思考的结果。那时留学日本的会员，后来成为著名戏剧家的田汉向巴黎写了一封抗议信，强调宗教信仰自由是受中国宪法保护的，宗教信仰生活、物质生活和智识生活并非不相容，虽然他自己也并不相信耶稣是上帝之子，但耶稣的教义和《圣经》的文学素材却不应该被忽视。田汉说，他力图以一种最现实的方式来表现宗教的精神，并建议重新考虑此事。1921 年 7 月，少年中国学会在南京召开的一次会议上，取消了上述决议，决定对宗教问题采取调查研究的态度。[29]该会的《少年中国》月刊宣称："我们对于宗教，完全当它是一个问题，取纯粹研究的态度；我们不愿意遽为无研究的反对或肯定，亦不愿意对于反对或肯定两面讲演有所轩轾。"[30]

接着，少年中国学会在北京和南京就这个问题组织了一系列公开演讲。演讲者中，罗素为中国非宗教运动提供了新的理由。所有的演讲稿都发表在 1921 年《少年中国》月刊关于"宗教问题"的三期专号上。[31]与此同时，以后来的中国青年党创始人李璜为首的在巴黎的该会成员，于 1921 年 2 月 25 日写信给巴黎大学的一些法国教授，请教下列问题：（一）人是否宗教的动物？（二）新旧宗教是否还有存在的价值？（三）新中国是否还要宗教？他们收到了三位著名教授的回答，分别是来自索邦神学院（Sorbonne）的中国史教授葛兰言（Marcel Granet，1884—1940）、著名小说家亨利·巴比斯（Henri Barbusse，1873—1935）以及索邦神学院的社会哲学与社会学教授塞莱斯坦·布格莱（Célestin Bouglé，1870—1940）。他们的回答都是否定的。巴比斯认为，欧洲宗教并非传播西方新思想或道德的一个有价值的媒介，而基督教被当作经济和政治力量扩张的一种工具输入中国则是个不幸。[32]

除了少年中国学会及其刊物外，1920 年和 1921 年间，中国还有一些组织和刊物在讨论宗教问题，其中有《科学》《哲学》《学衡》等，它们大都对宗教持怀疑态度。

值得注意的是，1919 年后的学生运动对宗教问题的争论产生了巨大的影响。"五四"事件后，随着运动的发展，大多数教会学校里的中国学生加入了爱国运动，或对此持同情态度。事实上，少年中国学会支持反日学生运动，因而日本政府指控它教唆学生动乱。一些自由派传教士试图去了解学生，而那些保守的传教士则对学生运动的性质大为震惊。在学生罢课期间，由于教会学校的校董会禁止学生的活动，引发了一系列冲突。① 教会教育者的这一行动既遭到了教会学校学生的反对，也招致非教会学校学生以及私立学校学生的反对。

意识到这股非宗教潮流，一些国际基督教组织决定于 1922 年 4 月在清华大学举行"世界基督教学生同盟"大会。此事立即激起了非宗教人士的反对，由此引发了一场声势浩大的非基督教运动。当年 3 月，由老牌的无政府主义者李石曾领导，在共产党人以及一些国民党左派领导人，如陈独秀、蔡元培、吴稚晖、汪精卫、戴季陶等人的支持下，在北京组织起了"非宗教大同盟"。少数几个教授，如周作人、钱玄同等对此不以为然，一些基督教徒也站出来捍卫他们的信仰。论争的中心是：宗教信仰自由问题，以及教育是否应不受宗教干涉的问题。[34]

非宗教人士广泛引用西方思想家的有关思想言论为自己的主张辩护，其中主要是来自英国、法国、俄国思想家的思想言论，如培根（Francis Bacon）、笛卡尔、伏尔泰、狄德罗（Denis Diderot）、霍尔巴赫（Paul Holbach）、爱尔维修（Claude Adrien Helvétius）、边沁（Jeremy Bentham）、拉普拉斯（Pierre-Simon Laplace）、拉马克、孔德、雨果（Victor Hugo）、贝尔纳（Claude Bernard）、达尔文、加富尔（Camillo Benso Cavour）、巴枯宁、波义耳（Robert Boyle）、勒克吕（Jean Jacques Elisee Reclus）、那普耶特（Napuet）、克鲁泡特金等人的思想都在征引之列。另一方面，信仰宗教的

---

① 1919 年 5 月，杜威夫妇发自上海："发生在这里的圣约翰大学的事情很有趣。该校是圣公会的教会学校，也是最好的学校之一。学生们冒着暑热，步行十里到上海游行，又步行返回来，其中有些人在途中因中暑而晕倒。晚上返回时，他们发现一些低年级学生正准备去听音乐会。这一天是国耻日，是日本向中国提出'二十一条'的纪念日，所有学校在这一天都要举行纪念活动。在中国，这是举行集会与演讲的日子。这些学生站在音乐会场外，这时教务长走出来告诉他们必须参加音乐会。学生们说，他们正在举行祈祷，因为国耻日不是用音乐来庆祝的日子。当时先是教务长，而后是校长命令他们去参加音乐会。结果，学生们群情激愤。他们说，他们为了中国而在此守候，就像基督蒙难之时使徒为之祈祷一样，而国耻日也像基督蒙难纪念日。校长告诉他们，若他们不进去，将会被关在学校门外。他说到做到。学生们站在那里直到第二天早晨，其中一个住在附近的同学将他们带到了自己家里。因为圣约翰大学校门紧闭，校长寸步不让。"[33] 后来在学生罢课问题上，学生与校方之间的争执就更大了。

人士则用威廉·詹姆斯、托尔斯泰、柏格森等人的理论来支持自己的论点。他们争论的问题以及他们的观点、理由，几乎就是过去三四百年间西方所进行的有关宗教的争论的重复。

那时流行的非宗教的观点之一，是建立在对科学、知识、清晰的思维以及不可知论等的信仰之上。其论证如下：宗教信仰并不是来自人的逻辑思维；是否存在着超人的力量，这也不是人类的知识所能解决的；崇拜未知的东西，只能导致盲目的信仰与迷信。宗教神秘的内容只是一些人类暂时未知的东西，随着人类知识的扩大，其范围必将缩小。即便知识不能解决一切问题，最好还是把未知的东西当作是未知的，而不是盲目地信仰崇拜它。所有宗教信仰都是武断的，因而是非科学的，带有感情色彩的，而不是理性的。由于宗教与现代科学相互冲突，后者已经成为反宗教的主要武器，罗素和当时许多中国学者都这样认为。有意思的是，罗素在攻击宗教时，把马克思主义也当作基督教、佛教、伊斯兰教之外的另一种宗教。甚至 1918 年 10 月时李大钊也曾同意，布尔什维克是一种类似于宗教的群众运动。[35]

非宗教的另一个观点，则是从宗教的起源与发展的角度立论。非宗教人士认为，宗教起源于原始人的无知与恐惧，它利用了人类的这一弱点，其基础是迷信。随着人类知识的发展，宗教的作用日益缩小。历史证明，自 19 世纪科学长足进步以来，宗教已丧失了大部分的生命力。新天文学已排除天堂地狱存在的一切可能性。达尔文的进化论以及后来生物学的发展，推翻《圣经》中的创世说。屠敬山的儿子，后来成为哲学家的屠孝实说："宗教的宇宙观，是为目的论的，而科学的宇宙观是机械论的，这就是它们绝对冲突最重要的一点。"[36] 从历史的角度看，宗教在人类社会中的作用将日益缩小。

此外，非宗教人士还认为，宗教派系林立，彼此排斥。任何一个有组织的宗教的虔诚信徒，必定会坚持其基本的教义，把它们当成是最后的、绝对的真理，他们必定与其他宗教的信徒相冲突。这种武断的态度必然会阻碍个性的发展和社会的进步。[37]

非宗教人士的另一个依据是，没有理由认为灵魂或精神可以独立于肉体或物质。灵魂不死论不过是一种迷信。宗教与道德也无实际联系，基于宗教的道德是被动的、不自然的，是要求回报的，因而是虚伪的。[38]

非宗教人士也向基督教的教义发难。他们提出，《圣经·旧约》中的传说、创世记及耶稣一生的历史，如降生、奇迹、复活与神的启示等，都是不科学的，都具有迷信色彩。他们重申了伏尔泰在《老实人》中的论证：全善全能的上帝，与现实世界中的邪恶是不相容的。他们还认为，基督教教义过分依赖超人的力量，而低估了社会改革的可能性。简而言之，它相信上帝而忽视了人的作用。[39]此外，他们还攻击基督教会，控诉教会压制欧洲的自由民主思想，支持殖民主义和帝国主义侵略中国。

一些新式知识分子在批判宗教时，也试图找出取代宗教的东西。蔡元培建议，以美育代替宗教。他的论证是：宗教大多是基于人的"感情"；而现在的宗教又是排他的，因而徒然刺激感情；最好是培养美的意识，以克服人与人之间的紧张关系，因为美是普遍的，它超越人的区别，能培养一种无偏见的意识，有助于信奉者对现实世界的理解。[40]陈独秀则认为，应以科学代替宗教。他认为宇宙之法则有二：一曰自然法，一曰人为法。自然法者，普遍的，永久的，必然的也，科学属之；人为法者，部分的，一时的，当然的也，宗教、道德、法律皆属之。陈独秀更进一步宣称，未来科学日渐发达，改正一切人为法则，使与自然法则有同等之效力，并解开所有宇宙人生之秘密。他坚持，这只是一个时间问题，人不应始终屈从于虚假的宗教观念。[41]胡适则提出了另外一种理论。因为不相信灵魂不朽，他提出了"社会的不朽论"。受莱布尼茨"单子论"的影响，他认为，每一个个人都与其他人，与整个社会，与过去、现在、未来的宇宙相联系。个人这个"小我"，是社会"大我"或称为社会、人类、宇宙的更大的"大我"累积的产物。"'小我'是有死的，'大我'是永远不死，永远不朽的。"每一个"小我"的一切作为，一切语言行事，不论大小，不论是非，无论善恶——都永远留存在那个"大我"之中。通过这个"大我"的不朽，每一个"小我"应意识到他对大我、社会、人类的责任。胡适将此作为他自己的宗教提出来，这个宗教已经摆脱了神秘性。[42]

针对这些观点，一些基督教学生反驳道，宗教既是不可避免的，也是有用的，它会给陷入痛苦中的人们以安慰。现代社会中，宗教与科学并不是彼此冲突的，科学也不可能是人类所有难题的唯一解决之道。为捍卫基督教，他们又进一步辩解，基督教中那些看起来反科学的因素只是过时的教义，基督教的精髓是耶稣的至高人格。过去教会曾做过错事，这不能用来作为拒绝基督教教义的理由；基督教主张劳动神圣，主张废除奴役，提倡合作，社会主义正是这些原则的实践。他们坚持基督教是"穷人的福音"。[43]

这一时期的非宗教运动对促进中国的宗教改革产生了相当大的影响。由太虚法师领导的中国佛教改革运动，此时开始注重对佛经的研究，而不是佛教仪式。[44]据报道，当时许多在华的基督教会也开始了一场"教会革新运动"。极左分子指责教会是帝国主义与资本主义的工具，对此，这些教会针锋相对地指出，他们与帝国主义、资本主义没有任何联系。同时，随着青年知识分子越来越不信神，这场论战也使得其他一些以前对此漠不关心的人开始关注宗教问题。

东西文化问题论战

改革者们对儒学与中国传统的批判，在早期几乎没有遇到真正有力的对手。他们的反对者大多数是落后分子、旧士绅、官僚或军阀，其中很少有人掌握了现代知识。他们的声音对青年和许多有思想的人群几乎没有吸引力。然而，论战并未到此结束，而是由此发展成一系列围绕着东西文化问题展开的辩论。所谓东西文化问题，是在学习西方思想、重估中国传统的过程中产生的。

正如本书导言中提到的，中国对西方的反应经历了三个阶段。起初，中国领导人得出结论：中国只需学习西方之物质文明；但不久之后就清楚发现，中国的制度与法律也必须要进行改革。到了"五四"时期，人们又看到，必须研究构成西方技术与制度基础的那些思想与原则，诸如哲学、伦理、科学、文学和艺术等。正是基于这样的认识，新式知识分子们猛烈攻击儒家学说和传统文化。早期对这一潮流的反对是微弱的，因为那些守旧的保守分子既对儒学与传统缺乏充分的了解，对西方文化也一无所知，当然其对西方文化的批判也就没有力量。但是到了"五四"末期以及以后，特别是1921年以后，一些学者以对东西文化及西方哲学理论的研究为基础，形成了一个真正的反对派。

第一次世界大战后不久，在遭到战火严重破坏的欧洲，一种悲观失望的情绪弥漫在知识分子之中。他们认为这种毁灭性的愚蠢行为来自于物质的、科学的文明。被看作是和平主义的东方文明，尤其是中国文明与印度文明，开始被一些西方哲学家，如柏格森、奥伊肯、罗素等看好，被作为救世之宝。1918年年底，梁启超率领一个半官方的巴黎和会观察团赴欧洲，其团员包括蒋百里、张君劢、丁文江等。梁启超拜访了柏格森及他的老师蒲陀罗（Boutroux），以及其他许多哲学家、政治家、政党领袖、文学家。据张君劢说，这些哲学家与知识分子因为对新思想如潮水般涌入中国感到震惊，由此有了此番欧洲之行。他们希望向欧洲的知识分子请教。[45] 欧洲人的回答是，战争宣布了西方文化的破产，他们希望从中国的遗产中获得一种智慧，来纠正自己文明中的缺失。1919年3月，梁启超以其晓畅、充满感情的文笔撰写了一系列文章，向国内报道了这些观点。他指出，因为科学的迅速发展，西方人的人生观完全为机械的原则与物质的欲望所统治。道德的权威被推倒了，争斗与战争变得不可避免。整个欧洲因此陷入了绝望。总之，"科学万能之梦"被打得粉碎。梁启超说：

> 当时讴歌科学万能的人，满望着科学成功，黄金世界便指日出现。如今，功总算成了。一百年物质的进步，比三千年所得还要加几倍，我们人类不唯没有得着幸福，反倒带来许多灾难！好像沙漠中失路的旅人，远远望见个大黑影，拼命往前赶，以为可以靠他向导，哪知赶上几程，影子却不见了，因而无限凄惶失望。影子是谁？就是这位"科学先生"。欧洲人做了一场科学万能的大梦，到如今却叫起科学

破产来。这便是当前世界思想的一个转折点。[46]

梁还指出，中国对世界文明的重建负有重大的责任。中国青年应热爱、尊敬自己的文化，为重建世界文明做出贡献。他说："我们可爱的青年啊，立正，开步走！大海对岸那边有好几万万人，愁着物质文明破产，哀哀欲绝地喊救命，等着你来超拔他哩！……"[47]

梁启超的这些富于鼓动性的文章在中国引发了极大的影响。他提出了两个主要观点：一方面，虽然他只是批评"科学万能之梦"，但他的许多读者得到的印象是，他深信科学已经破产；另一方面，他断言，西方文明（他说这种文明基本上是物质文明）已经失败。

这对于新思想运动当然是一个严重的挑战。如梁启超的判断不误，向西方学习，以及新思想所倡导的德、赛二先生，就从根本上动摇了。

梁漱溟深入论述了梁启超的第二个观点。1920年和1921年，梁漱溟就"东西文化及其哲学"这一论题，在北京大学和其他地方发表了多次演讲。1921年这些演讲稿被结集成书出版。自新式知识分子对儒学与东方文化发起挑战以来，它们这时才得到了系统而有力的捍卫。

梁漱溟研究印度哲学和理学，也有一些西学知识，在论战中，他认为文化不过是一个民族的"生活样法"，而生活就是无尽的意欲，此所谓"意欲"与叔本华所谓"意欲"相近。[48] 以此论点为基础，梁漱溟将世界文化分为三类：（一）自"文艺复兴"以来，以意欲向前为根本精神的西方文化。它强调理智、理性、知识和对自然的征服，强调奋斗的生活。他称之为第一条路向的生活。梁漱溟承认它的辉煌成就——科学与民主——但也指出了它在形而上学或人生观方面的缺失。（二）以意欲自为、调和、持中为根本精神的中国文化。它看起来既不向前，也不向后，而是一条旁路。梁漱溟把中国传统文化称为第二条路向。这条路向不是去改造局面，而是满足安受现有局面。中国人在自我满足和与世无争中得到幸福，但其物质享受比不上西方文明。（三）以禁欲为根本精神的印度文化。遇到问题，印度人就想从他们脑子中根本抹消这个问题，而不是解决它们以满足自己的意欲，也不是调和自己的意欲以适应环境。他是一个模范的苦行者，能够自我否定，严肃刻己。这是第三条路向。在这里精神生活和宗教得到了充分的发展，但这种生活态度导致了比中国还差的物质条件。[49]

梁漱溟认为，对西方人而言，第一条路向现在已经走到了尽头。在资本主义经济组织中，人已变成了机器的奴隶，而不是相反。西方经济结构必须变革，西方文化同样也需要变革。而且当人的物质享受充分满足之后，为生存而奋斗的观念便不再成为必要，而形而上学、人与人之间的关系等问题则变得更加重要了。因此，西方人打算采取第二条生活路向。梁漱溟从非理性主义、心理学以及柏格森、奥伊肯、罗素、克鲁泡特金、泰戈尔、詹姆斯、杜威、爱因斯坦等人的理论中发现了这种转折的迹象。他认为，这些人都将眼光转向了东方。[50]

至于中国，梁漱溟认为，她应该：（一）要排斥印度的态度，丝毫不能容留；（二）接受西方文化，但改变其对生活的态度；（三）批评地将中国原来的态度重新拿出来。[51] 他的主要理由在于，世界文化按照下列顺序演进，从西方文化到中国文化，最后到印度文化；而中国和印度已经越过了第一个阶段，所以它们应当回头来经历一遍，虽然他相信印度文化是世界文化的最后归宿。[52]

梁漱溟指出，中国从一开始就采取了一种与西方和印度完全不同的方式，以此进一步捍卫中国的形而上学和儒学。中国哲学的核心是"易"的观念，避免在本体论问题上的争论。它的方法是直觉，其特点是主张相对主义，对许多基本的思想"无表示"。以此为出发点，孔子构建了其人生哲学的基本原则：（一）赞美人生；（二）柔顺与中庸；（三）直觉；（四）仁，即敏锐的直觉；（五）行为不计较利害，只讲"义"；（六）自我满足的快乐。[53] 根据自觉、非决定论和非功利主义来解释孔子的话，在一定程度上受到了王阳明和其他理学家的观点以及印度哲学的影响。

梁漱溟的理论是对"五四"新思想的根本反动。尽管在这些演讲中，他主张接受西方文化的某些方面，后来却否认了包括民主和社会主义在内的西方思想。[54] 他在为儒学和中国传统文化辩护时，实际上反对西学，提倡

"向东方看齐"。[55]

由于梁漱溟是在理论上系统地捍卫儒学和中国传统文化的第一人，知识分子们对他毁誉不一。他的卓越之处在于，实际上他的理论和他对世界文化的系统分类，在某种程度上是以创造性的思考与分析为基础的。他不仅是一个忠实于自己原则的杰出的哲学家，而且也坚定不移地宣传自己的看法。因此，他在文化问题上的观点对中国人的思想产生了极大的影响，尤其是增强了保守分子的地位。[①]

对梁漱溟的观点进行观察就会发现：第一，在分析三种生活与文化方式时，虽有其真知灼见，但仍太简单化。他似乎并没有认识到文化的复杂内涵，而是把它当作一个完整的整体；因此，在他看来，一种文化，或者是流行于世，或者是整个地从世界上消失。[56]——这实际上也是困扰许多"五四"改革者的一个难题。第二，他关于三种文化如此有规律地转化的假设，虽然是基于认真的分析，但实际上是想象的，也难以令人信服。第三，梁漱溟从直觉、非决定论和非功利主义的角度来解释孔子的学说，也许是对的；但是对改革者来说，一个急需发展科学和清晰的逻辑思维的社会接受这样的解释，没有什么好处。第四，既然人类的物质欲望无厌，那么自我满足的生活态度虽然极佳，似乎在现代却不可能修炼出来。第五，在一个科学知识的范围不断扩展的世界，人们会怀疑，印度宗教的生活方式怎么会成为世界文明的最终归宿呢？

从整体而言，梁漱溟最大的贡献在于，某种程度上同情地分析了三种文化的特点，系统地批判了以往在东西文化问题上的观点。在后一方面，他指出李大钊、胡适和其他人有关这个问题看法的缺陷，以及他们看法中的含混不清之处。他至少在口头上否认了"西方文明是物质文明，东方文明是精神文明"的旧观点。[57]虽然他的许多批评者认为，他最终仍是要维护这一传统

---

① 梁漱溟的思想自然受到了他的个人背景和学术训练的影响。面对不断高涨的新思想浪潮，他的父亲梁巨川，一位著名的前清官员，1918年自杀，宣称他是为旧文化的失败而死。青年梁漱溟当然受此悲剧的影响。1917年，当蔡元培开始执掌北大，他正在北大讲授印度哲学，与新思想领袖，如陈独秀、李大钊等保持着良好的关系，但他对新思想改革保持沉默，也很不赞成学生运动。

观点的。[58]他认为，从根本上说，三种文化起源于人类在解决问题时，其欲望发展的三个不同方向，这种观点虽然在某些方面有点过于简单，但也还是有其价值的。为批评这一理论，胡适曾提出几个极为特殊的情形。在他看来，印度的苦行者自焚手指，就具有与西方人相类似的向前奋斗的精神。[59]这当然误解了梁漱溟的观点。印度人是克制意欲，禁废欲望的，而西方人则是要使两者都得到满足的。虽然两者都具有奋斗精神，但是它们的动机、态度，或者如梁漱溟所提出的，路向是不同的。胡适进一步提出，中国人自我调适、自我满足的态度以及儒家所倡导的调和、中庸，在其他所有的文化中也能看到。[60]对于这一点，梁漱溟可以这样回答，程度不同则差异甚大。在激烈批评梁漱溟的观点时，胡适认为，每一种文化都包含有知足的态度，否认它是某一种文化的特性。[61]然而，三年后，在他的另一篇文章中却出现了极其矛盾的论述："东方文明的最大特色是知足。西洋文明的最大特色是不知足。"[62]

梁漱溟的论说使得东西文化问题的论战变得更为激烈和复杂。这一论战在此后数十年中，以诸如"全盘西化""中国本位文化""民族形式"等口号的形式继续。①

---

① 1929年和1934年，陈序经、胡适采用"全盘西化"的提法。这一提法被误解，部分是因为全盘接受一种外来文化是不可能的；部分是因为西方文化，或者任何文化，包含了多种自相矛盾的因素。胡适后来提出了"一心一意的现代化"，以取代"全盘西化"的提法。此后不久，萨孟武、陶希圣、何炳松等十位著名教授发表了《中国本位文化建设宣言》，他们大多是支持国民党的。宣言获得了大批公众的赞同，引起了一场热烈的争论。在宣言中，教授们宣称，他们既反对保守主义，也反对盲目的模仿，他们提倡的是保存传统，同时依据中国的当务之需，吸收西学。"中国本位"这一用语，与晚清张之洞和其他士绅提出的"中学为体，西学为用"的主张极为相似。十教授担心的似乎是中国被世界文明所吞灭。他们没有看到，中国最大的当务之急是迅速获得西学与西方的工业技术。中国不会迷失，专注于中国本位的保存，只会导致中国现代化进程的减慢。正如梁启超和梁漱溟所做的那样，它为顽固分子阻碍现代化运动提供了一个借口。"二战"期间，中共提出了一个公式：改造西方文化以适应中国的形式，即以"民族的形式"在中国运用马克思主义，引进社会主义的文化，使其适应中国的模式，但保留其精髓。从19世纪中叶，经五四运动，直到最近这些年，中国人一直在寻找一种重估遗产和评判新学的适宜标准。全盘西化论者没有提出这样一个标准，而十教授提出了一个民族主义的标准，中共则主要关心其主义的运用，他们将主义当作标准。我认为，向其他文化学习，吸取其长处，缺乏标准就会导致混乱，而民族主义或者教条主义的标准只会窒息理性的发展。这一问题要求以理性的、现实主义的判断标准来引导。[63]

科学与玄学论战

梁启超 1919 年写的那篇文章，不但提出了有关文明的问题，而且也对"科学万能之梦"提出了怀疑。这是对早在"五四"期间反对中国传统和"孔家店"的运动中享有崇高声望的"赛先生"的第一次攻击。梁启超的意见并没有立即引起人们的注意，因为当时大家全神贯注的是山东问题。然而，1923 年 2 月 14 日，张君劢在北京清华大学做了题为"人生观"的演讲，又将论战引向深入。张君劢认为，中国文化的价值重估和重建问题"决之于""人生观"（*Lebensanschauung*）。"人生观"一词来源于奥伊肯一本书的书名。在张君劢看来，中国人向西方学习什么应取决于这一问题。[64] 他感到，"五四"以后，太多的中国人已有了这样的印象，即科学能够解决一切问题。① 他认为科学（指科学的态度）在很多方面与人生观不同，人生观是一个人对与之相联系的外部世界的态度。② 科学的特点是客观的、为逻辑的方法所支配、可以以分析方法下手、为因果律所支配，起于对象之相同现象；而人生观的特点则是主观的、起于直觉、综合的、为自由意志的，起于人格之单一性。在讨论人生观起于直觉时，他认为人生观不受逻辑学上公例之限制，无所谓定义，无所谓方法，皆其自身良心之所命起而主张之。他指出，纯粹的心理现象不为因果律所支配。[66] 因此，他推论，"科学无论

---

① 1954 年 1 月，张君劢在华盛顿与我讨论这一问题时，强调当时他的演讲主要是对这一现象的回应。张君劢是柏格森和奥伊肯的学生。他曾与奥伊肯合著《中国与欧洲之人生问题》（*Das Lebensproblem in China und in Europa*，莱比锡，1922）。1934 年，他组织中国国家社会党，后于 1946 年与民主宪政党合并，组成以他为首的中国民主社会党。这些政党的重要成员以前与梁启超、进步党、研究系有着经常而密切的联系。[65]

② 在演讲中，张君劢将不同的人生观划分为下列九组：（1）就我与我之家族之关系，有大家族主义与小家族主义之分；（2）就我与异性之关系，则有男尊女卑与男女平等之分、自由婚姻与专制婚姻之分；（3）就我与我之财产之关系，则有私有财产制与公有财产制之分；（4）就我对于社会制度之激渐态度，则有守旧主义与维新主义之别；（5）就我在内之心灵与在外之物质之关系，则有物质文明与精神文明之别；（6）就我与我所属之全体之关系，则有个人主义与社会主义（一名互助主义）之分；（7）就我与他我总体之关系，则有为我主义与利他主义之别；（8）就我对于世界之希望，则有悲观主义与乐观主义之分；（9）我对于世界背后有无造物主主义之信仰，则有有神论与无神论，神论与多神论，个神论与泛神论。

如何发达，而人生观之解决，决非科学所能为力"。[67] 由此他得出结论，最近几年来的西方文明是因科学而取得的物质文明，"一战"以来它已被欧洲人怀疑并"厌恶"，中国应该珍视自有的精神文明。[68] 事实上，张君劢告诉中国人，新思想改革者们提倡科学很难解决中国的问题，因为一方面，科学与人生观并无关系，以他的定义，人生观包括大部分社会科学和所有的伦理、宗教和玄学——实际上是整个哲学；另一方面，因为和改革者们尖锐攻击的东方文明一样，西方文化也并不令人满意。

张君劢演讲之后两个月，新思想的主张者们就对此提出了一系列批评，主要来自著名地理学家、张君劢的朋友丁文江（1887—1936）的一篇文章《玄学与科学》。丁文江认为，"玄学的鬼"附在张君劢身上，玄学"在欧洲鬼混了二千多年，到近来渐渐没有地方混饭吃，忽然装起幌子，挂起招牌，大摇大摆跑到中国来招摇撞骗"。[69] 在同一篇文章中，丁文江还提出以下观点：（一）由科学方法支配的人生观，虽然现在没有统一，但是将来是会统一的。（二）知识和心理现象都是科学的材料，"凡不可以用伦理学批评研究的，不是真知识"。因此在"在知识界内，科学方法是万能"。（三）应对"一战"负责任的，是玄学家、政治家和教育家，而不是科学。不能将东方文明和西方文明区分为精神的与物质的。最终，中国需要的仍然是"科学神"。

张君劢又写了一篇长文答复丁文江的批评。许多学者卷入了论战。张君劢得到了张东荪、林宰平、范寿康、瞿菊农的支持，最后又得到了梁启超的支持。他们都与研究系有频繁的联系，他们的文章发表在上海的《时事新报》和北京的《晨报》。另一边，学者胡适、王星拱、任叔永、朱经农、唐钺、陆志韦、吴稚晖急忙帮着丁文江捍卫科学。他们的文章发表在胡适在北京主编的《努力周报》，有一些发表在《太平洋》月刊。论战持续了约一年，到1923年年底，当论战的主要文章被汇编成册时，已超过了26万字。

在争论过程中提出了许多问题，现列举一些：（一）科学、玄学与人生观的定义；（二）科学与玄学，科学与人生观，玄学与人生观的关系；（三）科学与科学方法或逻辑学的关系；（四）玄学与哲学的区别和联系；（五）认

识论问题以及相关的争论；（六）纯粹心理现象研究中因果律的效力；（七）
人生观与情感的关系；（八）物与心；（九）科学与哲学的分界；（十）某些社
会科学是否也可以称作科学；（十一）科学与宗教的关系。[70] 所有这些问题
都很大很复杂，容易引起混乱。这场争论注定没有结果。

　　事实上，论战中双方很少有人抓住了争论的核心，即认识论问题。论
战是因科学究竟能在多大程度上应用于人生观而起的。这是个很模糊的问
题，因为人生观的含义很不确定，而在争论中却没人给它一个准确的定义。
争论开始之后，它就转变为一场关于科学与玄学关系的论战，并逐渐转移
到其他相关的问题领域。因为认识论没有得到充分讨论，其他争论不可避
免地显得肤浅了。

　　考察论战的文章便会看到，张君劢及其同伴的论证大多根据奥伊肯、
柏格森、杜里舒、厄威克（F. Urwick）的理论；而丁文江、胡适一派所鼓
吹的理论大都来自杜威、詹姆斯、赫胥黎、卡尔·皮尔逊（Karl Pearson）。
这实际是能动的唯心主义与理智主义的实验主义（或自然主义）之间的争
论；认识论问题也变成了一方是直觉主义和人格至上主义、一方是实验主
义和经验主义之间的问题。最后分析起来，这些哲学流派之间的争论，可
以理解为自由意志论与决定论之间的争论，这是这类论战难以解决的问题。

　　科学捍卫者的动机无疑是要最终抛弃玄学，而这几乎是不可能的。作
为一个存疑的唯心论者，丁文江和其他许多学者不得不承认，在生活和宇
宙中仍有一些未被了解的事情。因此，他们意欲排斥玄学的玄想是没有根
据的，除非他们可以证实，科学能够回答所有未解决的问题；或者能够证
明，能够创造一种以科学为基础的玄学。由于争论的问题是人生观是否应
受到科学的支配，对科学的捍卫者来说，更有效的做法是提出一种人生观，
或者一种可以作为人生观基础的新本体论和宇宙观。

　　从这一点来说，只有老牌的无政府主义者吴稚晖（1864—1953）敢于
充当这样一个"科学的"玄学鬼。在一篇长达七万字、题为《一个新信仰
的宇宙观及人生观》的文章中，吴稚晖提出了批判性的自然主义和机械主
义的人生观和宇宙观——"漆黑一团的"宇宙观与"物欲横流的"人生观。

他完全地"开除了上帝的名额，放逐了精神元素的灵魂"。[71] 他的宇宙观源于一种混乱的统一，既是适用时间空间的，也包括不适用时间空间的、顺理成章的、往来矛盾的、万有世界（有）、没有世界（无），是一个活的宇宙。他认为，"活"即"有质有力"，力只是质之功能之显现，质、力不可分；感觉、情感、思想、心理、意志和灵魂不过是质力之相应；它们的区别只是程度的区别，而非种类的区别。

关于人生观，吴稚晖认为，人和动物的区别在于，人有两只手和一个大脑，这使得人可以制造工具，创造文明，以满足自己的欲望，改善自己的生活。这是通过科学及其应用而获得的。在吴稚晖看来，人们道德的完善更多是因为科学的进步，而非因为宗教或含混的道德哲学；改进人们的道德是通过物质进步取得。[72] 因此，他将他的人生观概括为三个层面：（一）吃饭（使每个工作的人都有更好的生活）；（二）生小孩（承认爱和婚姻都出于性欲这个事实）；（三）招呼朋友（通过发展理智的方式获得博爱与道德）。[73] 根据物欲和他的唯物质主义的宇宙观来分析人生、爱和道德，吴稚晖推断，"宇宙一切"和人生皆可以科学解说，文学、艺术、宗教、玄学和哲学皆属科学领域。这么说来，吴稚晖似乎已宣称，逻辑的（"顺理成章的"）能够解释非逻辑的（"往来矛盾的"），后者也是他的宇宙观的一部分。

胡适后来接受了吴稚晖的宇宙观和人生观。经过一些修正与补充，胡适将其概括如下："这种新人生观是建筑在二三百年的科学常识之上的一个大假设，我们也许可以给他加上'科学的人生观'的尊号。但为避免无谓的争论起见，我主张叫他做'自然主义的人生观'。"[74]

虽然论战毫无结果，但它大大影响了随后几年的中国思想界。在许多方面，论战双方都表现出肤浅与混乱之处。他们更多的是公开论战，而非学术讨论。此事似乎表明了当时中国哲学和科学的贫乏以及对它们的新渴望。然而，这并不能抹杀此事的意义。相反，因为在论战过程中，通俗、幽默文学的出现，大大激发了公众对新思想、哲学和科学的兴趣。有关自然主义和怀疑论的人生观和宇宙观的论述，比反驳它们的论述更为公众接受，部分是因为其主张者文章写得明快、辛辣又幽默，而且数量众多。

对直觉主义者和自然主义者之间的这场论战，辩证唯物主义者持旁观的态度。然而，论战一结束，当1923年年底陈独秀和胡适回顾这一论战时，他们之间又发生了一场论战。当时的马克思主义唯物论者陈独秀开始向作为二元论的唯心主义者胡适和其他自由派学者发起挑战。[75] 这场论战一直持续到 20 世纪 30 年代。

总之，在"五四"新思想运动中，我们首先看到的是，传统的、正统的儒学和道德受到了西方功利主义、不可知论、实验主义和中国汉学考据学的联合攻击。后来，欧洲的直觉主义和唯意志论加强了宋学（理学）的力量。这引发了多次论战，这些论战又导致批判的自然主义的流行。在这种主流中，中国历史、典籍、宗教、文化都受到了根据各种体系所做的批判性的重估，在此后无休止的争论中，出现了许多复杂的情况。

第十四章

结论：繁多的阐释和评价

我们已看到，五四运动在诸多领域内都产生了反响，这增加了日后从本质上来阐释和评价这场复杂运动的难度。自 1919 年起，五四运动中的新式知识分子因其在思想意识、专业兴趣、政治理论与实践态度以及与政治的实际关系等方面的不同而产生了分化。关于这场运动的性质、成就及其真正的领导者等问题的争论迅速成为焦点。在各种混乱的阐释中，主要的有自由主义者和其他独立派、少数党的认识以及国民党和共产党的官方解释。

一场文艺复兴运动、一场宗教改革运动
或者一场启蒙运动——自由主义者的观点

关于这场运动，自由主义者或独立派认为，或许至少是从文化方面来看，五四运动是一场"中国的文艺复兴"（Chinese Renaissance）。这个概念最早是由一位名为黄远庸的记者在 1915 年提出的，当时运动尚未真正开始。从那时起到 1918 年，有许多作者描述了欧洲文艺复兴对改变现代西方文明所具有的意义。这些观点散见于《新青年》杂志，特别是陈独秀和胡适的文章中。在 1918 年冬筹办学生杂志《新潮》时，编辑选用的英文刊名是"The

Renaissance"（文艺复兴），这表明他们已经认识到当时中国正在开展的运动与欧洲的文艺复兴有某种相似之处。1919 年 6 月，恰在"五四"事件过后不久，蒋梦麟撰文谈论欧洲文艺复兴时，称之为一场"解放运动"。他指出，"新近发生的五四运动就是朝着这种解放迈出的第一步。我们将改变人生态度，展开中国的文艺复兴运动，解放情感，解放思想，争取人权"。1920 年，中国的基督教徒持类似的看法，并呼吁在中国开展一场"基督教文艺复兴"运动。[1]

20 世纪 20 年代以后，许多自由主义者在论及这场运动时都持这样的观点。为了支持这一论断，他们强调，是五四运动促进了"以活的大众语言创作的新文学取代以文言文创作的旧文学"；五四运动是一场"以理性反对传统，以自由反对权威，以颂扬人生及人的价值来反对压抑人性的运动"；是一场"由那些了解自己的文化遗产，并试图用新的现代历史批判与研究的方法论加以研究的人所领导的"人文主义运动。[2] 另外一些具有马克思主义和自由主义思想倾向的学者则认为，欧洲文艺复兴运动是一场由挣脱中世纪旧秩序桎梏的新兴资产阶级领导的运动。古希腊和古罗马文明的某些特征因适应了现代资本主义的需要得以后来在欧洲复活。"五四"时期的中国经济也正从中世纪状态向资本主义状态过渡，并且提出了类似欧洲文艺复兴的文化上的要求。但因为现代欧洲文化比中国古代文化更先进，所以最好是移植现代欧洲文化而不是复活中国古代文化。尽管如此，他们认为五四运动的基本性质仍然是文艺复兴运动。[3]

在五四运动的诸特点中，确乎有一些类似于欧洲文艺复兴运动。从某些角度看，这两场运动有许多共同的背景，诸如：半中世纪式的经济和社会状况，白话文问题以及个人从传统思想、制度和习俗束缚下解放出来的需求等。然而它们的不同之处更多，并且这些差别迫使我们把它们划入迥然相异的范畴。首先，中世纪晚期的欧洲商业革命蔚然成风，伴随着扩大市场的强烈要求，并且最终导致了海外殖民扩张；而第一次世界大战之后，中国正处于从农业经济向初始工业经济过渡的阶段，既要面对已充分工业化的西方，又要面对工业化程度略差的日本。结果是，中国经济成为半殖民地式的，而非扩张式的。这种区别实际上使五四运动时期的中国与文艺复兴时期的欧洲处于迥然不同的经济背景之中。

另外，"五四"时期的中国人虽然也追求个人自由，呼吁个人从旧传统中解放出来，但这些要求中掺杂了一些中世纪欧洲人所不曾迫切要求的内容。基于中国的经济、政治状况及其从 19 世纪西方自由资本主义所得的经验，五四运动后的中国知识分子强烈支持中国国家经济独立和个人经济平等的要求。因此，他们受民族主义的吸引，并且不久后发生了社会主义和自由主义的冲突。

从某种意义上说，欧洲文艺复兴是古文明影响的再生，即寻求以古希腊古罗马的思想取代中世纪的思想。对这些古文明成就的研究，是整个欧洲文艺复兴革命性的一个方面。然而，五四运动却远非一场复辟运动；相反，五四运动的目的在于将一种现代文明移植入一个古老的国家，同时伴随着对古文明的严厉批判。[4]认同这一观点就与五四运动是一场文艺复兴运动的结论大相径庭。关于用现代方法研究中国文化遗产，即类似于欧洲文艺复兴的某一特点的假想更缺乏真实性。运动早期对中国古代风俗和经典的批判性研究，实际上是对旧习俗的一种打击，目的在于以新发现取代旧文化。"打倒孔家店"是当时的时代精神。五四运动的主流向来都不是要复活古代精神。如果说有所复兴，那也是由西学输入而导致的对中国古文化真实本质的重新挖掘。现代世界的新学成为五四运动的推动力，而对文化遗产的重新挖掘，不过是这些新学的果实之一罢了。至于"整理国故"或许可以看作五四运动的后期发展；从某种程度上看，这是极端保守派用以阻碍西学的借口。中国古文化及经典与古希腊文化有着本质的不同，科学和民主并非古代中国的特征；认为五四运动意味着古中国文明的复活，这一观点是偏颇的。

认为五四运动类似欧洲文艺复兴运动的一派，其最雄辩的论据是采用白话文作为国语并且建立了新文学。即使在这个层面上，两场运动的相似之处也很有限。欧洲多数伟大的白话文学作品都是在文艺复兴期间或之后创作的，而中国的许多白话文小说却创作于几百年前，远早于"五四"时期。五四运动创造的新文学是就如下意义而言的：首先，白话文在五四运动后被确认为所有文学创作的主要媒介并且成为国语；其次，文学创作的题材发生了变化。仅就前一意义而言，五四运动和欧洲的文艺复兴运动有些相似。至于后一种意义，中国新文学经历了一个短暂的人文主义热潮，但很快就发展成为现实主义、自然主义和浪漫主义的混合物，后来主要演变为作为政治工具的革命文学。就精神而言，"五四"时期的文学与欧洲文艺复兴时期的文学极少相似。

最后，西方文艺复兴的概念本身就是模糊的、有争议的，而中国学者在使用这个词时就更不明确了。在他们更为宽泛的解释中，文艺复兴不仅适用五四运动，而且也适用于此前的四次文学和思想改革运动。如此使用这一概念不是澄清，而是混淆了五四运动和其他改革的意义。[5]

更早地把欧洲文艺复兴和发生在不同时期的中国事件进行相似比较的是梁启超和他的朋友们。1902 年，梁启超曾指出，清朝的某些思潮与欧洲文艺复兴有相似之处，特别是在恢复经典研究方面更为相似。他的这一观点因其欧洲之行而更加确定。1919 年年初，梁启超与蒋百里等人访问了欧洲，并对欧洲的文艺复兴史进行了深入的研究。1920 年，他出版了一本书，书中详细探讨了这一观点，并对中国所发生的思想变革进行了阐释。带着这种先入之见，梁和蒋坚持认为，清代以后的中国形势和文艺复兴之后的欧洲形势相类似，也就是说，面临着一场"改革"。他们提出，除了新文学和艺术外，中国可能出现一种"新佛教"。[6]这意味着五四运动还是一场"中国宗教改革"。实际上这种思想表明，梁启超和他的追随者试图推行一种"东方精神文明"，这种文明建立于中国和印度文化之上，是文明的顶点。鉴于 20 世纪 20 年代非宗教运动和自然主义、唯物主义在中国的风行，把五四运动比作一场欧洲式的宗教改革运动，很难令人信服。

除了上述种种阐述外，还有些学者提出五四运动是启蒙（*Aufklärung*）或者是 18 世纪法国启蒙运动的中国版本。显然，得出这一观点是基于理性主义和自然主义在五四运动中的盛行。这些新式知识分子几乎像笛卡尔一样怀疑一切，像伏尔泰一样蔑视偶像。他们提倡思想明晰，评估事物要用功利主义的标准。他们的精神充满了批判和毁灭。他们诉诸理性而非习惯，诉诸自然的法则而非人为的，诉诸人道主义与美学而非伦理规则与宗教。他们怀疑在自己看来未经证实的一切。他们的历史使命是挣出旧习俗的束缚，重塑人的观念与情感，打破传统，开放思想以利变革。总之，他们为一场伟大的变革开辟了道路。事实上，就所有这些方面而言，五四运动更接近于法国启蒙运动，而非欧洲文艺复兴。但五四运动和启蒙运动仍有着根本的差异。例如，在欧洲启蒙运动中，新兴的中产阶级推翻了封建贵族；而在中国，中产阶级没有独当此任，而是由各种新兴社会势力联合起来，以反抗日益衰落的旧势力联盟。

任何一种从西方历史角度出发的阐释，都不可避免地忽略某些关键方面而造成误解。这些学者阐释的偏误之处，[7] 似乎主要是忽视了新式知识分子担当政治和社会势力领袖的意义以及新兴民族主义和社会主义思潮的重要性。然而，他们的阐释仍有价值，特别是在运动初期对澄清某些特征很有意义。

另一方面，结合各种例子表明，自由主义者对五四运动的阐释似乎是最不武断的。自由主义者对新思想和新文化运动，特别是在中国学术思想和某些社会伦理方面，都做了中肯的思考，肯定了这些运动所取得的成就。[8] 他们抓住了五四运动早期的本质之一，即个人的解放。[9] 自由主义者后来对这场运动的阐释，往往忽视其政治因素，这很容易理解，因为他们在运动初期关注的是教育改革和运动中学术的提高。

中国的一场大灾难——来自保守的民族主义者和传统主义者的批判

国民党和中国青年党领导人及这派学者，对这场运动持民族主义和传统主义的看法。如前所述，孙中山在逝世前，基于政治原因曾支持学生运动和新文化运动，但出于民族主义立场，他又从未完全赞同新文学运动和新思想运动。孙中山的这种矛盾态度，导致了后来国民党内部关于这场运动的争论和分歧。其中进步的、自由主义的一派以及那些参与过运动的国民党党员，或多或少持与上文所述自由主义者类似的观点。然而，这一派在国民党内部并不掌握权力。另一派是保守派，这些人特别是那些民族主义者和传统主义者，要么从整体上贬低这场运动，要么批判其对民族遗产的破坏。

要了解国民党对这场运动的官方态度，最好是考察一下蒋介石所持的态度。就意识形态而言，蒋所受的教育与新思潮相去甚远，但五四运动肯定对他有所影响。[①]毫无疑问，蒋在 1927 年以前所采取的态度与孙中山一致，即支持五四运动。蒋在北伐中所取得的成功就得益于这项政策。至于五四运动的意义，蒋介石似乎强调，以民族主义情绪反对军阀主义，反抗列强的侵略。[10] 1943 年，蒋在提到中国人民对"二十一条"及其他中日秘密条约的痛恨后曾说道："这些民族耻辱直接违背了中国人民的意愿，并且构成了对中国人自信心的损害。于是激起了中国人强烈的革命要求，'五四'学生运动明显地体现了这种要求。面对人民强烈的革命要求，军阀官僚政治体系走向没落。"[11]随后，蒋把后来的国民革命描述为根除军阀主义、废除不平等条约而进行的斗争。[12]

---

① 自 1917 年至 1923 年，也就是整个五四运动时期，蒋介石已从日本东京军官学校接受完军事教育，正过着隐居的生活。1917 年和 1918 年他住在上海。1918 年秋至 1919 年夏，蒋的大部分时间是在福建山区度过的，其时他出任陈炯明领导的广东军队的团长。1918 年，蒋已是宋明理学的信徒，特别崇信王阳明的直觉主义与力行哲学。（后来他成为清朝大臣、孔教信徒曾国藩的一名狂热崇拜者。）"五四"时期的思潮看来对他产生了某些影响。1919 年 7 月底，他打算去欧美学习。除了大量中国历史、哲学的正统典籍和理学著作之外，他还开始阅读现代社会科学和文学著作，诸如马歇尔的《经济学原理》（Alfred Marshall, *Principles of Economics*）、俄国革命史、关于日本新村运动的著述、易卜生的传记和《新青年》《新潮》等杂志。他还埋头苦学了英语、俄语。同年 10 月，他访问了日本并发表了几篇论外交关系的文章，鼓吹重新考虑对俄政策。从那时起，他对自己的前途和中国的形势都很乐观，并对苏俄组织和苏俄红军秩序都产生了兴趣。因此，1923 年 8 月，孙中山派他和国民党员王登云、共产党员张太雷以及国共两党的党员沈定一等赴苏学习。蒋在苏联停留了三个月多，同年 12 月 15 日回到中国。回国后，他开始既反帝，同时又怀疑苏共对中国的居心。

因此，蒋介石对五四运动的支持主要是就其爱国主义或民族主义而言的，而他严厉地批判了"五四"新思潮和学生运动等方面。他攻击了自由主义者和共产党人，因为他们没有给中国传统文明以适当的尊重，导致中国人丧失了民族自信心；因为他们盲目地推崇外国思想，这与中国人的民族心性和气质是不相容的；因为他们只是一味模仿西方思想的表面内容，而没有适当地注意到中国的需求。[13]

至于新思潮和学生生活方面，蒋指责思想改革者腐蚀了青年学生，使他们背离道德原则、法律和政府命令。[14] 事实上，蒋介石不但严厉地批判了思想改革者破除偶像的教唆，而且全面否定了新文化运动的思想，尽管孙中山曾高度赞扬这场运动所取得的成就，并要求其追随者支持这场运动。蒋提到：

> 我们试看当时所谓新文化运动，究竟指的是什么？就当时一般实际情形来观察，我们实在看不出它具体的内容。是不是提倡白话文就是新文化运动？是不是零星介绍一些西洋文艺就是新文化运动？是不是推翻礼教否定本国历史就是新文化运动？是不是打破一切纪律，扩张个人自由就是新文化运动？是不是盲目崇拜外国，毫无抉择的介绍和接受外来文化就是新文化运动？如果是这样，那我们所要的新文化，实在是太幼稚、太便宜，而且是太危险了！[15]

在蒋介石看来，治疗这种思想文化堕落的药方是知识分子实行"自律"，同时辅之以民政和军事的相互配合。至于科学和民主，蒋对其意义的看法也与思想改革者不同。1951 年，他将"民主精神"阐释为"纪律"，将"科学的意义"阐释为"组织"。他提出，作为对科学和民主的补充，民族主义或伦理道德应该成为第三个口号。[16] 基于其正统的力行哲学的背景，蒋可能严肃地反对新式知识分子重估传统的态度。自20世纪30年代以来，以蒋介石为首的保守派一直提倡一种总体偏向传统主义的政策。他们漠视新文学和白话文，而褒奖民族文化遗产，特别是传统伦理道德，如忠孝之道等。

他们还要求普通百姓读经尊孔。① 由于受到五四运动破除偶像思潮的影响，多数新式知识分子，尤其是青年知识分子都激烈地反对这一官方政策。这种冲突也成为驱使学生和青年知识分子反对民族主义政府的因素之一。

显然，国民党保守派一直有意或无意地强调五四运动的民族情绪，而否定其反传统精神。当然，"五四"时期中国民众的民族情绪是强烈的，没有人会否认一个独立自由的中国必须建立在一个强大的民族基础上。然而，多数思想改革者怀疑普通的传统文化遗产，特别是那些旧的伦理道德，是否能够挽救民族的危亡。19世纪后半叶的历史已经证明，传统不能使中国强大和独立。因此，思想改革者们认为破除偶像比提倡传统更有助于实现民族主义的目的。事实证明，对怀有强烈民族情感的一般人而言，唯物主义者和进步派所提倡的以机枪扫射还击机枪扫射的思想更具有吸引力。

再者，无论传统的儒家学说、伦理道德和规章制度具有怎样的价值，它们都毫无疑问地含有与现代民主与科学相冲突的过时成分。很明显，从汉代帝王到慈禧太后，再到袁世凯，所有这些当权的统治者，在要求人们崇拜孔子和传统的时候，都强调儒家学说中的反民主成分，目的是在正统的基础之上与农业社会的制度之下，巩固其专制统治。国民党政府似乎并没有意识到这种倾向，它提倡"尊孔读经"，同时又把"民主"与"科学"官方阐释为"纪律"和"组织"。

仅就"全盘西化"的主张而言，蒋介石批判思想改革者们盲目崇拜西

---

① 1952年，蒋介石在台湾又重倡"读经"，并再提对五四运动的批判。他说："孔经是我国优秀民族文化的精华，是我们斗争的有力武器。它们毫无理由被抛弃。我听说多数北京大学的我党党员曾在民国初反对研究古代典籍。他们认为，如若不然就不会有革命或者改革。这实在是对革命和改革意义的曲解。我曾经说过，尽管五四运动提倡民主和科学，但由于它考虑不到救国的根本问题，所以其本身有许多缺陷和麻烦。北京大学是五四运动的发祥地，也正是这所学校提出了这两条原则（即科学和民主）。但是30年后我们发现这两条原则救不了中国。"他进而提出要重新整理古代经典，并且所有学习文学、法学、历史、地理和哲学的学生都要研究之。这篇文章再度强化传统主义者的势力。台湾的高级官员再次提议孔经应作为一切文职人员考试的科目，并且所有学校都应讲授这些科目。一些自由主义者又重新表现出他们温和的抵触。昔日的论战重又燃起。在这场辩论中，保守派指责五四运动要为国民党在大陆的失败负全部责任；而反对派则驳斥，保守派的观点不过重复了一种荒诞的陈词滥调，即诵《孝经》可以退顽匪的说法。[17]

方，或许是有道理的。但这一主张只是由某些自由主义者在"五四"之后提出的，很快就得以修正。蒋介石指责五四运动盲目崇拜外国，而日本政府、外国租界当局和某些西方人士，则称这场运动的性质是排外，如果把这两种观点加以比较的话，就会发现这种观点上的冲突十分有趣。

除了一些极端保守分子之外，国民党官方很少对五四运动进行公开的全盘攻击。但自1927年后，他们因反感新思潮中破除偶像的倾向，而普遍成为这场运动的反对者。某些具有自由主义倾向的国民党员，如吴稚晖、罗家伦等后来依然捍卫这场运动的某些目标，但他们已不再掌权；最后他们自己也对"五四"时期提倡的原则变得有些淡漠了。20世纪30年代，国民党政府对五四运动如此反感，以至于谁若在公开场合提及这场运动，都会成为不受政府欢迎的人。[18]在三四十年代，国民政府用警察和军队来镇压学生运动，说明它已被迫取代了当年的旧北京政府。

然而，某些民族主义者的反对意见或许值得进一步思考。从民族主义的观点看，某些极端分子和破除偶像者企图全盘否定中国的过去，这无益于增强民族自信心。没有人会反对对中国的过去进行非教条主义的重估，也没有人会反对从中国传统文明中找出某些有肯定价值的东西。但所有这一切应本着一种现实主义的态度来进行，而不是持一种偏执守旧的民族主义精神。

与国民党观点相类似的，是那些保守的民族主义的中国青年党领导人的看法。他们虽然不像国民党领导人那样批判五四运动的反传统，但是却把它视作一场打着反卖国贼、反列强旗号进行的鼓吹中央集权的民族主义学生和民众运动。他们高度赞扬了五四运动的爱国主义精神和反日情绪，但却反对新文学和新思潮。其结论和自由主义者类似，但理由不同，他们认为，在运动后期出现的国共两党合作是一场全民族的灾难。[19]

由列宁影响的一场反帝反封建运动——中国共产党的阐释

自20世纪30年代以来，中国共产党试图将五四运动归纳为划分中国近现代史的分界线和中共政治生涯的起点。主要有两个问题需要关注：五四运动的实质是什么？谁领导了这场运动？

对于这些问题，共产党的早期领导人的回答并不一致。那些曾在五四运动中起过重要作用的早期领袖，如陈独秀和李大钊等，已经认识到运动的政治意义，他们认为在某种程度上，他们正将某些"五四"精神在党的活动中发扬光大。但他们从未宣称五四运动是由俄国十月革命激发的，或者是由共产主义者领导的。1919年10月12日，李大钊在《国民》月刊上撰文称，五四运动是一场"反对大东亚主义和侵略行径的而非仇恨日本人的"运动。他又指出，这场运动不只是一场爱国运动，而是相对笼统的"人类解放的一部分"。1938年，陈独秀曾写过一篇文章，题为《五四运动过去了吗》，是针对党内毛泽东一派的"农村苏维埃"和"山区马克思主义"的批判。陈坚持认为，五四运动是一场"民主革命"运动。在他看来，五四运动应被视为"整个民主革命时期"的一环，民主革命开始于1911年辛亥革命，而且还会继续下去。据他理解，"五四"时期民众要求的是民主和民族独立，可以列举如下：

> 反对日本帝国主义的侵略及卖国贼。
> 反对旧礼教的束缚，提倡思想解放、妇女解放以扫除封建的残余。
> 提倡科学，破除迷信，建设工业。
> 反对古典文，提倡语体文，以为普及教育和文化的工具。
> 提倡民权，反对官僚政治。[20]

在陈独秀看来，当前民众提出的基本上仍是这些要求；现在要做的就是如何实现这些要求。他承认，主要由青年知识分子而非工人阶级发动，是五四运动的缺点，但他强烈反对"'五四'时期已经过去"这样一种流行的看法。

关于这个问题，共产党中的主流观点是毛泽东所做的概括解释，而不是陈独秀的看法。事实上，毛是被这场运动唤醒并开始了他的政治生涯。

从一开始他就抓住了机会，利用这场学生及新文化运动对社会政治和经济方面的影响。[①] 他的主要理论——"新民主主义"论[②] 或许就是受他在五四运动中的经历以及他对五四运动理解的影响而形成的。

1939 年 5 月初，毛为延安的报纸写了一篇题为《五四运动》的文章，用来纪念五四运动 20 周年。在文章的开头，毛这样写道：

> 二十年前的五四运动，表现中国反帝反封建的资产阶级民主革命已经发展到了一个新阶段。五四运动成为文化革新运动，不过是中国反帝反封建的资产阶级民主革命的一种表现形式。由于那个时期新的

---

① 自 1913 年春至 1918 年夏，毛泽东就读于长沙的湖南第一师范学校。在这一时期的最初几年，除了正统的中国史书外，毛还阅读了一些由严复等人翻译的西方著作，如亚当·斯密的《国富论》、达尔文的《物种起源》、约翰·穆勒的《逻辑学》、斯宾塞的《群学肄言》、孟德斯鸠的《论法的精神》、卢梭的著作以及古希腊和古罗马的文学作品等。但不久他就受到《新青年》杂志的吸引，放弃了早期的观念。如我们已经提到的，在 1918 年 9 月至 1919 年年初这段逗留北京的时间里，他深受北京大学无政府主义和自由主义的影响。1919 年 3 月，他从上海回到长沙。他一听说"五四"事件，就立即和长沙市的学生们一起参加了支持北京"五四"学生运动的活动。毫无疑问，"五四"事件为他提供了一个极好的机会。因支持和参与了这次学生运动，他从一个默默无闻的中学毕业生而一举成为全国瞩目的人物。毛编辑的短暂出版的《湘江评论》立即得到了《新潮》编辑傅斯年的赏识。傅认为，这家杂志是可以与《新青年》《建设》《解放与改造》《少年中国》《每周评论》等比肩的全国最好的五六家杂志之一。毛在 1919 年 7 月 21 日至 8 月 4 日这期《湘江评论》上发表的《民众的大联合》因支持"五四"事件，而被学生运动领导之一罗家伦推荐为对"五四"学生运动的准确解释。[21] 在这篇文章中，毛指出，在争取民权和社会组织的斗争中，学生、商人和工人都觉悟出必须统一起来。1919 年 8 月，毛的杂志被省政府查封，随后他再赴北京和上海，寻求对湖南学生反军阀斗争的支持。1920 年秋，著名学者和革命家易培基开始出任湖南第一师范学校的校长。一批具有自由主义和无政府主义倾向的新教员纷纷加入到教师队伍中来。这些人中有曾参加五四运动的无政府主义者匡互生、夏丏尊，武昌中华大学毕业生余家菊、陈启天、恽代英以及著名作家舒新城。从 1920 年秋到 1922 年冬，毛担任长沙市湖南第一师范学校附小的校长。

② 指出"新民主主义"这一概念并不完全是由毛泽东创造的，或许是一种较为确切的说法。1919 年年初，罗家伦在《新潮》撰文时引用了沃尔特·爱德华·韦尔的著作《新民主主义》(Walter Edward Weyl, *The New Democracy*)，"新民主主义"这个名词被引入了中国。1922 年 1 月 28 日，江亢虎将"新社会主义和新民主主义"作为他的中国社会党的理论，该党两年后更名为"中国新社会民主党"。"新民"这个词更早时被梁启超用过，最早可以追溯到古代儒家经典，比如《大学》《书经》等。但这个词当时的含义却与毛泽东所用的不同。毛泽东关于五四运动的阐释中还汲取了许多其他学者的思想。[22]

社会力量的生长和发展，使中国反帝反封建的资产阶级民主革命出现了一个壮大了的阵营，这就是中国的工人阶级、学生群众和新兴的民族资产阶级所组成的阵营。①而在"五四"时期，英勇地出现于运动先头的则有数十万的学生。这是五四运动比辛亥革命进了一步的地方。[23]

运动的简要说明包含了毛泽东观点的精髓。这一思想在文章发表后的六个月中进一步发展起来。它澄清了如下三点认识：（一）五四运动是从"反帝反封建的资产阶级民主革命"到一个新时期的起始点；（二）民族资产阶级可以，并且也确实与无产阶级及知识分子在一个统一战线内参加了这场革命；（三）知识分子成为这一革命统一战线的领导者。在同一篇文章中，毛泽东还强调：（一）自鸦片战争以来，百年间的中国革命从性质上讲是资产阶级民主革命。其目的就是要在自 19 世纪中叶以来取代传统封建社会的半殖民地半封建社会的废墟之上，建立一个民主主义的社会。共产主义者应首先参加这场革命，建立一个资产阶级民主主义社会，然后再把它转变为一个社会主义社会。（二）中国革命的成功有赖于由一些社会势力结成的统一战线，即由工人、农民、知识分子和进步的资产阶级组成的统一战线。（三）"在中国的民主革命运动中首先觉悟的阶层是知识分子。1911 年辛亥革命和五四运动都明显地表明了这一点。而且五四运动时期的知识分子比辛亥革命时期的觉悟更高，数目更多。但若知识分子不和工农相结合，则会一事无成。划分知识分子是革命的、不革命的还是反革命的，只要看他是否愿意并且确实和工农相结合。"[24]

1939 年 5 月 4 日，上述文章发表几天之后，毛泽东在延安举行的同为纪念五四运动 20 周年的青年集会上发表了一篇演讲。在这篇演讲中，他详细阐述并发展了上一篇文章中的观点，并强调指出五四运动是一场反帝反封建的革命运动，自五四运动以来，中国学生和青年开始成为唤起民众的"先锋队"。但后来这场运动因部分知识分子没有负起唤醒和组织工农群众的使命而失败。[25]

---

① 按照毛的观点，民族资产阶级既非官僚资本家，又非帝国主义买办资本家。

上述演讲已被中国共产党官方确认为首次阐述了日后成熟起来的"新民主主义"理论①。后来到 1940 年 1 月 15 日，毛泽东发表了他的《新民主主义论》，文中系统地阐述了上述文章及演讲中的主要论点。

在《新民主主义论》一文中，毛泽东指出，五四运动是中国"旧民主主义"与"新民主主义"的分水岭。五四运动前的 80 年的特征是"旧民主主义"，而五四运动后的 20 年的特征则是"新民主主义"。[27] 如毛所说，五四运动前，"中国资产阶级民主革命的政治指导者是中国的小资产阶级和资产阶级（他们的知识分子）"，而"五四"之后，"中国资产阶级民主革命的政治指导者，已经不是属于中国资产阶级，而是属于中国无产阶级了"。[28] 这就是将五四运动视为分水岭的原因。也就是说，五四运动之后，中国无产阶级成为一股自觉的独立的政治力量。但在当时中国半殖民地半封建的形势下，中国资产阶级因受到帝国主义的压迫，而依然保持着对外国帝国主义和国内官僚主义的本能反感，所以在当前的革命中有可能与无产阶级合作。他指出，这正是中国资产阶级和沙俄资产阶级的不同，后者不具备这种相对的革命性。[29]

在他的《新民主主义论》中，毛泽东还进一步断言，五四运动在文化领域也标志着新旧两个历史时期的分界。"在'五四'以前，中国文化上的斗争是资产阶级的新文化和封建阶级的旧文化的斗争。"[30] 五四运动前中国的新学、西学，主要是资产阶级所需要的自然科学和社会科学知识。当时的新文化运动及文化革命也是由资产阶级领导的，是世界范围内资产阶级文化革命的一部分。"'五四'以后则不然。在'五四'以后，中国产生了完全崭新的文化生力军，这就是中国共产党领导的共产主义的文化思想，即共产主义的宇宙观和社会革命论。"[31]

毛泽东充分认识到了五四运动的政治意义，但他似乎更强调这场运动的文化革命意义。他提出，自 1919 年至 1940 年，中国文化革命的基础是类似于政治领域的一条文化革命统一战线。它经历了四个阶段：（一）从1919 年"五四"事件至 1921 年中国共产党成立期间的两年；（二）从 1921

① 《毛泽东选集》的编辑指出，"这是毛泽东在延安青年群众会举行的五四运动 20 周年纪念会上的演讲。毛泽东在这个演讲中发展了关于中国革命问题的思想"。[26]

年到 1927 年北伐结束的六年；（三）从 1927 年到 1936 年，国共两党内战时期的九年；（四）从 1937 年抗日战争爆发到 1940 年间的三年。他认为五四运动及其反对旧道德、旧文化的斗争，是中国文化革命第一阶段的主要特征。它是一场如此伟大、如此彻底的文化革命，以至于史无前例。[32]

除把五四运动看作新、旧民主主义分水岭外，毛泽东同时还在这篇文章中宣称："五四运动是在当时世界革命号召之下，是在俄国革命号召之下，是在列宁号召之下发生的。五四运动是当时无产阶级世界革命的一部分。"[33]

此后，毛泽东对五四运动性质的认识，便成为中国共产党对这场运动的官方解释。大量共产党学者论及这一问题，几乎都是遵循的这条思路。非正统的观点受到教条主义派的历史学家的严厉批判，而这些批判往往只是些言过其实的解释，而不是实事求是的论述。[①]

要评价毛泽东关于五四运动所作的阐述，就要涉及中国人争论不休的"封建主义"和"半封建主义"这一对一般意识形态内的概念，而要解决这一争论，则非本书所能企及。毛关于这个问题的看法，是基于他以及中国共产党官方运用阶级分析方法对中国现代社会所作的阐释，是建立在中国社会是"半殖民地半封建"社会这样的认识之上的。如果一个人不接受对中国社会的这种解释和阶级观点，他自然会反对关于五四运动的这种认识。但另一方面，在随后逐年增多的中国左派知识分子中，关于中国社会的认

---

① 例如，1940 年 6 月郭沫若将五四运动和爱国诗人屈原（约公元前 340—约公元前 278）作品中所反映的文学的发展进行了比较。郭认为，屈原的诗是用一种口语来代替经典的文学语言创作的。他断定这种变革和五四运动堪称中国历史上两次最伟大的"文学革命"。作为一个马克思主义者，郭把这两次文学革命的根本起因都归之为经济变革："所有意识形态的变化都来自于经济体制的改变。在从奴隶制向封建制以及从封建制向资本主义制度过渡时，都产生了新的语言。"根据郭的看法，屈原所生活的春秋战国时期，正是中国从奴隶制向封建制过渡的时期。这种转变引起了以屈原诗歌为标志的文学革命。近几十年来，由于中国社会从封建制向资本主义和民主过渡，便出现了五四运动。他提出，"两千年前我们也有一场五四运动，屈原就是这个古代五四运动的强有力的领导者"。这种有关五四运动的非正统认识遭到共产党历史学家华岗的批判。他指出郭的观点中有三处错误：（一）"五四"时期的社会变革是从一个"半殖民地半封建社会"向一个新民主主义的转变，而不是从封建主义向资本主义的转变；（二）不应将五四运动看作一场单纯的文学革命，如此看待五四运动，正像胡适等人所做的那样，是企图故意缩小这场运动的反帝反封建性质；（三）五四运动在中国是史无前例的，不应把它错误地理解为两千年前一场文学变革的"翻版"。[34]

识被当作理所当然的事情。

但事实上，即使不分析当时中国社会的性质，我们也可以研究五四运动是不是具有阶级意识的反帝反封建的运动。即使魔鬼是否存在值得怀疑，驱魔运动还是可以开展的。在这样的情况下，判断这场运动的参与者是否将其视作一场反帝反封建运动的最佳办法，是研究这场运动本身所发生的事件。从这个角度来评判毛泽东对五四运动的认识，就会发现他在抓住这场运动的某些重要特征的同时，也混淆并夸大了一些问题。

毛泽东认为五四运动是"资产阶级民主革命"的一种表现方式。他也承认这场运动的主导思想是"城市小资产阶级和资产阶级知识分子"的思想，并且他们所采用的方式也还是资产阶级式的。同时他又指出，"五四运动是当时世界无产阶级革命的一部分"，并且五四运动是中国新、旧民主主义革命的分界线。这些自相矛盾的观点使这个问题含混不清。这种混乱来自于这样的事实：这场运动实际是一个历经数年的过渡，而不是一个单一的事件，并且在此期间运动参与者的思想和行为都发生了很大的变化与发展。只能说在运动结束时，共产党的影响才开始表现出来。如果从整体上来考察这一时期，便不能说这场运动是"当时世界无产阶级革命的一部分"。确实，自1919年后，正如《新潮》杂志所反映的那样，大批中国学生领袖受到十月革命的影响。但必须谨记的是，新思潮和新文学运动是在1916年成形，1917年夏发展壮大起来的，所有这些都发生在十月革命之前。毛泽东并没有否认这样的事实：五四运动中的知识分子只是"初步地具有了共产主义思想"，而缺乏"马克思主义的批判精神"。他也承认自己在1919年只是一个无政府主义信徒，仍旧是胡适、陈独秀和李大钊的一名崇拜者。陈独秀直到1920年才开始信仰共产主义，而李大钊直到1919年年底以前还没有全盘接受它。1919年年底，毛宣称自己是"美国门罗主义和门户开放政策的热烈支持者"。[35] 当然这样说并不是坚决否认第一次世界大战后世界革命形势对五四运动后期发展所产生的巨大影响，只是不苟同五四运动是在十月革命和列宁的召唤下发生的这种假设。

而且反帝反封建思想似乎主要是在1920年以后才发展起来的。在此之前，至少多数运动的参与者在当时并没有意识到这些，他们主要是反对日本侵略主义和亲日官僚。另一名共产党领导人，也是运动参与者之一，周恩来的妻子邓颖超承认这一事实。她说过：

> 五四爱国运动和新文化运动的本身是反帝反封建的性质，但当时，在我们的思想上还没有弄明确。直到 1921 年中国共产党成立以后，才明确地指出中国革命是反帝反封建的资产阶级民主革命。我们的认识也才逐渐地明确起来。"五四"时，我们也不知道"知识分子要与工农相结合"，只知道列宁是苏联革命的导师、他是要为被压迫的工人和农民谋解放而已，不过我们当时的确也有一种自发的直觉认识，要救国需要冲破学生的圈子，救国不能单靠学生，必须要"唤醒同胞"。所以，我们很重视宣传工作，组织了许多讲演队。[36]

当时，邓属于学生中的激进派。对于占据学生团体多数的其他人来说，有趣的是他们很少使用"帝国主义者"或"封建的"等字眼，虽然这场运动的核心是反帝和反传统；他们也不常用列宁主义关于"帝国主义"和"封建主义"的确切解释，尽管非列宁主义的"帝国主义"一词早在 1895 年就已经由日本传入中国。①

---

① 浮田和民（Ukita Kazutami, 1858—1945），其所著《帝国主义》（*Imperialism*）在 1895 年被译成中文，而幸德传次郎（Kōtoku Denjirō, 1871—1911，即幸德秋水）的《帝国主义，二十世纪的幽灵》（*Imperialism, the Spectre of the Twentieth Century*）一书在 1902 年由赵必振译成中文。当他们写作这些书时，浮田是一个进步的自由主义者，幸德则是一个社会民主主义者。李大钊在 1912 年 2 月 10 日出版的《国民》杂志提到，"日本人倡导的泛亚洲主义不是一个民族自决的理论，而是一个帝国主义征服弱小民族的理论"。甚至这种从纯粹民族主义观念出发的、关于帝国主义的观念，也很少在"五四"时期被提及。1916 年，列宁受到霍布森（John Atkinson Hobson）发表于 1902 年的《帝国主义研究》（*Imperialism*）的影响，写出了《帝国主义是资本主义的最高阶段》（*Imperialism, the Highest Stage of Capitalism*）一书。列宁认为，自 1898 年以来，西方社会改革家及和平主义者越来越多地采用"帝国主义"这一概念。经济学意义上的现代帝国主义早期曾受到法国重农主义者，甚至是亚当·斯密的批判。直到 1919 年 9 月 1 日，列宁的著作才开始在中国翻译出版，两周后《解放与改造》杂志首期刊登了他的《布尔什维克的反对与要求》一文。接着《新青年》8 卷 3 号（页 6—10）以《民族自觉》为题，部分刊登了他的《在苏共八大上所作的关于党纲的报告》。此后，1920 年和 1921 年，列宁大约有 10 篇文章被译成中文。[37]

某些新思想运动的知识分子领导人可能在介绍帝国主义概念前，早就提出了反封建思想，甚至是在"五四"事件之前。陈独秀、蔡元培以及其他人反对孔教的主要理由之一，是孔教是封建社会的产物，并且在许多方面都保留着封建性。他们强烈反对在已经发生变化的现代社会中维护一种封建理论，这表明他们认为当时中国社会的性质已不是封建社会。此外，与"帝国主义"一样，"封建主义"在"五四"时期也没有在马克思主义者的观念里出现过。

五四运动的领导者是谁？

这场运动是不是在阶级划分的基础上发生的？它的领导者是谁？这些问题引发了另一个和共产党关于五四运动的阐释密切相关的问题。尽管毛泽东在后来的著述中用阶级分析法来解释五四运动，但他似乎意识到了这种解释的不确性。因为在 1939 年首次评价五四运动时，他称这场运动实为不同"社会力量"的统一战线，而非不同阶级的统一战线。毛泽东列举了"中国工人阶级、学生群众和新兴的民族资产阶级"，作为这条统一战线的组成成分。后来在 1940 年发表《新民主主义论》时，他又补充了更多的阶级特征：

> 五四运动时期虽然还没有中国共产党，但是已经有了大批的赞成俄国革命的具有初步共产主义思想的知识分子。五四运动，在其开始，是共产主义的知识分子、革命的小资产阶级知识分子和资产阶级知识分子（他们是当时运动中的右翼）三部分人的统一战线的革命运动。它的弱点，就在只限于知识分子，没有工人、农民参加。但发展到"六三"运动时，就不但是知识分子，而且有广大的无产阶级、小资产阶级和资产阶级参加，成了全国范围的革命运动了。[38]

后来许多共产党学者常常进一步发挥毛泽东的上述观点，并提出在五四运动的统一战线中，共产主义知识分子起领导作用。例如，其中有位学者对毛泽东所提到的三类知识分子进行了如下解释："李大钊和毛泽东是共产主义知识分子的代表人物，鲁迅和陈独秀是革命的小资产阶级知识分子的代表人物，而胡适是资产阶级知识分子的代表人物。在这场统一战线的革命运动中，共产主义知识分子是主要的领导力量。"[39] 据这位史学家说，得出这种推论是因为"在这场运动中，共产主义知识分子的无产阶级思想数量不大但质量却很高，在动员广大革命群众时比其他派别的思想更有效力"。[40] 如果不能用论据来证明五四运动特别是由共产党领导并受无产阶级思想影响，又如何依靠动员的效力来证实这个论点呢？

实际上从"五四"时期直到现在，围绕着"五四运动的领导者是谁"这个问题就一直争论不休，纠缠不清。"五四"事件发生不久，日本政府和北京政府就指责布尔什维克煽动了这场运动；但当时的知识分子领袖、外国观察家和外交官们都否认了这一点。但"六三"罢工之后，西方租界当局开始和日本政府论调一致，尽管他们也有人承认这种指责没有任何证据。"五四"时期后的几十年中，这场运动在中国公众中的声誉大大提高，各个党派都经常自称是运动的领导者。中国的自由主义者、西方传教士及其作家经常过分强调自由主义者，特别是胡适在这场运动中所起的作用。而国民党领导有时也宣称或暗示一些国民党员如蔡元培、吴稚晖、罗家伦和段锡朋等实际上领导了或影响了五四运动，尽管他们同时还批判了这场运动的目的。[41] 极端保守分子则持一种不同的看法，他们仍坚持追随日本政府的论调，视这场运动为一场公开的暴乱，所以将运动的领导责任简单地归之于共产主义者。1949 年后，胡适被共产党斥为五四运动的"叛徒"，杜威和罗素则被称为帝国主义派到中国来的破坏五四运动的"间谍"。有位传记作者甚至无视所有历史事实，批评罗素一直是"一名帝国主义战争贩子"。1927 年以后，陈独秀作为运动领袖的资格在中国共产党的文献中已经被删除，因为他已成为一名托洛茨基分子，并且"背叛"了共产党。1927 年继陈独秀之后的著名共产党领导人瞿秋白认为，甚至连陈独秀的"文学革命军的旗帜"也不再是"赤'匪'的红旗",而成为"国民党的青天白日旗"。后来李大钊、鲁迅、毛泽东和瞿秋白被共产党作者描述成比陈独秀和胡适更重要的五四运动的领导人。在中国,非共产党的史学家甚至被剥夺了拥有《新青年》和早期共产党机关刊物《向导周报》的权利。[42] 于是,谁是五四运动的实际领导人这个问题便因各持己见的政治及社会集团出于党派偏见的考虑而搞得混淆不清了。

陈独秀曾在1923年年底也提出过同样的问题。陈独秀试图从历史唯物主义的角度来阐释新文学运动,他说:"常有人说,白话文的局面是由胡适之陈独秀一班人闹出来的。其实这是我们的不虞之誉。中国近来产业发达人口集中,白话文完全是应这个需要而发生而存在的。适之等若在30年前提倡白话文,只需章行严一篇文章便驳得烟消灰灭;此时章行严的崇论宏议有谁肯听?"[43] 胡适拒不接受这种视经济为"第一位原因"的观点。1935年在答复这种经济第一位的观点时,胡适详细阐述了许多其他原因,诸如历史的、社会的、政治的原因以及国际因素等。他补充说:"如果没有胡适、陈独秀之流的话,运用白话文进行文学创作至少要推迟二三十年。"[44] 在1940年蔡元培逝世之际,陈独秀又提到:"五四运动,是中国现代社会发展之必然的产物。无论是功是罪,都不应专归到哪几个人;可是蔡先生、适之和我,乃是当时在思想言论上负主要责任的人。"[45] 这些由陈独秀和胡适提出的关于文学革命起因的论述,约略暗示出他们对文学革命和五四运动领导者的看法。陈有时低估了个体领导者对五四运动的重要意义,而胡适则把经济因素和社会对普通书面语的需求降到最低。他们的观点表明,可以从其他角度来考虑谁是五四运动领导人这个问题。

毛泽东似乎抓住了这场运动的某些社会政治意义,并且对各种社会力量的联盟给予了应有的重视。他特别关注,在一场反对外国侵略和本国军阀的运动中,商人、企业家和工人的共同参与,这种联盟最早表现在6月的五次罢工中。这种认识帮助他形成了自己的理论,体现在1940年发表的《新民主主义论》和1945年发表的《论联合政府》。接下来,这似乎又有助于中国共产党在第二次世界大战期间及其以后动员各种社会力量来支持自己的事业。另外，毛泽东根据得自于五四运动的经验，充分意识到知识分子领导工人农民的重要性，并认识到学生和教师在这个层面上堪称中国革命的伟大源泉。他认为，关键的问题是召集新式知识分子深入工农，以便组织和鼓动他们，这是为自己的利益而战。更早的时候，孙中山曾经意识到这个问题，但后来的国民党领导人却忽略了这一点。但是正如我们所指出的，毛泽东认识到了这些问题，但他对五四运动的阐释还是略有武断、偏颇及自相矛盾的地方。

五四运动的真正本质——一种仅供参考的阐释

五四运动实际上是一场思想和社会政治相结合的运动，它企图通过中国的现代化来实现民族独立、个人解放和社会公正。从广义上来说，五四运动的本质是一场思想革命，因为它的基础是假定思想变革是实现这一现代化任务的前提，它所促成的主要是思想的觉醒和变革，并且它的领导者是知识分子。这又进而促进了各种社会、政治和文化的变化。五四运动的最重要的目的在于维护民族的生存与独立，这实际上是19世纪中叶以来中国所有重大改革及革命的目的。

同前辈改革家不同，"五四"时期的知识分子改革者为实现这一目的，提倡中国文化全方位的现代化或者西方化，从文学、哲学、伦理到社会、政治、经济制度及风俗习惯等。他们从批判旧传统开始，并以现代西方文明为标本，重估中国人过去的思想行为。他们认为现代西方文明的核心是民主与科学，所以"五四运动"的基本精神是抛弃旧传统，并创造一种新的现代文明以"拯救中国"。

在"五四"时期，特别是其初期，个人解放是主流意识之一。1915年以后，多数激进的青年知识分子改革者开始认识到，要振兴中华民族，就必须从陈腐的传统伦理和制度的束缚中解放出来。将所有个人都从旧式被动思考的模式中解放出来，打破建立在农业社会基础之上的自给自足的家族制度，势必会增强民族的实力。所以通过破除偶像和开展批判以打破旧传统和旧习惯，成为五四运动最多彩的现象。他们攻击保守的儒家学说，冲击经典的语言文学，暴露民族性格和习俗的缺陷，嘲笑东方的精神文化，推翻种种古老的传说，同时青年开始反抗旧式包办婚姻和家庭生活——所有这些都体现了这种破除偶像、批判和摧毁的精神。尽管改革的领导者宣称，他们的目标是建设一种现代文明，但他们摧毁旧事物的行为掩盖了他们在建设方面的努力。结果，保守主义和传统主义在青年知识分子中失去了市场。

在这场对旧传统进行批判性重估的运动初期，充塞着青年知识分子头脑的，是唯心主义、自由主义、理性主义、实用主义、功利主义、现实主义及不可知论等思想。总体上，改革者认为，思想意识和制度的变革应当走在物质的社会政治改革的前面。讲到批判传统束缚，他们认为，个人自由比循规蹈矩更为重要。另外，尽管他们有情绪化色彩和爱国主义色彩，但在处理问题时却是理智的、合乎逻辑的，或者至少表示打算理性地去做。尽管这些现象还只是初显端倪，却表明了除少数人外，他们思想方式的不同寻常。这种思维方式不同于清末以来的上流社会思想，追求的是思维的清晰。这些青年知识分子挑战权威，怀疑现行社会制度和道德原则，并用功利主义的态度来重新评价所有的一切。"重估一切价值"和"拿证据来"是他们的口号，尽管他们并非总能付诸行动。[46]一切在他们看来值得怀疑的旧传统没有不遭到挑战的。

但这种个人解放的潮流并不等同于西方所宣扬的个人主义，而自由主义的意义也与西方所提倡的有所不同。对于救国的目的来说，中国许多年轻的改革者认为，个人解放和维护个人权利相差不大。"五四"时期虽然比以往任何时候都更重视个人价值和独立判断的意义，但又强调了个人对于社会和国家所负的责任。这种情况不同于现代西方社会中个人主义的诞生，因为面对着帝国主义的侵略，当时中国的问题还是民族国家的独立。因此，中国对个人从传统中，特别是从封建大家族制度下解放出来的需求，很快就被要有一个组织良好的社会与国家从而建立一个强大政府的要求取代了。另外，当时思想倾向各不相同的团体都宣扬一种广泛的自由主义。除了有些受到18—19世纪英法思潮影响的自由主义者以及实用主义者外，还有无政府主义者、虚无主义者和各类社会主义者。当时的所有人都自视为自由斗士，并也确实强有力地激励人们去打破旧的传统习俗。

这些派系除了受国内外政治干预的影响外，还存在自身的差异和对国家首要问题的看法不一，于是，"五四"事件后，民族主义和国家主义两股势力兴起，压倒了个人主义潮流。中国迅速兴起了现代西方的国家主义和民族主义思想，以及要建立一个独立的具有社会主义倾向的民族国家的观念。这些知识分子很快意识到，如果要拯救并振兴中华民族，就应该唤醒民众，使之意识到民族的危机和自身的利益，将他们组织起来，并带领他们前进。所以青年知识分子认为，群众运动、宣传、组织和革命纪律是用来与世界强权政治和国内军阀主义做斗争的重要的无可争议的手段。社会主义者和马列主义者所宣扬的解放贫困阶级和殖民地并在未来实现国际主义和睦邻友好的思想，为上述观念及实践提供了更多的道义依据。结果从西方观点看来，反自由主义和反个人主义的潮流自"五四"时期结束时发展起来，这种发展可能为民族主义家长制和共产主义集权制铺平了道路。然而，多数中国知识分子认为，在"五四"后的几年内，直接的有组织活动与群众的示威游行，看来是在中国推进民主的过程中可能采取的最佳方式。他们的目的是通过民众行为向政府施加社会压力。[47]这种有组织的活动似乎是抗议对内欺压百姓、对外软弱无能的政府的一种理想方式。因为在当时的形势下，唯一的其他可能选择只有流血革命，而这是多数运动参与者不想看到的结果。

总体说来，这场运动的基本方面具有过渡性特征。若对运动前后的中国做一番考察，就会发现这是一场根本性的、彻底的思想和社会政治变革。这场变革是在对传统进行批判后旋即展开的激烈辩论和有组织的斗争中完成的。在这个过程中，古老的中国经历了一个新的民族国家和社会诞生时的阵痛。一系列的改革进程的不同阶段显示出不同特点。从某种意上看，这场运动看起来似乎是西方在过去三四个世纪所经历的思想进化过程的一个缩影，虽然带有不同的侧重点，结果也不同。从长远角度看，这场运动无疑是一条中国现代思想、文化和社会政治史的分界线，并且标志着一个新时代的开端，正如 1911 年辛亥革命标志着废除一个既定的政治体制。

再评价五四运动的成就与不足

人们常常从整体上是成功的还是失败的来评价这场运动。这就导致了对这场运动过于简单化的认识，而这样一场复杂的、事先未经计划的事件是不能只从这些方面来分析的。还有人从派系观点出发来评价它。毛泽东提出，五四运动在建立一个强大的反帝联合战线方面，在激发人们反对旧伦理旧文学的反封建斗争方面，在为中国共产党的成立及其随后的革命活动打基础方面，甚至在开始形成一种由无产阶级领导的作为世界社会主义文化革命一部分的灿烂的新民主主义文化方面，都取得了卓越的成就。[48] 说到五四运动的不足，毛泽东指出，"这个文化运动，当时还没有可能普及到工农群众中去"；[49] 曾经在与封建思想斗争中起过革命作用的资产阶级思想，败于由资产阶级知识分子和其他资产阶级组成的右翼分子，这些右翼分子在"五四"后期开始采取"外国帝国主义的奴化思想和中国封建主义的复古思想"的"反动立场"；[50] 并且"那时的许多领导人物，还没有马克思主义的批判精神，他们使用的方法，一般还是资产阶级的方法，即形式主义的方法。他们反对旧八股、旧教条，主张科学和民主，是很对的。但是他们对于现状，对于历史，对于外国事物，没有历史唯物主义的批判精神"。[51] 但是运用同样的证据，非马克思主义批评家可以得出相反的评价。同时，如果假定毛泽东指出的五四运动的缺陷成立，那么他关于五四运动已成为当时世界无产阶级革命一部分的论断就值得怀疑了。

在我们看来，五四运动最重要的成就是思想意识方面的成就，其次才是当时社会方面发生的实际变革。随着旧式政治体制和农业经济的加速解体以及新的民族工商业的兴起，原来由地主豪绅和官僚资本家为维护其共同利益而结成的传统联盟开始崩溃，继之而起的是新结成的联盟。新式知识分子开始反叛统治势力。这些青年知识分子大多仍来自地主、官僚家庭，也有一些出身于新兴的工商业阶层，他们反对传统的思想、体制和习俗，反对地主和官僚的利益。更有意义的是，工人、商人和企业家都支持他们的反帝运动。在这样的社会变革中，通常是由知识分子率先在思想上反抗现状，革命的史学家把这种现象称为"知识分子效忠对象的转变"，而其他人则称之为"知识分子的反叛"。[52]五四运动为这种社会变革提供了一个很好的例证。

在这场社会变革中，最突出的是民众，特别是青年知识分子的思想改变。传统伦理原则与教条被彻底粉碎，偶像和权威遭到了冲击，从此旧传统的声誉再也没能得到恢复，尽管后来守旧派和保守派竭力维护它。对新事物的向往取代了对旧事物的崇拜。再没有哪一个时期像这一时期那样，青年对新知识充满了渴望，新的标准开始成形，知识阶层的人生观和世界观有了扩展和变化。

这些思想变化伴随着并得益于采用白话文作为写作媒介，创立一种基于人道主义、浪漫主义、现实主义和自然主义诸多理论之上的新文学，并迅速发展大众传播和普及教育等。尽管后来保守派的当权者曾鼓励保存文言文，但白话文还是成了一种流行的写作方式。此后，这种新文学在文坛中占据了统治地位。新的诗歌、短文和故事以及新的戏剧等全在运动中出现了，紧接着又诞生了新小说。作为"革命的文学"，这些新兴的文学样式后来受到左派和进步人士的支持，而他们在反对保守主义和民族主义的斗争中也有效地使用了这些新的文学样式。在文学领域中，"革命的文学"并没有创作出太多流行的或杰出的作品。绘画、雕塑和艺术等其他艺术样式也深受这场文化巨变的影响。

"五四"事件后，中国的新闻及公共舆论事业迅速发展。如果比较一下"五四"前后的报纸杂志就会发现，后来的报纸杂志无论在制作技术还是在思想内容上都有了巨大的改进。这类出版物数量的迅速增长更是史无前例的。其受众数目也在激增，政府和公众比以前任何时候都更加重视新闻。

同时，普及教育得以扩展，其他教育改革也开始实行，普通知识分子的生活及学术水准也大有提高。作为五四运动的成果，学校越来越多地讲授现代知识。工业培训开始和新兴的民族工业建立起更为密切的联系。师生建立起了更多也更有力的组织，他们的社会及学术活动也明显增加。西方哲学与逻辑被引入中国。社会科学和新的史学编纂法得到迅速发展。现代经济学、政治学和社会学开始在中国生根。在"五四"及其后的一个短暂时期内，中国的自然科学也取得了显著的进步。在1915年之后的十年中，创立了大多数重要的自然科学研究会。生物学、地质学、古生物学、气象学、物理学、生理学和生物化学等领域都取得了长足的进步。[53]最重要的是，比起以前的任何一个时期，科学的方法和态度得到了更为广泛的介绍和使用。

伴随着这些思想意识的变化与发展，出现了社会变革。五四运动后，传统的家族制度逐渐衰微，人们越来越多地追求建立在爱情基础上的婚姻。为反对旧式家族制度，青年们竭力强调他们在社会中的独立人格和权利。在运动中及其以后，要求更大的社会整合以代替家族约束的趋势逐步形成。女性的地位开始提高，出现了男女合校。女性开始从传统伦理、社会和政治的桎梏中解放出来。五四运动促进了一场更为活跃的妇女选举权运动，将女性带入政治及社会活动。事实上，这场运动发起并推进了一场"家庭革命"。

这一时期的中国经济结构也经历了明显的变化。伴随着这种变化，出现了地主地位日渐衰落、农民不安分意识增长、城市居民政治活动增加和劳工问题逐渐突出等现象。从某种意义上说，五四运动是这种经济发展的结果，但反过来它又强调关注这些现象。五四运动分裂之后，城市工人和资本家的利益冲突逐渐增强，并且受到青年知识分子的影响，劳工运动的势力和组织开始加强，而且呈现出一定的政治色彩。尽管劳工并没有成为当时中国政治中的主导力量，但在与运动的合作中，它成为总体政治社会斗争的力量之一，并在很大程度上促进了新知识阶层的形成。

伴随着这一切的是五四运动对中国政治进程的影响。它促进了新的政党组织与活动的原则及方法的采用。从那时起，各政党开始密切联系群众，特别是青年知识分子。同时，他们在其政治纲领和政策中更多地强调社会问题。中国作为一个民族国家的意识得到加强。社会主义、民主观念以及争取民族自由和独立的思想在知识分子中赢得了声誉，而军阀主义、帝国主义和殖民政策则成了政治攻击的目标，从而遭到公众更有效的反抗。

总的来说，五四运动的种种倾向几乎决定了以后几十年内中国的思想、社会和政治的发展方向。在这场思想骚动中，开始成形的深刻的社会与民族意识一直延续了下来。"五四"时期过后，新式知识分子继续要求现代"科学文化"，要求有一个有效的政府来保证这个多民族国家中各民族的独立和平等，而且这些要求日益强烈。历史证明，那些逆这股潮流而上的政治领导人和党派，比如传统主义者和保守派等，都招致了自身的垮台，而那些"弄潮儿"尽管歪曲和操纵这股潮流，也还是占了上风。虽然后来受到强调服从组织活动的思潮的阻碍，但争取个人解放、宣扬民主和独立思考的持续影响力不可低估。"五四"时期，种在中国知识分子头脑中破除偶像的种子不会轻易被剔除。此后，民主观念深得人心，即使是那些极力反对民主的人也只好采用迂回抵抗的方式。忠实记述这场运动对任何专制主义来说，都将成为一个威胁。

如果说这些是"五四"时期改革的主要成就，那么也可以指出它的一般性缺陷。在批判中国旧传统时，很少有改革者对它进行过公正的或同情的思考。他们认为，几千年来社会的停滞给进步和改革留下了许多障碍。为了清除这些障碍，就不可避免地过分攻击整个传统并且低估传统的价值。如此一来，儒家学说和民族遗产中的许多优秀成分就被忽视或者避而不谈。从长远的角度来看，改革者的批判似乎在某些方面是肤浅的，缺乏分析且过于简单。然而，这在民族充满惰性的状况下或许是必要的。

另一方面，当时的新式知识分子过于轻信来自外国的新思想。批判性研究只停留在口头，而实践中却做得很不够。他们空泛地谈论"主义"，却对其内容没有认真细致地思考。结果，他们往往含混不清地大力提倡或者全盘否定外来思想，虽然有时也强调思维要清晰。这或许是任何一场群众性思想变革运动初期都会出现的自然现象。

这一时期中国改革者的另一个不足之处，或许在于他们的过分自信，认为只要是他们认为正确的或好的东西就可以在中国立即实现。他们在处理大量困难和复杂的问题时，表现出缺乏耐心和恒心。面对一个如此广大的、涉及国家诸多方面的文化社会变革，需要进行长期的和持久的建设性工作。要用几年的时间在中国实现西方经过几个世纪尚未完全成功的事情，这当然是十足的幻想。然而，"五四"时期几乎没有一位中国青年充分意识到这一点。不过，这种缺乏耐心的特点不独为运动中的改革者所有，而且也属于后来那些批评和反对他们的人。许多评论者在批评五四运动未能实现其目标时，忽略了时间因素。[①]

对五四运动的进一步思考

在对五四运动的再评价中，又产生了进一步的问题和争议。如我们前面提到的，关于新思想运动的一个重要假定是：伦理和思想意识的变革是建设新的中国文明的根本。这种思想是针对以前的观念提出的。以前的人们认为，军事技术和政治制度是需要向西方学习的最重要的东西。和历史上的改革者不同，新式知识分子更加关注伦理、思想和原则，而不是工业技术或者物质建设。后来冯友兰等批评者认为，五四运动在总体上忽视了工业化的紧迫性。他们认为，"在实现了一定的物质文明之后，相应的精神文明就会自发实现"，尽管他们也承认工业化有赖于精神和物质两个因素。[56]但是这种批评并没有驳倒新式知识分子的观点。他们认为，思想落后是妨

---

① 在"五四"行将结束时，约翰·杜威曾大胆预言，中国或许能在"一个世纪左右的时间内取得其他国家用了几个世纪才取得的思想、科学、工业、政治和宗教的进步。和美国不同，它没有可供变革的足够的回旋余地，它必须在一个充塞着传统和迷信、人口众多的文明古国中来实现之"。[54]珀尔·S.伯克也在其自传中，根据她在中国的个人观察，对"五四"时期及其以后的中国思潮进行了描述和批判。[55]

碍中国实现工业化的最大障碍之一。另外，还需要指出的是，仅有物质建设并不会必然或自发带来所希望的思想意识或制度上的成就。明治维新以后的日本就是值得注意的例子。实际上，五四运动是中国工业化的一项准备工作。工业化是五四运动主题的延伸，而非反动。

保守派指责五四运动要为中国后来的社会主义和共产主义潮流负责，这又提出另一个有趣的问题。毫无疑问，中国的共产主义就是从这场运动中萌芽的。从这个意义上讲，保守派的指责有几分真实性。但事实上，这个指责隐含着这样的意思：五四运动从一开始就错了，自由主义者和民族主义者既不应该发动，也不应该参加这场运动。如果这种含义确切，那么可以提出某些问题，诸如：这场运动是历史环境的产物吗？它是否可以避免？或者更重要的是，"因自由主义者和民族主义者参加这场运动引发了社会主义潮流"的说法是正确的吗？甚或，这种潮流是因后来自由主义者和民族主义者抛弃与回避运动的政治因素而引起的吗？

回答上述问题时，可以得出许多结论。五四运动爆发于第一次世界大战结束后不久，当时资本主义、民族主义和自由主义正处于或看起来正处于上升时期。战争期间，中国人民要求摆脱外来侵略与干涉的意愿、新式知识分子要求自由和享有政治权利的意愿越来越强烈。在运动初期，自由主义者、民族主义者和居于其次的资本主义者在反对日本在华侵略立场和抨击中国旧传统方面所表现出的热情，是自然的、可以理解的。造成社会主义和共产主义兴起的一个决定性转折点是"五四"事件之后的某个阶段才出现的，在这个阶段还出现了西方人对这场运动的态度问题。一方面，一些生活在中国的著名的西方学者，如杜威、罗素、芮恩施等人支持这场现代化运动，他们认为，如果这场运动得以贯彻，将会出现一个独立强大的中国。另一方面，多数西方在华经济利益的代表，则坚持维护他们特权的政策。他们支持中国腐朽的统治势力，因为这些势力可以保证他们在获取利润方面享有最大的特权，不管这些势力是怎样违背了大多数中国人的利益，也不管他们的行为是怎样的反自由、反民主。当西方最终制定出这些维护自身利益的政策时，中国青年感到极度的失望。在这样的形势下，苏维埃宣布放弃在华的一切租界，这给当时的中国人留下了深刻的印象。这一切当然促使运动中的进步分子和左翼分子，还有那些民族主义者重新调整他们的思想及行为方向。对于任何企图解释中国后来对共产主义和苏联的态度的人来说，重要的似乎是把这些事件放到一起来看。中国的自由主义者转向保守或消极，成为无足轻重的政治砝码。他们无视迫在眉睫的经济问题，选择躲避政治旋涡，没有认识到知识分子对其他社会力量的领导作用和中国军阀主义的本质，也不了解中国人民对帝国主义和殖民主义的厌恶，最后他们躲入学术研究的"象牙塔"，这一切导致他们丧失了与多数青年及人民群众的联系。当通过与共产党实行合作并最终使国家统一之后，国民党采取传统主义和保守主义的态度来看待"五四"所提倡的种种改革。

考虑到上述情况，可以得出这样的结论：五四运动时期及其后的阶段，除了有共产主义闯入政治舞台外，还有两个最重要的现象，即国民党和西方列强改变了对五四运动的态度和政策，以及中国自由主义者的软弱退缩。这种改变和软弱成为后来中国政治和社会发展的关键因素。

五四运动已经过去 40 年了。在这些年中，中国经历了比历史上任何时期都彻底的改变。那个时期兴起的潮流依然是主流；而那时提出的问题依然有待思考和解决。

附　录

一、"五四"时期社会力量简析 [①]

随着旧社会秩序的解体，出现了四股对五四运动产生重大影响的社会力量——新式知识分子阶层、新兴工商业团体、城市工人阶层、无土地的农民及失业者。

新式知识分子阶层是五四运动中最重要的组成部分之一，他们在19世纪后半叶西方文明对中国的冲击中成长起来。尽管早在1862年，中国就创立了第一所新式学校，但真正开始大规模地实行西式的教育制度却是在1907年，大约是新文学革命开始前的10年左右。这10年之中，中国涌现出一批具有一定西方学识的知识分子。

表1　1905年至1923年中国新式学校统计（包括所有中小学校及高等院校）

年　份	学校数目	学生人数	毕业生人数	教师人数	行政管理人员数目
1905[②]	4222	102 767	—	—	—
1906[③]	—	468 220			

---

① 本调查并不试图做到完美无缺。20世纪初，中国的统计数据经常短缺且很不可靠。以下各表中的数据并不例外，但它们提供了当时情况的一个总的轮廓。

② 引自 Ernest R. Hughes 休斯657，*The Invasion of China by the Western World*《西方世界对中国的侵略》（1937年，伦敦），第4章，页168。

③ 引自朱经农等编，《教育大辞书》（1930年，上海），页1052。

续表

年　份	学校数目	学生人数	毕业生人数	教师人数	行政管理人员数目
1907[①]	37 888	1 024 988	—	—	—
1908[②]	47 995	1 300 739	—	—	—
1909[③]	—	1 626 720	—	—	—
1910	—	—	—	—	—
1911[④]	52 650	1 625 534	—	—	—
1912.8—1913.7[⑤]	87 272	2 933 387	173 207	129 297	98 929
1913—1914	108 448	3 643 206	232 221	164 607	122 174
1914—1915	122 289	4 075 338	257 889	189 853	122 116
1915—1916	129 739	4 294 251	235 372	198 976	130 799
1916—1917[⑥]	121 119	3 974 454	334 519	182 583	129 221
1917—1918	—	—	—	—	—
1918—1919[⑦]	—	4 500 000	—	—	—
1919—1920	—	—	—	—	—
1920—1921	—	—	—	—	—
1921—1922[⑧]	—	4 987 647	—	—	—
1922—1923	—	6 615 772	—	—	—

---

　　① 引自清政府教育部 1910 年第一次教育调查、1910 年第二次教育调查和 1911 年第三次教育调查的统计图表。又见丁致聘编 444，《中国近七十年来教育记事》（1935 年，上海），页 29，31—32，34。

　　② 引自朱经农等编的《教育大辞书》（1930 年，上海），页 1052。

　　③ 引自清政府教育部 1910 年第一次教育调查、1910 年第二次教育调查和 1911 年第三次教育调查的统计图表。又见丁致聘编 444，《中国近七十年来教育记事》（1935 年，上海），页 29，31—32，34。

　　④ 引自休斯 657，《西方世界对中国的侵略》，第 4 章，页 168。

　　⑤ 1912—1917 年数据，引自北洋政府教育部第五次教育调查的统计图表。又见阮湘等编，《中国年鉴》，第 1 号（1924 年，上海），页 1863—1864，1906—1910。

　　⑥ 这些数字不包括四川、广西、贵州等省。

　　⑦ 仅限于官办学校的录取人数。1919 年，教会学校学生人数为 50 万名，见 Paul Hutchinson 哈钦森，*China's Real Revolution*《中国真正的革命》（1924 年，纽约），第 2 章，页 36。

　　⑧ 1921—1923 年数据，引自朱经农等编，《教育大辞书》，页 1052。

据表1，从1912年到1917年的5个学年中（包括1912年和1917年在内），大约有550万名在校或已毕业的学生。粗略地看，在五四运动开始时，受过某种形式新型教育的人大约已经有1000万之众。和全部人口比起来，这些新式知识分子所占比例很小，大约有3%，但他们对中国社会所产生的巨大影响，我们已在正文中论述了。

新兴商人中的许多人是五四运动的支持者。由于农业经济的崩溃，他们从与地主、官僚的传统联盟，转向与新兴实业者联合。要估计这一新兴集团在五四运动前10年间的发展规模和速度是很困难的。不过表2中有关中国商会的数据，可以向我们提供某种暗示。因为中国商会是一个新兴的现代事物，其目的是发展这一集团中各成员间的相互合作。商人阶层在内地省份的发展尤为显著。例如，1912年山西省商会及其会员的数量分别为28和4220，而1918年则分别增长为104和7878；1912年安徽省商会及其会员数量分别为17和2943，而1918年则为65和13 684；1912年上海商会及其会员数量分别为47和6043，而1918年则为101和14 160。[1]

表2　1912—1918年中国商会及其会员数

年　份	商会数目	会员人数
1912	794	196 636
1913	745	192 589
1914	1050	203 020
1915	1242	245 728
1916	1158	193 314
1917	1148	206 290
1918[2]	1103	162 490

所谓"新兴工商业团体"指的是，制造（或进口）并销售现代机器产

---

[1]　见阮湘等编，《中国年鉴》，第1号第3章，页1539—1571；周谷城，《中国社会之变化》（1931年，上海），第3章，页227—253；严中平，《中国棉业之发展》（1943年，重庆），第5章，页121—123；第6章，页157—159。

[2]　1916—1918年的统计数据不全。数据来源：北洋政府农商部汇总，《中国农商业第七次统计》（1922年，北平）；又见阮湘等编，《中国年鉴》，第1号，页1539—1543。

品，从而与国外金融利益发生关联的那些团体。和他们的前辈不同，他们所关心的是如何建立全国范围的市场，而不是地方市场。他们对国内政治也就有了更大的发言权和影响力。比如，在 20 世纪 20 年代初，有人甚至提出用"商人治国"来代替军阀官僚统治。[1]

城市工人阶层是农业人口被吸引到现代工业中心后的一个新兴阶层。据估计，1915 年中国工人总数为 107 599 171，与同一年的美国工人总数相等。[2] 不过这个数目肯定包括了旧式作坊中的手工业者和工匠。第一次世界大战之前，中国工厂的工人人数很少，从 1912 年到 1915 年（含头尾两年）期间，仅保持在 65 万人左右。[3] 根据官方统计数据（见表 3），中国工人总数于 1918 年增至 1 749 339 人。另据估计，自 1920 年至 1927 年，在城市工厂、矿山和铁路工作的中国工人（不含海员和人力车夫），总数为 200 万人，家庭手工业者的总数也是 200 万人。[4] 而根据一位共产党学者的估算，1919 年中国工人的总数为 300 万人，其中包括：110 万工厂工人，85 万矿工，40 万外国在华工厂的工人，30 万码头工人，20 万铁路交通工人和 15 万名海员。[5]

表 3　1918 年中国各产业的工人数量[6]

制造业	638 641
运输业	221 811
开采业	530 885
城市公用事业	12 000
农业工厂	—
政府雇员	21 640
外国工厂雇员	324 362
总计	1 749 339

---

[1]　见《中国国民党第一次全国人民代表大会宣言》（1924 年，广州）；另见李剑农289，《最近三十年中国政治史》（1936 年，上海），第 11 章，页 553—560。

[2]　见阮湘等编，《中国年鉴》，第 1 号，页 1421。

[3]　同上，页 1430。

[4]　参见陈达，《中国劳工问题》（1929 年，上海），页 7—21。

[5]　参见洪焕春，《五四时期的中国革命运动》（1956 年，北京），第 1 章，页 14—17。

[6]　数据来源：1918 年农商部统计数字，引自胡华编193，《中国新民主主义革命史参考资料》（1951 年，上海），页 59—61。

这一时期的无土地农民，因农业经济和自给自足的家庭及村庄制度的瓦解而数目激增。表 4 显示的是 1917 年至 1924 年间佃农占农民总数的百分比；调查一为官方数据，调查二为私人统计，两者略有出入。

表 4　1917—1924 年中国佃农占农民总数的比例（％）

	1917	1918	1919	1920	1921	1921—1924
调查一 [1]	49.7	46.7	41.4	40.0	46.3	—
调查二 [2]	36.0	—	—	—	—	60.0

表 5 所示为国民政府发布的另一组有关佃农和自耕农的数据。其时它已和共产党分裂，改变了自己的政治方向。在此之前，汉口国民政府曾于 1926 年宣布，中国 45％ 的农民为自耕农，而 55％ 的农民不拥有任何土地。

表 5　中国佃农和自耕农的比例 [3]（％）

	1912	1931	1932	1933
佃农	28	31	31	32
自耕农	49	46	46	45

在土地占有这个问题上，左派和右派常因各自不同的观点和政治需要，而采用不同的统计数据。后来一些较为科学的调查表明，在不同的地区，中国土地占有的集中程度差别很大。总的说来，在华南及华中这些富庶地区，这个问题更为严重。[4]

---

① 数据来自北洋政府农商部所做的全国性调查。

② 1917 年的数据，出自私人统计机构所做的针对 17 个重要地区的一项调查；1921—1924 数据，出自私人统计机构所做的针对 37 个地区的另一项调查。

③ 数据来源：中国银行《中行月刊》（1933 年 8 月，上海）。

④ 见王小文、陈传康（？），《中国土地问题》，收录于《万有文库》2 集 700 号（1936 年，上海），第 2 卷第 4 章，页 106—128。另见 R. H. Tawney 托尼，*Land and Labor in China*《中国土地与劳工》（1932 年，纽约），其中的数据引自张新一的调查报告，《中国佃农数据研究》（1930 年 9 月 25 日，上海，《中国周刊》第 3 期）。另外，还可参阅吴清超（？），《从佃户到自耕农》，《清华学报》第 9 期（1934 年 10 月，北平），页 973—992；以及 J. C. 布克，《中国土地利用问题》（1937 年，芝加哥）。

不过可以毫不夸张地说，20世纪20—30年代，中国农民有半数是没有土地的，并且在那些拥有土地的农民中，半数是贫农和中农，他们只拥有1—30亩不等的土地。[1] 迫于这种窘境，许多贫困农民背井离乡。据估计，在不同地区这样的贫民占农民总数的8%到20%。另外，由于灾荒和内战，出现了农业人口的大迁徙。一份20年代对中国半数省份的调查表明，受灾人数已达 56 559 000。这批贫困农民和迁移人口中，有些人可能会流入城市和工厂，但限于初生期中国工业的容纳能力，多数人不得不另谋生路或者忍受饥荒。很多人成了职业军人，其他人则沦为匪徒或流浪者。这批流浪人口对近代中国意义重大，因为他们为军阀主义提供了温床，尤其是在五四运动前的那段时期。农民阶层的这种分崩离析，还助长了社会风气的败坏和社会的不稳定因素。

基于以上分析，我们看到，"五四"时期中国正在经历一场巨大变动。旧的社会平衡被打破了，豪强士绅日趋衰落，而在不同程度上，新式知识分子阶层、新工商业者及金融家，还有城市工人阶层逐步登上历史舞台。大批农民陷于贫困，流离失所，生活动荡，而军阀势力则乘机掌握了全局。[2]

二、参与"五四"事件的学校数量和学生人数

到底有多少学校和学生参与了1919年5月4日的集会和游行，这个问

---

① 在上海，习惯上认为1亩等于1/6英亩，即7260平方英尺；但全国不统一，一亩的计量从3840平方英尺到9964平方英尺不等，甚至还用过18 148平方英尺的标准。

② 参阅 Nagano Akira 长野朗，《中国社会组织》（1926年，东京），第2册第4章，页262—286；中译本，见朱自清，《中国社会组织》（1930年，上海），页368—402。这一章考察的是中国的"流浪阶层"。另见 Nagano Akira 长野朗，《中国士兵、匪徒和红色先锋组织》（1938年，东京）；张方阵，《最近五十年来中国军事变成史》，又见《申报》编414，《最近之五十年（1872—1922）》（1923年，上海）；Yada Tadao 矢田忠雄，《中国农民问题和农民运动》，页184。关于农民阶层的崩溃情况，参阅《中国建设》1期1号（1930年1月，南京），页79；被考察的14个省份是：江苏、浙江、广东、湖南、湖北、山东、山西、河南、河北、陕西、甘肃、绥远和察哈尔。周谷城估计流离失所的中国人口总数为1亿人，这个数目或许估得太高了。

题一直没有弄清楚。至少有两类记载提供了不同的数据：

（一）有些报道指出，参加集合和大游行的学生人数远高于前往东交民巷和攻击曹宅的人数。（1）王苣章在《中国的青年运动》一书的第10章第165页和第166页中，引用一位国立北京大学的学生的话，"约有30所学校，1万多名学生"参加了集会和游行，但"我们3000人去了东交民巷"。（2）"上午北京33所院校的15 000多名学生上街游行，抗议有关山东的条约。其中3000名学生前往东交民巷，呼吁协约国利用其有力身份为中国主持正义。"①但后来在1947年，蒋提出学生人数为3000人，并没有区分参加集会、游行和前往东交民巷的人数。②（3）一份早期材料显示，有3000名学生在天安门集合，后来在前往东交民巷时，又有大批市民加入。③（4）曹汝霖在他的辞呈报告里提出，他眼见"千余名"学生冲向他家。C. F. 雷默则断定，示威群众在东交民巷被驱散后，又集结前往曹宅，"约有1000名学生到达那里，并要求进入"。④

（二）其他与"五四"事件相关的记载并没有从数量上区分集会的、游行的、前往东交民巷的以及攻击曹宅的学生。多数记载认为，13所院校参加了这些活动。⑤但这些记载对事件所涉及的人数说法并不统一：

（1）超过5000人。见《中华教育界》8卷2号第1页的"专录"报道（1919年8月）。陈寿逊也持这一观点，详见他所编《社会问题辞典》（1929年，上海），页117；另有丁致聘的《中国近七十年来教育记事》（1935年，上海）；还有陈端志的《五四运动的历史评价》（1936年，上海，页232）。

---

①　参见蒋梦麟593，"The Student Movement"《学生运动》，E. C. Lobenstine and A. L. Warnshuis 洛本斯坦、苑礼文合编，*The China Mission Year Book*，1919《中国传教使团年鉴：1919年》（1920年，上海），页46。

②　参见蒋梦麟594，*Tide From the West*《西潮》（1947年，纽黑文），第15章，页120。

③　见蔡晓舟、杨量工合编446，《五四》，页50。

④　见C. F. Remer 雷默771，《中国学生的抗争》，*Asia*《亚洲》19卷9号（1919年9月，纽约），页932。这些数字是低估了实际人数，况且示威群众在东交民巷并未被驱散。

⑤　据龚振黄报道，参加者有14所学校，因为把北方中国联合大学也单独算作一个大学。详见龚振黄，《青岛潮》（1919年8月10日，上海）。

许德珩也提供了同样的数据。

（2）5000人。这是中国代表团在致巴黎和会的声明中报告的数字。见刊登于1919年5月10日《纽约时报》第3页上的美联社5月9日巴黎电讯。同样的数字也见于1919年5月10日上海《北华捷报》第347页所载的5月9日报道；又见1919年7日訾庵《学界风潮记》，载于《中华教育界》3卷1期，页121。

（3）来自13所院校的1300多人。这是京师警察厅的官方报告中所引用的1919年5月8日总统训令中使用的数据。天津《大公报》在1919年5月5日的报道中用了同样的数据。这个数据为许多中国作者所接受。参阅1919年5月底上海出版的大中华国民（笔名）编写的《卖国贼之一章宗祥》；贾逸君1953年在北京出版的《五四运动简史》，页15。

（4）3000人。R.吉尔伯特于1919年5月4日报道："3000名学生（几乎代表了北京市内及其周围的所有学校，年纪从13岁到25岁不等）参加了示威游行。"详见1919年5月10日的《北华捷报》，页348。运用同样的数据，吴中弸于1919年7月在上海出版了《上海罢市救亡论》。

（5）2000人到3000人左右。见龚振黄编的《青岛潮》。

（6）1000多人。这个数据是由一名宪兵军官在1919年5月5日提出的。参阅华中工学院编的《五四运动文集》（1957年，武汉），页173。

尽管现在不能确保参加五四运动的学生人数的精确性，但说参加集会和游行的人数为3000人看来是最可靠的。后来一路游行到曹宅的学生人数显然比3000人要少，但规模却因普通市民的加入而壮大起来。

三、参加"五四"事件的大专院校

哪些院校参加了"五四"事件呢？关于这个问题各家报道不同，造成了认识上的混乱。人们经常举错参加示威游行的13所院校的名字。例如，那则由宪兵军官在1919年5月5日做的报告指出，山东中学的学生们参加了这一事件；但其他人却没有注意到这点。陈端志虽没有列举出 13 所院校的名字，但他却指出留法预备学校是参加者之一。[①]其他人则举出国立法文专修馆和国立俄文专修馆，也是"五四"事件的参加者。蔡晓舟和杨量工合编的《五四》、大中华国民著的《卖国贼之一章宗祥》以及蔷薇园主所著《"五四"历史演绎》（第 9 章，页 127）中对此都有相同的记载，应较为准确。

静观于 1919 年 6 月或 7 月初的《申报》上发表了《北京专门以上学校新调查》，后又在 1919 年 9 月 15 日上海《东方杂志》上转载（见页 186—188）。在这篇文章中，静观列举了当时北京 25 所此类院校。还应在这个名单中加入法文专修馆，这样参加五四运动的院校总数为 26 所。其中有些院校并没有参加"五四"游行，但却参加了后来的运动。这些院校包括：北京国立女子高等师范、法文专修馆、俄文专修馆、清华学校和当时五所军校之一的陆军学校（可能就是陆军大学，但早期报道都叫作陆军学校）。在五所军校中，陆军大学有 500 多名学员，陆军测量学校约有 80 名学员，军医学校约有 300 名学员，军需学校人数不详，而距离较远的航空学校大约有 120 名学员。

除非另有说明，所有数据都依照上文提到的静观的那篇文章。有关汇文大学的数据由其后继的燕京大学提供。已知的参加"五四"事件的 10 所大学的在校生总数为 6111 人。其他 3 所没有计算在内的学校在读生总数估计不会超过 400 人。

表 6　13 所参与"五四"事件的大专院校与学生人数

1	国立北京大学	2 411 人[②]
2	国立北京高等师范学校	925 人
3	国立北京法政专门学校	——

---

① 参见陈端志 73，《五四运动之史的评价》（第 2 版，1935 年、1936 年，上海），第 13 章，页 236。

② 静观文中的数字为 3000 人。王苣章提供的参加 1919 年"五四"事件的学生人数为 2228 人。1919 年 2 月《申报》报道的人数为 2411 人。

续表

4	国立北京工业专门学校	200 多人
5	国立北京农业专门学校	200 多人
6	国立北京医学专门学校[①]	200 多人
7	内务部警官学校	只有一个班级，未提供数据
8	交通部铁路管理学校	200 人
9	税务局北京税务学校	—
10	私立中国大学[②]	1400 人
11	私立汇文大学[③]	75 人
12	私立民国大学[④]	300 人
13	私立朝阳大学	200 多人

四、有关 1918—1926 年中国工人罢工的数据

表 7　爆发罢工的次数及参加罢工的工人人数

年　份	实际罢工次数	正式报道的罢工次数	有报道的参加罢工工人总数	有报道的罢工平均参加人数
1918	25	12	6455	538
1919	66	26	91 520	3520
1920	46	19	46 140	2428
1921	49	22	108 025	4910
1922	91	30	139 050	4635
1923	47	17	35 835	2108

----

① 需要指出的是铁路管理学校隶属交通部，而交通部部长就是曹汝霖本人。警官学校参加运动，可能要归因于警察总监吴炳湘的态度。

② 中国大学的创立和国民党有某种关系。当时的中国大学校长是姚憾。

③ 1902—1918 年间，汇文大学曾称"北京大学"，该校是一所卫理公会男校。"五四"事件爆发时，它正融于北方中国协和大学。通州的公理会男校和北京的中国女子协合大学合并，组成了燕京大学。1919 年继刘海澜之后，司徒雷登出任燕京大学校长。汇文大学及燕京大学都受到美国董事会的控制，1926 年以前一直在纽约州注册，后来才被要求在中华民国教育部注册。

④ 1917 年 2 月，某些国会议员创办了民国大学。1918 年后，该校与冯国璋及其他军阀头子和东南亚华侨都建立起某种联系。

续表

年 份	实际罢工次数	正式报道的罢工次数	有报道的参加罢工工人总数	有报道的罢工平均参加人数
1924	56	18	61 860	3437
1925①	318	198	784 821	3964
1926②	535	313	539 585	1724
总数	1233	655	1 813 291	2768

表8 罢工持续的时间

年 份	实际罢工次数	正式报道的罢工次数	有报道的罢工持续总天数	有报道的罢工平均持续天数
1918	25	15	124	8.27
1919	66	52	294	5.65
1920	46	22	157	7.14
1921	49	21	155	7.38
1922	91	54	452	8.37
1923	47	21	134	6.38
1924	56	26	241	9.27
1925③	318	120	2266	18.88
1926	535	340	2335	6.87
总数	1233	671	6158	9.18

表9 罢工的原因

由下列原因引起的罢工次数	年 份									
	1918	1919	1920	1921	1922	1923	1924	1925	1926	总数
1. 要求增加工资	15	23	32	33	61	28	34	105	250	581
2. 反对劳动过重和恶劣待遇	7	7	11	9	12	4	9	52	172	283

---

① 在1925年的历次罢工中，135次是由当年的"五卅事件"引起的；其中95次有正式报道，参加人数为381 487人。

② 省港大罢工发生的时间是1925—1926年，各年均按一次计算。

③ 在120次有报道的罢工中，25次是由1925年的"五卅事件"引起的，这25次罢工总共延续了1761天。

由下列原因引起的罢工次数	年　份									总数
	1918	1919	1920	1921	1922	1923	1924	1925	1926	总数
3. 爱国运动	—	35	—	—	1	1	1	141	19	198
4. 工会组织	—	—	—	—	4	2	2	4	11	21
5. 与其他党派的冲突	—	—	—	3	3	3	—	4	15	30
6. 表示同情的罢工	—	—	—	1	2	2	1	—	16	22
7. 多种原因	3	1	2	3	3	4	7	11	23	57
8. 原因不明	—	—	1	—	5	3	2	1	29	41
总数	25	66	46	49	91	47	56	318	535	1233

大事年表（1914—1923）

1914 年

1 月 4 日　袁世凯总统解散第一届国会，废弃 1912 年宪法。

2 月 8 日　袁世凯下令全国上下，从官僚到百姓都要祭孔拜天。

3 月 2 日—12 月 4 日　政府公布一系列限制出版的新闻条例。李石曾、吴稚晖、蔡元培等扩大留法勤工俭学计划。

9 月 2 日　日军出兵中国。

11 月 7 日　日军占领山东青岛。

1915 年

1 月 18 日　日本向中国提出"二十一条"。黄远庸效仿欧洲文艺复兴，提出发展白话文新文学。

3 月—12 月　中国开展抵制日货、抗议"二十一条"活动。

5 月 7 日　日本向中国提出接受"二十一条"的最后通牒。

5 月 9 日　中国政府接受日本最后通牒中提出的条件。

5 月 25 日　中日签订以"二十一条"为基础的条约。为抗议"二十一条"，中国留日学生集体回国。

8 月 23 日　筹安会在北京成立。

9 月 15 日　陈独秀在上海创办《青年杂志》（即后来的《新青年》）。

11 月 15 日　陈独秀在《新青年》上建议发展基于现实主义和自然主义的新文学。

12 月 12 日（至 1916 年 3 月 22 日）　袁世凯废除共和，宣布称帝。

1916 年

1 月 1 日　袁世凯封孔子后裔郡王衔。

2 月 15 日　《新青年》开始激烈攻击孔教。

春（至 1919 年春）　法国招募 20 万华工，协助协约国政府战事。

夏　胡适与他的朋友在纽约讨论白话文问题。

6 月 6 日　袁世凯殁。黎元洪继任总统，段祺瑞任总理。

8 月　北京国会讨论在宪法中将孔教列为国教的问题。

10 月 1 日　《新青年》发表胡适的信，提出开展一场中国文学革命。

12 月 26 日　蔡元培被任命为北京大学校长。

1917 年

1 月 1 日　《新青年》发表胡适的《文学改良刍议》。

1 月 20 日（至 1918 年 9 月 28 日）　段祺瑞从日本获得西原借款。

2 月 1 日　《新青年》发表陈独秀的《文学革命论》。

2 月　日本与英、法、俄、意秘密签约，各国同意日本对中国的要求。

春　陈独秀任北大文科学长。

3 月 4 日　段祺瑞提出与德国断交。

3 月 16 日　俄国二月革命推翻沙皇政府。

5 月 23 日　黎元洪大总统解除段祺瑞总理职务。

夏　周作人、胡适、刘复等开始在北大任教。

6 月 13 日　黎元洪解散国会。

7 月 1—13 日　张勋拥戴溥仪复辟，后被段祺瑞打败。

7 月 14 日　黎元洪辞职，段祺瑞重任总理。

7 月 17 日　孙中山离上海至广州，揭橥护法的旗帜。

8月1日　冯国璋任临时大总统。

8月14日　中国对德、奥宣战。

9月1日　孙中山在广州成立军政府。

10月6日　南北开始内战。

11月2日　美国与日本签订《蓝辛石井条约》，承认日本在华"特殊利益"。

11月7日　俄国爆发十月革命。

11月22日　段祺瑞辞去总理职务。

1918 年

1月8日　威尔逊宣布"十四点"原则。

1月15日　《新青年》全部文章开始以白话文发表。

2月　李大钊任北京大学图书馆主任。

3月7日　段祺瑞、徐树铮、曹汝霖等组织安福俱乐部（可能于1917年8月发起）。

3月23日　段祺瑞重任总理。

3月25日　签订《中日陆军共同防敌军事协定》，段祺瑞允许日本出兵东北北部及蒙古地区。

4月18日　毛泽东在长沙创立新民学会。

5月4日　孙中山辞去广州军政府大元帅职务。

5月5日　中国留日学生在东京成立留日学生救国团。

5月6日　东京的日本警察逮捕46名中国留学生。

5月12日　中国留日学生集体回国，抗议《中日陆军共同防敌军事协定》。

5月15日　《新青年》发表鲁迅短篇小说《狂人日记》。

5月20日　孙中山离广州至上海建立总部。

5月21日　北京2000多名大专学校学生到冯国璋总统府请愿，抗议《中日军事互助协定》。

夏　上海成立救亡会。

6月30日　曾琦、王光祈、李璜、李大钊等在北京筹划少年中国学会。

8月1日　苏俄外交人民委员齐契林致书孙中山，建议联盟。

8月　日本发生"抢米风潮"。

秋　毛泽东任北大图书馆管理员。

9月4日　徐世昌被北京新国会选为总统。

9月24日　中日就济顺、高徐铁路秘密协定换文。

10月10日　徐世昌就任总统，段祺瑞辞总理职，钱能训任代理总理。

10月13日　北京大学生成立新潮社。

11月11日　第一次世界大战停战协定签字。

11月16日　徐世昌发布南北停战令。

12月22日　陈独秀在北京创办《每周评论》。由于缺乏西方竞争，日货进口比前一年增加1倍。

1919 年

1月1日　《新潮》及《国民》杂志第1期出版。

1月18日　巴黎和会开幕。

1月27日　日本在巴黎公布其与英、法、意诸国于1917年2月签订的有关中国的秘密协定。

1月　蔡元培、蒋梦麟、陶行知创立新教育共进社。《新教育》月刊在上海创刊。

2月20日　北京、广州政府在上海举行和谈。

2月—4月　大批中国学生、商人致电巴黎和会中国代表团，抗议日本对山东的要求。

2月　胡适《中国哲学史大纲》出版。

3月1日　朝鲜爆发"三一"独立运动。

3月2—6日　共产（第三）国际成立，在莫斯科举行第一届世界大会。

3月18日　林纾致信蔡元培，批判北大出版物。蔡复书作答。

3月　陈独秀被迫辞去北大文科学长职。梁启超怀疑科学万能和西方文明价值的论文发表。

4月30日　巴黎和会上威尔逊、劳合·乔治、克列孟梭秘密同意日本对山东半岛的要求。北京学生团体决定5月7日示威抗议巴黎和会决议。

5月1日（至1921年7月11日）　杜威夫妇访问中国。

5月4日　3000多名大专学校学生在北京游行示威，抗议巴黎和会的山东问题决议及政府外交政策。曹汝霖住所被焚，章宗祥被殴，32名学生被捕。

5月5日　北京中等以上学校学生联合会成立。

5月6、8日　徐世昌总统发布两道旨在加强学生纪律的训令。

5月9日　蔡元培秘密离京，辞北大校长职。

5月12日　教育总长傅增湘离职。

5月14日　政府命令军队镇压学生运动。

5月14—18日　各大城市成立学生联合会，支持北京学生运动的游行示威遍及各地。

5月15日　傅增湘辞职获准，次长袁希涛任代理教育总长。上海南北和谈破裂。

5月中旬　北京中等以上学校教职员联合会成立。

5月18日　北京学联召开紧急会议，决定号召总罢课。

5月19日　北京学生总罢课，抵制日货活动加强。学生向总统提出六点要求。

5月20日—6月10日　学生罢课和骚动遍布200多个城市。

5月21日　日本向中国政府提出抗议，要求镇压学生反日活动。

5月23日　北京政府镇压学生活动，查禁学生刊物。

5月25日　教育部命令所有学生3日内返校上课，遭到拒绝。钱能训总理答复学生要求，未使学生满意。

6月1日　徐世昌总统下令封闭学生联合会，宣布北京戒严。

6月2—4日　北京大规模逮捕1150名学生，学生加强街头讲演。

6月4日　教育总长袁希涛辞职，傅岳棻继任。

6月5日　上海开始罢市、罢工，支持学生活动。

6月6日　罢市、罢工波及其他城市。

6月8日　国民党（时称中华革命党）在上海创办《星期评论》。上海外国租界开始镇压学生活动。

6月10日　曹汝霖、章宗祥、陆宗舆获准辞职。

6月11日　陈独秀因支持学生运动被北京政府逮捕。

6月12日　罢市、罢工结束。

6月13日　钱能训总理辞职，财政总长龚心湛代理。

6月16日　上海成立中华民国学生联合会。

6月28日　出席巴黎和会的中国代表团拒绝签署对德和约，"五四"示威的直接目的得以实现。

7月1日　少年中国学会在北京正式成立。

7月14日　长沙学联创办《湘江评论》，毛泽东任主编。

7月15日　少年中国学会在上海创办《少年中国》。

7月20日—11月　胡适、蓝公武、李大钊等讨论"问题与主义"。

7月22日　学生罢课结束。

7月25日　苏俄发表《加拉罕宣言》，宣布放弃沙俄在中国的所有租界。

8月1日　国民党在上海创办《建设》杂志。

8月31日　北京政府查禁《每周评论》。

9月1日　进步党在上海创办《解放与改造》。

9月20日　蔡元培回北京大学任校长。

9月　陈独秀、胡适、周作人、李大钊、鲁迅等组织新青年社。

10月10日　孙中山整顿其组织，更名中国国民党。

11月19日　新潮社组织和活动扩大。

12月1日　社会主义研究会在北京成立，上海、广州、香港等地成立类似组织。

12月4日（至1920年1月12日）　北京教职员罢课，要求付薪。

12月　《新青年宣言》发表。

年底 北大实行男女合校。

1920 年

1 月 1 日 《少年世界》在上海创刊。

1 月 12 日 北京政府规定小学讲授白话文。

1 月 29 日 孙中山电告他的追随者，支持学生和新文化运动。

1 月 维经斯基到中国，先在北京会见李大钊，后又到上海会见陈独秀。

3 月 胡适新诗《尝试集》出版。

北京大学成立马克思学说研究会。

3 月 21 日 《加拉罕宣言》在中国公布。

4 月 中国各社会和政治组织热烈欢迎苏俄宣言。

5 月 陈独秀、戴季陶、沈定一、李达等筹备组织中国共产党。

6 月 1 日 《新潮》停刊 16 个月。

6 月 6 日 最后一期《星期评论》出版。

7 月 14—18 日 段祺瑞的军队被张作霖、曹锟联军打败。吴佩孚控制北方。

7 月 19 日—8 月 7 日 共产国际第二届世界大会在莫斯科和彼得堡召开。

8 月 5 日 安福系遭到新北京政府压制。

8 月 胡适、蒋梦麟、陶孟和、高一涵、李大钊等在北京发表《争自由的宣言》。中共在上海成立社会主义青年团（1921 年 7 月后，称为共产主义青年团或 C. Y.）。

《建设》出版最后一期。

秋 （到 1921 年底）《新青年》《改造》等杂志讨论资本主义和社会主义问题。

秋 在少年中国学会的影响下，非宗教运动逐渐高涨。

9 月 20 日 北京政府不再承认沙俄政府。

9 月 27 日 苏俄发表对中国的第二次《加拉罕宣言》。

10 月 12 日（至 1921 年 10 月） 罗素与勃拉克（Dora Black）访华。

10 月 29 日　陈炯明（联合蒋介石）夺回广州。

11 月 7 日　中国共产党在上海创办《共产党人》月刊。

11 月 29 日　孙中山返回广州重组军政府。

12 月 16 日　陈独秀离上海赴广州，任广东省教育委员会委员长。

　　　　　这一年数省的妇女参政运动开始活跃起来。

1921 年

梁漱溟发表《东西方文化及其哲学》。

1 月 4 日　周作人、茅盾、鲁迅、郑振铎等在北京成立文学研究会。

1 月　吴宓、胡先骕、梅光迪等在南京创办《学衡》杂志，批判新文化和新文学运动。中共在上海成立职工运动委员会。

1 月底　上海法租界巡捕房强行封禁《新青年》。

2 月　《新青年》转移到广州，自由主义者从该杂志退出。胡适、顾颉刚等在北京创办《读书杂志》，提倡"整理国故"。

3 月 14 日—7 月 28 日　北京教职员罢课，要求教育基金独立，称为"六三读书运动"。

5 月　《国民》杂志出版最后一期。

夏　郭沫若、郁达夫、张资平、成仿吾、田汉等在上海组织创造社。

6 月 22 日—7 月 12 日　共产国际第三届世界大会在莫斯科召开。

7 月 1 日—5 日　中国共产党第一次全国人民代表大会在上海和嘉兴举行。

8 月　中共在上海成立中国劳动组合书记部。郭沫若新诗集《女神》发表。

9 月初　陈独秀在上海被法租界巡捕逮捕。

9 月 5 日　孟禄抵达上海。

12 月 23 日　共产国际派马林到广西与孙中山会面。

12 月　鲁迅短篇小说《阿 Q 正传》发表。

本年　少年中国学会开始分裂。

1922 年

顾颉刚与钱玄同发表"疑古"研究。

1 月 12 日—3 月 5 日　香港海员大罢工（由中共领导）。

2 月 4 日—6 日　华盛顿会议。九国签约限制日本在华活动，保持中国门户开放。

3 月　非宗教大同盟在北京成立。《新潮》出版最后一期。

4 月 4 日—9 日　世界学生基督教徒联盟在北京召开会议。

5 月 1 日—6 日　第一届中华全国总工会大会在广州召开，100 多个工会的代表参加。

5 月 5 日　社会主义青年团在广州举行第一次会议。

5 月 7 日　胡适、高一涵、丁文江等在北京创办《努力周报》。

5 月 13 日　蔡元培、王宠惠、梁漱溟、胡适、李大钊等人发表《我们的政治主张》，要求"好人政治"。

6 月 2 日　徐世昌总统辞职，6 月 11 日黎元洪继任。

6 月 16 日　陈炯明叛变，反对孙中山。

7 月 1 日　《新青年》杂志在广州出版最后一期。

7 月　中共在上海召开第二次全国代表大会，决定与国民党合作。

8 月　李大钊在上海会见孙中山，声明愿意以共产党员身份加入国民党。

9 月 15 日　《改造》出版最后一期。

9 月 19 日　王宠惠等其他"好人政治"派成员在北京成立"好人政府"。

9 月　国民党决定同意让共产党员加入该党。陈独秀在上海创办《向导周报》。

11 月 5 日—12 月 5 日　陈独秀参加莫斯科共产国际第四届世界大会，会议号召国共合作。

11 月 25 日　"好人政府"由于未得到曹锟和其他军阀的支持而垮台。

冬　要求缩减南北武力的国民裁军会议在北京召开。

1923 年

1 月 16 日　国民党军队从陈炯明手中夺回广州。

1 月 26 日　孙中山、越飞在上海发表联合宣言。

2 月—12 月　张君劢、丁文江、梁启超、胡适、吴稚晖等人展开"科学与玄学"论战。

6 月 15 日　中共在广州创办《新青年》季刊。

7 月 13 日　学生、工人、教育团体等在北京成立反帝大同盟。

注　释[*]

第一章　导言

1. "五四运动"这个名词首次是由"北京中等以上学校学生联合会"所使用的，它出现在 1919 年 5 月 18 日致其他社团的电报《罢课宣言》里，详见第五章。胡适认为这个名词第一次出现在 1919 年 5 月 26 日《每周评论》第 23 期中，笔名"毅"的作者（按：即罗家伦）所写的 236《五四运动的精神》一文中；见胡适 199，《纪念五四》，《独立评论》，第 149 期（1935 年 5 月 5 日，北京），页 4。

2. 周予同 124，《过去了的五四》，《中学生》（1930 年 5 月 4 日，上海）。

3. 见蔡尚思 447，《蔡元培学术思想传记》（1950 年，上海），第一章，页 18—19。

4. 胡适 226，《"五四"的第二十八周年》，《大公报》（1947 年 5 月 4 日，上海），页 1。

5. 见 Kiang Wen-Han 江文汉 666，*The Chinese Student Movement*《中国学生运动》（1949 年，纽约），第 1 章，页 35—40；页 147，注 1。

6. 冯友兰 153，《中国现代民族运动之总动向》，《社会学界》，第 9 卷（1936 年，北京），页 264。

7. 李长之 286，《迎中国的文艺复兴》（1944 年，重庆），第 2 章，页 12。

8. "五四运动"的定义还没有人彻底讨论过。有关这次运动是否有主流的问题，见傅斯年 162，《"五四"二十五年》，《大公报》（1944 年 5 月 4 日，重庆），页 1。

9. 张奚若 15，《国民人格之培养》，又胡适 210，《个人自由与社会进步——再谈五卅惨案》，二文都见于《独立评论》，第 150 期（1935 年，5 月 15 日），页 2、

---

[*] 注释说明：在作者或编者姓名后（或无此项姓名时）、每一资料名称前，所列的阿拉伯数字，是指本书作者所著《五四运动研究资料》（*Research Guide to the May Fourth Movement*，1963 年哈佛大学出版社出版）一书中所列书文目录的次序。有一小部分未列这种数字的资料，可查该书的增加资料目录。但也有材料未曾列入该书内。

15；又见何干之170，《中国启蒙运动史》（1947年，上海），第5章，页151。

10. 有关"五卅惨案"这个题目的中文材料非常多。若要找这事件英文的简明叙述，可见 William Ayers 艾尔斯569，"Shanghai Labor and the May 30th Movement"《上海工人与五卅惨案》，Harvard Papers on China《哈佛有关中国论文》（影印版，1950年4月，美国麻省剑桥），第5册，页1—38；又见 Dorothy Borg 布格，*American Policy and the Chinese Revolution, 1925—1928*《美国政策和中国革命，1925—1928》（1947年，纽约）。

11. 陈独秀69，《五四运动时代过去了吗？》，《政论》1卷2号（1938年5月15日，重庆），页8—9。

12.《大清律例》中有"嫡庶子男，除有官荫袭先尽嫡长子孙，其分析家财田产，不问妻妾婢生，止以子数均分，奸生之子依子量与半分"（出自卷7《卑幼私擅用财》条例——译者）。由于清朝时大多数的例子都是爵位每传一代就降级，或者只由限定数量的后代继承，因此即使贵族的财产，也不能得到长期的累积。

13. 见翁文灏《近五十年来的中国经济建设》，收录入潘公展编，《五十年来的中国》（1915年，重庆），页9。又见龚骏，《中国新工业发展史大纲》（1933年，上海），第7、8章，页92—262。

14. 第一次世界大战结束后不久发生的中国国内的工业恐慌，可以在许多有关主要工业的统计数字中找到证明。有关这个问题的长篇分析，可见 Tse-Tsung Chow 周策纵559，*The May Fourth Movement and Its Influence upon China's Socio-political Development*《五四运动和它对中国社会政治发展的影响》（1955年，Ann Arbor: University of Michigan Microfilms 安娜堡：密歇根大学缩影胶片公司；出版第12553号；国会图书馆卡号为 MICA55—2195），第二章"Economic, Social, and Political Background"《经济、社会、政治的背景》。关于统计数字可见陈铭勋，《经济改造中之中国工业问题》（1928年，上海）第二章，页48—51；《华商纱厂联合会季刊》3卷4号（1921年冬季，上海），页63。严中平，《中国棉业之发展》（1943年，重庆；修订版，书名改为《中国棉纺织业史稿》[1955年，北京]）第6章，页163—205；又见滨田峰太郎（Hamada Minetarō），《支那于けゐ纺织业》（1923年，上海），页21。有关此问题的中共著作，见胡华编193，《中国新民主主义革命史参考资料》（1923年，上海），页57。洪焕椿235，《五四时期的中国革命运动》（1956年，北京），第1章，页4—20；周秀鸾，《第一次世界大战时期中国民族工业的发展》（1958年，上海）。

15. 阮湘等编，《中国年鉴》，第1号（1924年，上海），页54—55；龚骏，《中国都市工业化程度之统计的分析》（1933年，上海），页15—28；又见 Julean Arnold 阿诺德，*Commercial Handbook of China*《中国商业手册》（1919年，华盛顿特区），页321。

16. 有关中国在这些年间主要战争的简短分析，见周策纵125，《中国政治一百年》，《新认识》6卷3—4号（1942年12月25日，重庆），页15—17。

17.《左传》，卷九，襄公二十一年（542 B. C.），James Legge 理雅各的英译，
Chinese Classics《中国古典著作集》第5册，第2部。

18. 班固，《汉书》，卷72，《鲍宣传》；范晔，《后汉书》，卷97，《党锢列传》；
并参见江文汉166，《中国学生运动》，页8；柳诒徵，《学潮征故》，《学衡》42期
（1925年6月，南京），页1—14。

19.《宋史》，乾隆四年（1739）版《廿四史》，卷346，页1a；卷23，页2a；
卷455，页1a—b；卷23，页4a—5a；卷352，页4b；卷362，页10a；卷399，页
8；卷455，页1b—3a；卷58，页5a；又见卷377，页17b—18b；卷392，页9；
卷455，页14b—15a；卷418，页7a—b。陈东，《宋代学生陈东尽忠录》8卷，6册。
又见叶绍翁，《四朝闻见录》（《知不足斋丛书》本，第1函），页42b—43b；吴其昌
507，《宋代学生干政运动考》，《清华学报》，3卷2号（1926年12月，北京），页
999—1046。

20.《明史》，卷231。

21. 黄宗羲，《学校篇》，出自《明夷待访录》（W. T. DeBary 狄百瑞的英译题目
是 *A Plan for the Prince*［1957年，纽约］）。又见胡适，《黄梨洲论学生运动》，作
于1921年5月2日，重印于胡适207，《胡适文存》2集（1924年，上海），第三册，
页11—15。有关黄宗羲舆论的批评，见章炳麟23，《太炎文录》，第1卷。

22. 罗家伦342，《从近事回看当年》，载于罗家伦339，《黑云暴雨到明霞》
（1943年，重庆），页71。

23. 周策纵126，《依新装，评旧制：论五四运动的意义及其特征》，《大公报》
（1947年5月4日，上海），为五四运动28周年纪念而写。

24. 有关此问题，见《新认识》6卷、3、4号（1942年12月15日，重庆）中，
周策纵、李长之、邹云婷所写中国近百年来政治文化运动的论文；又见周策纵、冯
大麟127，《论一百年来的大变局》，《三民主义半月刊》（1945年，重庆）。

25. Bertrand Russell 罗素729，*The Problem of China*《中国问题》（1922年，
伦敦），第1章，页1。

26. 王芸生499，《五四·从新使我感到不安》，《大公报》（1947年5月4日，
上海），页2。

27. 同上。

第二章　促成五四运动的力量

1. Paul S. Reinsch 芮恩施707，*An American Diplomat in China*《一个美国外
交官使华记》（1922年，多伦多），第12章；又见王芸生498，《六十年来中国与日

本》（1934 年，天津），第 6 册。

2. "二十一条"的全文和最后签订的中日《民四条约》并有关文件，参见 John V. A. MacMurray 麦默里 688 编，*Treaties and Agreements with and Concerning China, 1894—1919*《中外条约与协定：1894—1919》（1921 年，纽约），第 2 册，1915·8 号，页 1216—1237；美国国务院，*Paper Relating to the Foreign Relations of the United States, 1915*《1915 年美国外交关系档案》（1924 年，华盛顿），页 79—206。中文的全文参看王芸生 498，《六十年来中国与日本》，第 6 册，页 80—400。

3. MacMurray 麦默里 688，《中外条约与协定》，第 2 册，页 1235，英文本系据日本官方公布的原文。

4. 王芸生 498，《六十年来中国与日本》，第 6 册，页 398。

5.1915 年 2 月 3 日中国驻日本大使陆宗舆致中国外交部的电报，见王芸生《六十年来中国与日本》，第 6 册，页 121；1915 年 2 月 16 日发的另一电报见同书，页 142—143。

6.1915 年 2 月 22 日中日谈判记录，见同书，页 145—156。

7. 同上书，页 216。

8. 芮恩施 707，《一个美国外交官使华记》，第 12 章，页 141。

9. 参看中国政府档案，日本提出条件的中文文本上有袁世凯的红笔亲书眉批；又 1915 年 2 月 5 日第 2 次谈判记录，见外交部档案；中国 1915 年 2 月 9 日第一次抗议，见中国东京公使馆档案，俱见于王芸生 498，《六十年来中国与日本》，第 6 册，页 94，131，139。

10. Home News "本国通讯"（胡适任栏目编辑），载于 *The Chinese Students' Monthly*《中国留美学生月刊》10 卷 7 期（1915 年 4 月，纽约州，伊萨卡），页 451—452。

11. Min-Ch'ien T. Z. Tyau 刁鸣谦 762，*China Awakened*《觉醒了的中国》（1922 年，纽约），第 9 章，页 141；第 7 章，页 119。

12. 朱公谨编，《本国纪念日史》（1929 年，1932 年，第 4 版，上海），第 14 章，页 92—120；平林编，《纪念日史料》（1948 年，大连），页 79—83。

13.1915 年 6 月 10 日陆宗舆致外交部电，见中国驻日公使馆档案。

14.《国内外大事记》，《东方杂志》12 卷 6 期（1915 年 6 月 15 日），页 34—36。

15.《国内外大事记》，同上，第 7 期（1915 年 7 月 15 日），页 1—2。

16. Scott Nearing 倪陵 697，*Whither China? An Economic Interpretation of Recent Events in the Far East*《中国往何处去？从经济观点看远东近事》（1927 年，纽约），第 2 章，页 48。

17. 引用于 W. K. Chung, "Korea or Belgium?"《朝鲜抑比利时？》，载于 *The Chinese Students' Monthly*《中国留美学生月刊》10 卷 6 期（1915 年 3 月），页 334，同时参见页 330—331，335，342—344。

18. Frederick Moor 摩尔，"Telegram to the Associated Press"《致美联社电》，1915 年 2 月 11 日，见 1915 年《外交关系文件》，页 92；《中国留美学生月刊》10 卷 6 期，页 380；关于国民党领袖在这期间对日本和袁世凯的态度，见 Marius B. Jansen 詹森，*The Japanese and Sun Yat-sen*《日本人与孙中山》（1954 年，麻省，剑桥），第 8 章，页 175—201，第 9 章，页 202—212。

19. 李剑农 289，《中国近百年政治史》，第 2 册，第 11 章，页 419—420；英文本由 Ssu-yü Teng 邓嗣禹及 Jeremy Ingalls 英戈尔斯合译，名为 *The Political History of China*，1840—1928（1956 年，普林斯顿），页 310—312。

20. 孟世杰，《中国最近世史》（1921 年，上海），第 3 册，第 6 章，页 169；半粟（李剑农笔名），《中山出世后中国六十年大事记》（增订版，1929 年，上海），页 156。参阅 Charles F. Remer 雷默 708，*A Study of Chinese Boycotts*《中国抵制运动研究》（1933 年，巴尔的摩），第 6 章，页 46—54。

21. Dispatch from Hankow, May 14, 1915, *The New York Times*，《纽 约 时 报·1915 年 5 月 14 日汉口通讯》（1915 年 5 月 16 日），第 2 卷，页 5。

22. 问渔（江问渔）98，《二十五年前历次抵制日货运动纪略》，《人文月刊》，3 卷 8 期（1932 年，上海），页 4。

23. Dispatch from Tokyo, June 16, 1915, *The New York Times*，《纽 约 时 报·1915 年 6 月 16 日东京通讯》（1915 年 6 月 17 日），页 3；又见《中国留美学生月刊》10 卷 8 期（1915 年 5 月），页 512。

24. 半粟，《中山出世后中国六十年大事记》，页 157—158。

25.1915 年 6 月 10 日陆宗舆由东京致中国外交部电，东京中国公使馆档案；孟世杰，《中国最近世史》；又见《纽约时报》（1915 年 6 月 10 日），第 3 卷，页 5；Willard Price 普赖斯，"China's Fighting Blood Up"《中国热血沸腾》，*World's Work*《世界大事》卷 30（1915 年 10 月），页 725；雷默 708，《中国抵制运动研究》，页 48。

26. Chinese Maritime Customs 中国海关，*Returns of Trade*《进出口贸易统计》（1915 年，上海），页 1。

27. Special Correspondence from Peking, May 15, 1915, *The New York Times*，《纽约时报·1915 年 5 月 15 日北京特讯》（1915 年 6 月 20 日），第 3 卷，页 5；又见黄远庸，《新闻日记》（1915 年 4 月 1 日，9 日），见《远生遗著》（1920 年，上海），第 4 册。

28. 陈独秀，《抵抗力》，见《青年杂志》1 卷 3 号（1915 年 11 月 15 日，上海），页 2—3。

29. 梁启超 306，《清代学术概论》（1927 年，上海），节 29，页 163。本书由 Immanuel C. Y. Hsu 徐中约译成英文，名为 *Intellectual Trends in the Ch'ing Period*（1959 年，麻省，剑桥），页 114。

30. 常道直，《留美学生状况与今后之留学政策》，《中华教育界》，15 卷 9 期。

31. 见《中国留美学生月刊》10 卷 7 期（1915 年 4 月），页 410—411。

32. Dean W. K. Chung, "Korea or Belgium?"《朝鲜抑比利时？》，同上，第 6 期（1915 年 3 月），页 333—334；邝煦堃，"China Shall not be Japanned"《不可把中国日本化》，同上，页 335—341；"Our Duty"《我们的责任》（社论），同上，页 331。

33. "Military Training Camps for Chinese Students"《为中国学生设的军事训练营》（社论），同上，页 413。

34. 关于胡适早年生活，见胡适 220，《四十自述》（1933 年，上海；1954 年，增订本，台北），又见《胡适留学日记》（1947 年、1948 年，第 2 版，上海）。

35. 胡适 647，"A Plea for Patriotic Sanity, An Open Letter to All Chinese Students"《请大家爱国要清醒：给全体中国同学的一封公开信》，《中国留美学生月刊》10 卷 6 期（1915 年 3 月），页 425—426。该信复见于胡适 205，《留学日记》，卷 9，页 591—596。

36. *Living Philosophies*《活的哲学》（1931 年，纽约），页 253—254。

37. 邝煦堃 672，"What Is Patriotic Sanity? A Reply to Suh Hu"《什么是清醒的爱国主义？答胡适》，《中国留美学生月刊》10 卷 7 期（1915 年 4 月），页 429。

38. T. S. Yeh, "Is Our Duty to Study Only?"《我们的责任只是读书吗？》（给编者的信），同上，8 期（1915 年 5 月），页 515—516。

39. 胡适 205，《留学日记》，卷 9，页 566；卷 11，页 784。

40. "Letter to Professor H. S. Williams"《给 H. S. 威廉姆斯教授的信》，1916 年 1 月 31 日，同上，卷 12，页 843。

41. 同上，卷 11，页 784。

42. 同上，页 790。

43. 同上，卷 13，1916 年 7 月 5 日条，页 938；1916 年 9 月 6 日条，页 939—945。又见胡适 652，*The Chinese Renaissance*《中国的文艺复兴》（1934 年，芝加哥），第 3 章，页 50。又见《中国留美学生月刊》1916 年 4、5、6 月，胡与赵元任诸文。

44. 赵元任 588，《中国的语言问题》，《中国留美学生月刊》11 卷 6 期（1916 年 4 月），页 437—443；7 期（1916 年 5 月），页 500—509；胡适、赵元任 588，同上，8 期（1916 年 6 月），页 567—593。

45. 陈子展 76，《中国近代文学之变迁》（1929 年，上海），第 2 章，页 6—29。

46. 胡适 196，《尝试集·自序》，写于 1919 年 8 月 1 日，重印于胡适 207，《胡适文选》，（1930 年，上海），页 217—241；又见胡适 216，《逼上梁山——文学革命的开始》，见赵家璧 33 编，《中国新文学大系》（1935 年，上海），第 1 集，页 3—27。

47. Louis Untermeyer 昂特迈耶编，"编者自序"，*Modern American Poetry*《美国现代诗选》，（1950 年，纽约），页 12—13。

48. Henry Steele Commager康马格，"He Sings of America's Plain People"《他歌唱美国平民》，见 Francis Brown 布朗编，*Highlights of Modern Literature*《现代文学的光华》（1949 年，纽约），页 176—177。

49. Horace Gregory and Marya Zaturenska 格雷戈里、扎图仁斯卡，*A History of American Poetry*，1910—1940《美国诗史：1910—1940》，（1946 年，纽约），页 141。

50. 康马格，《他歌唱美国平民》，页 176。

51. 关于蒋梦麟在"五四"时期的思想，可参见 Albert Borowitz 博罗维茨 573，"Chiang Monlin：Theory and Practice of Chinese Education，1917—1930"《蒋梦麟：中国教育的理论与实践，1917—1930》，*Harvard Papers on China*《哈佛有关中国论文》（1954，麻省，剑桥），第 8 册，页 107—135。

52. 胡适 205，《留学日记》，卷 14，页 979。

53.《梅觐庄致胡适信》，1916 年 7 月 24 日，同上，页 981。

54.《胡适的答书》，1916 年 7 月 30 日，同上，页 982—983。

55. Ezra Pound 庞德，"A Few Don'ts"《几个不》，*Poetry, A Magazine of Verse*《诗杂志》，1 卷 6 期（1913 年 3 月，芝加哥）；又见 Henri Van Boven 范博文 766，*Histoire de la Littérature Chinoise Moderne*《中国近代文学史》（1946 年，北平），页 21 及以下。

56. 胡适 205，《留学日记》，卷 15，页 1070—1073。

57. 参见本书第 7 章第 6 节"大众教育"项下；又见杜威致胡适的信、胡适致蔡元培有关杜威访华的信，刊于《北京大学日刊》，1919 年 3 月 28 日、1919 年 5 月 18 日。

58. 舒新城 412，《近代中国留学史》（1927 年、1933 年，第 3 版，上海），第 4 章，页 21—27；第六章，页 46—71；Sanetō Keishū 实藤惠秀 397，《中国人日本留学史稿》（1939 年，东京），该书第 1、2 章由张铭三译成中文刊于《中国留日同学会季刊》（1942 年 9 月、1943 年 1 月，北平）。

59. 舒新城 412，《近代中国留学史》，第 15 章，页 224—231，特别留意页 230—231；又见第 9 章，页 147—148。

60. 同上，第 6 章，页 56—64。

61. 同上，第 15 章，页 212。

62. 见振武学校——东京士官学校的预备学校——入学学生誓词，刊于《振武学校一览》（1908 年 4 月）；又见舒新城 412，《近代中国留学史》，第 6 章，页 63—64。

63. 实藤惠秀，《日本文化之中国的影响》，张铭三译（1944 年，上海），页 4—37。

64. 郭沫若，《桌子的跳舞》，《创造月刊》（1928 年 1 月）。

65. 见中村忠行（Nakamura Tadayuki），《日本文艺对中国文艺的影响》，《台大文学》7 卷 4 期（1942 年 12 月），页 214—243；7 卷 6 期（1943 年 4 月），页 362—384；8 卷 2 期（1943 年 8 月），页 86—152；8 卷 4 期（1944 年 6 月），页 27—85；8 卷 5 期（1944 年 2 月），页 42—111；同一作者的其他著作列于 John K. Fairbank and Masataka Banno 费正清、坂野正高合编，*Japanese Studies of Modern China*《日本研究近代中国书目辑要》（1955 年，东京），页 161—162。

66. 蔡元培，《社会主义史·序》，《新青年》8 卷 1 号（1920 年 6 月 1 日，上海），Thomas Kirkup 寇卡勃，*A History of Socialism*《社会主义史》（1892 年、1913 年，第 5 版，伦敦），由李懋猷翻译为中文，蔡元培文是此书的序言。

67. 见《新民丛报》，第 18 号（1902 年，横滨），页 22；又见 42、43 号合订本（1903 年）所载梁启超的文章；《民报》，2 号（1906 年 1 月 22 日，东京；1906 年 4 月 10 日，第 2 版）、4 号（1906 年 4 月 28 日）朱执信（笔名：蛰伸、县解）的文章；又见孙中山在 10 号（1906 年 12 月 20 日）的讲演。又见 Robert A. Scalapino and Harold Schifrin 斯卡拉皮诺、席夫林，"Early Socialist Currents in the Chinese Revolutionary Movement"《中国革命运动中的早期社会主义潮流》，*The Journal of Asian Studies*《亚洲研究季刊》18 卷 3 期（1959 年 5 月，密歇根，安娜堡），页 321—342。

68. Fukui Junzō 福井准造，《近世社会主义》（1903 年，上海）。《共产主义宣言》摘译见朱执信，《德意志社会革命家小传》，《民报》2 期（1906 年 2 月，东京）。有关清末国家主义、社会主义、无政府主义和其他革命思想的中文刊物，见张于英，《辛亥革命书征》，《学林》第 6 号（1941 年 4 月，上海），重刊于张静庐 9 编，《中国近代出版史料初编》（1953 年，上海），页 140—183；又见张于英，《辛亥革命杂志录》，《学林》第 6 号，重刊于张静庐 9 编，《中国近代出版史料初编》（1953 年，上海），页 97—103；关于 1911 年前国内外出版的中文刊物，见冯自由，《革命逸史》，第 3 章，重刊于张静庐 10 编，《中国近代出版史料二编》（1954 年，上海），页 276—296。

69. 景梅九，《罪案》，页 72—76。

70. 江亢虎，《近世三大主义与中国》（1924 年，北京），页 37—38；又见《鸣鹤记》（1927 年，北京），页 21。

71. 实藤惠秀，《日本文化之中国的影响》，页 105—106。

72. 舒新城 412，《近代中国留学史》，页 278—279；实藤惠秀，《日本文化之中国的影响》，页 65—84，106—161；半栗，《中山出世后中国六十年大事记》，页 188；《教育杂志》10 卷 6 期（1918 年 5 月），页 45；李剑农 289，《中国近百年政治史》，第 2 册，第 12 章，页 517。

73. 余家菊等合编，《中国教育辞典》（第 3 版，1928 年、1930 年，上海），页 46；舒新城 412，《近代中国留学史》，页 279；又见《教育杂志》，10 卷 6 期，页 45。

74.《各省留沪学生总会第一次简章》，刊于《江宁学务》（1906 年，南京），转载于舒新城 410，《近代中国教育史料》，第 4 册，页 169。

75. 原件末载："（发起人）胡耀华，（赞成人）王搏沙、陈佩忍、于右任、何寓尘。"同上，页 168—170。

76. 参见朱经农等合编，《教育大辞书》（1930 年，上海），页 1549—1550。

77. 胡适 205，《留学日记》，卷 4，第 42 条，《一个留日中国学生对日本文化的看法》，1915 年 5 月 2 日，页 621—622；实藤惠秀，《日本文化之中国的影响》，页 85—105。平江不肖生（向恺然笔名）所著小说《留东外史》，虽然不算优秀，却也描述了留日学生的实际情况，陈独秀认为一班留日学生"别的学问丝毫没有学得，只学得卖国和爱国两种主义"。《随感录》，《新青年》7 卷 2 号（1920 年 1 月 1 日），页 155—156。这个看法无疑是把事实太简单化了。

78. 见 John Dewey 杜威 620，"New Culture in China"《中国的新文化》，*Asia*《亚洲》21 卷 7 期（1921 年 7 月，纽约），页 583。

79. 胡适 198，《陈独秀与文学革命》，载于陈东晓编 74，《陈独秀评论》（1933 年，北平，页 53—54。）胡适说："他（陈独秀）深受法国文化影响，又看得懂英文和法文。"

80.《青年杂志》1 卷 1 号（1915 年 9 月 15 日，上海），页 7—10。

81.《新世纪》周刊在 1910 年夏天停刊。周刊上的文章后来结集重印为《新世纪丛书》和《无政府主义粹言》。见文定，《刘师复传》，刊于铁心编，《师复文存》（第 2 版，1927—1928 年，广州），页 3—4；荣孟源，《辛亥革命前中国书刊上对马克思主义的介绍》，《新建设》54 号（1953 年 3 月，北京），页 7；又见杜威，《中国的新文化》，页 585。

82. 留法俭学会 387，《北京留法俭学会简章》，《新青年》3 卷 2 号（1917 年 4 月 1 日）；又见舒新城 412，《近代中国留学史》，第 8 章，页 86—88。

83. 同上，页 86—91；《留法勤工俭学的历史》，《工学》第 2 号（1921 年，北京），油印本。

84. 佚名 148，《法国招致华工》，《东方杂志》14 卷 2 期（1917 年 2 月 15 日）；陈 达 590，"Chinese Migrations, with Special Reference to Labor Conditions"《中国移民——特别关于劳工情况的研究》，《美国劳工统计局公报》340 号（1923 年，华盛顿）第 9 章，页 143。

85. 同上，页 143—146。

86. W. Reginald Wheeler 惠勒，*China and the World War*《中国与世界大战》（1919 年，纽约），第 8 章，页 150—151。蔡元培认为，"一战"结束时在法国替盟军工作的华工约有 15 万人，见蔡元培 456，《劳工神圣》，《新青年》5 卷 5 号（1918 年 11 月 15 日），页 438。

87. 见美国国务院，《巴黎和会》（1919 年，华盛顿），第 3 章，页 56，《十国会议，1919 年 1 月 15 日上午 10：30）；崔书琴也提出同样的数字，详见 "The Influence of the Canton-Moscow Entente upon Sun Yat-sen's Political Philosophy"《广州与莫斯科友好协定对孙文政治哲学的影响》，*The Chinese Social and Political Science Review*《中国社会政治科学评论》（1934 年，北平）。H. F. MacNair 麦克尼尔认为，替法国工作的华人有 5 万，替英国工作的有 15 万，详见 *The Chinese Abroad*《海外华人》（1924 年，上海），页 235。其他相关的估计数字，参见刁鸣谦 762，《觉醒了的中国》，第 13 章，页 239；又见 The Diplomatic Association 外交协会编，"China at the Peace Conference"《中国在和会》，*Far Eastern Political Science Review*《远东政治评论》特别号（1919 年 8 月，广州），页 113；Judith Blick 布利克 572，"The Chinese Labor Corps in World War I"《第一次世界大战中的华工团》，*Harvard Papers on China*《哈佛有关中国论文》（1955 年，麻省，剑桥），第 9 册，页 111—145。

88. 佚名 148，《法国招致华工》，《东方杂志》14 卷 2 期；陈达 590，《中国移民——特别关于劳工情况的研究》，页 142—143。

89. 余家菊等，《中国教育辞典》，页 353—354。

90. 陈达 590，《中国移民——特别关于劳工情况的研究》，页 147—148。

91. "Hui Min Contract for Common Laborers"（Articles 13，17）《有关普通劳工的惠民协定》（第 13、17 条），同上，页 207—210。

92. 见陈春随（陈登恪），《留西外史》（第 2 版，1927 年、1928 年，上海），这是一部仿效不肖生《留东外史》的小说。

93. 陈达 590，《中国移民——特别关于劳工情况的研究》，页 152—154；又见刁鸣谦 762，《觉醒了的中国》，页 239；基督教青年会全国战时工作理事会，*Summary of World War Work of the American Y. M. C. A.*《美国基督教青年会世界大战工作简报》（1920 年，纽约），页 239；又见基督教青年会，*Service With Fighting Men*《为参战人员的服务》（1922 年，纽约），第 2 章，页 365—366。

94.《时事纪要》，《教育杂志》19 卷 9 期（1927 年 9 月），页 2；Pearl S. Buck 赛珍珠，*Tell the People——Mass Education in China*《告语人民：中国的平民教育》（1945 年，纽约），页 819。

95. 国务院侨工事务局编，《调查在法华工情形书》第 3 号（1918 年 12 月，北京），页 29—31；第 5 号（1919 年 4 月），页 23—25；第 7 号（1919 年 9 月），页 27—28；又见陈达 590，《中国移民——特别关于劳工情况的研究》，页 150—151。

96. 同上，页 157；余家菊等，《中国教育辞典》；舒新城 412，《近代中国留学史》，页 90—99。有些资料说是 1919 年，但似乎应该是 1920 年。见《勤工俭学学生与教育会生死关头》，油印小册，由 74 名留法学生在 1920 年 5 月 8 日签名发表。

97. 刁鸣谦 762，《觉醒了的中国》，页 238—241；又见 Harold R. Issacs 伊萨克斯 661，*The Tragedy of the Chinese Revolution*《中国革命的悲剧》（1951 年修订本，斯坦福），第 4 章，页 55。

98. 吴玉章 532，《纪念蔡孑民先生》，《中国文化》第 2 号（1940 年 4 月）；又见周末报社所编的《新中国人物志》（1950 年，香港），页 30 及以下；又见 Edgar Snow 斯诺 739，*Red Star Over China*《红星照耀中国》（1938 年、1944 年，纽约），第 4 编第 4 章，页 157—158。

第三章　运动的萌芽阶段

1. 见陈东晓编 74，《陈独秀评论》（1933 年，北平），页 176—179，203，247。陈独秀，《实庵自传》，收录于宇宙风社编 562，《自传之一章》（1938 年，桂林），页 14—33。何之瑜编 169，《独秀丛著清样本》（1948 年，上海），册 1。王森然 488，《近代二十家评传》（1934 年，北平），页 249—276。Benjamin Schwartz 施瓦兹 734，"Ch'en Tu-hsiu and the Acceptance of the Modern West"《陈独秀与对现代西方的接受》，*Journal of the History of Ideas*《思想史杂志》12 卷 1 期（1951 年 1 月），页 61—62。胡适曾告诉我，他不相信陈独秀曾去过法国。不过我们可以找到 1919 年或 1920 年出版有关此事的记载。

2. 《中华民国临时约法》，第 2 章，第 6 条，第 4 款。

3. 同上，第 15 条。

4. 该法律于 1912 年 3 月 11 日颁布。部分原文，可查李剑农 288，《宪法上的言论出版自由权》，《太平洋》2 卷 1 号（第 2 版，1920 年 5 月 5 日），页 3。

5. 参见高一涵 256，对《治安警察条例》的批评，《新青年》7 卷 2 号（1920 年 1 月 1 日），页 15—23，这个规定先由袁世凯在 1914 年 3 月 2 日公布，为教令第 28 号，后来由他所控制的参政院通过。

6. 该法律于 1914 年 3 月 3 日颁布。见胡适、蒋梦麟等 277，《争自由宣言》，重印于《东方杂志》27 卷 6 号（1920 年 8 月 25 日），页 134。再参见高一涵《报律私议》，《甲寅》月刊（1918 年）。

7. 该法律于 1914 年 4 月 2 日颁布。见胡适、蒋梦麟等 277，《争自由宣言》，页 134。若要查看 1901—1915 年中国出版法的原文，见戈公振 260，《中国报学史》（第 2 版，1927 年、1928 年，上海），6 章 17 节，页 332—371，重印于张静庐 9、10 编，《中国近代出版史料初编》（1953 年，上海），页 311—333；《中国近代出版史料二编》（1954 年，上海），页 397—418。

8. 该法律于 1914 年 12 月 4 日颁布。见李剑农 288，《宪法上的言论出版自由权》，页 3—5。

9. 戈公振 260，《中国报学史》，第 5 章，页 181—184。

10. 王森然 488，《近代二十家评传》，页 250—251。

11. 见杨之华编535，《文坛史料》（1944年，上海），页361—362；《新青年》9卷1号，《编辑室杂记》；参见傅斯年论陈独秀的文章，收录于陈东晓74，《陈独秀评论》。若要参考最近中共对《新青年》的看法，见中共中央马恩列斯著作编译局556，《五四时代重要期刊介绍》（1958年，北京），册1，页1—40。

12. 见戈公振260，《中国报学史》，第3章，页67—70。

13. 陈独秀49，《敬告青年》，《青年杂志》1卷1号（1915年9月15日），页1—2（标点符号改依《独秀文存》）；全篇英文译文，见 Ssu-yü Teng and John K. Fairbank 邓嗣禹与费正清745，*China's Response to the West, a Documantory Survey, 1839—1923*《中国对西方的反应：1839—1923年的文献研究》（1954年，麻省，剑桥），7章59号文件，页240—241。陈独秀67，《吾人之最后觉悟》，《青年杂志》1卷6号（1916年2月15日），页1—4，此文中也强调知识分子觉醒之必要。见 Kiang Wen-han 江文汉666，*The Chinese Student Movement*《中国学生运动》（1948年，纽约），第1章，页23。

14. 陈独秀49，《敬告青年》，页2。

15. 陈对常乃德的答复，见《新青年》3卷1号（1917年3月1日），"通信"栏目，页15—16。

16. 见蔡元培462，《我在教育界的经验》，收录于宇宙风社编562，《自传之一章》，页1—13；程俊英，《中国大教育家》（1948年，上海），16章，页89—91；贾逸君编，《中华民国名人传》（1932年，北平），2册1章，页21—47；蔡尚思447，《蔡元培学术思想传记》（1950年，上海）；Robert K. Sakai 雷伯特·酒井732，"Ts'ai Yuan-p'ei as a Synthesizer of Western and Chinese Thought"《蔡元培：西方与中国思想之综合者》，*Harvard Papers on China*《哈佛有关中国论文》（1949年5月，麻省剑桥），第3册，页170—192。

17. 《国内外大事记》，《教育杂志》9卷1期（1917年1月），页5。

18. 公时（笔名）270，《北京大学之成立及其沿革》，《东方杂志》16卷3号（1919年3月15日），页161—163；罗敦融，《京师大学堂成立记》，见舒新城编410，《近代中国教育史料》（1923年，上海），1册1章，页157—161；《国立北京大学一览》（1935年，北京），页1—2；W. A. P. Martin 丁韪良，*The Awakening of China*《中国的觉醒》（1907年，纽约），页120；又见 Renville Clifton Lund 隆德685，"The Imperial University of Peking"《京师大学堂》，华盛顿大学1956年博士论文。

19. 静观（笔名）112，《国立北京大学之内容》，《东方杂志》16卷2号（1919年3月15日），页164；Paul Monroe 孟禄691，"A Report on Education in China（for American Educational Authorities）"《中国教育报告（致美国教育界负责人）》，*Bulletin of the Institute of International Education*《国际教育学院会报》Ser. Ⅲ No.43（1922年10月20日），页34。又佚名386，《北京国立学校"教育经费独立运动"记》，《教育丛

刊》2卷2、3、4号（北京）；又见舒新城编，《近代中国教育史料》，第3册，第20章。

20. 两个图表中的数字都采用公时270，《北京大学之成立及其沿革》，页162；又见静观112，《国立北京大学之内容》，页164，以及 Tsi C. Wang 王菖章771，*Youth Movement in China*《中国的青年运动》（1928年，纽约），第7章，页109。

21. 括号中的数字是根据静观112的统计而稍加修正，《国立北京大学之内容》，页165。这个数字大概包括了一些旁听生与特别生。

22. 蔡元培462，《我在教育界的经验》，见宇宙风社编562，《自传之一章》，页1—13，以及蔡元培463，《我在北京大学的经历》，《东方杂志》（1934年1月），页5—7；又罗敦伟346，《五十年回忆录》（1952年，台北），第4章，页18；又蔡元培457，《北京大学之进德会旨趣书》，收录于蔡元培461，《蔡孑民先生言行录》（1920年，北京），第2册，页310—311。

23. 蔡元培450，《就任北京大学校长演说词》，书名册名同上，页292—296。

24. 蔡元培458，《北京大学月刊发刊词》，1号（1918年2月，北京），重刊于蔡元培461《蔡孑民先生言行录》，1册，页226—230；又见 Kiang Wen-han 江文汉666，*Chinese Student Movement*《中国学生运动》，第1章，页26；以及蔡元培致林纾的信，页71—72。

25. 《教育杂志》9卷3号（1917年9月），页18。若要参考此令的原文，见国务院，《法令辑览续编》（1920年，北京），3册12部1章，页3—4；又见阮湘等编，《中国年鉴》，第1号（1924年，上海），页2001。

26. 见蔡元培461，《蔡孑民先生言行录》，1册，页276—280。

27. 蔡元培457，《北京大学之进德会旨趣书》，书名同上，2册，页303—310；又见蔡元培462，《我在教育界之经验》，页91—101；王菖章771，《中国的青年运动》，第7章，页109。若要参考此会的起源，见《民立报》（1912年2月27日）。

28. 见铁心编，《（刘）师复文存》（第2版，1927年、1928年，广州），页1《导言》；又见文定，《师复传》，同书，页4。

29. 蔡元培，《对于教育方针之意见》，见蔡元培461，《蔡孑民先生言行录》，页189—203，特别是页197—198。原文全文英译，见邓嗣禹与费正清745，*China's Response to the West*《中国对西方的反应》，第24章，页235—238。

30. T'ang Leang-li 汤良礼743，*The New Social Order in China*《中国的新社会秩序》（1936年，上海），第9章，页143。

31. 见蔡元培，《独秀文存序》，收录于陈独秀62，《独秀文存》（1922年、1939年，上海，第12版），页1—3；蔡元培463，《我在教育界的经验》，页3—8；又见郭湛波271，《近五十年中国思想史》（第2版，1935年、1936年，北平），页100—101。

32. 有关鲁迅生平和著作的书籍和论文极多，这里不能遍举。最近所出版的内容较丰富的传记有：曹聚仁468，《鲁迅评传》（1956年，香港）；曹聚仁467，《鲁迅年谱》，《文艺世纪》第 1 号（1957 年 6 月，香港），页 26—27，及随后数期；又有王士菁 491，《鲁迅传》（1948 年，上海、香港）；Huang Sung-k'ang 的英文论文 656，"Lu Hsün and the New Culture Movement of Modern China"《鲁迅与现代中国新文化运动》（1957 年，阿姆斯特丹），以上所有资料在一定程度上体现的是左翼的观点。又见 Oda Takeo 小田岳夫 379，《鲁迅传》（1946 年，上海，范泉有中文译本）。若要参考由一位曾被认为是"托洛茨基派"所写的贬鲁迅的传记，可见郑学稼 82，《鲁迅正传》（1942 年，重庆）。

33. 见劳荣，《五四运动的领导者李大钊》，"五四"卅周年纪念专辑编委会编，《"五四"卅周年纪念专辑》，（1949 年，上海），页 139—149；金毓黻 111，《李大钊与五四运动》，《观察》6 卷 13 期（1950 年 5 月 1 日，上海），页 12—14；李龙牧，《李大钊同志和五四时期马克思主义思想的宣传》，《历史研究》第 5 期（1957 年 5 月，北京），页 1—18。若要参考李大钊的作品，见李大钊 301，《守常文存》（1933 年、1949 年、1950 年，上海）。

34. 见傅斯年 157，《新潮之回顾与前瞻》，《新潮》2 卷 1 期（1919 年 10 月），页 119—205；徐彦之 183，《新潮社纪事》，同上，2 卷 2 期（1919 年 10 月），页 398—402；孟寿椿 372，《本社纪事》，同上，2 卷 5 期（1920 年 9 月），页 1073—1076。

35. 胡适 198，《陈独秀与文学革命》。当陈独秀被捕入狱，在南京受国民政府审判时，胡适于 1931 年 10 月 30 日在北京大学所作的演说，见陈东晓编 74，《陈独秀评论》，页 51。

36. 陈独秀，《答程演生信》，"通信"栏目，《新青年》2 卷 6 号（1917 年 2 月 1 日）。

37. 陈独秀 56，《新青年罪案之答辩书》，同上，6 卷 1 号（1919 年 1 月 15 日），页 10—11。

38. 傅斯年 158，《新潮发刊旨趣书》，《新潮》1 卷 1 期（1919 年 1 月 1 日），页 1—3。英文译文见王苣章 771，《中国的青年运动》，第 7 章，页 111—112。

39. 罗家伦 336，《今日之世界新潮》，《新潮》1 卷 1 期（1919 年 1 月），页 19。

40. 同上，页 20。

41. 傅斯年 159，《社会革命——俄国式的革命》，同上，页 128—129。

42. 罗家伦 336，《今日之世界新潮》，页 20—21。

43. 同上，页 22。

44. 静观 112，《国立北京大学之内容》，页 165。

45. 见《公言报》（1919 年 3 月 18 日，北京），该报由军阀创办。又见李何林 292，《近二十年中国文艺思潮论》（第 3 版，1938 年、1948 年，上海、香港），第 1 章，页 10。

46. 王苣章 771，《中国的青年运动》，第 9 章，页 144。

47. 见严复552，《与熊纯如书札节钞》，《学衡》第20期（1924年8月，南京），页1—5。这些书信没有注明日期，但显然是在1914—1920年写的。又见张若英20编，《中国新文学运动史资料》（1934年，上海），第3章，页110。又见周振甫，《严复思想述评》（1940年，上海），第3章，页251—310，尤其参见301—310。王遽常，《严几道年谱》（1936年，上海）。

48. 见寒光165，《林琴南》（1935年，上海），第4章，页65—135；杨荫深，《中学文学家列传》（1936年，上海），页485—486。又见周策纵，《林纾年谱》（手稿）。

49. 钱玄同107，"通信"栏目，《新青年》3卷1号（1917年3月1日），页6—7。

50. 引用于胡适，"通信"栏目，《新青年》3卷3号（1917年5月1日），页4—5。

51. 郑振铎80，《文学论争集导言》，见于赵家璧33编，《中国新文学大系》（1935年，上海），第2章，页5—6；王敬轩108，《文学革命之反响》，《新青年》4卷3号（1918年3月15日），页265—268；又刘复的编者答复，见同上，页268—285。

52. 林纾315，《荆生》，重刊于赵家璧33编，《中国新文学大系》，第1册，页174—175。

53. 林纾319，《妖梦》，见同上，第3册，页431—433。

54. 见刘复，《初期白话诗稿编者序》（1933年，北京），页3—4。

55. 林纾312，《致蔡元培书》，《公言报》（1919年3月18日，北京）。

56. 蔡元培449，《致公言报并答林琴南函》，重刊于蔡元培461，《蔡孑民先生言行录》第2册，页314—315。信的最后部分译文，见邓嗣禹与费正清745，*China's Response to the West*《中国对西方的反应》，第24章，页238—239。

57.《孔融传》，《后汉书》，第100卷。

58. 北京人壁报社382，《五四运动纪要》，《世界日报》（1947年5月4日，北京），页4。

59. 郑振铎80，《文学论争集导言》，页7；李何林292，《近二十年中国文艺思潮论》，第1章，页10。

60.《甚么话》，《新青年》6卷4号（1919年4月15日），页446。有关政府干涉的谣言及公众支持北京大学的舆论，见陈独秀1919年3月16日《关于北京大学的谣言》一文，重印于陈独秀62，《独秀文存》，第1章，页601—605。

61. 王苣章771，《中国的青年运动》，第6章，页100。

62. 张静庐10编，《中国近代出版史料二编》，页315—316。

63. 毕云程，"通信"栏目，《新青年》2卷1号（1916年9月1日），页6。

64. 见 Edgar Snow 斯诺739，*Red Star Over China*《红星照耀中国》（1944年，纽约），页144—147；萧三178，《毛泽东同志的青少年时代》（1949年、1950年，上海，第3版），页61—62，81—82；罗敦伟346，《五十年回忆录》，第4章，页18。

65. 斯诺739，《红星照耀中国》，页46—47；萧三178，《毛泽东同志的青少年时代》，页82—84。

66. 见沈宜甲，《安徽留法勤工俭学生第一次报告书》，《安徽教育月刊》，第24、25号；萧三178，《毛泽东同志的青少年时代》，页80—90，95；斯诺739，《红星照耀中国》，页149，151—152。

67. 同上，页146—148。

68. 有关国民党历史的资料很多。标准本仍是邹鲁，《中国国民党史稿》，4册（1929年，上海；修订本，1944年，重庆）。

69. 见杨幼炯547，《中国政党史》（第2版，1936年、1937年，上海），第6章，页109；谢彬，《民国政党史》（修订第4版，1926年，上海），第7—9章，页53—87；陶菊隐，《蒋百里先生传》（1948年，上海），第9章，页77；《新青年》6卷4号（1919年4月15日），页398—426。

70. 见"通信"栏目，《新青年》6卷3号（1919年3月15日），页337—338。

71. Gotō Shimpei 后藤新平，《日支冲突之真象》，王芸生498，《六十年来中国与日本》，第7册，第63章，页58—71。

72. 见王芸生498，《六十年来中国与日本》（1934年，天津），第7册，第68章，页128—131；胜田主计口述，《菊の根分に——日支经济上の施设设け就て》（1918年，"尔汝会"印行供私分配，1933年，第2版）。

73. 见林权助的文章，王芸生498，《六十年来中国与日本》，第7册，第6、8章，页131—134。

74. 见 U. S. State Department 美国国务院764，*Papers Relating to the Foreign Relations of the United States*，*1919*《1919年美国外交关系档案》（1934年，华盛顿），第1章，页361—362；杨幼炯547，《中国政党史》，第6章，页107—110；费敬仲（笔名沃邱仲子），《段祺瑞》（1921年，上海）；贾逸君，《中华民国史》（1930年，北平），第6章，页52—54；陶菊隐，《北洋军阀统治时期史话》（1957年，北京），第4册。

75. 秘密协定的原文，见王芸生498，《六十年来中国与日本》，第7册，第62章，页42—44。

76. 见王芸生498，同上，第69章，页212—237；William C. Dennis 威廉·邓宜斯（北京政府的法律顾问）608，"Notes on Secret Diplomacy"《秘密外交纪要》，*The Chinese Social and Political Science Review*《中国社会政治科学评论》5卷2号（1919年6月，北京），页104。

77. 见贾逸君编，《中华民国名人传》，第1卷，页31—32；又见 *Who's Who in China, 1926*《1926年中国人物年鉴》（1927年，上海）。1919年秋天，《京报》报道，段祺瑞之所以能维持其总理职位乃因日本干涉之故。日本驻北京公使在11月20日对此新闻提出抗议。结果《京报》被查禁。这两件事可能存在关系。见《外交部交涉简要》（1917年11月，北京），页2a—3b。

78. 见郭沫若273，《革命春秋》（1947年、1951年，上海），页35—37，60—61。

79. 有关"留日学生救国团"的组织，见《时事纪要》，《教育杂志》10卷6号

（1918年6月20日，上海），页45—46；有关1918年5月7日晚上中国学生与日本警察的事件，见王拱璧，《东游挥汗录》（1919年，上海），《七年五七之前夕》一章，重印于中国科学院历史研究所第三所编，《近代史资料》第5辑（1955年4月，北京），页108—118。

80. 有关这条命令的全文，见《时事纪要》，《教育杂志》10卷6号（1918年6月20日），页37—38。

81. 见《追悼曾琦先生纪念刊》（1951年，华盛顿），页1—2。

82. 左舜生472，《近三十年见闻杂志》（1952年，九龙），第2章，页3—4。

83. 张葆恩24，《关于少年中国学会》，《自由阵线》15卷1号（1949年12月3日，九龙），页18—19。

84. 左舜生472，《近三十年见闻杂志》，页4—5。又见《少年中国学会组织章程》第8条。

85. 陈独秀在《少中会务报告》中发表《我们应该怎样》一文，此文重刊于《新青年》4卷4号（1919年4月15日），页447—449。

86. 华岗230，《五四运动史》（1951年、1952年，上海），第6章，页111。

87. 见《时事纪要》，《教育杂志》10卷6号（1918年6月20日），页44—45。

88.《中国大事记》，《东方杂志》15卷7号（1918年7月15日，上海），页195。

89. 华岗230，《五四运动史》，第6章，页111。

90. 蔡元培454，《〈国民杂志〉序》，写于1919年1月，重刊于蔡元培461，《蔡孑民先生言行录》，第2册，页417—420。又见张国焘的英文回忆录（手稿）。

91. 见 Li Tien-yi 李田意681，*Woodrow Wilson's China Policy，1913—1917*《1913—1917年伍德罗·威尔逊的对华政策》（1952年，纽约），第5章，"Wilson's Support of Yuan Shih-kai"《威尔逊对袁世凯的支持》；王芸生498，《六十年来中国与日本》，第七册，第61章，页1—6，8—11，23—24；Paul S. Reinsch 芮恩施707，*An American Diplomat in China*《一个美国外交官使华记》（1922年，花园城），第15章，页175—176，178—180，187，191。

92. 同上，第23章，页275。

93. 有关这些要求，见 *The North China Herald*《北华捷报》131卷2700号（1919年5月10日，上海），页388。该报所登载的商会的英文名称是 The Commercial Federation of Shanghai。

第四章　"五四"事件

1. John V. A. MacMurray 麦默里688编，*Treaties and Agreements with and Concer-*

ning China《中外条约与协定》（1921 年，纽约），第二册，页 1167；又龚振黄编，《青岛潮》（1919 年，上海），第 1 章，重印于中国科学院历史研究所 523 编，《五四爱国运动资料》（1959 年，北京），页 9—111；又王彦威编，《清季外交史料》（1932—1935 年，上海），卷 130。

2. "The Kiao Chou〔Kiaochow〕Question"（editorial）《胶州问题》（社论），*The Chinese Students' Monthly*《中国留美学生月刊》10 卷 1 期（1914 年 10 月，纽约州，伊萨卡），页 15；Suh Hu（Hu Shih）胡适，"Japan and Kiao-Chou"《日本与胶州》，同上，页 27。

3. "Special Correspondence of *the New York Times*" From Peking, May 15, 1915,《纽约时报·北京特讯》（1915 年 5 月 15 日），第 3 卷，页 5。

4. 见 T. Z. Tyau 刁鸣谦 762, *China Awakened*《觉醒了的中国》（1922 年，纽约），第 18 章，页 313—315。

5. 陈独秀，《克林德碑》，《新青年》5 卷 5 号（1918 年 11 月 15 日），页 445。

6. 蔡元培 456，《劳工神圣》，《新青年》5 卷 5 号（1918 年 11 月 15 日，上海），页 438—439；李大钊，《庶民的胜利》，同上，页 436—438，重印于李大钊 301，《守常文存》（1933 年，1950 年，上海），页 214—216。

7. 陶履恭（陶孟和）486，《欧战以后的政治》，《新青年》5 卷 5 号，页 439—441；胡适，《武力解决与解决武力》，同上，5 卷 6 号（1918 年 12 月 15 日），页 571—574。以上四篇蔡、李、陶、胡的文章，都是为庆祝第一次世界大战协约国胜利的演讲稿。

8. 见 Russell A. Fifield 法菲尔德 636, *Woodrow Wilson and the Far East*《威尔逊与远东》（1952 年，纽约），第 4 章，页 194。

9. 同上，第 3 章，页 144—145；王芸生 498，《六十年来中国与日本》（1934 年，天津），第 7 册，页 380—381；刁鸣谦 762，《觉醒了的中国》，页 316；又 "China at the Peace Conference"《中国在和会》，The Diplomatic Association 外交协会编，*Far Eastern Political Science Review*，Special Number《远东政治评论》，特刊（1919 年 8 月，广州），页 106—107。

10. 对这件事有趣的记载，可见法菲尔德 636《威尔逊与远东》，第 4 章，页 182—187，189；刁鸣谦 762，《觉醒了的中国》，页 315—316。

11. 见 *The North China Herald*《北华捷报》，131 卷 2700 号（1919 年 5 月 10 日），页 346。（《北华捷报》是《字林西报》的前身，1850 年创刊，1864 年《字林西报》独立发行，《北华捷报》作为《字林西报》所属周刊，继续刊行。该刊物是英国人在华创办的报纸，是上海租界工部局的喉舌。）

12. 见王芸生 498，《六十年来中国与日本》，第 7 册，第 65 章，页 84—88；及第 7 章，页 239—240。关于密约，见麦默里 688 编，《中外条约与协定》，第 2 册，页 1167—1189；张忠黻，《中华民国外交史》（1943 年，重庆），第 7 章，页 285—

327，第 8 章，页 329；陈博问，《中俄外交史》(1928 年，上海)，第 4 章，页 93，100。关于日本和四强秘密谅解的历史和英文原件，见 "The Correspondence of *the New York Times* from Paris"，《纽约时报·巴黎通讯》(1919 年 4 月 21 日)，引见外交协会编，《远东政治评论》(1919 年 8 月)，页 25—31。

13. 王芸生 498，《六十年来中国与日本》，第 7 册 184—187；刁鸣谦 762，《觉醒了的中国》，页 422—425。

14. 麦默里 688 编，《中外条约与协定》，第 2 册，页 1445—1446；中文原文，见王芸生 498，《六十年来中国与日本》，第 7 册，页 184—187；不同的英文译本，见刁鸣谦 762，《觉醒了的中国》，页 425—426；又见 1919 年 2 月 2 日芮恩施与陈箓会谈有关小幡酉吉在当天所提意见的备忘录，载于 1919 年 3 月 20 日，《巴黎和会》档案，185·1158/51，引见法菲尔德 636《威尔逊与远东》，第 3 章，页 145—147。同一天，9 月 28 日，章还与日本签署参战借款日元 2000 万元。

15. 外交协会编，《远东政治评论》，页 132。

16. 见法菲尔德 636，《威尔逊与远东》，第 4 章，页 187。

17. 同上，第 3 章，页 144，145；第 4 章，页 187。

18. 陆徵祥，《致中国外交部密电》(1919 年 2 月 15 日)，见王芸生 498，《六十年来中国与日本》，第 7 册，页 239—240。

19. 见 "Reinsch to Lansing"《芮恩施致蓝辛》(1919 年 2 月 15 日) 美国国务院档案，793·94/795。

20. 见 William C. Dennis 邓宜斯 608，"Notes on Secret Diplomacy"《秘密外交纪要》，*The Chinese Social and Political Science Review*《中国社会政治科学评论》，2 卷 2 期 (1919 年 6 月，北京)，页 104。

21.《中国要求把胶州湾租借地、青岛济南铁路和其他德国在山东的特权直接归还中国》(1919 年 2 月 15 日)，见刁鸣谦 762，《觉醒了的中国》，页 397；龚振黄编，《青岛潮》，第一章，重印于中国科学院历史研究所 523 编，《五四爱国运动资料》，页 12—27。

22. 日本派驻巴黎和会代表团，"Quelques Observations sur le memorandum chinois demandant la restitution directe du territoire cédé à Bail de Kiaochéou"《对于中国要求立刻归还胶州湾租借地备忘录之观察》，见《巴黎和会》，1919 年。

23. 条约的全文，见麦默里 688 编，《中外条约与协定》，第 2 册，页 1488；又见龚振黄编，《青岛潮》，第 1 章，重印于中国科学院历史研究所 523 编，《五四爱国运动资料》，页 32—39；及刘彦，《帝国主义压迫中国史》(1927 年，1928 年修订版，上海：太平洋书店)，页 189—190。

24. 4 月提出的两个备忘录的原文，见《巴黎和会》，185·1158/75 与 185·1158/57。"The Questions for Readjustment submitted by China to the Peace Conference at Paris, Apri 1919"《1919 年 4 月中国向巴黎和会提出重新调整问题》，见刁鸣谦

762，《觉醒了的中国》，页 430—459；中文原文，见王芸生 498，《六十年来中国与日本》，第 7 册，页 311；关于对中国在和会上所提要求的分析，可见法菲尔德 636，《威尔逊与远东》，第 4 章，页 197 及其后各页。

25. 钱亦石，《中国外交史》，第 5 章，页 156。

26. Stephen Bonsal 邦斯尔，*Suitors and Suppliants*《控诉者与恳求者》(1946 年，纽约)，页 235，238；又法菲尔德 636，《威尔逊与远东》，第 4 章，页 194—195。

27. 瞽盦 6 编，《学界风潮纪》，《中华教育界》8 卷 1 期 (1919 年 7 月)，重印于舒新城编，《近代中国教育史料》(1928 年，上海)，第 3 册，第 20 章，页 119—146；这篇文章又以瞽盦 (编) 的名义印成单行本小册子《学界风潮纪》(1919 年 9 月，上海)，又重印于中国科学院历史研究所 523 编，《五四爱国运动资料》，页 239—315；又见外交协会编，《远东政治评论》，页 125。

28. 半粟 (李剑农)，《中山出世后中国六十年大事记》(增订版，1929 年，上海)，页 195。

29. 法菲尔德 636，《威尔逊与远东》，第四章，页 188，197；王芸生 498，《六十年来中国与日本》，第 7 册，页 241—244。

30. 见 "Telegrams Received by the Chinese Delegation in Support of Their Stand on Shantung Question (in English)"《致中国代表团支持他们在山东问题立场的电报》(1919 年，巴黎)。大多数电报都表达了对山东问题的关切。

31. 同上，页 4。

32. 同上，页 20。

33. 辜鸿铭 670，"Returned Student and Literary Revolution—Literacy and Education"《回国留学生和文学革命——文学和教育》，*Millard's Review of the Far East*《密勒氏评论报》，9 卷 11 号 (1919 年 8 月 16 日，上海)，页 433。

34. 陆徵祥，《致中国外交部密电》(1919 年 4 月 22 日)，引见王芸生 498，《六十年来中国与日本》，等 7 册，页 314。

35. 引见钱亦石，《中国外交史》，第 6 章，页 161。

36. The Shanghai Students' Union 上海学生联合会，"The Students' Strike—An Explanation"《学生罢课说明书》，这是 1919 年印刷的英文传单，现有一份保存在纽约协和神学院教会图书馆 (Mission Library of Union Theological Seminary New York)。又见江文汉 666，*The Chinese Student Movement*《中国学生运动》(1948 年，纽约)，第 1 章，页 36。

37. 对北大校友回忆学生时代的采访，引见 Tsi C. Wang 王苣章 771，*The Youth Movement in China*《中国的青年运动》(1928 年，纽约)，第 10 章，页 161—162。

38. 同上，页 162。

39. Paul S. Reinsch 芮恩施 707，*An American Diplomat in China*《一个美国外

交官使华记》，第 31 章，页 361—362。

40. Bertrand Russell 罗素，*The Conquest of Happiness*《幸福之路》（1930 年，纽约，1951 年重版），第 2 编，第 10 章，页 88。

41. 北京敷文社 384 编，《最近官绅履历汇录》（1919 年，北京）。

42. 参见周予同 124，《过去了的五四》，《中学生》（1930 年 5 月 4 日，上海），重印于曹聚仁编，《散文甲选》（1931 年，上海），页 56—57。

43. 见同上，页 37；又陈端志 73，《五四运动之史的评价》（第二版，1935 年、1936 年，上海）；又邓中夏 439，《中国职工运动简史》（第 2 版，1930 年、1949 年，延安？），第 1 章，页 5—6；另见铁心编，《师复文存》（第二版，1927 年、1928 年，广州），页 1—8，53—56。

44. 见梁启超 306，《清代学术概论》（1927 年，上海），第 24 章，页 132—137；第 27 章，页 150—157；Takashi Oka，"The Philosophy of T'an Ssu-t'ung"《谭嗣同的哲学》，*Harvard Papers on China*《哈佛有关中国论文》（1955 年 8 月，剑桥），第九册，页 1—47；及《谭嗣同全集》（1954 年，北京），页 3—90，515—516。

45. 周予同 124，《过去了的五四》，页 37；陈端志 73，《五四运动之史的评价》，页 229。

46. 芮思施 707，《一个美国外交官使华记》，第 31 章，页 359。

47. 督盫 6 编，《学界风潮纪》，页 121。

48. 陈独秀，《随感录》，《每周评论》（1919 年 4 月 27 日），重印于陈独秀 62，《独秀文存》，第 2 册，页 32。

49. 督盫 6 编，《学界风潮纪》，页 121；吴中弼，《上海罢市救亡史》（1919 年，上海），重印于中国科学院历史研究所 523 编，《五四爱国运动资料》，页 550。

50.《北华捷报》，131 卷 2700 号（1919 年 5 月 10 日，上海），页 347。

51. 陈端志 73，《五四运动之史的评价》，第 13 章，页 231。

52. 引自 C. C. Su（苏？）的叙述，王苣章 771，《中国的青年运动》，页 163。

53. "Translated from a Chinese Document Written by a Student of the National University of Peking"《译自一名北大学生写的文档》，王苣章，同上，页 163—164。又见蔡晓舟、杨量工 446 合编，《五四》（1919 年，北京），部分重印于中国科学院历史研究所编，《近代史资料》第 5 辑（1955 年 4 月，北京），页 47—48。又《每周评论》21 期（1919 年 5 月 11 日）。

54. 许德珩 181，《五四回忆》，《文汇报》（1950 年 5 月 4 日，上海）。

55. 见《译自一名北大学生写的文档》，王苣章 771，《中国的青年运动》，页 163。

56. John & Alice Chipman Dewey 杜威夫妇 631，*Letters from China and Japan*《中国日本家书集》（1920 年，纽约），Evelyn Dewey 伊夫林·杜威（杜威的女儿）编，页 246—247。

57. 陈端志 73，《五四运动之史的评价》，页 163。

58. 案中曹的摘要，见襟霞阁主（平衡笔名）109 编，《新编刀笔菁华》（14 次重订版，1924 年、1930 年，上海）。

59.《北华捷报》，131 卷 2701 号（1919 年 5 月 17 日），页 417；又见粤东闲鹤编，《卖国贼之二曹汝霖》（1919 年，上海），重印于中国科学院历史研究所 523 编，《五四爱国运动资料》，页 652—653。

60. 陈端志 73，《五四运动之史的评价》，页 233。根据 C. F. Remer 雷默所述，"学生说，捣毁曹宅并不在预先计划之内"，见 C. F. Remer 雷默 771，"The Revolt of Chinese Students"《中国学生的抗争》，*Asia*《亚洲》，19 卷 9 号（1919 年，纽约），页 932。

61. 见周予同 124，《过去了的五四》，页 58。

62. 包遵彭 382，《中国近代青年运动史》（1953 年，台北），第 2 章，页 26。

63. 有些报告提出是在堂子胡同开会。详细情形，见朱文叔 506，《五四运动史》，《学生杂志》10 卷 5 号（1923 年 5 月 5 日，上海），页 4；《每周评论》21 期（1919 年 5 月 11 日）；北京大学北京人壁报社 385 编，《五四运动纪要》，《世界日报》（1947 年 5 月 4 日，北京），页 4。

64. 同上；又朱文叔 506，《五四运动史》，页 4。据一名北大学生的追忆，"北京领头的 18 所大学的代表"参加了这次集会；王苣章 771，《中国的青年运动》，页 165。

65.《译自一名北大学生写的文档》，同上，页 165。

66. 罗家伦，《五四运动宣言》，见罗家伦 339，《黑云暴雨到明霞》（1943 年，重庆），页 1。各本文字上略有差异，这里的校订，是我认为比较近实而合理的。关于集会和示威的情形，见龚振黄编，《青岛潮》，第 6 章，重印于中国科学院历史研究所 523 编，《五四爱国运动资料》，页 39—42；又蔷薇园主 100，《五四历史演义》，第 9 章，页 127 及其后。这小说虽然虚构了很多当时有关的人名和情节，但是有些地方却是根据事实而写的。

67.《北京学界天安门大会宣言》，参见龚振黄编，《青岛潮》，附录一，重印于中国科学院历史研究所 523 编，《五四爱国运动资料》，页 181；又新兴书局编，《民国通俗演义》（1956 年，台北），第 105 章，页 657；贾逸君 89，《五四运动简史》，页 37—38。以上各书所引的这篇宣言，文字上往往有脱误，此处已略加校正。

68. 同上，页 15；又《每周评论》（1919 年 5 月 11 日）；蔡晓舟、杨量工 446 合编，《五四》，页 48—49；王苣章 771，《中国的青年运动》，页 164—165；蒋梦麟 594，*Tide from the West*《西潮》，页 121；朱文叔 506，《五四运动史》，页 4；Rodney Gilbert 吉尔伯特 641，"Downfall of Ts'ao the Mighty"《大权在握的曹汝霖之倒塌》，《北华捷报》，131 卷 2700 号（1919 年 5 月 10 日），页 348。

69. 朱文叔 506，《五四运动史》，页 5；王苣章 771，《中国的青年运动》，页 166。

70. Bertrand Russell 罗素，*The Problem of China*《中国问题》，第 3 章，页 54。

71. 王苣章 771，《中国的青年运动》，页 166。

72. 重印于《五四纪念文辑》475，（1950 年，沈阳），页 173—174。

73. 朱文叔 506，《五四运动史》，页 5。

74. 见《每周评论》21 期（1919 年 5 月 11 日）。

75. 华岗 230，《五四运动史》（1951 年，上海），第 6 章，页 113—114。

76. 见 Rodney Gilbert 吉尔伯特 641，"Downfall of Ts'ao the Mighty"《大权在握的曹汝霖之倒塌》，《北华捷报》131 卷 2700 号（1919 年 5 月 10 日），页 348。

77. 芮恩施 707，《一个美国外交官使华记》，第 31 章，页 358。

78. 陈端志 73，《五四运动之史的评价》，页 233；蔷薇园主 100，《五四历史演义》；贾逸君 89，《五四运动简史》，页 16。

79.《北华捷报》（1919 年 5 月 10 日），页 347。

80. 周予同 124，《过去了的五四》，页 59。

81. 吉尔伯特 641，《大权在握的曹汝霖之倒塌》，页 348。

82. 见蔡晓舟、杨量工合 446 编，《五四》，页 50，51；《每周评论》21 期（1919 年 5 月 11 日）。

83. 蒋梦麟 593，"The Student Movement"《学生运动》，E. C. Lobenstine and A. L. Warnshuis 洛本斯坦、苑礼文合编，*The China Mission Year Book, 1919*《中国传教使团年鉴：1919 年》（1920 年，上海），页 46。

84. 见北京人壁报社 385 编，《五四运动纪要》，页 4。

85. 见《五四座谈会特刊》525，《解放日报》（1950 年 5 月 3 日，上海）；易君左，《五四人物杂忆》，《中国周刊》18 卷 6 号（1957 年 5 月 13 日，九龙），页 8—10。

86. 北京人壁报社 385 编，《五四运动纪要》，页 4。有些作者提出是先开后门。见陈端志 73，《五四运动之史的评价》，页 234。

87. 同上，页 234；朱文叔 506，《五四运动史》，页 5；又章衣萍，《窗下随笔》（1932 年，上海），页 86。

88. 见 C. F. Remer 雷默 771，《中国学生的抗争》，*Asia*。《亚洲》19 卷 9 号（1919 年 9 月，纽约），页 932；龚振黄编，《青岛潮》，第 6 章，重印于中国科学院历史研究所 523 编，《五四爱国运动资料》，页 40；又北京人壁报社 385 编，《五四运动纪要》，页 4。

89. 见《东方杂志》14 卷 6 号（1919 年 6 月 15 日），页 233；督盦 6 编，《学界风潮纪》，页 121—122。

90. 见《北华捷报》（1919 年 5 月 10 日），页 523；又吴中弭，《上海罢市救亡史》，重印于中国科学院历史研究所 523 编，《五四爱国运动资料》，页 552。

91. 见蔡晓舟、杨量工合 446 编，《五四》，页 52；大中华国民 356 编，《卖国贼之一章宗祥》（1919 年，上海），重印于中国科学院历史研究所 523 编，《五四爱国运动资料》，页 638。

92. 王苣章 771，《中国青年的运动》，页 167。

93. 见陈端志 73，《五四运动之史的评价》，页 234。

94. 见贾逸君 89，《五四运动简史》，页 15，16；华岗 230，《五四运动史》，页 113—114。

95. 关于中江丑吉在北京的生活和在北京的最后一年，见伊藤武雄（Itō Takeo）的论文，载于《中国研究》12 号（1950 年 4 月），页 60—71。又见 John K. Fairbank and Masataka Banno 费正清、坂野正高合编，*Japanese Studies of Modern China*《日本研究近代中国书目辑要》（1955 年，麻省，剑桥）。

96. 王芸生 498，《六十年来中国与日本》，第 7 册，页 335—336；贾逸君 89，《五四运动简史》，页 32；陈端志 73，《五四运动之史的评价》，页 234—235。

97. 见蔡晓舟、杨量工 446 合编，《五四》，页 51。

98. "5 月 6 日 6 时天津电"，《北华捷报》（1919 年 5 月 10 日），页 347；又督盦 6 编，《学界风潮纪》，页 122。

99. 见北京人壁报社 385 编，《五四运动纪要》，页 4；又见下文所引曹汝霖上总统书。

100. 见贾逸君 89，《五四运动简史》，页 33。

101. 见《北华捷报》，131 卷 2700 号（1919 年 5 月 10 日，上海），页 345。

102. 王苣章 771，《中国的青年运动》，页 166—167。

103. 见蒋梦麟 594，《西潮》，页 120；又见蒋梦麟 593，《学生运动》，《中国传教使团年鉴：1919 年》，页 46—47。

104. 曹汝霖上总统书全文，见督盦 6 编，《学界风潮纪》，附录四，重印于中国科学院历史研究所 523 编，《五四爱国运动资料》，页 300—301。关于芮恩施对当时事件的记录，见芮恩施 707，《一个美国外交官使华记》，第 30 章，页 358—359。

105. "5 月 5 日北京致美联社电"，《纽约时报》（1919 年 5 月 9 日），页 2。

106. 龚振黄编，《青岛潮》，第 6 章，重印于中国科学院历史研究所 523 编，《五四爱国运动资料》，页 58—60；朱文叔 506，《五四运动史》，页 5。

107. 见孟世杰，《中国最近世史》，第 3 章，页 269—270；又王芸生 498，《六十年来中国与日本》，第 7 册，页 336。

108. 朱文叔 506，《五四运动史》，页 5；北京人壁报社 385 编，《五四运动纪要》；贾逸君 89，《五四运动简史》，页 16。马叙伦 353，《我在六十岁以前》（1947 年，上海），页 65。起先被捕学生的人数并没有公开报道，而且那些学生也不是在同一个时间被逮捕的，所以数字多半报道不确。

（一）最初的报道对真正的人数并不清楚。1919 年 5 月 4 日，吉尔伯特报告有 10 名学生被捕，其中没有领导人，也没有组织者。5 月 5 日，宪兵报告的数字有"二十多人"（见华中工学院 228 编，《五四运动文辑》[1957 年，武汉]，页 173）。

"5 月 5 日美联社电"报告"数人被捕"（见《纽约时报》1919 年 5 月 10 日，页 2）。《北华捷报》"5 月 7 日电"提及"逮捕了 30 余人"（见《北华捷报》1919 年 5 月 10 日，页 347）。然而，同一份报上早在 5 月 5 日的电报，又暗示只有 10 人。5 月 8 日的大总统令，提到警察向国务总理报告"多人当场被捕"（见《东方杂志》16 卷 6 号 [1919 年 6 月 15 日]，页 224）。在同一本杂志又曾给出的数字是"数十人"。蔡元培在他的《我在北京大学的经历》也如是说。1919 年 6 月，謇盦记录："当时学生之被捕者，或云三十余人，或云二十二，尚无明细之调查。"（见謇盦 6 编，《学界风潮纪》，页 122）。

（二）后来确定的人数是 32 人。吴中弼，《上海罢市救亡史》（1919 年 7 月）。又龚振黄编，《青岛潮》（1919 年 6 月写，1919 年 8 月印），第 14 章，对这事有较详细的报告。两文都重印于中国科学院历史研究所 523 编，《五四爱国运动资料》，页 161—165。蒋梦麟在 1919 年的文章中也引用了这个数字（见《学生运动》，《中国传教使团年鉴：1919 年》，页 47）。但是后来他在 1947 年却表示："同时，武装警察和宪兵已布满曹宅四周。他们逮捕了约有 60 个学生，都送到警察局，其余的人——约有 1000 人——跟在后面，每个人都单独声称对骚乱负有责任，并且要求被逮捕。最后全体都被拘禁在北大法学院，由武装卫兵严密看守。（蒋 594，《西潮》，页 120—121）。明显地，以上蒋的记载有误，他将 5 月 4 日的逮捕与 6 月 2、3、4 日的逮捕混为一谈了。

（三）陈恭禄在《中国近代史》页 763 的记载是 7 人。孟世杰在《中国最近世史》页 270 也记载了 7 人。《中国近七十年来教育记事》（引用于丁致聘 444 编，《中华教育界》8 卷 1 号）断言，"有 1000 余个学生被捕"，也和 6 月 2、3、4 日的逮捕人数相混（见蔡尚思 447，《蔡元培学术思想传记》，页 420—421）。

（四）王芸生 498，《六十年来中国与日本》，第 7 册，页 336，引用的数字是 36 人。据我的考察，正确的人数是 32。吉尔伯特对逮捕学生的报道是："离现场半英里，而且是在事情发生的一小时以后，一个肥胖的军官带着 20 名士兵姗姗来迟。"《北华捷报》（1919 年 5 月 10 日），页 349；又见许德珩 181，《五四回忆》，《九三社讯》，3 号（1951 年 5 月）。

109. 蔡晓舟、杨量工 446 合编，《五四》，页 52。

110. 见朱文叔 506，《五四运动史》，页 5。又见陈端志 73，《五四运动之史的评价》，页 236；蔡尚思 447，《蔡元培传记》，页 421。

111. 王苣章 771，《中国的青年运动》，页 167。王的英文翻译，我在此已稍加修改；龚振黄编，《青岛潮》，第 14 章，重印于中国科学院历史研究所 523 编，《五四爱国运动资料》，页 165；又见北京人壁报社 385 编，《五四运动纪要》，页 4。

112.《北华捷报》（1919 年 5 月 10 日），页 347。据另一报道提出，宣布戒严是在东交民巷内。

113. 吉尔伯特 641，《大权在握的曹汝霖之倒塌》，页 349。

第五章　事件的发展

1. 朱文叔 506,《五四运动史》,《学生杂志》10 卷 5 号（1923 年 5 月 5 日, 上海）, 页 7。

2. 贾逸君 89,《五四运动简史》（1951 年, 北京）, 页 32, 注 8; 5 月 5 日一条专电报道, 曹汝霖与章宗祥在当日早晨 5 时前往天津。5 月 6 日另有报道却说, 曹没有去天津, 而是躲藏在段祺瑞麾下的一名主要人员的家里（The North China Herald《北华捷报》1919 年 5 月 10 日, 页 346）。有些报道认为, 他不是在 5 月 4 日, 而是在 5 月 6 日提出辞呈。见朱文叔 506,《五四运动史》, 页 7。

3. 同上, 陆信全文, 见杨尘因,《民潮七日记》（1919 年, 上海）; 又誊盦编,《学界风潮纪》（1919 年, 上海）, 附录 4。二者重印于中国科学院历史研究所 523 编,《五四爱国运动资料》（1959 年, 北京）, 页 554—555, 229—300。

4. The North China Herald《北华捷报》（1919 年 5 月 10 日）, 页 347。

5.《电报》（上海的日报, 1919 年 5 月 8 日）; 朱文叔 506,《五四运动史》, 页 7; 誊盦 6 编,《学界风潮纪》,《中华教育界》8 卷 1 号（1919 年 7 月）, 页 123。

6. 同上。

7. 蔡元培 463,《我在北京大学的经历》,《东方杂志》31 卷 1 号（1934 年 1 月）, 页 11。

8. 誊盦 6 编,《学界风潮纪》, 页 123。

9. 见龚振黄编,《青岛潮》（1919 年, 上海）, 第 6 章, 重印于中国科学院历史研究所 523 编,《五四爱国运动资料》, 页 41; 朱文叔 506,《五四运动史》, 页 7; 又 5 月 7 日英文电讯, 载《北华捷报》（1919 年 5 月 10 日）, 页 345, 347。

10. 林纾,《抵制日货之公牍》, 转载于襟霞阁主 110 编,《续编刀笔菁华》（修订本, 1924 年、1930 年, 上海）, 第 4 册, 页 13—15。

11. 陈端志 73,《五四运动之史的评价》,（1935, 1936 年, 上海）, 第 13 章, 页 236。

12. Tsi C. Wang 王苣章 771, Youth Movement in China《中国的青年运动》（1928 年, 纽约）, 第 10 章, 页 169。

13. 陈端志 73,《五四运动之史的评价》, 第 8 章, 页 236。

14. 同上, 页 236—237。又见蔡晓舟、杨量工合编 446,《五四》（1919 年, 北京）, 页 53。

15. 朱文叔 506,《五四运动史》, 页 4; 蔡晓舟、杨量工合 446 编,《五四》, 页 53—54; 又龚振黄编《青岛潮》, 第 6 章, 重印于《五四爱国运动资料》523, 页 49。

16. Paul S. Reinsch 芮恩施 707, An American Diplomat in China《一个美国外交官使华记》（1922 年, 花园城）, 第 33 章, 页 376; U. S. State Department 美国国务院 764, Papers Relating to the Foreign Relations of the United States, 1919。《1919 年美

国外交关系档案》（1934 年，华盛顿），页 370。

17. 陈端志 73，《五四运动之史的评价》，页 237。

18. 北京人壁报社 385 编，《五四运动纪要》（1947 年 5 月 4 日），页 4；龚振黄编，《青岛潮》，第 6 章，重印于中国科学院历史研究所 523 编，《五四爱国运动资料》，页 50。

19. 同上，页 49—50；陈端志 73，《五四运动之史的评价》，页 237—238。

20. 见周予同 124，《过去了的五四》，《中学生》（1930 年，上海）；蔡晓舟、杨量工 446 合编，《五四》，页 62—63。

21. 见徐彦之，《北京大学男女共校记》，《少年世界》1 卷 7 号（1920 年 7 月 1 日），页 36—47；周予同 124，《过去了的五四》；又见《中国教育评论》12 卷 3 号（1920 年 3 月）；蔡元培 463，《我在北京大学的经历》，《东方杂志》31 卷 1 号（1934 年 1 月），页 12；又蔡尚思 447，《蔡元培学术思想传记》，页 422—423。

22. 朱文叔 506，《五四运动史》，页 5，认为是 13 校校长；但其余多报道有 14 位校长（见蔡晓舟、杨量工 446 合编，《五四》，页 55；譬盦 6 编，《学界风潮纪》，页 122）。

23. 同上。

24. 朱文叔 506，《五四运动史》；蔡晓舟、杨量工 446 合编，《五四》。

25. 蒋梦麟 594，*Tide from the West*《西潮》（1947 年，纽黑文），第 15 章，页 121。

26. 同上；北京人壁报社 385 编，《五四运动纪要》，页 40。

27. 王苣章 771，《中国的青年运动》，页 170—171。

28. 朱文叔 506，《五四运动史》，页 7。

29.《北华捷报》，131 卷 2700 号（1919 年 5 月 10 日，上海），页 345；又见吴中弼，《上海罢市救亡史》（1919 年，上海），重印于中国科学院历史研究所 523 编，《五四爱国运动资料》，页 556—557。

30.《北华捷报》，131 卷 2700 号，（1919 年 5 月 10 日），页 345；关于唐、朱发给北京政府的电报，见新兴书局编，《民国通俗演义》（1956 年，台北），第 106 章，页 666—667；又大中华国民（笔名）编，《卖国贼之一章宗祥》（1919 年，上海），页 639—640。关于唐、朱联合电报，见龚振黄编，《青岛潮》，第 8 章，重印于中国科学院历史研究所 523 编，《五四爱国运动资料》，页 155。

31. 见罗家伦 342，《从近事回看当年》，页 70。

32. 罗家伦 342，《从近事回看当年》，页 70—71；又看龚振黄编，《青岛潮》，第 13 章，重印于中国科学院历史研究所 523 编，《五四爱国运动资料》，页 147—148。

33. 李剑农 289，《最近三十年中国政治史》（1936 年，上海），页 439—450；Russell A. Fifield 法菲尔德 636，*Woodrow Wilson and the Far East*《威尔逊与远东》（1952 年，纽约），第 6 章，页 303。

34. 康的通电，见龚振黄编，《青岛潮》，附录三，重印于中国科学院历史研究所 523 编，《五四爱国运动资料》，页 218—228；见贾逸君 89，《五四运动简史》，页

33，注9。

35. 吴的通电同上；张、陈和其他人通电，见誓盦6编，《学界风潮纪》，附录二；又龚振黄编，《青岛潮》，附录三。二者皆重印于中国科学院历史研究所523编，《五四爱国运动资料》，页275—278，220—222。

36. 包遵彭382，《中国近代青年运动史》（1953年，台北），页32。

37. 誓盦6编，《学界风潮纪》，页122。

38. 同上；汪等呈文，见龚振黄编，《青岛潮》，页42—43；《北华捷报》（1919年5月10日），页343—346；蔡晓舟、杨量工446合编，《五四》，页55—57。

39. 王苣章771，《中国的青年运动》，页172。

40. 以下各城市里学生活动的记载，主要根据朱文叔的记录。朱文叔506，《五四运动史》，页5—7；又龚振黄编，《青岛潮》，第7章，重印于中国科学院历史研究所523编，《五四爱国运动资料》，页60—97。

41. 邓颖超440，《五四运动的回忆》，见"五四"卅周年纪念专辑编委会编，《五四卅周年纪念专辑》（1949年，上海），页162—165；又马惠卿，《五四运动在天津》，见中国科学院历史研究所编，《近代史资料》第19辑（1958年4月，北京），页79—129。

42. 蒋梦麟594，《西潮》，页121。

43. 新兴书局编，《民国通俗演义》，第106章，页665—668；包遵彭382，《中国近代青年运动史》，页28。

44. 同上。

45. 王拱璧，《八年"五七"之巷战》（1919年5月7日），载于《东游挥汗录》（1919年，上海），重印于中国科学院历史研究所，《近代史资料》第5辑（1955年4月，北京），页118—121；又见王苣章771，《中国的青年运动》，页173。

46. 同上；朱文叔506，《五四运动史》，页6—7；又王拱璧，《八年"五七"之巷战》，页121—123。

47. 同上。

48. 同上，页127；朱文叔506；《五四运动史》，页6—7；又王拱璧，《八年"五七"之巷战》。

49. 同上，页7。

50. 《北华捷报》，131卷2700号（1919年5月17日），页347。中文原文，见《东方杂志》16卷6号（1919年6月15日），页223—224。

51. 朱文叔506，《五四运动史》，页7；龚振黄编，《青岛潮》，第12章；又见吴中弻编，《上海罢市救亡史》。后两者皆重印于中国科学院历史研究所523编，《五四爱国运动资料》，页137—138，557。

52. 《北华捷报》，131卷2701号（1919年5月17日），页411。中文原文，见《东方杂志》16卷6号（1919年6月15日），页223—224。

53. 朱文叔 506，《五四运动史》，页 6—7。

54. John Dewey 杜威 628，"The Student Revolt in China"《中国的学生革命》，*The New Republic*《新共和》20 卷 248 号（1919 年 8 月 6 日），页 16；又蔡晓舟、杨量工 446 合编，《五四》，页 57—58；王莒章 771，《中国的青年运动》，页 174。

55. 见蒋梦麟 594，《西潮》，第 15 章，页 122—123。

56. 蔡元培 463，《我在北京大学的经历》，《东方杂志》第 31 卷 1 号（1934 年 1 月 1 日），页 11；《北华捷报》，131 卷 2701 号（1919 年 5 月 17 日），页 412。

57. 见《八年五月九日辞职出京启事》；又程演生教授给学生常惠的信（1919 年 5 月 10 日），见新潮社 461 编，《蔡孑民先生言行录》（1920 年，北京），第 2 册，页 335—337。

58. 见蔡尚思 447，《蔡元培学术思想传记》（1950 年，上海），第 1 章，页 1—44。

59. 朱文叔 506，《五四运动史》，页 7；蔡晓舟、杨量工 446 合编，《五四》，页 61。

60. 龚振黄编，《青岛潮》，第 14 章，重印于中国科学院历史研究所 523 编，《五四爱国运动资料》，页 169—170。又北京人壁报社 385 编，《五四运动纪要》，页 4。

61. 见一名学生的日记，引在王莒章 771，《中国的青年运动》，页 175。

62. 督盦 6 编，《学界风潮纪》，页 124。

63.《东方杂志》16 卷 6 号（1919 年 6 月 15 日），页 226。

64. 关于此命令，见龚振黄编，《青岛潮》，第 14 章，重印于中国科学院历史研究所 523 编，《五四爱国运动资料》，页 166—167；又见王莒章 771，《中国的青年运动》，页 175，注 13；又在同一章，可见 5 月 18 日学生全体罢课宣言的英文翻译。

65. 见 T. Z. Tyau 刁鸣谦 762，*China Awakened*《觉醒了的中国》（1922 年，纽约），页 126；又见龚振黄编，《青岛潮》，第 6 章，重印于中国科学院历史研究所 523 编，《五四爱国运动资料》，页 58—60。

66. 督盦 6 编，《学界风潮纪》，页 123—124。

67. 见马叙伦 353，《我在六十岁以前》（1947 年，上海），页 20，67，80—85，90。

68. 见庄愈 136，《组织全国教员联合会》，《教育杂志》11 卷 7 号（1919 年 7 月 20 日），页 1—4。

69. 督盦 6 编，《学界风潮纪》，页 124—125；朱文叔给的日期是 5 月 17 日。

70. 蔡晓舟、杨量工 446 合编，《五四》，页 63—64；又见龚振黄编，《青岛潮》，第 6 章，重印于中国科学院历史研究所 523 编，《五四爱国运动资料》，页 52—55；又吴中弼，《上海罢市救亡史》，同上，页 573。

71. 同上，页 52；王莒章 771，《中国的青年运动》，页 175—176；蔡晓舟、杨量工 446 合编，《五四》，页 64—65。

72. 见 Paul Jones 琼斯 663，"The Student Revolt in China"《中国的学生革命》，*The Independent*《独立》99 卷 3693 号（1919 年 9 月 20 日，纽约），页 399；中文翻译可见张一志 19 编，《山东问题汇刊》（1921 年，上海），下卷，页 288—291。

73. 参见《北华捷报》，131 卷 2701 号（1919 年 5 月 17 日），页 415—416。

74. 见《苏联阴谋文件汇编》416，由北京警察总局自俄文编译（1928 年，北京），页 10；英文翻译见 C. Martin Wilbur and Julie Lien-ying How 韦慕庭、夏连荫 合 编，*Documents on Communism，Nationalism，and Soviet Advisers in China，1918—1927*《关于共产主义、民族主义及在华苏联顾问的文件，1918—1927》（1956 年，纽约），页 47。

75. C. F. Remer 雷默 708，"The Revolt of the Chinese Students"《中国学生的抗争》，*Asia*《亚洲》19 卷 9 号（1919 年 9 月，纽约），页 933。朱文叔说是 5 月 23 日。

76. 蔡元培也派他的弟弟蔡谷清从中调停；见訾盒 6 编，《学界风潮纪》，页 125。关于罢课和游行示威，见蔡晓舟、杨量工合 446 编，《五四》，页 78—79。罢课宣言，见新兴书局编，《民国通俗演义》，第 106 章，页 678—679；又见龚振黄编，《青岛潮》，附录一，重印于中国科学院历史研究所 523 编，《五四爱国运动资料》，页 183—184。

77. 訾盒 6 编，《学界风潮纪》，页 126；朱文叔 506，《五四运动史》，页 8。

78. 訾盒 6 编，《学界风潮纪》，页 135。

79. 同上，页 136。

80. 王苣章 771，《中国的青年运动》，页 176；朱文叔 506，《五四运动史》，页 8；琼斯 663，《中国的学生革命》，页 399；中国科学院历史研究所 523 编，《五四爱国运动资料》，页 789—863；罢课开始日期多有出入，不清楚的日期已删去。

第六章　更进一步的发展

1. 朱文叔 506，《五四运动史》，《学生杂志》10 卷 5 期（1923 年 5 月），页 8。

2. 同上；訾盒 6 编，《学界风潮纪》，《中华教育界》8 卷 6 期（1919 年 7 月），页 129。

3. 同上。王是在 7 月 31 日任命的；参见《东方杂志》10 卷 9 期（1919 年 9 月 15 日），页 228。

4. 参见熊少豪，《五十年来北方报纸之史略》，《申报》414 主编，《最近之十五年：庆祝申报创社五十周年纪念》（1923 年，上海），第 3 部，页 25；《每周评论》24 期（1919 年 6 月 1 日）。

5. 訾盒 6 编，《学界风潮纪》，页 129；龚振黄编，《青岛潮》（1919 年，上海），第 6 章，重印于中国科学院历史研究所 523 编，《五四爱国运动资料》（1959 年，北京），页 55—57。

6. 有人说这日期是 6 月 2 日，参见同上，及 C. F. Remer 雷默 771，"The Revolt

of the Chinese Students"《中国学生的抗争》，*Asia*《亚洲》19 卷 9 号（1919 年 9 月，纽约）和 Stanley High 海伊 642，*China's Place in the Sun*《中国在世界的地位》（1922 年，纽约），第 7 章，页 130。朱文叔认为日期为 6 月 1 日。这两道命令全文，见龚振黄编，《青岛潮》，第 14 章，重印于中国科学院历史研究所 523 编，《五四爱国运动资料》，页 167—169。

7. Paul S. Reinsch 芮恩施 707，*An American Diplomat in China*《一个美国外交官使华记》（1922 年，花园城），第 32 章，页 370。曾琦 471，《五四运动与国家主义》，1926 年 5 月 4 日的演讲词，重印于《曾慕韩先生遗著》（1954 年，台北），第 2 部，页 139。

8. 引自督盦 6 编，《学界风潮纪》，页 129。

9. 见《顺天时报》，言论保守的亲政府日报（1919 年 6 月 7 日，北京）。

10. 引自督盦 6 编，《学界风潮纪》，页 130。

11. 同上，页 129—130。吴中弼，《上海罢市救亡史》（1919 年，上海）；粤东闲鹤，《卖国贼之二曹汝霖》（1919 年，上海），均重印于中国科学院历史研究所 523 编，《五四爱国运动资料》，页 583—584、665—675。

12. John & Alice Chipman Dewey 杜威夫妇 631，*Letters from China and Japan*《中国日本家书集》，页 209—211。这封信的日期误写成 6 月 1 日。

13. 雷默给的数字是 1200。见雷默 711，《中国学生的抗争》。就职于《北华捷报》（*The North-China Herald*）的中国记者 1919 年 6 月 7 日报道，在 6 月 3 日和 4 日间，有 1150 名学生被北京政府逮捕，见该报 131 卷 2704 号（1919 年 6 月 7 日，上海），页 650。芮恩施说："几乎有 1000 名学生在北京被拘留起来"，见芮恩施 707，《一个美国外交官使华记》，页 370。蔡晓舟和杨量工认为，6 月 3 日约有 800 人被捕，总共被捕人数约 1000 人；见蔡晓舟和杨量合 446 合编，《五四》（1919 年，北京），页 68。督盦、朱文叔都认为是"1000 多人"；见督盦 6 编，《学界风潮纪》，页 132；朱文叔 506，《五四运动史》，页 9。

6 月 6 日下午 4 时至 6 时之间，一名《晨报》记者访问了学校监狱，并和几位被拘禁的学生代表面谈。他报道说，在北大理科监禁有 139 名学生，来自北大、法文专科学校、清华学校、第四中学校及山东中学校；北大法科监禁 827 名学生，来自以下 20 所学校：北京大学、法政专门学校、俄文学校、高等师范学校、农业专门学校、财政商业学校、工业专门学校以及其他几个中学。所有被拘禁在大学校舍中的学生总数达到 966 人。大概还有一些学生被监禁在其他的地方；参见《晨报》（1919 年 6 月 7 日）。不过北京学生联合会 6 月 6 日的电报："各省省议会、教育会、商会、农会、工会、各学校、各报馆均鉴：肴豪两日，共计捕去讲演学生 700 余人。歌日出发讲演者共计 5000 余人，政府未施逮捕，仅以军警四面驱逐"；引见督盦 6 编，《学界风潮纪》，页 133。有些学生是自愿进监狱的。

14. 见 T. Z. Tyau 刁鸣谦 762，*China Awakened*《觉醒了的中国》（1922 年，纽

约)，第 9 章，页 144。

15. 同上。

16. 芮恩施 707，《一个美国外交官使华记》，页 370；《晨报》(1919 年 6 月 4 日，北京)。

17. Tsi C. Wang 王苣章 771，*Youth Movement in China*《中国的青年运动》(1928 年，纽约)，页 179；《晨报》(1919 年 6 月 7 日)。

18. 吴中弼，《上海罢市救亡史》，粤东闲鹤，《卖国贼之三曹汝霖》，二者均重印于中国科学院历史研究所 523 编，《五四爱国运动资料》，页 585，671—672。芮恩施认为，有 700 人请愿，见芮恩施 707，《一个美国外交官使华记》，页 370。有些人估计有 600 人；见蔡晓舟、杨量工 446 合编，《五四》，页 69。其他的报道认为有 1000 人；见《每周评论》25 期 (1919 年 6 月 8 日)；同时参见杜威夫妇 631，《中国日本家书集》，页 209—212。

19. 马叙伦 353，《我在六十岁以前》(1947 年，上海)，页 68；詧盦 6 编，《学界风潮纪》，页 130—131。

20. 同上，页 131。关于学生在监狱内的情况，又见杜威夫妇 6 月 5 日的信，杜威夫妇 631，《中国日本家书集》，页 219—220。这封信很明显是杜威夫人所写的。

21. 蔡晓舟、杨量工 446 合编，《五四》，页 68—69。

22. 陈端志 73，《五四运动之史的评价》(1935 年、1936 年，上海)，第 14 章，页 253—254；页 260—261，注 4。

23. 见詧盦 6 编，《学界风潮纪》，页 137。

24. 海上闲人 164 编，《上海罢市实录》(1919 年，上海)，上卷，页 1—6。

25. 同上，页 6。

26. 陈端志 73，《五四运动之史的评价》，第 14 章，页 255；詧盦 6 编，《学界风潮纪》，页 139；《北华捷报》131 卷 2704 号 (1919 年 6 月 7 日，上海)，页 650—651；及 1919 年 6 月 3 日，上海公共租界警务处副总巡的通知，重印于中国科学院历史研究所 523 编，《五四爱国运动资料》，页 717—718。

27. 詧盦 6 编，《学界风潮纪》，页 139—140；朱文叔 506，《五四运动史》，页 9。

28. 见 G. H. W. Woodhead 伍德黑德 784 编，*The China Year Book, 1921—1922*《中国年鉴：1921—1922》(1922 年，北京、天津)，页 21。

29. 海上闲人 164 编，《上海罢市实录》，页 129 及以后。

30. 同上；朱文叔 506，《五四运动》，页 10。

31.《北华捷报》，131 卷 2704 号 (1919 年 6 月 7 日)，页 650。关于该商会的细节，见本书第 7 章。

32. 贾逸君 89，《五四运动史》(1951 年，北京)，页 19—20。

33. 杜威 628，"The Student Revolt in China"《中国的学生革命》，*The New Republic*《新共和》20 卷 248 期 (1919 年 8 月 6 日)，页 17。

34. 关于此问题，见本书第八章。

35. 杨尘因，《民潮七日记》(1919年，上海)，吴中弼，《上海罢市救亡史》，二者均重印于中国科学院历史研究所 523 编，《五四爱国运动资料》，页 528—529 (有上海总商会佳电原文)，页 562—597。陈独秀，《山东问题与上海商会》，《每周评论》社论，重印于陈独秀 62，《独秀文存》(1922年，1939年，上海)，卷 1，页 635—642。

36. 罗家伦 340，《一年来我们学生运动的成功失败和将来应取的方针》，《新教育》2 卷 5 期 (1920年5月)，页 603；又见《新潮》2 卷 4 期 (1920年5月)。

37. 见督盦 6 编，《学界风潮纪》，页 129。

38. 陈达 42，《近八年来国内之罢工分析》，《清华学报》3 卷 1 期 (1926年6月，北京)，页 810 及以后。邓中夏认为，工人罢工是先由铜铁机器工人开始；见邓中夏 439，《中国职工运动简史》(第 2 版，1930年、1949年)，1 卷，页 8。督盦没有写明各个罢工的日期。陈达则有。

39. 海上闲人 164 编，《上海罢市实录》。

40. 陈达 42，《近八年来国内之罢工分析》，邓中夏 439，《中国职工运动简史》，页 8—9；朱文叔 506，《五四运动史》，页 10；上海市社会局 401 编 (中英文)，《近十五年来上海之罢工停业》(1933年，上海)，附录 1，页 3—6。

41. 同上。

42. 华岗 230，《五四运动史》(第 3 版，1951年、1952年、1954年，上海)，页 121。

43.《申报》，引用于贾逸君 89，《五四运动史》，页 20—21。

44. 海上闲人 164 编，《上海罢市实录》；又 George E. Sokolsky 索科尔斯基 740，"China's Defiance of Japan"《中国对日本之反抗》，*The Independent*《独立》99 卷 3693 期 (1919年9月20日，纽约)，页 388。

45. 杜威夫妇 631，《中国日本家书集》，页 309；又见《法律与秩序》，《东方杂志》14 卷 7 期 (1919年7月15日)，页 223。

46. 见《北京大学一览》(1935年，北京)，页 1—4。

47. 见杜威夫妇 631，《中国日本家书集》，页 232。

48. 督盦 6 编，《学界风潮纪》，页 132。

49. 见杜威夫妇 631，《中国日本家书集》，6 月 5 日的信，页 221；这信可看得出来是杜威太太爱丽思写的。

50. 见督盦 6 编，《学界风潮纪》，页 132—133。

51. 同上，页 133。

52. 王莒章 771，《中国的青年运动》，页 180—181。

53. 杜威夫妇 631，《中国日本家书集》，页 231。

54. 同上，页 229—230。

55. 朱文叔 506,《五四运动》，页 10；蔡晓舟、杨量工 446 合编，《五四》，页 85—86。

56. 同上，页 82；朱文叔 506,《五四运动史》，页 10。

57. 同上。

58. 同上。

59. 同上，页 10—11；督盦 6 编，《学界风潮纪》，页 140；蔡晓舟、杨量工 446 合编，《五四》，页 81—90；陈端志 73,《五四运动之史的评价》，页 255—256；海上闲人 164 编，《上海罢市实录》，页 10、113。

60. 邓中夏 439,《中国职工运动简史》，页 9。

61. 朱文叔 506,《五四运动史》，页 11。又马惠卿 355,《五四运动在天津》，收录于中国科学院历史研究所编，《近代史资料》第 19 辑（1958 年 4 月，北京），页 84—90。

62. 杜威 628,《中国的学生革命》，页 17；又见杜威夫妇 631,《中国日本家书集》，页 236；陈端志 73,《五四运动之史的评价》，页 257。

63.《法律与秩序》，《东方杂志》16 卷 7 期（1919 年 7 月 15 日），页 233；朱文叔 506,《五四运动史》，页 11。陈端志误把罢黜命令的公布日期写成 6 月 9 日；见陈端志 73,《五四运动之史的评价》，页 257；又见《晨报》（1919 年 6 月 12 日，北京）。

64. 许指岩编，《民国十周年纪事本末》（1922 年，上海），第 8 章，页 24。

65. 海上闲人 164 编，《上海罢市实录》，下卷，第 14 节，页 137—139。

66.《法律与秩序》，《东方杂志》16 卷 7 期（1919 年 7 月 15 日），页 223。

67. 杜威夫妇 631,《中国日本家书集》，页 269。

68. 督盦 6 编，《学界风潮纪》，页 136—137；吴中弼，《上海罢市救亡史》，重印于中国科学院历史研究所 523 编，《五四爱国运动资料》，页 604—606。

69. 李剑农 289,《中国近百年政治史》（1947 年，上海），第 14 章，页 606—607；我的英译，参考 Ssu-yü Teng and Jeremy Ingalls 邓嗣禹与英戈尔斯的合译本 *The Political History of China, 1840—1928*（1956 年，普林斯顿），第 14 章，页 438—439。

70. 见内阁致各省的电报，《东方杂志》第 16 卷 6 期（1919 年 6 月 15 日），页 225—226。

71. 张忠黻，《中华民国外交史》（1943 年，重庆），第 1 卷，第 6 章，页 277—278。

72. 王芸生 498,《六十年来中国与日本》（1932—1934 年，天津），第 7 章，页 359—361，365。《北华捷报》131 卷（1919 年 6 月 21 日），页 160—161；（1919 年 6 月 28 日），页 832—833。6 月 24 日电报原文，见督盦 6 编，《学界风潮纪》，附录二，重印于中国科学院历史研究所 523 编，《五四爱国运动资料》，页 273—274。

73. 陈端志 73，《五四运动之史的评价》，第 14 章，页 257—258。

74. 见 Reinsch to Polk《芮恩施致坡尔克函》1919 年 7 月 3 日，《巴黎和会》档案，185·1158/169；Stanley K. Hornbeck 霍恩贝克，"Shantung at the Peace Conference"《和会中的山东问题》，收录于 H. W. V. Temperley 坦珀利编，*A History of the Peace Conference of Paris*《巴黎和会史》（1924 年，伦敦），第 6 章，388；Russell A. Fifield 法菲尔德 636，*Woodrow Wilson and the Far East*《威尔逊与远东》（1952 年，纽约），第 6 章，页 332。

75. 外交协会编，《远东政治评论》，2 卷 2 期（1920 年 2 月，广州），页 84—85。

76. 同上。

77. 陆徵祥，*Ways of Confucius and Christ*《孔子之道与基督之道》（1948 年，伦敦），Michael Derich 德里克译，页 42。又见罗光，《陆徵祥传》（1949 年，香港）。

78. 《东方杂志》16 卷 6 期（1919 年 6 月 15 日），页 223—225；又见英文日报《华北明星报》（*North China Star*）。

79. 见法菲尔德 636，《威尔逊与远东》，页 164。

80. 王芸生 498，《六十年来中国与日本》，第 7 卷，页 361—363。

81. 外交协会编，《远东政治评论》2 卷 2 期（1920 年 2 月），页 84。

82. 王芸生 498，《六十年来中国与日本》，第 7 卷，页 366—368。

83. 《法律与秩序》，《东方杂志》10 卷 9 期（1919 年 9 月 15 日），页 228。在蔡元培回校之前，他派自己以前的学生蒋梦麟到北大主持校务。蒋于 7 月带着一名学生代表回到北京，并呼吁学生回校用功念书；见蒋梦麟 594，*Tide from the West*《西潮》（1947 年，纽黑文），第 15 章，页 123；《北京大学一览》，页 1—4。根据马叙伦所说，蒋进入北大后曾引起教授们的质疑；见马 353，《我在六十岁以前》，页 70—71。

84. 杜威 626，"The New Leaven in Chinese Politics"《中国政治的新潜力》，*Asia*《亚洲》（1920 年 4 月），重印于杜威 611，*Characters and Events*《人物与事件》（1929 年，伦敦），第 1 章，页 245，改用新标题 "Justice and Law in China"《正义和法律在中国》。

85. 同上，页 245—246。

86. 杜威夫妇 631，《中国日本家书集》，页 296—298。

87. 关于刘崇佑的答辩与整个事件，见襟霞阁主编，《新编刀笔菁华》，续编第 7 章，页 8，199—252；许指岩编，《民国十周纪事本末》，第 8 章，页 8。

88. 杜威 626，《正义和法律在中国》，杜威 611，《人物与事件》，第 1 章，页 246。

89. 同上，页 251。

90. 陈独秀，《段派、曹、陆、安福俱乐部》，《新青年》7 卷 1 号（1919 年 12 月 1 日），页 199—120；重印于陈独秀 621，《独秀文存》，卷 11，页 73—76。

第七章 新文化运动的扩展

1. 蒋梦麟、胡适 97，《我们对于学生的希望》，《新教育》2 卷 5 期（1920 年 5 月），页 592。

2.《申报》在 1919 年 6 月 15 日上海报道，陈独秀 6 月 11 日下午 2 点在新世界市场被捕。据刘半农（刘复）写于 1919 年 9 月 15 日庆祝陈独秀出狱的诗说："我已八十多天看不见你"；又"他们费了三个月的力，就挨着了这么一点"；见《新青年》6 卷 6 号（1919 年 11 月），页 585—587，588。又见胡适 198，《陈独秀与文学革命》，见陈东晓 74 编，《陈独秀评论》，页 51—52;《中国名人传》（第 5 版，1936 年，上海）。《北京市民宣言》，见中国科学院历史研究所 523 编，《五四爱国运动资料》（1959 年，北京），页 848，782。

3. 胡适《威权》，《新青年》6 卷 6 号（1919 年 11 月 1 日），页 588。

4. 刘半农，《D—诗》，同上，页 585—587。D 代表陈独秀的名字独（发音 Du）。

5. 见陈独秀 62，《独秀文存》，第 2 册，页 50。

6. 罗家伦，《近代西洋思想自由的进化》，《新潮》1 卷 2 期（1919 年 12 月），页 239。

7. 李大钊，《欢迎独秀出狱》，《新青年》6 卷 6 号（1919 年 11 月 1 日），页 588—589；这是全诗照录。

8. 陈独秀，《答半农的 D—诗》，《新青年》7 卷 2 号（1920 年 1 月 1 日），页 55—57。

9. 胡适 204，《新思潮的意义》，《新青年》7 卷 1 号（1919 年 12 月 1 日），页 6。

10. 蔡元培 452，《洪水与猛兽》，《新青年》7 卷 5 号（1920 年 4 月 1 日），页 1—2。

11. 陈独秀 52，《新青年宣言》，《新青年》7 卷 1 号（1919 年 12 月 1 日），页 1—4。该宣言是由陈独秀拟稿，其他编辑同意发表。

12. 法文原文发表于报纸《人道》（Humanité，巴黎，1919 年 6 月 29 日）；英文译文发表于《剑桥周刊》（Cambridge Magazine，1919 年 7 月 19 日）、《明天的世界》（World Tomorrow，1919 年 9 月）及《民族周刊》（The Nation，伦敦，1919 年 10 月 11 日）。

13. 张崧年（张申府）27 译，《精神独立宣言》，《新青年》7 卷 1 号（1919 年 12 月 1 日），页 30—48；又《新潮》2 卷 2 期（1919 年 12 月），页 374—394。

14. 徐彦之，《新潮社纪事》，同上，页 398—402；及《新潮》5 卷（1920 年 9 月），页 1073—1076。

15. 罗家伦，《今日中国之杂志界》，《新潮》1 卷 4 期（1919 年 4 月 1 日），页 625—634。

16. 胡适 211，《归国杂志》，《新青年》4 卷 1 号（1918 年 1 月 15 日），页 20—

27；又见志希（罗家伦）337，《今日中国之新闻界》，写于 1918 年 11 月 5 日，《新潮》1 卷 1 期（1919 年 1 月 1 日），页 117—123。

17. 胡适 211，《归国杂志》，页 23，26。

18. 见罗家伦 340，《一年来我们学生运动的成功失败和将来应取的方针》，《新潮》2 卷 4 期（1920 年 5 月 1 日），页 848。其他人的估计，见蒋梦麟 593，"The Student Movement"《学生运动》，收录于 E. C. Lobenstine and A. L. Warnshuis 洛本斯坦、苑礼文合编，*The China Mission Year Book*，*1919*《中国传教使团年鉴：1919 年》（1920 年，上海），页 51；John Dewey 杜威 627，"The Sequel of the Student Revolt"《学生革命的后果》，*The New Republic*《新共和》19 卷 273 期（1920 年 3 月 3 日，纽约），页 381；Tsi C. Wang 王苣章 771，*Youth Movement in China*《中国的青年运动》（1928 年，纽约），第 9 章，页 154；胡适 225，《五十年来中国之文学》，见胡适 207，《胡适文存》，第 2 集，页 206；及静，《1919—1927 年全国杂志简目》，张静庐 11 编，《中国现代出版史料·甲编》，（1954 年，上海），页 86—106。

19. 见杜威 620，"New Culture in China"《中国的新文化》，*Asia*《亚洲》21 卷 7 期（1921 年 7 月，纽约），页 585；王苣章 771，《中国的青年运动》，页 154—155；戈公振 260，《中国报学史》（1927 年，上海），第 5 章，页 188—195；阿英 2 编，《史料索引》，见于赵家璧 33 编，《中国新文学大系》，第 10 册（1935 年，上海）；王哲甫 478，《中国新文学运动史》（1933 年，北平），附录；及静，《1919—1927 年中国杂志简目》，页 86—106。关于重印的约 100 种"五四"时期期刊的宣言及目录，见中共中央马恩列斯著作编译研究室 556 编，《五四时期期刊介绍》，共 3 册（1958—1959 年，北京）。

20. 杜威 620，《中国的新文化》，页 585；又周策纵，*Research Guide to the May Fourth Movement*《五四运动研究资料》（1963 年，哈佛大学出版社）一书中之期刊目录及解题。

21.《本社新定投稿简章》，《东方杂志》16 卷 6 期（1919 年 6 月 15 日），扉页。

22. 景藏，《中国杂志界应有之标准》，《东方杂志》16 卷 7 期（1919 年 7 月 15 日），页 1—7。

23. 孙中山 425，《民国周年与海外国民党同志书》（1920 年 1 月 29 日），收录于胡汉民 424 编，《总理全集》（1930 年，上海），第 3 册，页 348。

24. 张静庐，《中国的新闻记者与新闻界》（1932 年，上海），下册，第 3 章，页 33—34。

25. 李泽彰，《三十五年来中国之出版业》，收录于庄俞等编，《最近三十五年之中国教育》，页 266—670。贺圣鼐关于中国印刷技术发展的文章中，统计数字稍为不同。见同上。

26. 同上，页 273—274。

27. 同上，页 269—270；又戈公振 260，《中国报学史》，第 6 章，页 254—256。

28. 杜威 627，《学生革命的后果》，页 381—382。

29. 杜威 620，《中国的新文化》，页 584。

30. 杜威，"Public Opinion in Japan"《大众舆论在日本》，《新共和》28 期，（1921 年 11 月 16 日）页 15—18，重印于杜威 611，*Characters and Events*《人物和事件》（1929 年，伦敦），第 1 章，页 178，题目是《重游中国：两年以后》。

31. Timothy Ting-fang Lew 刘廷芳，1921 年 5 月在天津的一篇演讲稿，发表在 *The Chinese Recorder*《教务杂志》（基督教运动在中国的期刊），是用英文写的（1921 年 5 月，上海）；见王莒章 771，《中国的青年运动》，第 1 章，页 1—2；Stanley High 海伊 642，*China's Place in the Sun*《中国在世界的地位》（1922 年，纽约），第 8 章，页 149。

32. 杜威 620，《中国的新文化》，页 585。

33. 同上。

34. 章衣萍，《枕上随笔》（第 5 版，1929 年、1932 年，上海），页 66—72。章是一位幽默散文家，曾任胡适助手。铁民即是章铁民，也是作家，他在 1911 年参加"工读互助团"；见本章下注 9。

35. 胡适 197，《贞操问题》，《新青年》5 卷 1 号（1918 年 7 月 15 日），页 5—8。关于这问题，参考胡适、蓝知先、周作人等的文章，《新青年》6 卷 4 号（1919 年 4 月 15 日），页 398—426。

36. 见央庵，《一个贞烈的女孩子》，《新青年》7 卷 2 号（1920 年 1 月 1 日），页 121—123。该短篇小说描写父母为了要得到省长的褒扬，把他们的女儿饿死。虽然它只是小说，却反映了中国当时的风俗和社会问题。像这一类的小说和新闻随处可找到。见唐俟（鲁迅的另一笔名）351，《我之节烈观》，《新青年》5 卷 2 号（1918 年 8 月 15 日），页 92—101。

37. 吴虞 528，《家族制度为专制主义之根据论》，《新青年》2 卷 6 号（1917 年 2 月 1 日）；孟真（傅斯年）160，《万恶之源》，《新潮》1 卷 1 期（1919 年 1 月 1 日），页 124—128。傅斯年的辩论还只限于"腐败的家庭制度"，但无政府主义杂志《实社自由录·第二辑》甚至毫无保留地说，一切家庭制度"全"是罪恶之源。

38. 见江苏省省长禁止学生购阅批判传统文学和伦理道德的新期刊的命令，1919 年 4 月 9 日，转载于《新青年》6 卷 4 号（1919 年 4 月 15 日），页 446。标题《甚么话》是《新青年》编者加的。

39. 见《仪礼》，《丧服》，第 3 节。

40. 见《请看姚明的三从义和妇顺说》，"致编者的信"，《新青年》6 卷 6 号（1919 年 2 月 1 日），页 654—657。（姚明的两篇文章也转载于《新青年》。）又见高铦，《洛书是什么》，《新青年》7 卷 3 号（1920 年 2 月 1 日），页 37—46。

41. 见陈独秀 70，《有鬼论质疑》，《新青年》4 卷 5 号（1918 年 5 月 15 日），页 408—409；易白沙，《诸子无鬼论》，《新青年》5 卷 1 号（1918 年 7 月 15 日），页

15—26；易乙玄，《答陈独秀有鬼论质疑》，《新青年》5卷2号（1918年8月15），页131—136；刘叔雅《难易乙玄君》，《新青年》5卷2号，页137—142；莫等，《鬼像之研究》，"致编者的信"，由王星拱、陈大齐和陈独秀作答，《新青年》5卷6号（1918年12月15日），页616—624；胡适217，《不朽》，《新青年》6卷2号（1919年2月15日），页96—106；刘叔雅翻译 Haeckel 黑克尔的 *Die Lebenswunder*《灵异论》的简介，《新青年》6卷2号，页107—108。

42. 陈大齐，《辟灵学》，《新青年》4卷5号（1918年5月15日），页370—385；钱玄同、刘半农，"随感录"专栏，《新青年》4卷5号，页456—468。

43. 见陈独秀，"随感录"（这是一个专栏，由不同作者随意发表杂感），《新青年》5卷1号（1918年7月15日），页76—77；唐俟（鲁迅），"随感录"，《新青年》5卷4号（1918年10月15日），页405—409；《新青年》5卷5号（1918年11月15日），页514—515。

44. 钱玄同，"随感录"专栏，《新青年》5卷3号（1918年9月15日），页295—296。

45. 杜威620，《中国的新文化》，页586。

46. 罗家伦340，《一年来我们学生运动的成功失败和将来应取的方针》，《新教育》2卷5期（1920年5月），页603。

47. 刘廷芳680，"China's Renaissance"《中国的文艺复兴》，收录于 *China Today Through Chinese Eyes*《中国人看今日中国》（1922年，伦敦），页31。

48. 同上，页32—33；H. C. Hu 645，"The New Thought Movement"《新思想运动》，*The Chinese Recorder*《教务杂志》54卷8期（1923年8月），页451。关于"社会主义研究会"及其他社团之讨论，见本书第9章，"参与政治"一节。

49. 王苣章771，《中国的青年运动》，第10章，页184。

50. 同上，页184—185。

51. 同上，页184。

52. 左舜生472，《近三十年见闻杂记》（1952年，九龙），第2章，页5。

53. 见 Edgar Snow 斯诺739，*Red Star Over China*《红星照耀中国》（1938年、1944年，纽约），页146—148。萧三为恽代英的组织起名"利群学社"；见萧三，《伟大的五十年的一章》，收录于萧三等179，《毛泽东故事选》（1945年，晋察），页30—31。

54. 见胡适203，《非个人主义的新生活》（1920年1月22日），胡适207，《胡适文存》，第1集，第4册，页173—189；见周作人120，《日本的新村》，《新青年》4卷3号（1919年3月15日），页266—277；又郭绍虞279，《新村研究》，《新潮》2卷1期（1919年10月），页59—67；周作人116，《访日本新村》同上，页69—80，及周作人117，《新村的精神》，对天津"学术演讲会"的讲辞，1919年11月8日，刊于《新潮》7卷2期（1920年1月1日），页129—134。

55. 武者小路实笃,《与支那未知的友人》及他的诗《寄一个支那的兄弟》,蔡元培、陈独秀和周作人的回答都登在《新青年》7卷3号（1920年2月1日）,页47—52。

56. 关于该团的规章、经费数字及北京支部的情形,见《新潮》2卷2期（1919年11月）,页395—398;《新青年》7卷2号（1920年1月1日）,页183—186;同上,3号（1920年2月1日）,页151—153。

57. 见分别由胡适、戴季陶、李大钊、王光祈和陈独秀等所写讨论"工读互助团"问题的文章,《新青年》7卷5号（1920年4月1日）,页1—17。

58. 见胡适,《杜威先生与中国》,《胡适文选》（1930年,上海）,页13;蔡元培465,《五十年来中国之哲学》,《申报》414编,《最近之五十年（1872—1922）》（1923年,上海）;Jane M. Dewey 简·杜威,"Biography of John Dewey"《杜威传》,收录于 Paul Arthur Schilpp 席尔普编, The Philosophy of John Dewey《杜威之哲学》（第2版,1951年,纽约）,页40—42。杜威夫妇有关"五四"的每日见闻与感想,多数载于 John & Alice Chipman Dewey 杜威夫妇631, Letters from China and Japan《中国日本家书集》（1920年,纽约）。杜威几十篇有关这时期中国问题的文章登在《新共和》和《亚洲》杂志。其中很多收集在杜威614, China, Japan and the U. S. A.《中国、日本和美国》（1921年,纽约）;杜威617, Impressions of Soviet Russia and the Revolutionary World, Mexico-China-Turkey《苏联及革命中的墨西哥、中国、土耳其的观感》（1929年,纽约）;杜威611, Characters and Events: Popular Essays in Social and Political Philosophy《人物和事件:社会及政治哲学散记》,Joseph Ratner 拉特纳编（1929年,纽约）;不过仍有许多关于中国学生革命的文章未被收录进去。他很多被译成中文的演讲散见于中文报纸和杂志上,似乎还没有整理成集子,只有三本小册子:杜威146,《杜威五大讲演》（1920年,北京）、杜威145,《杜威福建讲演录》（1920年,福建）及张静庐12编,《杜威罗素演讲录合刊》（1923年,上海）,都是以中文译文出版。关于杜威对中国哲学的影响及译成中文的著作,见 O. Brière S. J. 布里埃576, Fifty Years of Chinese Philosophy, 1898—1956《中国哲学五十年:1898—1950》,由 Laurence G. Thompson 汤普森英译（1956年,伦敦）,页24—26, 120;H. C. Hu 645,《新思想运动》,页453—454。

59. 蔡元培465,《五十年来中国之哲学》;刘廷芳680,《中国的文艺复兴》,页33—34;杨端六543,《罗素先生去华感言》,《东方杂志》18卷13期（1921年7月10日）;Bertrand Russell and Dora Black 罗素、勃拉克394,《罗素及勃拉克讲演集》（1921年,北京）及《罗素五大讲演》。以上资料除刘文以外,都是中文写的。另外还有罗素723,"My Mental Development"《我的精神发展》,收录于 Schilpp 席尔普编, The Philosophy of Bertrand Russell《罗素之哲学》（1951年,纽约）,页17—18。

杜威讨论当时中国之文章,发表于 The Nation《民族》（伦敦）、Atlantic Monthly《大西洋月刊》、New Republic《新共和》、Dial《日规》、Century《世纪》。

多数收录于 *The Problem of China*《中国问题》（1922 年，伦敦及纽约）。关于罗素对中国思想之影响及其已译成中文的著作，见布里埃 576，《中国哲学五十年》，页 26，121；Alan Wood 伍德，*Bertrand Russell*：*The Passionate Skeptic*《罗素：热情的怀疑主义者》（1958 年，纽约），第 14 章，页 134—140，是一篇简要而有趣的有关罗素中国之行的描写。另外可参见，罗素给本书作者的信，收录于本书第 9 章"民主主义、资本主义、社会主义和西化"一节之末。

60. 见《孟禄专号》，《新教育》4 卷 4 期（1922 年 4 月 1 日，上海），关于泰戈尔 1924 年中国之行，见 Stephen N. Hay 艾，"India's Prophet in East Asia: Tagore's Message of Pan-Asian Spiritual Revival and Its Reception in Japan and China, 1916—1929"《印度哲人在东亚：泰戈尔的泛亚精神复兴之号召及其在日本和中国所受的欢迎（1916—1929）》（1957 年，哈佛大学博士论文）。

61. 见《北京大学日刊》，1919 年 3 月 7 日至 1923 年 1 月 15 日。关于 1920 年夏天在天津公开演讲的记载，见种因，《天津的社会教育状况》，《教育杂志》12 卷 7 期（1920 年 7 月 20 日），页 5。

62. 蔡元培，《北京大学校役夜班开学时演说》，收录于新潮社 461 编，《蔡孑民先生言行录》，第 1 册，页 270—280。

63. 蔡元培，《在平民夜校开学日的演说》，同上，页 280—284。

64. 蒋梦麟 96，《社会运动之教育》，《新教育》2 卷 4 期（1919 年 12 月），页 400—401。

65. 高践四，《三十五年来中国之民众教育》，收录于庄俞等编，《三十五年来中国之教育》，页 167。

66. George E. Sokolsky 索科尔斯基 740，"China's Defiance of Japan"《中国对日本之反抗》，*The Independent*《独立》99 卷 3693 期（1919 年 9 月 20 日，纽约），页 390。

67. 庄俞等编，《三十五年来中国之教育》，页 167—169。

68.《青年杂志》1 卷 1 号（1915 年 9 月 15 日），页 7，1—14；1 卷 2 号（1915 年 10 月 1 日）页 9，1—14

69. 陈独秀 94，《1916 年》，《青年杂志》1 卷 5 号（1916 年 1 月），页 1。

70. 傅斯年 158，《新潮发刊旨趣书》，《新潮》1 卷 1 期（1919 年 1 月 1 日），页 1—2。

71. 同上，2 卷 2 期（1919 年 12 月 1 日），页 370。

72. 天民 442，《文化运动和自我教育》，《教育杂志》12 卷 1 期（1920 年 1 月 20 日），页 2—4。

73. 孙中山 425，《民国周年与海外国民党同志书》（1920 年 1 月 29 日），胡汉民编 424，《总理全集》，第 3 卷，页 347—348。

74. 杜威 620，《中国的新文化》，页 586。

75. 郭沫若 275,《创造十年》(1932 年,上海),第 4 章,页 88。有关最近中共对新文化运动的研究及解释,见丁守和、殷叙彝,《五四新文化运动》,载《历史研究》第 4 期(1959 年 4 月),页 1—35。本文大致上遵循毛泽东的思想路线,论述新文化运动怎样从反封建活动发展到反军阀活动,然后把它和反帝国主义的趋势联系起来;又论述怎样从一个文化运动演变成群众革命运动。

第八章　世界主要国家对五四运动的态度

1. U. S. State Department 美国国务院 763,*Papers Relating to the Foreign Relations of the United States*,*1919*《1919 年美国外交关系档案》(1934 年,华盛顿),卷 1,页 702。

2. 日本报纸《朝日新闻》的观点,引用于莫里斯 1919 年 6 月自东京致美国代理国务卿的报告,同上,页 706;也可参见稻叶岩吉(Inaba Iwakichi,字君山[Kunzan])以日军参谋本部的名义所写的《支那对外国势力的利用》一文,载于《太阳》杂志,卷 25 第 5 期(1919 年 4 月 27 日,东京),页 163—171。温和的观点,可参见著名的教育家泽柳政太郎(Sawayanagi Masatarō)《中日共存论》,同上,第 13 期(1919 年 10 月 27 日),页 108—116;第 14 期,页 63—70。

3. 美国国务院 763,《1919 年美国外交关系档案》,第 1 卷,页 707。某些日本报纸有关山东问题的社论参见,龚振黄编,《青岛潮》(1919 年,上海),第 15 章,重印于中国科学院历史研究所 523 编,《五四爱国运动资料》(1959 年,北京),页 173—180。

4. 见郭沫若,《创造十年》(1921 年,上海),第 4 卷,页 88;诗见郭沫若,《女神》(1921 年,上海)2 卷,页 131—135。

5. 见 Paul S. Reinsch 芮恩施,"Report on Political and Economic Condition for Quarter Ending June 30,1919"《关于截至 1919 年 6 月 30 日的季度政治经济情况报告》(致美国国务卿),1919 年 9 月 10 日,北京,收录于美国国务院 763,《1919 年美国外交关系档案》,页 370。

6. Paul S. Reinsch 芮恩施 707,*An American Diplomat in China*《一个美国外交官使华记》(1922 年,多伦多),第 33 章,页 376。

7. 莫里斯的报告,收录于美国国务院 763,《1919 年美国外交关系档案》,页 705—706。日本新闻界对中国学生运动及美国在其中扮演的角色的更多见解,可参见 *Asian Review*《亚洲评论》(日本的一家英文杂志)卷 1(1920 年),页 244—388,尤其是页 378。

8. 美国国务院 763,《1919 年美国外交关系档案》,页 386,696,700,705。

9. 见陈独秀，《学生界应该排斥底日货》，《新青年》7 卷 2 号，页 155—156。

10. 见《共同管理》，收录于陈独秀，《独秀文存》，第 2 卷，页 38—39；又见《亡国与卖国》，同上，页 16—17。

11. 甚至在最危急的时期，芮恩施依然感激于中国人民对美国人的友好情谊。见芮恩施 707，《一个美国外交官使华记》，第 31 章，页 361—362。

12. Shimonaka Yasaburo 下中弥三郎编，《新撰大名人辞典》（1939 年，东京），第 6 卷，页 483。中华民国学联合会致该社的信的原文，见詧盦 6 编，《学界风潮纪》（1919 年，上海），附录 3。

13. Yoshino Sakuzo 吉野作造 561，《中国最近风潮观》，原载《新人》杂志（1919 年 6 月），译为中文刊于《中华新报》，重刊于《东方杂志》16 卷 7 号，页 191—194。

14. 同上，页 191。又见吉野作造 559，《北京大学新思潮的勃兴》，《中央公论》第 370 期（1919 年 6 月 1 日），页 94—96；吉野作造 560，《支那的排日事件》，同上，第 371 期（1919 年 7 月 1 日），页 84—46。

15. Fukuda Tokuzō 福田德三 640，《日本的短视外交政策》，《新时代》（1919 年 7 月），重印时加副标题《自由日本人士对远东问题的看法》，刊于 Far Eastern Fortnightly《远东双月刊》（远东司公报），6 卷 19 期（1919 年 9 月 1 日），卷 6，页 6。

16. 转引莫里斯 1919 年 6 月 20 日致代理国务卿的报告，美国国务院 763，《1919 年美国外交关系档案》，页 707—708。见《不要谩骂北京学生们的行动》（社论），《中央公论》第 370 期（1919 年 7 月 1 日），第 1 页；《狂乱的庸惩支那论》（社论），同上，第 1 页。

17. 见 Witter Bynner 威特·宾纳，"Shantung"《山东》，The Nation《民族》周刊（1919 年 5 月）；George E. Sokolsky 索科尔斯基 740，"China's Defiance of Japan"《中国对日本之反抗》，The Independent《独立》99 卷 3693 期（1919 年 9 月 20 日，纽约），页 388，390。索科尔斯基在 390 页写道："中国觉醒了。她的人民已经能够民主地表意。"索科尔斯基是犹太裔俄国人，1917 年曾任彼得堡《俄罗斯日报》的编辑。1918 年，他成为天津《华北明星报》的助理编辑。1919 年夏，他在上海作为一个新闻记者与学生团体保持着密切联系，被公共租界捕房怀疑为布尔什维克。

18. 芮恩施 707，《一个美国外交官使华记》，第 32 章，页 373。

19. 同上，页 373—374；美国国务院 763，《1919 年美国外交关系档案》，页 694，698—696。关于"五四"事件后西方在华传教士对学生运动的谨慎的支持，参见美国传教月刊《教务杂志》（The Chinese Recorder）的一系列社论，50 卷 7 期（1919 年 7 月，上海），页 434—437。关于西方在华报纸同情学生罢课的社论的中译文，参见龚振黄编，《青岛潮》（1919 年，上海），附录 4，重印于中国科学院历史研究所 523 编，《五四爱国运动资料》（1959 年，北京），页 227—236。

20. 莫里斯致美国代理国务卿的电报（1919 年 3 月 23 日，东京），见美国国务院 763，《1919 年美国外交关系档案》，页 689。

21. 见上海通讯社编，《上海研究资料》（1936 年，上海），页 127—153，483；张君劢，《上海公共租界法租界之自治组织及上海市民对于自治之责任》，《东方杂志》19 卷 7 号（1922 年 4 月 19 日），页 119—124；H. G. W. Woodhead 伍德黑德 784 编，*The China Year Book，1921—1922*《中国年鉴：1921—1922》（1922 年，伦敦），页 731—734；E. C. Pearce 皮尔斯，"How Shanghai is Governed"《上海是如何被治理的》，*Millard's Review*《密勒氏评论报》19 卷 9 号（1920 年 10 月 30 日），页 444—446。

22.（编者）690，"Merchants' Strike in Shanghai"《上海商人的罢市》，*The NorthChina Herald*《北华捷报》131 卷 2704 号（1919 年 6 月 7 日），页 650。

23. *The NorthChina Herald*《北华捷报》131 卷 2705 号（1919 年 6 月 14 日）页 685。

24. 芮恩施致美国代理国务卿的电报（1919 年 6 月 24 日，北京），美国国务院 763，《1919 年美国外交关系档案》，页 708。

25. 同上。

26. 芮恩施 707，《一个美国外交官使华记》，第 32 章，页 371。

27.（编者）746，"The Chinese Student"《中国学生》，《北华捷报》131 卷 2705 号（1919 年 6 月 14 日），页 684。

28. "Lawlessness in Shanghai"《上海的无政府状态》（社论），《北华捷报》131 卷 2705 号，页 648，首次刊发于 6 月 10 日。

29. 关于本事件及公共租界对学生、商人、工人采取的措施，参见《上海公共租界工部局警务处档案》，由上海市警察局译为中文，重印于中国科学院历史研究所 523 编，《五四爱国运动资料》（1959 年，北京），页 711—786；又见海上闲人 164 编，《上海罢市实录》，卷 2；Anatol M. Kotenev 科捷涅夫 667，*Shanghai：Its Municipality and the Chinese，Being the History of Shanghai Municipal Council and Its Relations with the Chinese，etc.*《上海：其自治地区与华人——上海公共租界工部局及其同中国人的关系的历史与其它》（1927 年，上海）。科捷涅夫误将事件的日期定在 6 月 11 日。

30. 芮恩施致美国代理国务卿的电报（1919 年 6 月 24 日，北京），美国国务院 763，《1919 年美国外交关系档案》，页 709—710。

31. 此报告题为"上海电报第 3297 号"（Shanghai Despatch No.3297），1919 年 6 月 24 日，同上，页 711。

32. 同上，页 711—712。上海对西方报纸的公众舆论，见海上闲人 164 编，《上海罢市实录》（1919 年，上海），卷 1。

33. 芮恩施致美国代理国务卿的电报（1919 年 6 月 11 日，北京），美国国务院 763，《1919 年美国外交关系档案》，页 700。

34. 法国领事馆法令第 7 号第 3 条，中译见科捷涅夫 667，《上海：其自治地区与华人——上海公共租界工部局及其同中国人的关系的历史与其它》，第 7 章，页 83—89；又见第 7 号第 1 条。

35. 同上，第 4、5、6、7 条。

36. 驻华美国商会秘书鲍威尔（J. B. Powell）1919 年 6 月 8 日致公共租界工部局总董皮尔斯（E. C. Pearce）的信，见科捷涅夫 667，《上海：其自治地区与华人——上海公共租界工部局及其同中国人的关系的历史与其它》，第 7 章，页 83—89。

37. 见几乎所有上海商业界和职业界的 26 个华人团体签署的一份联合抗议书（1919 年 4 月 12 日），同上。

38. 见上海学生联合会致上海公共租界工部局总董皮尔斯的信，1919 年 6 月 5 日刊于《北华捷报》131 卷 2704 号（1919 年 6 月 7 日，上海），页 650；又见芮恩施 707，《一个美国外交官使华记》，第 32 章，页 373。

39. 见李剑农 288，《宪法上的言论出版自由》，《太平洋》（双月刊）2 卷 1 号（1920 年 5 月 5 日，第 2 次印刷），页 6；又见 Hollington K. Tong 董显光，"Is China Drifting Towards Bolshevism?"《中国正在滑向布尔什维主义吗？》，*Millard's Review*《密勒氏评论报》10 卷 8 号（1919 年 10 月 25 日），页 309—314。在当时的美国盛行着同样的情绪，见 "Editorially Speaking"《编辑评论》，*The Independent*《独立》（1919 年 6 月），页 17。

40. 见胡适 222，《多研究些问题，少谈些主义》，《每周评论》31 期（1919 年 6 月 20 日）；李大钊 302，《再论问题与主义》，《每周评论》35 期（1919 年 8 月 17 日）。

41. 见科捷涅夫 667，《上海：其自治地区与华人——上海公共租界工部局及其同中国人的关系的历史与其它》，第 7 章，页 83—89。

42. John Dewey 杜威 620，"New Culture in China"《中国的新文化》，*Asia*《亚洲》21 卷 7 期（1921 年 7 月，纽约），页 584。

43. 见 Westel Woodbury Willoughby 威洛比 782，*Foreign Rights and Interests in China*《外国人在华的特权和利益》（1927 年，巴尔的摩），第 1 卷导论；W. W. Larger 拉尔热，*The Diplomacy of Imperialism*《帝国主义外交手段》（1935 年，纽约、伦敦）；又见 John K. Fairbank 费正清 635，*The United States and China*《美国与中国》（1948 年，麻省，剑桥），第 7 章，页 135。（1958 年版，页 120—123）。

44. 宣言的俄文原文，见 Vladimir Vilenskii 弗拉基米尔·威廉斯基，《中国和苏维埃俄国》（1919 年，莫斯科），页 14—16；英文译文由法文转译，转引于董显光 750，"Russian Soviet Would Befriend China"《苏俄将扶助中国》，*Millard's Review of the Far East*《密勒氏评论报》8 卷 1 号（1920 年 6 月 5 日），页 25—26，重印于 *Far Eastern Fortnightly*《远东双月刊》7 卷 25 期（1920 年 12 月 6 日），页 4—5；另一英译文见 Jane Degras 德格拉编，*Soviet Documents on Foreign Policy*《苏维埃外交政策文件》，第 1 卷，1917—1924（1951 年，伦敦），页 158—161；补遗于

Allen S. Whiting 怀廷 777，*Soviet Policies in China，1917—1924*《苏维埃对中国的政策，1917—1924》（1954 年，纽约），第 1 章，页 16—21。中译本，见《新青年》7 卷 6 号（1920 年 5 月 1 日），附录，页 1—3。国民党所作的文言修订译文，见罗家伦编，《革命文献》（1955 年，台北），第 9 册，页 1—17。

45. 见 *Izvestiia*《消息报》第 163 期（715）（1919 年 8 月 26 日），页 1；*Pravda*《真理报》第 188 期（1919 年 8 月 26 日），页 1。

46. 见契切林（Chicherin）1918 年 7 月 4 日在第五届苏维埃代表大会上的报告，《消息报》第 138 期（402）（1918 年 7 月 5 日），页 7；怀廷 777，《苏维埃对中国的政策，1917—1924》，页 28—29。

47. 见 *Millard's Review of the Far East*《密勒氏评论报》8 卷 1 号（1920 年 6 月 5 日），页 26；董显光 750，《苏俄将扶助中国》，页 25—26。

48. 同上，*Far Eastern Fortnightly*《远东双月刊》7 卷 25 期（1920 年 12 月 6 日），页 4。

49. 见怀廷 777，《苏维埃国家对中国的政策，1917—1924》，第 2 章，页 29—38；又见怀廷 778，"The Soviet Offer to China of 1919"《1919 年苏俄给中国的提议》，*The Far Eastern Quarterly*《远东季刊》10 卷 4 号（1951 年 8 月），页 355—364。

50. 见杜威 615，"China's Nightmare"《中国的噩梦》，*Millard's Review of the Far East*《密勒氏评论报》13 卷 12 号（1920 年 8 月 21 日），页 630；又 *The New Republic*《新共和》23 卷（1920 年 6 月 30 日），页 145—157；董显光 751，"Soviet Deletion to Arrange Commercial Relations with China"《筹办同中国商业关系的苏维埃代表团》，*Millard's Review of the Far East*《密勒氏评论报》14 卷 1 号（1920 年 9 月 4 日），页 4—6；又 *Far Eastern Fortnightly*《远东双月刊》7 卷 25 期（1920 年 12 月 6 日），页 4。

51. 见 Leo Pasvolsky 帕斯沃尔斯基 700，*Russia in the Far East*《俄国在远东》（1922 年，纽约），附录 2；《消息报》（1920 年 10 月 6 日）；Weigh Ken-shen 魏良生 775，*Russo-Chinese Diplomacy*《俄中外交》（1928 年，上海），附录 C，页 349—363。

52. "China and Russians in China"《中国与在华俄国人》（社论），*Millard's Review of the Far East*《密勒氏评论报》14 卷 5 号（1920 年 10 月 2 日），页 213。

53. A. Vozenesenskii 沃兹涅先斯基 769，《东方的革命烈火》，《消息报》第 204 期（765）（1919 年 9 月 14 日）。

54. "Russian Interests in China and the Chinese"《俄国在华利益与中国人》，*Millard's Review of the Far East*。《密勒氏评论报》，重印于 *Far Eastern Fortnightly*。《远东双月刊》7 卷 25 期（1920 年 12 月 6 日），页 3—4。

55. Protests of Prince Koudatcheff，Russian Minister at Peking，over Chinese Government's Action in Withdrawing Recognition［on Sep.23，1920］，《俄国驻北

京公使库达摄夫亲王关于中国政府撤销承认之举动的照会》，1920 年 9 月 24 日；重印于同上，页 6—7。

56. 见《对于俄罗斯劳农政府通告的舆论》，《新青年》7 卷 6 号，附录，页 3—10。

57. 同上，第 5 页。

58. 芮恩施，《关于截至 1919 年 6 月 30 日的季度政治经济情况报告》，1919 年 9 月 10 日，北京，收录于美国国务院 764，《1919 年美国外交关系档案》，页 389。

59.《对于俄罗斯劳农政府通告的舆论》，《新青年》7 卷 6 号（1920 年 5 月 1 日），页 10—11。

60.《时事新报》（上海）（社论），重印于同上，第 11 页。

61.《星期评论》（上海）（社论），重印于同上，第 22 页。

62. 大总统训令原文 596，《中国对苏政策的声明》，发表日期为 1920 年 9 月 23 日，重印于 *Far Eastern Fortnightly*《远东双月刊》7 卷 25 期（1920 年 12 月 6 日），页 5—6。又见董显光 754，"The New Development of Sino-Russian Relations"《中俄关系新进展》，*Millard's Review of the Far East*《密勒氏评论报》14 卷 6 号（1920 年 10 月 9 日），页 281—284；胡绳，《帝国主义与中国政治》（1949 年，北京），第 6 章，页 284。

63. 第二次《加拉罕宣言》的中译本，见胡华 193 编，《中国新民主主义革命史参考资料》（1951 年，上海），第一编，页 35—38。英文译本，见怀廷 777，《苏维埃对中国的政策，1917—1924》，附录 C，页 272—272。

64. 杜威 618，"Is China a Nation or a Market?"《中国是一个国家还是一个市场？》，《新共和》54 卷（1925 年 11 月 11 日），页 298—299；重印于 *Characters and Events*《人物和事件》（1929 年，伦敦）。

第九章　观念与政治上的分歧

1. 胡适 222，《多研究些问题，少谈些主义》，《每周评论》第 31 卷（1919 年 7 月 20 日）。

2.（蓝）知非 283，《问题与主义》，《国民公报》，再刊于《太平洋》2 卷 1 期（再版，1920 年 5 月 5 日），页 4—10。

3. 李大钊 302，《再论问题与主义》，《每周评论》第 35 期（1919 年 8 月 17 日）。

4. 胡适 218，《三论问题与主义》《四论问题与主义》，《太平洋》2 卷 1 期（再版，1919 年 5 月 5 日），页 15—25。

5. 胡适 204，《新思潮的意义》，《新青年》7 卷 1 号（1912 年 12 月 1 日），页 11. 此文有部分英译登载于 Ssu-yü Teng and John K. Fairbank 邓嗣禹与费正清 745，*China's Response to the West：A Documentary Survey，1839—1923*《中国对西方的反应：

1839—1923 年的文献研究》（1954 年，麻省，剑桥），第 26 章，页 252—255。

6. John Dewey 杜威 144，《社会哲学与政治哲学》，《新青年》7 卷 1 号（1919 年 12 月 1 日），页 121—134；7 卷 2 号（1920 年 1 月 1 日），页 163—182。

7. 见李大钊 302，《再论问题与主义》。

8. 陈独秀，《比较上更实际的效果》，"随感录"专栏，《新青年》8 卷 1 号（1920 年 9 月 1 日），页 2。

9. 陈独秀 50，《主义与努力》，"随感录"专栏，《新青年》8 卷 4 号（1920 年 12 月 1 日），页 2—3。

10. C. T.（施存统），《我们要怎么样干社会革命》，《共产党》第 5 期（上海，1921 年 6 月 7 日），页 10。

11. 有关在美国讨论杜威教育理论方面的矛盾，可见 Robert M. Hutchins 哈钦斯，*Freedom, Education, and the Fund: Essays and Addresses, 1946—1956*《自由、教育与基金：1946—1956 年的论文及演讲》（1956 年，纽约），第二编第 3 章，页 126—137。

12. 此会研究问题的纲领由北京的邓中夏在他的朋友中传阅，并且刊登于《北京大学日刊》467 号（1919 年 10 月 23 日）。

13. 陈独秀 60，《谈政治》，《新青年》8 卷 1 期（1920 年 9 月 1 日），页 1—2。

14. 同上。

15. 同上。

16. 见胡适 1922 年 6 月 16 日回复孙伏卢（孙伏园）与常乃德的信。参见胡适 207，《胡适文存》，第 2 集（1942 年），页 101。

17. 杜威 620，"New Culture in China"《中国的新文化》，*Asia*《亚洲》21 卷 7 期（1921 年 7 月，纽约），页 581。

18. 杜威 627，"The Sequel of the Student Revolt"《学生革命的后果》，*The New Republic*《新共和》21 卷 273 期（1920 年 3 月 3 日，纽约），页 380—381。

19. 杜威 620，《中国的新文化》，页 581。

20. 同上。

21. 杜威 627，《学生革命的后果》，页 380—381。

22. 杜威 620，《中国的新文化》，页 581—582。

23. 杜威 627，《学生革命的后果》，页 380。

24. 陈独秀，《讨论无政府主义的信》（第二封，致区声白），见新青年社编辑部编 180，《社会主义讨论集》（1922 年，广州），页 105—106。

25. 陈独秀 53，《新文化运动是什么？》，《新青年》7 卷 5 号（1920 年 4 月 1 日），页 1—6。

26. 陈独秀 66，《文化运动与社会运动》，参见陈独秀 62，《独秀文存》，第 2 集，页 114—117。

27. 梁启超 307,《政治运动之意义及价值》，见梁启超 310,《饮冰室合集·文集》(1936 年，上海)，第 13 册，页 12—13。

28. 同上，页 18—19。

29. Upton Close 厄普顿·克洛斯，原文发表于 *Weekly Review of the Far East*《远东每周评论》(1919 年 8 月 2 日)，此文引用于 Stanley High 海伊 642,*China's Place in the Sun*《中国在世界的地位》(1922 年，纽约)，第 7 章，页 133—134。又见陶孟和 438,《我们政治的生命》,《新青年》5 卷 6 号 (1918 年 12 月 15 日)。

30. 杜威,《美国之民治的发展》,《每周评论》第 26 卷 (1919 年 6 月 15 日，北京)，又见于《晨报·副刊》(1919 年 6 月 17—20 日，北京)，引自陈独秀 59,《实行民治的基础》,《新青年》7 卷 1 号 (1919 年 12 月 1 日)，页 16。

31. 杜威 144,《社会哲学与政治哲学》,《新青年》7 卷 1 号 (1919 年 12 月 1 日)，页 1—6。

32. 同上，7 卷 3 号 (1920 年 2 月 1 日)，页 125—127，129—130。

33. 同上，页 130—132。

34. 杜威 627,《学生革命的后果》，页 381。

35. John & Alice Chipman Dewey 杜威夫妇 631,*Letters from China and Japan*《中国日本家书集》(1920 年，纽约)，页 150—170。

36. 杜威 620,《中国的新文化》，页 624。

37. 杜威 144,《社会哲学与政治哲学》,《新青年》7 卷 3 号 (1920 年 2 月 1 日)，页 118。

38. 陈独秀 59,《实行民治的基础》，页 13—14；又参见 Benjamin Schwartz 施瓦兹 735,*Chinese Communism and the Rise of Mao*《中国的共产主义和毛泽东的崛起》(1951 年，麻省，剑桥)，第 1 章，页 19—20。

39. 根据杜威的演讲整理,《美国之民治的发展》,《每周评论》第 26 卷 (1919 年 6 月 15 日)，引于陈独秀 59,《实行民治的基础》，页 16。

40. 同上，页 16—17。

41. 同上，页 17—18。

42. 陈独秀,《立宪政治与政党》，见陈独秀 62,《独秀文存》，第 2 集，页 47；再参见《吃饭问题》，同上，页 8。两文的著作日期是 1919 年 6 月 1 日到 8 日之间。

43. 陶履恭 (陶孟和),《游欧之感想》,《新青年》7 卷 1 号 (1919 年 12 月 1 日)，页 49—55。

44. 陈独秀 47,《陈独秀的最后见解》,(1950 年，香港；第 3 版，1959 年，台北)。陈给连根的信，1940 年 6 月 30 日，页 15—16；陈给西流的信，1940 年 9 月，页 19—24；及陈的文章《我的根本意见》，1940 年 11 月 28 日，页 25—29；又见胡适的序，页 1—11。

45. 罗素对苏俄印象的文章后来重刊于《布尔塞维克：理论和实践》(*Bolshe-*

vism：*Theory and Practice*，1920 年，纽约）。文章部分的中文译文，见《东方杂志》；一些俄国人对其批评的答辩的中文译文，见《新青年》8 卷 3 号（1920 年 11 月 1 日）及随后几期。

46. Bertrand Russell 罗素 729，*The Problem of China*《中国问题》（1922 年，伦敦），第 15 章，页 242—245。

47. 同上，页 246；又见罗素 720，"Industry in Undeveloped Countries"《落后国家的工业》，这是 1920 年 12 月 10 日他在北京中国社会政治科学协会发表的演说，*The Chinese Social and Political Science Review*《中国社会政治科学评论》第 5 卷（a）第 4 号（1920 年 12 月），页 239—254；此文有杨端六的中文译文，见张静庐 12 编，《杜威罗素演讲录合刊》，页 24—51。

48. 杨端六 544，《与罗素的谈话》，载于陈独秀等 71，《社会主义的讨论辑》，《新青年》8 卷 4 号（1920 年 12 月 1 日），页 15—16（后来广州的新青年社把此文扩充，编为一书，新青年社编辑部 180 编，《社会主义讨论集》，引用于注 24）；又见杨端六 542，《和罗素先生的谈话》，杨在长沙发表的三次演说，《东方杂志》17 卷 22 号（1920 年 11 月 25 日），页 9—17。

49. 见罗素 393，《布尔塞维克的思想》，《罗素月刊》第 1 卷，（1921 年 1 月，上海），附录 2，页 11。

50. 罗素，《中国人到自由之路》，收录于《哲学》杂志，第 3 卷（1921 年 9 月），页 357—368；又见张静庐 12 编，《杜威罗素演讲录合刊》，页 15—23。

51. 罗素 729，《中国问题》，第 15 章，页 250；又见页 248—251。

52. 同上，页 251。

53. 同上，第 4 章，页 81。

54. 同上，第 11 章，页 185。

55. 同上；又见第 11 章，页 185—198；第 12 章，页 199—213。

56. 同上，第 4 章，页 81—82。

57. 罗素 Russell 723，"My Mental Development"《我的精神发展》，收录于 Schilpp 席尔普编，*The Philosophy of Bertrand Russell*《罗素之哲学》（1951 年，纽约），页 17。

58. 见（张）东荪，《评资本主义的办事方法》，《解放与改造》2 卷 3 号（1920 年 2 月 1 日），页 1—3。

59. 这讨论是由张东荪的一篇短文引起的，《现在与将来》，《改造》3 卷 4 号（1920 年 12 月 15 日）。再参见梁启超、蓝公武、蒋百里、张东荪一系列的文章，《社会主义的讨论辑》，《改造》3 卷 6 号（1921 年 2 月 15 日），页 17—58。有关俄国法律派的马克思主义者，见 Bertram D. Wolfe 沃尔夫，*Three Who Made A Revolution*《创造革命的三个人》（1948 年，波士顿），第 7 章，页 118—126。

60. 见陈独秀等 71，《社会主义的讨论辑》，《新青年》8 卷 4 号（1920 年 12 月

1 日）。

61. 见梁启超的结论与蒋百里的观点，《改造》3 卷 6 号（1921 年 2 月 15 日），页 25—26，36。

62. 蓝公彦，《社会主义与资本制度》，同上，页 51—45。

63. 见陈独秀，《三论上海社会》，《新青年》8 卷 3 号（1920 年 11 月 1 日），页 2。

64. 杜威 620，《中国的新文化》，页 583。

65. 参见胡适的序，这些讨论见《太平洋》2 卷 1 号（第 2 版，1920 年 5 月 5 日；第 1 版可能印行于 1 月 5 日。

66. 胡适等 227，《争自由的宣言》，重刊于《东方杂志》17 卷 16 号（1920 年 8 月 25 日），页 133—134。

67. 见蔡元培等 446，《我们的政治主张》，重刊于《东方杂志》19 卷 8 号（1922 年 4 月 25 日），页 138—140。

68. 杨幼炯 547，《中国政党史》（1936 年，上海），第 7 章，页 120—140；李剑农 289，《中国近百年政治史》（1947 年，上海），第 2 册，第 13 章，页 596—601。

69. 同上，页 592—593；贾逸君，《中华民国史》（1930 年，北平），第 9 章，第 94—96 页；蔡元培 463，《我在北京大学的经历》，《东方杂志》30 卷 1 号（1934 年 1 月 1 日），页 5—13。

70. 见胡适，《关于"我们的政治主张"的讨论》，见胡适 207，《胡适文存》，第 2 集（1924 年，上海），附录，页 35—40。

71. 梅光迪（即梅觐庄）1922 年 5 月 13 日给胡适的信，见胡适，《我的歧路》，同上，页 91。

72. 见孙伏庐 1922 年 6 月 8 日，及常乃德 6 月 2 日给胡适的信，同上，页 91—94。

73. 胡适对上述书信之答复，1922 年 6 月 16 日，同上，第 101 页。

74. 见胡适，《我们走哪条路》；又见梁漱溟，《敬以请教胡适之先生》，及胡适的答复，收录于《胡适论学近著》（1935 年，上海），页 439—467；胡适等，《中国问题》（1932 年，上海）。又见胡适主编《独立评论》周刊中 1934 至 1935 年间的文章。

75. 见《北京大学日刊》1921 年 11 月 17 日到 1922 年 1 月 15 日；张西曼 18，《历史回忆》（1949 年，上海），第 38 章，页 136—148。有关 1920 年以前社会主义在中国发展的简述，见冯自由 152，《社会主义与中国》（1920 年，香港）。

76. 见《北京大学日刊》1921 年 11 月 17 日到 1922 年 11 月 20 日。

77. 见李达，《马克思牌社会主义》，写于 1921 年 6 月 2 日，收录于《社会主义讨论集》，页 171—191；又见冯自由 152，《社会主义与中国》，页 18—19。

78. Fang-lu，《清算陈独秀》，载于陈东晓 74 编，《陈独秀评论》，页 66；施瓦兹 735，《中国的共产主义和毛泽东的崛起》，第 2 章，页 31。

79. 见孙中山 1906 年的演讲《三民主义与中国之前途》，载于胡汉民 424 编，《总理全集》，第 2 卷，页 74—78；又见《提倡国家社会主义》，同上，页 98—100；《社会主义之派别与方法》，同上，页 100—122；《民生主义与社会革命》，同上，页 122—128。又《三民主义》，写于 1919 年，收录于《总理全书》（1954 年，台北），第 5 章，页 399。

80. 见胡汉民 424 编，《总理全集》，第 2 卷，页 177—180；又见胡适，《国语的进化》，《新青年》（1920 年 2 月 1 日），页 2—3。

81. 蒋介石 91，《整理文化遗产与改进民族习性》，载于国民党中央改革委员会编，《总裁言论选集》（1952 年，台北），页 230。

82. 见胡汉民，《孟子与社会主义》，《建设》1 卷 1 号（1919 年 8 月 1 日），页 157—168；又见胡汉民 187，《中国哲学史之唯物的研究》，同上，1 卷 3 号（1919 年 10 月 1 日），页 513—543；1 卷 4 号（1919 年 11 月 1 日），页 36—69，及戴季陶、林云陔的其他文章。

83. 见他们题为“井田制度有无之研究”的信件，《建设》2 卷 1 号（1920 年 2 月 1 日），页 149—176；2 卷 2 号（1920 年 3 月 1 日），页 241—250；2 卷 5 号（1920 年 6 月 1 日），页 877—914；2 卷 6 号（1920 年 8 月 1 日），页 1245—1260。

84. 孙中山 423，《改造中国之第一步》，载于胡汉民编 424，《总理全集》，第 2 卷，页 178—180；孙中山 423，《救国之急务》，这是孙中山 1919 年 10 月 18 日在上海寰球中国学生会所作的讲演，同上，页 180—185。

85. 康白情在致戴季陶的信中，提到孙中山的意见及他所持的怀疑态度，见戴季陶，《革命，何故？为何？》，《建设》1 卷 3 号（1919 年 10 月 1 日），页 567—597；关于孙中山理论的精华及其与列宁理论的相似之处，见施瓦兹 735，《中国的共产主义和毛泽东的崛起》，第 1 章，页 15、22，页 213 的注 33 及第 2 章，32；又见崔书琴 474，《孙中山与共产主义》（1954 年，香港）。

86. 见孙中山致谌伊勋（北洋大学学生及天津学联代表）的信。信的手稿展于《纪念国民党五十周年党史资料展览》。

87. 据程天放说，1919 年“三罢”期间，许多学生到孙中山在上海的寓所中去见他，见程天放 84，《我初次谒见总理》，《扫荡报》（1945 年 5 月 5 日，重庆）。

88. 罗家伦 342，《从近事回看当年》，载于罗家伦 339，《黑云暴雨到明霞》（1943 年，重庆），页 69。有关 1919 年学生代表会见时的有趣描写，可见张国焘的英文回忆录（手稿）。

89. 陈独秀致胡适、高一涵信（1920 年 12 月 16 日，上海），手稿存于北京大学；见张静庐 11 编，《中国现代出版史料·甲编》（1954 年，上海），页 7。

90. 李大钊致胡适信，无日期，写于 1921 年 1 月前后。手稿存于北京大学，同上，页 12。

91. 胡适致李大钊、鲁迅、钱玄同、陶孟和、张慰慈、周作人、王星拱、高一涵信（1921 年 1 月 22 日，北京），同上，页 9—10。

92. 胡适致陈独秀信，无日期，在北京写于 1921 年 1 月前后，同上，页 8。

93. 见胡适致李大钊、鲁迅、钱玄同、陶孟和等人的信及收信者的评论（胡适最后一信的时间、地点为 1921 年 2 月 15 日，北京），同上，页 9—11，及陈独秀致胡适信（1921 年 2 月 15 日，广东），同上，页 13。

94. 孟寿椿 372，《新潮社纪事》，《新潮》2 卷 5 期（1920 年 9 月），页 1073—1076。

95. Edgar Snow 斯诺 739，*Red Star Over China*《红星照耀中国》（1938 年、1944 年，纽约），页 153。

96. 左舜生 472，《近三十年见闻杂记》（1952 年，九龙），第 2 章，页 5。

97. 见同上，页 9—10；斯诺，《红星照耀中国》，页 150；舒新城 413，《我与教育》（1945 年，上海）。

98. 左舜生 472，《近三十年见闻杂记》，页 9。

第十章　社会政治的后果

1. 高希圣等合编，《社会科学大辞典》（1929 年，上海），页 116—117。

2. 蒋梦麟 593，"The Student Movement"《学生运动》，E. C. Lobenstine and A. L. Warnshuis 洛本斯坦、苑礼文合编，*The China Mission Year Book*，*1919*《中国传教使团年鉴：1919 年》（1920 年，上海），页 50。

3. 同上；罗家伦 340，《一年来我们学生运动的成功失败和将来应取的方针》，《新潮》2 卷 4 号（1920 年，5 月），页 603。

4. 见 Anatol M. Kotenev 科捷涅夫 667，*Shanghai：Its Municipality and the Chinese，Being the History of Shanghai Municipal Council and Its Relations with the Chinese，etc.*《上海：其自治地区与华人——上海公共租界工部局及其同中国人的关系的历史与其它》（1927 年，上海），第 1 章，页 1—8，第 7 章，页 83—89。

5. 邓中夏 439，《中国职工运动简史》（第 2 版，1930 年、1949 年），第 1 章，页 11—12；罗家伦 340，《一年来我们学生运动的成功失败和将来应取的方针》，《新教育》2 卷 5 期（1920 年 5 月），页 603—604。

6. Percy Finch 芬奇，*Shanghai and Beyond*《上海及其他地区》（1953 年，纽约），第 7 章，页 106；王清平等 479 合编，《中国劳动年鉴》1 号（1928 年，北平），第二编，第 1 章，页 5—6。

7. 李平衡，《中国工会运动之过去及现在》，《劳工月刊》1 卷 2 期（1932 年 5 月 15 日，南京），页 9—11。

8. 见附录四。

9. 陈东原 75，《中国妇女生活史》（1928 年，上海），第 5 章，页 365；又见林语堂 684，《吾国吾民》，（1935 年，纽约），第 5 章，页 169。

10. 陈独秀 54，《1916 年》，《青年杂志》1 卷 5 号（1916 年 1 月），页 1 及以后。

11. 陶孟和 437，《妇女问题》，《新青年》4 卷 1 号（1918 年 1 月）。

12. 与谢野晶子 559，《贞操论》，周作人译，《新青年》4 卷 5 号（1918 年 5 月）。

13. 胡适 197，《贞操问题》，《新青年》5 卷 1 号（1918 年，7 月 15 日）；唐俟（鲁迅）351，《我之贞烈观》，《新青年》5 卷 2 号（1918 年 8 月 15 日）；刘半农，《南归杂感》，同上；胡适 214，《美国的妇女》，《新青年》5 卷 3 号（1918 年 9 月 15 日）；又见胡适的短剧《终身大事》，《新青年》6 卷 3 号（1919 年 3 月 15 日）。

14. 陈东原 75，《中国妇女生活史》，页 387—396。

15. 同上，页 396。

16. 同上，页 410—416；又见林语堂 684，《吾国吾民》，第 5 章，页 170。

17. 陈东原 75，《中国妇女生活史》，页 423—429。

18. 一些例子，见胡适《李超传》，载于胡适 207，《胡适文存》；蔡元培，《在李超女士追悼会的演说》，载于蔡元培 461，《蔡子民先生言行录》，第 2 册，页 465—468。

19. 见陈东原 75，《中国妇女生活史》，第 9 章，页 351—361；又见高希圣等合编，《社会科学大辞典》，页 69—70，71。

20. 同上，页 127—129。

21. Paul Hutchinson 哈钦森，*China's Real Revolution*。《中国真正的革命》（1924 年，纽约），第 5 章，页 101—102；陈东原 75，《中国妇女生活史》，第 10 章，页 417—419；高希圣等合编，《社会科学大辞典》，页 70—72。

22.《时事纪要》，《教育杂志》8 卷 5 期（1916 年，上海）第 35 页；同上，9 卷 4 期（1918 年 4 月），页 33；10 卷 3 期（1918 年 3 月），页 15；10 卷 6 期（1919 年 6 月），页 44；10 卷 11 期（1919 年 11 月），页 23。《教育文件》，《教育部公报》5 期 4 号（1918 年），页 3，9；《特别材料》，《教育部公报》5 期 5 号，页 7；《教育文件》，《教育部公报》5 期 5 号，页 12。又见《时事纪要》，《教育杂志》11 卷 4 期（1919 年 4 月），页 32；《时事纪要》12 卷 4 期（1920 年 4 月），页 6；12 卷 5 期（1920 年 5 月）；朱经农等编，《教育大辞书》（1930 年，上海），页 356。

23. 见孟禄 1921 年 9 月在上海欢迎会上的讲演《教育与实践之关系》，《新教育》4 卷 4 期"孟禄专号"（1922 年 4 月），页 585—588。

24.《政令》，载于《教育部公报》9 卷 19 期，页 2；《法律与法令》，同上，页 1；阮湘等编，《中国年鉴》，第 1 号（1924 年，上海），页 1831。

25. *The NorthChina Herald*《北华捷报》131 卷 2700 号（1919 年 5 月 10 日，上海），页 388；John & Alice Chipman Dewey 杜威夫妇 631，*Letters from China and Japan*《中国日本家书集》（1920 年，纽约），页 204。

26.《时事纪要》,《教育杂志》11 卷 2 期（1919 年 11 月 20 日）, 页 108; 12 卷 2 期（1920 年 11 月）, 页 7。

27. 梁启超,《对于北京国民裁兵运动大会的感想》(1922 年 10 月在天津基督教青年会的演讲), 重印于梁启超 310,《饮冰室合集·文集》(1936 年, 上海), 第 12 册, 页 20—24; 第 14 册, 页 35—39。

28. 静观 112,《国立北京大学之内幕》,《东方杂志》16 卷 3 号（1919 年 3 月 15 日）, 页 164。

29.《时事纪要》,《教育杂志》13 卷 1 期（1920 年 1 月）, 页 1; 12 卷 2 期（1920 年 2 月）, 页 1, 3; 马叙伦 353,《我在六十岁以前》(1947 年, 上海), 页 72。

30.《时事纪要》,《教育杂志》13 卷 4 号（1921 年 4 月 20 日）, 页 2—6。

31. 同上,《教育杂志》13 卷 7 期（1921 年 7 月 20 日）, 页 3; 又见马叙伦 353,《我在六十岁以前》, 页 72—75。马是当时八校教师联合会的主席, 也是受伤者之一。

32.《时事纪要》,《教育杂志》13 卷 8 号（1921 年 8 月 20 日）, 页 3。

33. 同上, 13 卷 6 期（1920 年 6 月 20 日）, 页 4;《国内学潮侧记》, 同上, 14 卷 1 期（1922 年 1 月 20 日）;《教育经费》,《一年来的安徽教育》(1930 年 2 月）, 页 2;《教育新闻》,《教育杂志》14 卷 3 期（1922 年 3 月 20 日）, 页 4。

34. 张一志 9 编,《山东问题汇刊》, 下卷, 页 233—239; 信的正文, 见同上, 页 230—233; 1920 年 5 月 12 日刘崇佑律师为学生辩护的简要原文, 见襟霞阁主 109 编,《新编刀笔菁华·续编》, 第 7 章, 页 25a—29b; 法厅判辞, 见同上, 第 6 章, 页 5b—7a; 又见罗家伦 340,《一年来我们学生运动的成功失败和将来应取的方针》,《新教育》2 卷 5 期（1920 年 5 月）, 页 604—605。

35. 杨仲明 537,《1922 年的学潮》,《新教育》4 卷 2 期（1920 年 2 月 15 日）, 页 295—312; 北京《晨报》, 上海《申报》《时事新报》《民国日报》等报的另一调查表明, 1922 年 100 所学校共发生 106 次罢课。见常道直 32,《民国十一年度学校风潮之具体的研究》,《教育杂志》15 卷 4 期（1932 年 4 月）; 又见《教育杂志》15 卷 1 期（1923 年 1 月）中的统计; 又见黄迪 232,《五四以来之中国学潮》,《社会学界》, 第 6 卷（1932 年 6 月, 北平）, 页 287—303; 又见《新教育》5 卷 5 期（1922 年 12 月）, 页 1061—1062; 引用于 Tsi C. Wang 王苣章 771, *Youth Movement in China*《中国的青年运动》(1928 年, 纽约）, 第 12 章, 页 223—225。关于 1921 年学生罢课的部分调查, 见《教育杂志》14 卷 1 期（1922 年 1 月）。

36. 王苣章 771,《中国的青年运动》, 第 12 章, 页 229—233。

37. 见蔡元培 453,《自去年五四以来学生罢课的回顾与展望》,《新教育》2 卷 5 期（1920 年 5 月）, 页 589—590; 蒋梦麟、胡适 97,《我们对学生的希望》, 同上, 页 597—600; 穆藕初 377,《商界对学生之意见》, 同上, 页 617—619。

38. 胡适 650, "Renaissance in China"《中国的文艺复兴》, the Royal Institute of

International Affairs，英国皇家国际事务研究所，《英国皇家国际事务研究所学报》第
5 期（1926 年 11 月，伦敦），页 265—283；重刊于 Julia E. Johnson 约翰逊 664 编，
Selected Articles on China，*Yesterday and Today*《中国专题汇编，历史及当代》（1926
年，纽约），页 144。

第十一章　文学革命

1. 见司马迁，《十二诸侯年表》，《史记》，第 14 卷。

2. 方苞，《答陈蔼州书》，《方望溪先生全集》，第 6 卷；姚鼐，《评沈校元文》
及《古文辞类纂细目》；姜书阁，《桐城文派评述》（1930 年，上海）；梁昆，《桐城
文派论》（1940 年，上海）；王丰园，《中国新文学述评》（1935 年，北平），第 2 章，
页 45。

3. 阿英，《晚清小说的发展》（自其所著《晚清小说史》第 1、14 章修改而成），
载于张静庐 9 编，《中国近代出版史料·初编》（1953 年，上海），页 184—203，特
别见页 191—202；阿英，《清末小说杂志聊》，载于《小说闲谈》（1936 年，上海），
重印于张静庐 9 编，《中国近代出版史料·初编》，页 103—110。

4. 胡适 225，《五十年来中国之文学》，载于《申报》编 414，《最近之五十年
（1872—1922）》（1923 年，上海），第 2 部分，重印于胡适 207，《胡适文存》，第 2
集，第 2 卷，页 92—94。

5. 同上，页 166—188；谭彼岸，《晚清的白话文运动》（1956 年，武汉）。

6. 见王国维，《文学小言》及《宋元戏曲考自序》，载于《海宁王静安先生遗
书》（1936 年，海宁），第 43 卷。

7. 胡适 652，*The Chinese Renaissance*《中国的文艺复兴》（1934 年，芝加哥），
第 3 章，页 48—49；胡适《〈建设理论集〉导言》，载于赵家璧 33 编，《中国新文学
大系》（1935 年，上海），第 1 卷，页 6—13。

8. 胡适《中国语言的问题》，《中国学生月刊》11 卷 8 期（1919 年 6 月），页
567。

9. 同上，页 567—568。

10. 黄远庸 234，《〈晚周汉魏文钞〉序》，载于《远生遗著》（1920 年，上海），
第 4 卷，页 184—187。

11. 黄远庸，《致章士钊》，《甲寅》1 卷 10 期（东京，1915 年 2 月），英文版由
胡适翻译，见胡适 653，"The Literary Renaissance," in Sophia H. Chen Zen, ed.,
Symposium on Chinese Culture（Shanghai, 1931）。

12. 同上，又见章士钊 25，《甲寅杂志存稿》（1922 年，上海），第 2 集，页
94—98。

13. 见《春潮》，陈嘏译，《青年杂志》1 卷 1 号（1919 年 9 月 15 日）及以后三期；薛琪瑛翻译的王尔德的剧本《意中人》是《青年杂志》所刊登的第一篇白话文戏剧译本，《青年杂志》1 卷 2 号（1915 年 10 月 15 日）及以下几期载。

14. 陈独秀《现代欧洲文艺史谭》，《青年杂志》1 卷 3 号（1915 年 11 月 15 日）、4 号（1915 年 12 月 15 日）。陈的文章似乎深受 Georges Pellissier（1852—1918）*Le Mouvement Litteraiie Contemporain*（《当代文学运动》，1901 年，巴黎）的影响，虽然他知道 Pellissier 反对自然主义。

15. 陈独秀《现代欧洲文艺史谭》，《青年杂志》1 卷 3 号，页 1。

16. "通信"栏目，《青年杂志》1 卷 4 号（1915 年 12 月 15 日），页 2。

17. "通信"栏目，《青年杂志》1 卷 6 号（1916 年 2 月 15 日），页 1—2。

18. 胡适翻译的泰来夏甫（Nikolai Dmitrievitch Teleshov）的《决斗》发表在《新青年》2 卷 1 号（1916 年 9 月），这是胡适第一次与陈独秀接触，也是第一次在《新青年》发表文章。

19. 胡适 223，《致陈独秀》，"通信"栏目，《新青年》2 卷 2 号（1916 年 10 月），页 1—3；见 Tsi C. Wang 王苣章 771，*Youth Movement in China*《中国的青年运动》（1928 年，纽约），第 8 章，页 125—127；又见 Henri Van Boven 范博文 766，*Histoire de la Littérature Chinoise Moderne*《中国近代文学史》（1946 年，北平），第 5 章，页 25—28。

20. 见周作人 115，《中国新文学的源流》（1932 年，北平），第二讲，页 42—52；第五讲，第 102—112 页。

21. 胡适 224，《文学改良刍议》，《新青年》2 卷 5 号（1917 年 1 月 1 日）；又载《留美学生季刊》4 卷 1 期（1917 年 3 月，上海），页 1—14。

22.《新青年》2 卷 5 号（1917 年 1 月 1 日），页 2。

23. 陈独秀 65，《文学革命论》，《新青年》2 卷 6 号（1917 年 2 月 1 日），页 1。英文翻译参见，Carsun Chang 张君劢，*The Third Force in China*《中国的第三势力》（1952 年，纽约），第 1 章，页 48—49；亦可见胡适 652，*The Chinese Renaissance*《中国的文艺复兴》（1934 年，芝加哥），第 3 章，页 54；王苣章 771，《中国的青年运动》，第 9 章，页 131—132。

24. 陈独秀 65，《文学革命论》，页 2。

25. "通信"栏目，《新青年》2 卷 6 号（1917 年 2 月 1 日），及 3 卷 1 号（1917 年 3 月 1 日）。

26. 刘半农 324，《我之文学改良观》，《新青年》3 卷 3 号（1917 年 5 月 1 日）。

27. 傅斯年关于文学改革的文章发表在 1918 和 1919 年间的《新青年》及《新潮》杂志上，见傅斯年 156，《傅斯年全集》，第 1 卷。

28. 胡适 212，《历史的文学观念论》，《新青年》3 卷 3 号（1917 年 3 月 1 日）。

29. "通信"栏目，同上，页 4。

30. 同上，页 6。

31. 胡适 201，《建设的文学革命论》，《新青年》4 卷 4 号（1918 年 4 月 15 日），页 289—306。

32. 胡适 225，《五十年来中国之文学》，页 200。

33. 见鲁迅 349，《鲁迅全集》（1938 年，上海），第 1 卷，页 277—291。鲁迅还回忆说，陈独秀非常热情地鼓励他写小说。见鲁迅，《我怎么做起小说来》（1933 年 3 月 5 日，上海），载于《南腔北调集》（1934 年，上海），见鲁迅 349，《鲁迅全集》，第 5 卷，页 107。

34. 胡适 225，《五十年来中国之文学》，页 207。

35.《时事纪要》，《教育杂志》6 卷 2 期（1919 年 11 月 20 日），页 108。

36. 训令原文，见《时事纪要》，《教育杂志》7 卷 2 期（1920 年 2 月 20 日），页 1。

37. 训令原文，见《时事纪要》，《教育杂志》7 卷 4 期（1920 年 4 月 20 日），页 5—6。

38. 见 John de Francis 弗朗西斯 607，*Nationalism and Language Reform in China*《中国的民族主义与语文改革》（1950 年，普林斯顿），页 69，129，220，245—246。

39. 林纾 317，《论古文白话之相消长》，重印于赵家璧 33 编，《中国新文学大系》，第 2 卷；又见王瑶 496，《中国新文学史稿》（1951 年，北京），第 1 卷，第 1 章，页 34。

40. 林纾 316，《论古文之不宜废》，《民国日报》（1917 年 2 月 8 日，上海），引用于胡适 223，《致陈独秀信》，《新青年》3 卷 3 号（1917 年 5 月 1 日），页 4；又见胡适 205，《留学日记》（1947、1948 年，上海；新版，1959 年，台北），1917 年 4 月 7 日，第 4 卷，页 1116—1117。

41. 林纾 317，《论古文白话之相消长》。

42. 辜鸿铭 670，"Against the Chinese Literary Revolution"《反对中国之文学革命》，*Millard's Review of the Far East*《密勒氏评论报》9 卷 6 号（1919 年 7 月 12 日，上海），页 221—223。

43. S. K. Hu，"China's Literature 'Too Literary' for 90 Pecent of the Population"《对于九成的民众而言，中国文学实在"太文艺"了》，同上，9 卷 7 号（1919 年 7 月 19 日），页 282。

44. 辜鸿铭 670，"Returned Students Literary Revolution—Literacy and Education"《回国留学生和文学革命——文学和教育》，同上，9 卷 11 号（1919 年 8 月 16 日），页 432—438。

45. 见胡先骕 189，《中国文学改良论》，《南京高等师范月刊》；罗家伦 341，《驳胡先骕君的〈中国文学改良论〉》，《新潮》1 卷 5 号（1919 年 5 月）。

46. 引自 H. C. Meng 689，"The New Literary Movement in China"《中国的新

文学运动》, *Weekly Review of the Far East*《远东每周评论》20 卷 7 号（1922 年 4 月 15 日），页 250；又见吴宓 786，"Old and New in China"《中国的旧与新》, *The Chinese Students' Monthly*。《中国留美学生月刊》，16 卷 3 期（1920 年 10 月，波士顿），页 198—209。吴宓根据哈佛大学教授葛兰坚（C. H. Grandgent）在《新与旧：论文汇编》(*Old and New：Sundry Papers, 1920*) 的观点，从新文学到男女合校等各个方面，攻击新运动。

47. 胡先骕 189，《中国文学改良论》。

48. 梅光迪，《评提倡新文化者》，《学衡》第 1 期（1921 年 1 月）。

49. 鲁迅 347，《估"学衡"》，写于 1922 年 2 月，重印于《热风》（1925 年，北京），收录于鲁迅 349，《鲁迅全集》，第 2 卷，页 101。

50. 胡适 225，《五十年来中国之文学》，页 207。

51. 该社的英文简述，见 William Ayers 艾尔斯 568，"The Society for Literary Studies, 1921—1930"《1921—1930 年的文学研究会》, *Harvard Papers on China*《哈佛有关中国论文》（1954，麻省，剑桥），第 7 册，页 34—79。又见范博文 766，《中国近代文学史》，第 6 章，页 39—60。

52. 赵景深，《文坛忆旧》（1941 年，上海）；杨之华 529，《文坛史料》（1944 年，上海），页 367—368。

53. 周作人 119，《人的文学》，《新青年》6 卷 6 号（1918 年 12 月）；又见周作人 122，《思想革命》，《每周评论》第 11 期（1919 年 2 月 2 日，北京）；及周作人 121，《平民文学》，重印于胡适编，《建设理论集》（1935 年，上海），页 210—213。

54. 周作人 118，《新文学的要求》，1920 年 1 月 6 日在北京的中国少年中国学会的演讲稿，载于郑振铎编，《文学论争集》（1935 年，上海），页 210—213。

55. 文学研究会 501，《文学研究会宣言》，《小说月报》12 卷 1 号（1921 年 1 月 10 日，上海），附录，页 1。

56. 周作人 118，《新文学的要求》，《文学论争集》，页 144。

57. 沈雁冰（茅盾）364，《文学和人的关系及中国古来对于文学者身份的误认》，《小说月报》12 卷 1 期（1921 年 1 月 10 日），页 10；参见艾尔斯 568 的英译 "The Society for Literary Studies"，页 51。

58. 沈雁冰（茅盾）362，《新文学研究者的责任与努力》，重印于郑振铎编，《文学论争集》，页 145—149；又见茅盾 365，《文学与人生》，同上，页 149—153。

59. 沈雁冰（茅盾）363，《文学是什么》，同上，页 153—159。

60. 杨之华 535，《文坛史料》，页 367—368。

61. 见艾尔斯 568，《文学研究会》，页 62；又见郑振铎 80，《〈文学论争集〉导言》，页 9。从 19 世纪末到 1929 年 3 月，东西方国家文学作品的中文译本书目，见许啸夫编，《汉译东西洋文学作品编目》（1919 年，上海），修订重印于张静庐 11 编，《中国现代出版史料·甲编》（1954 年，上海），页 271—323。

62. 同上。

63. 陈鹤琴 40,《学生问题之研究》,《东方杂志》18 卷 4 期（1921 年 2 月 25 日），页 101—112；5 期（1921 年 3 月 10 日），页 97—108；6 期（1921 年 3 月 25 日），页 109—122。

64. 创造社的英文简介，见 Clarence Moy 莫伊 695，"Kuo Mo-jo and the Creation Society"《郭沫若与创造社》,《哈佛有关中国论文》，第 4 册，页 131—159；又见范博文 766,《中国近代文学史》，第 7 章，页 61—83。

65. 顾凤城 265,《创造社与中国的文化运动》，载于黄人影（顾的笔名）编，《创造社论集》（1932 年，上海），第 11 章，页 104—113；李何林 292,《近 20 年中国文艺思潮》（1948 年，上海），第二编；王丰园 480,《中国新文学评述》（1935 年，北平），第 5 章，页 162—166。

66. 郭沫若 274,《创造社的自我批判》，引用于王丰园 480,《中国新文学评述》，第 5 章，页 120—121；又见郭沫若 276,《文学革命之回顾》,《文艺讲作》初版（1930 年，上海神州国光社）。

67. 郑伯奇,《〈中国新文学大系小说三集〉导言》，载于赵家璧 33 编,《中国新文学大系》，第 3 卷。

68. 关于 1919—1923 年中国新文学出版物的目录汇编，见张静庐 9 编,《新文艺出版物编目》，资料源于《中国现代出版资料·甲编》，页 107—121。

第十二章　新思想与对传统的价值重估

1. 胡适、陈独秀,《论〈新青年〉之主张——答易宗夔》,《新青年》5 卷 4 号（1918 年 10 月 15 日），页 433。

2. 关于理学的发展和后来人们对它的反应，见 H. C. Creel 克里尔 602，*Chinese Thought: From Confucius to Mao Tse-tung*《中国的思潮：从孔子到毛泽东》（1953 年，芝加哥），页 204 及以下；又 W. Theodore de Bary 巴里，"A Reappraisal of Neo-Confucianism"《对理学的重新评价》，载于 Arthur F. Wright 赖特 785 编，*Studies in Chinese Thought*《中国思想研究》，55 卷 5 期，*The American Anthropologist*《美国人类学家》（1953 年 12 月，芝加哥），第二部分，页 81—111。

3. James Legge 理雅各英译，*The Great Learning*《大学》，页 357—358。又见朱熹所作的注释。

4. 见 Arthur W. Hummel 恒慕义编，*Eminent Chinese of the Ch'ing Period（1644—1912）*《清代名人传》（1943—1944 年，华盛顿特区）。

5. 同上。

6. 梁启超,《颜李学派与现代教育思潮》,《饮冰室合集·文集》（1936 年、1941

年，上海），第 14 册，页 3—27。

7. 半粟（李剑农），《中山出世后中国六十年大事记》（增订版，1929 年，上海），页 86。

8. 这个问题，参见吴宗慈，《中华民国宪法史》（1924 年，北京），第 1 卷，第 3 章，页 38；国宪起草委员会 272 编，《草宪便览》（1925 年，北京），第三编，页 2—4；第四编，页 28；吴经熊、黄公觉，《中国制宪史》（1937 年，上海），第三编，页 53；陈茹玄，《中国宪法史》（1933 年，上海），第 5 章，页 51。

9. 对于这种仪式的有趣记述，参见 Paul S. Reinsch 芮恩施 707，*An American Diplomat in China*《一个美国外交官使华记》（1922 年，花园城），第 3 章，页 26—27；又见白蕉，《袁世凯与中华民国》（1936 年，上海），页 162。

10. 半粟（李剑农），《中山出世后中国六十年大事记》，页 162。

11. 芮恩施 707，《一个美国外交官使华记》，第 3 章，页 23。

12. 康有为 249，《拟中华民国宪法草案》（第 2 刷，1916 年，上海），页 1—5，134—140，最初发表于《不忍》杂志，第 3 期（1913 年 4 月，上海），页 1—54，写于 1898—1899 年，康有为关于孔子问题的大部分文章都可在该月刊上找到。陈独秀 57，《驳康有为致总统（黎元洪）总理（段祺瑞）书》，《新青年》2 卷 2 号（1916 年 10 月 1 日）。

13. 康有为，《拟中华民国宪法草案》，页 136。

14. 同上，页 140。

15. 吴经熊、黄公觉，《中国制宪史》，第一编，第 2 章，页 64。

16. 陈独秀，《袁世凯复活》，《新青年》2 卷 4 号（1916 年 9 月 15 日），页 5。

17. 陈独秀 49，《敬告青年》，《青年杂志》1 卷 1 号（1915 年 9 月 15 日），页 5。

18. 陈独秀 63，《东西民族根本思想之差异》，《青年杂志》1 卷 4 号（1915 年 12 月 15 日）。

19. 陈独秀 48，《今日之教育方针》，《青年杂志》1 卷 2 号（1915 年 10 月 15 日）。

20. 李亦民：《人生唯一之目的》，同上；高一涵 225，《乐利主义与人生》，《新青年》2 卷 1 号（1916 年 9 月 1 日）。

21. 陈独秀 49，《敬告青年》，页 2。

22. 陈独秀译，《亚美利加》（美国国歌），《青年杂志》1 卷 2 号（1915 年 10 月 15 日）。

23. 刘叔雅译，《美国人之自由精神》（译自伯克的演讲《安抚美国》["Conciliation with America"]），《青年杂志》1 卷 6 号（1916 年 2 月 15 日）。

24. 高一涵 253，《共和国家与青年之自觉》，《青年杂志》1 卷 1 号（1915 年 9 月 15 日）；及高一涵 257，《自治与自由》，《青年杂志》1 卷 5 号（1916 年 1 月 15 日）。

25. 陈独秀，《法兰西人与近世文明》，《青年杂志》1 卷 1 号（1915 年 9 月 15 日）；高一涵译，《戴雪英国言论自由之权利论》（译自戴雪 [A. V. Dicey]，《英宪精义》[*The Law of the Constitution*]，第 6 章），《青年杂志》1 卷 6 号（1916 年 2 月 15 日）。

26. 高一涵 253，《共和国家与青年之自觉》，页 7。

27. 高一涵 254，《国家非人生之归宿论》，《青年杂志》1 卷 4 号（1915 年 12 月 15 日）；陈独秀 48，《今日之教育方针》，《青年杂志》1 卷 2 号（1915 年 10 月 15 日），页 4—5；陈独秀 54，《1916 年》，《青年杂志》1 卷 5 号（1916 年 1 月 15 日），页 3。

28. 陈独秀 63，《东西民族根本思想之差异》，页 1—2。

29. 胡适 209，《易卜生主义》，《新青年》4 卷 6 号（1918 年 6 月 15 日），页 497。胡适承认，易卜生的个人主义是他的人生观与宗教观中最基本的原则之一，见胡适 200，《介绍我自己的思想》（《胡适文选》序言）（写于 1930 年 11 月 27 日），页 8—10。

30. 同上，页 502。

31. 汪叔潜 494，《新旧问题》，《青年杂志》1 卷 1 号（1915 年 9 月 15 日）；易白沙，《述墨》，《青年杂志》1 卷 2 号（1915 年 10 月 15 日），1 卷 5 号（1916 年 1 月 15 日）。

32. 陈独秀，《法兰西人与近世文明》，页 2—3。

33. 吴稚晖，《青年与工具》，《新青年》2 卷 2 号（1916 年 10 月）；《再论工具》，《新青年》2 卷 3 号（1916 年 11 月 1 日）。

34. 吴稚晖 510，《一个新信仰的宇宙观和人生观》，收录于《吴稚晖学术论著作》（1925 年、1926 年，上海）。

35. 胡适 200，《介绍我自己的思想》，页 3。

36. Georg Brandes 布兰德斯，*Main Currents in Nineteenth Century Literature*《19 世纪文学的主要潮流》（1905 年，纽约）。

37. 陈独秀 58，《偶像破坏论》，《新青年》5 卷 2 号（1918 年 8 月 15 日），页 91；朱执信 128，《神圣不可侵犯与偶像打破》，《建设》1 卷 1 号（上海，1919 年 8 月），页 169—172。

38. 陈独秀 48，《今日之教育方针》，页 5。

39. 李亦民，《人生唯一之目的》，页 2—3。

40. 李大钊 298，《青春》，《新青年》2 卷 1 号（1916 年 9 月 1 日)；《今》，《新青年》4 卷 4 号（1918 年 4 月 15 日），页 307—310。

41. 胡适 219，《实验主义》，《新青年》6 卷 4 号（1919 年 4 月 15 日）；6 卷 5 号（5 月 1 日）是马克思主义专号；又见本书第 9 章。

42. 李大钊 303，《我的马克思主义观》，《新青年》6 卷 5 号（1919 年 5 月），页 536。

43. 同上，页 533。

44. 同上，页 534。

45. 同上，页 537。

46. 胡汉民 188，《唯物史观批评之批评》，《建设》1 卷 5 期（1919 年 12 月），重印于胡汉民，《唯物史观与伦理学之研究》（1927 年，上海），页 1—61。

47. 胡汉民 187，《中国哲学史之唯物的研究》，《建设》1 卷 3 期（1919 年 10 月）及以后几期；又见胡汉民 188，《唯物史观与伦理学之研究》，页 63—153。戴季陶从日文转译考茨基《马克思资本论解说》的大部分，载于《建设》1 卷 4 期（1919 年 11 月 1 日），页 811—821，及以后几期；戴季陶的翻译后由胡汉民补全，1927 年结集成书出版。（考茨基的这本书写于他与正统共产主义者决裂之前。）

48. 李大钊 304，《物质变动与道德变动》，《新潮》2 卷 2 期（1912 年 12 月），页 207—224；又见他的《由经济上解释中国近代思想变动的原因》，《新青年》7 卷 2 号（1920 年 1 月 1 日），页 47—53；又 Benjamin Schwartz 施瓦兹 734，*Chinese Communism and the Rise of Mao*《中国的共产主义和毛泽东的崛起》（1951 年，麻省剑桥），第 1 章，页 17，23—24。见何干之 170，《近代中国启蒙运动史》（1947 年，上海），第 4 章，页 117。

49. 施瓦兹 734，《中国的共产主义和毛泽东的崛起》，第 2 章，页 32—33。

50. 见本书第九章，页 253，注②。

51. 见本书第十二章，页 297，注①。

52. 吴虞，《致独秀》，《新青年》2 卷 5 号（1917 年 1 月 1 日），页 3—4。

53. 易白沙 554，《孔子评议·上》，《青年杂志》1 卷 6 号（1916 年 2 月 15 日）。

54. 易白沙 554，《孔子评议·下》，《新青年》2 卷 1 号（1916 年 9 月 1 日）。

55. 陈独秀，《抵抗力》，《青年杂志》1 卷 3 号（1915 年 11 月 15 日），页 4；又见陈独秀 63，《东西民族根本思想之差异》，《青年杂志》1 卷 4 号（1915 年 12 月 15 日），页 1。

56. 同上，页 1—2。又见陈独秀 55，《孔子之道与现代生活》，《新青年》2 卷 4 号（1916 年 12 月 1 日），页 3；《1916 年》，《青年杂志》1 卷 5 号，页 3。

57. 陈独秀 67，《吾人最后之觉悟》，《青年杂志》1 卷 6 号（1916 年 2 月 15 日），页 4。

58. 陈独秀 55，《孔子之道与现代生活》，《新青年》2 卷 4 号（1916 年 12 月 1 日），页 3—4。

59. 同上，页 4。

60. 同上，页 3—4。

61. 陈独秀 57，《驳康有为致总统总理书》，页 2；陈独秀 61，《再论孔教问题》，《新青年》2 卷 5 号（1917 年 1 月 1 日），页 1—2。

62. 陈独秀，《答吴又陵》，《新青年》2 卷 5 号，页 4。

63. 陈独秀，《答常乃德》，《新青年》2 卷 4 号（1916 年 12 月 1 日），页 5—6；

2 卷 6 号（1917 年 2 月 1 日），页 10；据陈说，顾实是一位批判宋代理学、为孔子辩护的当代学者；又见陈独秀 51，《宪法与孔教》，《新青年》2 卷 3 号（1916 年 11 月 1 日），页 3—5。

64. 吴虞，《致独秀》，《新青年》2 卷 5 号（1917 年 1 月 1 日）。关于旧礼教的初步研究，见周策纵：《荀子礼乐论发微》，《学术世界》2 卷 3 期（1937 年 1 月，上海），页 69—71；4 期（1937 年 4 月），页 61—66。

65. 见吴虞 528，《家族制度为专制主义之根据论》，《新青年》2 卷 6 号（1917 年 2 月 1 日），页 1—2。有关《孝经》的著者和时间的文献资料，见 William Hung, "A Bibliographical Controversy at the T'ang Court, A. D.719", in *Harvard Journal of Asiatic Studies*, XX, 1—2（June 1957），P.99。

66. 程灏注，《大戴记》（亦名《大戴礼》）中的《曾子大孝篇》；又见吴虞，《说孝》，收录于《吴虞文录》（第 6 次印刷；1921 年、1929 年），页 15—16。

67. 同上，页 1—2。

68. 同上，页 17。

69. 同上，页 9—20。

70. 同上，页 19—23。

71. 见 Herbert Allen Giles 翟理斯，*Confucianism and Its Rivals*《儒学及其敌人》（1915 年，伦敦），页 86。孔子对这个故事的评论，见《论语·子路》第十三，第 18 节。又见理雅各（James Legge）与亚瑟·韦利（Arthur Waley）的英译。

72. 见 Bertrand Russell 罗素 729，*The Problem of China*.《中国问题》（1922 年，伦敦），第 2 章，页 40。

73. 吴虞，《道家法家均反对旧道德说》，吴虞 531，《吴虞文录》，页 4—41。

74. 见施存统，《非孝》，《浙江新潮》第 2 期（1919 年 11 月 8 日，杭州）；又见《北廷查禁〈浙江新潮〉电》，（1919 年 12 月 15 日，上海）；施存统，《回头看二十二年来的我》，《民国日报》副刊《觉悟》（1920 年 9 月 23 日），页 20—24。又见曹聚仁 469，《文坛三思》（1954 年，香港），页 9—57。

75. 吴虞 530，《儒家主张阶级制度之害》，《新青年》3 卷 4 号（1917 年 6 月 1 日），页 1。

76. 吴虞，《消极革命之老庄》，《新青年》3 卷 2 号（1917 年 4 月 1 日），页 1。

77. 吴虞，《儒家大同之义本于老子说》，《新青年》3 卷 5 号（1917 年 7 月 1 日），页 1—3；吴虞，《致独秀》及陈独秀的复信，同上，页 4—5。

78. 胡适，《〈吴虞文录〉序》，写于 1921 年 6 月 16 日，吴虞 531，《吴虞文录》，页 5—7。

79. 鲁迅 348，《狂人日记》，《新青年》4 卷 5 号（1918 年 5 月 15 日），页 414—424，重印于《呐喊》（1923 年，上海），页 13—22。

80. 见《左传·僖公九年》；及《韩非子》，2 卷，7 章，《二柄》；3 卷，10 章，

《十过》；15 卷，36 章，《难一》。引用于吴虞 529，《吃人与礼教》，《新青年》6 卷 6 号（1919 年 11 月 1 日），页 578。

81. 见司马迁，《史记·黥布列传》，引用于吴虞 529，《吃人与礼教》，同上，页 579。

82. 欧阳修等编，《新唐书·忠义传》，引用于吴虞 529，《吃人与礼教》，同上，页 580。

83. 唐俟（鲁迅），"随感录"专栏（36），《新青年》5 卷 5 号（1918 年 11 月 15 日），页 514。

84. 唐俟，"随感录"专栏（35），同上，页 513—514。参见林语堂的英译，载于 *The Wisdom of China and India*《中国与印度的智慧》（1942 年，纽约），页 1089。

85. 唐俟，"随感录"专栏（46），《新青年》6 卷 2 号（1919 年 2 月 15 日），页 212。

86. 同上，页 213。林语堂的英译，载于《中国与印度的智慧》，页 1090。

87. 同上。

88. 见《女神》，收录于《郭沫若诗集》（初版，1921 年，上海；重印，1953 年，北京）。

89. 郭沫若，《新华颂》（1953 年，北京）。

90. 鲁迅，《老调子已经唱完》，1927 年 2 月 19 日在香港的演讲，收录于鲁迅 349，《鲁迅选集》（1952 年，北京），页 666；又见何干之 171，《鲁迅思想研究》（修订版；1940 年、1950 年，北京），第 1 章，页 23—24。

91.《老调子已经唱完》，参见林语堂英译，载于《中国与印度的智慧》，页 1089。

92. 这些故事收录于鲁迅的短篇小说集《呐喊》（1923 年，北京）与《彷徨》（1926 年，北京）。他的有关"五四"时期的杂文大多收在《热风》（1925 年，北京）与《坟》（1927 年，北京）。

93. 徐懋庸，《鲁迅先生又一比》，引用于王士菁 491，《鲁迅传》（1949 年，上海），第 10 章，页 504。

94. Edgar Snow 斯诺，"The Chinese Voltaire"《中国的伏尔泰》，引用于同上，页 504—505。

95. 郭沫若在《十批判书》（1945 年，重庆）中，颂扬孔子为革命家。又见前引易白沙发表在《新青年》上的文章。克里尔试图证明，孔子的理论影响了西方民主思想家，如伏尔泰、莱布尼茨（Gottfried Wilhelm Leibniz）、魁奈（Francois Quesnay）、富兰克林（Benjamin Franklin）、杰斐逊（Thomas Jefferson）等，见克里尔 603，*Confucius：The Man and the Myth*《孔子：凡人与神话》（1949 年，纽约），第 15 章，页 254—278。

96. 罗素 729,《中国问题》,第 2 章,页 38—44,特别见页 41。

97. 同上,页 40。

98. 同上,页 47。

第十三章 新思想与后来的论战

1. 康有为,《新学伪经考》(1891 年,广东)、《孔子改制考》(1897 年,广东;1922 年,北京重印);梁启超 306,《清代学术概论》(1923 年,上海);钱穆,《中国近三百年学术史》(1945 年,重庆),第 9 章,页 498—514;顾颉刚 263,《当代中国史学》(1947 年,南京);周予同,《五十年来中国之新史学》,《学林》,第 4 期(1941 年 2 月),页 1—36;S. Y. Teng 邓嗣禹,"Chinese Historiography in the Last Fifty Years"《近五十年来的中国史学》,*The Far Eastern Quarterly*《远东季刊》8 卷 2 号(1949 年 2 月),页 134。

2. 顾颉刚 264,《〈古史辨〉第一册自序》,第 1 卷(1926 年,北京),页 78;此序由恒慕义(Arthur W. Hummel)英译,题为 "The Autobiography of a Chinese Historian"《一个中国历史学家的自传》(1921 年,莱顿);钱玄同致顾颉刚的信,见顾颉刚编 264,《古史辨》,第 1 册,页 30。

3. 梁启超,《中国历史研究法》(1922 年,上海)、《中国历史研究法补编》(1933 年,上海)。

4. 顾颉刚,《一个中国历史学家的自传》,见恒慕义的英译。

5. 顾颉刚 264 编,《古史辨》,第 1 册,页 56—59。

6. 顾颉刚 262,《春秋时的孔子和汉代的孔子》,载于顾颉刚 264 编,《古史辨》,第 2 册(1930 年,北京),页 130—139。该卷中的其他文章,见冯友兰,《孔子在中国历史中的地位》,《燕京学报》,第 2 号(1927 年 12 月),页 233—247。

7. 见张荫麟,《评今人对于中国古史之讨论》,《学衡》,第 40 期(1925 年 4 月,南京),页 1—18。

8. 见梁园东,《〈古史辨〉的史学方法商榷》,《东方杂志》27 卷 22 期(1920 年 11 月 25 日,上海),页 65—73;第 24 期,页 77—90;顾颉刚 264 编,《古史辨》,第 2 册,第 3 章,页 271 以下。

9. 关于这场争论,见 Benjamin Schwartz 施瓦兹,"A Marxist Controversy on China"《中国马克思主义者的论战》,*The Far Eastern Quarterly*《远东季刊》13 卷 2 号(1954 年 2 月),页 143—153。有关这个问题的中文材料甚多。

10. 邓嗣禹,《近五十年来的中国史学》,页 138—139。

11. 见蔡元培,《〈中国哲学史大纲〉序》;又见郭湛波 271,《近五十年中国思想史》(第 2 版,1935 年、1936 年,北平),第 6 部,第 5 章,页 96—98。

12. 叶青 550，《胡适批判》（1933 年，上海）；李季，《胡适〈中国哲学史大纲〉批判》（1931 年，上海）。自 1954 年以来，胡适（及杜威）的思想及其在五四运动中的地位受到中共的严厉的批判，共集文字 300 多万字，编成 8 册，题为《胡适思想批判》（1955—1956 年，北京）。又见李达，《胡适反动思想批判》（1955 年，汉口）；孙定国，《胡适哲学思想反动实质的批判》（1955 年，北京）。胡适的简短答复，见他的论文《杜威在中国》，在夏威夷大学 1955 年夏季学术讨论会上宣读，中文译文载于《自由中国》半月刊，21 卷 4 期（1959 年 8 月 16 日，台北），页 104—107。

13. 见吴稚晖 509，《箴洋八股化之理学》，亚东图书馆 533 编，《科学与人生观》（1923 年，上海），第 2 卷，页 7—8。

14. 同上，页 9。

15. 同上，页 8—9。

16. 见胡适，《发起读书杂志的缘起》，写于 1921 年 2 月 22 日，重印于胡适 207，《胡适文存》，第 2 集（1924 年，上海），1 卷，页 29。

17. 吴稚晖 509，《箴洋八股化之理学》，页 10。

18. 见胡适，《整理国故与"打鬼"——给徐浩先生的信》，重印于胡适 207，《胡适文存》，第 3 集（1930 年，上海），2 卷，页 211。

19. 见胡适 202，《治学的方法与材料》，写于 1928 年 9 月，重印于胡适 207，《胡适文存》，第 3 集，2 卷，页 205。

20. William Edward Soothill 苏慧廉，*The Three Religions of China*《中国三大宗教》（1913 年，牛津），页 213。

21. 见本书第 7 章，注 41；又见胡适 655，"What I Believe"《我的信仰》，*Forum*《论坛》（1931 年 1 月、2 月）；Kiang Wen-Han 江文汉 666，*The Chinese Student Movement*《中国学生运动》（1949 年，纽约），第 2 章，页 59。

22. 陈独秀，《答刘竞夫》，《新青年》3 卷 3 号（1917 年 5 月 1 日）。

23. 刘复（半农），《答王敬轩》，《新青年》4 卷 3 号（1918 年 3 月 15 日）。见本书第 3 章，页 66。

24. 陈独秀，《基督教与中国人》，《新青年》4 卷 3 号（1920 年 2 月 1 日）；英译文，见江文汉 666，《中国学生运动》，页 61；Y. Y. Tsu 的英译，可见 *The Chinese Recorder*《教务杂志》51 卷 7 期（1920 年 7 月，上海），页 453—458。

25. 陈独秀，《基督教与中国人》；及江文汉 666，《中国学生运动》，页 61。

26. 引用于胡适 652，*The Chinese Renaissance*《中国的文艺复兴》（1934 年，芝加哥），第 5 章，页 90；又见陈独秀，《基督教与基督教会》，载于张钦士 8，《国内近十年来之宗教思潮》（1927 年，北京），页 190—193。

27. 沈玄庐（定一），《对于〈基督教与中国人〉的怀疑》，《星期评论》，第 36 期（1920 年 2 月 8 日，上海）。

28. 朱执信：《耶稣是什么东西》，重印于张钦士 8，《国内近十年来之宗教思潮》，页 190—193。也见于江文汉 666，《中国学生运动》，页 54。

29.《少年中国》2 卷 8 期（1921 年 2 月，北京）；2 卷 11 期（1921 年 5 月）；3 卷 1 期（1921 年 8 月）。见 Tsi C. Wang 王苣章 771，*Youth Movement in China*《中国的青年运动》（1928 年，纽约），第 11 章，页 194—195；江文汉 666，《中国学生运动》，页 54。

30. 同上。

31.《少年中国》2 卷 8 期、11 期，3 卷 1 期。

32. 张钦士 8，《国内近十年来之宗教思潮》，页 147。王苣章 771，《中国的青年运动》，页 197—198；江文汉 666，《中国学生运动》，页 55—56。

33. John & Alice Chipman Dewey 杜威夫妇 631，*Letters from China and Japan*《中国日本家书集》（1920 年，纽约），页 174—175。

34. 有关后来几年的宗教争论，参见 Neander C. S. Chang 张钦士 586，"The Anti-religious Movement"《非宗教运动》，*The Chinese Recorder*《教务杂志》55 卷 8 期（1923 年 8 月，上海），页 459；张钦士 8，《国内近十年来之宗教思潮》，页 189—190；又见 Tatsuro and Sumiko Yamamoto 山本达郎夫妇，"Religion and Modernization in the Far East II：The Anti-Christian Movement in China, 1922—1927"《远东的宗教与现代化（二）：中国的非基督教运动，1922—1927》，*The Far Eastern Quarterly*《远东季刊》12 卷 2 号（1953 年 2 月），页 133—147；Harold D. Lasswell 拉斯韦尔，"Commentary"《评论》，同上，页 163—172。

35. 恽代英，《论信仰》，《新青年》3 卷 5 号（1917 年 7 月 1 日）；王星拱论宗教的演讲，载于《少年中国》2 卷 8 期（1921 年 2 月），重印于张钦士 8，《国内近十年来之宗教思潮》，页 59—72；罗素，同上，页 73，又见张静庐编 12，《杜威罗素演讲录合刊》，第 2 卷，页 1—14；刘伯明 331，《非宗教运动评议》，《学衡》，第 6 期（1922 年 6 月）；李大钊关于布尔什维克主义与宗教类似的观点，见李大钊 297，《Bolshevism 的胜利》，《新青年》5 卷 5 号（1918 年 10 月 15 日）。

36. 张钦士 8，《国内近十年来之宗教思潮》，页 89；江文汉 666，《中国学生运动》，页 57。

37. 张钦士 586，《非宗教运动》，页 463—464。

38. 同上；又见罗素演讲，载于《少年中国》2 卷 8 期（1921 年 2 月），重印于张钦士 8，《国内近十年来之宗教思潮》，页 73。

39. 张钦士 586，《非宗教运动》，页 463—464。

40. 蔡元培，《以美育代宗教》，载于蔡元培 461，《蔡元培的生平与著作》（1920 年，北京）；又见张钦士 8，《国内近十年来之宗教思潮》，页 2。

41. 陈独秀 61，《再论孔教问题》，《新青年》2 卷 5 号（1917 年 1 月 1 日）。

42. 胡适 217，《不朽——我的宗教》，《新青年》6 卷 2 期（1917 年 2 月 15 日）。这个思想后来又进一步表现在他于 1920 年 2 月用英语发表的一篇文章中，见《我的信仰》,《论坛》(1931 年 1 月、2 月),及胡适 207,《胡适文存》,第 1 集,4 卷,页 105—118。

43. 见王苣章 771,《中国的青年运动》,页 209—212。

44. 同上,页 215;太虚,《我的佛教革命失败史》,见宇宙风社 562 编,《自传之一章》(1938 年,桂林),页 33。

45. 张君劢,《再论人生观与科学并答丁在君》,载于亚东图书馆 533 编,《科学与人生观》,第 1 卷,页 96;又见丁文江编,《梁任公先生年谱长编初稿》(1958 年,台北),页 551—574。

46. 梁启超 309,《欧游心影录》,《时事新报》(1919 年 3 月,上海),收录于《梁任公近著》,页 23。

47. 同上。

48. 梁漱溟 313,《东西文化及其哲学》(第 8 版,1921 年、1930 年,上海),第 2 章,页 24。

49. 同上,第 3 章,页 53—55。

50. 同上,第 5 章,页 167—191。

51. 同上,页 202。

52. 同上,页 202—209。

53. 同上,第 4 章,页 114—138。

54. 见梁漱溟 311,《中国民族自救运动之最后觉悟》(1933 年,上海),页 97—108。

55. 同上,页 22。

56. 梁漱溟 313,《东西文化及其哲学》,页 9。对梁漱溟这一观点的批判,见胡适,《读梁漱溟先生的〈东西文化及其哲学〉》,写于 1923 年 3 月 28 日,重印于胡适 207,《胡适文存》,第 2 集,2 卷,页 57—89;吴稚晖 510,《一个新信仰的宇宙观与人生观》,载于亚东图书馆 533 编,《科学观与人生观》,2 卷,页 123—129。

57. 梁漱溟 313,《东西文化及其哲学》,第 1 章,页 10—11。

58. 见郭湛波 271,《近五十年中国思想史》,第 3 卷,第 4 章,页 177;第 2 章,页 317;陈序经 36,《中国文化概论》(1934 年,上海),第 4 章,页 80。

59. 胡适,《读梁漱溟先生的〈东西文化及其哲学〉》,页 71。

60. 同上,页 71—73。在这一点上,贺麟极力为梁漱溟辩护,见贺麟 173,《当代中国哲学》(1947 年,南京),第 1 章,页 9—13。

61. 胡适,《读梁漱溟先生的〈东西文化及其哲学〉》,页 71。

62. 胡适,《我们对于西洋近代文明的态度》,写于 1929 年 6 月 6 日,重印于胡适 207,《胡适文存》,第 3 集,1 卷,页 13。

63. 见陈序经 36,《中国文化概论》,第 4 章,页 80;胡适,《充分世界化与全盘西化》,收录于胡适 206,《胡适近期学术论著》(1935 年,上海),页 558—561;

及《基督教年鉴：1929 年》（*Christian Year-book*，1929）中所载胡适的文章。又见《文化建设》1 卷 4 期（1935 年 1 月 10 日）。

64. 张君劢 13，《人生观》，《清华周刊》，第 272 期，重印于亚东图书馆 533 编，《科学与人生观》，第 1 卷，页 12。又见郭梦良编，《人生观之论战》（第 3 版；1923 年、1928 年）。

65. 见 Ch'ien Tuan-sheng 钱端升，*The Government and Politics of China*《政府与中国政治》（1950 年，麻省，剑桥），第 23 章，页 354—355，426。

66. 张君劢 13，《人生观》，页 8。

67. 同上，页 4—9。

68. 同上，页 9—11。

69. 丁文江 445，《玄学与科学——评张君劢的〈人生观〉》，写于 1923 年 4 月 12 日，载于《努力周报》，第 48、49 期；重印于亚东图书馆 533 编，《科学与人生观》，第 1 卷，页 1—30。

70. 参见唐钺，《"玄学与科学"论争所给的暗示》，载于亚东图书馆 533 编，《科学与人生观》，第 2 卷，页 4—6。

71. 吴稚晖 510，《一个新信仰的宇宙观与人生观》，同上，页 12—29。

72. 同上，页 30—40，47—49；又见胡适 652，《中国的文艺复兴》，第 5 章，页 91—93。

73. 吴稚晖 510，《一个新信仰的宇宙观与人生观》，页 89—112，151，165。

74. 胡适 655，《我的信仰》，《论坛》（1931 年 1、2 月），重印于 *Living Philosophies*《活的哲学》（1931 年，纽约），页 260—263；又见胡适，《〈科学与人生观〉序》，亚东图书馆 533 编，《科学与人生观》，第 1 卷，页 25—29。

75. 见胡适、陈独秀为《科学与人生观》写的序言，亚东图书馆 533 编，《科学与人生观》，第 1 卷，页 2，11，29—42。张君劢对自然主义的批评，见他为《人生观之论战》（郭梦良编）所写的序言《回顾人生观论战》，《东方杂志》31 卷 13 期（1934 年 7 月 1 日），页 5—13。胡适对这场论战的最终看法，见胡适 221，《丁文江的传记》（1956 年，台北），第 12 章，页 41—59。

第十四章　结论：繁多的阐释和评价

1. 见蒋梦麟 94，《改变我们的人生态度》，《新教育》第 5 期（1919 年 6 月，上海），重印于蒋梦麟 95，《过渡时期之思想与教育》（1933 年，上海），页 27。又见隋保臣于 1920 年 12 月 5 日在北京国际基督教团契会议上宣读的论文《基督教的复兴》（"The Christian Renaissance"），这篇文章刊载于《教务杂志》51 卷 1 期（1920 年 1 月），页 459—467；另见 T. C. 赵翻译的《中国的基督教复兴——北京基督教辩护者宣言》("Christian Renaissance in China—Statement of Aims of the Peking Apologetic Group")，《教务杂志》51 卷 9 期（1920 年 9 月），页 636—639。

2. 胡适 652，*The Chinese Renaissance*《中国的文艺复兴》（1934 年，芝加哥），第 3 章，页 44。

3. 叶青 551，《五四文化运动的讨论》，《文化建设》1 卷 8 期（1935 年 5 月 10 日，上海），页 22—23。

4. 见 Nathaniel Peffer 佩弗 703，*China：The Collapse of a Civilizaiton*《中国：文明的崩溃》（1930 年，纽约），第 8 章，页 144—148。

5. 胡适 652，《中国的文艺复兴》，第 3 章，页 45。关于这场运动的解释问题，见周策纵 126，《论五四运动的意义及其特征》，《大公报》（1947 年 5 月 4 日，上海）。

6. 见张君劢，《再论人生观与科学并答丁在君》，亚东图书馆 533 编，《科学与人生观》（1923 年，上海），第 1 卷，页 96；又见陶菊隐，《蒋百里先生传》（1948 年，上海），第 9 章，页 74。这项研究的成果有蒋百里的《欧洲文艺复兴史》和梁启超于 1920 年 9—10 月间所作的读书序言。这则序言比原书还要长，后来印成单行本，书名为《清代学术概论》（第 7 版，1921 年、1927 年，上海）。

7. 见李长之 286，《迎中国的文艺复兴》（1944 年，重庆），第 3 章，页 15—19。又见何干之 170，《中国启蒙运动史》（1947 年，上海），第 1 章，页 10；第 5 章，页 151。

8. 见胡适 652，《中国的文艺复兴》，第 3 章，页 45；又见傅斯年 162，《"五四"二十五周年纪念》，《大公报》（1949 年 5 月 4 日，重庆），第 1 页。

9. 张奚若 15，《国民人格之培养》，《大公报》（1935 年 5 月 5 日），为纪念五四运动而写，转载于《独立评论》第 150 期（1935 年 5 月 12 日），页 14—17；又见胡适 210，《个人自由与社会进步——再谈五四运动》，同上，页 2—5。

10. 见毛诉诚等编，《民国十五年以前之蒋介石先生》（1937 年，南京），第 2 卷，第 6 册，页 65—66，72，75，89—90；又见蒋介石，《苏俄在中国》（1956 年，台北），第 2 章，页 19—26；英译版标题 *Soviet Russia in China*（1957 年，纽约）。

11. 蒋介石 592，《中国之命运》，作者授权的英文翻译王重辉译本（1947 年，纽约），第 2 章第 3 节，页 51。中文原文中此处是"五四运动"，而不是"五四学生运动"。

12. 同上，第 2 章第 3 节，页 52。

13. 同上，第 3 章第 5 节，页 81—82。

14. 同上，第 6 章第 2 节，页 199—201。

15. 蒋介石《哲学与教育对于青年的关系》，1941 年 7 月发表的演讲，收录于《总裁论选集》（1953 年，台北），第 3 章，页 245。

16. 蒋介石 92，《教育与革命及国家重新建设的关系》，《青年与教育》（1952 年，台北），页 12—13。

17. 见蒋介石 91，《整理文化遗产与改进民族习性》，《中国周报》（1952 年 6 月 16 日，台北），页 231。关于这个争论，又见黄力生编，《读经问题》（1953 年，台北）。

18. 胡适 210，《个人自由与社会进步》，页 2。

19. 曾琦 471，《五四运动与国家主义》，《曾琦文集》（1954 年，台北），第 2 编，页 136—140；又见《寄罗家伦书》，1934 年，第 3 编，页 191—192。

20. 陈独秀 69，《五四运动时代过去了吗？》，《政治评论》（1938 年 5 月 15 日，重庆），页 8—9。

21. 见傅斯年 157，《"新潮"之回顾与前瞻》，《新潮》2 卷 1 期（1919 年 10 月 21 日），页 204。傅的文章写于 1919 年 9 月 5 日。又见罗家伦 340，《一年来我们学生运动的成功失败和将来应取的方针》，《新教育》2 卷 5 期（1920 年 5 月），页 604；亦见《新潮》2 卷 4 期（1920 年 5 月 1 日），页 849。

22. 见江亢虎，《鸣伪志》（1927 年，北京），页 21；《中国新社会民主党》（1926 年，南京）。据报道，江在汪伪政府任职，后死于狱中。又见 Brandt, Schwartz and Fairbank 勃兰特、施瓦兹、费正清 575, *A Documentary History Chinese Communism*《中国共产主义历史文献》（1952 年，麻省，剑桥），页 260—263。

23. 毛泽东 361，《五四运动》，《毛泽东选集》（1952 年，北京），第 2 卷，页 545。参见英译版《毛泽东选集》（1955 年，纽约），卷 3、9。

24. 毛泽东 361，《五四运动》，页 546。

25. 毛泽东 357，《中国青年运动的方向》，见《毛泽东选集》，页 549—557；英译版见毛泽东 687，《毛泽东选集》，第 3 卷，页 12—21。

26. 毛泽东 357，《中国青年运动的方向》，见《毛泽东选集》，第 2 卷，页 550 脚注。

27. 毛泽东 359，《新民主主义论》，同上，页 689。

28. 同上，页 665—666。

29. 同上，页 666。

30. 同上，页 689。

31. 同上，页 690。英译参见勃兰特、施瓦兹、费正清 575，《中国共产主义历史文献》，页 271。

32. 毛泽东 359，《新民主主义论》，页 692—693。英译参见谢拉夫·阿里（Sharaf Ather Ali），收录于美国国会、众议院、外交事务委员会编，*Communism in China*《共产主义在中国》，附录 B，"Mao Tse-tung, China's New Democracy"《毛泽东，中国的新民主主义》，页 86—87。关于这篇文章英译问题的讨论，见林语堂，Mao Tse-tung's "Democracy"《毛泽东的新民主主义论》，《中国杂志》17 卷 4 期（1947 年 4 月，纽约），页 14—24；17 卷 5 期（1947 年 5 月），页 15—26。

33. 毛泽东 359，《新民主主义论》，页 692—693。

34. 见郭沫若，《革命诗人屈原》，《屈原——五幕史剧及其他》（1946年，张家口），页131—132；郭沫若，《屈原的技艺与思想》，同上，页155—156；又见华岗230，《五四运动史》（第2次修订本，上海，1951—1952年），第9章，页196—198。

35. Edgar Snow 斯诺 739，*Red Star Over China*《红星照耀中国》（1938年、1944年，纽约），第3章，页154。

36. 邓颖超440，《五四运动的回忆》，《"五四"卅周年纪念专辑》，页163—164。其他的运动亲历者亦持此论。参见郭绍虞280，《"五四"纪念日的自我反省》，赵京生34，《我的"五四"观之变化》，均载于《解放日报》（1950年5月3日，上海）。

37. 最近的文献，参见刘利凯，《十月革命与中国早期马克思主义的传播》，《学习》21卷123期（1957年11月，北京），页23—25。

38. 毛泽东359，《新民主主义论》，谢拉夫·阿里英译，页87；又见英译本《毛泽东选集》，第3卷，页146。

39. 华岗230，《五四运动史》，第8章，页160。

40. 同上，页137。

41. 蒋介石92，《教育与革命及国家建设之关系》，页10—11；又见包遵彭382，《中国近代青年运动史》第2卷，第2、3章。

42. 瞿秋白，《乱弹及其他》，《瞿秋白文选》（1938年，上海），页122。有关罗素的评论，参见李锐，《毛泽东同志的早期革命活动》，页135注3。关于中共早期刊物仅向少数的党的领导人出售限制，参见《光明日报》（北京）1957年6月20日第3版及1957年10月10日第3版。对此，中共的解释是，领袖人物在革命事业中的地位比其他人更为重要。关于中共对于这场运动的阐释性评论，参见 Wokfgan Franke 弗兰克639，*Chinas Kulturelle Relution—Die Bewegung Vom 4. Mai 1919*《中国的文化革命——1919年5月4日》（1957年，慕尼黑）。

43. 陈独秀，《答适之》，序言，写于1923年9月，收录于亚东图书馆533编，《科学与人生观》，第1卷，页40。

44. 胡适，《〈中国新文学大系·建设理论集〉导言》，赵家璧主33编，《中国新文学大系》（1935年，上海），第1卷，页40。

45. 陈独秀，《蔡孑民先生逝世后感言》，《中央日报》（1940年3月24日，重庆）。

46. 见钱智修，《功利主义与学术》，《东方杂志》15卷6期（1918年6月）；胡适204，《新思潮的意义》，《新青年》7卷1号（1919年12月1日）。

47. 沈仲九403，《五四运动之回顾》，《建设》1卷3期（1919年10月1日），页599—612。

48. 毛泽东，《反对党八股》，1942年2月8日的演讲，载于《整风文献》（修订版，1946年、1949年，解放社），页21；英译版见勃兰特、施瓦兹、费正清575，《中国共产主义历史文献》，页393；又见毛泽东359，《新民主主义论》，页693；同上，页 690—691，英译者为谢拉夫·阿里（后来的中文版本这一段在结构上略有变动）。

49. 同上，页 693。

50. 同上，页 690。

51. 毛泽东，《反对党八股》，页 21—22；英译版见勃兰特、施瓦兹、费正清 575，《中国共产主义历史文献》，页 394。

52. 前一术语见 Lyford P. Edwards 爱德华兹，*The Natural History of Revolution*《自发革命史》（1927 年，芝加哥），第 4 章，页 38—66；后一术语见 Crane Brinton 布林顿，*The Anatomy of Revolution*《革命之剖析》（修订版，1938 年、1958 年，纽约），第 2 章，页 41—52。

53. 见傅斯年 162，《"五四"二十五周年纪念》，《大公报》（1944 年 5 月 4 日，重庆）；李长之 286，《迎中国的文艺复兴》，第 3 章，页 20—21；又见胡适 652，《中国的文艺复兴》，第 4 章，页 73—74。

54. John Dewey 杜威 620，"New Culture in China"《中国的新文化》，*Asia*《亚洲》21 卷 7 期（1921 年 7 月，纽约），页 642。

55. Pearl S. Buck 赛珍珠 579，*My Several Worlds：A Personal Record*《我的世界：赛珍珠自传》（1954 年，纽约），重点参看第 2、3、4 部分。

56. 冯友兰 153，《中国现代民族运动之总动向》，《社会学界》第 9 期（1936 年，北平），页 264—265。

译后记

　　此次出版的周策纵先生著作《五四运动史》，第一至七章译文采用的是原香港明报出版的《五四运动史》上册，周先生仔细核校了明报版的一些错误，做了正误表。后面诸章系新译而成，具体分工为：第八章张静，第九章第一至四节钟铃，第九章第五节、第十二至十三章曹艺、邹小站，第十至十一章旷新年，第十四章、附录吴效马。周策纵先生在译稿排出后，从美国加州寄来了他的序文，表示对这一工作的热情支持，对此我们深表感谢。

欧阳哲生

于北京大学蔚秀园

1999 年 2 月 20 日

图书在版编目（CIP）数据

五四运动史 /（美）周策纵著；陈永明，张静译 .
-- 成都：四川人民出版社，2019.8（2025.2 重印）
ISBN 978-7-220-11338-3

Ⅰ.①五… Ⅱ.①周… ②陈… ③张… Ⅲ.①五四运
动—研究 Ⅳ.① K261.107

中国版本图书馆 CIP 数据核字 (2019) 第 078297 号

四川省版权局
著作权合同登记号
图字：21–2019–107

THE MAY 4TH MOVEMENT: Intellectual Revolution in Modern China
by Chow Tse-tsung
Published by arrangement with Harvard University Press
through Bardon-Chinese Media Agency
Simplified Chinese translation copyright © 2019
by Ginkgo（Beijing）Book Co., Ltd.
ALL RIGHTS RESERVED.
本书中文简体版权归属银杏树下（北京）图书有限责任公司。

WUSI YUNDONGSHI

五四运动史

著　　者	［美］周策纵
译　　者	陈永明　张　静
选题策划	后浪出版公司
出版统筹	吴兴元
特约编辑	林立扬
责任编辑	石　云
装帧制造	墨白空间·陈威伸
营销推广	ONEBOOK
出版发行	四川人民出版社（成都三色路 238 号）
网　　址	http://www.scpph.com
E - mail	scrmcbs@sina.com
印　　刷	河北中科印刷科技发展有限公司
成品尺寸	155mm × 240mm
印　　张	30.75
字　　数	441 千
版　　次	2019 年 8 月第 1 版
印　　次	2025 年 2 月第 15 次印刷
书　　号	978-7-220-11338-3
定　　价	110.00 元